巴蜀文化通史

百〇四歲叟 馬識途

《巴蜀文化通史》学术委员会

章玉钧　隗瀛涛　李绍明　林　向　胡昭曦　贾大泉
谭继和　万本根　陈玉屏　罗　鸣　沈伯俊　彭邦本

主　编
章玉钧　谭继和

副主编
罗　鸣　彭邦本

编辑部
主　任　侯水平　向宝云
副主任　万本根　李　庆

"十二五"国家重点图书出版规划项目
四川建设西部文化强省重点项目

章玉钧　谭继和　主编

巴蜀文化通史
农业与水利文化 卷

彭邦本　编著

四川人民出版社

编者的话

巴蜀文化通史

编者的话

《巴蜀文化通史》编撰工程是中共四川省委批准、省委宣传部直接组织和领导，由四川省繁荣发展哲学社会科学协调小组立项、四川省社会科学院牵头的四川省西部文化强省建设重点支持项目，也是"十二五"国家重点图书出版物出版专项规划及国家出版基金（2016年度）资助项目。一直关心四川文化传承创新的省老领导杨超、杨析综、何郝炬、冯元蔚、廖伯康、聂荣贵、李永寿等同志率先向省委、省政府倡议启动编撰工作。在编撰研究过程中，得到了陶武先、柯尊平、王少雄、甘霖等历届省领导的大力支持和亲切指导，我们谨致衷心的敬意和感谢。

本书编撰委员会于2006年设立，编撰工作由此启动，至2020年全面完稿，历时十五年。编撰委员会名誉主任陶武先，主任王少雄、柯尊平，副主任殷建中、贾松青、侯水平、隗瀛涛、李绍明；顾问蔡美彪、李学勤、张海鹏；编委会成员有章玉钧、林向、胡昭曦、贾大泉、谭继和、万本根、陈玉屏、罗鸣、沈伯俊、彭邦本、向宝云、王素、舒大刚、邓经武、赵振铎、龙晦、龙显昭、刘平斋、吴野、钱来忠、曹顺庆、陈德述、任新建、李明泉、张忠仁、王毅、王庭科、冉光荣、杜肯堂、李学明、孙锦泉、陈廷湘、刘复生、佘正松、李健、李刚、李诚、江玉祥、江章华、蒋维明、季富政、高大伦、段志洪、侯德础、谢元鲁、甘绍成、张明富、张凤琦等。编委中，有些作为学术委员会成员，自始至终参与本书研讨和审定；有的承担了分卷的撰著；有的在本书酝酿和编撰的相关会议上提供了不少宝贵意见；有的应邀对有关书稿审阅并提出有益的建议。总而言之，编委们都为本书编撰出版做出了各自的贡献。另还专门请宗性（中国佛学院）审读了《宗教文化卷》。

编撰工作具体依托四川省社会科学院进行，院历届领导贾松青、侯水平、李后强、向宝云、高中伟等都给予大力支持、督促和帮助，多次召开院党委或院办公会议，听取编辑部汇报，决定有关事项并检查落实。编辑部成员张彦、彭东焕、印国玲在具体组织协调、制订规范规则、联系作者、学术讨论记录（含录音）、编写简报等方面做了大量工作。

《巴蜀文化通史》是集思聚智的学术成果，撰著参与者及分工情况详见于各卷后记。以下谨按卷次列出主要撰著者名单，共同见证这部著作的出版：

《通论卷》	谭继和著
《农业与水利文化卷》	彭邦本编著
《工商文化卷》	张学君著
《城市文化卷》	何一民等著
《建筑文化卷》	庄裕光著
《交通文化卷》	蓝勇等著
《民族文化卷》	赵心愚、杨铭等著
《宗族与会社卷》	张力著
《移民文化卷》	陈世松著
《方言卷》	李国太、黄尚军、袁雪梅、曾为志著
《民俗文化卷》	徐学书、喇明英、况红玲等著
《哲学思想卷》	蔡方鹿、刘俊哲、金生杨著
《史学卷》	粟品孝、周鼎、李晓宇著
《宗教文化卷》	李远国、向世山等著
《教育卷》	徐辉、徐仲林等著
《文学卷》	邓经武著
《艺术卷》	苏宁、沈博、幸晓峰著
《科技文化卷》	查有梁、王迎川、周世祥等著

《传播文化卷》　　　　　赵志立著
《文献要览卷》　　　　　舒大刚、李冬梅等著
《巴蜀文化大事记》　　　张彦、陈德言、王林、彭东焕编著
《巴蜀文化研究论著索引》 李敬洵编

由于多领域的地域文化通史尚属首创，不同门类各有其文脉演变、内在逻辑与历史进程，故未对各卷涉及本领域涵盖的时间起止及个别体例做统一的要求。编著者虽务求如清人顾炎武所说"庶几采山之铜"，而力避"买旧钱""废铜以充铸"，但因见闻学识所限，书中疏漏不足之处，尚祈望读者正之。

最后要说的是，全书从编撰到出版来之不易，还得益于四川人民出版社历任社长罗韵希、解伟、黄立新，副社长骆晓平，总编辑刘周远的关心和支持。特别是谢雪编审从中协调、统筹以及众多编辑"为他人作嫁衣裳"的辛勤付出。巴蜀文化界学术界的领军人物、尊敬的马识途先生在2018年一百零四岁时为本通史题写书名。在此，我们表示深深的谢意。

章玉钧　谭继和　罗鸣　彭邦本
2021年11月

总 序

◎ 章玉钧

呈献在读者面前的这部多卷本《巴蜀文化通史》，是国家重点图书出版物出版专项规划项目、国家出版基金资助项目和四川省西部文化强省建设重点支持项目的学术成果。这个项目由中共四川省委宣传部直接组织和领导，四川省社会科学院牵头，川渝合作，组织和邀约四川省、重庆市七十多位巴蜀文化研究专家参加，得到四川省委、重庆市委和国家有关部门的重视和支持，获得国家和省文化产业经费的资助。全书二十二卷二十八册，约一千六百万字。编撰出版工作历时十五年终告完成。参加本书编修的专家学者们团结协同、切磋琢磨、集思聚智、甘苦备尝，贡献了创造性的劳动。四川人民出版社和各卷责任编辑认真敬业，严谨审慎，做出了辛勤奉献。在此，谨就编撰《巴蜀文化通史》的缘起与旨归、定位与特色、架构与方法、集成与出新，作一概括的介绍，以助读者对全书先有个总体的了解。

缘起与旨归

编修《巴蜀文化通史》之议，酝酿已久。20世纪80年代至90年代，巴蜀文化和蜀学研究在四川逐步升温，在选编出版徐中舒、蒙文通、顾颉刚、任乃强、邓少琴、冯汉骥等大师关于巴蜀文化的论著①后，陆续编写出版了《巴蜀文化图典》②《巴蜀文化研究丛书》③《巴蜀文化系列丛书》④。大家既为"地域文化热"的兴起而振奋，又在同地域文化研究先行地区的比较中，看到我们的差距，深感传承、整合和弘扬巴蜀文化，要抓牵头的东西，抓具有基础性、全局性和带动性的项目。2001年，一直关注文化的四川省老领导杨超、杨析综率先提出编撰《巴蜀文化通史》的倡议，杨超还构想系统整理自古以来的巴蜀文献，编成《巴蜀全书》。他们登高一呼，高屋建瓴，对学界有很大的启发和鼓舞。经过反复酝酿，省里八位老同志⑤于2005年10月联名致信四川省委、省政府，建议启动《巴蜀文化通史》的编撰工程。在组织四川高校和研究机构数十位专家学者进行论证，并征得重庆市有关领导和专家学者的赞同后，省委批准立项，审定了全书的框架设计。2006年7月，《巴蜀文化通史》多卷本编撰工程正式开展。

大家渴望编撰《巴蜀文化通史》并积极付诸行动，是基于这样的共识：民族文化是一个民族的根、脉、魂，是民族精神的载体，是支撑民族生存和发展的脊梁。全球文明古国各具优长，唯有中华文明几千年来一脉贯通地连续发展至今，重要原因是有由甲骨文、金文发展而来的形、音、义相结合的汉字为重要载体和文化纽带，用其写成的文史典籍代代承传，从未间断，起到全民族凝心聚力的巨大作用，激励中华民族历经磨难而不衰，直至迎来民族走向伟大复兴的盛世。巴蜀文化是多源汇成一脉、多元聚为一体的中华文

---

① 徐中舒《论巴蜀文化》、蒙文通《巴蜀古史论述》、顾颉刚《论巴蜀与中原的关系》、任乃强《四川上古史新探》、邓少琴《巴蜀史迹探索》，均由四川巴蜀史研究会编辑，由四川人民出版社于20世纪80年代出版。此后还有《冯汉骥考古学论文集》1985年由文物出版社出版，另有《缪钺全集》2004年由河北教育出版社出版。
② 该图典由川渝合作编成，刘茂才、滕久明任编委会主任，万本根、俞荣根任主编，四川人民出版社1999年出版。
③ 该丛书由杨超、杨析综任编委会主任，首批六册。李绍明《巴蜀民族史论集》、隗瀛涛《巴蜀近代史论集》、林向《巴蜀考古论集》、胡昭曦《宋代蜀学论集》、谭继和《巴蜀文化辨思集》、徐南洲《古巴蜀与〈山海经〉》，均由四川人民出版社2004年出版。
④ 该丛书由杨超、杨析综任编委会主任，谭洛非、邓星盈、万本根任主编，共十册，四川人民出版社2001年出版。
⑤ 八位老同志是杨超、杨析综、何郝炬、冯元蔚、廖伯康、聂荣贵、李永寿、章玉钧。

化中一个重要的区域文化，是博大精深的中华文明的一枝奇葩，在中华民族文化谱系中占有独特的地位。她绚丽多彩、大器包容，在与兄弟地域文化交流互益、吞吐融会中发展繁荣，形成并展示出独特的神韵和魅力，使哺育她的中华文化更添灿烂辉光。对于川渝地区各族同胞而言，巴蜀文化就是我们世代生存之根、承传之脉、发展之魂。

巴蜀大地钟灵毓秀、文脉悠长，堪称多种人类遗产荟萃的聚宝盆。巴蜀文化有许多独具的特色和亮点，足以令我们为先辈的创造感恩并自豪。茂县营盘山、成都平原从宝墩到三星堆、金沙以及长江三峡、宣汉罗家坝等处文化遗址的多次惊世发现，结合古文献资料，无可辩驳地证实了巴蜀作为长江上游的上古文明中心，丰富了中华文明的基因，显示出古蜀古巴文化永恒的魅力。周秦以来，中华思想文化素以儒学、道学为主干；佛学西来后，更以儒释道交融互补为特色。蜀地仙道发源很早，成为天师道的创教地；儒学从西汉起就在此代代传承，文翁石室、周公礼殿、孟蜀石经彪炳千秋；在佛教中国化的进程中，巴蜀出了许多大德高僧，尤其是禅学大师，成为中国禅学中心之一。作为中国重要地域学术文化的蜀学，富有哲思传统和文史之长，"易学在蜀""史学莫隆于蜀""文宗自古出巴蜀""自古诗人例到蜀"等赞语，无不彰显历代巴蜀学术文化的璀璨夺目，成就非凡。巴蜀的音乐、舞蹈、碑刻、石窟、书法、绘画、诗词歌赋、戏剧、织锦、酿酒、制茶、肴馔等享有盛誉，非物质文化遗存丰赡多彩。巴蜀悠久的农耕文化与繁盛的工商文化相得益彰，并曾在水利开发、天然气开采、钻井术、天文、数学、医药等科技领域独占鳌头，纸币"交子"首发领先全球。巴蜀是中国历史上一个典型的移民区域，又长期是汉族和许多少数民族相聚和融合的地区，开拓了对外交往的条条蜀道，形成了连通中亚、南亚的南方丝绸之路和藏羌彝民族走廊。移民文化与原生文化、汉文化与少数民族文化、本土文化与外来文化在这里交融互动，使巴蜀文化具有很强的开放性、包容性、创新性和辐射性，这些特性被学者喻为"水库效应"。巴蜀儿女自古敢为天下先，尤其是百余年来向现代化转型时期，巴蜀文化哺育和造就了众多的杰出人物和文化精英，红色文化光耀史册，三线建设举国之重，"改革之乡"①闻名遐迩。在2008年"5·12"汶川特大地震等自然灾害的救援和重建过程中，四川人民表现出的英勇、睿智、大爱、感恩，也都凝聚着巴蜀文化浴火重生的精神。

当今中国正处于世界百年未有之大变局，建设社会主义文化强国，着力提升文化软实力，关系到"两个一百年"奋斗目标和中华民族伟大复兴中国梦的实现。身为当代学人，要在马克思主义指导下，树立高度的文化自觉和自信，十分珍视本土优秀的传统文化，处理好传统文化与现代化、本土文化与外来文化的关系，立大志愿，开大视野，用大手笔来发掘和系统梳理传统文化资源，传承、整合、弘扬巴蜀文化，致力于培根铸魂、固本延脉，使我们优秀的文化基因永续传承，与当代社会相协调，让富有恒久魅力、具有当代价值的巴蜀文化在提高全民精神素质，推进文化强省强国，铸牢中华民族共同体意识和助推构建人类命运共同体的进程中发挥应有的作用。

编撰多卷本的《巴蜀文化通史》，具有深远宏大的文化价值、学术价值和应用价值。一是对巴蜀文化几千年的发展轨迹及其创造、积累的宝贵文化财富，作出系统梳理和规律性总结，可以回应巴蜀民众了解"我是谁""我从哪里来"的文化寻根需求，丰富人们的精神世界，尤其是在道德规范和价值取向上得到涵养和化育。二是可以较全面地展示巴蜀文化的神韵和亮点，系统阐扬蜀史、蜀学、蜀文、蜀艺，构筑宽阔的学术研究平台，为巴蜀人文社会科学走向繁荣，促进传统文化的创造性转化和创新性发展，发挥立其大本、凝聚人心、导向助推的作用。三是同兄弟地域文化的研究成果相互呼应、相得益彰，有助于深入了解中华文化，传承中华文脉，为我们的母亲文化增光添彩，一起来展示她的独特魅力，进而与世界多元文化中不同民族文化平等交流互鉴，为建设新时代中国特色社会主义文化，增强我国的文化竞争力和软实力添砖垒瓦。四是更进一步促进川渝文化合作，可以为繁荣、丰富当代巴蜀先进文化建设，尤其是推进文化创意产业和康乐旅游产业，发掘深层次的文化内涵，提供坚实的学术依据，从而开启思路、激发灵感，以文塑旅，以旅彰文，把潜在文化资源（包括物质文化遗产和非物质文化遗产）

---

① 邓小平1982年对家乡四川的深情赞语。

转化为现实的生产力和文化软实力。五是有助于改变四川高校和研究机构在巴蜀文化和蜀学研究上各自为政、力量分散的状况，使之汇聚并形成有较高水平的老中青结合的研究队伍。与《巴蜀文化通史》珠联璧合的《巴蜀全书》，作为四川有史以来最大规模的古籍文献整理工程，经由四川大学古籍整理研究所提出并担纲，在四川省社会科学院和兄弟高等院校协力下，2012年以来，已出版阶段性成果两百余种，就是蜀学研究正在形成合力的又一明证。

定位与特色

为了实现前述宗旨，参与编撰的同仁都力求使《巴蜀文化通史》既是文化集成，又是学术创新，努力做到观点有一定创新性，知识含量丰富，资料翔实，文笔流畅，总体上进入巴蜀文化研究的学术前沿，在科学性、系统性、创新性、前瞻性、可读性等方面力争成为当代巴蜀学人可以"预流"——预于时代学术潮流的成果，成为在巴蜀文化研究上服务于现实并可继往开来的学术著作。但我们悬鹄虽高而未必力所能逮，故难免"取法乎上，仅得乎中"之憾。

这部书的研究对象是巴蜀文化，性质是通中寓专、通专结合的文化通史，角度是把地域史学与文化学及相关学科契合起来，贯穿全书的编撰理念是"三通"，即纵通、横通与会通。这里就分别说一说本书的"文化"本位、"巴蜀"立位和"三通"定位。

（一）"文化"本位

世界上对"文化"的定义已经有好几百种。我们以唯物史观为指导，本着天人合一、以人为本的中华人文精神[①]来解读文化。"惟天地万物父母，

---

① 天人合一、以人为本，打破天道与性命的隔阂，既避免把天人合一引向神学化，也避免陷入人类中心主义，而把敬畏、顺应自然与发挥人的主体能动性相统一，蕴含天人相依相待、互动互益的张力。

惟人万物之灵。"①人作为自然演化的产儿，受惠于天地万物，在群体劳动实践中成为地球上的万物灵长，既能创制工具，又能用语言交流，进而创制文字，由此有了文化及其积累、传承，于是便创造了"人化的自然界"。同时，在法天、法地、法万物的进程中，人也改变和提升着自身。汉字的"文"，原意是文身、文饰、纹理，以文来显示，以文来变化，讲规矩、礼貌，与禽兽区别开来。这是外在的，更是内在的。文的外化于行与内化于心，开物成务与锻塑成人，乃是人类与自然进行精神与物质相互变换中联袂互动的双重效应。自然力所为乃造化，人类心力所创是文化。文化从何而来？由人化文；文化落脚何方？以文化人。荀子讲"化性起伪"，"伪"就是人为的东西。要改变自身才能更好地改变世界。文化就是这样"人化"与"化人"（或曰"人为"与"为人"、人性的外化与内化）相统一，在双向建构中螺旋式上升，推动着人居世界的演进。人，既是创造文化的能动主体，又是文化所创造的价值主体。这与古语"人文化成"②的解读可以相通，也跟西方"文化"一词兼容"耕作、栽培"（外化）和"养育、教化"（内化）的语义相衔接。《中庸》讲至诚尽性，内外交修："惟天下至诚，为能尽其性。能尽其性，则能尽人之性；能尽人之性，则能尽物之性；能尽物之性，则可以赞天地之化育；可以赞天地之化育，则可以与天地参矣。"③这段话，恰可理解作为内化与外化相统一的文化的功能。

这样的广义文化，它对外与天地万物相成相济，内结构则包含着精神文化、语文符号、规范体系（行为习俗和法律）、社会制度和社会组织、物质产品等要素。④这些文化要素，大体可划分为相互联结、相互渗透的三个层面：外层是作为基础的物态文化，即经过人的劳动形成的"人化"自然或器物层面，体现人与自然的互动关系及其物质成果；中层是语文符号、制度文化和行为习俗文化等，可称为"交往文化"，体现出人与人的互动关系即社会关系，也是精神文化的外在表现；内层则是以价值观为核心的精神文化，

---

① 《尚书·周书·泰誓上》，《十三经注疏》上册，中华书局1979年影印本，第180页。
② 《易·贲卦·彖辞》："观乎天文以察时变，观乎人文以化成天下。"
③ 《礼记·中庸》，《十三经注疏》下册，中华书局1979年影印本，第1632页。
④ 《中国大百科全书·社会学卷》，中国大百科全书出版社1991年版，第409页。

体现出人的心灵世界在真、善、美、圣（科学、道德、艺术、哲学、宗教）诸多领域与境界的创造。清代龚自珍说过："圣人之道，本天人之际，胪幽明之序，始乎饮食，中乎制作，终乎闻性与天道。"①文化的上述三个层面，既如血脉相通，总体上联动互进，在变迁时序上又往往呈现有速有缓、或前或后的不平衡发展状态。这种总体性与异步性的统一，是在研究和描述文化史时需要仔细琢磨和体现的。

综上所述，文化是在天人相合相分、互动互益进程中人的生命存在及其取得的全部成果，或简单地说，文化就是人类独有的生存方式。人们总是生活在世代传承而又不断积累、不断丰富的文化之中。这文化如水，滋润万物；若风，吹拂人间；又好比血液，灌注循环于特定民族或地区人群的心灵深处，产生凝聚力和认同感，积淀、凝结为人们稳定的生存方式。因此，人类的文化既有共通性，又有民族性、地域性和时代性，是多元的、多样的，而不是单一的、无差别的。不同民族、不同地域、不同时代产生的文化模式，形成的文化精神各有不同。伴随着时代的风云变幻，当不同文化相遇、相会时，从价值观念、思维方式、生活样态到社会习俗，就会产生交流、交融、交锋，出现文化选择和互融，进而导致文化的转型。通观世界历史，文化转型曾有过各种不同的类式。中华文化的现代转型是守正创新，把马克思主义基本原理同中华优秀传统文化相结合的自主式；而不是聚合多种移民文化、喧宾夺主的复合式；更不是那种特定场合下原有文化解体，被另一文化取代的断崖式。

"文化"和"文明"是两个意义相近又有区别的概念。文化侧重于文的功能，文明侧重于文的成就。人猿揖别，就出现文化；到告别蒙昧、野蛮，才进入文明时代。文明是个褒义词，囊括人类创造的积极成果之总和，用以指称人类社会的进步程度和开化状态。②当今多以文化标示民族性差异和地域性特色，而以文明标示人类的普遍行为和多元成就。文明因交流而互鉴，因互鉴而发展。在经济和科技全球化进程中，许多物态文化和一部分行为习

---

① 《五经大义终始论》，《龚自珍全集》，上海人民出版社1975年版，第41页。
② 《易·乾·文言》："见龙在田，天下文明。"《尚书·舜典》："睿哲文明。"孔疏："经天纬地曰文，照临四方曰明。"

俗文化在逐步趋于同质化，而具有不同基因的制度文化、语言文字，特别是精神文化，则终会呈现和保持多样化。这一部地域文化通史，本着文化的多元性和相通性来立论，各卷都力图写出浓郁的地域文化味，体现出"人化"与"化人"的统一。

（二）"巴蜀"立位

广袤的中华大地因地壳碰撞形成了自西向东、由高到低三个落差很大的阶梯，巴蜀处于高阶到中阶的内陆腹地，连通祖国的南北西东。巴蜀西部为青藏高原东南缘及横断山区北段，东部为群山环抱的四川盆地，总体地势西高东低，地形地貌独特丰富，集雄、奇、险、秀于一体，自然禀赋得天独厚，是万物生灵的洞天福地。巴和蜀是上古以来巴人、蜀人及其他族群先民活动的地域，二者相连乃至交错，文化复合共生，自成一个地域文化区系。在中华文明满天星斗式的起源中，这里是相对独立肇兴的长江上游文明起源中心，有巫山人、资阳人为代表的文化根系，有万年以上的文明起步，上古巴蜀地域文明形成和发展中的不少谜团还有待地下发掘来破解。三千多年前巴蜀文明就与中原文明血脉交融，与吴越、荆楚等文明紧密互动，也与南亚、中亚文明交流互鉴。公元前316年，秦并巴蜀后则更紧密全面地融入中华文明共同体，成为它重要的组成部分之一，东汉时即享有"天府之国"的美誉。巴与蜀同源同圈，文化具有同质性和内聚力，而自然人文环境又同中有异，形成了刚柔相济的复合型文化共同体。蜀人慕文好乐，精敏健雄，浪漫诙谐；巴人质直尚勇，豁达豪爽，吃苦耐劳。所谓"巴出将、蜀入相"，大致道出了两者文化性格的差异。巴蜀的地域范围历代有涨有缩，行政区划迭有变迁（包括1997年以后川渝分治），而长期历史形成的巴蜀文化区虽没有截然划定的边界，却是相对稳定的整体，并未因行政区划变动而忽合忽分。巴蜀文化区的范围是涵盖今四川省和重庆市地域，兼及周边风俗略同地区的民族文化共同体。它以史源悠久、流传有绪的巴文化、蜀文化为主轴，既包括四川盆地以汉族为主体、辐射四周的文化，也包括盆地周边各以藏、彝、羌、苗和土家等世居少数民族为主体、各民族和谐共融的文化，是这一地区从古至今多民族地域文化的总汇。这部书论述的地域以今四川省和重庆市为主，对不同历史时期曾纳入巴蜀行政区划或与其文化关联密切的地域也有涉及。

巴蜀虽地处祖国内陆，不靠边、不濒海，却衔接南北，连通西东。在编撰这部书时，我们力求处理好巴蜀文化与其母文化——中华文化的关系，重视巴蜀文化与兄弟地域文化之间的交集和互动，着眼于巴蜀文化的特性、个性，寓共性于个性之中，寓统一性于多样性之中。我们也重视巴蜀文化与域外文化之间的交集和互动，注意巴蜀文化在中外文化交流中所起的作用。在巴蜀文化内部，我们力求处理好蜀文化与巴文化相互之间的关系，巴蜀汉民族文化与各世居少数民族文化的关系，尽可能都给以充分的关注，反映它们之间的共性与个性、互联与互动，力避顾此失彼，详略失当。为涵盖并展示少数民族文化多姿多彩的众多领域和方面，这部书除单独设置《民族文化卷》外，各有关专题卷都力图把相关领域的少数民族特色文化摆在重要位置进行阐述和概括。

（三）"三通"定位

"三通"是贯穿全书的重要编撰理念。史著价值在于信，通史灵气在于通。司马迁"究天人之际，通古今之变，成一家之言"①是我们心向往之、孜孜以求的目标。史学前辈范文澜等曾提出"三通"（"直通""旁通""会通"），我们根据编撰《巴蜀文化通史》的要求，把历时态的"纵通"、共时态的"横通"与跨文化、跨学科的"会通"，合在一起作一些新的阐释。世界是通的，大历史是通的，大文化是通的。文化史的发展，本来就涵盖着纵向的全过程、横向的多层面、跨文化的多领域。通向历史本真，揭示历史本体，是"三通"追求的目标。尤其是作为通中寓专、通专结合的多卷本地域文化通史，无论承担通论或专题卷的学者，都力求在"三通"上下功夫。

一曰纵通，指历时态全过程的贯通。"观水有术，必观其澜。"这部书贯穿古今，上溯于远古巴蜀先民之蒙昧初开，下迄21世纪初年川渝之文明新

---

① 《史记》卷一三〇《太史公自序》。

貌，原始察终，系统梳理这个既有内在连续性，又呈现不同时代阶段性的曲折过程中巴蜀文化层积而兴的脉络，由此分析其在各个历史时期的盛衰流变，此起彼伏的高峰低谷，展示巴蜀文化的特色和贡献，进而探究其发展的逻辑进程，尤其是传统巴蜀文化向现代化转型的路径，论证巴蜀文化的当代价值和意义，揭示巴蜀文化的发展趋势和前景，做到鉴古察今、述往知来。这是全书贯穿始终的主线。这条主线还可以从实践与认识的角度一分为二：一是巴蜀文化的实践史、发展史；二是在实践基础上对巴蜀文化的认识史、研究史。二者结合方能从实践与认识的循环往复中，深入把握"外化与内化相统一"的文化真髓。

二曰横通，指共时态全方位的互通。"事不孤起，必有其邻。"从全书立卷到各卷章节的设置，都力图以时间为经，以反映文化的不同层面及专题为纬，纵横交织，立体成像。历史运动是有结构的，它是过程与结构的统一，广义文化中各层面的共生、交叉、互动就体现着这种结构性。这部文化通史不仅要剖析巴蜀文化发展的过程，同时要展现巴蜀文化的层次与结构。本书多数专题卷，虽然在物态文化、交往文化、精神文化几个层面中各有其侧重点，但都是从有血有肉的文化肌体中抽出来的，不能孤立求索和描述。研究时不仅不能把经济基础与其上层建筑割裂开来，还要努力展示文化各层面的横通，展示各专题内部各个相关领域的横通。这样做是为了尽量体现地域文化生成的内在机理，使读者把握到神完气足、血肉丰满、生机勃勃的整个巴蜀文化。

三曰会通，着重指跨文化、跨学科的多元共融，全景式打通。《易·系辞上》说："圣人有以见天下之动，而观其会通。"① 南宋郑樵《通志》特别强调"会通"。② 要从天下事物阴阳变动不居的状况，观察领悟其会合变通的卯窍。人类文化从来是多元并存，在相互比较、碰撞、渗透、融合中发展的。研究地域文化，必须有开放式的大视野，具备跨文化、跨学科的眼界

---

① 李鼎祚《周易集解》注文中引用汉代干宝："观日月而要其会通，观文明而化成天下。"
② 郑樵《通志·总序》："百川异趋，必会于海，然后九州无浸淫之患。万国殊途，必通诸夏，然后八荒无壅滞之忧。会通之义，大矣哉！"又其《夹漈遗稿》卷三《上宰相书》："天下之理，不可以不会，古今之道，不可以不通，会通之义，大矣哉！"

和通识，能够在充分尊重和了解各种文化事象的前提下，不停留于对现象的描述，而要触类旁通、探赜索隐、择精合妙、汇聚通宜，真正实现圆融贯通。纵通为经，横通为纬，须擅会通，方呈现三维立体的全息图景，做到究始终、观全体、明是非得失之故。就是说，文化史研究要通过分析和综合，具备文化反思和阐释张力，会归通衢，由"方以智"进到"圆而神"，抵达藏往知来之境。

我们时时提醒自己：研究巴蜀文化不仅要钻得进去，还要跳得出来，站到更高处，具有开放的胸襟和跨文化比较的视野，把巴蜀文化放到多元一体的中华文化和全球多元文化的大背景下加以审视，察异观同，和合会通。巴蜀文化从来不是与世隔绝、孤立自足地成长起来的，而是在同周围的兄弟地域文化相互影响下发育繁衍，并在同远近的异质文化间接或直接的交流互动中汲取营养的。我们正处在不同文化交流空前深入、碰撞空前激烈的时代，为了追寻全球文化的多元和谐，助推构建人类命运共同体，一定要本着"各美其美，美人之美，美美与共，天下大同"的文化会通观，祛除近代以来因受西方强势文化轻视、压抑而形成的文化自卑和盲从心态，提高对中华文化地位、作用的认识，坚定文化自信，珍爱并拓展、弘扬本土文化的精华。要在马克思主义指导下，具备通识通才，对中外文化精神析同辨异，折冲樽俎，在会通中实现对优秀传统文化的继承和超越，对外来文化精华的吸纳和转化，促进新时代中国特色社会主义文化繁荣发展，不断开拓文化巴蜀、文化中国转型复兴之路。

架构与方法

20世纪初叶，随着新史学的兴起，文化史在历史学中的地位得到重视和加强。刘师培曾计划研究文化专门史，含十六种，以西方学术的科目，析先秦诸学学术思想之长短得失。①胡适设想，中国文化史要包括民族史、语言文字史、经济史、政治史、国际交通史、思想学术史、宗教史、文艺史、风俗史、制度史等科目。②梁启超专就文化史的做法讲课，认为需要对政教典章、社会生活、学术文化等方面，做分门别类的文化专史。最好是把人生的活动事项纵剖，依其性质，分类叙述。在狭义的文化专史中，他举出语言史、文字史、神话史、民俗史、宗教史、道术史（哲学史）、史学史、自然科学史、社会科学史、文学史、美术史等。③不过，20世纪30年代初问世的几部中国文化史（如杨东莼1931年、柳诒徵1932年、陈登原1935年），仍多系综合体裁，对各文化门类往往语焉不详。

在前辈学者探索的启发下，我们反复思量，决定突破所见的国内现有地域文化史侧重综合、纵通的体裁，而按"纵述史实，横排门类"的编撰原则，采用"通论+专题卷+大事记"这样一种体现纵通、横通、会通的创新结构，几经斟酌，全书共二十二卷，排序如下：置全书之首的《通论卷》，阐释了巴蜀文化的基本概念与学术体系，生态环境背景，巴蜀文化的研究史和认识史，由古及今的文化发展轨迹、基本性质及基本特征，在多元一体、博大精深的中华文化中的定位及其特殊贡献，薪火传承与现代化转型创新及前景趋势，力求起到提纲挈领、纲举目张的作用。其后大体按文化的不同层次，分别为巴蜀文化具有特色的领域、学科列专题卷。先是侧重物态文化并由此探及相关交往文化、精神文化层面的，有《农业与水利文化卷》《工商文化卷》《城市文化卷》《建筑文化卷》《交通文化卷》；接下来的《民族文化卷》从中华民族共同体的多民族视角强调综合性；《宗族与会社卷》《移民文化卷》《方言卷》《民俗文化卷》大体属于制度文化、语言文字、行为交往文化层面（鉴于政制、职官、法律等制度，全国大体统一，故不设专卷）。继后精神文化层面的部分，卷数较多，设有《哲学思想卷》《史学卷》《宗教文化卷》《教育卷》《文学卷》《艺术卷》《科技文化卷》《传

---

① 刘师培：《周末学术史序》，1905年作，《刘师培儒学论集》，四川大学出版社2010年版，第36~78页。
② 胡适：《〈国学季刊〉发刊宣言》，《胡适文存》二集，黄山书社1996年版。
③ 梁启超：《中国历史研究法（补编）》，《中国历史研究法》（外二种），河北教育出版社2000年版。

播文化卷》。为便于了解巴蜀历史文献，尤其是蜀学文献，特设有文献目录学专题《文献要览卷》。专题卷之后的《巴蜀文化大事记》，对先秦至当代巴蜀文化重大事件以编年方式扼要记载，便于读者对巴蜀文化全程有鸟瞰式、综合性的把握；《巴蜀文化研究论著索引》，则供研究者作为检索工具使用。以上就是全书的架构。

各专题卷均前置导言，末设结语。其篇章框架则因事制宜而有所不同。有的是以时期分章，大体按不同门类分节，在纵通中含横通（如《教育卷》）；有的主要按专题并结合时序来分章节，在横通中含纵通（如《科技文化卷》）；有的先理出历史线索，再突出一些重点专题，先纵后横，纵横结合（如《城市文化卷》）；还有的卷内分两编，分述相关内容（如《农业与水利文化卷》）。

《巴蜀文化通史》作为多卷本的学术著作，主要供大专以上程度的读者阅读，以及文化馆、图书馆等购备。它既不是曲高和寡的"阳春白雪"，也不是能够直接普惠民间的通俗普及读本。为了让巴蜀文化走进千家万户，还有待开发科普读物和图文，使之逐步大众化，在应用和传播上做创新文章。

编撰《巴蜀文化通史》，涉及学科门类甚广，涵盖时间很长，创新要求颇高，总字数超过千万。这样的文化工程，绝非率尔操觚、短促突击所能成功。近人刘承幹①《明史例案》提出过八条准则，就是"搜采欲博，考证欲精，职任欲分，义例欲一，秉笔欲直，持论欲平，岁月欲宽，卷帙欲简"，我们在编撰过程中借作参照，同时根据在新时代撰写地域文化通史的新要求，不断从实践中探索，大体形成了以下一些做法：

（一）多学科的专家学者分工合作，协同攻关

梁启超主张，广义的文化专史，涉及面特别广，在专史中最为重要，也最为困难。这不单是史学家的责任，更是研究某种专门学问的人对于该种学问的责任，要尽量用内行的专门家去做。若能以终身力量做出一种文化专史

---

① 刘承幹（1881～1963）：著名藏书家、刻书家、史学家。

来，于史学界便有不朽的价值。①本书的编撰设置了编撰委员会、学术委员会及编辑部，确定由正副主编主持编撰，编辑部依托省社科院开展编务工作。各专题卷的著者采取定向邀标办法聘请，多为对该学科领域研究有素的专门家，分别采取由个人承担，或二三人合著，或一人主撰、团队协力完成等方式进行。为保证学术质量，使全书有机统一，在实行主编负责制的同时，由资深专家组成学术委员会，全程参与从项目规划到成书的学术攻关和学术把关。

2006年以来，先后开了四次分卷著者会议，八十多次书稿审读会议。第一阶段，先由学术委员会同分卷著者反复讨论各卷著者拟出的由粗到细的提纲，并明确全书编纂理念②，统一规范体例，然后与分卷著者签订编撰合同，落实工作责任。第二阶段，学术委员会同分卷著者研讨各卷写出的一两章样稿，这是"摸着石头过河"的试错与磨合过程。有些卷的思路和写法曾有大的调整和改变。第三阶段，各卷著者潜心研究，奋力写作。初稿先后写出后，大都经过学术委员会仔细研读，写出审读意见，同著者一起讨论，从结构、体例到观点、材料都认真交换意见，对著者遇到的各种史料、概念及话语体系、文脉梳理、文化基因挖掘等问题，出点子，提思路。待著者修订后又进行讨论，有的书稿研讨了四个回合。当某一分卷初稿趋于成熟时，即请出版社责任编辑提前介入审编，参加讨论，以便撰写工作与第四阶段的编辑出版工作紧凑衔接，不出空当。因各卷皆分头撰写，结构和文字风格有所不同，对同一文化事象的见识裁断有别也在所难免。在统改书稿过程中，既充分尊重分卷著者的学术个性和创见，同时为了各卷在总体上规范统一，基本观点相互协调而不相抵牾，尊重主编的统改权，而在个案判断上各卷则有自由度。注意把握各卷边界，相互照应避让，以免大的重复，做到详略互见，各得其宜。

在这部文化通史编撰期间，本书学术委员会大多数成员在辛勤共事中度过了古稀以至耄耋之年。我至今还清楚地记得在每次研讨会、审稿会上专家

---

① 梁启超：《中国历史研究法（补编）》，《中国历史研究法》（外二种），河北教育出版社2000年版。
② 章玉钧：《关于编纂〈巴蜀文化通史〉的思考》，《中华文化论坛》2007年第4期，第5~10页。

们无私地贡献个人的真知灼见，自由发表不同见解乃至相反的主张，体现出的那种学术为公的争鸣探索精神。尤其令我们刻骨铭心的是：隗瀛涛、李绍明、贾大泉、沈伯俊、万本根、胡昭曦、林向七位先生为学术工作长期呕心沥血，先后因病辞世。对诸位先生的高见卓识、学者风范尤其是为编撰本书所做的贡献，我们将永志不忘。

（二）采取多重证据法和综合研究法，在搜集和鉴别史料上下大功夫

古人所称"文献"，原本指书面文字记载与贤人口头传闻①，徐中舒先生拓展他的老师王国维的古史二重证据法为多重证据法，注重传世文献、出土文物和现代民族学、民俗学的活态文献等结合互证，将区域文化史研究提高到崭新的学术境地。本书编撰中，继承和弘扬王、徐等前贤视野广阔的史料观，搜罗史料力求竭泽而渔，鉴别史料着意披沙拣金，通过综合比勘，相互参证，追根溯源，从而正误辨伪，务寻真史。各专题卷著者都是先汇辑基本史料并掌握学界已有研究状况，汲取前人取得的成果，才进入写作阶段。有好几卷的著者更是"读万卷书、行万里路"，带领研究生经年累月搞田野考察，获得不少真知灼见，从而在学术上有了新的拓展。

（三）坚持文化学的视角，采取多学科交叉和比较文化学的研究方法，力求写足文化味

文化既然是人的生存方式，归结为"人化"和"化人"，每卷文化史就要见物更见人，既写出"由人化文"的胜境，更揭示"以文化人"的妙谛。有关精神文化的各专题卷，既系统梳理巴蜀精神文化尤其是蜀学发展繁荣的脉络，突出展示巴风蜀韵孕育出的文宗巨子和文化精英的成就，也记载众多无名工匠、艺人等留下的民族民间文化、市井文化的瑰宝。侧重物质文化的各专题卷，不停留在物态层面的描绘，而尽力深入到制度层面、精神层面。如《农业与水利文化卷》《科技文化卷》等，对举世无双、造福人类

---

① 朱熹："文，典籍也；献，贤也。"引自《四书章句·论语集注》卷二《八佾第三》，中华书局2012年版，第63页。

二千二百七十多年的都江堰水利工程，就不仅从物质、科技、生态层面介绍其巧夺天工、可持续发展的奥秘，而且从制度文化层面总结其堰官、岁修、劳役、配水、轮灌、收费等管理制度，更深入精神文化层面阐释其"上善若水"的哲理和人文精华。

（四）掌握焦点，抓住重点，发挥特点，突破难点

饶宗颐先生在揭橥华学趋向时，曾提出"三条"："一是纵的时间方面，探讨历史上重要的突出事件，寻求它的产生、衔接的先后层次，加以疏通整理。二是横的空间方面，注意不同地区的文化单元，考察其交流、传播、互相挹注的历史事实。三是在事物的交叉错综方面，找寻出它们的条理——因果关系。"又说："我一向采用的史学方法，是重视'三点'，即掌握焦点，抓紧重点，发挥特点，尤其要特别用力于关联性一层。"[1]我们体会，"三通"的理念与上述"三条""三点"是一致的，而方法上特别重视关联性，就要纵通找焦点，横通抓重点，会通求特点。编撰中，我们注意咀嚼梁启超的卓见：文化的发展史，各个时代、各个领域是不平衡的，重要性是不一样的，要分主系、闰系和旁系。不要平讲直叙，分不出浓淡高低。须用鸟瞰的眼光，看出哪个时代最主要，发达到最高潮，便用全力赴之。[2]各书大都采用了这种大处着眼、抓住重点、突破难点、提炼观点、不平均使用力量的方法。

集成与出新

前面提到，编撰这部书时，我们力求做到既是文化集成，更是学术创新。无论文化发展、学术探索，都是慧命相续、推故致新的过程，需要不断传承积累，继往开来，久久为功。"譬如积薪，后来居上。"用冯友兰先生

---

[1] 饶宗颐：《〈华学〉发刊词》（1995年），《选堂序跋集》，中华书局2006年版。
[2] 梁启超：《中国历史研究法（补编）》，《中国历史研究法》（外二种），河北教育出版社2000年版。

的话，这是从"照着讲"到"接着讲"的进程。每门文化史的研究，都需要对已有的各种史料，广搜博采，集纳钩沉；对前贤成果循波讨源，含英咀华；只有在对文化遗产守正传承的基础上，才有可能站到前人肩膀上，回应新的时代需求，匠心独运，开拓新境；才有可能焕然出彩，奉献出在某些方面超越前贤的成果。朱熹诗云："旧学商量加邃密，新知培养转深沉。"①集成是出新必需的基础和前提，出新则是集成企求的目标和价值增值的成就。二者同体异面，缺一不可，是衡量学术成果质量相互关联的两个维度。

（一）从集成的维度看

首先，《巴蜀文化通史》可以说是"巴蜀文化"概念提出八十多年来首次大的学术集成。"西蜀文化"（郭沫若1934年）、"巴蜀文化"（卫聚贤1941年）提出之初，主要是就巴蜀考古文化而言，后来渐次扩大到广义的巴蜀文化，有关论著已上千册，有关文章达数万篇（《巴蜀文化研究论著索引》多有著录），形成了分别以史学文献考据、文物考古、民族民俗田野调查为主的三种研究方向，近年又发展出综合诸家的会通型研究方向。各条路径的学者在不同领域、从不同角度艰辛探索，均取得了丰硕的成果。本书各卷编修中，都努力加以搜集、消化和吸取，并以借鉴、发挥这些观念、方法为前提，力求形成对巴蜀文化研究具总汇性的成果。如《通论卷》从总体上就巴蜀文化生态背景、内涵性质、发展历程及基本规律、特征等问题，会通诸说，取精用宏，做了言之成理的统体性总述，成为具有集成性的一家之说。《民族文化卷》不仅就民族理论的疑难问题深入研究，还在搜集分析历史文献材料、文物考古材料，特别是对国家组织的多次民族调查材料下了很大功夫，从而描绘出巴蜀世居各少数民族立体生动的文化图景。

其次，古往今来的巴蜀文化长河浩荡壮丽，魅力无穷。《巴蜀文化通史》对清点总结长时段、宽领域、多层面的巴蜀文化来讲也是一次学术集成。巴蜀的历史文化名人，如大禹、李冰、落下闳、文翁、司马相如、扬

---

① 《鹅湖寺和陆子寿》，（宋）朱熹著，郭齐、尹波点校：《朱熹集》卷一，四川教育出版社1996年版，第185页。

雄、诸葛亮、陈寿、常璩、陈子昂、武则天、李白、杜甫、薛涛、苏轼、格萨尔、张栻、秦九韶、杨慎、李调元等，都在相关卷帙中重点推介，娓娓道来；巴蜀历史上突出的物质文化成就和非物质文化成就，蜀学、蜀文、蜀艺、蜀籍的精华也都提要钩玄，荟萃于此。如《文献要览卷》就搜选论列了近五百种巴蜀文化重要典籍，可一览巴蜀文献精华，为学者指点津梁。又如智慧幽默的四川方言是巴蜀历史文化凝结的珠宝，《方言卷》挖掘、串起一颗颗珍珠，并生动剖析其蕴含的丰富文化信息，令人齿颊留香。

再者，不少专题卷的著者既具文化通识，又对该学术领域长期耕耘，研究有素，此次写作起到了阶段性总结的学术集成作用。例如：《城市文化卷》著者三十多年来由跟从名师到带领团队，一直深耕于近现代中国城市与城市文化研究领域；《移民文化卷》著者是国内知名的移民文化、客家文化研究专家；《交通文化卷》著者多年致力于西南历史地理尤其是交通文化的调研；《哲学思想卷》和《史学卷》著者长期潜心研究巴蜀哲学、巴蜀史学；《建筑文化卷》著者是卓有成就的古建筑研究专家、高级建筑师。他们都在各自领域完成了多项国家课题，此次承担专题卷，更是辛勤研讨，旁搜远绍，厚积薄发，突出亮点，倾力奉献了后出转精之作。

（二）从出新的维度看

本书围绕前述长时段、宽领域、多层次的巴蜀文化来创新体例结构，成为首部纵横贯通、覆盖面广、体量超大的巴蜀文化史，在全国已出的各种区域文化通史中，当属编撰体例新、时间跨度长、内容浩繁的一部。学术体系上的集成性，本身就是从文化观念、编撰理念到架构体例的出新，在地域文化通史领域作了开创性的探索。这是其一。

本书各卷着眼于发展新时代文化，明道求真，以史经世，着力写出巴蜀文化的特色和韵味，在内容上有较多突破和出新。过去关于农业与水利、工商、交通、建筑、城市等的论著，容易停留于物态层面，罕有从文化学角度和宏观视野对其全过程深入探讨之作；这次研究标明以"农业与水利文化""工商文化""交通文化""建筑文化""城市文化"为对象，注重深入文化层面进行阐释，且着意探讨长时段历史中这些物质文化变动与制度文化、精神文化演进的关系及产生的影响,这些往往是以前研究论著较少触及的。有关巴蜀学术文化的几卷,着力显示蜀学长于思辨、多元会通、创新超迈、沟通理欲、注重事功等特色,有助于发扬当今的时代精神。有关交往文化的几卷,注重聚焦于民间大众,关注各色人等的日常生活,运用了许多文化人类学、社会学、民族学的方法,见解新颖,地域文化味很浓。这是其二。

更值得珍视的是,各卷在编撰中深汲传统的源头活水,发现其烛照现实和未来的原创亮点,尤其是优越秀冠的巴蜀文化在传承创新中焕发异彩之所在。许多卷发掘出大量翔实的资料,匠心独运,以史鉴今,提炼出有创新性的学术观点,或举出有新颖性的论据,活用巴蜀首创的学术话语,采用别出心裁的叙事方式,力争获得创新、独见、卓识的学术成果。具体的创新点如同"诗眼""文眼"分布闪烁在卷帙之中,细心披阅,当会时有"山阴道上,应接不暇"之乐,这里无法一一细析。

鉴于多卷本地域文化通史尚属初创,不同文化门类各有其学理脉络、发展轨迹和演进特色,编撰难度往往超出预期,主编和各卷著者虽迎难而上,勉力为之,但仍难免有纰漏丛脞之处。尤其是古蜀文明还有不少千古待解之谜,我们受限于已获的资料和研究水平,多只能守阙存疑。对成稿后的许多惊世发现,巴蜀文化日新月异的面貌和新的研究成果亦未能更多纳入。当把多卷本《巴蜀文化通史》奉献到读者面前时,我们既同大家分享喜悦,又有颇为忐忑的心情。这部书,以至其中每一卷,究竟应获怎样的评价,最终还要接受时间的检验。衷心期望巴蜀文化研究慧命相续,薪火相传,探索和构建起自身完整的学科体系、学术体系和话语体系。但愿此番的初创能为后续俊彦们开拓新境起到抛砖引玉的作用。

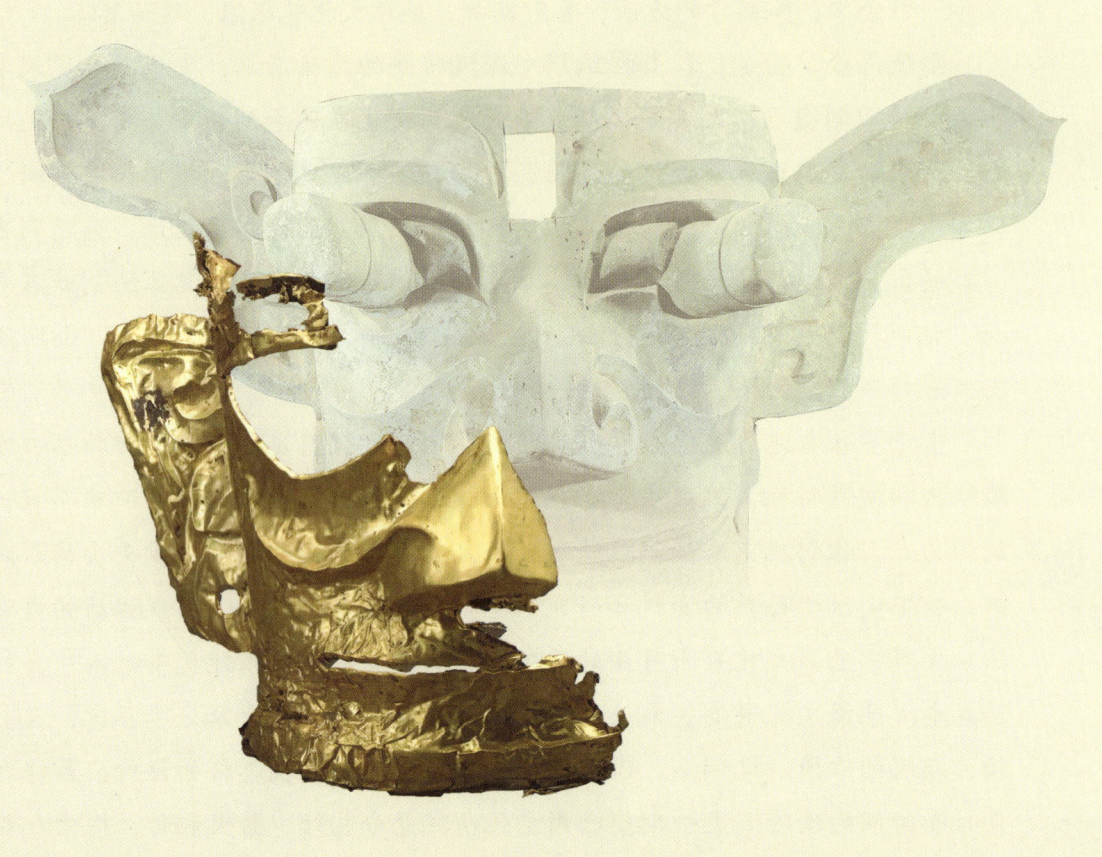

目 录

导　言 / 1

农业编

第一章　巴蜀自然环境与农业的起源 / 11
　　第一节　巴蜀农业的自然生态环境 / 13
　　第二节　巴蜀农业的起源 / 15

第二章　古代巴蜀农业的发展历程 / 21

　　第一节　先秦时期 / 23
　　　　一、考古所见的农业生产工具 / 23
　　　　二、先秦时期巴蜀农业的发展 / 27
　　第二节　秦汉时期 / 34
　　　　一、秦举巴蜀后蜀地灌溉农业的发展 / 34
　　　　二、秦汉巴蜀主体农业区与半农半牧（渔猎）区界域的形成 / 38
　　第三节　魏晋南北朝时期 / 39
　　　　一、蜀汉与西晋末年流民起义时代农业的萎缩 / 39
　　　　二、两晋南北朝的人口迁徙与农业恢复发展 / 41
　　第四节　隋唐五代两宋时期 / 43
　　　　一、隋唐巴蜀农业的恢复 / 43
　　　　二、宋代巴蜀农业的发展 / 47

第五节　元明清时期 / 48
　　一、元代巴蜀农业的恢复 / 48
　　二、明代巴蜀农业的恢复 / 49
　　三、清代农业的大发展 / 51

第三章　巴蜀稻作史 / 55

第一节　水稻及其主要分区 / 57
第二节　考古发现的巴蜀各地水稻田模型 / 61
第三节　水稻生产的进一步推广发展和多样化品种 / 63
　　一、水稻生产的进一步推广发展 / 63
　　二、巴蜀水稻品种的多样化类型 / 65

第四章　巴蜀旱作史 / 67

第一节　麦 / 69
　　一、小麦的传入和种植 / 69
　　二、其他麦类的种植和地理分布 / 75
第二节　粟、黍 / 77
第三节　高粱、大豆、芋 / 84
　　一、高粱 / 84
　　二、大豆 / 86
　　三、芋 / 88
第四节　玉米、红薯、马铃薯 / 90
　　一、玉米 / 90
　　二、红薯 / 93
　　三、马铃薯 / 95

第五章　巴蜀蔬果园圃和禽畜饲养史 / 99

第一节　蔬果园圃 / 101

一、果园 / 101

　　二、蔬菜 / 103

第二节　家养畜禽 / 105

　　一、家畜 / 105

　　二、家禽 / 120

第六章　清末民国时期巴蜀农业的曲折发展 / 125

第一节　传统农业开始解体 / 127

　　一、家庭经济面临的冲击和转型 / 127

　　二、城乡场镇市场的发展与农副产品流通领域的扩大 / 129

　　三、农副产品的商品化进程 / 130

第二节　农民和农村逐步陷入困境 / 135

　　一、动荡时局下的地权转移 / 135

　　二、农户构成和租佃关系的变迁 / 138

　　三、农村高利贷猖獗 / 142

第三节　清末民国时期若干农业发展举措 / 145

　　一、清末农业改良 / 145

　　二、民国时期的农、林、畜牧改进与科研机构 / 147

　　三、抗战前后国民政府对巴蜀地区的农业政策 / 152

　　四、民国时期巴蜀农田水利建设 / 156

第七章　新中国初三十年的巴蜀农业和农村 / 161

第一节　土地改革 / 163

　　一、历史背景 / 163

　　二、土地改革 / 164

第二节　农业合作化 / 168

　　一、互助合作 / 168

　　二、农业生产合作社 / 169

第三节　人民公社 / 170

第八章　巴蜀农村率先改革开放的探索 / 173

第一节　改革开放初期的农业体制变革 / 175
一、改革的初步尝试 / 175
二、家庭联产承包责任制 / 176
三、"统分结合，双层经营"体制的完善 / 179

第二节　率先撤社建乡，改革农村管理体制 / 182

第三节　调整农村产业结构 / 186
一、农业内部产业结构调整 / 186
二、"专业户"和农村专业生产合作社 / 187
三、乡镇企业的异军突起 / 188
四、民工弄潮创大业 / 191

第四节　市场经济体制与农村经济结构变迁 / 192
一、家庭联产承包责任制的稳定与变化 / 193
二、农业产业化经营 / 194
三、农业社会化服务体系的逐步健全 / 196
四、农村经济结构的变化 / 197

第九章　走向现代化的新世纪四川农村 / 199

第一节　推进产业化，全面建小康 / 201
一、扶持龙头企业做大做强 / 201
二、农业产业化经济组织的创新发展 / 203
三、因地制宜建设产业化基地 / 204
四、畜牧业产业化经营 / 205
五、农业产业化经营的新进展 / 206

第二节　土地流转与农地产权体制机制变革 / 207
一、统筹城乡发展中成都农村土地流转的主要模式 / 207
二、土地流转在农村经济变迁中的作用 / 208
三、统筹城乡发展中成都市农村土地流转的基本经验 / 212

第二节　新农村建设的伟大成就 / 216

一、推进新农村建设 / 216

二、农业经济的辉煌成就 / 218

水利编

第一章 巴蜀水利和水文化的起源 / 231

第一节 千河巴蜀，水润天府 / 233
一、得天独厚的丰富水资源 / 233
二、天然水系的树枝状、向心状水系结构体系 / 235

第二节 巴蜀水利和水文化的起源 / 236
一、巴蜀史前人类遗址、遗迹反映的人水关系和水文化的起源 / 236
二、大禹治水传说与宝墩文化聚落群水利文化的初步发展 / 247

第二章 先秦巴蜀地区水利、水文化的早期发展 / 257

第一节 巴地古史传说和考古资料反映的早期水利 / 259
一、先秦巴人传说中的水文化意涵 / 259
二、巴地考古资料反映的水文化习俗 / 261

第二节 文献与考古资料反映的先秦古蜀国的水利活动 / 263
一、鱼凫氏 / 263
二、杜宇氏 / 265
三、开明氏 / 267

第三章 秦以后巴蜀水利的主要历程和卓越成就 / 271

第一节 秦汉时期 / 273
一、秦举巴蜀后的大规模水利建设 / 273
二、两汉时期巴蜀水利的发展 / 278

第二节 魏晋南北朝时期 / 284
一、蜀汉时期水利的发展和制度创新 / 284

二、两晋南北朝——历史低谷中的巴蜀水利 / 286

第三节 隋唐五代两宋时期 / 290

一、隋唐时期水利的繁荣 / 290

二、两宋时期水利的继续发展 / 298

第四节 元明清时期 / 303

一、元代——长期战乱破坏后巴蜀地区水利的复苏 / 303

二、明代——巴蜀水利事业的持续发展 / 305

三、清代——古代巴蜀水利事业的再次繁荣 / 309

第四章 古老而科学的生态水利工程 / 313

第一节 形式多样的古代巴蜀水利工程 / 315

一、防洪工程 / 315

二、航运工程 / 317

三、引水工程 / 318

四、蓄水工程 / 320

五、引、蓄结合的水利工程 / 321

六、城市水利工程 / 325

七、水田 / 329

第二节 价廉用饶的就地工料和简便易行的技术设施 / 334

一、就地取材、价廉用饶的建筑工料 / 334

二、简便易行的工程技术设施 / 335

第三节 都江堰——人类水利史上的丰碑 / 339

一、科学的规划设计 / 339

二、功能多元的大型综合水利工程体系 / 342

第五章 古代巴蜀水政和水利制度 / 347

第一节 源远流长的巴蜀水政 / 349

一、古代巴蜀水政的起源和早期发展 / 349

二、秦汉以降巴蜀地区的水政与水利制度 / 351

第二节　古代都江堰灌区的水利制度及其影响 / 364
　　一、设堰官专职管理 / 364
　　二、灌区的系统管理 / 366
　　三、完善的岁修制度 / 368
　　四、合理的配水、轮灌制度 / 388

第六章　源远流长、异彩永呈的巴蜀水文化 / 391

　第一节　源远流长、兼容博采的优良传统 / 393
　　一、传统悠久，源远流长 / 393
　　二、开放包容，熔铸辉煌 / 395
　　三、北传东渐，嘉惠神州 / 398
　第二节　巴蜀水文化的风俗、信仰和理念 / 404
　　一、醇厚古朴、亲水乐水的水文化习尚 / 404
　　二、林林总总的传统偶像信仰 / 406
　　三、科学与人文深度融合的治水理念 / 436

第七章　20世纪以来巴蜀水利的现代化 / 441

　第一节　民国时期——巴蜀水利现代化的艰难起步 / 443
　第二节　新中国初三十年——巴蜀水利现代化的艰辛发展 / 446
　　一、新中国成立之初17年 / 446
　　二、"文革"时期 / 451
　第三节　改革开放以来——巴蜀水利现代化的全方位发展 / 452
　　一、量的拓展和质的提升 / 452
　　二、生态文明——世纪之交巴蜀水利现代化宏图 / 456

结　语 / 472

后　记 / 475

导　言

国以民为本，民以食为天，自古而然。早在先秦，《尚书·洪范》即以"食"为"八政"之首。汉代《史记·郦食其列传》说得更直截了当："王者以民人为天，而民人以食为天。"但在传统农耕文明时代，衣食等生活资料主要来自农业，要满足国计民生尤其是广大苍生的口腹之需，免于饥馑冻馁，就必须仰仗于农业；而农业欲有较为长足的发展，以求常年五谷丰登，则必须以兴水利、除涝旱为先。这是巴蜀数千年历史（实际上也是人类历史）反复提示我们的朴素而深刻的真理。由此可见农业与水利之间自古关系之密切，这也是《巴蜀文化通史》把农业与水利合为一卷的重要原因。①

翻开中国的地理版图，从农业发展的自然环境看，巴蜀地区地处秦岭以南、长江上游，地形地貌多样，土壤种类繁多，据20世纪末重庆市直辖之前的普查，四川全省土壤就有18类，其中尤以紫色土（水稻土的主要母土）、水稻土面积最大，其次为黄壤，再次为石灰（岩）土。②前二者适宜农业种植，尤其适宜水稻种植。其余的土壤区，也有数量可观的耕地。土地资源的多样性为巴蜀地区农业及其多种生业的起源和发展提供了非常优越的自然条件。尤其四川盆地气候温暖、雨量充沛，平原、丘陵、山区坝子和河流台地土壤肥沃，农业起源早且发展历程悠久。如苏联的国际著名农史学家瓦维洛夫就通过研究明

---

① 当然，也有学者认为，基于农业在古今作为国民经济基础、社会上第一产业的一贯厚重地位，和巴蜀水利文化的极具特色和博大精深，尤其是都江堰作为中华水文明杰出代表的世界性意义和永恒价值，巴蜀农业和水利都有单独成卷的理由和必要。
② 四川省地方志编纂委员会编纂：《四川省志·农业志》上册，四川辞书出版社1996年版，第17页。

确指出，中国是世界八大农业起源中心之一，此说亦得到著名考古学家、哈佛大学张光直教授的认同。①这一观点对于研究工作尚处于起步阶段的巴蜀农业起源探索，显然很值得重视。

随着新石器时代农业的逐渐发生发展，尤其是自新石器时代中晚期以来，大量考古资料和相关传世文献揭示，巴蜀地区农业文明的起源演变不仅从有迹可循到脉络渐明，而且从古至今，其曲折悠久的发展历程形成了自身的鲜明特点和几个引人注目的高峰期，对多元一体的中华文明的发生发展，作出了独特而巨大的贡献。

考古发掘和研究已经证明，在距今大约一万年左右的新石器时代之初，原始农业在我国境内南北都已起源，进而形成长江中下游的水田农业起源中心和以黄河中游为主的旱地农业起源中心，并逐步发展出主要是南方的稻作农业体系和主要是北方的粟作农业体系。同时，在东亚大陆南北之间，粟作和稻作体系并存过渡的情形也很早就大范围出现。巴蜀地区尤其四川盆地位于长江上游的青藏高原东侧，既可通过峡江地区与长江中游地区相联系，也可通过源于青藏高原东缘的岷江、嘉陵江、汉江水系河谷与黄河上中游广大地区发生联系，因而有学者指出，其史前文化很早就产生了南北中介和交替的二元特点。②这就使得粟作农业和稻作农业都至迟在新石器时代中晚期就传播影响到巴蜀地区，由此开启了四川或曰巴蜀地区农业文明悠久的起源发展历程。

巴蜀农业文明史源远流长，大致经历了以下几个繁荣期和平缓期。

第一个繁荣期是以三星堆—金沙遗址为标志的先秦古蜀文明时期。此期间的四川盆地尤其是成都平原以稻作农业为主的生业，继新石器时代晚期宝墩文化以来经历长足发展，达到了上古区域文明的高峰，其代表即成都平原及其周边三星堆—金沙文化地区的大量稻作农业和水利遗迹。

紧随其后的第二个繁荣期是秦汉时期。公元前316年秦举巴蜀之后，一方面用几十年平息了动荡，重建并稳定了社会统治秩序；一方面抓紧时间陆续开展大规模建设，包括在成都、郫、临邛和江州等地大兴土木，兴建兼具水利和军

---

① 李根蟠：《中国农业史上的"多元交汇"——关于中国传统农业特点的再思考》，《中国经济史研究》1993年第1期；[美]张光直：《考古学专题六讲》，三联书店2010年版，第33页。
② 孙华：《四川盆地史前谷物种类的演变——主要来自考古学文化交互作用方面的信息》，《中华文化论坛》2009年11月增刊。

事防御功能的城垣壕沟，大规模修筑蜀道，进行五尺道等交通建设，尤其是在巴蜀地区普遍开展农田水利建设，其典型即举世闻名的都江堰大型综合性水利工程体系。这一伟大水利工程体系的兴建，使得成都平原及其周边浅丘地区至迟在汉代就变成了"水旱从人、不知饥馑"的"天府之国"，促进了古代农耕文明的极大发展和繁荣昌盛。

第三个繁荣期是隋唐五代两宋时期。隋唐时期，巴蜀地区农耕文明继魏晋南北朝动荡分裂的低谷之后，在大一统格局下重新走向复兴，并在入唐以后长期较为安稳的社会环境中得到进一步恢复和发展，趋于繁荣。唐代，巴蜀地区大兴水利，不仅旧有的水利工程如都江堰灌溉体系得到修缮和进一步的提升扩展，而且增加了若干新的水利设施，使以成都平原为中心的"蜀地"享有"人富粟多""土腴谷羡"之誉，有"扬一益二"的美誉，这是四川盆地西部农业经济得以恢复和长足发展的明证。到宋代，巴蜀地区的经济文化发展更上层楼，人口迅速增加，到南宋嘉定十六年（1223）越过千万人口大关，这从一个侧面反映了农耕文明时代区域经济社会的空前昌盛。作为国民经济的基础，巴蜀农业尤其是农田水利事业继续发展。由于岁修制度进一步完善，影响整个川西平原以至周邻浅丘地区的都江堰大型综合性水利工程体系，不仅功能继续维持，而且效益提升，农业经济迅速高涨。农业的发展有力地促进了区域社会经济的全面繁荣。

纵向考察这一历史进程，尤其是与低缓期相比，巴蜀农耕文明发展繁荣的高峰期具有以下特点：

一是持续的时段长。至迟从进入文明时代以来，三星堆—金沙遗址代表的先秦古蜀文明，作为巴蜀文化的第一个高峰期长达一两千年，紧接其后的第二个高峰期长达500余年，而第三个高峰期亦长达600余年。纵观中外历史，一个农耕文明区域曾经如此长时段处于经济文化发展的稳定繁荣状态，可谓举世罕有，堪称奇观。

二是经济文化发达。巴蜀农耕文明历史上发展的高峰期不仅持续繁荣，而且长期处于发达水平，有些时段甚至处于世界领先的地位。众所周知，中华文明是世界四大古文明之一，是其中唯一不曾中断、延续至今者，并且直至晚明以前，长期处于人类文明的先进地位。因此，巴蜀农耕文明在中华文明发展历程中的发达领先地位也意味着它必处于当时世界的先进行列。

三是富于创新创造。历史悠久的巴蜀农耕文明富于创造精神，以诸多经济文化方面的发明创造支撑起其绵长的高峰期。三星堆、金沙等稻作文明遗址出土的大量金器、铜器、玉器，展示了极其高超的工艺技巧和丰富的文化内涵，数量众多的人神头像，被誉为"千里眼、顺风耳"的蚕丛氏铜像，极为精美、动感十足的"太阳神鸟"金箔，长达143厘米的金杖及其包括头戴王冠的人像和钩喙鱼鹰背负戳入鱼身之羽箭展翅飞翔的图案，均凸显出巴蜀文化与中原文化迥异的独创性风格和信仰艺术特色。而堪称"世界索桥之祖"的古代笮桥，尤其是人类科技史上最早开发利用天然气的汉代临邛"火井制盐"、人类历史上最早的纸币——宋代成都民间首创发行流通的"交子"、眉山诞生的世界最古老的书籍版权记录，以及西汉晚期蜀中大儒扬雄《太玄》经文阐发的"一分为三"哲学思想，则是巴蜀先民基于农耕文明的原创性发明的杰出范例。

魏晋南北朝和元明清时期是巴蜀农耕文明的低谷期或平缓期。即使处于相对低缓时期，此期尤其是清代农业仍有新的发展，因而巴蜀作为重要农业区，仍然在全国具有非常重要的历史影响。即使在遭受严重的天灾人祸之后，农业和整个农耕文明仍然依循曲折的路径一再顽强地恢复并发展起来，在全国格局中基本保持着举足轻重的地位。中国历史上，先后有关中、蜀中等几个地方号称"天府"，这是典型的农耕文明桂冠，但中古以后最终只有巴蜀地区保留了这一美誉，并非偶然。

水，是生命之源，也可谓人类文化和文明之源。因而就这一意义而言，一部人类史，就是人类应水而生、依水而存、与水相生相克、以水求发展的水文化史。而所谓水文化，即先民在这一漫长的历史过程中，用水、治水、惜水、护水、兴水利、避水患的全部物质、制度和精神创造物。

回首人类历史长河，中国古代多元一体灿烂文明中的传统水利以源远流长、贡献巨大而举世闻名，其中，以长江上游天府之国成都平原上都江堰大型综合性水利工程体系为代表的古代蜀地水利和水文化，不仅堪称天府文化的重要源头活水，而且无疑是世界文明百花苑的奇葩，以其独有的智慧和创造创新精神、独具特色的杰出成就而独步天下。

四川省是个千河之省，上古四川盆地当为泽国。作为农耕文明重要组成部分的巴蜀水文化和水利文明，在当地历史上的起源甚至比农耕生业更早，而且取得了同样的甚至更令人瞩目的成就。

巴蜀地区的水利史和水文化史源远流长，至少在大禹时代就已经进入高度发展的阶段，并且在考古学上与之时代大致相当的宝墩文化古城群的大量"金城汤池"遗址中，得到了宏观历史进程的广泛印证。蜀地传世文献记载的先秦古蜀蚕丛、柏灌、鱼凫、杜宇和开明五个王朝中，至少后三个王朝时期水利成就的记载，已经得到三星堆遗址、十二桥遗址和金沙遗址等成都平原和四川盆地的大量考古资料的确切佐证。

秦灭巴蜀后，巴蜀水利进入了一个新时期。秦人继承了蜀地大禹以来治水的优秀技术传统和理念，吸取了长江中游荆楚等域外地区的先进水利技术因素，并以之与中原水利技术模式相结合，融会创建了以都江堰大型综合性水利工程为代表的蜀地水利体系。经过汉代蜀守文翁等进一步对都江堰水利工程模式的创造性拓展，至迟在汉代，蜀地正式建成了大面积自流灌溉、近乎"风调雨顺"的无坝引水树谱状大型综合功能渠系，使成都平原及其周边一些浅丘地区从此成为"水旱从人、不知饥馑"的"天府之国"。

那么，都江堰代表的蜀地水利和水文化获得如此巨大成就的奥秘何在呢？综合考察各方面的资料，我们认为有以下几个方面：

第一，科学严谨、巧夺天工的勘测设计。自从大禹、李冰治水以来，蜀地逐步形成了一套科学的水利制度。在工程勘测方面，传世最早的文献《尚书·禹贡》就记载大禹治水时，"随山勘木，奠高山大川"①。据研究，这是人类水利史上最早的勘测记录，影响深远。再如古代蜀地文献《华阳国志·蜀志》也记载，李冰创建都江堰时，就曾亲自沿途查勘岷江水文、地理，溯江而上，直到上游江源地区，"乃至湔氐县，见两山相对如阙，因号天彭阙"②。《水经·江水注》亦载李冰在岷江上游见"氐道县有天彭山，两山相对，其形如阙，谓之天彭，亦曰天彭阙。江水自此已上至微弱，所谓发源滥觞者也"③。

在工程设计方面，都江堰工程更是达到了几乎完美的科学境界。这一巨大的工程体系分渠首工程和灌溉航运系统两大部分。渠首工程又主要由鱼嘴分水堤、宝瓶口和飞沙堰三部分组成。由竹笼卵石砌成的鱼嘴分水堤位于堰首江心，把岷江分为内江和外江。鱼嘴利用河道动力学原理，把江水一分为二，平水时六成江水入内江，以保证成都平原舟楫灌溉之利；洪水时则六成以上的江

---

① 《尚书·禹贡》，《十三经注疏》本，中华书局1980年版。
② （晋）常璩撰，刘琳校注：《华阳国志校注》，巴蜀书社1984年版，第201页。
③ 王国维校：《水经注校》，上海人民出版社1984年版，第1035～1036页。

水泻入外江主流，可免平原洪涝之灾。连接内江的宝瓶口使多余的江水无法流过，转而从紧接鱼嘴分水堤尾的飞沙堰溢入外江。飞沙堰高仅两米，自动横向溢排沙石于外江。洪水愈大，沙石排出率愈高，最高可达98%，可谓巧夺天工。

第二，无坝引水、经济高效的生态工程模式。都江堰水利工程的突出创举和显著特征，就是采用了与近世水利工程修建拦河大坝截然不同的无坝引水工程模式。这是一种符合水的自然规律的技术模式，是大禹以来古蜀治水的悠久传统。都江堰工程则集其精华之大成，其最具永恒价值的意义在于，它没有改变河流的自然形态，从而有效地保护了河流本身和流域自然生态，可以避免近代水利工程泥沙淤积，改变河流形态、流速、水质、生态，引起地貌变化甚至诱发地震等诸多难以控制的弊端，是极具可持续发展优势的工程模式，对于当今世界无疑有深刻的认识借鉴意义。

第三，价廉饶给、就地取用的建筑材料和简便易行的工程技术。都江堰工程价廉效优的另一奥秘在于，其建筑材料一般为竹、木、卵石等，均就地取用、价廉饶给；其施工技术简便易行，科学有效；其施工工具也为过去城乡常用简单器具。这些天然材料和工具的取用，在自然经济条件下也甚为方便。由于无须大规模地加工生产，因而不会直接造成环境污染、生态破坏。

用竹笼卵石筑堤和杩槎截流，是一种刚柔结合、以柔克刚的水工技术，可以灵活搭配组合，建成功能不一、各式各样的水利建筑物。杩槎加竹席等既可以横向截断河流，还可广泛运用于抢险堵口、调剂流量、挑流护岸、保护桥闸堤堰、围堰施工和简易搭桥等多种工程。杩槎施工搭建方便，拆除容易，不会留下任何破坏环境的遗物。散开的木料下次又可以再用，是一种资源重复利用率高、经济实效、利于生态环境保护的古老工程材料和技术。

第四，天道酬勤、因地制宜的岁修制度。著名的郑国渠、白渠等华夏水利工程，和巴比伦、罗马帝国的灌渠等，均早已废弃湮没，而都江堰灌区迄今已逾千万亩，综合效益随着健康的运转继续提高，为四川的国计民生注入了无限的生机，创造了古代无坝水利工程史上的几项世界之最：历时最久、灌区面积最大、综合效益最高、生态环境保护最优，因而荣膺世界文化遗产和世界灌溉工程遗产双重桂冠。都江堰之所以能取得如此伟大的成就，永葆青春，最重要的奥秘就存在于博大精深的古蜀水文化制度，特别是古老的岁修制度之中。利用冬季农闲时候展开的岁修，一般每年一小修，三年一大修，若洪水造成水利工程的严重损坏，则亦及时安排大修。岁修久已成制，甚至进而蔚成民俗。

明朝杨升庵文集收录的《秦蜀守李冰湔堋堰官碑》，就已经提出了这一古老制度的要旨"深淘埤，浅包鄢"，即后世通写作"深淘滩，低作堰"的著名六字要诀。这说明都江堰科学有效的岁修制度在李冰时代就已经出现。历史证明，这一岁修要诀，连同"遇湾切角，逢正抽心"的治河八字格言，蕴含着深刻的科学原理，成为世代恪守的原则。

第五，道法自然、天人合一的水利理念。都江堰青春永葆的更为深层次的原因，是其整体贯穿始终的道法自然、大道若水的深邃理念。这一思想源自更为久远的大禹时代，古人早已经指出："禹之决渎也，因水以为师。"①这是对大禹治水技术和理念的高度评价。"以水为师"，其义通于老子《道德经》，所谓"道法自然"。这是中国古代由来已久的哲学理念，它源于先民对水性规律的认识和尊重。此理念一经出现，必然伴随先民成败交织的一步步实践逐渐丰富深化，并对后世产生深刻久远的影响。而在这一过程中，长江上游的蜀地，以其历史悠久、因任自然、因地因水制宜的卓越实践及其经验总结，为这一古老的科学理念的形成完善，作出了独特的贡献。从都江堰渠首工程鱼嘴无坝分水，到飞沙堰巧溢沙石，以至密布川西平原的整个灌溉水道网络，均相当完美地顺应了水流的规律，反映了先民对水的深刻认识。

作为古蜀文明尤其是水文化的光辉载体，集防洪排涝、水上运输、农业灌溉、城市生产生活用水供应于一体的都江堰工程，不仅使原本就自然条件优良的蜀地进而迅速发展成为"天府之国"，长期在经济、文化发展水平方面领先天下，而且在水利工程模式及其技术方面，也对后世产生了重要的影响和示范作用。如沟通长江与珠江两大水系的著名运河——灵渠，其工程设计方案和理念就明显受到都江堰的启示影响。再如历史上黄河在中原地区屡次溃决，而且长期因治理乏术，给国计民生造成巨大的灾害和损失，汉成帝建始四年（前29），黄河"决于馆陶及东郡金堤，泛滥兖、豫……凡灌四郡三十二县"，"御史大夫尹忠对方略疏阔，上切责之，忠自杀"，成帝召"河堤使者王延世使塞，以竹落长四丈，大九围，盛以小石，两船夹载而下之。三十六日，河堤成"，成帝为之改年号为"河平"，封"延世为光禄大夫，秩中二千石，赐爵

---

① 《淮南子·原道训》。

关内侯,黄金百斤"。①颜师古注:"《华阳国志》云,延世,字长叔,犍为资中人也。"王延世创造治河奇迹之法,实即都江堰工程用竹笼卵石的传统技术。都江堰科学先进的工程模式和深邃理念,不仅广泛地影响了古代中国水利,而且远及于日本等国家。更为深远的影响在于为人类正确处理人与自然的关系,为世界可持续发展提供了光辉的范例和深邃的智慧理念。

时至今日,都江堰大型综合性水利工程系统既是中国和全人类的伟大历史文化遗产,又是正在健康运转、持续增效的活生生的现实水利工程,这就使它超越了通常意义的历史文化遗产,具有了更为重大的意义和价值。对于生态环境面临严峻挑战、水资源问题日趋严重的当今人类社会,都江堰代表的水文化理念和科学的工程模式,尤具强烈深刻的现代性意义和典范价值。我们应当虚心从巴蜀先民对于人、水、天、地和谐关系的认识中汲取智慧,牢固树立文化自信,为中华民族和世界的可持续发展,为人类文明,再作贡献。

---

① 《汉书·沟洫志》。

巴蜀文化通史 | 农业与水利文化卷

第一章 巴蜀自然环境与农业的起源

巴蜀地区地处秦岭以南，长江上游，自然条件优越，尤其四川盆地气候温暖，雨量充沛，平原、丘陵、山区坝子和河流台地土壤肥沃，农业起源早而发展历史悠久。巴蜀先民勤劳智慧，自古善于因任自然而巧妙利用其条件和规律，在农业发生发展的悠久历史中创造了众多奇迹。因此，本章从巴蜀地区的地理气候环境等自然条件出发，略述古代巴蜀农业起源和初步发展。

第一节　巴蜀农业的自然生态环境

巴蜀地区自古以来面积辽阔，地形、地势、地貌复杂多样，气候和水资源条件优越，因而是东亚大陆历史上农业起源最早、最为发达的区域之一。

从地理上看，巴蜀地区以龙门山—峨眉山—大凉山一线为界，东西两翼地貌迥然不同。西部是大幅度隆起的川西高原和高山峡谷区，地势较高而地形复杂；这一大片地区以现今的川藏公路为界，北部为川西北高原，南部为呈南北走向的川西高山峡谷区。川西北高原一般海拔在3000米以上，海拔4000米以上的山峰终年积雪。自岷山以西为青藏高原的东隅，北为黄河河源与阿尼玛卿山（即古文献中的积石山）。整个川西高原北部高原面貌完整，绵延分布着若尔盖湿地等大片沼泽、草地，往东有九寨沟、黄龙等众多风景名胜区。川西高原南部属于横断山区北段，北接岷山，自西向东为著名的金沙江、沙鲁里山、雅砻江（古称若水）、大雪山、大渡河、安宁河（古称孙水）、大凉山和邛崃山，河山相间，岭谷高差由北向南逐渐增大至2000米左右，气势极其雄浑而自然景观垂直分布，差异鲜明。诸山中以大雪山中段的贡嘎山最高，海拔7556米，为巴蜀地区第一高峰。其余著名的高山雪峰还有四姑娘山（6250米）、聂格山（6204米）、雀儿山（6168米）等。

巴蜀地区的东部是四周群山环绕、中部相对低平、丘陵绵延起伏的四川盆地，面积约27.9万平方公里。根据地质学研究，四川盆地大约在7000万年前还是一个巨大的内陆湖，后来由于地质变动，湖盆抬升，湖水干涸而形成盆地，因多紫色砂页岩分布，又称"红色盆地"。盆地底部大致在雅安、叙永、云阳、广元之间，地势北高南低，海拔300~700米。其中平原约占7%，丘陵约占52%，低山约占41%。盆地四周为大凉山、邛崃山、大巴山、米仓山、巫山及云贵高原上的大娄山等山脉，海拔多在1000~3000米之间。从位于盆底西北隅的成都平原，到盆地的广大丘陵、低山，盆周山脉，川东平行岭谷，地形地貌复杂多样，河流水系星罗棋布。流经盆地的著名大江大河有长江干流及其南北各级支流乌江、岷江、青衣江、大渡河、沱江、嘉陵江、渠江、涪江等，形成长江上游水系。

巴蜀地区地处亚热带，但由于上述地形的明显差异，分为东西两个截然不同的气候区。东部属于亚热带湿润季风气候，受地形影响，气温较同纬度的长江中下游偏高约2℃~4℃，具有冬暖、春旱、夏热、秋雨，湿度大、云雾多、日照少等特点。西部则为温带、亚热带高原气候，气温低而日照强烈，但又以颇为湿润、降雨较多而与青藏高原内部广大地区形成对比。巴蜀地区的年平均气温在1℃~19℃之间，其中1月为-12℃~10℃，7月为10℃~30℃，山地、高原气温偏低，河谷、盆地则较高，而以盆地底部的长江沿岸最高。极端最低气温为-36.3℃（1961年1月16日，色达），极端最高气温为44.1℃（1953年8月18日，彭水）。盆地全年无霜期为280~330天，有利于农作物和植被的生长，而高原无霜期则一般不足90天，北部仅30天左右；金沙江及安宁河谷四季不分明，可种植多种热带经济作物。

巴蜀地区不仅地形、地势、地貌和气候多样化，而且土壤种类繁多，有东部盆地丘陵紫色土区、盆地外围山地黄壤区、西南部山地河谷红壤区、西北部高山森林土区、西北部高原草甸土区。以上不同区域分别适宜农耕、畜牧、林业等多种生业，而农耕则大致有稻作和旱作之分。由于历史上巴蜀的地域范围有伸缩变迁，这里仅以1997年重庆直辖以前的调查统计为据，对巴蜀农业土地资源作一静态略述。根据1985年的统计数据，四川省土地总面积为8.51亿亩，同年全省耕地面积为9551万亩，占土地总面积11.2%。以上数据与实际应有一定出入，倘若按1983年航测的结果，则全省耕地面积仍有1.37亿亩，占土地总面积的16%。从地理分布上看，全省耕地的92%集中在东部盆地区。另外，根据1985年调查，全省土地总面积中林地占34.4%，草地占31.6%，水面占2.5%。巴蜀地区土壤种类繁多，据1980~1985年普查，四川全省土壤就有18类，其中17类有农耕土，尤以紫色土（水稻土的主要母土）、水稻土面积最大，其次为黄壤，再次为石灰（岩）土。①前二者适宜农业种植，尤其适宜种植水稻。其余土壤区，也有数量可观的耕地。以上土地资源的多样性，为巴蜀地区农业及其多种生业的起源和发展，提供了非常优越的自然条件。

第二节　巴蜀农业的起源

早期农业的起源是长期以来世界性的学术热点课题，也是巴蜀文化探索的题中应有之义。但此类课题的研究对象都因时代甚早而普遍缺乏系统的文献记载，少量的传说也零散而见载相对较晚，因此，问题的解决应以考古学资料为主，结合历史学、人类学和其他相关学科进行研究。就巴蜀农业起源而言，迄今由于学术资料不足，研究工作尚处于起步阶段。不过，如前所述，巴蜀地区具有农业发生发展的良好的自然环境和生态条件，是学术界的共识。国际著名农史学家瓦维洛夫研究认为，中国是世界八大农业起源中心之一。②著名考古学家张光直教授根据瓦氏的"经典著作"明确指出：

瓦维洛夫主张：（上述世界八大农业起源中心中）最大也是最早的中心是中国中部、西部的山区以及附近的低地。他所指的是湖北西部到四川西部的山区及附近的低地。他根据现在的野生植物的分布推测：最早在中国由野生到家生的植物有粟、黍、高粱、大豆、红豆、山药、萝卜、白菜、芥菜以及各种的竹子，等等。③

"湖北西部到四川西部的山区及附近的低地"，正是上古巴蜀文化的主要分布区。

蒙文通先生早年论及巴蜀地区农业起源问题时也引述指出："近时有研究中国农业史的科学家认为，中国农业在古代是从三个地区独立发展起来的，一

---

① 四川省地方志编纂委员会编纂：《四川省志·农业志》上册，四川辞书出版社1996年版，第17页。
② 瓦维洛夫是苏联学者，他在1935年出版的名著《育种的植物地理学基础》中提出这一学说。转引自李根蟠《中国农业史上的"多元交汇"——关于中国传统农业特点的再思考》，《中国经济史研究》1993年第1期。
③ ［美］张光直：《考古学专题六讲》，三联书店2010年版，第33页。

个是关中,一个是黄河下游,在长江流域则是从蜀开始的。"①

上述诸说所据,虽主要只是植物学及为数不多的文献资料,但所论却有筚路蓝缕的重要开创意义。②有幸的是,近年来考古学的进展,使我们有了进一步探索的条件。需指出的是,无论从理论或考古学的实践来看,新石器时代固然以磨制石器和陶器的使用为特征,但其本质上则伴随着原始农业的发生发展。而巴蜀地区近年来已经发现和发掘了数量颇为可观的新石器时代中晚期以来的文化遗址、遗迹和遗物,农业必然已经发生且有较长时期的发展,可以据之对巴蜀农业的起源和早期发展进行初步的探索。

在传统属于巴文化区域的川东平行岭谷地区,考古发现了以重庆丰都县玉溪遗址下层类型为典型代表的新石器时代中期若干遗址,年代大约在距今7500~7000年之间。这些遗址的陶器以釜、碗、杯为基本器类,红褐色的器表往往饰以绳纹,石器种类最多的是以打制为主的长方形石斧和石铲等,其文化来自长江中游,比距今8000年前后的湖南省澧县彭头山文化进步,又比距今7000年以后的城背溪文化落后。③彭头山遗址出土陶器的陶胎中夹有大量稻壳,证明在长江中游地区,人类稻作农业的历史已经上溯到新石器时代早期。④显然,来自长江中游的发达的稻作文化,已经影响到川东平行岭谷地区,这一地区以丰都县玉溪遗址下层类型为典型代表的新石器时代中期遗址,看来存在着稻作为主的农业经济体系。尔后基本分布于瞿塘峡以东的大溪文化虽然反映出明显的变化,但仍以发达的农业和渔猎业为主要经济形态。而大溪文化晚期以后兴起的玉溪坪文化,则更广泛分布于川东平行岭谷地区,并在晚期与来自长江中游的晚期屈家岭文化并存于这一地区。考古资料显示,后者是在前者衰落之际乘势而至的,这是稻作农业区族群和文化在属于四川盆地的川东平行岭谷地区的再度推进。

如果说四川盆地东部史前时期长期受到长江中游稻作农业文化的影响,那

---

① 蒙文通:《巴蜀史的问题》,《蒙文通文集》第二卷《古族甄微》,巴蜀书社1993年版,第258页。
② 《考古学专题六讲》是张光直先生1984年8~9月在北大的讲演记录,为时较早。其时巴蜀考古资料甚少,因而张先生未能在文中予以具论。
③ 邹后曦、袁东山:《重庆峡江地区的新石器文化》,重庆市文化局、重庆市移民局编《重庆·2001年三峡文物保护学术研讨会论文集》,科学出版社2003年版。
④ 裴安平:《彭头山文化的稻作遗存与中国史前稻作农业》,《农业考古》1989年第2期。

么，史前四川盆地西部特别是川西高原，则主要是长期受到黄河流域尤其上游甘青地区粟作农业文化的影响。川西高原一个时期以来的发现证明了这一点，如在距今约5500～5000年的大渡河上游的哈休遗址，考古工作者从灰坑填土中浮选出了粟等农作物品种，因而推测其居民栽培的粮食作物主要是粟。①更多的新石器时代遗址见于岷江上游地区，其中尤以地处岷江岸边台地上的营盘山遗址、波西遗址、沙乌都遗址等值得注意。在这些遗址的出土资料中，既有土著文化的特征，又不同程度地存在黄河流域粟作文化的因素。如时代最早、距今5500～5000年的营盘山遗址文化以具有自身特色的本土因素为主，但同时吸收了来自西北甘肃东南部的彩陶等文化因素，也受到了四川盆地北部和东部边缘地区同时期文化的影响。②波西遗址出土器物的文化内涵既与隔江相望的营盘山遗址有联系，又带有仰韶文化庙底沟类型晚期的特征，如出土的细泥红陶弧边三角纹彩陶敛口曲腹钵与河南陕县庙底沟遗址仰韶文化的A3碗（H10：128）、A10g盆（H47：42）等的风格相似，且共存的双唇式小口瓶、尖唇敛口钵等其他陶器，以及细泥红陶及纹饰所占比例最多的特征等，均属于仰韶文化庙底沟类型晚期③，揭示了岷江上游地区新石器时代文化来源的多元性。沙乌都遗址也紧邻营盘山遗址和波西遗址，其时代因而据发掘者推测为距今4500年左右。该遗址在文化内涵上与成都平原上的宝墩文化存在较为密切的联系，如沙乌都遗址出土的夹砂灰黑陶、褐陶侈口罐多装饰绳纹和锯齿状花边，这正是宝墩文化的典型特征之一；沙乌都遗址的泥质磨光陶喇叭口长颈壶形器与宝墩遗址出土的泥质灰白陶高领罐、喇叭口壶的形态相近；而沿面、唇面施绳纹的夹砂褐陶罐，装饰瓦棱纹的泥质黑皮陶器等遗物也能在宝墩遗址找到相似的器物。④宝墩文化与比之时代更早的沙乌都遗址文化的密切联系说明，新石器时代晚期成都平原也受到了岷江上游川西高原文化的深刻影响。上述情况揭示，黄河流域尤其上中游地区的马家窑文化、仰韶文化，对新石器时代晚期川西高

---

① 陈剑、陈学志：《大渡河上游史前文化寻踪》，《中华文化论坛》2006年第3期；陈剑、何锟宇：《大渡河上游史前文化、环境与生业初析》，《四川文物》2007年第5期。
② 《四川茂县营盘山遗址试掘报告》，载成都市文物考古研究所编著《成都考古发现（2000）》，科学出版社2002年版。
③ 《四川茂县波西遗址2002年的试掘》，载成都市文物考古研究所编著《成都考古发现（2004）》，科学出版社2006年版。
④ 《四川茂县沙乌都遗址调查简报》，载成都市文物考古研究所编著《成都考古发现（2004）》，科学出版社2006年版。

原存在持续的影响，也影响了四川盆地西部的成都平原。

此外，在前述与岷江上游营盘山遗址文化有联系的四川盆地北缘嘉陵江流域新石器时代文化中，以距今约7000～6000年的广元市中子铺遗址最早，其原生堆积中即出土有陶三足器的柱状小实足，发掘者认为颇接近陕南地区的前仰韶文化的同类器形①，应源于后者。其后的广元张家坡遗址（距今约6000～5500年）②、邓家坪遗址（距今约5500～5000年）③，绵阳边堆山遗址（距今约5000～4500年）④和宝墩文化遗址中，也均出土具有汉水上游龙山文化特点的黑皮陶，提示了川北、川西地区受到的由北而南的影响。而特别值得注意的是，陕西前仰韶文化即老官台文化或曰大地湾文化，见于陕南汉水流域即有南郑龙岗寺、西乡李家村、何家湾、汉阴阮家坝、紫阳白马石和马家营等遗址。⑤陕南地区与四川自古同为《尚书·禹贡》所谓秦岭以南的"梁州"或曰"华阳"地区，即《汉书·地理志》所云"与巴蜀同俗"之地，历史上长期属于巴蜀地理甚至其行政管理范围，因而上述出土资料同样反映了黄河流域文化对巴蜀地区的影响。

考古学的新近发现与历史学研究颇能相互印证。蒙文通先生研究认为，蜀地最早的"农业是从江原入成都平原的，江原、临邛正是岷山河谷，蜀的文化可能是从这里开始"⑥。谭继和先生也指出，"从古蜀传说时代的历史看，古蜀农业文明最初是从蜀山氏低级农业与畜牧渔猎相结合的产牧经济阶段开始

---

① 王仁湘、叶茂林：《四川盆地北缘新石器时代考古新收获》，载李绍明、林向、赵殿增主编《三星堆与巴蜀文化》，巴蜀书社1993年版。
② 中国社会科学院考古研究所：《四川广元市张家坡新石器时代遗址的调查与试掘》，《考古》1991年第9期。
③ 叶茂林：《广元市邓家坪新石器时代遗址》，《中国考古学年鉴1991》，文物出版社1992年版；王仁湘、叶茂林：《四川盆地北缘新石器时代考古新收获》，载李绍明、林向、赵殿增主编：《三星堆与巴蜀文化》，巴蜀书社1993年版。
④ 中国社会科学院考古研究所：《四川绵阳市边堆山新石器时代遗址调查简报》，《考古》1990年第4期；王仁湘、叶茂林：《四川盆地北缘新石器时代考古新收获》，载李绍明、林向、赵殿增主编《三星堆与巴蜀文化》，巴蜀书社1993年版。
⑤ 陕西省考古研究所、陕西省安康水电站库区考古队：《陕南考古报告集》，三秦出版社1994年版。
⑥ 蒙文通：《巴蜀史的问题》，《蒙文通文集》第二卷《古族甄微》，巴蜀书社1993年版，第241页。

的"①。上述观点均颇具前瞻性，并得到一个时期以来考古资料的印证、补充和完善。现在看来，巴蜀地区史前农业的起源不仅甚早，而且通过四川盆地水系形成的古老通道分别与黄河中上游及长江中下游农业文化很早就发生了联系，受到它们的影响。具体说来，史前四川盆地东部可能已经出现稻作农业，其间由于族群移徙交替而有所变迁，盆地西部和川西高原则出现了粟作农业。进而言之，很可能在新石器时代晚期，稻作农业技术和粟作农业技术已经在四川盆地内（包括重庆沿江地带甚至乌江下中游地区）发生了接触、交流和相互渗透影响。②

有学者根据近年来在田野考古发掘工作中普遍采用浮选法获取的新资料，结合考古学文化分析研究指出，成都平原先秦时期的农业形态有一个从种植小米到普遍种植稻米的转变过程；认为宝墩文化很可能源于岷江上游的马家窑文化，因此成都平原宝墩文化时期主要种植小米；而川东忠县中坝遗址的哨棚嘴文化地层中浮选出的植物种子也是小米，因而被认为是哨棚嘴文化与宝墩文化有共源于马家窑文化的关系所致。上述观点的主要依据是，在金沙遗址宝墩文化三期地层单位中浮选出的植物种子以小米为主，也有少量大米；但宝墩文化从三期起明显受到长江中下游文化的影响，可能开始向长江中游学习种植水稻，所以浮选出少量稻米；从三星堆文化开始，成都平原可能已经大量种植水稻，因此金沙遗址大量浮选的结果均是以稻米为主，只有少量小米。③对于上述历时性变化，以及川东川西都有水稻、小米发现的共时性现象，也有学者进而提出了不同解释，认为除了与族群和文化的迁徙互动影响有关外，也与距今5000年前后全球由湿暖向干冷的气候转化相关，这些因素导致了大约龙山时期巴蜀地域和中原农业的复杂性，即由相对单一的粟或稻过渡到包括二者以及其他农作物在内的"多种农作物种植制度"。④

以上诸说都言之成理，但要最终揭示出巴蜀地域范围内史前农业及其作物

---

① 谭继和：《广都之野与古蜀农业文明的演进》，《中华文化论坛》2009年11月增刊。
② 孙华：《四川盆地史前谷物种类的演变——主要来自考古学文化交互作用方面的信息》，《中华文化论坛》2009年11月增刊。不过，作者认为目前尚缺乏足够的农业考古资料，故上述推论还需考古学材料提供的信息来验证。
③ 江章华：《成都平原先秦时期农业的转型与聚落变迁》，《中华文化论坛》2009年11月增刊。
④ 霍巍：《成都平原史前农业考古新发现及其启示》，《中华文化论坛》2009年11月增刊。

种属发展演变的真实情形，仍有待于考古学大量细致深入的田野发掘和研究工作。新的考古发掘进展揭示，宝墩文化时期成都平原水稻种植在粮食生产中的地位超出了之前的认知。以宝墩遗址2009年的工作为例，共采集到14份土样，浮选提取到1430粒炭化植物种子，且种类比较丰富，其中稻谷种子643粒，占总数的45%，几乎在所有时期的底层和遗迹单位中都有发现；粟的数量为23粒，占1.6%，且集中在宝墩文化一期的地层和遗迹单位中。此外，通过对植硅体的分析，也从宝墩文化层中发现了大量典型水稻扇形植硅体（底侧面布满龟裂纹，两侧向外突出）以及横排双裂片型（哑铃型）和产生于水稻颖片的双峰型植硅体，同时还存在少量粟类作物的植硅体碎片。通过这些植物考古分析，目前对宝墩文化先民的农业形态已经有了比较充分的认识：那时气候波动不大，为温暖湿润的气候类型。大约4500年到4000年前的宝墩先民以种植水稻为主，兼有粟作农业。当时温暖湿润的气候环境，有利于稻作农业的发展，为成都平原早期农业文明的兴起和发展提供了坚实的基础。①

不过，由上述新石器时代中晚期以来的发现可知，巴蜀最早的农业不是发生在四川盆地底部平原，而是起源于盆周山地。但在此基础上，巴蜀早期农业的初步繁荣，则集中体现在宝墩文化以来的成都平原——《山海经》等古代文献所云"都广之野"上。同时，由宝墩文化各期都有稻作，且稻作明显居于生业主导地位的资料可知，宝墩文化一开始就与长江中游有密切的联系互动；而宝墩文化一期的粟作资料同样证明了宝墩先民与岷江上游和川西高原的文化渊源。成都平原确实历来是中国的一个东西南北古老文化的交汇点。

---

① 贾昌明：《寻找古蜀文明之光——中华文明探源工程成都平原考古工作侧记》，《中国文物报》2014年5月9日。

第二章 古代巴蜀农业的发展历程

巴蜀地区的农业在漫长的古代文明时代不仅持续发展，而且取得了极其辉煌的成就，并几度引领风骚：先秦时期孕育了著名的宝墩文化、三星堆—金沙文化，成为上古世界最辉煌的区域文明之一；秦汉以后"水旱从人，不知饥馑"①，号称"天府之国"；隋唐时期经济发达，文化昌明，更以"扬一益二"闻名天下；至宋则有"缣缕之赋，数路取赡"②，成为朝廷抗击金、元人力物力所赖的战略后方。总之，回瞰中国古代历史的漫长历程，地处大西南的巴蜀农业文明成就巨大，因而"志称蜀川土沃民殷，货贝充溢，自秦汉以来迄于南宋，赋税皆为天下最"③。此后虽然历经战乱摧残，加上全国各区域发展的不平衡，区位条件的变迁，巴蜀地区虽不再领先于天下，但仍然在战略上举足轻重，一直受到历代中央政权的重视，沿袭了农业文明时代的大省地位，在全国经济、政治和社会格局中起着不可忽视的重要作用。以下分四节概要叙述古代巴蜀农业发展的辉煌曲折历程，大致勾勒其基本线索，探讨巴蜀农业在历史上的地位和贡献。

第一节　先秦时期

一、考古所见的农业生产工具

巴蜀地区的先秦时期，亦即学术界所称的早期巴蜀文化或狭义巴蜀文化时代④，指巴蜀地区进入文明时代至公元前316年秦举巴蜀的时期，大致相当于中原的夏朝至战国中晚期之交，相传先后经历了蚕丛、柏灌、鱼凫、杜宇和开明等蜀地诸朝。对于上述漫长的历史进程，现存传世文献记载非常简略。而对

---

① （晋）常璩撰，刘琳校注：《华阳国志校注·蜀志》，巴蜀书社2007年版，第202页。
② （宋）司马光：《资治通鉴》卷二五九。
③ 《读史方舆纪要》四川总序。
④ 巴蜀文化的界定有广、狭之分。与狭义巴蜀文化或早期巴蜀文化相对，广义巴蜀文化指先秦至现代巴蜀的地域文化。本书（《巴蜀文化通史》）采用广义定义。

于上古巴蜀农业发展的情形，仅靠非常简略的文献记载显然难于具体考察，必须借助近年来有长足发展的考古发掘的资料进行研究。出土资料揭示，先秦时期巴蜀文化是东亚大陆乃至全世界上古最发达的早期文明之一，其重要的考古学文化遗址在蜀地有广汉三星堆、新繁水观音和成都金沙、十二桥、羊子山土台、方池街、抚琴小区、岷山饭店、指挥街、商业街船棺葬及新都马家等处；巴地则有宣汉罗家坝、涪陵小田溪、云阳李家坝等处。这些遗址不仅代表了巴蜀地区文明的第一次高峰时期，而且出土了大量农业生产工具，在一定程度上见证了先秦巴蜀地区农业的发展和繁荣。不过，就整体而言，巴蜀农业考古的资料仍存在很大的局限，下面从出土的农业生产工具角度，作一初步考察。

先看古蜀文明核心地区的成都平原。到目前为止，成都平原出土的和农业有关的生产工具主要是石器。这些石器可分为磨制的和打制的两大类。磨制的石器主要有斧、锛、凿和刀等，这些石器一般都形体偏小，例如广汉三星堆遗址出土的石斧多长10厘米左右，有个别长达13厘米；成都十二桥遗址出土2件石斧，一件长7.5厘米，另一件长仅7.2厘米；新繁水观音遗址出土的一件石斧长些，也仅9.5厘米。唯有三星堆遗址采集的一件打制石斧长达17.8厘米，可算是最大的了。显然，在成都平原古蜀文化遗址出土的石器中，缺乏长度在20厘米以上、可直接用于耕作掘土的大型石斧。同时值得注意的是，在上述诸遗址里都缺乏石铲、石锄之类的挖土工具，也未见诸如骨、蚌等其他质料的铲锄类工具。而在中原同期的遗址里，却出土了许多石铲、石锄，还有骨铲、蚌铲等掘土工具。另一方面，在成都平原古蜀文化遗址里出土了许多打制石器，例如在成都方池街遗址出土打制石器140件，"约占全部出土石器的78.5%，且在打制石器中以盘状砍砸器数量最多，约占43.9%"[①]。新繁水观音遗址出土打制石器30余件，以斧状器最多，而磨制石器仅19件。成都十二桥遗址出土的打制盘状砍砸器也多达51件，磨制的石斧则仅有2件，另外有石锛1件、石凿4件。从上述情况可以看出，打制石器在生产工具中似乎占有主要地位，特别是盘状砍砸器数量众多。

综合考察上述在成都平原出土的石器，其显然都不是直接用于农业耕作的工具。但是，至迟从新石器时代晚期宝墩文化以来成都平原高度发展的农耕

---

① 傅正初：《成都方池街蜀文化遗址出土石器的微痕研究》，《南方民族考古》第五辑，四川科学技术出版社1993年版。

文化，决不会没有相应发达的生产工具。有学者通过对成都方池街出土的石器进行微痕研究和模拟实验，认为其大量的石质盘状砍砸器的用途以加工竹木材料为主。结合上述成都平原在相当于商周时期的诸遗址出土石器普遍偏小的情况，就提出了这样一个问题：当时成都平原农业生产中用来掘土的主要工具是什么？对此，冯汉骥先生率先研究指出："在考古中很少发现当时的农具，想其主要为木制所致。"①童恩正先生也提出：史前时期西南地区坚竹硬木可以作为掘土的工具，这种竹木工具，"在本地区的使用一直延续到历史时期，其有效程度不但超过石器，有时连青铜器也难以与之比拟"②。近年在金沙遗址出土了一件长柄木耜，证明了二人观点，并与前述对成都地区石器的微痕研究和模拟实验若合符节。如果说数量众多的盘状砍砸器及形体偏小的石斧等不方便进行掘土，又缺乏铲、锄之类的工具，那么坚竹硬木作为掘土的主要农业生产工具倒是很方便的。这些打制的石质盘状砍砸器用于加工竹木材料不但合适，而且为微痕研究所证实。根据这种情况判断，成都平原商周时期主要的农业生产工具确实应以竹木材料所制为大宗。竹木工具充当主要的掘土工具，这应与成都平原的土壤有关。成都平原系由岷、沱二江水系冲积而成的洪积平原，土质相对松软，使用竹木之类的掘土工具即可将泥土翻松。但是，迄今为止除金沙遗址出土的那件长柄木耜外③，尚乏类似的大量发现，可能与巴蜀地区历来潮湿的地理气候环境不宜于竹木一类有机质器物在地层中长期保存的原因有关。

而在成都平原以外的巴蜀文化遗址中，由于自然条件和地理环境的不同，生产工具的材料、质地、形状均有所不同。如四川雅安沙溪遗址出土的生产工具，就和成都平原出土的形成鲜明的对比。就考古学文化因素分析可知，沙溪遗址应属目前所知古蜀文化分布的最西边缘地区，其出土陶器从器形、纹饰、陶系、制作方法等方面看，和成都平原商周时期的蜀文化基本相同，应归属早

---

① 冯汉骥：《西南古奴隶王国》，载徐中舒主编《巴蜀考古论文集》，文物出版社1987年版。
② 童恩正：《略论我国西南地区的史前考古》，《四川文物》1985年第2期。
③ 金沙遗址出土的这件木耜外形看起来很像现在的铲子，长1.42米，由一块整木制成，为一种翻土的农作工具，反映商周时期成都平原稻作农业已发达兴盛。由于木质器物非常容易腐朽，很难保存下来，在考古中发现极少，因此这柄木耜是迄今为止我国唯一保存较为完整的商周时期的木质农具，被称为"农耕之祖"。出土后，文物保护专家采用脱水、加固、着色等技术，耗费4年时间，终于成功地让木耜的硬度、质地恢复到了最初状态，成为成都金沙遗址博物馆的镇馆之宝之一。

期蜀文化范畴，但从总的文化面貌看又有一些地方特点。沙溪遗址出土的石器总计187件，其中打制石器182件，磨制石器仅有5件。在打制石器中有肩石器74件，其中有肩石铲11件，有肩石斧63件。值得注意的是，石斧的形器较大，一般长度在20厘米左右，大者有的超过30厘米长①，构成明显不同于成都平原小型石斧传统的鲜明特点。应该指出的是，这种有肩石器显然需要绑缚长柄而成为适用的工具。早期蜀文化沙溪遗址类型的陶器和成都平原的蜀文化遗址有着相同的风格，然而其农业生产工具却表现出如此大的区别，根本原因在于雅安沙溪遗址四周低山丘陵环抱，河谷、台地相间，尤其是土质相对坚硬，和成都平原松软的冲积土壤及其环境大相径庭，这就导致了农业生产工具系统的明显歧异。

在传统的先秦巴地范围内，自新石器时代以来的考古资料中，也有大量的农业生产工具。如忠县𥐫井沟早在20世纪50年代末就出土了磨制的石斧、锛、凿等，提示其该遗址下限应已属铜石并用的社会②，后来的考古发现证明其确实已进入夏商时代。巫山县魏家梁子遗址出土的石器农具，也以磨制精细的斧、锛、凿、磨石等为主，并有经过二次整修的打制石器。③与之同属夏商时期的合川沙溪乡沙梁子遗址也发现了石耜、锄、镰、斧、锛等农业生产工具。④

到先秦巴蜀文化晚期阶段，金属工具已广泛使用。如巴地青铜制造的斧、凿、斤等已经取代了同类石器。而蜀地在中原文化强烈的影响下，铁农具逐渐推广，早期的竹、木工具和石器逐渐被淘汰。《尚书·禹贡》称述"华阳黑水惟梁州……厥贡璆、铁、银、镂、砮、磬……"此条记载反映的应是进入东周后的情形。公元前316年，秦举巴蜀，史载张仪与张若"城成都……置盐、铁市官并长丞"⑤，秦人在开明世灭亡之后即在蜀国置铁官，似说明古蜀国开明王

---

① 四川省文物管理委员会等：《雅安沙溪遗址发掘及调查报告》，《南方民族考古》第三辑，四川科学技术出版社1991年版。
② 四川长江流域文物保护委员会文物考古队：《四川忠县𥐫井沟遗址的试掘》，《考古》1962年第8期。
③ 中国社会科学院考古研究所长江三峡考古工作队：《四川巫山县魏家梁子遗址的发掘》，《考古》1996年第8期；吴耀利、丛德新：《试论魏家梁子文化》，《考古》1996年第8期。
④ 刘豫川：《璀璨的巴渝文化遗址》，载《巴渝文化》第一辑，重庆出版社1989年版；重庆市文化局、重庆市博物馆《重庆文物总目·前言》，西南师范大学出版社1996年版，第3页。
⑤ （晋）常璩撰，刘琳校注：《华阳国志校注·蜀志》，巴蜀书社2007年版，第196页。

朝久已有铁器生产，且已达到相当的技术水平和生产规模。

二、先秦时期巴蜀农业的发展

先秦时期的传说记载和考古资料反映，长江上游的巴蜀地区很早就进入了农耕时代，但蜀地农业的发展水平长期比巴地高。有关蜀国古史的文献，内容上比巴地相对丰富。因此，代表巴蜀农业最高发展水平的地区是成都平原，这里也是古蜀文明的核心地区。成都平原由岷江和沱江水系冲积而成，土壤肥沃，气候温暖，雨量充沛，水系密布，是人们生活的理想地区。宝墩文化网络状分布的聚落群揭示，新石器时代成都平原已是人口稠密地区。进入三星堆文化时期以后，成都平原农业为基础的经济社会更加繁荣。对成都指挥街等遗址的孢粉分析证明，成都平原在商周时期的植被以阔叶林和针叶混交林为主，有水生植物、蕨类植物、草木和禾本植物。这说明当时成都平原既有大片的陆地，也存在着湖沼凹地。① 这种生态环境是适合农业生产的。不过，由前可知，以三星堆、金沙等遗址为标志的早期巴蜀文化时期虽然已经拥有极其辉煌的青铜文明，但并未发现金属农具。那么，仅靠石、木类生产工具的巴蜀农业，其生业状态尤其主要粮食作物为何？整体发展水平究竟怎样？下面结合文献和考古资料作一初步的探讨。

（一）先秦蜀地

这里先集中讨论古蜀地区的情况。从农业发展的角度审视，传世文献反映的先秦五代古蜀王朝，大致可以分为三个时期：

1. 蚕丛、柏灌、鱼凫三代时期

扬雄《蜀王本纪》撮述云："蜀之先称王者有蚕丛、柏濩、鱼凫、蒲泽、开明，是时人椎髻左衽，不晓文字，未有礼乐。从开明以上至蚕丛，凡四千岁。"其书又称："蜀王之先名蚕丛，后代名曰柏濩，后者名鱼凫。此三代各数百岁，皆神化不死，其民亦颇随王化去。鱼凫田于湔山，得仙，今庙祀之于湔。时蜀民稀少。"作为先秦古蜀的第一时期，蚕丛、柏濩（柏灌）、鱼凫一系三代各数百年，反映这实际上是三个前后相继的王朝，很有可能相当于夏商时代，也可能延及西周初期。下面从农业发展的角度，对这三代的情况作一些

---

① 四川大学博物馆等：《成都指挥街周代遗址发掘报告》，《南方民族考古》第一辑，四川大学出版社1987年版。

考述。

蚕丛是蜀人先祖中相传最早者,据研究可能为黄帝之后。①童恩正先生认为,蚕丛一系早先居住在岷江上游,至鱼凫时代,南下进入成都平原。②《尚书·禹贡》说"岷、嶓既艺",艺为种植的意思,意即岷山地区已经得到农业开发。《先蜀记》又说"蚕丛始居岷山石室中",说明蚕丛氏已经定居。这两者反映了蚕丛氏以经营定居农业为主要生产方式。前述考古学成果也证明,蚕丛氏之前的营盘山、波西和沙乌都遗址早已经是定居农耕文化,则蚕丛氏时代已进入早期农业社会显然毋庸置疑。需指出的是,岷江上游地区古老的蚕丛传说,与蚕桑丝织业的早期发明发展有关。丝绸乃纺织业的精品,是纺织业长期发展的产物,也只有在定居农业较为长足发展的基础上方有可能产生。此外,岷江上游不仅发现与仰韶文化、马家窑文化有关的新石器彩陶和磨制石器并存的情况,这些材料早于当地畜牧业兴起的材料,揭示出农业起源很早的事实;其后又发现大量石棺葬,从其中出土的农业生产工具、日常生活陶器和动物骨骼来看,岷江上游的经济生产特点是农业和畜牧业并存。

柏濩他本又作柏灌,传世文献中记载最为阙略,难以具论。但既然其成为共主的时代晚于蚕丛,则该族群属于农业社会且发展水平应与蚕丛族群大致相当。

上述三代中鱼凫氏时代最晚,文献记载虽亦零星,然相对多些,从成都平原核心地带以至川西、川南、川东到鄂西沿岷江、长江水系分布的若干"鱼凫"(鱼符、鱼复)地名即反映,应是其族群迁徙、沿途居留建国立邑的历史遗迹。与此相应,大致可以与上述文献记录印证的出土资料也最丰富,三星堆祭祀坑出土的蜀王金杖上精美的鹰钩喙水鸟图案,三星堆文化遗址以及湖北宜昌中堡岛、路家河等长江中上游沿岸遗址中多有发现的鸟头形陶器柄的鸟嘴,都以鹰钩喙为鲜明特征,学者多以其为文献传说中的鱼凫氏王朝神权政治和祖先崇拜的象征遗物。同时,按照多数学者的研究意见,广汉三星堆遗址就是鱼凫氏王朝都城所在。从出土资料看,三星堆古城始建于夏朝后期,延续至商周之际,并在其著名的"祭祀坑"中出土了被多数学者认为是蚕丛神圣标志的大型青铜纵目头像,以及可能代表柏灌、鱼凫的大量青铜及陶鸟或鸟头造型,这

---

① 李学勤:《帝系传说与蜀文化》,《走出疑古时代》,长春出版社2007年版。
② 童恩正:《古代的巴蜀》,四川人民出版社1979年版,第60页。

也提示我们，蚕丛、柏灌、鱼凫三代整体上可归为一个时期。而扬雄所谓蚕丛、柏灌、鱼凫各数百岁，"皆神化不死"云云，也反映三者意识形态的相承相似；"田于湔山"之田，当指田猎，是当时早期农业经济的必要补充。总之，此三代从上层建筑到经济基础大体处于相同的发展阶段，其农业发展水平似乎亦处于相同或相近水平。广汉三星堆古城巨大的规模，反映其经济实力必然颇为雄厚，农业作为基础，发展必有相当的水平。同时，其房屋遗址和出土文物反映出当时居民已过着密集的定居生活，并从事农业生产。尤其是出土物中有大量酒器，说明农业已经相当发达，能有多余的粮食用来酿酒。看来，鱼凫氏族群进入成都平原后，农业生产较前有了较为长足的发展，但渔猎作为补充仍占有重要地位。

2. 杜宇时期

《蜀王本纪》记载："后有一男子名杜宇，从天堕，止朱提，有一女子名利，从江源井中出，为杜宇妻。乃自立为蜀王，号曰望帝，治汶山下邑曰郫，化民往往复出。"《华阳国志·蜀志》云："后有王曰杜宇，教民务农，一号杜主。时朱提有梁氏女利，游江源，帝悦之，纳以为妃，移治郫邑，或治瞿上。……巴亦化其教而力务农，迄今巴、蜀民农时先祀杜主君。"按扬雄笔下的传说，杜宇是自天而下，止于朱提。或说其妻来自朱提。汉代朱提为现今云南昭通，则杜宇及其妻族本为来自四川盆地以外的族群。上述二书都记杜宇都邑曰郫邑，应指成都平原上低湿之地，杜宇王朝迁都于此，正是农业特别是喜湿作物种植业有了明显发展的反映。值得注意的是，郫都境内至今未发现大型城邑，而今成都市区却发现了面积达5平方千米的先秦时期的大型都邑，学者多以为即杜宇王朝都邑。"或治瞿上"云云，似说明当时仍在平原上地势较高处保留了宗庙一类统治机构等都邑设施，以应洪水时避患之需[①]，但主要的都邑或曰通常的王朝政治中心，仍在郫邑。

应该指出，先秦蜀地诸朝，尤其蚕丛、柏灌、鱼凫和杜宇四朝，并非只是线性的前后相继关系，往往也是诸此族群在蜀地长期并存的关系。《蜀王本

---

① 有趣的是，文献传说中的瞿上，都在成都平原旁的低丘上。除《华阳国志·蜀志》外，宋代罗泌《路史·前纪》卷四亦云："蚕丛纵目，王瞿上。"宋蔡梦弼《成都记》又云"柏灌氏都于瞿上，至鱼凫而后徙"。清吕调阳《彭县志》则指出："瞿上即眉州。"任乃强先生也认为瞿上应在"今彭县（现为成都下属之彭州市）北，海窝子之'关口'是也"[（晋）常璩撰，任乃强校注：《华阳国志校补图注》，上海古籍出版社1987年版，第120页]。

纪》说"望帝积百余岁",看来也是一种称号,未必限于一人一世。综合文献和考古资料,杜宇族群在蜀地应有数百年的历史,而其统治者成为蜀地共主的时间,也应不止"百余岁",而是跨商末到两周之际。易言之,杜宇氏来到蜀地,应早在殷商时期。被许多学者认为是杜宇都邑的金沙—十二桥遗址,其时代上限就已上溯到商代后期,下限则已及两周之际,正与杜宇王朝存续的时间相当。而蜀地商代后期出现的形似杜鹃的陶塑以及其他濮人文化的因素,也应是此种史实的反映。文献盛称蜀王"杜宇教民务农,一号杜主"之说,显然提示此时农业有了新的大发展,杜宇妻"从江源井中出"的传说,也反映了"水井"等与农业、定居生活密切相关的水利技术的进步。因此,传世文献中"杜主"之说,尤在强调杜宇对巴蜀地区农业的深远影响,应是杜宇王朝时期,巴蜀地区农业有了重大发展的反映。三星堆文化后期出土的生产工具除石矛、石坠、砍砸器等渔猎工具而外,还有大量的石斧、石刀、石杵、锄形器、盘状器、纺轮等农具,更有多种多样的酒具,从酿造、贮藏到饮用,应有尽有。这些情况,无不反映杜宇时代成都平原农业的高度发展。正如蒙默先生在《四川古代史稿》中指出的:"教民务农"的杜宇氏,看来对古代四川农业的发展是作出了相当贡献的。[①]进而言之,杜宇氏的到来以及与鱼凫氏后裔的结合,不仅促进了成都平原农业的发展,而且其重大成果,是在约当商周时代,促使成都平原完成了向稻作为主的农耕时代的过渡。

杜宇故里朱提所属的云南,新石器时代晚期已经以稻作为生业。因此,文献盛称杜宇在巴蜀农业史上的重大贡献,很可能与巴蜀历史上稻作农业的发展密切相关,巴蜀农业因此发生了划时代的变化。关于蜀地稻作农业的起源,历来众说纷纭,但基本上都认定蜀地的稻作农业是从外面传来的。其来源主要有楚地说和云南说两种代表性的说法。前引考古学资料对楚地说提供了新的支持,但仍不充分,而且缺少文献依据。云南说则因有杜宇来自昭通的记载和一定的考古学支撑,难以忽视。首先,根据多方面材料综合研究,云南仍然极有可能是亚洲栽培稻谷的起源地;其次,杜宇来自云南昭通,将云南的稻作农业带入四川这是极有可能的。[②]看来,稻作技术传入巴蜀,可能不止一个方向,

---

[①] 蒙默、刘琳、唐光沛、胡昭曦、柯建中:《四川古代史稿》,四川人民出版社1989年版,第22页。
[②] 李昆声:《亚洲稻作文化的起源》,《社会科学战线》1984年第4期。

而且不止一次。考虑到三星堆文化时期稻作文化已经出现于成都平原，杜宇从云贵高原降居蜀地，至少带来了新的技术和动力，大大促进了水稻种植在巴蜀地区的推广和提升。巴蜀地区长期同奉杜宇为"杜主"或"土主"，尊为"农神"，杜宇在巴蜀文化史上的如此独特的崇高地位，应与其上述贡献密不可分。①《山海经·海内经》载："西南黑水之间，有都广之野，后稷葬焉，爰有膏菽、膏稻、膏黍、膏稷，百谷自生，冬夏播琴。""都广之野"即成都平原，和史书记载的杜宇活动地相吻合。"后稷葬焉"，包含两层含义：一是墓主为农神，二是墓主的入葬为一重要的文化事件。与此相符的古蜀帝王只有杜宇。杜宇时期巴蜀稻作农业的划时代发展，也在考古学中得到了印证。由前可知，宝墩文化时期，成都平原上的粮食作物一直主要是小米或曰粟，如在金沙遗址宝墩文化三期地层单位中浮选出的植物种子以小米为主，只有少量稻米；此种情况发生根本改变的证据见于商周之际的金沙遗址大量浮选的结果均是以稻米为主，只有少量小米。②这确切地证明了与杜宇王朝大致同时的金沙文化时期，作为长江上游文明区核心的成都平原已经是稻作为主、辅以粟作等的种植业，简而言之，这是一种以种植业为主，辅以畜牧、采集和渔猎的复合农业经济。

3. 开明时期

开明王朝是伴随着农耕文明遭遇洪水灾患这一普遍的主题传说开场的。杜宇蜀国的中心区域，大致在成都平原一带，此区海拔500米，是蜀地最低的地带。《蜀王本纪》云："荆有一人，名鳖灵，其尸亡去，荆人求之不得。鳖灵尸随江水上至郫，遂活，与望帝相见，望帝以鳖灵为相。"随后讲到，杜宇王朝晚期遭遇"若尧时之洪水，望帝不能治，使鳖灵决玉山，民得安处"。这就是巴蜀历史上鳖灵治理特大洪水成功、望帝禅让的著名故事。鳖灵即位，"号曰开明帝，帝生卢、保，亦号开明"。至周慎靓王五年（前316），秦伐蜀，"开明氏遂亡，凡王蜀十二世"。据研究，望帝禅位鳖灵很可能在公元前650年

---

① 《华阳国志·蜀志》记"杜宇教民务农"，还说"巴亦化其教而力务农，迄今巴蜀民农时先祀杜主君"。巴蜀民间至今也有杜宇为鳖灵所迫，死后化为杜鹃，劝民耕种的传说。可见，杜宇对古蜀农业发展有着特别的贡献，被推崇为古代巴蜀的"农神"。详（晋）常璩撰，刘琳校注：《华阳国志校注》，巴蜀书社1984年版，第183页。
② 江章华：《成都平原先秦时期农业的转型与聚落变迁》，《中华文化论坛》2009年11月增刊。

上下①，这一估计比较合理。准此则开明氏王朝延续长达300多年的时间，其间农业看来又取得了明显的进步，主要原因是水利技术达到了更高的发展水平，有了突出的成就。根据《蜀王本纪》等文献的记载，鳖灵成功治理了"若尧时之洪水"，使"民得安处"，主要方略则是"决玉山"。此种大型或大规模水利工程的实施，本身就反映此期水利技术有了更大的进步。与之相应，农业生产力显然也得到了进一步的提高。

开明王朝时期蜀地水利技术有很大发展，不仅传世文献有明确记载，并为成都平原的考古发掘所证实。考古工作者于1985年、1990年先后两次在成都市区西边方池街遗址发现了春秋战国时期的竹笼卵石埂水利工程。水利的兴修对农业生产起着十分重要的作用。这一时期地下出土的生产工具有青铜制作的锄、铲、锛、斧、刀、凿等。出土的铁器以兵器为主，另有一部分手工工具，但铁农具至目前尚未发现。1989年在成都西郊青羊三区出土了一件铜锄。此锄通高30.5厘米，宽20.3厘米，尖叶形，銎部呈三角形，断面长8.2厘米，高4.2厘米。这种典型的青铜农具在成都尚属首次，说明这一时期的农业工具有了明显进步。②通过杜宇、开明两代的经营，成都平原这一旱地、水田、池泽交错的农区，终于建立起来。《史记·货殖列传》载："及秦文、德、缪居庸，隙陇蜀之货物而多贾。"早在春秋前期，蜀与秦就存在官方和民间的通商贸易关系。交换的物品主要是农产品和畜牧产品。史载蜀人嘲笑秦人为"西方牧犊儿"，秦人许之。似乎说明在秦蜀贸易中，蜀的商品主要是农产品以及各种手工业品，秦的商品主要是各种畜牧产品。而秦伐蜀的重要原因之一，就在于要借助于蜀国丰富的粮食以增国力。据《史记》《华阳国志》，秦灭蜀后，司马错于昭襄王二十七年（前280）两度伐楚，先由汉中取楚商於之地（在今陕、鄂、豫之间），得上庸、汉北等处，赦罪人迁之南阳；后又筹集大船，粟米600万斛，收巴蜀众10万，浮江伐楚，经巴涪（符）水取黔中之地（在今川、渝、黔、湘、鄂之间）。司马错伐楚后三年，蜀守张若再次伐楚，取其巫郡及江南之地。由此可见，成都平原多年的农业积蓄，其财富人力已是秦国军政的主要资本之一，而整个蜀地无疑与关中一样，已经成为统一东方六国的"王业之基"。

---

① 李学勤：《帝系传说与蜀文化》，《走出疑古时代》，长春出版社2007年版。
② 姜世碧：《成都汉代农业考古概述》，《农业考古》1992年第9期。

（二）先秦巴地

综合文献和考古资料的考察可知，由于地理条件等方面的原因，在先秦时期的广大巴蜀地区，蜀地农业发展的水平总体上处于领先地位，而同期巴地农业也有继前述新石器时代以来的长期发展。

巴地颇为辽阔，族群支系众多，彼此的生业及其发展水平参差不齐。文献记载，巴人中的廪君蛮等支系是滨水而长于渔猎的族群，但从廪君蛮发源的鄂西清江流域看，考古证明其地自新石器时代以来的历史源远流长。同时，渔猎族群的生存往往无法脱离农业族群，以捕鱼为主要生业的族群自身也有一定的种植业。《世本》所记由五姓组成的廪君蛮，有"各乘土船，约能浮者，当以为君"的风俗。"土船"应即陶船，说明该族群已有相当水平的制陶业。《世本》又记其"君乎夷城"，凡此种种，都应有农业或农业族群的经济支撑。廪君蛮五姓"各乘土船"或掷剑以择主的神判风俗，反映其应为原生的传说，则廪君时代不晚于商周时期。综合各方面资料看来，至少在比开明氏入蜀更早一些时候，廪君蛮就开始从鄂西溯长江（或说清江）入川，征服了板楯蛮等部分濮人，入据川江、嘉陵江及涪江下游沿岸，与杜宇蜀国发生了接触。今巫峡古为巫诞之地，《后汉书·南蛮列传》注引《世本》云"廪君之魂"，《太平御览》卷九九三引《荆州记》云"朐忍县有巴子城"，忠县古曰忠州，唐人犹称之为"巴子城"。《舆地纪胜》引《通川志》记："梁山军、忠州两界有汉刻石，著白虎夷王姓名。"丰都古曰平都，涪陵古曰枳，重庆古曰江州，合川古曰垫江，《华阳国志》云："巴子时虽都江州，或治垫江，或治平都，后治阆中，其先王陵墓多在枳。"这些记载反映出先秦巴人酋长居址的年代是越往东越早，越往西越晚，证明他们在春秋早中期确实有一个自东往西溯长江—嘉陵江发展的过程，同时，在这样的发展过程中，并未放弃旧有居地，故直到汉代，包括巫峡及清江流域在内的南郡境土，仍有廪君蛮活动的记载。

巴人入四川盆地后，正值"杜宇教民务农"，发展农业，故巴人亦"化其教而力务农"，从蜀人那里学习黍、粟、菽和稻等粮食作物的树艺，以补充渔猎畜牧经济之不足。《华阳国志·巴志》载的一首民歌道："川崖惟平，其稼多黍；旨酒嘉禾，可以养父。野惟阜丘，彼稷多有；嘉禾旨酒，可以养母。""其稼多黍""彼稷多有"云云，所提及的虽属于旱地粮食作物，但并不排斥其地早已有水稻的史实。而"旨酒"云云，更是民间粮食有所余而用于酿酒的反映。该民歌生动地再现了先秦巴地农业发展的情形。

第二节 秦汉时期[①]

一、秦举巴蜀后蜀地灌溉农业的发展

开明时期，蜀地灌溉农业当已经出现，但大规模的推广和发展，应是在秦并巴蜀后。秦灭蜀，志在统一天下，因而力推商鞅变法以来以耕战为务的国策，必然带来发展农耕的各种措施，以建成支持统一战争的"王业之基"。秦惠文王更元十一年（前314）置巴郡，昭襄王二十二年（前285）废蜀侯置蜀郡，为推行政府的农业政策创造了条件。秦《为田律》木牍在青川郝家坪秦移民墓葬中的发现，就是蜀地农业已纳入秦国农业文化轨道，实行"开阡陌"等封建土地制度的明证。由此可以进一步推断，黄河流域先进的农业生产工具和农田水利技术，也必然随着大批移民传到成都平原和各农业点。唐代卢求《成都记序》说秦惠王并巴蜀后移民的目的是"皆使能秦言"，也就是说，从生产方式到风俗习惯，都要利用移民的影响去加速其变革。根据史籍记载和考古资料，蜀地的秦移民定居范围北起今青川、广元，南到荥经、洪雅一带，呈狭长带状分布，向东未超过涪江中游和沱江中游，基本上也就是当时的蜀郡。他们与东部巴人、賨人的交接线，可视作农区与半农半渔猎区分界线。为什么不移民到巴郡去？学者或据巴郡行政情况的研究指出："秦虽在巴郡设置郡县，但仍保留了巴人的酋长。"[②] 易言之，秦对巴郡并未实行直接统治，秦移民也没有直接进入巴地。这有点类似清末民初川边地区一些刚改土归流的县份，内地移民一般是不敢贸然前往的。实际上，这也就是秦举巴蜀后的农业开发进程中，巴、蜀两地农业经济发展长期严重失衡的极为重要的原因。

秦人据蜀后农业的发展首先表现在生产工具上。战国时，中原地区已较为广泛地使用铁农具，"迁虏"们一定不会忘记把生产和使用这种先进生产工具的技术带到新家园。成都市郊新近发现的秦人墓葬中，即出土有斧、锸、凿、镰、铧等铁器。又据《史记》记载，临邛卓氏和程氏开办了大规模冶铁场。到西汉时，全川的铁官也都集中在移民区，即临邛、武阳（今彭山）、南安（今乐山）三地。它们是目前四川大量发现的西汉斧、锄、锸、镰等铁农具的产

[①] 本节参考郭声波《四川历史农业地理》（四川人民出版社1993年版）。
[②] （晋）常璩撰，刘琳校注：《华阳国志校注》，成都时代出版社2007年版，第10页。

地。文献和考古材料中还没有见到秦及西汉四川地区使用牛耕的情况，不过成都发现的秦汉铁犁铧表明，即使牛耕在四川尚未普及，至少已经开始应用人力或马力进行犁耕了。

秦国移民入蜀时，很多人不乐远徙，而留居葭萌（今广元）一带，如今青川已发现秦人活动遗迹及《为田律》木牍，表明当时四川盆地北部嘉陵江上游因秦人的到来出现了一些农业点。

同样，蜀郡西南部也是秦移民足迹所到之处。严道（今荥经）以铸钱闻名的邓通自不必说，就是今洪雅县南部花溪河一带，据《太平寰宇记》也是秦人所居之地，以移民思秦之泾水，乃呼此水为泾水。这些地方毫无疑问也有不少由移民开发的定居农业点。秦代移民究竟有多少，尚不可知，仅就惠王时移入"万家"来看，应当有不小的数目，可以称得上一次移民浪潮，他们对四川盆地西部的农业开发或发展，乃至对汉代巴蜀地区农业文化的塑造，有着不可磨灭的历史功绩。

这次移民浪潮持续到西汉初年基本结束。到武帝时，由于西北和岭南的开拓需要，连罪人也不再谪往巴蜀了。秦举巴蜀之际因战乱之故，蜀地人口虽然有一定流失，但巴蜀地区的农业在秦人到来之前已经有相当的发展水平，秦的入据和移民，又从国家制度、政策、人力和技术上大力推进之，使之达到了更高的水准和更广阔的地域范围。到西汉之初，实际上蜀地农业已经顺利地发展起来，它已能担当起带动巴蜀地区农业发展的任务，不需要再从中原"输液"了。移民的一些后裔如卓氏、程氏、邓氏、司马氏、王氏等已建立了大大小小的庄园，另一些后裔则开始沿岷、沱、涪、嘉陵等河川向东南方向扩展，有力地推动了四川盆地农业经济的进一步开发。

秦汉时期巴蜀地区农业发展的另一突出表征是水利工程和技术的大发展，这必然导致蜀地本已有之、秦人高度重视的灌溉农业的发展。都江堰大型水利工程作为蜀地与中原水利技术及理念融会的结晶，标志着蜀地农耕文明的突出成就。司马迁到蜀地实地考察后写道："蜀守冰凿离堆，辟沫水之害，穿二江成都之中；此渠皆可行舟，有余则用溉浸，百姓飨其利。"[①] 如果说都江堰水利工程集通航、防洪、灌溉等多种功能于一体，那么同时或之后蜀地在其基础上增修的水利工程中似乎更突出了农业灌溉的功用。如《华阳国志·蜀

---

① 《史记·河渠书》。

志》记载：

> （李）冰又通笮道文井江，经临邛，与蒙溪分水白木江会武阳天社山下，合江。又导洛通山洛水，或出瀑口，经什邡，与郫别江会新都大渡。又有绵水，出紫岩山，经绵竹入洛，东流过资中，会江江阳。皆溉灌稻田，膏润稼穑。是以蜀川人称郫、繁曰膏腴，绵、洛为浸沃也。
>
> 文翁为蜀守，穿湔江口，溉灌繁田千七百顷。
>
> （犍为郡武阳县）藉江为大堰，开六水门，用灌（犍为）郡下。

这些"溉灌稻田，膏润稼穑"的水利设施分布颇广，遍及成都平原，甚至可能已及部分丘陵地带。上述武阳大堰即后世唐代的䥇堰，又称远济堰、通济堰；"六水门"就位于今新津县南四里之邓公场，其旁即著名的通济堰口。同书卷十《先贤士女总赞（中）》又载：两汉之际"公孙（述）僭号，（武阳朱）遵为犍为郡功曹，领军拒战于六水门"。①由此可推，此具有六水门的大堰不仅工程规模颇为可观，而且与文翁"穿湔江口"所兴水利设施一样，必为西汉时所建。可见汉代岷江水利工程在都江堰体系的基础上，已逐步向南发展。不仅如此，在李冰同样治理过的沱江等流域，水利设施及其功能均在拓展扩大。如王褒在资中（今资阳）的庄园就是一个典型，那里有井有渠，有园有池，果树成阵，六畜成群，显然与沱江的水利开发已向下游推进有关。《水经注》卷三三云："自（汉安，今内江）以上诸县咸以灌溉"，反映的应当就是李冰以后沱江的水利发展情况。

汉代农田水利的广泛发展，在考古发掘中同样得到了大量印证。在成都平原以南沿岷江中下游今彭山、眉山、峨眉、乐山等地汉代墓葬考古中，都发现了兼有渠、塘灌溉系统的陶制水田模型，其中以渠道连接水田的塘，与《华阳国志·蜀志》称南安"多陂池"的记载相合。②《水经注·江水》亦载："江水东经广都县，江西有望川原，凿山崖度水，结诸陂池。"按汉广都县在今成都市西南双流区一带，望川原则在今双流区牧马山高地，在府河即岷江西。

---

① （晋）常璩撰，刘琳校注：《华阳国志校注》，巴蜀书社1984年版，第209、210、279、779页。
② （晋）常璩撰，刘琳校注：《华阳国志校注》，巴蜀书社1984年版，第281页。

"凿山崖度水，结诸陂池"，即引水至灌区塘堰存蓄，以灌溉周邻农田。此为巴蜀地区长藤结瓜式灌溉网络的最早记载。这种早期塘堰渠系与水田结合的模式，不仅揭示汉代巴蜀农民的农业生产技术是比较高的，能对平原坝区的水稻种植实行精耕细作，而且能够利用资源进行复合生产经营。如宋《太平御览》卷九三六引《魏武四时食制》："郫县子鱼，黄鳞赤尾，出稻田，可以为酱。"在彭山、新都东汉墓中，也出土一种陶制水田模型，呈长方形，中有沟渠，渠中养鱼。两边是稻田，田中密布秧窝。稻田有进水口和出水口，便于调节水温，可见种稻生产技术是很精细的。这种普遍存在的塘堰水利设施，说明巴蜀地区灌溉农业在秦汉时期有了极大的推广。实际上，上述汉代的陶制水田模型在成都平原及川江、涪江、安宁河沿岸均有出土，其共同特征是：田、塘、渠成配套，水塘有闸或进、出水口，可以起到蓄水、供水、排水、过流等协调渠系灌溉的作用。人工塘堰的出现和推广，在灌溉农业水利史上意义重大，它意味着在水源条件不太充分的低山、丘陵等高地，人们已可修筑塘堰来蓄积雨水、泉水，以备灌溉，兼可养殖水产。这就为四川其他地区的农地尤其水田的垦辟，创造了一定条件。

巴蜀地区既有平原，又有丘陵和山地。在自然和人工灌溉条件下，具体而言，汉代水田模型可细分为大区划水田、小区划水田、梯田。① 出现三种不同类型的原因主要是水稻栽培的耕作制度和水田所处具体地形的差异。在平原和河谷的开阔地带，地势平坦，保持每块水田的规模相对来说比较容易，因此水田的规模较大。而在河岸台地和缓坡倾斜地上，由于地势高低略有不平，水田的面积小于平原地区。到了丘陵浅山地带，地势多为坡地而高低不平，开垦水田不易，因此出现了梯田。水稻与旱地作物在栽培方式上最大的不同，在于水稻必须生长在有水浸泡的水田中，并且每块水田内的水稻最好都能浸泡在相同高度的水位中。如果水深浅不一，就会对水稻的生长造成不利影响。正如西汉末年成书的《氾胜之书》记载："种稻区不欲大，大则水深浅不适。"所以人们都不愿营建大平田，自然就会出现彭山"梯田"以及1974年成都东郊出土的一块"形状奇特"的陶水塘那样的形状各异的水田水塘。

铁器的广泛使用、水利的兴修和生产技术的进步，使巴蜀地区尤其蜀地

---

① 罗二虎：《中日古代稻作文化——以汉代和弥生时代为中心》，《农业考古》2001年第3期。

农产量达到了比较高的水平。《华阳国志·蜀志》记载汉晋间"绵与雒（今绵竹、德阳、广汉一带）各出稻稼，亩收三十斛，有至五十斛"①。折算成今量，大约相当于亩产780~1160斤。当时全国中等土地种粟，一般仅得3~4斛，可见成都平原水稻产量之高。上述灌溉农业标志着生产力长足进步，巴蜀地区经济社会的发展继三星堆—金沙文化时期以后，再次达到了高峰，孕育了称誉天下的"天府之国"。

二、秦汉巴蜀主体农业区与半农半牧（渔猎）区界域的形成

秦汉时期，一方面，巴蜀地区农耕文明发展到了一个高峰，在长江上游形成了以成都平原为中心的主体农业区，经济社会处于引领天下的水平；另一方面，经济生业多元和多样性的格局也已形成并继续发展。在巴蜀地区这一大格局中，与主体农业区相邻并存着半农半牧（渔猎）区，此外还有被《说文解字》界定为"西戎牧羊人"的川西高原羌人畜牧生业区。其中主体农业区与半农半牧（渔猎）区界域的形成，既由地理条件和当时复杂的族群分布使然，也反映了经济社会发展的不平衡，并对后世有深远的影响。

四川盆地东北的阆中为古巴人和板楯蛮所居之地，板楯蛮入秦后以賨布为赋，亦称賨人，秦昭襄王时因其参与镇压"白虎"——巴人有功，遂"复夷人顷田不租"。据说他们还善酿"清酒"，可见他们的粮食生产已可自给并且一度纳过租税。《汉书·地理志》载阆中有彭道将池，顾祖禹《读史方舆纪要》卷六八说："自汉以来，堰大斗、小斗之水溉田，里人赖之，唐时堰坏。"若此事有据，则为嘉陵江中游自流灌溉及水田出现之始。不过，渠江流域的賨人可能要落后一些，他们仍然停留在半农半渔猎阶段。

川西南地区的邛僰（濮）人是古氐羌语支族类与古苗瑶语族的濮人长期融合形成的部族，故其文化特征兼具二者，在农业上也是既种黍粟又种稻。现在考古界业已证实他们是分布于川西南地区的大石墓文化的主人。司马迁说他们"椎髻、耕田、有邑聚"②，应当是就其居住在河川宽谷区的部落而言。近年发现的大石墓文化遗址及与之有关的石板墓，都分布在冕宁、西昌、德昌、米易的安宁河，喜德的越西河，普格的黑水河沿岸及昭觉盆地，并且发现有铁农

---

① （晋）常璩撰，刘琳校注：《华阳国志校注》，巴蜀书社1984年版，第259~260页。
② 《史记·西南夷列传》。

具及稻壳、稻草痕迹，估计他们已有水田农业，史籍载汉武帝通西南夷道时尝散币于邛筰以集馈粮，亦可旁证。

邛筰人的西北邻是与徙、冉駹、白马诸族类言语居处略同的笮人，《史记·西南夷列传》称他们或土著，或移徙，应为半农半牧族群，其中有的支系当以畜牧为主而兼有种植。他们与邛筰人及蜀郡秦移民分布区的交界线，可以看作是这一时期的农区与半农半牧猎区的分界线。根据大石墓文化遗址分布状况，可以判断川西南地区的农半牧分界线大致沿今汉源、甘洛间的清溪关—冕宁牦牛山—米易白坡山走向，而大凉山及其以东地区，则属半农半猎区。蜀郡西部自北而南，在龙门山—湔山西侧居住着白马、冉駹诸氐羌，在文井江上游山区残留着笮人一部，在雅安飞仙关以西住着徙（斯）叟，严道则隔大相岭与牦牛羌相邻，但这些族类与汉族地区的实际分界线都应当与山体东侧坡麓线一致。在盆地东部，农业区大约局限于川江沿岸及嘉陵江沿岸以西地区。西部半农半牧猎区与牧猎区分界线，则应与汉代边檄一致。

另外，除了少数民族聚居的县级行政区称"道"外，汉代设置的县，无论在畜牧区还是渔猎区，其治所都应该是大小不一的农业点，因为从给养、役力、安全、驿递各方面考虑，都必须选择有定居人口的村庄、聚邑，否则无法发挥行政效能。

第三节 魏晋南北朝时期

一、蜀汉与西晋末年流民起义时代农业的萎缩

东汉末年，黄巾起义后，天下沦为乱世，经济社会遭到严重破坏；接下来分裂割据的魏晋南北朝时期，天下局势更是长期处于动乱之中。刘备入蜀时候，巴蜀政局虽然动荡，但农业承汉代余绪，尚未衰落。建安十六年（211），刘璋慨然以米20万斛、骑千匹、锦帛若干资助刘备，后三年，刘备进围成都数十日，城中尚有精兵3万人，谷、帛可支一年，故吏民有恃无恐，咸欲死战，但因刘璋出降而城归刘备。蜀汉政权时期，虽有其统治集团的苦心经营，巴蜀地区勉强维持了局部统一和相对安稳，但经济社会发展已不及大一统格局下的秦汉时代。刘备之后，在诸葛亮的实际主持下，尽管有全军覆没的夷陵之战和得不偿失的连年北伐，但仍然比较重视经济建设，由于采取了一些鼓励发展农耕的措施，因

此元气尚未大伤。如《水经·江水注》即载："诸葛亮北征，以此堰（都江堰）农本，国之所资，以征丁千百二人主护之，有堰官。"①在诸葛亮的治理下，巴蜀地区的农业和水利比之东汉末年战乱以来有了较大发展，晋人袁准评价说："（诸葛）亮之治蜀，田畴辟，仓廪实，器械利，蓄积饶。"②

诸葛亮不仅致力于恢复和发展传统的巴蜀农业经济区，而且采取措施扩大之，向少数民族地区积极传播内地先进的农耕文化。他在征服南中夷越之地后，除了引入、推广牛耕外，还可能在越巂郡留有兵丁屯田，相传他们推广过芜菁的种植。岷江上游的汶山郡，据《三国志·廖立传》，乃是谪戍犯人垦种的地方，这同样反映了诸葛亮治下的蜀汉政权重视边远地区农业开发的史实。汉代的湔氐道在蜀汉后期已经改为县，也应与其地广大氐人的汉化尤其农业的发展有关，是这一时期少数民族地区在蜀汉政权的相关措施下逐步进入农耕文明历史进程的积极反映。

然而，益州精华毕竟有限，蜀汉政权数十年的以攻为守及僵持对垒，逐渐淘空了四川的人力物力。孙休时，吴国使者自蜀还，与孙休谈论蜀政得失，便说到"经其野，民皆菜色"③，蜀国农业衰落之迹已显露出来。在此之前，川西南安宁河流域以畜牧为重的斯叟势已强大起来，一度成为地方统治势力，秦汉以来兴旺发展的邛、笮水田农业，不可避免地受到消极影响。另外，长期战争和分裂局势下人口的大量流失，也使农业生产的维持和发展缺乏劳动力的应有支撑。后主末年，全蜀在籍男女仅94万口，已较汉顺帝时益州刺史部在籍数的700多万口减少了十之七八，何况还要供养"带甲将士十万二千、吏四万人"④，农业生产已难以为继，遑论发展？难怪诸葛亮死后蜀兵每次北略有所掳获，都要把百姓迁往蜀地，甚至补充到向以繁庶著称的广都、繁县（今新都西）、绵竹（今德阳北）一带。以绵竹为中心的绵水流域的迁民，大概是以"左衽"的氐羌为主，故晋初称其有"左绵"之名。可见蜀汉后期农业人手的匮乏，连成都平原一带也不能幸免了，东汉以来的水田化进程，自然到此中断。

蜀汉灭亡以后，西晋的统一时期虽然短暂，但因晋王朝将巴蜀地区作为消灭东吴、统一天下的战略基地，颇为重视。晋武帝任王濬为益州刺史，屯田积

---

① （北魏）郦道元著，陈桥驿校证：《水经注校证》，中华书局2007年版，第766页。
② 《三国志》卷三五《诸葛亮传》裴注引《袁子》。
③ 《三国志》卷五三《薛综传》注引《汉晋春秋》。
④ 《三国志》卷三三《后主传》及注。

谷，安抚蜀人，蜀地虽曾有过几次小规模的少数民族起义和兵变，但政局仍大体安定，经济有所恢复。西晋文学家左思所撰著名的《蜀都赋》，描述汉以来蜀中的富庶繁盛，虽属夸赞，多少也反映了西晋初年的境况。但实际的恢复很有限，这仅仅从巴蜀地区的人口数据就可略窥其端倪。西晋太康三年（282）统计人口时，距蜀汉灭亡（263）已经20年，但原蜀汉地域内人口仅仅22万户，大概不足100万口，几无增长，不及东汉时的五分之一，农业经济的恢复和增长，不可谓不受到巨大的制约。

由于西晋的统一不仅短暂，而且政治腐败，西晋末年，天下再次大乱。蜀地失去安稳，经济恢复发展的进程被打断，重新陷于动荡之中。一方面人民死亡流徙，尤其汉族人口锐减，另一方面有关陇饥民数万家十余万口南徙，布散"三蜀"（蜀、广汉、犍为三郡）。所谓"布散"，实际是"就食"，因为只有这一带还算富实，"有仓储，人复丰稔"。这些流民有的是结众自垦，如在梓潼县，太康中"关西杂乱，武都氐人移流入蜀，耕耘凿垦此山，遂成陌，因名氐陌山"。但流民更多的是"为人佣力""随谷佣赁"，于是很快与本地人发生了矛盾，晋朝官吏乘机勒索、逼遣，引起流民大起义。是时，"三蜀百姓并保险结坞，城邑皆空，（李）流野无所略，士卒皆困"。① 这种坚壁清野的战争状况持续了多年，严重影响了"三蜀"的农业耕作，造成耕地的荒芜，人民开始大量流散。《晋书·李雄载记》说他们或东下江阳（郡名，治今泸州），或南入七郡。东下江阳者，当顺江而入荆州（治今湖北江陵），人数有十万余户，其中流布荆湘的数万家曾在永嘉年间起义；南入七郡者，据《华阳国志·大同志》及《资治通鉴》，当流移在越巂、朱提、牂柯（治今贵州瓮安）三郡及宁州（治今云南晋宁东）四郡，益州刺史罗尚曾为此上表朝廷乞就民所在设置郡县，其人数显然相当可观。于是，四川盆地很快就出现了"山险之地多空""野无烟火"的局面，自蜀汉以来，农业萎缩已达到了极点。

二、两晋南北朝的人口迁徙与农业恢复发展

成汉、东晋、南北朝时，由于社会矛盾错综复杂，天下分裂，政局动荡，巴蜀地区族群人口的迁徙十分频繁。有自动流徙者，有被驱掠者，有在川境流

---

① 以上史料见《华阳国志》卷八《大同志》、《晋书》卷一二〇《李特、李流载记》、《太平寰宇记》卷八四引《旧图经》。

动者，有入川者，也有出川者，往往是整郡整县，动辄数万家，规模大而情况多变，原因复杂。然观其大势，当时大量流动的人口中，以入川者众，包括来自关陇的汉、氐、羌族流民和来自云贵的僚、蛮族流民，而且入川者又以充实"三蜀"平原低山区为多；相比之下，出川者和出"三蜀"者都很少。

由于大量流动民众的进入，巴蜀地区人口也渐渐得以恢复和增加，两晋南北朝时一些偏安西蜀的割据势力，就是依靠招诱流民耕垦此区而得以维持下来。如十六国中最早建立的国家之一——氐族李氏成汉政权，就在蜀中原住民大部分向外流亡，人口大减的情况下，招抚流民，使人口数量又逐渐增加。而汉中地区入蜀的数千家流民，以及汉嘉、涪陵、南中各族人民也多来归附，李氏政权又实行比西晋轻的租调，而且政治上"简刑约法"，使得一段时间内其治下的巴蜀之地政局相对较为安定，经济有所恢复。到东晋、刘宋时代，在历史上最发达的"三蜀"地区，农业已首先恢复起来，所以不仅"远方商人多至蜀土，资货或有直数百万者"，而且"前后刺史莫不营聚蓄，多者致万金"①。南梁时萧纪在蜀十七年，内修耕桑盐铁之政，外通商贾远方之利，使财用日殖、器甲日积，加以齐、梁以后人民的大规模迁徙业已停止，社会动荡的局面有了改观，巴蜀地区得到进一步恢复。史称梁武帝时，"益州殷实，户余十万，比寿春、义阳三倍非匹，可乘可利，实在于兹"，并说巴西一郡也"户余四万"②。学者或据此推测其时四川民户可能已达到20余万户，略相当于西晋户口（21万余户）③，可谓有理。到北周时，蜀土的饶沃殷富，竟至"商贩百倍"④，从侧面反映了经济的逐渐恢复，并已成为"军国所资"⑤。武帝之所以灭北齐，大约亦受惠于此。

不过，从总体而言，秦汉时期巴蜀农耕文明曾达到雄踞天下前列的水平，而魏晋南北朝时期虽如前所述渐渐有所恢复，但整体上则处于秦汉高峰之后的低谷时期。倘若从三国、西晋、南北朝时期人民的迁徙情况来看，则由古代巴蜀土著和秦代移民后裔共同塑造的汉代巴蜀田园诗式欣欣向荣的农村景观，已

---

① 《宋书》卷四五《刘道济传》、卷八一《刘秀之传》。
② 《魏书·邢峦传》。
③ 蒙默、刘琳、唐光沛、胡昭曦、柯建中：《四川古代史稿》，四川人民出版社1989年版，第145页。
④ 《周书·裴文举传》。
⑤ 《周书·辛昂传》。

被来自关陇的汉、氐、羌文化，来自云贵的僚、蛮文化，来自川西的斯叟文化，以及来自川东的巴賨文化激起的旋流所荡涤，而为新出现的坞壁堡寨式农村景观所代替，各种族类都以这种封闭性极强的聚落形式重新建立起一个一个的农业点。由于大动荡之后川西、川东间族类分布界限的打破，汉民和僚蛮皆得以自由迁徙。不过这种迁徙已不是以户为单位弥漫浸润，而是以集团如部族、部落、宗族、乡亲为单位插入填充，很容易形成汉民迁河川、僚蛮迁山岭的大杂居小聚居格局，因而汉民先进的农业文化对僚蛮的同化只局限于一些河川地带，山区落后的僚蛮农业文化得以长期保持下来，这就是隋唐以前巴蜀地区特别是巴地社会经济的恢复和发展极为缓慢的主要原因。有学者指出，这一时期益、梁经济发展不能有长足的进步，主要原因是政治军事形势的复杂多变和蜀中官吏的贪残。[1]这点固然重要，但忽略了迁入民的落后性和封闭性的影响，此种封闭性和落后性由于举世长期分裂割据的局面得以延续，加上前述政治军事形势的复杂多变和蜀中官吏的贪残，持久并深刻地制约了巴蜀地区社会经济的恢复和发展。

第四节　隋唐五代两宋时期

一、隋唐巴蜀农业的恢复

公元589年隋灭陈，天下结束了长达400余年的战乱分裂时代，重新走上统一和安定的发展道路，巴蜀经济也从魏晋南北朝长期衰退的低谷中开始步出。入唐以后，巴蜀地区的农业在长期较为安稳的社会环境中得到进一步恢复和发展，趋于繁荣。唐前期农业经济的迅速恢复和发展，应当与均田制的实施有直接关系，最初均田制的实施虽然很可能不够彻底，但如果大多数农民能在均田制下分到哪怕一小块土地，他们也就有了进行水利和农地开发的兴趣。从巴蜀的情况看，这一时期水利与农地的开发，以盆地西部渠堰灌系统与水田农业的恢复，盆地东部、北部畲田运动的兴起为主要内容。

据《新唐书·地理志》等书记载，唐代巴蜀地区共进行了23项比较有名

---

[1] 刘静夫等：《魏晋南北朝益、梁地区经济略论》，载《古代长江上游的经济开发》，西南师范大学出版社1989年版。

的水利工程，不仅旧有的水利工程如都江堰灌溉体系得到修缮和进一步的提升扩展，而且增加了若干新的水利设施。除益州温江的新源水供漕运、成都的糜枣堰、罗城堰供城市用水而外，有20项与农业灌溉有关，它们基本上都分布在盆地西部区域。这些水利的兴修，大多是在安史之乱之前，为唐前期巴蜀农业的迅速崛起繁荣提供了有力的支撑。史称蜀地"人富粟多，浮江而下，可济中国"①。这时也正是人口猛增的时候，巴蜀人口从隋大业中的260多万增至唐天宝中的500多万，是蜀汉和西晋时期的5倍，而盆西九郡就占了270万。人口的快速恢复和增长既是经济发展的结果，又是经济进一步发展繁荣的直接动力。人们必然要竭尽全力开垦新土地、扩大灌溉面积，以提高粮食总产量，这也是促进当地大兴水利的内部动力。水利既兴，耕地面积和灌溉面积都随之大大增加。据记载，人口增长幅度最高的盆西九郡，耕地面积就从隋代11万今顷增至唐朝天宝年间的17万今顷②，自流灌溉面积据不完全统计，也在2万顷以上。所以安史之乱前，以成都平原为中心的"蜀地"已有"人富粟多""土腴谷羡"的赞词，这是盆地西部农业经济迅速恢复和发展的明证，也应是"安史之乱"发生后唐玄宗奔蜀避难的主要原因之一。

盆地东部的畲田运动，是巴蜀生气勃勃的农业开发进程中的另一个重要组成部分。

畲田即古代所谓"火耕"或"刀耕火种"，历史上许多族群都曾沿续甚久，近世西南地区有些深山少数民族仍在采用此法。南宋范成大《劳畲耕序》对川东畲田过程有详细记述：

畲田，峡中刀耕火种之地也。春初斫山，众木尽蹶，至当种时，伺有雨候，则前一夕火之，藉其灰以粪。明日雨作，乘热土下种，即苗盛倍收，无雨反是。山多硗确，地力薄，则一再斫烧始可艺。

据郭声波先生调查，上述记载与他在云南景颇族、傈僳族、拉祜族、基诺族等地考察所见刀耕火种情形颇相类似。③畲田本为南方山区一种原始的粗放耕种

---

① 《新唐书·陈子昂传》。
② 郭声波：《四川历史农业地理》，四川人民出版社1993年版，第49页。
③ 郭声波：《四川历史农业地理》，四川人民出版社1993年版，第50页。

方式，如唐启宇先生《中国农史稿》所述，晋代永嘉南渡之后，随着南方的渐次开发，畲田法越来越多地被居住在山区的正在向农耕时代过渡的部民所采用。①巴蜀地区尤其巴地的畲田从安史之乱以后始多见于记述，比如在四川盆地东部的忠州（治今忠县），有白居易的"隐隐煮盐火，漠漠烧畲烟"；在涪州（治今涪陵），有戴叔伦的"文教通夷俗，均输问火田"；在夔州，有杜甫的"斫畲应费日，解缆不知年"；在通州，有元稹的"田仰畲刀少用牛……田畴付火罢耘锄"；在盆地北部利州（治今广元），有欧阳詹的"人烟遍畲田，时稼无闲坡"等。②这类记述的突然增多，固然与安史之乱后流寓、谪官、行旅的频繁往来，与唐诗风格从抽象主义到现实主义的转变都有一定关系，但不能因此说安史之乱前没有畲田活动。实际上，从南北朝后期盆地东、北部僚人向农耕时代过渡以来，人们已经从楚地传来披荆斩棘之后付之一炬的最简单不过的种山方法。安史之乱前王维的"种田烧白云，斫漆响丹壑"诗③，生动地描绘了安史之乱前的畲田活动。不过，这种情况毕竟在安史之乱前不太多见。畲田之风的盛行，的确还是在安史之乱后。

那么，为什么安史之乱后畲田之风盛行起来了呢？从众多记述看，畲田活动多被称为"夷俗""楚俗""巴俗"，显然畲田的主人基本上是僚蛮后裔而不是汉民。如1978年发现的万县唐冉仁才墓④，即可说明迄至唐高宗时代，这一带仍是板楯（盘瓠）蛮的后裔所居。汉民在唐以前绝大多数分布在盆地西部，入唐以后，方有不少逃户出现在盆地中部地区。说是逃户，乃就其主观动机而言。客观上，盆西地区人满为患，按应受田数征收的租庸调相对增重而必然导致向外移民，也就是狭乡民移住宽乡。这种情景在贞观以后就出现了。仅陈子昂所知，剑南道诸州逃走户就有3万余，"在蓬、渠、果、合、遂等州山林之中，不属州县"⑤。所谓"山林"，不过是泛指，其实他们大多住在一些河川峡谷中垦田营种，比如《元和郡县志》《太平寰宇记》记载，合州（治今合川）长安中以"大足川侨户辐凑"，遂置铜梁县；渝州的巴、江津、万寿（治

---

① 唐启宇编著：《中国农史稿》，农业出版社1985年版。
② 以上所引诸诗句见《全唐诗》卷四三四、二七三、二二九、四一六、三四九，岳麓书社1998年版。
③ 《燕子龛禅师》，载《全唐诗》卷一二五。
④ 蒙默：《也谈四川万县唐冉仁才墓》，《四川文物》1989年第1期。
⑤ 《上蜀川安危事》，《陈子昂集》卷八，中华书局1960年版。

今永川南）3县间，天宝时开田200余里，遂置壁山县；壁州（治今通江）、达州之间的太平川，开元间为"浮游"所集，遂置太平县；等等。另参据唐宋各地理志书还可发现，盆地中部原先为便于管辖僚人而置于山顶上的县城，在武后至玄宗时代有不少已下移到河川地带，如长江（今蓬溪西）、安居（今遂宁南）、贵平（今仁寿北）、大寅（今仪陇南）、仪陇、曾口（今巴中东）等，俱可证明盆地中部的河川地带大多为汉民所占据和开发，原住僚人不是被融合就是被迫赶往高丘或盆地东部更高的山区。加以盆地东部的僚人本来就不少，土地又特别硗确，不像丘陵地带还可开"雷鸣田（靠自然降水浇灌的山田）"，而畲田运动兴起的时间，正好赶上安史之乱。当然，安史之乱后由于各种原因来川诗人增多，他们的大量记述，也给人们加强了"畲田运动"突然开始的印象。

安史之乱后，巴蜀地区特别是盆地西部虽然常常受到南诏、吐蕃的侵扰，藩镇、军阀之间的混战以及民众的起义也不断给社会带来动荡，但比起中原地区来说，巴蜀还算是一个安定的地方。因为巴蜀的战事主要发生在雅、黎以南和维、茂以西，只有大和三年（829）南诏入寇成都，掠走数万子民、百工，才给成都平原带来较大损失；咸通十年（869）南诏复攻入成都平原，但这次是大败而归；再后来又有阡能起义及陈敬瑄与王建之战，规模都很有限，对人口与经济的破坏也不是很大。所以，富庶而相对安稳的巴蜀地区不仅一直吸引着北方官员、百姓避难入居，并且以大量财力、物力扶持着摇摇欲坠的唐朝政权，以至在宣宗年间，蜀人还不同意所谓"扬一益二"的天下名次，认为若论人物繁盛、百工伎巧之富、物产之饶，扬州不及益州的一半。[①]黄巢起义，唐僖宗仓皇逃亡到成都，虽号称"诸道及四夷贡献不绝"，但战乱中谈何容易。揆诸史实，当主要靠"蜀中府库充实，与京师无异，赏赐不乏，士卒欣悦"[②]。巴蜀全无户口萧索、市井残破、经济凋敝的景象；相反，俨然还是一方富丽繁华、文教敦洽之区。直到五代时，唐衣冠之族犹多在蜀地，故史称蜀之典章文物，有唐之遗风。

---

① 卢求：《成都记序》，《全蜀艺文志》卷三〇。
② 《资治通鉴》卷二五四，中华书局1957年版。

二、宋代巴蜀农业的发展

宋代巴蜀农业经济迅速高涨,与之相伴的是人口的迅速增加。据研究,南宋嘉定十六年(1223)巴蜀版图内实际人口在1400万人左右,户均人口约5.4。①

由于人口的增长和水利设施的修建,人们把原来遍及成都平原的蓄水陂池改造为水田了。成都城北10顷隋摩诃池,唐懿宗时尚存,至宋已"池平树尽",变为"麦陇连云"的沃土,诗人叹道:"百岁兴衰已如此,争教东海不为田。"②北宋末年,吕大防已经发现,"蜀田仰溉官渎,不为塘埭以居水,故陂池演漾之胜比它方为少"③。闲隙地的垦辟,不独在填池,早在唐僖宗时,就已有高骈于成都城外把小山全部垦平,用来发展农桑的记载。④到北宋皇祐年间,连民间奉为神灵的杜宇、鳖灵二坟及净林寺,亦任百姓菑畲垦甸,于是坟及寺俱化为民亩。即使这样,据《宋史·王觌传》反映,哲宗时还是出现了"亩值千金,无闲田以葬"的窘况。或许这只限于成都近郊,但时人所谓"蜀中土狭民稠,耕种不足给"⑤,并非泛泛而谈或耸人听闻,确是指出了问题的实质。这说明在当时的生产力条件下,成都平原的耕地已达到饱和程度,人口的增长导致耕地相对不足。

按说平原以外的地区应该不存在土地紧张的问题,然而不少史料还是反映存在这个问题。一种情况是像涪州那样,"官吏以民间潴水地为天荒地,豪滑游手,因而结交州县,请佃承买,泄其水以为可种之地,独擅其利"⑥;另一种情况则更为多见,即不少低山丘陵区出现了向高处垦辟山田的现象。如成都东山的"雷鸣田",眉州石佛山的"石田",陵州(治今仁寿)、蓬州(治今仪陇南)、隆庆府(治今剑阁)"侧耕危获"的山田,垫江的"高田""下田"等,这些山田使农田景观出现了垂直立体分布特征。表明在人口不断增殖的压力之下,当河川、平原垦殖殆尽之后,向山坡、丘垄要田的趋势便不可逆

---

① 郭声波:《四川历史农业地理》,四川人民出版社1993年版,第62页。
② 宋祁:《过摩诃池》,《蜀中名胜记》卷四。
③ 吕大防:《合江亭记》,《成都文类》卷四三。
④ 《新唐书·高骈传》。
⑤ 《宋史·樊知古传》。
⑥ 《宋会要辑稿》食货七之五十四。

转了。

在盆地中部梯田大量出现的同时，宋代畲田承唐代的流风余绪，仍在继续发展。真宗大中祥符四年（1011）八月诏除畲田租，对此更是一个推动。史料表明，宋代畲田不仅在盆地东部、北部仍很盛行，而且推广到南部山林区。

盆地东部和北部畲田区的垂直立体农业景观，在安史之乱后就已出现。山上种粟麦，山下种稻，这是中晚唐以后特别是宋代四川盆地山区较为常见的农业布局特色。不少地方在山腰地带，还有茶、果、木本油料等经济林木的种植。最典型的垂直立体农业景观是在三峡地区，因为三峡一带地势崎岖，从峡谷底部到高山之巅，行旅皆可望见，留下的诗文记述也较多，如《范石湖集》中便留有大量三峡写景、纪实诗，可借以了解当时三峡的农业情况。

宋、蒙战幕拉开后，巴蜀地区首当其冲。其中盆地西部因地势较平，无险可守，受蒙古骑兵的破坏更甚于全蜀。野史相传，仅端平三年（1236）蒙古兵一次屠戮，成都城中骸骨就达140万具，城外者不计其数。沱江流域以西各州县地方志乘，大多以类似"宋代遗民惨遭杀戮，或徙或逃，无复存者"的文字记载了宋末这场浩劫。吴昌裔《论救蜀四事疏》（《宋代蜀文辑存》卷八七载）云："西州之人，十丧七八……昔之通都大邑，今为瓦砾之场；昔之沃壤奥区，今为膏血之地。青烟弥路，白骨成丘，哀恫贯心，疮痍满目。"说明盆地西部农业已难以为继，人民或就死，或被掠，幸存者不是逃入深山、流散外省，就是随宋兵据险自保。城池圮坏，田土荒废，五谷难收。尽管从嘉熙二年（1238）起，理宗以四川累经兵火，百姓弃业避难，土旷无人，屡诏四川帅臣招集流民复业，权耕屯以给军资，然而要做到这一点并不容易。劫后余民只能在战争间隙抢种抢收，并且常常受到蒙古骑兵的骚扰，为此，四川虎将张钰曾不惜兵刃与蒙古兵野战，以保护农事，但大海孤舟，毕竟不能挽狂澜于既倒。四川盆地农业的空前破坏在短期内已无法恢复了。

第五节　元明清时期

一、元代巴蜀农业的恢复

宋元之际，巴蜀是双方拉锯激战的前线，半个世纪的惨烈战争，导致巴蜀人口大量死亡流徙、社会经济残破、农业生产遭受重创、土地大量荒芜，亟待恢复。

元朝统治时期，政府也竭力采取措施恢复和发展农业，其主要形式即实行屯垦，屯垦分军屯和民屯，并以军屯为主。根据《元史·兵志》的数据，巴蜀各地共有屯田军12866人，军屯田土2238.72顷，平均每人耕地亩数为17.4亩。《元史》关于民屯的记载则不完整，只有户数，没有田土亩数。据《元史·地理志》和《元文类》卷四一《经世大典序录·屯田》记载，计有广元路、叙州宣抚司、绍庆路、嘉定路、顺庆路、潼川府、夔州总管府、重庆路、成都路所辖地区设置民屯，共有屯田户数33728户，田数231632亩。[①]据郭声波先生研究，延祐七年（1320），四川总人口数为1490701人，耕地则折合为19万今顷。[②]以上数据，较之宋代，差距甚为明显。

尽管耕地不多，但元代巴蜀的农业开发还是有几点新动向。一是川江及嘉陵江中下游沿岸各路（重庆、夔州、叙州、顺庆）的总耕地数第一次超过了传统农业中心成都、嘉定和潼川三府路，这可能与南宋遗民的相对集中有关。明初修纂的《泸州志》说："昔元时地广人稀，四方之民流寓于泸者，倍于版籍所载。"元末，明玉珍率斗船50艘入蜀沿江夺粮，底定全蜀后，一反故事，舍成都而都重庆，不能说与元代川江、嘉陵江沿岸农业的发展没有关系。二是元灭大理之后，在未受战乱影响的川西南广设土官，如以乌蛮落兰部女酋长沙智为建昌路总管，以撒加布为土知州并征其租赋。所以，尽管四川盆地的农业已十分凋敝，边远的川西南一带却获得了开发进步。此外，值得注意的是，尽管成都平原在宋元之际饱经战乱，但元代成都平原的垦殖指数保持在12%，仍为巴蜀之冠。[③]成都平原地理政治位置的优势，仍然使其在元代巴蜀农业以至整个经济社会的恢复发展中走在前列。

二、明代巴蜀农业的恢复

洪武五年（1372），四川刚刚平定，朱元璋便遣使度量四川田地，有计划、有步骤地恢复四川的农业。第二年，有人上言："四川西南至船城，东北至塔滩，相去八百里，土膏沃，舟楫通行，宜招集流亡屯田。"[④]船城和塔滩

---

① 陈世松主编：《四川通史》卷五《元明》，四川人民出版社2010年版，第304页。
② 郭声波：《四川历史农业地理》，四川人民出版社1993年版，第79页。
③ 郭声波：《四川历史农业地理》，四川人民出版社1993年版，第81~82页。
④ 《明史》卷七七《食货志》。

未详今址，然以其间通舟八百里观之，当指戎、夔一带川江，可见明初四川农田垦殖的恢复是从故大夏政权腹心地区的屯田开始的，这是第一步。第二个步骤是移民入蜀垦荒。从许多四川地方史志及族谱资料中不难看到，民间广泛流传的"湖广填四川"，一直延续到明中叶。第三个步骤是在盆地沿边及川西南地区设立军队屯田，它们分属四川都司和四川行都司。第四个步骤是整治和兴修水利设施。

但是，尽管洪武以后明政府仍在继续发布鼓励垦荒的号召，但明朝四川农业的恢复水平总体上并不理想，农田开发水平也不高。如当时夔州府一带还是"火耕水耨之民，比邻相接；长山大谷之险，土壤相通"[①]。嘉靖初杨慎在江津一带川江途中见到的高坡农业景观"巴农麦陇连云上"，已算比较精细的了。宋代已有山田的盐亭一带，这时居然也出现了"云中石路依山转，涧外畲田趁水斜"的耕作退化情景。[②]

看来不仅在盆周山区畲田之风依旧，就是在盆地中部的山地丘陵，也恢复了粗放农业耕作，故明末巨著《农政全书》提到很多明代的先进农田水利技术和先进的农业生产工具中没有一样是在四川发明或应用推广的，正德《四川志》还有这样的说法："蜀之号为陆海者，徒以西南诸邑灌水之利耳……其它皆刀耕火种，所获系天。"前述那些众多的塘堰，看来只是位于河川低谷地带水田区的布局，和东汉的情景相仿，不过在川江—嘉陵江"y"形区有所长进而已。

在明代四川农业缓慢恢复的过程中，盆周山区西南部的夷僚继续垦辟着宋代开创的山谷农业。他们中有些已"渐染华风""夷变为华"，但基本的经济生活大约仍如元代李京《云南志略》所云："猪、羊同室而居……山田薄少，刀耕火种。所收稻谷悬于竹棚之下，日旋捣而食。常以采荔枝、贩茶为业。"处于农副牧业结合状态。

明代对岷江上游的经营除置屯戍守外，对茂州羌人聚居区也实行土司制，土司每年向地方官府缴纳麦、豆等粮赋，万历初年，官兵镇压龙安府（治今平武）羌人起义之后，石泉（在今北川）、茂州一带山后地方绵亘数百里的"叠溪诸羌"，皆愿输纳粮食，甚至有变易汉姓者，说明这些地方大体上已转化为

---

① 马廷用：《同春堂记》，正德《夔州府志》卷一二。
② 杨廷和：《过盐亭》，光绪《新修潼川府志》卷三二。

以农为主、兼营牧副的经济结构。但威州保县（治今理县北）一带则依然是"俗本氐羌，多习射猎"，与宋代一样仍属半农半牧猎区。

明代对川西南地区的农业开发略承元绪，而其屯兵数量则远胜于前。明初这次约六万主要来自江淮先进农区的移民，是自汉晋以来较大规模的移民，他们对于川西南地区社会经济的影响是巨大的。一方面是对屯驻区的直接开发，维持和发展了川滇交通线的农业带，建立了若干定期集市，保障了道路的畅达，为明清时代西南丝绸之路的繁荣兴盛创造了条件。另一方面是与当地族类互相影响，除白人（即前之"白蛮"）、摆夷外，相当多的靠近交通线和屯驻区的罗罗（或作"倮罗"，即前之"乌蛮"）也在明代逐渐汉化，过渡到农耕时代。牦牛山以西的么些人和西番（吐蕃化羌人），据范守己《九夷考》和《宁远府志》载，亦多种青稞、荞麦、圆根，兼营畜牧，大抵因居住区自然条件有所侧重而已，其农半牧分界线一如前代。凉山腹地的罗罗虽然靠刀耕火种可食荞麦，而性仍喜猎，畜牛、羊、马，其半农半牧（猎）生涯未有变化。

三、清代农业的大发展

第二次"湖广填四川"发生于康熙年间，这次移民的迁出地较第一次"湖广填四川"更为广阔，几乎涉及淮河以南各省，北方还有陕西、河南等。当然，移民人数仍以湖北、湖南两省（即旧之湖广）为最，次为广东、江西、福建，湖北移民在雍正以后明显减少，当与该省输出人口能力减弱有关。

自崇祯十三年（1640）明军追剿张献忠入川，至清康熙三年（1664）"夔东十三家"的最后失败，在四分之一世纪里，四川地区迭遭战乱，重演了宋元之际的浩劫悲剧，人民大批死亡，到处是灌莽丘墟，四川成为清初抛荒土地最多的省份。康熙帝亲政后，吸取了明代及开国以来四川招垦失败的教训，采纳了历年来四川官员的中肯建议，实行了一系列更有利于招垦的措施。

首先是采纳康熙七年（1668）四川巡抚张德地的建议，令各省地方官查实来自四川的流民，汇报四川督抚，然后筹措盘费，派官接回四川安置。这样，招垦措施从消极等待转变为积极组织，对加速移民高潮的到来起了重要作用。

其次是放宽起科年限。清初定例，新垦田地皆以三年起科。顺治十三年（1656），四川巡按高民瞻曾上言以为招垦之难，在于给复时间太短，他说："川北石田瘠薄，年若丰稔，尚足相偿，苟雨旸不时，举终岁勤苦付之乌有；比及三年又起科矣！是未必食开耕之利，而复愁差粮之扰。"所以"居者恐差粮为累而不肯疾于开垦，流者愈虑资身无策而不敢轻于复业也"①。有鉴于此，康熙十年（1671）准全国三年后再宽一年起科，于四川，则准总督蔡毓荣奏改为五年起科，第二年又改为六年起科，第三年再宽至十年。

然后是进一步调动地方官绅招垦积极性，顺治时定例，地方官守凡招民700人定垦，可升一级。康熙十年，蔡毓荣上疏以为，招民开荒实属急务，招700人太难，应减为300，若现任文武各官能如数招垦，不论俸满即升；若系一般官绅，则可实授本县知县，这样，"人易为力而从事者多，残疆庶可望生聚矣"。康熙当即准奏，并进一步规定为："如招民三百户安插者，先准加一级，俟开垦五年起科之后，照原任不论俸满即升。"②

最后是暂缓耕地丈量清查，虽然从康熙初年起，清政府屡屡要求地方官清查隐匿田粮。但实际上主要是限令自首，因而整个康熙年间的四川田土粮额数，基本上都是据旧册造报增减，仅有个别州县作了认真丈量，不少移民的垦殖热情间接地得到了助长。

此外，在康熙帝亲政之初，还批准了四川官员关于减免官给牛租、遣还外流豪富绅宦回川、允许各省贫民携带妻子来蜀入籍等积极的建议，这样，从康熙七年开始，直到近代，四川地区又掀起了有史以来第三大的垦殖高潮。

康熙七年到雍正七年（1729）为垦殖高潮前期，这一期的特点是明代旧垦区全部复垦完毕，是为"康雍复垦"。

"康雍复垦"前期招民垦殖见有实效的就有50余州县，其中，以盆地西部至南部一带的移民为最盛，这大约与该地抛荒熟地较多、农业条件较好、交通较为便利有关。"康雍复垦"后期，外省移民更是如潮涌来，这时移民多分布在盆地中部，大概每县每年要安插二三百户。如康熙四十八年（1709），蓬溪安插350户；康熙五十年（1711）至五十三年（1714），安岳安插千余户；雍正五年（1727）移民仍不下数万。据不完全统计，全川官府掌握人口从康熙二十四年（1685）的50万猛增至雍正二年（1724）的200万，可见此期年均人口增长率确已达到36.8‰。由于康、雍时期四川盆地人口机械增长率很高，康熙五十一年（1712）宣布的"盛世滋丁，永不加赋"在当时对四川垦殖运动的影响相对而言并不太大，要到垦殖高潮的后期，才开始对四川农业产生深刻长

---

① 《清代钞档》，《清代四川财政史料》，第49页。
② 《清圣祖实录》卷三六，康熙《四川总志》卷十《贡赋》。

远的影响。

康熙末年到雍正初年，入川移民对明代旧田的插占可能已趋饱和，散往各府州县佃种佣工者日益增多。官员疏奏："四川昔年荒芜田地渐皆辟，但从来并未丈勘，止计块段插占管业；又土著与流民各居其半，田土不知顷亩，边界均属混淆，此侵彼占，争讼繁兴"，清政府遂于雍正五年专门派员会同四川官员前往各处按亩清丈，至雍正七年陆续清丈完毕。

雍正清丈之后，外省移民继续流入，鉴于旧田已插垦完毕，而人口有增无已，政府开始鼓励开垦荒山林地。因此，农田垦殖继两宋之后重新向盆地闲隙之地和丘陵以及山地的中、上部进军，成为垦殖高潮中期——"乾嘉续垦"的特色。

"乾嘉续垦"的重大成果之一是水田区从盆西扩展到盆南、盆东，奠定了现代盆地西—南—东肥厚弧形重点水田区的基本布局，由此带来的利益是四川稻米产量大幅度增长，并重新向外输出。从雍正间浙江官员赴川"采买米石，以备浙、闽缓急"之后，四川的商品粮便一直远销江南地区，所以乾隆十八年（1753）的上谕也说："川省产米索称饶裕，向由湖广一带贩运而下，东南各省均赖其利。"① 据乾隆末的一则"上谕"，四川仍是全国粮价最贱的产米之乡。

至于旱地垦殖，则主要是在盆中的资州（治今资阳）、潼川府，盆北的保宁、龙安府、绵州及盆东的夔州府。因为这些地区嘉庆中的旱地比重较高，平均在60%以上，较之雍正时变化不大，而此时总耕地面积又都较雍正时有很大增长。康雍乾嘉时，闽、粤、江淮移民已带来玉米、番薯、马铃薯等适宜盆北、盆东、盆周瘠薄山地及盆中紫红色砂页岩丘陵地种植的耐旱作物，但康雍乾嘉时代盆地内部正值"盛世"，荒歉灾害不多，人们仅视之为救荒作物而未予大量推广。四川盆地则在道光十八年（1838）盆东、盆北发生特大灾荒之后，便已开始普遍重视玉米和薯类的种植了。

在盆周山区，不少地方的畲田已用上了锄耕甚至牛耕，将荒地、林地垦辟为斜坡挂地，成了近代生态环境恶化的始发之地。

第一个方面，"旷土尽耕"不限于成都平原，就连整个盆地区，基本上也达到"一勺泥沙，亦无虚置"的完全饱和程度；第二个方面，近代四川梯田的

---

① 蒙默、刘琳、唐光沛、胡昭曦、柯建中：《四川古代史稿》，四川人民出版社1989年版，第499页。

开垦继续在盆地周边推广，较之宋代和清乾、嘉时代更为普及；第三个方面，由于扩大耕地面积在现有生产条件下已越来越困难，而人口增长较快，为解决日益尖锐的粮食供需矛盾，人们被迫竭尽全力提高现有土地利用率。

川西北岷江上游的羌人，自古受到迩近的盆西传统水田区汉人农业文化的影响，较早进入半农半牧阶段。至迟到清中叶，岷山—邛崃山以东的羌人已全部转化为农业民族。这些羌人已很少经营畜牧业，每至冬月农闲，俱襁负而下川西坝子，为人干活，一交二月，即买猪、米，结伴归去。据调查，羌族地区从清末以来畜牧业都只作为农村的副业而存在，而且在有的地方，还不如纺织、采药等副业重要；农业自从传来玉米、马铃薯等耐瘠、耐寒旱地作物及光绪初由绵竹传入淋粪法后，逐渐弥补了青稞、小麦、荞麦收获之不足，本地粮食逐渐充裕起来。

在川西南地区，则以明清以来汉民逐渐深入凉山腹地开垦荒地的曲折历程为特点。明中叶即有湖广移民（当即屯丁）落业普雄、平夷堡（今越西、喜德间），传播农业知识，对凉山彝族农作物的增加有很大影响。清雍正以后，随着屏山、雷波、马边等地的开发，这里世代畜牧的彝人也在官府帮助下（比如给耕牛、稻种杂粮、教农艺、水利等）率先向农耕转化。同时，内地汉民也以入佃形式大批涌入。就连凉山腹心的美姑牛牛坝、昭觉等地，也从内地请来汉人开水渠、梯田，如昭觉发现的有3姓人家的道光墓碑，载明其从乾隆以来人口繁衍到300多家，开发了一大片土地。这证实凉山直到光绪初，仍是"汉人久居夷地，祖孙父子滋养生息于其间不下千万家，已入者不能复出，未入者方事接踵"。

第三章 巴蜀稻作史

自新石器时代以来，人类就开始逐渐进入农业社会。考古和文献记载以及人类学等多学科的资料揭示，农业的发明、发展使先民逐渐结束了游荡生活，得以定居，并逐步发展出早期聚落。早期先民的农业社会多表现为种植业、禽畜养殖业、采集、渔猎等多种生业成分结合的复合经济，并由于水土、气温、地形、地势等地理气候条件的差异，逐渐分化出以其中某种生业为主的不同经济类型。但总体而言，随着经济社会的发展，传统的农业族群一般都会过渡到以种植业为主的生产方式。

历史上巴蜀地区尤其是四川盆地的先民，正是很早就以种植业为主的典型农业文明区域的族群。由于巴蜀地区面积广阔，地理气候条件多样，在不同的亚区域和族群中，又分别发展出以稻作农业、旱作农业和其他粮食或经济作物为主的不同的种植业，整体上呈现出多元并存、丰富多彩的情形，并创造出辉煌灿烂的农业文化，为多元一体的中华文明作出了重要和卓越的贡献。

第一节　水稻及其主要分区

巴蜀地区的粮食作物虽然历来呈现多种多样的种植格局，但水稻很长时期以来无疑是其中最为重要的品种。以稻米为主食，是巴蜀很多地区先民千百年来的饮食习惯，水稻的种植栽培源远流长，并很早就在地域上相继形成了三个不同的产区。

巴蜀地区稻作农业发生最早的地方之一是峡江一带等川东地区。中国是稻作农业的发源地，考古资料揭示，至迟在距今1万多年前，稻作生业就已经在东亚大陆南方的长江流域起源。巴蜀地区在地理上正好位于长江上游，历来属于稻作为主的南方农业区。根据近年来在江西省万年县仙人洞、吊桶环，湖南省道县玉蟾岩、澧县彭头山，浙江省余姚市河姆渡等新石器时代早中期遗址稻作农业的发现和研究，中国水稻驯化栽培最早的主要区域位于长江中下游，尤其是中游的华中地区又与巴蜀地区相邻，据考古资料反映，水稻种植至迟在新石器时代晚期已经从上述地区传入巴蜀。虽然也有学者认为，目前尚缺乏足够的农业考古资料，故上述推论还有待商榷①，但从地理位置考察，稻作农业从长江水道传入的可能性极大，而且很早就已经传到峡江地区。位于巫山县境内瞿塘峡东口的大溪遗址证明，长江中游稻作农业的大溪文化（距今6000～5000年）已经西达峡江地区，因此，在四川盆地东部的巴地，水稻的种植应开始很早，从现有资料推测，这一带很可能是巴蜀最早出现水稻种植栽培的地区。

而在远离峡江地区的川西南大渡河中下游流域、安宁河流域等地，新石器时代晚期稻作农业的出土资料似乎揭示了巴蜀地区稻作农业的另外一个区系。地处横断山区大渡河中游平缓河谷地带的四川省汉源县大树镇麦坪遗址，距今约4700～4500年，考古工作者取土进行了水稻植硅体分析，经鉴定，该遗址典型水稻植硅体形态有水稻扇型、水稻哑铃型、水稻哑铃型集合体、水稻双峰突起型，参数测量和计算判明麦坪遗址的水稻主要为栽培稻。②麦坪遗址位于古代"南方丝绸之路"的咽喉要道上，其南部的西昌市也发现了属于稻作生业的礼州和横栏山两处新石器时代晚期遗址。安宁河流域的礼州遗址年代约在前2000～前1000年之间，虽然其正式发掘简报或报告中尚无关于稻作的直接资料，但其文化与出土炭化粳稻的云南省龙川江流域大墩子遗址属于同一文化类型，学者曾据以撰文探讨该流域种植稻谷的历史。③同处安宁河流域的横栏山新石器时代晚期遗址也展示出先民的稻作生业信息，该遗址浮选出的农作物种子稻、麦、粟和黍的数量比为23∶10∶8∶3。虽然该遗址"T3③中的大麦属种子极有可能是晚期遗物混入了早期地层"，以上分析"还需要更多的浮选材料及测年结果来验证"，但"稻谷、小麦等种子在其他地层中也有发现，因此，这些类别的种子所属的时代很可能仍为新石器时期"。④在遗址稻麦（类）粟（类）混作的生业形态中，水稻明显居于优势地位。横栏山上的水土等条件不适合稻作，但山脚的"河谷平坝应当是栽培稻谷的合适场所"，结合遗址中出

---

① 孙华：《四川盆地史前谷物种类的演变——主要来自考古学文化交互作用方面的信息》，《中华文化论坛》2009年11月增刊。
② 黄翡、郭富、金普军：《麦坪遗址新石器时代晚期水稻植硅体的发现及其意义》，《四川文物》2011年第6期；凉山彝族自治州博物馆、凉山彝族自治州文物管理所编著：《一个考古学文化交汇区的发现——凉山考古四十年》，科学出版社2015年版，第666～670页。
③ 黄承宗：《从出土文物看安宁河流域种植稻谷的历史》，《农业考古》1982年第2期。
④ 《西昌市横栏山遗址2011年及2013年度浮选结果简报》，载凉山彝族自治州博物馆、凉山彝族自治州文物管理所编著《一个考古学文化交汇区的发现——凉山考古四十年》，科学出版社2015年版，第703～704、707页。

土的"用于收割谷物的石刀",有学者提出了当时在河谷平坝已有小规模稻谷种植的论断。①此说较为合乎实际,反映川西南地区稻作生业发生虽早,但在新石器时代晚期还只是零星或有限地分布于一些河谷平坝地带。

巴蜀地区最主要和重要的水稻产区,在四川盆地西部的成都平原。这里稻作生业的条件具有明显的优越性,考古发现将水稻栽培出现向前推进至距今4500多年前。近年来的考古发掘进展揭示,宝墩文化时期成都平原的水稻种植在粮食生产中极有可能已经居于主导的地位。以宝墩遗址2009年的工作为例,共采集到14份土样,浮选提取到1430粒炭化植物种子,种类比较丰富,其中稻谷种子643粒,占总数的45%,几乎在所有时期的底层和遗迹单位中都有发现;粟的数量为23粒,仅占1.6%,而且集中在宝墩文化一期的地层和遗迹单位中。此外,通过对植硅体的分析,也从宝墩文化层中发现了大量典型水稻扇型植硅体(底侧面布满龟裂纹,两侧向外突出),以及横排双裂片型(哑铃型)和产生于水稻颖片的双峰型植硅体,同时还存在少量粟类作物的植硅体碎片。②一般说来,水稻的栽培对水分、温度的要求很高,作为南方主要的粮食作物,大规模的水稻种植总是以水田农业为基本模式。通过上述植物考古分析,目前对宝墩时期农耕文化先民的生业形态已经有了比较充分的认识:大约4500年到4000年前的宝墩先民以种植水稻为主,兼有粟作农业。稻米生产在作物多元多样的农业中,已经占据了突出和主导的地位。包括三星堆遗址一期在内,成都平原上宝墩文化古城和大型聚落遗址已经发现九座,其间还分布着大量中小遗址,平原上人口数量和经济开发已经达到史前晚期相当高的水平。不难想象,由于宝墩文化时期温暖湿润的气候环境,加之气候波动不大,十分有利于稻作农业的发展,因而肥沃的成都平原上当时很可能已经大量分布着种植稻米的水田,为早期农业文明的兴起和发展提供了坚实的基础。

商周时期,巴蜀地区的稻作农业进一步发展。2011年,成都市文物考古工作队、凉山彝族自治州博物馆和冕宁县文管所联合发掘了川西南地区冕宁县高坡

---

① 《西昌市横栏山遗址2011年及2013年度浮选结果简报》,载凉山彝族自治州博物馆、凉山彝族自治州文物管理所编著《一个考古学文化交汇区的发现——凉山考古四十年》,科学出版社2015年版,第706页。
② 姜铭、玞玉、何锟宇等:《新津宝墩遗址2009年度考古试掘浮选结果分析简报》,《成都考古发现(2009)》,科学出版社2011年版;贾昌明:《寻找古蜀文明之光——中华文明探源工程成都平原考古工作侧记》,《中国文物报》2014年5月9日。

遗址，在遗址从商末到西周早期的三个连续地层中采集了6份土样进行浮选，统计获得植物种子67粒，其中稻谷38粒，约占56.7%；黍1粒，仅占1.5%。根据该遗址出土的36粒稻谷基盘大都残留有小穗的断茬，可以推断这批稻谷应当经历了人工强行脱粒，说明其应为栽培品种，该遗址先民其时生业应为稻谷与黍并存，而以稻谷为主。①值得注意的是，该遗址周边地区下述一些同时代遗址中也发现有稻谷遗存：云南省的剑川县海门口遗址第二期（距今3800~3200年）②、宾川白羊村遗址（分早晚两期，早期距今约3700年）晚期③、耿马石佛洞遗址（距今约3500年）④、永仁县磨盘地遗址（距今约3400年）⑤、元谋县大墩子遗址（距今约3200年）⑥、贵州省的威宁县鸡公山遗址（距今约3300~2700年）和吴家大坪遗址（距今约3300~2700年）⑦。倘若将高坡遗址和这些出土稻谷的遗址联系起来，可以看到商周时期川西南及其邻近地区有一个稻作文化传播片区，而上述遗址群所在地，不是属于传统的巴蜀文化区，就是与巴蜀风俗相近之区。

商周时期的成都平原，稻作农业的考古资料更为丰富，如成都市区金沙遗址（商末周初）⑧、三官堂遗址（商末—战国）都发现了稻谷遗存，充分证明其时成都平原已经是以稻米生产为主要生业的农业区⑨。可以想象，在水资源极其丰沛的原野中，大片的稻作水田构成了主要的农业景观。因此，传世文献《山海经·海内经》载："西南黑水之间，有都广之野，后稷葬焉，爰有膏菽、膏稻、膏黍、膏稷，百谷自生，冬夏播琴。"据蒙文通先生研究，都广即广都，在今天双流一带，而"都广之野"即在成都平原；同时，《山海经》的

---

① 《冕宁县高坡遗址2011年度浮选结果鉴定简报及初步分析》，载凉山彝族自治州博物馆、凉山彝族自治州文物管理所编著《一个考古学文化交汇区的发现——凉山考古四十年》，科学出版社2015年版，第658、663~664页。
② 云南省考古研究所等：《云南剑川县海门口遗址第三次发掘》，《考古》2009年第8期。
③ 云南省博物馆：《云南宾川白羊村遗址》，《考古学报》1981年第3期。
④ 赵志军：《石佛洞遗址出土的植物遗存分析报告》，《耿马石佛洞》，文物出版社2010年版。
⑤ 云南省文物考古研究所等：《云南永仁菜园子、磨盘地遗址2001年发掘报告》，《考古学报》2003年第2期。
⑥ 云南省博物馆：《元谋大墩子新石器时代遗址》，《考古学报》1977年第1期。
⑦ 贵州省文物考古研究所等：《贵州威宁县鸡公山遗址2004年发掘简报》，《考古》2006年第8期。
⑧ 姜铭、赵德云、黄伟等：《四川成都城乡一体化工程金牛区5号C地点出土植物遗存分析报告》，《南方文物》2011年第3期。
⑨ 江章华：《成都平原先秦时期农业的转型与聚落变迁》，《中华文化论坛》2009年11月增刊。

成书年代不晚于周代①，应与杜宇、开明时期大体相当。"膏稻"为水稻中的精品，因而这条记载不仅反映以水田为基本条件的水稻在成都平原的广泛栽培已经有相当长的历史，而且已经培养出优良的品种。

根据川西平原杜宇以来稻作农业繁荣的上述情况，结合《华阳国志》关于其时川东巴地同样"农时先祀杜主君"的记载②，可知到杜宇、开明时期，川东巴地的水田农业也应与同属四川盆地的蜀地一样进入了新的发展时期。

第二节 考古发现的巴蜀各地水稻田模型

秦并巴蜀以后，北方移民带来黄河流域的水利技术，与巴蜀本已富有特色的水利技术和水文化融合，建成的都江堰大型水利体系使成都平原逐渐实现自流灌溉，水田稻作生业更加繁荣。此种情形不仅在文献中有反映，而且由巴蜀很多地区考古出土的汉代陶、石水田模型明器能加以证明。这些水田模型明器的年代主要为西汉末至东汉时期，也有少量属于魏晋时期；出土地点主要在今四川、重庆、陕南、云南、贵州以及广东、广西等地。需要指出的是，前五地和广西的一部分地区，本身就属于现存最早的古代巴蜀史系统记载——《华阳国志》所谓"华阳"的历史地理范围，亦即成书更早的《汉书·地理志》所谓巴蜀和与巴蜀同俗的范围。在梳理这些水田模型明器时空分布后，罗二虎先生把它们大体上分为大区划水田、小区划水田、梯田三种类型③：

大区划水田模型如四川省西昌市礼州2号土坑墓出土的东汉陶水田模型，其主要特征是田块面积一般都比较大，由大田埂围起来后，田内不再设小田埂作进一步的区划。小区划水田的主要特征通常用大田埂设置大的区划，再在其内用小田埂进行更小规模的区划分割，并利用引水口将田、渠、塘相连接，以利灌溉。进而考察，这类小区划水田又有规整和不规整之分，如四川省合江县草山东汉砖室墓出土陶水田及池塘模型属于规整型，如四川省西昌市周屯6号墓出土陶水田模型则为不规整型，两种情形，应为地理地形条件所致（彭按：可能是浅丘地形所致，已接近梯田形制）。梯田的主要特征是田块依坡度和地势而

---

① 蒙文通：《略论〈山海经〉的写作时代及其产生地域》，《蒙文通文集》第一卷，巴蜀书社1987年版，第56~58页。
② （晋）常璩撰，刘琳校注：《华阳国志校注》，巴蜀书社1984年版，第182页。
③ 罗二虎：《汉代模型明器中的水田类型》，《考古》2003年第4期。

呈不规则形状，田块的规模较小，田内也不再设置小区划。乐山、彭山和都江堰出土的相关水田模型，反映了当时巴蜀丘陵和低山区已经较为普遍地发展出稻作农业，这与《华阳国志》等文献中这类地区往往"有山原田"即梯田的记载吻合，是当时水利与农业协调发展的见证。

罗二虎先生指出，汉代巴蜀及邻近地区水田出现上述不同类型，主要是由于水稻栽培的耕作制度和水田所处具体地形有所差异。上述水田模型反映的发达灌溉系统和向精耕细作方向发展的稻作农耕体系，在某种程度上已属于一种集约化的农业。相较于史书记载同期长江中下游地区仍然盛行较为粗放的"水耕火耨"，从巴蜀水田模型见到的这种稻作农耕类型，应该就是秦汉移民带来的中原先进农耕技术与南方传统的稻作栽培方式结合的产物。[①]

类似的稻田模型资料在峨眉、眉山、绵阳等地也都有发现[②]，其地大都属于成都平原边缘和周邻丘陵、低山区。从文献记载等各方面的大量资料可知，成都平原早在先秦时期就已经是稻作农业的繁荣区，秦据巴蜀以后都江堰大型水利体系的建成，无疑将进一步扩展和提升成都平原的水稻产业。由此可知，上述诸陶石制水田模型，实际反映的是秦汉魏晋时期，在成都平原以先进的稻作农业为基础的核心区外，至少川西、川南、川西南、川北以至陕南等传统巴蜀地区的广大丘陵和低山区，水稻种植也已经发展起来[③]，成为当地农村先民重视的生业。这说明，当时水稻作为一种在成都平原上早已经非常成熟并明显具有突出优势的粮食种植业，已经在广大地处南方气候条件的巴蜀地区产生了深远的辐射影响。因而与山丘旱地上仍然种植的传统粟稷等旱作粮食作物并存，在水土资源条件适合种植水稻的丘陵、低山尤其是其河谷地带，稻作农业已经比较广泛地发展起来。与此同时，随着大量山丘陂塘的兴建，因地、因水制宜形成的各形制水田也逐渐拓展，水稻种植得到进一步的拓展。

---

① 南京博物院：《四川彭山汉代崖墓》，文物出版社1991年版，第40页。
② 刘志远：《考古材料所见汉代的四川农业》，《文物》1979年第12期；沈仲常：《东汉石刻水塘水田图像略说——兼谈我国古代中耕积肥的历史》，《农业考古》1981年第2期。
③ 川东和川东北地区缺乏反映此期稻作农业的考古资料，文献记载称其地"川崖惟平，其稼多黍；……野惟阜丘，彼稷多有"。可见仍以旱作农业为主，稻作发展相对滞后。

第三节 水稻生产的进一步推广发展和多样化品种

一、水稻生产的进一步推广发展

隋唐以降，随着巴蜀地区人口的明显增长，为了解决口粮等基本生活资料的相应增加问题，从隋初到两宋，巴蜀土地垦殖指数快速上升，耕地面积总量几乎翻番，其中稻田的增长引人瞩目。除了平坝地区量的拓展以外，巴蜀地区的水稻田也逐渐向一些丘陵山区的旱地拓展，将之改造为种植水稻的"山田"。如北宋在眉州南面的石佛山就有苏轼所谓"石田"，种植粳稌上千畦。又如巴蜀的雷鸣田，即山区丘陵地带的梯田和冬水田，在宋代以后已经较为普及。因四川盆地丘陵和山地甚多，此类梯田出现甚早，巴蜀汉代画像砖里即已经出现水稻梯田模型，说明梯田在秦汉时已经是当地山丘地区种植水稻因地制宜的方式。秦汉以来，随着水稻种植的拓展，世称山丘区高亢之地的稻田为"高田"。《汉书·沟洫志》："故种禾麦，更为秔稻，高田五倍，下田十倍。"宋代巴蜀人叫这些呈梯级开垦的田为"雷鸣田"，其名称按梯田的两种类别有两种含义：一种认为"雷鸣田，该言待雷鸣而后有水也"，意即靠春雷鸣响后的春雨养水的冬水田；另一种则指引用山泉水层层灌溉的梯田，因其高田水层层流入低田而水流声响似雷鸣而得名。对此，宋代诗人范成大曾在巴地写下了脍炙人口的诗句：

> 人间只见秧田润，
> 唤作蟠龙洞里泉。[①]
>
> 旧雨云招新雨至，
> 高田水入下田鸣。[②]

范诗所写，正是巴山先民利用雨水积蓄，加上一些泉流开垦的雷鸣田。

[①] （宋）范成大：《蟠龙瀑布自山顶漫汗淋漓，分数道而下，望之宛从天降，当为城中布水第一》，《全宋诗》。
[②] （宋）范成大：《垫江县》，《全宋诗》。

应该指出，早在范成大之前，叶廷珪《海录碎事》中就已经记载巴蜀一些地方"农人于山陇起伏间为防，潴雨而水，用植粳糯稻，谓之噌田，俗名雷鸣田，盖言待雷而后有水也"[①]。

在传统蜀地也有雷鸣田。成都东面的龙泉山地区，世称东山，历来属于干旱山丘地带。宋代诗人潘洞《圣母山祈雨》云："锦里城东邑，高原十六乡。江流分不到，天雨降为常。"指的就是这片缺少天然河流，用水仰赖下雨的广阔的丘陵地带。但据宋代《成都文类》："益部十县，多引江水溉田，咸为沃壤，惟灵池（灵泉）疏决不到，须候天雨，俗谓之雷鸣田。"[②]此十六乡"高原"之地的所谓"雷鸣田"，虽然要靠积蓄雨水以溉，有其局限性，但它毕竟使得地势高亢、都江堰之水无法引灌的"高原"有了水稻生产。此种积雨所成的陂池和冬水田，与前述汉代以来的水田陶、石模型中陂塘、水渠和稻田的系统组合，应有渊源。而水稻种植与鱼鳖等养殖业的共存融合，正是史书中巴蜀地区所谓"民食稻、鱼"古老传统生动形象的证明。由此揭示，巴蜀地区精耕细作的稻作农业生产多种经营模式，在汉朝以后已经基本成熟，并不断拓展，在此基础上形成的领先天下的水田稻作生业方式，也成为广大巴蜀地区历史上的优良传统。

由于巴蜀地区历来重视水利，特别是发展出了上述丘陵、山区的稻田模式，使得水稻种植广而产量高。唐宋以后，中国经济重心完成南移，长江中下游地区稻作经济发达，然而据宋代理学家陈傅良记载："闽浙上田收米三石，次等二石，四川稻田亩产亦三石。"[③]可知巴蜀地区仍与之同属稻作生产领先的地区，故在满足本地需要的同时，长期保持了对外输出，尤其是满足国家调运。仅以南宋初年以来朝廷对巴蜀地区稻米征调见载为例，绍兴四年（1134），川陕宣抚副使吴玠请调大米15万斛至利州。而明初洪武二十六年（1393），向全国征实米、麦2943万石，其中从四川所征即达560万石，仅次于太湖地区。

---

① （宋）叶廷珪：《海录碎事》卷一七。
② 以上引自（明）曹学佺撰：《蜀中广记》卷八《名胜记》第八川西道成都府简州。
③ （宋）陈傅良：《止斋集》，文渊阁四库全书本。

二、巴蜀水稻品种的多样化类型

巴蜀地区地域辽阔，土壤、气温、水资源等具体条件多种多样，先民很早就引进或培育出了多种因地制宜的水稻品种类型。根据郭声波先生的研究梳理，在巴蜀水稻的品种类型方面，略可道及者有七[①]：

（一）稻种的定向培育

先秦时期四川盆地西部可能已经有了水稻品种的定向培育。在《山海经·中山经》中，已提到自盆西到盆北山区用"稌"为祭品，这一带地方当时只有盆西区有较长的种稻历史。晋朝崔豹《古今注》记载："稻之粘者为黍，亦为稌为黍。"说明"稌"在汉晋时期人看来，多是指黏性较强的稻谷，甚或是专指糯稻。近代四川糯稻的播种面积及产量通常要占籼粳稻的十分之一。

（二）早熟稻即早稻

此类稻种至迟在东汉已育成。《齐民要术》引晋《广志》说："青芋稻，六月熟。累子稻，白汉稻，七月熟。此三稻，大而且长，米半寸，出益州。"[②]这些在农历六、七月成熟的水稻，一般都属于早稻。南宋王象之《舆地纪胜》亦记载，早熟稻多产于四川盆地东部涪州、梁山军、重庆府等地，至五月便可食新者，则是成熟期更早的品种。

（三）晚熟稻或曰中晚稻

此类稻种也至迟在唐代巴蜀地区已经出现。韦庄诗云："绿波青浪满前陂，极目连云䆉稏肥。"[③]此处的"䆉稏"应为长江上游蜀地的一种晚熟稻。而在川东巴地，则有红莲稻。[④]

（四）香稻

唐代巴蜀地区已经育成香稻。文献反映荥经、天全二县出产香米，皆属粳稻。如《太平御览》卷八三九引《云南行记》即载，唐代"雅州荥经县土田，岁输稻米亩五斗。其谷精好，每一斗谷近得米一斗。炊之，甚香滑，微似糯味"。此为巴蜀地区有香稻的最早记载。与之地理相邻，因而当有渊源关系的

---

① 郭声波：《四川历史农业地理》，四川人民出版社1993年版，第153~157页。
② （北魏）贾思勰：《齐民要术》卷二三一引。
③ （唐）韦庄：《稻田》，《全唐诗》卷六九七。
④ 李敬洵：《唐代四川经济》（四川省社会科学院出版社1988年版）第二章对巴蜀晚稻有专门考证，可详。

明清时期天全香米，更因米质洁白、油分较重、滋润爽口、清香浓郁而闻名遐迩。降至近代，四川盆地北部、西部及西南部的凉山等地，更是多产晚熟粳亚种香稻。

（五）籼稻

籼稻何时传入巴蜀，史籍失载。不过，前引唐诗中的"穤秠"，学者或认为就是一种带红芒的晚籼稻品种①，反映唐代以降，巴蜀地区可能已经在生产籼稻。至于元代郭翼《雪履斋笔记》明确将峨眉县25种水稻分为"粘""谷""糯"三类，郭声波先生也认为，其"粘"者当为粳稻，"谷"者疑即籼稻。②

（六）旱稻

巴蜀地区普遍种植水稻，但个别地方一直有旱稻或曰陆稻种植，在山区居民中的种植历史或可追溯到史前，也可能是成汉时期僚人入蜀时带入。降至明清，地方文献反映巴蜀有的山区仍有种植。如明代长宁县四境山区皆种"山稻"③，无疑即旱稻；而清代资州等地的高阜之处，仍在种植。④

（七）双季稻

在我国南方稻作农业区中，巴蜀地区晚至1936～1937年才开始试种双季稻，民国时期最盛时（1943）达7万亩，主要分布区为泸州、宜宾附近各县。当时种植的是间作稻，产量不高，农民积极性不高，到1949年时几已绝迹。⑤

---

① 游修龄：《我国水稻品种资源的历史考证》，《农业考古》1981年第2期。
② 郭声波：《四川历史农业地理》，四川人民出版社1993年版，第154页。
③ 嘉庆《长宁县志》卷七。
④ 嘉庆《资州直隶州志》卷八。
⑤ 孙敬之主编：《西南地区经济地理》，科学出版社1960年版，第28页。

第四章
巴蜀旱作史

虽然水稻是巴蜀地区最重要的粮食作物，但却不是该地区最早的粮食作物。综合文献、考古等资料可知，巴蜀先民最早的粮食作物是粟、黍等旱地粮食作物。旱粮作物在巴蜀地区具有悠久的历史根基和种植传统，合计本土起源和外来传入的品种，主要有黍、粟、麦、豆、高粱、玉米和芋头、红薯、马铃薯等类。水稻培育种植对水土资源有较为特殊的要求，主要适合在平原和山间平坝，以及山区丘陵地带近水的阶地台地种植。由于巴蜀地区多山地、丘陵而平地少，因而山区、丘陵地带长期以来的粮食生产以旱粮为主。因此，中古时期，四川盆地的广大低山尤其丘陵地带，长期广泛存在种植古老的旱地粮食作物黍、粟、豆、麦的畲田。畲田往往采取刀耕火种的粗放生产方式，其主打粮食作物黍、粟等产量虽然不高，却是当地先民的主要生活资料来源。到清代，当外来移民将更为优质高产的旱粮作物玉米、红薯及马铃薯引进后，较为迅速地取代了黍、粟等传统品种，成为山区丘陵地区主要的粮食作物，遂从整体上基本改变了巴蜀地区旱粮种植的局面。

第一节　麦

一、小麦的传入和种植

历史上麦类粮食作物的生产是巴蜀地区重要的旱作农业之一，其中尤以小麦（Triticum aestivum L.）最为重要，很早即由巴蜀先民种植。不过，近世大量的考古发现已经揭示，世界上小麦从野生到驯化种植的过程最早是在西亚地区完成的，并在其后逐渐传播到包括中国在内的世界其他地区。现有的考古资料同样证明，巴蜀地区可能是中国最早传入和种植小麦的区域之一。

小麦传入中国的具体路线，过去据国外学者研究，是新石器时代从西亚经南亚、缅甸传入中国云南、四川，尔后再传入黄河流域，故中原地区商周时期已经有小麦。过去由于缺少资料尤其是考古发现佐证，上述论点并未被我国学界采信。同时，由于中国最早发现的小麦遗址是在河姆渡流域附近，新疆的孔雀河流域楼兰的小河墓地也发现了4000年前的炭化小麦，这也启示我们，小麦传入的路线可能不止一条。但近年来采取浮选等新的考古手段发现，巴蜀地区可能早在新石器时代就已经有了小麦生产，这似乎暗示小麦经云南、四川传入的路线确实存在。考古工作者于2011年、2013年在西昌市横栏山新石器时代遗址的浮选中，发现了稻、麦、黍、粟等多种粮食种子，其中小麦种子共10粒，形状分短胖和长椭圆形两种，其共同的特点是最大径靠近基部，腹部都有一条较深的凹槽。虽然该遗址T3③中大麦属种子极有可能是晚期遗物混入了早期地层，但发掘者结合各地层出土的陶器特征及目前的陶器和木炭测年结果，仍然认为横栏山遗址第2~4层出土物包括小麦种子的年代范围为新石器时代，并且指出这是一个非常重大的发现。① 虽然上述巴蜀地区新石器时代的小麦资料尚属初次发现，但近年来考古工作者在同属中国西南地区的西藏山南地区昌果沟遗址（距今约3000年）的一个灰坑中发现了4粒小麦属（Triticum）种子②，在云南滇池地区的古城聚落遗址也发现了春秋晚期至战国时期的小麦（小麦属，Triticum sp.）炭化种子③，尽管这些标本的年代明显晚于横栏山遗址，三者间的时间跨度也大，但仍在一定程度上反映了小麦可能经西南地区的南路传入中国。尤其值得注意的是，滇池地区已经属于学界所谓与巴蜀同俗的地域。而在传统巴蜀地区，有关小麦的种植，文献已有与之年代相对接近的明确记载，见于秦汉时期岷江上游的冉駹族群：

　　冉駹夷者，武帝所开，元鼎六年，以为汶山郡。……其山有六夷七羌九氐，各有部落。……土气多寒，在盛夏冰犹不释，故夷人冬则避寒，入蜀为佣，夏则违暑，反其邑。……又土地刚卤，不生谷粟麻菽，唯以麦为资，而宜畜牧。④

---

① 《西昌市横栏山遗址2011年及2013年度浮选结果简报》，载凉山彝族自治州博物馆、凉山彝族自治州文物管理所编著《一个考古学文化交汇区的发现——凉山考古四十年》，科学出版社2015年版，第699、703~704、706页。
② 傅大雄：《西藏昌果沟遗址新石器时代农作物遗存的发现、鉴定与研究》，《考古》2001年第3期。
③ 云南省文物考古研究所、美国密歇根大学人类学系：《云南滇池地区聚落遗址2008年调查简报》，《考古》2012年第1期。
④ 《后汉书·南蛮西南夷列传》。

冉駹夷属于羌系族群，羌族原居地为"河关之西南羌地是也，滨于赐支，至乎河首，绵地千里。赐支者，《禹贡》所谓析支者也。南接蜀、汉徼外蛮夷，西北接鄯善、车师诸国"①。可见羌族本为黄河上中游族群，这一带是中国境内小麦的原产地。《后汉书·西羌传》谓其"以产牧为业"，乃是一种农牧结合的混合生业，即兼以种植小麦和畜牧为生的经济。历史上羌族曾多次向西南迁徙，其中尤其以战国时期的迁徙引人注目。冉駹夷应就是战国时期来自黄河流域上述小麦原产地的羌系族群，因而把小麦种植生业习俗带到了岷江上游地区。小麦分为春小麦和冬小麦两种类型。春小麦适宜在高寒地区种植，春播秋收。冬小麦适宜在冬季气温0℃～12℃范围的地区种植，秋播夏收。岷江上游地区"土地刚卤，不生谷粟麻菽，唯以麦为资"，可见粮食作物唯有小麦，则其种植的规模想必不小。但由于其地"土气多寒，在盛夏冰犹不释"，春播秋收的冬小麦势必不能在此酷寒气候条件下平安越冬，因而前述战国秦汉以降冉駹夷种植的只能是春小麦。由此可知，之后川西高原和海拔较高的山区等巴蜀冬季寒冷地带生产的小麦，应一般皆为避开严寒、春播秋收的春小麦。如《隋书》中南北朝至唐初的西南夷族邦"附国"亦产小麦②，其地在川西高原甘孜州南部，所产显然是春小麦。而在传统巴蜀地带，苏辙亦曾诗称：

> 乘船入楚溯巴蜀，
> 溃漩深恶秋水高；
> 归来无恙无以报，
> 山上熟麦可作醪。③

诗人所见秋熟的麦浪正是大江两岸山坡上成熟的麦子确为春小麦的有力证明。

春小麦虽然是巴蜀古代先民重要的粮食品种，但因其生长季节和周期之故，只能一年一收，效益受限。冬小麦则不然，其秋播夏收季节时令，使之可以和其他农作物复种，可以大大提高农地的经济效益。在巴蜀地区，水稻较早

---

① 《后汉书·西羌传》。
② 《隋书》卷八三《附国传》。
③ （宋）苏辙：《巫山庙》，《蜀中名胜记》卷二二。

成为许多地方的主要粮食作物。由于冬小麦和水稻的生长季节不同,只要安排得好,就可以在秋季收稻以后种麦,夏季收麦以后插秧,同一块田一年可以两熟,因而冬小麦的推广并不妨碍水稻的栽培面积。这种情况在南方长江流域具有普遍性,北宋朱长文的《吴郡图经续记》就说:"吴中土地肥沃,物产丰富,割麦后种稻,一年两熟,稻有早晚。"南宋陈旉《农书》和元代王祯《农书》中也提及过此种稻麦的两熟制。

文献和考古资料揭示,巴蜀地区开始种植冬小麦的时间不晚于汉晋之际。冬小麦传入中国后,至迟在秦汉时期已经普及于邻近巴蜀的关中地区。在汉帝国长期大一统的局面下,冬小麦品种特别是其可与水稻复种的优越性,应该较快就引起先民的注意。不过,文献中有关南方长江流域种植冬小麦的记载却较晚。《晋书·五行志》说:元帝大兴二年(319),吴郡(今江苏)、吴兴(今浙江湖州)、东阳(今浙江东阳)无麦禾(禾指水稻),大饥。因麦禾歉收而致饥荒,可在4世纪初,麦在江浙一带已经取得了一定的地位。史籍中同属长江流域的巴蜀地区也有"种麦"的记录。《华阳国志》载西晋永宁元年(301),梁州刺史罗尚"九月,遣军军绵竹,扬言种麦,实备越逸"①。9月时值秋季,此时种麦,自为秋播夏收之冬小麦。巴蜀相比长江下游的三吴之地,离关中更近,蜀道畅通,秦汉以来又多次从关陇地区移民于巴蜀,可知冬小麦品种及其种植技术的传入和普及显然不晚于汉魏时期。与此同时,同长江中下游已经出现"麦禾"复种一样,《华阳国志》记载东晋(成汉)时,蜀地"绵与雒各出稻、稼,亩收三('三'字当衍②)十斛,有至十五斛"③,约当今亩产395~593斤,这么高的产量只有复种稻麦才有可能。据此,郭声波先生指出,稻稼之"稼"应为复种的冬小麦④,所言甚是;但郭声波先生又指出,"也许这就是常璩特别提出来一书的原因,反过来也可以想见那时除绵、雒两地而外,其它地方仍然是单季种植",此说则有待商榷。其时成都平原土壤、水利条件不下于绵、雒二县的地方尚多,如果绵、雒已经是稻麦复种,则复种技术和种植方式当已不限于此二县之地。

隋唐以降,巴蜀地区人口增长较快,人口与耕地之间逐渐形成地狭人众

---

① (晋)常璩撰,刘琳校注:《华阳国志校注》,巴蜀书社1984年版,第627页。
② 吴慧:《中国历代粮食亩产研究》,农业出版社1985年版,第144页。
③ (晋)常璩撰,刘琳校注:《华阳国志校注》,巴蜀书社1984年版,第259页。
④ 郭声波:《四川历史农业地理》,四川人民出版社1993年版,第414~415页。

的矛盾。解决或缓和这一矛盾的主要途径有二：一是加快垦荒辟地，大大提高垦殖指数；二是提高既有耕地的利用效率，具体可行的途径就是推进稻麦复种的进一步普及。前者以四川盆地西部为例，隋朝大业二年（606）耕地总数为8.6305万顷，垦殖指数约22.13%；到唐朝天宝年间（742~756），盆西区耕地面积增长为16.8905万顷，垦殖指数则为43.31%[1]，已经超过此前历史上的高峰期东汉。在土地大量垦殖的浪潮中，冬小麦迅速普及巴蜀地区。如杜甫就曾在《说旱》一文中指出："今蜀自十月不雨……冬麦黄枯，春种不入"[2]，并且挥毫抒写下"圆荷浮小叶，细麦落轻花"著名诗句[3]。不难想象，在通常不乏雨水的初冬十月，四川盆地西部成都平原大地上正蓬勃生长着绿色的冬小麦，说明小麦已经是这里秋播越冬的惯常主打粮食作物。在传统巴地，绿色的滚滚麦浪同样构成了春天田野里的美丽景色。元稹元和十年（815）授通州（今四川省达州市）司马，五六月之际到任，笔下的通州不仅"渠江明净峡逶迤"，而且"畬余宿麦黄山腹"[4]，漫山遍野黄灿灿的小麦即将成熟待收，显然也是大片种植的冬小麦。在同属于巴地的四川盆地南部泸州，唐宣宗时的刺史冼宗礼开始推广种麦，"……给嘉种，喻以深耕，使蛮貊之邦，粗识囷仓之积"[5]。可见由地方官主导引入推广的新品种，对当地少数民族经济的发展起到了积极的作用。

冬小麦季节优势突出，因而使之不仅能种植于新开辟的土地中，且更以麦—稻或其他作物复种的方式连作，大大优化了耕地的利用率，提高了单位面积的粮食年产量。如从渠江流域"畬余宿麦黄山腹"，可推测其采用的是粟黍与冬小麦复种连作。

宋代巴蜀地区的冬小麦种植得到进一步的推广。以四川盆地西部为例，一个时期以来日益严重的地狭人众的矛盾，成了推动土地的开垦拓殖的持续动力，到北宋崇宁二年（1103），该区耕地总数已经上升到23.2544万今顷之巨，垦殖指数亦达到58.18%。与此同时，该区人口也从大业二年的约82.1967万增长为崇宁二年的460.5165万。为了解决人口繁殖加剧导致的生计问题，需

---

[1] 数据参见郭声波《四川历史农业地理》第416页。
[2] （唐）杜甫：《说旱》，《全唐文》卷三六〇。
[3] （唐）杜甫：《为农》，《全唐诗》卷二二六。
[4] （唐）元稹：《南昌滩》，《全唐诗》卷四一五。
[5] （唐）李商隐：《请留泸州刺史状》，《舆地纪胜》卷一五三。

竭力使粮食增产，冬小麦亦因此得以大力推广，在四川盆地内的种植已经相当普遍。连秦汉以来见于记载的成都平原众多湖泊池塘，也陆续被夷填造地，种植稻麦。如唐、五代享誉天下的人工湖泊摩诃池，至宋也大部分填平为地，转为"麦陇连云树绕天"的景象。①而以官民爱游乐著称的成都城北郊学射山，据范成大《上巳前一日学射山、万岁池故事》一诗，也垦辟出大片的"青黄麦陇"②。上巳节在农历三月上旬，其时已经"青黄"的麦子只能是冬小麦。

不过，从前面列出的数据可知，垦地总数和垦殖指数的上升明显赶不上人口的迅猛增长。因此，另一可实现的人地矛盾缓减路径，就是提高土地利用效率，亦即进一步推广普及复种指数。两宋时期，由于冬小麦已在巴蜀地区普遍种植，这就为冬小麦与水稻和其他农作物的复种提供了条件。在峡江地区等巴地，不仅出现了黍、粟等与麦的连作，而且形成了山地冬小麦、春小麦按不同高程地块垂直分布种植的景观。大量史籍反映，这一时期的巴蜀地区尤其是四川盆地西部，农作物复种模式的推广形成了一个高峰，近乎一半的耕地都实行了复种。农作物复种组合形式主要有：水稻—冬小麦连作，黍粟—冬小麦连作，稻—绿肥、牧草、杂粮（芜菁、豌豆等）连作等。根据北宋初年嘉州玉津县县令宋白"春风麦陇连蛮芋"的记述③，蜀地还有把芋头种在麦垄沟里的套种连作，其时四月收冬小麦，六月收芋头，若是接着种黍、粟（九月收获），这样三者连作，就可一年三熟了。到了南宋后期，冬小麦不仅在巴蜀地区普遍种植，甚至在不少地区已经成为仅次于稻米的粮食，民生仰赖之深可以想见。

宋以后冬小麦与稻谷等连作复种指数的提高，实际上反映了人口增加后农业朝精耕细作方向的重要发展，不仅单位面积耕地的产量明显提高，而且促进了农业耕作制度和整个农业生产力的发展。虽然元明时期巴蜀地区的复种指数没有超出前代，甚至有的地方还一度有所下降，如自然条件最为优越的成都平原，明代水田秋收后多被闲置，但冬小麦仍然一直在巴蜀保持了旱粮作物中的首要地位。与此同时，在经历几乎百年的湖广填四川移民运动后，到清中期，巴蜀地区人口总数急剧上升，昔日地狭人众的传统矛盾再度日渐尖锐，不仅促使土地垦殖指数再次上升，而且农作物已经较为普遍地种植二季，复种指数因

---

① （宋）宋祁：《过摩诃池》。
② （宋）范成大：《上巳前一日学射山、万岁池故事》，《范石湖集》卷一七。
③ （宋）宋白：《玉津春日》，《舆地纪胜》卷一四六。

而较前世进一步大大提高，达到50%左右。如在成都平原核心区的温江农村，史载"秋谷（水稻）收后，旋种麻、菜（油菜）、麦（冬小麦）、蚕豆等，谓之小春。谷（水稻）谓之大春"①，这揭示了成都平原清代普遍实行的稻麦连作制。而在平原边缘彭山县的浅丘陵山坡等旱地，"小春刈毕，随栽黄豆、芝麻，名曰小秋，盖一岁两收与田等"②。同样是冬小麦与其他作物的复种二熟制。以上两种记载具有相当的代表性。巴蜀地区当时"凡山巅水涯，田塍土埂，无不栽种麦菽"。近代玉米、红薯等高产旱作粮食品种引进后，在巴蜀地区的广大山坡旱地，亦普遍实行冬小麦—玉米、豌豆等的连作。以上均为典型的复种。不过，在山区，由于冬水田法的推广，则已放弃了复种，专事水稻种植。

二、其他麦类的种植和地理分布

（一）大麦

如果说小麦是外来品种，则大麦、燕麦、荞麦等古典麦类应是东亚本土驯化的粮食作物，历史上先后为巴蜀先民种植。

大麦（Hordeum vulgare L.），别名牟麦、饭麦、赤膊麦，与小麦的营养成分近似，但纤维素含量略高。大麦的生长期至少90天，在谷类作物中是较短的，品种分别适于温带、亚北极地区、亚热带，所以在喜马拉雅山脉生长季节很短的坡地也可栽培，但产量较低。我国大麦的分布在栽培作物中最广泛，是我国主要粮食作物之一，各地都有生产，但主要产区相对集中，主要分布在长江流域、黄河流域和青藏高原。根据地理位置、光热条件以及播种期等特点，可将中国栽培大麦划分为三大生态区：北方春大麦区；长江流域秋播大麦区；青藏高原裸大麦区。根据川西高原存在大麦野生种的情况，学界把这里视为大麦驯化栽培的起源地之一。

大麦是有稃大麦和裸大麦的总称。有稃大麦一般又称皮大麦、带壳大麦，属于籽粒成熟时与稃壳紧密粘连的大麦类型。一般所称的大麦，大都指皮大麦。裸大麦的稃壳和籽粒分离，称裸麦或米麦，青藏高原称青稞，长江流域称元麦，华北称米麦，等等。巴蜀地区地跨亚热带和温带，处于长江上游四川盆

---

① 嘉庆《温江县志》卷一四。
② 嘉庆《彭山县志》卷三。

地和青藏高原东缘，因而本地大麦亦分为皮大麦和裸大麦两个变种，考古工作者在岷江上游战国至秦汉的石棺葬中发现了作为随葬生活用品的皮大麦①，充分揭示了这种大麦在巴蜀地区的种植历史非常悠久。尽管大麦在巴蜀地区粮食生产中不具有突出的重要地位，但也一直稳居于常年粮食作物品种之列，除口粮之用外，也用作酿造材料和家养禽畜饲料。此外，由于大麦在巴蜀地区为秋播品种，且生长期偏短，因而可以作为后茬作物与其他作物连作，有利于提高耕地生产效益。

大麦的另一变种为裸大麦（Hulless Barley），因其内外颖壳分离，籽粒裸露而得名，又名青稞、元麦、米大麦，只适宜在高寒地区种植。青稞在青藏高原上种植约有3500年的历史，川西高原正处于青藏高原东缘，亦属于高寒地带，青稞遂成为这一带的主要粮食作物。同时，青稞也是当今世界所有粮食作物中为数不多野生与培植共存的物种之一。自从1938年发现野生大麦之后，通过研究，学界已经认定青藏高原的青稞实际上就是中原大麦的祖先。文献记载反映，中古时期川西高原上的附国和东女国，就已经开始种植"稞"，亦即青稞，并以之酿酒。②唐时吐蕃强盛，统一青藏高原后进而统治了川西高原，遂将青稞种植推广到这一地区。史载岷江上游的羌系先民，也染化成为"多种青稞，好用麦粉"的番民。③其后虽政局变迁，青稞作为一种适合高寒地带的粮食作物，亦于明清在今阿坝、甘孜、凉山三州等地海拔3000米以上的山区进一步推广开来。对明清时期川西高寒地带游牧族群向定牧生活转化以及已经定牧生业族群向半农半牧生活的过渡有积极作用和意义。清朝嘉庆以后，虽然龙门山、大相岭、凉山、锦屏山一带引入的玉米、马铃薯等耐旱耐寒高产作物逐渐取代了青稞，但川西北高原上的藏族同胞仍然以青稞为主要粮食作物。

（二）燕麦

燕麦（Avena sativa L.），禾本科（Cramineae）植物，明代《本草纲目》中称之为雀麦、野麦子，主要有带稃型和裸粒型两种。前者带稃型，外壳长而硬，成熟时籽粒包于壳中，不易脱皮，所以被称为皮燕麦；后者成熟后不带壳，所以叫裸燕麦，俗称油麦，即莜麦，国产的燕麦大部分是这种。燕麦的生

---

① 四川省文管会等：《四川茂汶羌族自治县石棺葬发掘报告》，《文物资料丛刊》（7），文物出版社1983年版。
② 《北史》卷九六《附国传》；《旧唐书》卷一九七《东女国传》。
③ 《蜀中广记》卷三一引《龙涧志》。

长期与小麦大致相同，但适应性甚强，耐寒、耐旱、喜日照，在麦类作物中是最为耐寒的一种。中国北部和西北部地区，冬季极寒，燕麦只能在春季播种；较南地区可以秋播，但须在夏季高温来临之前成熟。燕麦对土壤的适应性很强，能自播繁衍，是一种低糖、高营养、高能食品，因而是我国主要的高寒作物之一，为上等杂粮。我国是世界上燕麦的原产地之一，生产历史悠久，东北、华北、西北、西南及广东、广西和华中等地区高寒地带多有栽培，在《尔雅》中名为"蘥"[①]，《史记》中称"簖"[②]。

巴蜀地区也较早存在燕麦种植。《新唐书·吐蕃传》中记载了青藏高原一带早已种植着一种稞燕麦，与之地域相连的云、贵、川的高海拔地区是燕麦的集中产区之一。《晋书·五行志》记载西晋惠帝时，巴西郡有草生花，结子如麦，可食。从其形态、用途可知，这种"草"应该就是燕麦。宋代刘士季诗云："休言小小莺花界，也胜纤纤燕麦风。"[③]此为夔州其时生产燕麦的明证。更早时，《华阳国志》便明确记载："三峡两岸土石不分之处，皆种燕麦。春夏之交，黄遍山谷，土民赖以充食。……一名油麦，漂之可作面。"[④]明清以来，四川盆地内各地仍在生产燕麦，以充饲料之用；川西高原和川西南地区的少数民族仍以之为杂粮。[⑤]

第二节 粟、黍

考古资料揭示，巴蜀一带早期有人类蕃息之地多在山地和丘陵地区，巴蜀地区最早的农业也发生、发展于这些地方。此种情形一直到宝墩文化时期才发生明显的改变，基本符合人类社会早期发展的一般历史规律。

在巴蜀地区的西部山丘地区，最早的农业为旱作生业，主要的粮食作物为粟（Setaria italica，禾本科狗尾草属）和黍（Panicum miliaceum，禾本科黍属）。粟，巴蜀地区俗称小米，上古亦称为稷。黍，巴蜀地区古称黄米、黄儿米，中古以后也有称稷者。粟、黍与稷的关系，历来众说纷纭，未有定论。考

---

① 《尔雅·释草》。
② 《史记·司马相如传》。
③ （宋）刘士季：《次韵和漕司小红翠亭》，《全蜀艺文志》卷一三。
④ 《蜀中广记》卷六四引《华阳国志·巴志》。
⑤ 道光《茂州志》卷三；道光《龙安府志》卷五；（清）魏源：《圣武记》卷一一。

古发现证明，中国地域内粟的驯化、栽培进程在距今1万年前后即已经开始；到距今5000年前已经较为普遍，在岷江上游和大渡河流域为代表的川西高原地区即是如此。早在20世纪80年代，考古学资料已经揭示，岷江上游新石器时代晚期文化和川西南安宁河流域西昌礼州文化，分别源自旱地粟作农业的甘肃马家窑文化、西藏昌都卡若文化①，由此不难得出粟作生业已经随之传播到巴蜀地区的逻辑推论，这也在近年来新的考古发现中得到了相当程度的证实。在距今约5500～5000年的大渡河上游哈休遗址灰坑填土中，考古学者浮选出了确切的粟等旱作农作物品种，揭示该遗址居民栽培的粮食作物应主要是粟。②而在新石器时代文化更为繁荣的岷江上游地区，以营盘山、波西、沙乌都等为代表的诸多遗址，同样以粟为主要粮食作物，表现了鲜明的旱作农业特色。在这些遗址的出土资料中，既有土著文化的特征，又不同程度地存在黄河流域旱作农业，尤其是马家窑文化类型粟作文化的因素，同时也受到了四川盆地北部和东部边缘地区同时期文化的影响。③

在时代略晚的成都平原宝墩文化近年来的田野考古发掘工作中，由于普遍采用浮选法，获取了许多的新资料，从中也发现至少存在一定比例的粟或曰小米。在金沙遗址的宝墩文化三期地层单位中一度浮选出的植物种子以小米为主，也有少量大米的资料，有学者据此并结合考古学文化分析研究指出，成都平原先秦时期的农业形态有一个从种植小米到普遍种植稻米的转变过程；认为宝墩文化很可能源于岷江上游的马家窑文化，因此成都平原宝墩文化时期主要种植小米。不过，宝墩遗址2009年的发掘工作共采集到14份土样，浮选提取到1430粒炭化植物种子，且种类比较丰富，其中稻谷种子643粒，约占总数的45%，几乎在所有时期的地层和遗迹单位中都有发现；粟的数量则为23粒，只占1.6%，且集中见于宝墩文化一期的地层和遗迹单位中。④这说明，成都平原4000年前就已经有粟的种植，由宝墩文化与时代更早的岷江上游文化的内在联

---

① 赵殿增：《试论西昌礼州遗址及其与周围文化的关系》，《凉山彝族奴隶制研究》1981年第1期。
② 陈剑、陈学志：《大渡河上游史前文化寻踪》，《中华文化论坛》2006年第3期；陈剑、何锟宇：《大渡河上游史前文化、环境与生业初析》，《四川文物》2007年第5期。
③ 《四川茂县营盘山遗址试掘报告》，载成都市文物考古研究所编《成都考古发现（2000）》，科学出版社2002年版。
④ 贾昌明：《寻找古蜀文明之光——中华文明探源工程成都平原考古工作侧记》，《中国文物报》2014年5月9日。

系可知，该文化确实曾经继承岷江上游粟作农业的余绪，唯平原上当时已经以稻作生业为主，显示其生业更多地受到长江中游稻作农耕地区的影响；不过，由前引金沙遗址的宝墩文化三期地层单位中浮选出的植物种子以小米为主的资料可知，成都平原粟的种植仍长期存在，但不仅早已不占主导地位，并且明显呈现减少的趋势。此种情形，是符合成都平原的自然条件的。

上述情况说明，新石器时代晚期，源自川西北高原的粟作农业对宝墩文化一开始就发生了直接影响。不仅如此，其影响所及，甚至达于几乎整个巴蜀地区。如2011年及2013年在新石器时代晚期的西昌市横栏山遗址经浮选揭示，该遗址生业为稻麦（类）粟（类）混作的农业形态，其农作物为稻、麦、粟和黍的组合，其数量之比为23∶10∶8∶3。发掘者指出，由于提取的样品数量偏少，上述数量比可能存在一定的偶然性，因而各种农作物在横栏山先民的农业中所占比重孰轻孰重只是一种推测，但其生业属于稻麦（类）粟（类）混作的农业形态，应当是没有多少疑问的。①此种稻粟混作的情况，在新石器时代晚期的其他巴蜀地区也较为普遍地存在，前述宝墩文化便为明显的例证。稻作文化资料较早就出现的川东传统巴地亦是如此。如在忠县中坝遗址的哨棚嘴文化地层中，就浮选出小米的种子，因而有学者认为这是由于哨棚嘴文化与宝墩文化有共源于马家窑文化的关系所致。②对于上述川东、川西新石器时代晚期都有水稻、小米发现的共时性现象，也有学者进而提出了不同解释，认为除了与族群和文化的迁徙互动影响有关外，也与距今5000年前后全球由湿暖向干冷的气候转化相关，这些因素导致大约龙山时期巴蜀地域和中原农业的复杂性，即由相对单一的粟或稻过渡到包括二者以及其他农作物在内的"多种农作物种植

---

① 参见凉山彝族自治州博物馆、凉山彝族自治州文物管理所编著：《一个考古学文化交汇区的发现——凉山考古四十年》第五篇第三章第六节《西昌市横栏山遗址2011年及2013年度浮选结果简报》，科学出版社2015年版，第704页。由于该遗址"T3③中的大麦属种子极有可能是晚期遗物混入了早期地层"，以上分析"还需要更多的浮选材料及测年结果来验证"。但作者同时指出，"如果结合各地层出土的陶器特征及目前的陶器和木炭测年结果，我们还是认为横栏山遗址第2-4层的年代范围为新石器时期。而这些地层中出土的其他炭化种子，除了T3③中的稻谷基盘、狗尾草属、酢浆草和接骨木为其他单位所不见，需要谨慎对待之外，其余的诸如稻谷、小麦等种子在其他地层中也有发现，因此，这些类别的种子所属的时代很可能仍为新石器时期"。故全文的"分析都是基于这一假设而展开的"。详同书第703~704、707页。

② 江章华：《成都平原先秦时期农业的转型与聚落变迁》，《中华文化论坛》2009年11月增刊。

制度"。①

以上诸说都言之成理，不过要最终揭示出巴蜀地域范围内史前旱作农业及其主要作物种属发展演变的真实情形，仍有待于考古学大量细致深入的田野发掘和研究工作。总体而言，虽然各地特别是山区丘陵地带粟、黍早期种植的情况尚不够明朗，但粟、黍在巴蜀地区作为最早的旱作农业粮食作物品种得到栽培，应属史实。

商周以降，粟黍在巴蜀地区广泛种植得到文献记载和出土资料的印证。《山海经·海内经》中的"都广之野"，主要指水土资源和气候条件良好的成都平原，经文盛称其地"爰有膏菽、膏稻、膏黍、膏稷，百谷自生"，看来大体上也是多种谷物混作的生业，其中的"膏黍""膏稷"亦即品种优良的粟、黍，显然占了一定比例。广汉三星堆遗址中发现的许多禾本科植物茎叶印痕，学者估计即是粟或黍的形象。②而在川西高原和川南山区丘陵，耐寒耐旱的粟、稷一直是主要粮食作物。凉山彝族自治州冕宁县高坡遗址开展的浮选工作，考古学者根据发现的少量稻谷和黍的种子，也认为商末周初的该遗址先民已经在本地栽培稻谷和黍。③而在荥经县曾家沟战国墓葬中随葬的小米④，应是墓葬主人生前的主食。在川东巴地，嘉陵江流域和峡江地区的板楯蛮、廪君蛮于东周秦汉时期继续发展了粟、黍生产。根据《华阳国志·巴志》所载其时流传的民歌，巴地"川崖惟平，其稼多黍；旨酒嘉谷，可以养父。野惟阜丘，彼稷多有；嘉谷旨酒，可以养母"⑤。任乃强先生指出：

此所举诗四篇，皆摹仿《周诗》格调。是中原文化已经深入此区之证。四诗亦有不同：首篇"川崖惟平"，"野惟阜丘"，皆反映出川东北山区地貌。应是阆中地区的民歌。农作物惟举黍稷，反映其为中原型之旱地农业，非如今世之已种稻麦百谷也。⑥

---

① 霍巍：《成都平原史前农业考古新发现及其启示》，《中华文化论坛》2009年11月增刊。
② 郭声波：《四川历史农业地理》，四川人民出版社1993年版，第139页。
③ 《西昌市横栏山遗址2011年及2013年度浮选结果简报》，载凉山彝族自治州博物馆、凉山彝族自治州文物管理所编著：《一个考古学文化交汇区的发现——凉山考古四十年》第五篇第三章第一节，科学出版社2015年版，第665页。
④ 《四川荥经曾家沟战国墓群第一、二次发掘》，《考古》1984年第12期。
⑤ （晋）常璩撰，刘琳校注：《华阳国志校注》，巴蜀书社1984年版，第28页。
⑥ （晋）常璩撰，任乃强校注：《华阳国志校补图注》，上海古籍出版社1987年版，第8页。

任先生此论可成一说。不过，常璩原文以其诗所指涵盖整个巴地，而其前文已经概述巴地"土植五谷"①，是其时巴地已经形成稻粟等混作的生业，这也为一个时期以来的考古资料所印证。由此可知在传统川东多川崖阜丘的地理条件下，粮食作物在"土植五谷"的基础上，又以"多粟稷"为特点。值得注意的是，歌词在歌咏其地"粟稷多有"之后，又赞叹用这些"嘉谷"酿制的"旨酒"，可以孝敬奉养父母。《后汉书·南蛮西南夷列传》记载，秦汉以来，统治者长期对板楯蛮实行免去田租口赋的优惠政策②，故史料反映板楯蛮巴人粟稷产量可能在满足基本的口粮所需后，还可以用于酿酒等档次更高的消费。该"旨酒"应即古代文献中著名的巴地"清酒"，据《华阳国志》等记载，秦灭巴后，与巴人盟誓曰："秦犯夷，输黄龙一双；夷犯秦，输清酒一钟。"③可知清酒应为当时用粟黍精酿的名酒，具有较高的价值和价格。

秦汉以后，虽然在巴蜀平坝地区，尤其是成都平原农村，稻作已经成为最重要的生业，但在人工灌溉条件不具备或较差的山区和丘陵地区，通常只能种植旱作农作物，当时小麦可能已经传入巴蜀地区，但受气候条件等的制约，还未普遍种植。因而在明清之际玉米、红薯、马铃薯等耐寒耐旱优良作物传入以前，粟、黍在巴蜀地区的山区、丘陵仍然是主要粮食作物。在岷江上游地区，适宜的地理气候条件使粟稷的种植长期延续，如在汉代汶川县萝卜寨石棺葬出土的随葬粟稷类粮食即是证明④。但《后汉书·南蛮西南夷列传》明谓"冉駹夷者，武帝所开，元鼎六年以为汶山郡。……土地刚卤，不生谷粟麻菽，唯以麦为资，而宜畜牧"。此所谓刚卤之地的族群，确为冉駹夷。自其首次见载于《史记》以来⑤，直到《后汉书》所记，均保持了"或土著，或移徙"的半

---

① （晋）常璩撰，刘琳校注：《华阳国志校注》，巴蜀书社1984年版，第25页。
② 《后汉书·南蛮西南夷列传》记"秦惠王并巴中，以巴氏以蛮夷君长，世尚秦女，其民爵比不更，有罪得以爵除。其君长岁出赋二千一十六钱，三岁一出义赋千八百钱。其民户出幏布八丈二尺，鸡羽三十鍭。汉兴，南郡太守靳强请一依秦时故事。"下文又云"复夷人顷田不租，十妻不算"，可见板楯蛮巴地于秦汉时期均实行免去田租口赋的优惠政策。
③ 刘琳先生注"清酒"云："一种酿的时间较长因而浓度较纯的酒。《周礼》卷五'酒正'下云'辨三酒之物……三曰清酒'是也。巴人善酿清酒，《水经注·江水》：'江之左岸有巴乡村（即今云阳县治东六十里的坝上，为龙硐公社所在地），村人善酿，故俗称"巴乡清"，郡出名酒。'"参见《华阳国志校注》，巴蜀书社1984年版，第35～36页。
④ 四川省文管会等：《四川茂汶羌族自治县石棺葬发掘报告》注释30，《文物资料丛刊》（7），文物出版社1983年版。
⑤ 《史记·西南夷列传》。

农半牧风俗。学者指出，这是因为川西北岷江上游的作物种类存在峡谷与山区不同的垂直分布差异，山上的冉駹夷不产谷、粟，但山下的氐类却是有粟作的。①此说是。《后汉书》在记叙冉駹夷居于汶山郡后，下文就明确指出"其山有六夷七羌九氐，各有部落"，冉駹为夷，其俗半农半牧，而更多九氐、七羌则不乏农耕族群。尤其是史书记载为"低地之羌"的氐，据学者研究就是居于河谷宜耕之地、率先进入农耕生业的族群。随葬粟、稷类粮食的萝卜寨石棺葬主人，应当就是以粟、稷为主要粮食作物的岷江上游氐族先民。而在川西南地区，黍、粟也普遍种植，如《太平御览》引晋人《永昌郡传》即记越嶲郡川中平地"宜黍、稷、麻、稻、麦"。

东晋南朝时期，巴蜀地区陷于长期的战乱动荡，人口死亡流徙，社会经济残破凋敝。据梁朝李膺《益州记》记载，割据巴蜀的成汉政权"从牂牁引僚人入蜀境，自象山以北，尽为僚居。至是始出巴西、渠川、广汉、阳安、资中、犍为、梓潼、布在山谷，十余万家"②。自此僚人陆续大规模进入巴蜀，据研究，巴蜀地区僚人最盛时可能达到三四百万口，数量超过了汉人，遍布于四川盆地及其周邻地区。③僚人社会尚处于农耕文明之初阶段，其生产落后，尤其是"布在山谷"者，耕种方式大都为"刀耕火种"，所种作物则主要为粟黍，史称畲田。《广韵·麻韵》："畲，烧榛种田。"《集韵·麻韵》："畲，火种也。"宋范成大《劳畲耕》诗序："畲田，峡中刀耕火种之地也。春初斫山，众木尽蹶。至当种时，伺有雨候，则前一夕火之，藉其灰以粪。"是为唐宋时期川东峡江地区广泛流行畲田的记载。唐代元稹《酬乐天得微之诗知通州事因成四首》记载："沙含水弩多伤骨，田仰畲刀少用牛""阁栏都大似巢居""田畴付火罢耘锄"。唐代通州即今川东达州一带，属于渠江流域，从这里到峡江地区，生产粟稷的畲田成为山野中的主要农业景观，以至唐代大诗人白居易云："忠州刺史以下，悉以畲田粟给禄食。"④直到宋代，王象之《舆地纪胜》仍曰："峡路在巉岩险峻之中，其俗刀耕火种，惟涪、梁、重庆郡稍

---

① 郭声波：《四川历史农业地理》，四川人民出版社1993年版，第139页。
② （宋）郭允蹈《蜀鉴》卷四"李寿纵獠于蜀条"引，见王文才、王炎编著：《蜀志类钞》，巴蜀书社2010年版，第84～85页。
③ 蒙默、刘琳、唐光沛、胡昭曦、柯建中：《四川古代史稿》，四川人民出版社1989年版，第153页。
④ （唐）白居易：《白氏长庆集》卷一一《南宾郡斋即事寄杨万里》自序。

有稻田。"①以至范成大谓夔峡地区百姓"平生不识粳稻",唯赖麦、豆、粟三物以终年。②

在盆地内丘陵地区,粟、稷同样是旱作主要粮食作物,《华阳国志·蜀志》所载梓潼郡、广汉郡、犍为郡,和该书《巴志》所载巴西郡,都有"山原田""山田",为"少种稻之地",以粟、黍为主粮。唐以后,粟的种植已经逐渐减少,但在山区丘陵地区仍然呈现出一派"黍稷漠漠,汶阳之稼如云"的景象。③在成都平原地带,水稻已经成为主产,但仍有粟稷种植,如杜甫在成都就写下了"园收芋粟未全贫"的诗句④,并且咏道:"西蜀冬不雪,春农尚嗷嗷……敢辞茅苇漏,已喜黍豆高。"⑤即使在宋代的平川地带,也还有"芋区粟陇润含雨"⑥,可见其时不种水稻之地,则仍然种植有自古以来的传统作物粟芋。南宋陆游的《杂咏》亦云:"石犀庙壖江已回,陵谷一变吁可哀。即今禾黍连云处,当日帆樯隐映来。"⑦可见锦江河床上当时仍种着大片的黍、粟。而在宋代绵州一些县,史载还以三成的土地种植菽与粟。⑧

元明以降,成都平原上粟、稷的种植基本已经消失,但在山区丘陵地区有种植,有的地方甚至仍保持了较高的规模和比例。如元代安宁河流域依然"谷、粟丰盈",明代《夔州府志》即以黍稷为五谷之首,清代雍正、乾隆年间巴塘、资州等地仍旧把黍、粟列为主要物产之一。⑨但随着清朝年间优质旱作粮食作物玉米、红薯的引进和迅速普及,除个别农家因为特殊的消费或经营需要而有零星种植以外,粟、黍遂从巴蜀地区基本退出了主要粮食作物的行列。

---

① (宋)王象之:《舆地纪胜》卷一七四《龟陵志·风俗门》。
② (宋)范成大:《夔州竹枝歌九首》《劳畲耕》《恭州夜泊》,《范石湖集》卷一五、卷一九。
③ (唐)陈子昂:《梓州射洪县武东山故居士陈君碑》,《陈子昂集》卷五,上海古籍出版社2013年版。
④ (唐)杜甫:《南邻》,《全唐诗》卷二二六。
⑤ (唐)杜甫:《大雨》,《杜诗详注》卷九。
⑥ (宋)范成大:《遂宁府始见平川,喜成短歌》,《范石湖集》卷一六。
⑦ (宋)陆游:《杂咏》,《剑南诗稿》卷八。
⑧ (宋)杨天惠:《宋代蜀文辑存》卷二六。
⑨ 郭声波:《四川历史农业地理》,四川人民出版社1993年版,第142页。

第三节 高粱、大豆、芋

一、高粱

高粱（Sorghum vulgave），禾本科蜀黍属，过去学术界据其古称蜀黍，认为是我国原生的粮食作物，起源于巴蜀，近年来则主要有非洲起源说和黄土高原起源说。非洲起源说的主要依据是其地发现了野生高粱，而中国没有，并且中国考古发现的西汉及西汉以前所谓高粱遗存多未经正式科学鉴定，经鉴定者却为灰像法所否定。而印度在公元前后已种植高粱，联系到王祯《农书》和徐光启《农政全书》谓"蜀黍以种来自蜀，形类黍稷故名，古无蜀黍，后世或从他方得种"[1]；北魏贾思勰《齐民要术》亦有"大禾高丈余，子小如豆，出粟特国"之说[2]，非洲起源说认为高粱或经印度传入中国西南，或经粟特传入黄河流域[3]；黄土高原说则立足于我国山西、河南、河北、山东、云南等地都发现了栽培高粱的野生种，黄河中下游地区也已发现不少新石器时期至西汉的高粱遗存，而先秦的"粱"、汉代的"秫"，都是对高粱的称呼，可知高粱原产于我国北方黄土高原。[4]一个时期以来，考古工作者在中国境内主要是北方很多地区已经发现了新石器时代到西汉的十多处高粱遗存，虽然大多数未经科学鉴定，但不少是可以进行直观判断的，而且经灰像法否定的仅有郑州、辽阳二处。因而综合各方面的资料看，我国高粱的种植至少已经有5000年以上的历史，是世界上栽培高粱最早的国家之一，且品种多样，其中既可能有外来的品种，也应有中国本土培育的品种。

值得注意的是，即使巴蜀的高粱品种是从境外传入的，但各方面的资料反映，巴蜀很早就已经种植高粱，因此中国古代文献不仅把高粱称为蜀黍，而且很早就记载了蜀黍的栽培，如唐代陆德明《经典释文》即云："蜀黍一名

---

[1] （元）王祯：《王祯农书》，农业出版社1963年版；（明）徐光启撰，石声汉校注：《农政全书校注》，上海古籍出版社1979年版。
[2] （北魏）贾思勰原著，缪启愉校释：《齐民要术校释》，农业出版社1982年版。
[3] 安志敏：《大河村炭化粮食的鉴定和问题——兼论高粱的起源及其在我国的栽培》，《文物》1981年第11期；王毓瑚：《我国自古以来的重要农作物》，《农业考古》1981年第2期。
[4] 李长年：《略述我国谷物源流》，《农史研究》第二辑，农业出版社1982年版；李璠：《中国栽培植物发展史》第二章，科学出版社1984年版；李毓芳：《浅谈我国高粱的栽培时代》，《农业考古》1986年第1期。

高粱，一名蜀秫，以种来自蜀，形类黍，故有诸名。"①而西晋张华的《博物志》即谓："地三年种蜀黍，其后七年多蛇。"②这是汉晋时期巴蜀就种植高粱的佐证。不过，在明清以前，高粱主要充作饲料和杂粮，其茎秆则一般用为柴薪，而且北方地区的气候条件比巴蜀更适合高粱的生长，因而巴蜀高粱的品种长期不如北方。不仅如此，从《太平寰宇记》把眉州的"秫黍"亦即高粱列为其地特产，足证高粱在巴蜀的种植之地亦不广。

但进入明朝以后，巴蜀种植高粱的地区明显增多，并从眉州所在的蜀中扩展到川东，如作为传统巴地的川东夔州府，正德《夔州府志》即记载了黍、粟、稷、粱等多种谷物，其中的粱即高粱。不仅如此，根据曾纵野《中国名酒志》③，以高粱为原料的宜宾"五粮液"的历史可以上溯到明朝后期，泸州"老窖"也始于明清之际，二者说明其时川南地区也已经成为高粱产区了。巴蜀地区高粱种植区的扩展，应与蒸馏酒技术的推广分不开。随着明朝以后巴蜀名酒迭出，以往本地高粱作为粮食虽然因口感差而不受重视，却非常适合作为酒类产业的酿酒原料，其酒糟则作养猪饲料甚佳，故具备了不菲的经济价值。蒸馏酒技术导致的产业新发展，使得高粱作为产业资源的经济价值迅速提升，转而受到重视，这就有力地促进了它的种植推广，以至康熙《遂宁县志》甚至将明末崇祯初高粱歉收情况作为该县大事加以记载。有学者进而指出，现代四川许多烧酒坊历史可以并只能上溯到明代，也就是这个缘故。④

到了清朝，根据各地的方志记载，巴蜀地区高粱的种植虽进一步扩大到整个四川盆地和川西南汉族地区，但仍然以盛产白酒的四川盆地南部川江沿岸一带最为密集，其他地区产量则相对较少，反映了产业分布和发展的规律性。

据1931年民国政府的估计，巴蜀地区高粱种植面积约5.54万顷，与珀金斯《中国农业的发展》估计的20世纪30年代巴蜀地区年平均播种面积约5.85万顷相去不大。⑤

---

① （唐）陆德明：《经典释文·尔雅音义》，中华书局1983年版。
② （晋）张华撰，范宁校证：《博物志校证》，中华书局1980年版。
③ 曾纵野：《中国名酒志》，中国旅游出版社1980年版。
④ 郭声波：《四川历史农业地理》，四川人民出版社1993年版，第178页。
⑤ ［美］德怀特·希尔德·珀金斯著，宋海文等译：《中国农业的发展（1368—1968）》，上海译文出版社1984年版。

二、大豆

大豆（Glycine max），原产中国，并在多地起源驯化，至今已经有5000年以上的栽培历史。大豆通称黄豆，古称菽，甲骨卜辞中已有记载，巴蜀地区种植大豆的历史也非常古老。不过，由于大豆为性喜暖湿的作物，因而在巴蜀地区，主要是四川盆地和川西南地区适合种植。《后汉书》称岷江上游的冉駹地区"不生谷、粟、麻、菽"，即反映大体以龙门山为界，龙门山以西地理气候高寒的川西高原一般没有种植大豆，而此线以东的四川盆地则历来以出产大豆著称。

《山海经·海内经》明确记载，"都广之野"亦即成都平原有著名的"膏菽、膏稻、膏黍、膏稷，百谷自生，冬夏播琴"①。其时代则应为文献所载蜀地农业繁荣的杜宇、开明之世，约当中原的殷商至两周时期。根据这条材料，在号称"百谷"的诸多粮食品种，以"膏菽、膏稻、膏黍、膏稷"最为重要，而"膏菽"则排名最前，或因其每年种植生产时间早使然，但必然也与蜀地其时粮食品种结构中"膏菽"之产量相关。菽，即豆。至于《海内经》所谓"膏菽"之"膏"，郭璞注云："言味好皆滑如膏。《外传》曰：'膏粢之子，菽豆粢粟也。'"郝懿行云："赵岐注《孟子》云：'膏粱，细粟如膏者也。'郭注味好，《藏经》本作好米。"袁珂按："郭注膏粢之子，王念孙校改粢作粱。"②可见所谓"膏菽"，应指品种优良、口感好的大豆，揭示古蜀地区自然条件的优越。能培育出"膏菽、膏稻、膏黍、膏稷"一类优良的粮食品种，说明巴蜀地区农业史的源远流长。西汉时王褒《僮约》中奴仆的农活包括"十月收豆"，并规定"奴但得饭豆饮水，不得嗜酒"。此处的豆，应非上文所谓"膏菽"一类精品，而是大豆中品质一般、因生产成本低而产量更多的种类。如此则该条记载亦反映作为粗杂之粮的普通大豆一般多用于充饥或奴仆口粮。而《僮约》中"五月当获，十月收豆"之说，或反映了巴蜀地区当时已经进行豆、稻轮作。③唯大豆一般不会迟至十月才收获，而《僮约》记此事在四月、

---

① 袁珂校注：《山海经校注》，上海古籍出版社1980年，第445页。
② 与以上郭璞、郝懿行注文并见袁珂校注《山海经校注》，上海古籍出版社1980年版，第446页。
③ 王子今：《生态史视野中的米仓道交通》，汉中市博物馆编：《中国蜀道学术研讨会论文集》，三秦出版社2014年版。

五月农活之后，学者颇疑"十月"当为"七月"之讹①，所言应是。

成书于西晋初年的陈寿《益部耆旧传》记载：

朱仓，字云卿，（广汉人，蓄钱八百文）之蜀从处士张宁受《春秋》。籴小豆十斛，屑之以为粮，闭户精诵。宁矜之，敛得米二十斛，仓不受一粒。②

按此事又见《艺文类聚》卷八引《华阳国志》："朱仓少受学于蜀郡，餐豆屑饮水以讽诵。同业等怜其贫，给米，仓终不受。"以上记载似说明其时蜀地豆易得"籴"而米难"敛"③，同样反映其时蜀中豆的种植规模当不小，因此价廉而易获。

不过，总体而言，魏晋南北朝以降，随着优势明显的粮食品种冬小麦的推广，除在一些山区仍充当杂粮外，大豆在成都平原等平川地带的种植逐渐减少，并且从粮食结构中退出，转为副食品或饲料。

豆往往与粟、黍间作，因而在唐宋文献中多见"黍豆""粟豆"连称。如杜甫《大雨》诗："西蜀冬不雪，春农尚嗷嗷。……敢辞茅苇漏，已喜黍豆高。"北宋杨天惠《附子记》记彰明县的种植业布局为："秔稻之田五，菽粟之田三，而附子之田止居其二焉。"南宋范成大入蜀时首先映入眼帘的是"百衲畲田青间红，粟茎成穗豆成丛"；出蜀时见到的还是"村落熙然粟豆秋"的畲田风光。不过，从其《劳畲耕》中"麦穗黄剪剪，豆苗绿芊芊"的诗句观之，三峡地区可能还有豆类的成片种植。看来，大豆与黍、粟、冬麦一样，也是低山、低半山畲田作物之一。但总体而言，由于大豆品种不适合在干冷的山区生长，较大面积或规模的种植仍然主要见于低平地带。如川西南地区的明代屯田虽以豆、麦为主要粮食作物④，但屯区大多分布在平川、河谷，高寒山区则不种。这种情况一直持续到清代始有变化。一种变化是玉米代替黍粟之后，

---

① 郭声波：《四川历史农业地理》，四川人民出版社1993年版，第144页。
② 《太平御览》卷四二六人事部、卷八四一谷部。据卷六一一文部引文补七字，又"二十斛"作"二十石"，末无"一粒"二字。详王文才、王炎：《蜀志类钞》，巴蜀书社2010年版，第38页。
③ 王子今：《生态史视野中的米仓道交通》，汉中市博物馆编《中国蜀道学术研讨会论文集》（冯岁平主编），三秦出版社2014年版。
④ 庄安世：《渡泸初略》，《蜀中广记》卷三二引。

大豆改与玉米间作；另一种变化是在一些颇耗地力的经济作物如烟草、棉花之类种植区，大豆作为轮休作物往往又有成片种植。但直至近代，巴蜀大部分地区仍是以田头地角的种植为主，总产量并不稳定。1931年约959万石，1932年约347万石，1935年增至1093.6万石，1936年降至862万石，1941年复降为682万石，1949年再降至240万石；播种面积在1931年为7.599万顷，1941年降至4.114万顷。①

三、芋

芋（Colocasia esculenta L. Schott），又名芋艿、芋头，自古又名芋魁、蹲鸱，属天南星科，多年生草本植物，作一年生植物栽培。块茎通常为卵形，常生多数小球茎，叶柄长于叶片，绿色，叶片卵状，先端短尖或短渐尖，花序柄常单生，短于叶柄。檐部披针形或椭圆形，展开成舟状，边缘内卷，淡黄色至绿白色。球茎富含淀粉及蛋白质，供菜用或粮用，芋耐运输贮藏，能解决蔬菜周年均衡供应，也是淀粉和酒精的原料。

芋原产于中国和印度、马来半岛等炎热潮湿的沼泽地带，巴蜀地区长期以来进行栽培。西汉王褒《僮约》已经有奴仆要承担"养芋"农活的规定，《史记》卷一二九《货殖列传》记载："蜀卓氏之先，赵人也，用铁冶富。秦破赵，迁卓氏。卓氏见虏略，独夫妻推辇，行诣迁处。诸迁虏少有余财，争与吏，求近处，处葭萌。唯卓氏曰：'此地狭薄。吾闻汶山之下，沃野，下有蹲鸱，至死不饥。民工于市，易贾。'乃求远迁，致之临邛。"张守节正义："蹲鸱，芋也。"②这是芋头在巴蜀地区的最早记载，从北方赵国的卓氏都知道岷山下有使得蜀人"至死不饥"的这种粮食作物，可知蹲鸱实为巴蜀地区远近闻名的物产，反映其栽培时间必已经很久。彭州等成都市范围内考古发现的汉代《采芋》《种芋》等画像砖，亦以水芋大田种植的形式，生动形象地佐证了这一史实。③

此后，芋头就长期是巴蜀地区重要的杂粮品种，故西晋左思著名的《蜀

---

① 参见《四川省经济地理》第122页；吕平登编著《四川农村经济》商务印书馆1936年版，第242页；蒋君章《西南经济地理》商务印书馆1946年版，第3、57页。
② 《史记》卷一二九《货殖列传》。
③ 刘志远：《考古材料所见的汉代四川农业》，《文物》1979年第12期；史占扬：《汉代四川农作和庄园习俗的再现——成都西郊出土的东汉画像石浅析》，《农业考古》1988年第2期。

都赋》即称:"坰野草昧,林麓黝儵,交让所植,蹲鸱所伏。"刘逵注:"蹲鸱,大芋也。"而在此前的三国时期,史书就反映不仅"蜀汉既繁芋,民以为资"①,而且种植地域呈逐步扩大之势,如《华阳国志·后贤志·何随》记载:

何随……除安汉令,蜀亡,去官。时巴土饥荒,所在无谷,送吏行,乏,辄取道侧民芋。随以绵系其处,使足所取直。民视芋见绵,相语曰:"闻何安汉清廉,行过,从者无粮,必能尔耳。"将绵追还之,终不受。因为语曰:"安汉吏取粮,令为之偿。"②

安汉县(治今南充市)位于嘉陵江中游,属传统巴土,时值饥荒,以芋为粮,则其种植规模当不小。《华阳国志》又载晋时李雄"既克成都,众皆饥饿,骧(李雄叔父)乃将民入郪(治今三台县)、五城(治今中江县)食谷、芋"③。其文"谷、芋"并称,足见涪江中游一带的芋已占粮食生产半壁江山。

隋唐时期,成都平原仍然普遍种植芋,杜甫自称依靠其庄园里的芋、粟而不至于全贫;王维笔下的巴地亦形成了"汉女输橦布,巴人讼芋田"的生业景象④。而中唐之时,剑南西川的"青苗税"甚至已经包括芋税⑤,可见芋在农产品尤其是粮食品种结构中的重要地位。至北宋,苏轼《上神宗皇帝书》亦云:"是犹见燕晋之枣栗,岷、蜀之蹲鸱,而欲以废五谷,岂不难哉!"也反映巴蜀地区仍以产蹲鸱著称。据研究,南宋涪江流域有些平川地方,还以"芋区"和"粟陇"为夏季主要农田景观,四川盆地极东的三峡地区,唐宋时竟然也成了紫芋种植区。⑥巴蜀等长江流域地区盛产蹲鸱等芋类,对民生意义重大,故清初著名词人陈维崧《满江红·江村夏咏》词云:"论生计,蹲鸱一顷,菰蒲百亩。"⑦

巴蜀地区先民长期因地制宜地选种培育芋,使其早在古代就品种丰富。据

---

① (北朝)贾思勰原著,缪启愉校释:《齐民要术校释》,农业出版社1982年版。
② (晋)常璩撰,刘琳校注:《华阳国志校注》,巴蜀书社1984年版,第846页。
③ (晋)常璩撰,刘琳校注:《华阳国志校注》,巴蜀书社1984年版,第663页。
④ (唐)王维:《送梓州李使君》,《全唐诗》卷一二六。
⑤ (唐)崔戎:《请勒停杂税奏》,《全唐文》卷七四四,中华书局1982年版。
⑥ 郭声波:《四川历史农业地理》,四川人民出版社1993年版,第169页。
⑦ (清)陈维崧:《满江红·江村夏咏》,《陈维崧集·迦陵词全集》,上海古籍出版社2010年版。

宋祁《益部方物略记》记载："蜀芋多种，蹲芋为最美，俗号赤蹲头，芋形长而圆，但子（按即繁生球茎）不繁衍。又有蛮芋，亦美，其形则圆，子繁衍，人多莳之。最下为抟果芋……山中人食之。"可知蹲芋乃红色，口感最佳，即苏东坡诗所云紫芋："红薯与紫芋，远插墙四周……一饱忘故山，不思马少游。"①根据《王祯农书》的描述，其"叶如荷，长而不圆；茎微紫，干之亦中食；根白，亦有紫者。其大如斗，食之味甘，旁生子甚多，拔之则连茹而起。宜蒸食，亦中为羹臛，东坡所谓玉糁羹者，此也"②。或云即当时岷江流域广泛种植的蛮芋，北宋初年玉津县令宋白的《玉津杂诗》即云："春风麦陇连蛮芋，细雨梨花间海棠。"③

芋在巴蜀地区一直作为杂粮品种之一存在，但于元明清时期在粮食品种格局中的地位则有变化，具体说即是随着宋以后冬小麦的逐步推广，其重要性遂明显下降。由于更为优越的水田稻—麦、旱地黍粟—冬小麦轮作制度逐渐普遍建立起来，很多地方已无空闲田地提供给作为传统夏粮的芋类种植，因而芋类的杂粮地位更低，以至逐渐转为蔬菜。不过，在少数生产条件较差的山区，《益部方物略记》所谓"山中人食之"的"抟果芋"，亦即后世所称毛芋一类，作为度荒之用的补充性杂粮，仍然保留了一定种植空间。而在多数地区尤其是平川、浅丘陵地带，芋类已经基本转化为蔬菜类作物。

第四节　玉米、红薯、马铃薯

一、玉米

玉米（Zea mays L.）是禾本科玉蜀黍属一年生草本植物，又名玉蜀黍、棒子、苞谷、苞米、苞粟、玉茭、玉麦、御麦、珍珠米、苞芦、大芦粟等，辽宁话称珍珠粒，潮州话称薏米仁，粤语称为粟米，闽南语称作番麦，巴蜀地区普遍俗称苞谷。

玉米是一年生雌雄同株异花授粉植物，与稻麦等相比，其植株为一年生高大草本，具有茎强壮、产量高的特点。作为重要的粮食作物和饲料作物，玉米

---

① （宋）苏轼：《和陶酬刘柴桑》，《苏轼诗集》卷四〇，中华书局1982年版。
② （元）王祯：《王祯农书》，农业出版社1963年版。
③ （宋）宋白：《玉津春日》，民国二十六年版《犍为县志·职官志》。

的种植面积和总产量仅次于水稻和小麦。在我国广大地区，玉米也是普遍种植的一种高产粮食作物。玉米含有丰富的蛋白质、脂肪、维生素、微量元素、纤维素等，不仅味道香甜，可做各式菜肴，也是工业酒精和烧酒的主要原料。

玉米原产于中南美洲，明清之际传入中国，至今已400余年。玉米的植株高，叶面积大，因此需水量也较多，但实际上相对需水量却不太高，蒸腾系数240~370，比大麦（280~400）、燕麦（340~500）、紫花首清（831）、三叶草（797）低，因而耗水量较为经济。又由于玉米有强大的根系，能充分利用土壤中的水分，在温度高、空气干燥时，叶片向上卷曲，减少蒸腾面积，使水分吸收与蒸腾适当平衡。由于以上这些优点，加以产量高、品质好、适应性强、对土壤要求不十分严格，玉米传入中国后栽培面积发展很快，目前我国播种面积在3亿亩左右，在世界上仅次于美国。玉米在中国的种植范围相当广，主要产区是东北、华北和巴蜀等西南山区、丘陵地带。

玉米于明代已经传入中国，进而传入巴蜀地区尤其四川盆地大约在明末清初。康熙二十五年（1686）的《四川成都府志》反映四川盆地西部盆周山地已有玉米生产，可从相关资料考察大致推测其从云南传入。有学者据明代云南地方志的记载研究指出，明代后期，包括姚安府、北胜州（治今永胜县）等在内的云南中西部地区已经从缅甸传入玉米，并逐渐向东扩展，以至康熙年间云南已经"通省同产"，且传至贵州省东北思南府（治今贵州思南县）。①值得注意的是，此期四川盆地的盆周西部已经有玉米种植的记载，并称这种耐旱粮食作物为"御麦"②，与云南省通称玉米为"玉麦"刚好同音，也印证了川西南地区玉米种植传自云南的上述推测。其后因为湖广、福建、广东等省移民进入这些地区，"苞谷"的叫法方逐渐普遍起来。

在相当长的时间里，川西一带玉米种植发展进度缓慢，直到雍正、乾隆时期，才普遍种植。③康熙时期从西南方向传入的这一新的耐旱高产粮食作物，使川西、川南成为四川较早种植玉米的产区，以至乾隆四十三年（1778）《屏山县志》谓玉米已经是该地主要粮食，透露了此地玉米产量大而且种植已久的历史信息。在毗连楚、湘的赣西北武宁县，乾隆《武宁县志》土产部称："玉

---

① 陈树平：《玉米和番薯在中国传播情况研究》，《中国社会科学》1980年第3期。
② 康熙二十五年《四川成都府志》；乾隆四年《雅州府志》。
③ 郭松义：《玉米、番薯在中国传播中的一些问题》，《清史论丛》第7期。

芦（玉米）种自蜀来，近有楚人沿山种获。"郭声波先生考证指出，这些楚人种植的玉米，无疑是康熙中期从四川带来的，因为只有在那个时期，川楚间人民才可以并且实际上曾经大量自由往返（返楚者主要是入蜀移民归家携眷或逃避垦荒田升科的人），而在康熙五十一年后，官府禁止了这种自由往返。[①]可见，玉米种植由巴蜀传入楚地，必在此前。因此，川楚之间的四川盆地东南部山区的玉米种植，也应不晚于此期。随着移民的进出，四川盆地的盆周山地的玉米种植在乾隆中期应已经广泛传播开来，并逐步向巴蜀其他地区扩展。

由于玉米不仅易于种植，而且具有在土壤方面耐瘠、气候方面耐旱、收成以后耐贮的优点，加上其"种一收千，其利甚大"的优越经济效益[②]，鸦片战争以后，在巴蜀地区遂形成了大量种植的普遍格局，并且取代传统的粟、黍，成为山区、丘陵地带旱地粮食作物的最主要的品种。

总体而言，玉米传入巴蜀后种植最多的地方是四川盆地北部以及东北部，如广元、昭化、通江、南江、巴州、达县、渠县、忠州、云阳、开县、大宁、彭水、奉节等山区。清代什邡籍著名农学家张宗法所编乾隆二十五年（1760）《三农记》、乾隆五十年《昭化县志》中均有玉米大量种植的记载，而光绪《奉节县志》则称："包谷、洋芋、红薯三种，古书不载，乾嘉以来，渐有此物。"清代嘉庆状元、植物学家吴其濬在其名著《植物名实图考》卷二即指出，玉蜀黍在"川陕两湖，凡山田皆种之，俗呼包谷。山农之粮，视其丰歉，酿酒磨粉，用均米麦"。可见在嘉庆、道光之际，玉米在传入巴蜀之后不长的时间内就已经上升为巴蜀地区仅次于稻麦的重要粮食作物，在山区甚至成为"山民恃以为命"的主粮。据王笛先生统计，迄道光二十六年（1846），四川玉米种植见于记载的厅、州、县已达61个，宣统二年（1910）则全川142个州县都有种植玉米的记载；其中种植面积10万亩以上的州县有17个，种植面积最大的为灌县，达40.5万亩，总产量最高的简州和涪州达到31.5万石，亩产量最高的涪州达2.1石。至于川西高原，玉米亦在清朝嘉庆年间传入藏、羌等少数民族地区，并且逐渐在中山以下地区取代青稞、小麦、荞麦等传统粮食作物，成为主粮品种。

---

① 郭声波：《四川历史农业地理》，四川人民出版社1993年版，第169页。
② （清）严如熤：《三省边防备览》卷十《山货》。

二、红薯

红薯（Ipomoea batatas Lam.），别称番薯、甜薯、朱薯、金薯、白薯、甘薯、甘储、红苕、番茹、红山药、玉枕薯、山芋、地瓜、山药、阿鹅、萌番薯，巴蜀地区普遍俗称红苕。红薯系一年生草本植物，地下部分为圆形、椭圆形或纺锤形的块根，可作粮食，其茎、叶片亦可食用，或作饲料。

红薯原产于美洲，最早种植于墨西哥、哥伦比亚以及大小安的列斯群岛一带，其后传播开来，至今于全世界的热带、亚热带地区广泛栽培，成为这些地区的重要粮食作物。追溯红薯传入中国的历史，可知其系经西班牙人先携至菲律宾等国栽种，万历年间由多年在菲律宾吕宋做生意的福建长乐人陈振龙、陈经纶父子传入其家乡[①]，福建人因其来自域外，而称其为"番薯"。由于红薯是一种高产而适应性强的粮食作物，清朝以来得到朝野上下积极推广，现今中国大多数地区仍均有栽培。

红薯于清朝前期传入巴蜀，主要有东南、云南两条传入路线。学者或认为系从云南经川西南传入川西平原，并进而传向川东等其他地区[②]；但更大的可能性则是清代"湖广填四川"时，由移民带来的。红薯一经引进巴蜀，即显示出其几乎无地不宜的优良特性，又因其较之于传统旱地作物产量甚高，而且较为可口，很快就推广开来，在巴蜀地区成为仅次于稻米、麦子和玉米的第四大粮食作物。现存最早的红薯引入巴蜀的记载见于清朝雍正十一年（1733）。[③]在历史上素称"天府之国"、自然地理条件优越的成都府等地，时值移民大量迁入的所谓"康雍复垦"期，这些移民的原籍地早已经普遍种植红薯、玉米。川西平原一带农业生产条件良好，因而为移民最早落脚之地，亦为红薯、玉米等新的高产农作物早期引种之地。红薯一经移民引入，很快就推广到四川盆地内沱江、涪江、嘉陵江、渠江流域的山地与丘陵地区，成为除盆周尤其盆西地理气候高寒的中高山区以外，巴蜀广大地区主要的粮食作物之一，以至乾隆十年（1745），史载陕西省官方即从四川开始购觅薯种，劝民领种。[④]清代四川著名农学家张宗法于乾隆二十五年写成的《三农记》亦反映，其家乡什邡在乾

---

① 陈氏引红薯之事，明朝徐光启《农政全书》、谈迁《枣林杂俎》等均有记载。
② 陈树平：《玉米和番薯在中国传播情况研究》，《中国社会科学》1980年第3期。
③ 雍正《四川通志》卷三八。
④ 陈宏谋：《劝农领种甘薯谕》，载《培远堂偶存稿》。

隆初年遂已经积累了种植红薯的丰富经验,足见其地生产红薯已为时不短。到乾隆、嘉庆年间,红薯已经广泛种植于绵州、三台、射洪、安岳、乐至、蓬溪、遂宁、盐亭、西充、南充等许多州县。如在丘陵地区的潼川府,史载"潼民之由闽粤来者多嗜之,曰红薯"[1];而在资州,清代方志亦反映"先是资民自闽粤来者始嗜之,今则土人多种,以备荒"[2]。

由于红薯"亩产可得数千斤,胜种五谷数倍"的效益已广为人知[3],道光以来,红薯种植在巴蜀地区得到进一步的推广。如道光《仁寿县新志》即载:"邑人于沃土种百谷,瘠土则以种苕,无处不宜。"[4]道光《内江县志要》亦载当地红薯生产,"近时山农赖以给食"[5]。《蓬溪县志》记当地红薯在粮食生产中占有极为重要的地位,以至"居民与稻并重,冬藏土窖,足供数月之食"[6]。可见此时红薯、玉米等高产粮食品种已经成为巴蜀地区普遍繁育种植的农作物。对此,前人评述指出:这些新品种虽然"古书不载,乾嘉以来渐有此物,然犹有高低土宜之分;今则栽种遍野,农民之食全恃此矣"[7]。

有学者据清末的调查统计,当时全川的142个厅、州、县中,有127个生产红薯,其中种植面积达5万亩以上的有29个,达10万亩以上的有18个。红薯种植面积最大的是泸州,达到149.5万亩;其次是万县,达31.9万亩;复次为遂宁、南部,达25万亩。红薯总产量最高的也是泸州,达299万石;其次是云阳,达229.3万石;复次为南部、江津、犍为,分别为156.6万石、114.3万石、111.3万石。据宣统二年(1910)统计,全省共种植红薯605万亩,总产量3950.6万石,平均亩产1.46石,折合粮食197.6市斤。清末全川粮食总产量为188.9亿市斤,红薯产量约占6.3%。[8]

进入民国时期,巴蜀地区红薯种植面积和产量进一步增长。如据官方统计,1931年四川省红薯种植面积为5.963万顷,1936年为6.563万顷,1941年为

---

[1] 乾隆五十一年《潼川府志》。
[2] 嘉庆二十年《资州直隶州志》。
[3] (清)陆耀:《甘薯录》。
[4] 道光十八年《仁寿县新志》卷二。
[5] 道光二十四年《内江县志要》卷一。
[6] 道光二十五年《蓬溪县志》卷一五。
[7] 光绪《奉节县志》卷一五。
[8] 参见王笛《跨出封闭的世界——长江上游区域社会研究(1644—1911)》,中华书局2001年版,第145~146页。

9.311万顷，产量亦从4604.2万石增至7406.9万石（净重）。到1949年，全省红薯种植面积已扩大至13.2万顷，总产量高达12433.3万石。①

三、马铃薯

马铃薯（Solanum tuberosum L.），属茄科，一年生草本植物，块茎可供食用。"马铃薯"因酷似马铃铛而得名，此称呼最早见于康熙《松溪县志》之"食货"，中国东北、河北又称地蛋、土豆、山药蛋、洋芋、洋番芋、洋山芋、薯仔、荷兰薯、番仔薯，巴蜀地区一般称洋芋或土豆。

马铃薯原产于南美洲安第斯山区，人工栽培史最早可追溯到公元前8000年到前5000年的秘鲁南部地区，是全球第四大重要的粮食作物，仅次于小麦、稻谷和玉米，但马铃薯晚至17世纪才传入中国，也是传入巴蜀最晚的外来粮食作物品种。中国马铃薯的主产区是西南山区、西北、内蒙古和东北地区，其中以巴蜀为首的西南山区的播种面积最大，约占全国总面积的三分之一。

清代严如熤《三省边防备览》卷九载，乾隆时期在传统巴地的秦巴山区，具体即夔州府、保宁府、绥定府等地，来自江淮地区的入川移民的农作物结构和食物结构中，即已有马铃薯，反映了马铃薯最早传入和生产种植情况。到嘉庆年间，马铃薯不仅顺势广泛传入四川盆地东部山区，而且进而传入盆地西边的龙门山脉、邛崃山脉地区，并在咸丰年间传入川西南凉山彝族地区。②上述地方属于海拔较高、气候寒凉的中高山区，适宜种植的粮食作物少，一般不适于红薯繁育，玉米、麦类等作物亦产量低，山民急需一种产量高而适宜在山区种植繁育的粮食作物。而马铃薯喜凉耐燥、土壤适应性强，适宜在这些地区种植，因而其品种的引入不仅填补了这一空白，甚至成为一些山区农民的主粮。如据地方史志记载，盆地东北的太平厅（治所为今万源市），"高山专以洋芋为粮，粒米不得入口"③；在武陵山与大娄山接合部的渝东南武隆县，亦因为"多高山，产洋芋……贫民资以为食焉"④。而在川西北龙门山区的羌族地

---

① 参见郭声波《四川历史农业地理》，四川人民出版社1993年版，第173页。
② 同治《重修涪州志》卷一；道光《茂州志》卷四；同治《直隶理番厅志》卷四；方国瑜：《彝族史稿》，四川民族出版社1984年版，第561页。
③ 光绪《太平县志》卷六。
④ 同治《重修涪州志》卷一。

区，马铃薯亦在光绪以来成为主粮之一。①20世纪50年代以来的少数民族社会历史调查揭示，时至清末，川西高原地区亦已经普遍种植马铃薯。②

巴蜀地区马铃薯的繁育推广在民国时期进一步发展。据统计，1931年四川马铃薯种植面积为0.42万顷，总产量（净重）为66.456万石。③全面抗战爆发后，马铃薯种植面积迅速扩大，到1949年已达3万顷，总产量（净重）激增为约500万石。④

明清以降，高产粮食作物玉米、红薯和马铃薯引入后在巴蜀丘陵、山区的迅速繁育种植和普遍推广，对巴蜀地区经济社会尤其农业的发展和人口迅速增长，产生了非常大的推动作用。与这些地方传统的粟黍类旱作粮食作物相比，玉米、红薯及马铃薯既是高产作物，又是耐旱耐寒作物，其生产效益的明显提高不仅大大地促进了巴蜀地区农业的增长发展，尤其是直接提高了耕作条件恶劣的丘陵、山区的农业生产效益，而且有力地推动了当地的进一步开发。

巴蜀地区土壤肥沃，农耕条件良好的平原仅约占7%，而丘陵约占52%，低山约占41%。四川盆地内虽有著名的成都平原，但其面积实际仅约一万平方公里，其余平坝则多不大，所以盆地内主要是广大丘陵地区。盆地四周则为大凉山、邛崃山、大巴山、米仓山、巫山及云贵高原上的大娄山等山脉，海拔多在1000～3000米之间。上述丘陵、山区水利条件差，农地多为旱地，种植传统五谷往往产量低而收入无保障，加上抗灾（尤其是抗旱灾）能力弱，在灾害频发的自然经济时代，有时甚至颗粒无收。玉米、红薯及马铃薯等高产作物引种后，为这些地区形成相对稳产、高产的粮食种植业带来可能，使粮食总产量得到了前所未有的提高，在一定时期内缓解了巴蜀地区历来人口增长高于粮食产量增长的严重社会问题，并明显助长了清代前中期以来，巴蜀人口快速增殖的趋势。玉米、红薯及马铃薯的引入推广，也大幅度地提高了巴蜀地区对外输出商品粮的能力。这些高产稳产的粗粮，不仅为广大贫困人口提供了赖以生存的低廉食物，而且大大减少了本省稻米的消费，使得早在清代前中期，巴蜀就已经对全国各地长期输出大量稻米。如乾隆十八年（1753）诏令四川总督黄廷

---

① 《羌族简史》编写组编：《羌族简史》，四川民族出版社1986年版，第50页。
② 《四川省阿坝州藏族社会历史调查》，民族出版社2008年版；《四川省甘孜州藏族社会历史调查》，民族出版社2008年版。
③ 吕平登编著：《四川农村经济》，商务印书馆1936年版。
④ 参见郭声波《四川历史农业地理》，四川人民出版社1993年版，第175页。

桂运输稻米30万石到江南各省赈灾，诏书指出："川省产米，俗称饶裕，经湖广一带贩运而下，东南各省均赖其利。"据统计，从乾隆八年（1743）至嘉庆十一年（1806）的63年间，仅有案可稽的官方外调大米即达243万石，共接济16个省之需。

第五章

巴蜀蔬果园圃和禽畜饲养史

巴蜀地区与全国乃至全世界一样，自史前晚期氏族组织解体以来，一夫一妻的核心家庭或曰个体家庭遂成为社会组织的基本细胞，亦即由婚姻和血缘关系为纽带的社会生产、生活的最基层组织。至迟从战国秦汉以来，国家户口册上的这种一般由父母与子女构成的小家庭——孟子称之为"农夫五口之家"，不仅是直接承担国家赋予民众的赋税徭役的基层单位，亦是在传统自然经济条件下经营农业生产、生活，完成经济生产和人类自身再生产，亦即传宗接代的基层单位。

同全国农村一样，作为生产、生活的重要组成部分，自古以来，巴蜀地区农户的蔬果生产、园圃经营、禽畜饲养、蚕桑渔猎和纺织等家庭手工业，是其传统的家庭副业，并与其因自然条件和历史文化传统而富有特色的散居家族组织、"林盘"家居方式一道，构成了一道独特的农业文化景观。

第一节　蔬果园圃

一、果园

本书前已引国际著名农史学家瓦维洛夫研究认为，中国是世界八大农业起源中心之一。著名考古学家张光直教授进而研究指出，这八大农业起源中心中最大也是最早的中心是中国中部、西部的山区以及附近的低地，具体即是湖北西部到四川西部的山区及附近的低地。张先生所指，实即古代巴蜀及其周围地区，他并且根据瓦氏的"经典著作"明确指出："最早在中国由野生到家生的植物有粟、黍、高粱、荞麦、大豆、红豆、山药、萝卜、白菜、芥菜以及各种的竹子，等等。"[①]这样说来，其中至少红豆、山药、萝卜、白菜、芥菜以及各种的竹子亦含竹笋，乃是巴蜀地区驯化繁育出来的蔬菜品种。

巴蜀地区气候温润，土壤肥沃，非常适合于农作物生长，特别是川西平

---

① ［美］张光直：《考古学专题六讲》，三联书店2010年版，第33页。

原，除五谷之丰堪称粮仓之外，亦盛产种类繁多的蔬菜水果，蔬果园圃很早就见于记载。如东晋常璩《华阳国志》即记载蜀地云：

蜀之为国，肇于人皇，与巴同囿……其山林泽渔，园囿瓜果，四节代熟，靡不有焉。①

而巴地则亦然：

（自古）其果实之珍者，树有荔支，蔓有辛蒟，园有芳蒻、香茗，给客橙、葵。②

可谓果实满园。其中"辛蒟"为胡椒科蔓生植物，又名扶留藤，是其时园圃中种植的一种兼有果、蔬性质的植物，其叶可和槟榔嚼食，果实则似桑葚，古人以之和盐、蜜渍为酱而食之，味辛香，即著名的蒟酱。西晋张载《登成都白菟楼》亦云：

蹲鸱蔽地生，原隰殖嘉蔬。虽遇尧汤世，民食恒有余。……披林采秋橘，临江钓青鱼。黑子过龙醢，果馔踰蟹蝑。芳茶冠六清，溢味播九区。③

蹲鸱、秋橘、果馔等，均为当时价廉物美之食。西汉扬雄的《蜀都赋》的记载更丰富：

黄甘诸柘，柿桃杏李，枇杷杜樗栗棪，棠棃离支，杂以挺橙，被以樱梅，树以木兰，扶林禽，燔般关。旁支何若，英络其闲。春机杨柳，褭弱蝉杪，扶施连卷。

可见其园圃内五彩缤纷，水果琳琅满目。

---

① （晋）常璩撰，刘琳校注：《华阳国志校注》，巴蜀书社1984年版，第175~176页。
② （晋）常璩撰，刘琳校注：《华阳国志校注》，巴蜀书社1984年版，第25页。
③ 《艺文类聚》卷二八引。

综上所述，从上古以来，巴蜀地区的水果见载者至少有柑、橘、橙、甘蔗、梨、花红、柿、桃、杏、李、枇杷、荔枝、蒟等许多有史可考的品种。其中除开古今最为著名的荔枝外，江津等巴地的柑橘曾因味甘美而产量大，以至东汉朝廷专为之设"甘橘官"。① 而以蒟制作蒟酱，则早在西汉时期即远销岭南，并以唐蒙出使南越而驰名天下。② 根据王褒《僮约》记载："植种桃李，梨柿柘桑，三丈一树，八尺为行，果类相从，纵横相当。"可见西汉时期蜀中私家园圃中桃、李、梨、柿等果树的种植，间距、行距皆已经颇有讲究，反映了其时园艺发展已经达到了较高水平。古代我国从域外传进的水果如葡萄、石榴等，也在中古以后逐渐引入巴蜀。

二、蔬菜

至于先民食物结构中分量更重的蔬菜，由于巴蜀地区气候土壤条件的优越，自古以来更是品种繁多，异常丰富。本土蔬菜原本由野生驯化而来，先民自定居农耕生活以后，就已经出现，如西安半坡仰韶文化遗址中发现的一批白菜种子，说明蔬菜种植在我国起源甚早，其后也传入巴蜀等西南地区。被蒙文通先生考订为反映巴蜀地区社会历史的先秦典籍《山海经》，亦记先秦蜀地"崃山"亦即龙门山地区多产野生韭菜。③ 西汉王褒《僮约》记载蜀地私人庄园仆人要"种姜养芋……种瓜作瓠，别茄披葱。……园中拔蒜，斫苏切脯"。虽仅为举要，亦反映芋、瓜、茄和苏（嫩叶）等蔬菜，葱、姜、蒜调料（亦可作菜）种类较为多样。其中的茄子和大蒜（又称胡蒜），可能是从域外引入流传到巴蜀地区的。而种类繁多的瓜类蔬食，史称"瓜瓠饶多"，文献多有记载。如晋郭义恭《广志》论"瓜之所出"时指出："蜀地温，良瓜冬熟。有春白瓜，细小，小瓣宜藏，正月种，三月熟。有秋泉瓜，秋种，十月熟，形如羊角，色黑黄。"④《华阳国志·蜀志》亦赞美蜀地到处有"园圃瓜果"，实由来已久，如其中的黄瓜即先秦以来的瓜类蔬菜，20世纪90年代初成都市郊区战国晚期秦人墓葬中即出土了一批黄瓜籽，印证了这一古老的记载。

---

① 《华阳国志·巴志》："汉世，（巴）郡治江州巴水北，有甘橘官，今北府城是也。"见（晋）常璩撰，刘琳校注《华阳国志校注》，巴蜀书社1984年版，第61~62页。
② 《史记·西南夷列传》。
③ 《山海经·中山经》。
④ （北魏）贾思勰原著，缪启愉校释：《齐民要术校释》，农业出版社1982年版。

又前引《华阳国志·巴志》谓巴地"园有芳蒻"和"葵",亦为巴蜀原生本土蔬菜。葵,亦即冬葵,又称葵菜、蕲菜,巴蜀地区俗称"冬寒菜"。芳蒻即西晋左思《蜀都赋》盛称之"蒟蒻",刘逵注:"蒻草也,其根名蒻头,大者如斗,其肌正白,可以灰汁煮则凝成,可以苦酒淹食之,蜀人珍焉。"亦即巴蜀地区至今广泛食用的家常菜品魔芋。①秦汉以后,农家的菜地广泛分布于巴蜀山野,尤其是农舍的房前屋后,往往多为菜园蔬畦。而蔬菜种类,也已经相当丰富,如上引《蜀都赋》即云:

其浅湿则生苍葭蒋蒲,藿茅青苹,草叶莲藕,茱华菱根。……瓜瓟饶多,卉以部麻,往往姜栀,附子巨蒜,木艾椒篱,蔼酱酴清,众献储斯,盛冬育笋,旧菜增伽。(宋章樵注:"伽,今作茄。")

以此联系前引文献,可知至两汉时期,作为天府之国农业文明繁荣发展的体现,瓜、蒻、笋、茄、葵、苏、苍葭、蒋、蒲、藿、茅、青苹、莲藕、菱根、蜀芥、芜菁、戴菜、蒡茅(慈姑)等蔬菜和葱、姜、蒜、椒等调料已经品种繁多,巴蜀地区的蔬菜繁育种植和消费已经达到相当高的水平。

唐宋以降,巴蜀地区关于蔬菜种植消费的记载更多,反映了蔬菜品种的更加丰富多样。唐代著名诗人高适的诗句"耕地桑柘间,地肥菜常熟"②,反映了菜地蔬畦与桑柘树林相间,生机盎然的田野景象。蔬菜的品种也增加了莴苣(莴笋)、蕨菜(龙须菜)、薯蓣(山药)、龙葵、青菜、苦苣(苦菜)、马齿苋、薏仁等,并产生了有名的蔬菜品种。如宋代大诗人陆游《剑南诗稿》中的《新蔬》即载"黄瓜翠苣最相宜,上市登盘四月时。莫拟将军春荠句,两京名价有谁知",是夔州等巴地时令鲜蔬的生动写照。其《冬夜与溥庵主说川食戏作》则云:"唐安薏米白如玉,汉嘉栮脯(木耳)美胜肉。大巢(豌豆尖)初生蚕正浴,小巢(苕菜)渐老麦米熟。"而其"还吴"后的《蔬食戏书》更是回味无穷地盛赞"新津韭黄天下无,色如鹅黄三尺余"③,反映天府之国至今仍招人喜欢的蔬菜名品韭黄,很早就已闻名遐迩。

---

① (晋)常璩撰,刘琳校注:《华阳国志校注》,巴蜀书社1984年版,第26~27页。
② (唐)高适:《同群公题张处士菜园》,《高常侍集》卷七,上海古籍出版社1992年版。
③ (宋)陆游著,钱仲联校注:《剑南诗稿校注》,上海古籍出版社2005年版,第145、106、452页。

明清以后，巴蜀蔬菜更是品类繁多，文献中新见载的蔬菜品种有：菠菜、牛皮菜（厚皮菜）、藜（灰灰菜）、大白菜、小白菜、瓢儿白、油菜薹、榨菜、大头菜、雪里蕻、莲花白（卷心菜）、擘蓝（苤蓝）、芥蓝、荠菜、地瓜、四季豆、豇豆、刀豆、多花菜豆（龙爪豆）、胡萝卜、芹菜、芫荽、蕹菜（藤藤菜、空心菜）、辣椒（海椒）、葫芦、丝瓜、蛇丝瓜、苦瓜、菜瓜、南瓜、笋瓜、西瓜、向日葵、洋葱（菊芋）、茼蒿、血皮菜、百合、黄花菜、番茄（西红柿）等。清末民初傅崇矩的名著《成都通览》即称："成都土地肥沃，近城一带蔬菜繁盛，城外则城根周围一带皆近濠菜畦也。"[①]仅书中所列成都四时蔬菜，即每月都在二十种以上。

第二节　家养畜禽

一、家畜

定居农耕生业生活确定以后，种植业逐渐占据主导地位。但是，由于种庄稼毕竟要靠天吃饭，收成并不能完全稳定，生产所获的生活资料也往往难以自给自足，需要家养畜禽、采集渔猎和家庭手工业等予以多方面的补充，才能维持以核心家庭为基本单位的定居农耕文明模式。其中家养禽畜始终占有重要的地位，这是因为种植业虽能获取维持先民生存所需的淀粉等碳水化合物，但生命健康尚需要一定数量的脂肪、蛋白质，这只能主要依靠从鸡、鸭、猪、狗等禽畜产生的蛋、肉、奶。所以，自新石器时代以来，伴随着个体核心家庭的产生发展，禽畜的家庭饲养业也逐渐形成，并且成为古老而一直延续的农耕文明传统。

在巴蜀地区，禽畜的饲养业起自新石器时代，并在夏商周时期得到进一步发展，此种情形在三星堆文明的出土资料中得到了印证。到战国秦汉以后，巴蜀地区的禽畜饲养业已经成为农业经济尤其农村家庭经济的重要组成部分。

（一）猪

猪，拉丁语Sus，杂食类哺乳动物，古代中国也称豚、彘、豨、刚鬣等。由野猪驯化而来的家猪（Sus domesticus），最早出现于新石器时代。在东亚大

---

① 傅崇矩：《成都通览》，巴蜀书社1987年版。

陆，早在母系氏族公社时期，先民就已开始饲养猪、狗等家畜。浙江余姚河姆渡新石器文化遗址出土的陶猪，其图形与家猪形体十分相似，说明当时对猪的驯化已具雏形。

在巴蜀地区，地处长江三峡的巫山大溪新石器时代晚期文化遗址中发现了最早的家猪齿骨和3件陶制猪头，亦均为驯化型，反映巴蜀地区家猪饲养的历史至少已有5000年的历史。与此同时，在同属《禹贡》梁州地域亦即上古广义巴蜀地区的云南龙川江流域元谋大墩子新石器时代晚期遗址中，也有已经驯化养殖的猪骨发现①，同样揭示与之相邻的川西南地区也很早就有家猪饲养。而在四川盆地西部，约当中原虞夏之际的宝墩文化时期，大量考古发掘资料证明，以自然条件最优越的成都平原为核心的蜀地已经进入稻作为主的农业经济时期，其典型的定居聚落生活必然伴随禽畜饲养业，并形成传统。广汉三星堆早期蜀文化遗址中出土的陶猪，在一定程度上印证了此种以稻作种植加家畜饲养的生业模式，说明成都平原养猪历史源远流长。

随着农业尤其定居农耕文明的发展和从野猪驯化为家猪的发展过程，我国早期的家猪也经历了敞放牧养到圈养的历史演变，并在商周时代创造发明了阉猪等技术。我们知道，巴蜀地区的三星堆文化约当夏代后期至商周之际，而殷墟和周原甲骨卜辞均反映商周王室与古蜀有密切的互动联系，加之三星堆遗址发达的定居聚落生活方式和稻作经济，我们推测当时巴蜀地区的家猪饲养应与甲骨文揭示的商代中原一样，已经同属于舍饲或曰圈养的家猪，反映巴蜀地区圈养家猪的历史非常悠久。

战国中期秦灭巴蜀后，大量移民进入巴蜀地区，这必然进一步将中原地区形成已久的圈养牲畜习俗带到巴蜀地区各移民定居地，并对巴蜀以至广大西南地区的家猪饲养业产生广泛的影响。因而秦汉以降，巴蜀地区尤以成都平原为代表，平坝丘陵地带定居农耕生业中的家猪饲养普遍以圈养为主。特别是西汉以后，考古出土资料反映，其时农家为了积肥，又设计建造了各种形式的猪圈，其中有独立式的，有与住房或作坊相连的，更多的则是与厕所相连的，即溷中圈养已经成为重要饲养方式。扬雄《蜀都赋》记载，蜀地富贵人家奢华宴席的名贵食材，不仅要购买"江东鲐鲍、陇西牛羊"，还要"粢米肥猪"，反映其猪肉不仅是在本地生产的，而且其猪是用粮食圈养育肥的。当然这也与成

---

① 张兴永：《云南新石器时代的家畜》，《农业考古》1987年第1期。

都平原在两汉之际拥有发达的种植业,粮食较为富余,已经成为"水旱从人,不知饥馑"的"天府之国"这一优越条件有关。①

《华阳国志》卷十一载蜀汉灭亡后,安汉县令何随去官返郫县故里躬耕为生,"尝有屠牵猪过随门,猪索断,失之,强认溷中猪。随便牵猪与之。屠人出门,寻得其所失猪,谢随,还猪"②。所谓"溷中猪",即前述与厕所相连之圈内之猪,此条记载反映,成都平原舍饲养猪已成普遍风习。除文献记载外,新津、乐山、巴县等四川盆地东西丘陵地区的考古出土资料中也发现有猪圈形象③,同样揭示家猪的圈养已经成为巴蜀水土资源良好、农业发达地区生业的重要组成部分。据学者统计梳理,到东汉和蜀汉时期,从巴蜀地区包括成都、新津、内江、隆昌、宜宾、绵阳、江油、广元、峨眉、遂宁、重庆、巴县、涪陵、忠县等地考古发现的陶猪、石猪形象,已能分出若干品种,其中有些已能判明属于后世四川地方猪种如内江猪、荣昌猪、成华猪、盆周山地猪的祖先型。④

唐宋为巴蜀地区经济文化发展的又一高峰时期,是时号称"扬一益二",巴蜀人口繁庶,农业的精耕细作及其技术达到更高水平,并更为重视施肥以提高地力和产量,而家庭饲养业不仅成为农业的重要补充,家养畜禽的粪便也成为重要的农家肥料。金堂县发现的宋代陶猪圈等反映,家猪溷圈养殖方式作为传统,在这一时期更为普及,并延续发展至元明时期。

明末清初巴蜀地区长期战乱,人口大量死亡流徙,整个社会遭受严重破坏,农业包括禽畜饲养在内的农业更是遭受重大打击。清政权稳定后,随着大规模移民入川,特别是玉米、红薯等高产农作物的引进推广,不仅充实了人的口粮,而且可用于饲养猪等家养畜禽,养猪业伴随着整个农业和经济社会的重建而逐渐恢复,并进一步发展,逐渐形成一批巴蜀地区的特色品种,促进了养殖业水平的提高。成书于乾隆二十五年(1760)的巴蜀著名农学家张宗法的《三农记》,其内容虽以种植业为主,但亦对当时巴蜀地区猪的不同品种有简

---

① 东汉前期班固《西都赋》赞关中"郊野之富,号为近蜀",反映自战国晚期李冰修筑都江堰以后,至迟两汉之际蜀中富裕已经超越关中。
② (晋)常璩撰,刘琳校注:《华阳国志校注》,巴蜀书社1984年版,第846页。
③ 刘志远:《考古材料所见汉代的四川农业》,《文物》1979年第12期。
④ 魏达议等:《四川出土有关古代养猪的文物》,《农业考古》1982年第2期;张仲葛《我国猪种的形成及其发展》,《北京农业大学学报》1986年第3期。

要记述,并在选种、饲养、疾病防治等方面,都比前代著作增添了不少新的内容。近代成都一带久有"黑毛猪儿家家有"的民谚,形成养猪唯重黑猪的取向[1],反映了成华猪在平原地带的独特地位。与之相对,乾隆初年的《荣昌县志》则载有该县的"白豕",应即现代荣昌猪的定型种。到同治四年(1865)的《荣昌县志》中,遂已经把荣昌猪列为当地特产。上述平原丘陵型肥猪品种的逐渐定型是清中期以来巴蜀养猪业发展的一大特征。

与很早就成为巴蜀养猪业主流方式的圈养相对,由于地理条件和族群风俗等历史原因,敞放牧养方式亦在巴蜀一些地方长期存在。倘若寻根溯源,则敞养方式更为古老,早期的家猪饲养普遍采用这种方式,圈养即是从它发展进化而来的。即使在舍饲盛行的秦汉成都平原及其邻接浅丘地区,敞放仍然不时可以见到。如王褒《僮约》就记载,神爵三年(前59),王褒到"煎上"即今成都市下属彭州一带办事,途中在成都县安志里拜访老友寡妇杨氏,杨家发生主奴纠纷,他便为这家奴仆订立了一份契券,明确规定了奴仆必须从事的若干项劳役,其中即有不仅要"长育豚驹"亦即喂养小猪小马,而且必须"持梢牧猪"的条款,反映西汉中期成都平原,特别是其位于龙门山前地区和龙泉山丘陵地区的边缘地带,仍然长期存在敞放养猪的古老风俗。在盆地之外的川西南地区,亦长期保持了此种传统。据《华阳国志·蜀志》记载:"三缝县,一曰小会无,音三播。……有长谷,石(猪)坪中有石猪,子母数千头。长老传言:夷昔牧猪于此,一朝猪化为石,迄今夷不敢牧于此。"[2]汉晋之际的三缝县辖地在今会理县南部至金沙江北岸,这一带本为"其俗或土著,或移徙"亦即半农半牧的笮都夷之地[3],因而其养猪沿用了传统的牧养方式。此种状况已在川西南考古中得到印证,如在西昌出土的两种东汉陶猪模型,一种嘴大耳大、前足粗短,属于所谓"凉山黑猪";另一种尖嘴小鼻、耳小而直,则是所谓"小种猪"。[4]前一种是河坝农区型,后一种是高寒山区型,都适宜敞放,当即前引文献所谓"牧猪"。

唐宋以降,在种植业条件不好的盆周山区,养猪仍多敞放,杜甫《刈稻了咏怀》诗"寒风疏落木,旭日散鸡豚",描写夔州一带猪群早出自由觅食的情

---

[1] 傅崇矩编:《成都通览·成都之牧畜》,巴蜀书社1987年版,第348页。
[2] (晋)常璩撰,刘琳校注:《华阳国志校注》,巴蜀书社1984年版,第324页。
[3] 《史记·西南夷列传》。
[4] 黄承宗:《谈西昌出土的陶猪模型》,《农业考古》1984年第1期。

景。王驾《社日》名句"鹅湖山下稻粱肥,豚栅鸡栖半掩扉",半掩柴扉的豚栅,亦提示其时小猪仍处于放敞喂养的状态。在种植业不够发达的很多山区,明清时期仍然保持了这种传统。如在凉山地区,清中晚期魏源作《圣武记》时还说,当地人"以多畜马牛、羊、豕为富,不善耕种"。而在川西地区,也几乎都仍然保持了猪的放养方式,其名品小种猪,即晚近人们盛称的藏猪亦即藏香猪的祖型,以肉嫩芳香著名。明代何宇度《益部谈资》即云:"建昌,松潘俱出香猪,小而肥,肉颇香。"他们的养猪方式与彝族等西南许多少数民族一样,直到20世纪后期仍多牧养或敞放,这与当地种植业粗放而不需积肥有很大关系。

近代以来,巴蜀地区养猪业进一步发展成为农业以至整个区域经济的重要组成部分,无论平原、丘陵或山区。正如清代道光《龙安府志》所称:"豕,各县俱产。"民国《万源县志》亦云:"猪、牛无家不有,所以有'无豕不成家之谚',盖因粪积肥料为农家所必需也。"表明广大农村基本上没有不养猪的农户,而且原本长期延续放养模式的盆周山区,养猪业也逐渐推行圈养方式。而猪粪作为必不可少的农家肥料的重要性,也从一个侧面反映了盆地内部的精耕细作对盆周山区的影响。

由于巴蜀地区养猪业的蓬勃发展,近代以来,四川省在全国一直以生猪存栏、出栏数量名列前茅而成为公认的养猪大省。以近代为例,抗战前关于四川存栏猪的估计,多者达3000万至6000万头,少者有600多万或800多万头,而据1935~1936年中央农业实验所统计,较为可信的数则在1174万至1205万头之间[1],全省平均每户养猪约1.2头。而在农业发展条件最好的成都平原,据20世纪20年代末的专门调查:"各农户皆喜养猪,照调查所得,没有一农户无一二只猪的,有一家还有多至30只的。猪肉乃通常的食品,四川猪是颇有名的,毛黑身大(按即成华猪),长成后,每只约值80元。据调查报告,平均每户有猪7.36只,可知养猪的入息之大。"[2]则户均养猪头数远在全省平均数之上。由于普遍重视养猪,尽管社会动荡,直到1949年,川省存栏生猪仍维持在1019万头左右。

---

[1] 吕平登编著:《四川农村经济》,商务印书馆1936年版,第335页;张肖梅编著:《四川经济参考资料》第十四章,中国国民经济研究所1939年版,第61页。

[2] H.D.Brown, etc., "A Survey of 50 Farms on Chengtu Plain, Szechwan", *Chinese Economic Journal*, Vol.II .No.1, 1928.

如果说古代巴蜀地区广大农户养猪主要是为了供自己或村社公共活动食用，上市的猪肉数量有限，那么近世巴蜀地区的农户则常以生猪及其副产品上市出售获利，这深刻地反映了养猪业规模的扩大和朝着商品化发展的趋势。此种情形在自然条件优良、农业发达的川西平原尤其显著，早在清中期，地近成都的汉州（今广汉市）一带，就流行"喂猪纺棉，坐地赚钱"的谚语。① 岷江上游的羌人历来有闲时尤其冬季来成都平原打工的传统，据调查道光时成都平原一带年年有威、茂两地羌人褴负而至，为人做活挣钱，至次年二月，即买猪、米，结伴归去②，以至于前引调查报告惊叹成都农民养猪盈利甚丰，亦可谓事出有因。市场上除了生猪和猪肉的交易外，巴蜀地区猪副产品如猪鬃、肠衣的贸易，也是远近闻名的重要商品。猪鬃可制作各种刷子及肥料，于20世纪20年代年产量在3万石以上，其中黑鬃通省皆产，以万县、巫山、奉节、成都、简阳、灌县所出质最优，称一等货，约0.6万石用于出口；白鬃主产川南及上川东，以荣昌、隆昌、成都、叙府、泸县、合江及广安等地所出为优，约0.3万石用于出口。巴蜀猪鬃总出口额约占全国的1/10，长期以来承担着重要的外贸使命。用猪肠制作的肠衣亦是重要的商品，多用以灌制食品，川北、川东、川南皆产，上等货历来畅销欧美日，主产于邻水、垫江、长寿等地，抗战时期，据专营此业者估计，巴蜀肠衣每年可产约2300桶（每桶2500～3000副），而实际出口400多桶，占全国的1/300，同样是外贸创汇的重要出口商品。③

总体而言，巴蜀地区现有猪种大致分平原型（成华猪）、丘陵型（内江猪、雅南猪、荣昌猪）、山地型（盆周山地猪、凉山猪）和高原型（藏猪）。不同的自然环境对这些品种的形成固然有影响，如山地高原猪因气候寒冷而被毛发达，平原丘陵猪因气候较暖而被毛较稀等，但更多的品种差异则主要是畜养方式不同造成的。吻短耳阔、体躯浑圆的平原丘陵型肥猪，活动范围小，显然有赖于人们提供稳定而丰富的饲料，只有长期圈养才能育成；而吻长耳尖、体小腿长的山地高原猪，活动范围大，食物主要靠自己寻找，与之相适应的畜养方式便是牧放或自然散放。上述品种均经历自然和人工选择而成，为四川成为传统生猪饲养大省奠定了优良品种、品牌基础，并且为巴蜀地区相当一个时

---

① 嘉庆《汉州志》。
② （清）王培荀著，魏尧西点校：《听雨楼随笔》，巴蜀书社1987年版，第41页。
③ 蒋君章：《西南经济地理》，商务印书馆1943年版，第147页；张肖梅编著：《四川经济参考资料》第十四章，中国国民经济研究所1939年版，第62～67页。

期以来的肉食提供了稳定的主要来源。

（二）牛

牛，拉丁学名为Bovine，属草食性哺乳动物，体型粗壮，部分公牛头部长有一对角。人类很早就已将牛驯化为家畜，按其生物学种类主要包括黄牛、水牛和牦牛。牛的肉奶均含高蛋白营养，而且牛体力强健，能帮助人类进行农业生产和交通运输。由于牛的适应性很强，能够较好地适应所在地气候，因而除极寒、极旱等极端恶劣环境外，牛在全球广泛分布。

巴蜀地区自古以来就拥有上述三种牛，下面略作介绍论述。

1. 水牛

水牛的起源很早，一般认为东亚大陆水牛的驯化始于云南和岭南地区，其后逐渐向北传播。由于重庆市万州区更新世中期地层发现有真水牛化石，有学者认为它应当是传统巴地家水牛的祖先。[1]长期亲身参加过大溪遗址等巴地考古发掘的林向先生根据出土资料认为，距今5000年左右的峡江地区大溪文化居民，已经开始了牛的饲养。[2]而先秦时期巴蜀考古资料中所见最早的水牛图形，是广汉三星堆遗址第3期商代遗存中的陶水牛。该遗址祭祀坑出土的商代四牛四鸟青铜尊，以及时代稍后的彭县竹瓦街西周青铜器窖藏出土的嵌绿松石青铜罍牛形饰物，察其形状，均属于水牛。这些都说明，巴蜀地区的水牛应是本土史前先民从野生动物驯化而来。

这些出现在青铜礼器上的资料，与古代文献和甲骨卜辞中牛作为祭祀礼仪中的牺牲的记载形成互证，但并未进而提供其时役用的信息。与此同时，先秦秦汉时期，巴蜀地区饲养水牛多采用群牧方式，这在考古资料中得到印证，比如雅安市宝兴县东汉墓葬出土有牧牛图，即为一人牵狗牧三水牛。值得注意的是，水牛今天在巴蜀早已普遍用作耕牛，而在中古以前却不是这样，因为迄今尚未见有那时水牛用于役使的资料。这同样提示，古代巴蜀地区水牛有一个从肉牛到耕牛的转变过程。

牛耕在东亚大陆于战国秦汉时期逐步推广，在考古发现的大量反映汉代巴蜀先民生活、生产场面的画像砖石等考古资料中，迄今只见有黄牛而未见有水

---

[1] 谢成侠编著：《中国养牛羊史》，农业出版社1985年版，第14页。
[2] 林向：《大溪文化与巫山大溪遗址》，《中国考古学会第二次年会论文集》，文物出版社1982年版。但实际只发现黄牛骨。

牛用于农耕役使的情景，说明上古以来人们饲养水牛的主要目的还不是为了役使，而主要是作为食肉以及祭祀神灵时的牺牲。直到三国时代，水牛图形资料中仍无役使迹象，却见于四川盆地东部忠县蜀汉岩墓石刻中的庖厨案上。[①]这与先秦以降巴蜀各类祭祀器物纹饰所用牛形均为水牛一脉相承，说明巴蜀先民存在祭祀好用水牛而不用黄牛的传统。根据礼制，古代奉祀祖先和自然神灵仪式中的祭品通常要求甚高而严格，而巴蜀地区祭祀神灵只用水牛而非黄牛为牺牲，反映水牛具有高于黄牛的神圣价值，是值得注意的文化现象。

在古代西南地区，南诏很早就实行牛耕，而且文献反映其耕田之牛正是水牛，如唐代樊绰的《云南志》即记载："开南（今景东）已南养象，大于水牛，一家数头养之，代牛耕也。"南诏先民每家以大象代水牛耕田之说，明确揭示象耕之前早已是牛耕，足见水牛犁地早已经普及。考虑到巴蜀邻近南诏，而且南诏曾经占领川西南地区，因而至迟宋代巴蜀已经开始出现的水牛耕田役使风俗当由此传入。史载南诏阁逻凤在至德二年（757）攻取福州，占据清溪关后，即开始从云南向川西南安宁河流域移民；此后世隆时代再次移民。到大理国初期，也有一次移民。所徙者皆为久已习于水牛耕作的白蛮、摆夷之民，水牛耕作技术当即随之传入川西南水田区，并随后进而传入广大巴蜀地区。重庆市大足区大佛湾数组南宋摩崖牧牛图像中，引人注目地出现了鼻穿缰绳的水牛，清楚地显示至迟在宋代，巴蜀地区水牛已被用于役使，包括以水牛耕地。此前巴蜀地区已有的以黄牛耕地之俗，当亦逐渐随之发生嬗变。水牛性情温驯，不仅体大力强，而且腿短蹄大，比黄牛适于水田耕作，役使优势明显。唯因水牛繁殖力较黄牛弱，因而虽受欢迎，但推广普及于巴蜀地区，仍然经历了较长过程。据统计，到明初洪武二十六年（1393），四川都司有耕牛8000余头，其中水牛6529头，黄牛1248头[②]，反映水牛在广大水田区已经取代黄牛而成为主要耕牛。近代以来，内地耕牛更是普遍使用水牛。据统计，1949年全川存栏的各种耕牛约396万头，占各种牛总存栏数的74.7%[③]，可以反映犁耕与养牛业的关系。

水牛由肉牛特别是牢牲转而主要为耕畜后，到清代，除部分山区外，在广

---

① 巴家云：《汉代四川农业方面几个问题的探讨》，《四川文物》1988年第6期。
② 据《万历重修会典》卷二〇二《屯田》统计。
③ 《四川省情》，四川人民出版社1984年版。

大农村尤其是水稻产区，不仅促进了农业生产和农业文明的发展，其牧养方式也从传统的群牧转为主要由个体农户单独饲养，成为农业生产力的突出要素而深受农户的珍视。在巴蜀地区，古代后期水牛的耕畜化，使其分布范围基本稳定在龙门—邛崃—夹金—牦牛山这一传统的半农半牧分界线以东四川盆地内。据抗战前中央农业实验所调查，全川约有水牛220万头。至1941年估计又有减少；1949年为206万头。水牛浑身是宝，除肉奶富含蛋白质等营养外，其副产品有供制革的牛皮（水皮），制器物的牛角，牛胶，制皂、烛的牛油，制肥的牛骨及药用牛黄等。水牛皮民国时全川产量约二三万石，出口约8000多石[①]，历来是巴蜀地区外贸的重要商品。

清代著名学者桂馥《滇游续笔·札朴》根据亲身历见指出："大理耕者以水牛负犁，一人牵牛，一人骑犁辕，一人推犁。……然则今之耕者犹蛮法也。"

2. 黄牛

黄牛是中国本土固有的牛种，在巴蜀地区新石器时代考古中已有发现，如巫山大溪文化遗址中即出土有黄牛下颌骨，学者认为当时已有了饲养。[②]而位居我国著名的五大良种黄牛之首的秦川牛，其原产地关中邻近巴蜀，故其可能很早就引入巴蜀地区。如扬雄所著《蜀王本纪》就记载了战国中期秦王赠送五头"金牛"给蜀王，蜀王派五丁力士凿山开道于秦巴山区隆重迎回的传说，这一故事实际上反映了蜀人早在先秦时期就已经引进秦川黄牛的史实素地，其后成都凤凰山西汉木棺墓中也曾发现有一件木质黄牛俑。黄牛的气候地理适应能力强、抗病能力强、耐粗饲、放牧性能好、繁殖力强，饲牧条件好的母牛可产犊8头以上，且保胎性很强，少流产现象，俗有"铁胎"之称。但黄牛也存在生长速度慢、后躯发育不良、母牛泌乳量少等弱点，直接影响了其肉用生产性能。不过，黄牛役用性能好，有力量强大、行速快、灵敏、不怕酷热寒冷、容易调教等特点，使其很早就为人类役使。因而在成都、乐山等地大量出土的东汉画像砖石中，黄牛用于运输拉货等役使图像屡见不鲜，反映了黄牛在汉代巴蜀先民生产生活中的重要地位。

---

① 张肖梅编著：《四川经济参考资料》第十四章，中国国民经济研究所1939年版，第69页；蒋君章编著：《西南经济地理》，商务印书馆1946年版，第139页。

② 林向：《大溪文化与巫山大溪遗址》，《中国考古学会第二次年会论文集》，文物出版社1982年版。

不过，四川汉代考古资料未见有牛耕迹象，有学者推测牛耕在当时不太普遍。①但从中原地区战国以来即已经使用牛耕，秦举巴蜀后大量移民其地，汉代继续移民的史实可知，巴蜀地区牛耕应当不晚于秦汉时期，并逐渐从移民聚居地向周邻地区推广其俗。因而在两汉时代，成都平原已经是巴蜀黄牛主要产地之一。西汉中后期资中（今资阳市）王褒《僮约》中规定，仆人要用刀、弓去成都贸易牛和羊，反映成都是蜀地最大的牲畜市场。当时成都平原平畴沃野，盛产水稻，秋后的稻孙及冬闲田的牧草都可以为牧养牛羊等牲畜提供充足的饲料。至晋朝，郭义恭《广志》云："牛出巴中。"《华阳国志》也提到巴郡"牲具六畜"，垫江、巴西郡皆"有蚕桑牛马"，这说明不仅西蜀，而且地处丘陵、山区的广大巴地养牛业都已兴盛。诸葛亮南征获胜，曾经从已经平定的南中亦即云南一带大量引进耕牛。众多考古材料证实，其时南中地区的耕牛也是黄牛②，这表明黄牛应用于耕作，可能是重视生产的诸葛亮执政时，作为振兴农业的措施之一而推广普及开来的。刘宋时四川官府一度禁止杀牛③，即是为役用牛采取的保护措施。

在川西南等地也有不少养黄牛的族群，主要就是邛、筰和嶲、昆明诸部。文献和出土资料揭示，邛筰受巴、蜀、滇人影响，与之同属以农耕为生业的文化系统。巴蜀地区很早即以养牛为生业内容，自秦汉以来即已有役使黄牛的传统；而近年出土之滇人青铜器上的以牛为母题的装饰物及纹饰图，皆为黄牛而非水牛形象。由此可知，邛筰人的耕牛只能是黄牛；史载蜀汉大将张嶷在邛人聚居的越嶲飨宴所杀之牛，亦皆为黄牛。昆明诸部是古牦牛羌人靠南的支系，乃后世彝族的先民族群，本以驯养牧放"高原之舟"——牦牛为主要生业，历史上其族群曾南向迁徙至川滇西部广大地区，史称其"随畜迁徙，毋常处，毋君长，地方可数千里"④。他们南迁后虽然早期亦曾带去牦牛牧放生业，以至在秦汉以降地名中留下遗迹，如今汉源一带其时即有名的牦牛道（县），但终因南迁后其居牧的地方海拔较低，已不再适合牧养牦牛，遂转而以畜养黄牛、

---

① 巴家云《汉代四川农业方面几个问题的探讨》（《四川文物》1988年第6期）指出：巴蜀地区尚未发现汉代牛耕资料，其时农耕"主要应是马耕及人力，新都《播种》画像砖提供了这方面的资料"。
② 李昆声：《云南牛耕的起源》，《考古》1980年第2期。
③ 《宋书》卷四五《刘道济传》。
④ 《史记·西南夷列传》。

马、羊及猪为主。其中有一支沿着雅砻江流域南下至金沙江（古称泸水）或曰"邛之卤"一带，史称"泸叟"（或译"尼叟""纳苏"），即后来滇东乌蛮和彝族的祖先。据凉山彝族史诗《勒俄特依》叙述，仲牟由的后代恒系和糯系诸部落继续沿金沙江往滇东北发展，他们"驱苍牛黄马并带着猎犬经过许多地方才到了滋祖仆吾（或译主主普，在今云南昭通），住了若干代以后，古侯、曲涅二部为疆界而争，为牛羊越栏而争"①，不久，便相率渡过金沙江，进入凉山地区。据李昆声先生的《云南牛耕的起源》记载，云南昭通曾出土一东汉画像砖"牵牛图"，右为一椎髻披毡人，左为一两角朝上的黄牛，可证乌蛮之"苍牛"实即黄牛。到了唐代前期，凉山地区的乌蛮自北而南发展为勿邓、两林、丰琶等三个较大的部落及一些小部落。史载其"土多牛马，无布帛，男子髽髻，女子被发，皆衣牛羊皮"②。综上可知，当地盛产之牛，显然为黄牛。

随着唐宋时代水牛逐渐进入役使领域，且养牛方式亦开始逐渐发生变化等原因，盆地内部养牛业渐衰，很少见到畜牧群牛的记载。不过，从唐代剑南节度使尚能给入居岷江上游的大批西山部族调拨耕牛来看③，黄牛在盆地区作为主要役畜仍然保持着较大的畜养数量。陆游《岳池农家》诗云："春深农家耕未足，原头叱叱两黄犊。"这是宋代丘陵区习用二牛抬杠式犁耕的真实写照。在成都平原，由于间隙地减少，冬小麦播种面积增加，可能影响到大牲畜收养，南宋时成都平原民间祭赛只见刲羊而未见椎牛，大概就是这个原因。

元明时代为巴蜀地区大牲畜畜牧恢复期。从元代起，官府为鼓励垦殖，常常给老百姓贷拨耕牛，那时可能是从川西南调剂，因为元代建昌路是富产牛羊马盐之区。明代牛的饲养进入农家自养阶段，杨慎诗中其故里新都县，已是"林塘闻牧笛，墟里起炊烟"；而遂宁一带，也是"牛马成群，寄宿于野"，由是而百姓殷富④，不过，那时水牛已渐普及，黄牛比例当有所下降。

清代四川各地水田区的耕牛角色已基本让位于水牛，黄牛用途转为旱地耕作、驮运或作坊劳役。旱地耕作，主要是在盆周山区，如清初费密《栈中》诗说，广元一带常有"白马岩中出，黄牛壁上耕"的情景，直到近代，峨眉山

---

① 转引自马长寿遗著，李绍明整理《彝族古代史》，上海人民出版社1987年版，第17页。
② 《新唐书·南蛮传》。
③ 《旧唐书·东女国传》。
④ 《观刈稻纪谚》，《升庵全集》卷一八载，康熙《遂宁县志》卷一引《旧志》。

一带仍无一农户养有水牛或马，只有黄牛供其犁田及负物之用。①至于牧养方式，盆周区及川西南山区仍有群牧，盆地内部则多为分散饲养。

民国初期，成都附近始有农民挑选一些幼小黄牛畜为乳牛，供在蓉传教士等外国人饮食需要；20世纪20年代，开始从外国引进少量乳牛。②四川省黄牛的总头数，据抗战前中央农业实验所调查，约有112.5万头，至1941年估计，川康两省共有黄牛150多万头，1949年方超过200万头，总数与水牛差不多。黄牛的副产品略同水牛，其中以黄牛皮（黄皮）最为重要，据抗战前估计，每年产量常有1万~2万石。③

3. 牦牛与犏牛

牦牛作为上古以来久已驯化的畜种，起源于青藏高原的野生牦牛，对此，近世在四川甘孜州炉霍县发现的晚更新世野牦牛化石提供了科学证据。《华阳国志》记载，商周之际杜宇王国疆域内的川西高原，很早就"以汶（岷）山畜牧"④，亦即川西高原以畜牧业为主要生业。与之相应，川西地区战国秦汉以来生息繁衍着一支以"牦牛羌"为名的族群，并在川西南地区留下了冠以"牦牛"的古老地名。这些历史文化资料都揭示，川西高原驯化牦牛的出现和繁衍非常早，其渊源也不排除与战国中期有一批青海羌人南下入居川西地区有关，历史上著名的"牦牛羌"正是其族系之一。

牦牛怕热，只能生活在海拔3000米以上，在四川的分布界线，向东最多只能达到岷山—九顶山—邛崃山—夹金山—大相岭—大凉山一线。据《史记·西南夷列传》和《后汉书·南蛮西南夷传》记载，秦汉时养牦牛的族群不仅有羌族，还有筰人、斯叟及青衣道徼外夷、岷江上游的冉駹等。筰人长于畜牧，其畜产以筰马和牦牛著称，其居息繁衍之地辽阔，西汉时曾在其较为集中之地置沈黎郡，郡东即以大相岭、清溪关和著名的牦牛山一线为界。斯叟及徼外夷共依夹金山—邛崃山，此即牦牛的分布界。冉駹居岷江上游，地跨岷山和龙门山，并以后者为东界。由上可知，除大小凉山地区未有分布外，整个川西高原皆属牦牛牧养区。这一牦牛分布界在历史上十分稳定，至今未变。无论川西高原的族类怎样变换，都离不开牦牛畜养，这是自然环境所决定的。

---

① 转引自郭声波《四川历史农业地理》，四川人民出版社1993年版。
② 四川省文物考古研究院：《渠江流域古遗址调查简报》，《四川文物》2005年第6期。
③ 张肖梅编著：《四川经济参考资料》第十四章，中国国民经济研究所1939年版，第69页。
④ 《华阳国志·蜀志》。

牦牛在提供优质肉、奶的同时，还因在高原上提供体力强健的运输驮运功能著称，与后起的犏牛一道被誉为"高原之舟"。但在唐代以前还没有发现用于耕作。晋人谈到牦牛津津乐道的是"肉重千斤"，隋唐时川西党项羌畜养牦牛，也只是为了"以供其食"。① 贞元年间，"西山八国"归附，韦皋将其安置于维、霸、保等州（在今理县境内），帮助他们发展农业，所提供的耕牛皆出自内地，而维、霸、保等州境土大都位于海拔3000米以上，本是有牦牛的，却须役用黄牛，可见那时牦牛犹未驯化为耕牛，仍是以肉用、取毛皮、奶酪为主。

但是到了明代初年，情况就不大一样了。在川西黄牛与牦牛分布交接带牧养着一种新牛种——犏牛。犏牛是人工培育的黄牛、牦牛第一代杂交种，适应能力很强，不畏寒暖（黄牛畏寒，牦牛畏暖），特别适宜于气候垂直差异显著的川西高山峡谷区的耕犁、驮运，被称为"高原之舟"。任乃强先生以《礼记》中的"犙"字与藏语"犏牛"的发音相近，遂以为羌人早在殷周之际就已培育出犏牛品种，此可为一说。② 也有学者根据"犏"字实际上最早出现于唐代，持犏牛起源偏晚些的观点。

不过可以肯定，犏牛繁育一经在川西高原推广，对这一地区社会经济的发展即有重大促进作用。据《大明一统志》记载，岷江上游的叠溪地区就以产犏牛著名。在川西南西部山区居住的么些人，更以"畜犏牛、山羊为生"。③ 到万历初年，仅四川行都司用于屯田的耕牛，就已有322头是犏牛，91头是牦牛，合占总数5%。④ 此后，随着犏牛繁殖量逐步增加，耕牛比例在川西区也逐渐提高，比如在岷江上游。道光《龙安府志》说："番民耕种用双牛耕，其牛呼犏牛，出松潘寨，价颇贵，每头约价十金，犁地有力。亦养牦牛，多供宰杀，贫而无力者，亦用牦牛耕地。"另据解放初对雅江、理塘的调查，发现以犏牛为主体的耕牛比例还有自西向东递增的趋势。

近代耕牛在川西高原的分布不仅有自东向西减少的趋势，而且其北界大体不超过雀儿山—白鹤山一线，据当时调查，德格县犹有少量耕牛，而山北的石

---

① （晋）乐资：《九州要记》，《太平寰宇记》卷七八引；《旧唐书》卷一九八《党项羌传》。
② 任乃强：《羌族源流探索》，重庆出版社1984年版，第23~24页。
③ （明）范守己：《九夷考》，《宁远府志》卷五二载。
④ 《万历重修会典》卷二〇二《屯田》。

渠县则未见。这实际上是与当时种植业在半农半牧区的分布相一致的,耕牛比重可以反映半农半牧区农业的发达程度。结合清代川西区农业开发情况来看,不可否认,犏牛的育成与繁殖在其中发挥了相当重要的作用。

牦牛与犏牛的副产品主要是牛乳及皮毛,牛乳用制酥油。西康牦牛每日泌乳量约2.5～4磅、犏牛约6～10磅。抗战时期,该省牦牛与犏牛总数约在四五十万头。①

(三)羊

羊,拉丁学名Caprinae,是牛科分布最广、成员最复杂的一个亚科,成员之间体型和习性相差较大,可以分成几个不同的族。与我国驯养羊的整体情况一致,历史上巴蜀地区的羊,主要有山羊和绵羊两大类。

在新石器时代中晚期之交的巫山大溪文化考古发掘中,出土了巴蜀地区最早的山羊资料,揭示巴蜀地区山羊驯养的历史非常悠久。②该遗址地处传统巴地,遂印证了《华阳国志》关于先秦时期巴地已经"牲具六畜(马牛羊鸡犬豕)"的记载。蜀地养羊的历史同样非常悠久,这一带尤其川西高原历来是羌族聚居的地区,《说文解字》:"羌,西戎牧羊人也。"可见羌族以牧羊为生业由来已久。考古资料同样证明,早在新石器时代,川西高原就已经有源于羌族的族群生息繁衍,而后西北河湟地区的羌族再次南下,徙居川西地区。殷商甲骨卜辞等古文字资料揭示,羌字从羊从人,其羊首为绵羊角的典型形状,说明羌人驯养的羊群主要是绵羊。广汉三星堆遗址商代祭祀坑中出土的青铜器中有三羊三鸟尊,其羊与遗址中出土的陶羊一致,正是典型的绵羊。三星堆遗址旁稍晚的彭州蒙阳镇竹瓦街青铜器窖藏出土的青铜罍,亦装饰有绵羊纹饰。但考古资料同样显示,蜀地也有山羊,如三星堆祭祀坑中出土的爬龙青铜柱,其龙头即呈现出鲜明的山羊角和山羊胡须,说明川西地区至少成都平原在3000多年前也已经饲养山羊。

东周时期,西北羌人再度南徙巴蜀,沿着横断山系的金沙江等河谷进入川西地区,到秦汉时期,遂把牧羊生业进一步推广到这一区域,并在川西到滇西地区的西夷中形成了"皆编发随畜迁徙"的"巂、昆明"族群,半农半牧的

---

① 蒋君章:《西南经济地理》,商务印书馆1946年版,第140页。
② 林向:《大溪文化与巫山大溪遗址》,《中国考古学会第二次年会论文集》,文物出版社1980年版。

白马氐、冉駹族群，以及川西山地的白狼、槃木等羌族支系种落，这些族群牧放、饲养的牲畜，主要就是羊和牛马。汉代四川盆地的农耕文化区域，饲养绵羊或山羊，已经成为农业的补充生业。王褒《僮约》中的牛羊交易正是反映。盆地现存的物质文化遗存中，多有绵羊的石刻画像和陶制模型。画像砖中的绵羊躯体前低后高，尾短腿细，基本同于现代川西藏区绵羊。[1]

东汉以降历两晋南北朝，大致按山羊、绵羊的东西分布地理格局，巴蜀地区畜牧养羊继续发展。在盆地农耕区域，随着唐代以来人口的增长和土地加快开发，到宋代已经是尺土寸金的情况下，养羊只能利用犁锄难及的河滨、林间和荒坡灌丛或休闲地，这对于食性较窄且喜欢结群的绵羊很不适宜，而对于食性较杂亦可单独饲养的山羊来说，则适得其所。自此而后，绵羊主要牧放于西部高原、山地，盆地农耕区则主要饲养山羊遂成为传统。

（四）兔

汉晋时成都西门有白菟（兔）楼[2]，这是成都平原已有家养兔的反映，因为四川野生兔罕有色白者，由此推断，四川白兔品种的形成当在先秦时代。那时家兔多养于达官贵人园囿之中，供练习射猎，此风至五代犹有余韵，如前蜀花蕊夫人《宫词》云："预排白兔兼苍狗，等候君王按鹘（即纵鹰试猎）来。"

另有一说："蜀中旧无兔、鸽，隋开皇元年蜀王秀镇益州，命左右赍往。鸽尚稀而兔已众矣。"[3]是否可靠，值得怀疑。

唐宋以后，射猎风气衰替，农户庭院养兔者渐多，故明清四川各地方志所列土产中常提到兔。近代成都平原及沱江流域养兔较盛，据1949年统计，仅温江地区养兔就达60多万只。

家兔的副产品是兔皮，盆地内各地皆产，而以沱江流域所产为贵。1933~1939年，兔皮制品风行一时，国外需要激增，四川兔皮由重庆输出者每年可达500万张左右。[4]

（五）狗

狗是人类驯养最早的动物之一，其经济价值原本不大，但在古人的生活中

---

[1] 高文编著：《四川汉代画像砖》，上海人民美术出版社1987年版，第136图。
[2] 张载：《登成都白菟楼》，《艺文类聚》卷二八录。
[3] 《太平寰宇记》卷七二《益州》。
[4] 张肖梅编著：《四川经济参考资料》第十四章，中国国民经济研究所1939年版，第82页。

却必不可少，因而长期以来与人的生产生活密切相关。

巴蜀地区尤其川东巴地养狗可能较早，相传上古时代川东、湘、鄂一带的槃瓠蛮即是以狗为图腾。此种崇狗风气一直延续到南北朝时代。《魏书·獠传》记载了巴蜀僚人的习俗："若杀其父，走避，求得一狗以谢其母，不复嫌恨……平常劫掠，卖取猪狗而已。"狗对于蛮僚如此重要，其原因当与狗的特殊用途有关。

《太平御览》卷九〇五引《列仙传》云："列子者，蜀人也，好放犬。"王褒《僮约》亦有"牵犬贩鹅"一事，可见古蜀人养狗主要是为了狩猎、放牧、看家，这从汉代四川画像砖石中的带狗狩猎（如成都《盐场》）或牵狗牧畜（如宝兴《牧牛》）场面即可证明。巴蜀蛮僚长期以渔猎、畜牧为主业，他们对狗的格外重视便不难理解了。

二、家禽

（一）鸡

鸡，拉丁学名Gallus gallus domesticus，源出于野生的原鸡，是新石器时代就已经驯化的家禽。我国是世界上最早驯化和饲养鸡的国家之一，巴蜀地区饲养家鸡的历史也非常悠久。在反映商周时期南方地区特别是巴蜀地区历史的《山海经》中，其《中山经·中次九经》记载："凡岷山之首，自女几山至贾超之山，凡十六山，三千五百里，其神状皆马身而龙首，其祠毛用一雄鸡瘗。"即在约当今四川盆地北部的岷山以东至贾超之山一带，祭祀神灵时，已采用瘗埋带毛雄鸡方式的民间风俗，揭示了这一片辽阔地域养鸡的历史非常古老，这也在考古学资料中得到了印证。在与巴蜀地区同处于西部的甘肃天水西山坪大地湾一期文化中，已经发现了距今8000年左右的家鸡化石。而在距今3000多年的广汉三星堆商代祭祀坑中，也出土了一只青铜家鸡，其形状与现代家鸡已经几乎一样，也说明当时在以水稻种植为主要粮食来源的蜀地农业生业中，鸡的饲养早已经成为种植业的补充，是家庭经济的重要组成部分。

巴蜀地区不仅饲养家鸡的历史悠久，而且历来不乏优良鸡种。《庄子·庚桑楚》云："越鸡不能伏鹄卵，鲁鸡固能矣。"应劭曰："鸡伏鸭卵。"司马彪曰："鲁鸡，大鸡，今蜀鸡也。"司马彪此说与《尔雅·释畜》的记载相合："鸡，大者蜀；蜀子雓。"雓，大种鸡的幼雏。《尔雅》此条说明，至迟在秦汉时期，蜀地的鸡种就以体型高大多肉闻名遐迩。《庄子》称之为"鲁鸡"，透露了蜀地大型鸡种可能系由中原尤其鲁地移民在战国晚期带来的信息，而《尔雅》释鸡之义则说明，此种体型高大的鸡种在蜀地得到了引人注目的迅速推广繁殖。但从近年成都市天回镇东汉墓葬中出土的长尾鸡石像和陶鸡俑以及其他汉画像砖上的家鸡可知，巴蜀地区的母鸡也多体格纤细娇小的类型；公鸡则往往尾长颈细，腿高体瘦，有的明显应属于斗鸡类型。上述与《尔雅》记载有所差异的情形，说明汉代巴蜀地区家鸡的品类早就多种多样，并成为民间家庭经济的重要成分，由此形成由来已久的传统，上述汉画砖石和巴地出土的此期鸡舍，就是印证。南朝萧梁时期，历任信安县令、益州别驾的蜀地名宦罗研曾有"家畜五母之鸡、一母之豕"之说。这应该是社会动荡、经济衰退的南北朝时期巴蜀农户家养禽畜的平常规模。

唐宋时期，巴蜀地区农户仍然以饲养家鸡作为小农家庭经济的重要补充，当时成都等地市场上贸易的鸡和猪是常见的禽畜商品，反映了民间社会生活对之的传统需求。[①]以至明清时期，巴蜀地区再次形成了地方鸡种特色。如张宗法的农学名著《三农纪》即引古人关于鸡之地方不同特色之说："产朝鲜者尾长，江南产者足短，蜀产臀团无尾，楚产并高三尺。"[②]蜀鸡"臀团无尾"，应为一种良种肉鸡。民国时期的巴蜀，仍然延续了古代的传统，农户家家养鸡，作为小农家庭经济的补充，根据20世纪20年代的调查报告，当时峨眉县一带的农户家庭总收入的约2.6%来自家禽养殖，成都平原则平均每户农家养鸡8.28只。[③]在普遍养鸡的同时，并没有形成养鸡专业户，产品虽然也有少量进入市场，但本质上仍然属于自然经济本底上的小商品交换。

（二）鸭

鸭，俗称鸭子，拉丁学名Anatina，为雁形目鸭科鸭亚科水禽的统称，或称真鸭，中国古代亦名鹜或凫。《尔雅·释鸟》："舒凫，鹜。"郭璞注："鸭也。"《庄子·庚桑楚》云："越鸡不能伏鹄卵，鲁鸡固能矣。"应劭曰："鸡伏鸭卵。"公元前316年秦举巴蜀后组织大批中原移民入蜀，鲁鸡及其孵

---

① 相关记载可见于陆德良《四川金堂县的宋代石室墓》，《考古通讯》1957年第6期；陆游：《喜雨》，《剑南诗稿》卷六；范成大：《初发太城留别田父》，《范石湖集》卷一八。
② （清）张师古：《三农纪》卷一九《畜属》，什邡市政协《三农纪》整理本，巴蜀书社2020年版，第291页。
③ H. D. Brown, etc., "A Survey of 50 Farms on Chengtu Plain, Szechwan", *Chinese Economics Journal*, Vol.II. No.1, 1928.

鸭卵法可能传入巴蜀，说明巴蜀地区养鸭子的历史至迟不晚于战国晚期。四川省广汉市秦汉时期为雒县，著名的三星堆遗址北临雒水或曰雒河，其得名应与当时中原移民有关，该河民间久称鸭子河，也应透露了相关历史信息。总之，自此而后，文献和出土资料都反映汉代巴蜀民间，鸭子已经成为广泛放养的家禽。如王褒《僮约》中就有"后园纵养雁、鹜百余"的明确记载。随着一个时期以来考古工作的进展，成都、新都、双流、西昌等地都发现有陶鸭，体形较为肥壮，近似今建昌花鸭。由此揭示，汉代巴蜀地区水田农区已经广泛利用陂池塘堰养鸭，作为稻作农业的附属生业，颇具效益。与此同时，蜀地鸭子亦以善产蛋闻名中土，晋《广志》云："鹜生百卵，一日再生，有露华鹜，以秋冬生卵，并出蜀。"①

降至唐宋时期，巴蜀地区水田农区仍保持着养鸭传统。杜甫在成都郊外的庄园里即养有很多本地花鸭："花鸭无泥滓，阶前每缓行；羽毛知独立，黑白太分明。"②

到明清时代，"湖广填四川"的移民潮中，随着江淮及东南移民的到来，一种适于稻田养殖的早熟品种——麻鸭，被引入四川盆地广大农村。张宗法《三农记》卷一九专条记述了蜀地鸭子的相法和饲养方法："取春生蛋以鸡伏（孵化）之；雏出，先将米糜饱饲之，名曰填嗉。然后以粟饭切青菜和水喂，水浊即换，恐淤塞于鼻孔。如此半月，放水中浴片时，驱岸少晒，入笼饲之。"并且强调指出："鸭宜一雄五雌，生蛋时，毋雌雄杂食，以土硫和谷喂，则生蛋不已。"③这一时期巴蜀地区的鸭子品种主要有两种，即体肥臀圆、行走迟缓而善产卵的本土传统花鸭和颈细体高的引入品种湖广麻鸭。麻鸭可利用收获后的稻田进行集群放养，也可以利用巴蜀地区河流堰塘众多的条件放养，因而在水田农区常常可见养鸭专业户——鸭棚子，养鸭成为家禽养殖中最具经济价值的行业。据布洛温等人所见，民国时成都平原一带，每当11月或12月的时候，便有无数的养鸭者把整队的鸭子越地涉水地向着大市场赶去。一群鸭总有数百以至数千，鸭群在块块冬水田间、渠边河岸一面觅食，一面向市场靠近，如此经过一个月左右的沿途喂养，自然肥大，来到城镇市场便可零

---

① 以上所引并见《太平御览》卷九一八、卷九一九。
② 杜甫：《花鸭》，《全唐诗》卷二二七载。
③ （清）张师古：《三农纪》卷一九《畜属》，什邡市政协《三农纪》整理本，巴蜀书社2020年版，第293~294页。

售以至批发于餐饮商贩。相形之下,传统花鸭在盆地区逐渐失势,但在气候温和、水草丰富的西昌等川西南地区,却由当地育成优良肉用品种——建昌鸭。①据当地的民国方志记载,建昌鸭"古名鹜,雄者羽毛美丽,雌者次之,县人挨户饲养,用为筵宴上品,大者重四五斤,每年产量约为二三十万只。其肉、肝及卵,气味之美,为他省冠……鸭毛每岁出售云南者,约万余斤"②,经过如此的培育经营,同样产生了颇为可观的经济价值和效益。

(三)鹅

鹅,英文goose,古亦名雁。四川养鹅史由西汉王褒《僮约》所载"牵犬贩鹅"一事看,当可上溯到战国时代,似乎与成都平原水田农业的开发相一致。汉代养鹅已具一定经济价值,一些画像砖石如成都土桥出土的《禽畜·纺织·酿酒图》中,即常有鹅的形象。成都平原的鹅据杜甫在汉州所作《得房公池鹅》"房相西亭鹅一群,眠沙泛浦白于云"观之,正是今之白鹅。明清以来,养鹅者日多。川西南一带又养一种灰色钢鹅(又名铁甲鹅)。至抗战前估计,四川养鹅数有50多万只。

---

① 《四川家畜家禽品种志》,四川科学技术出版社1987年版,第110页。
② 民国《西昌县志》卷二。

第六章 清末民国时期巴蜀农业的曲折发展

第六章 清末民国时期巴蜀农业的曲折发展

晚清民国时期，中国在帝国主义列强侵略下逐渐沦为半殖民地半封建社会，巴蜀农业和农村经济也开始被动地走上了近代化的曲折历程。耕织结合的传统农业逐步解体，农村商品经济继续增长，农村场镇网络成为城乡商品流通的广袤空间，农副产品加速进入国内外市场。在1934年以前，政局急剧变化中，土地占有与租佃关系出现重要变化，地权频繁转移，佃农数量增加。1935年以后，在重农政策的引导下，集约化农业、农业改进所和试验农场纷纷涌现，优质、高产农作物给农业带来了生机。但是，由于长期战乱破坏，农户又承受了沉重的税课，巴蜀农村和农户生存、发展道路格外艰难。

第一节 传统农业开始解体

一、家庭经济面临的冲击和转型

晚清以来，西方列强用武力打开中国大门，其经济侵略随之而来，尤其是大批商品进入中国市场，促使中国经济状况日益恶化，农业尤其是农村家庭手工业遭受严重冲击。与此同时，许多地区又发生灾荒，农业收成递减，粮食不敷，水利破坏，土地逐渐贫瘠，传统农业处于衰败的趋势，已明显地危及国计民生。不少有识之士竭力鼓吹农业改革，传播新的农业知识、技术，组织农牧垦殖公司，设立农会，等等。清政府也对农业政策进行了一些改进，如开放禁垦区、奖励垦荒、支持创办农业公司、让各地发展蚕桑、提倡改良品种、积极普设农业学堂等。特别是20世纪初在全国推行新政之后，亦把振兴农业作为一项重要内容，取得了一定的成绩。在僻处内陆腹地的农业大省四川，男耕女织的传统农业经济遭到的外来冲击相对较少，加上官绅合作，措施较为有力，多年不间断地倡导和推行，农业改革取得了一定成效，但在清末的动荡中又受到破坏。尽管如此，到民国建立之初，巴蜀广大农村，男耕女织的家庭手工业仍然是农村经济的重要组成部分。如在家庭纺织业方面，直至20世纪30年代，四川尚有手纺车228710架，年产土纱57727包，占全省消费棉纱的28.5%；手织布机10万台，年产土布约656万匹①，占全省消费棉布的77%。在被调查的47县中，有33县存在手纺业，多为产棉地区，"以纺织为副业之农户同时皆为棉农"②。可见这种传统的农户依然是有效的耕织结合体，维系着脆弱的小农经济。

但随着西方工业革命后大量廉价洋纱、洋布涌进中国，继而进入中国西部市场，巴蜀农户被迫开始由自纺自织转为买纱织布，原料上依赖于国外市场，价格上因而受控于外国资本。于是，"内地布缕价涨缩，恒依洋纱进入增减为差度"③。不仅广大农民、手工业者被迫同外国资本进行不等价的交换，而且耕织结合体的分离过程，亦由此处于极不稳定状态，时而分离，时而重新结合。而这种不稳定状态，往往又取决于国际、国内政治形势的变化。

第一次世界大战前后，是巴蜀棉织业的黄金时期。20世纪20年代末，重庆市（包括南岸、江北在内）共有织机4167台，其中木机共计2274台，占54.5%；其余1893台为铁轮机，占45.5%。到1935年，进口洋布激增，织机总数减为1953台，其中木机骤减为88台，占总数的45.2%④。抗日战争前夕，廉价洋布大量倾销，四川"各地土布市场，遂均为所夺，川省年输入布匹达二百万匹，而机纱输入落至三十万石……是为川省织布业空前衰落时期"⑤。重庆是四川纺织业发达地区，衰落时期传统木机尚占45.2%，其他地区则不可同日而语。

但是，抗日战争开始后，洋货难输内地，造成巴蜀"各地的手工纺织业在原有的废墟上恢复起来"。由于巴蜀原棉质地差，又先后从河南、陕西引进脱字棉、德字棉新品种，脱字棉产量比退化的美棉增加25%，德字棉更比脱字棉产量高出15%，成为本省原棉新品种。1939年，良种棉花播种面积扩大，获得大丰收，皮棉总产量达到2.9万吨，比1937年增产近1倍。1940年棉田面积扩大到270多万亩，1947年扩大到341万亩，原棉总产量增加到3.7万吨⑥，成为历史上棉花最高年产量。

这一突破给处于衰落状态的广大农村纺纱业带来了福音，在市场需求激增的条件下，农家棉纺织业出现复苏。据四川省政府统计，全川出产土布者共47

---

① 用机纱织布者69%，土纱织布者31%。
② 方显廷：《川康棉纺织工业之固有基础》，《农本月刊》第57期。
③ 彭泽益：《中国近代手工业史资料》卷4，中华书局1984年版，第164页。
④ 彭泽益：《中国近代手工业史资料》卷4，中华书局1984年版，第164页。
⑤ 彭泽益：《中国近代手工业史资料》卷4，中华书局1984年版，第143~148页。
⑥ 《四川省志·农业志》上册，四川辞书出版社1996年版，第194页。

县，兼有纺纱者33县（同时又是产棉区）。又据四川棉作试验场调查：29县以纺纱为副业的农户均为棉农。按地区分布，棉农在农户所占比率为：仁寿、射洪、三台、遂宁、盐亭等主要产棉县30%～45%，内江、隆昌、井研等县约10%。据统计，1939年川康地区有手纺车228710架，生产土纱54727包；有手工织布机10万台（以铁轮机生产率折算为65606台），生产土布6560648匹[①]。耕织结合既有暂时分离的趋向，又有重新结合的基础，实际上是受到各种复杂的社会、经济因素制约的结果。

二、城乡场镇市场的发展与农副产品流通领域的扩大

（一）四川城乡市场的兴盛

民国时期农村商品经济的发展直接培育了四川场镇市场，到1949年，川康地区共有场镇7796个，坐商和流动商贩估计有795520户，商业人员844500人。每个场镇平均有商家100户，商业人员125人。[②]场镇的分布一般以经济发达地区和水陆交通要冲为中心向周围辐射，星罗棋布，但分布并不均衡。大宗商品流动地带和人烟稠密的平原地区，山货、药材和经济作物产区场镇密集、市场规模大；而人口稀少、交通不便的贫瘠山区的场镇则寥若晨星，市场交易量也少。

习惯上称"东大路"的成渝交通沿线以及称"川湘路"的长江上游水陆要冲地带，是大市镇和中等场镇密布区。"东大路"上共有37个场镇，其中工商户达200户以上的大型场镇19个，有天回镇、三河场、唐家寺、石盘铺、临江寺、刘家场、罗泉井、邮亭铺、三溪场、双路铺、龙水镇、赵华镇、五通场、胡市、陈食场、德感场、吴摊场、铜灌驿、冷水场；工商户达100户以上的中等场镇，有石燕桥、路孔河、兆雅镇、彭家等5个。"川湘路"上共有43个场镇，其中工商户达200户以上的大型场镇7个，为土桥场、迎龙场、三溪场、扶欢坝、万盛场、陈家、长坝场；工商户达100户以上的中等场镇7个，为百节场、一品场、蒲河场、同乐铺、马武场、南沱、保家楼。[③]这些地区场镇市场的崛起，起到了活跃省内外商品经济的重要作用。

---

① 彭泽益：《中国近代手工业史资料》卷4，中华书局1984年版，第143～148页。
② 游时敏：《四川近代贸易史料》，四川大学出版社1990年版，第82～87页。
③ 游时敏：《四川近代贸易史料》，四川大学出版社1990年版，第82～87页。

（二）场镇市场网络的功能和作用

民国时期，四川场镇市场网络，已逐步由"量变"的积累而发生了部分"质变"，从互通有无、调剂余缺的小农经济附庸演变为区域贸易的桥梁和中转站，成为社会商品流通过程的重要组成部分；大宗农副产品由此进入国内外市场，现代工业品、日用品返销农村，形成双赢效应。这些重要的功能主要体现在一些地处水陆要冲的大场镇的商贸活动中。按其在商贸交流过程中扮演的角色，可以将它们划分为三种类型：物资交流枢纽、水陆运销要冲场镇，这是场镇中最具活力的一类；专业性手工业产品交易中心，这是巴蜀场镇经济的特色之一；山货、土特产品集散地，这是场镇群落中得天独厚的一类。

上述类型还不能概括巴蜀场镇的功能特色，有许多以庙会、神会等民俗信仰为特色的场镇，如各地的药王会、观音会、牛王会、关帝会、名胜古迹、神话传说都可能构成民间信仰，然后形成定期集会，最终演化为物资交易市场。民国时期对孝泉庙会的新闻报道说："德阳和绵阳两地的人，每年正月里有一件最兴奋和最雀跃的大事，那便是孝泉的庙会。这有名的泉烟的产地，分辖于德绵两县……会的举行就是纪念东汉时以孝行著名的姜诗。姜公庙在镇北半里的地方，庙宇恢宏，庙前有广坝，便是会场。一到会期，各地商贩均来赶会。在庙会期间，孝泉的茶价加倍，旅馆提价，饮食样样无不上涨。走进会场，最惹人注意的是连绵不断的农具，木制扁担、耒耙、梯、锄棍、各式木桶，洋洋一地；铁制的犁铧、锄耙、铡刀、柴刀、菜刀又构成浩瀚的阵容。"①内地与周围民族地区的交接地带，形成了许多边贸场镇，例如康定、泸定、松潘、茂汶等，都是在民族贸易中发展起来的。

三、农副产品的商品化进程

民国时期，巴蜀农村种植业已形成合理布局：四川全省以种粮为主，川东南一带间作果树，川北地区产棉，川中产甘蔗，主要农作物有稻、麦、高粱、玉米、红苕、洋芋、黄豆、油菜、豌豆。其中玉米、红苕和洋芋被称为"粗粮"，是明末清初自海外传入的耐旱高产作物，最适合占巴蜀耕地3/4的丘陵地带栽培。这些作物很快就在巴蜀扎根并获得奇效，使粮食产量成倍增长。巴蜀人口达到高峰时期后，这些耐旱高产作物为贫困人口提供了基本食物，减少了

---

① 《孝泉的庙会》，载《工商导报》1947年2月10日。

饥荒死亡人数；同时由于价格便宜，劳动人民大部分食用粗粮，稻米、小麦等细粮便成为可以出售的商品粮。民国时期，在肩负沉重的田赋、预征、借征负担之后，巴蜀农民还能够为省内外粮食市场源源不断地提供大量商品粮，同时为数百万流散人口提供食物资源，除了精耕细作之外，的确与盛产于丘陵高山区的粗粮息息相关。

农副产品商品化包括两部分：一是粮食产品的商品化；二是农村副业产品的商品化，包括家庭饲养的家禽、家畜、家蚕和农户种植的油料、药材等经济作物及其加工产品。以下分别加以论述。

（一）粮食产品的商品化

民国时期，巴蜀耕地面积增加很快。1912年民国建立之初，四川全省有耕地面积5610.4万亩，人口4813万口，人均耕地1.16亩；1949年国民政府结束大陆统治权时，四川（包括西康省）有耕地10459万亩，人口5730万口，人均耕地1.82亩。

1933年统计，全川水稻种植面积占总农作物面积的24%以上，大小麦种植面积占22%以上。全省主要农作物产量为：稻谷726879.1万公斤，居四川主要农作物产量的第一位；红苕299573.4万公斤，居第二位；小麦产量为191120.1万公斤，居第三位；玉米产量为110957.3万公斤，居第四位；油菜籽产量为22838.2万公斤，居第七位。其中玉米、红苕、油菜籽产量名列全国首位，稻米产量居全国第二位，麦类产量也居全国的前列。又有统计说：四川生产粮食的耕地总面积6000余万亩，占农地总面积的70%左右，其中稻田占3000余万亩，其余为杂粮地亩。1932~1936年，四川年均粮食产量为：稻米862475万公斤，小麦186800万公斤，杂粮（包括大麦、燕麦、高粱、小米、玉米、红苕、豌豆、胡豆）700405万公斤，合计1749660万公斤。全省人口总数为50766336人，人均粮食344.65公斤。[①]

全面抗战以来，巴蜀地区成为抗战后方基地，粮食生产受到国民政府高度重视，生产指标成为战略任务，粮食产量更为各方关注。巴蜀粮食产量的最好年份是1938年、1939年，原因是，这两年巴蜀地区风调雨顺、晴雨适度，对粮食作物生长有利，加之经济作物尚未大量种植而与粮食作物争地，因此，四川

---

① 以上数据均据《四川档案史料》1983年第4期第63页数据整理。计量单位原为千市担，按5万公斤比率折算为斤。

省粮食产量连续两年超过100亿公斤，分别为：132.26亿公斤、118.12亿公斤。1940年，棉花、甘蔗及油菜籽等经济作物价格上涨，经济效益超过粮食产品，因而农户经济作物种植面积增加，粮食作物面积减少，粮食产量随之下降。自1941年开始，战区扩大，军需民食需要量激增，市场供应紧缺，粮价大幅度上涨，粮食种植面积有所恢复，粮食产量也开始回升。1947年，川康地区粮食产量为：稻谷631885万公斤、小麦296415万公斤、玉米161935万公斤、红苕334245万公斤、大豆48630万公斤、豌豆87960万公斤、高粱64240万公斤（四川省产量）、大麦131430万公斤。

据有关巴蜀农户粮食产品消费情况的调查，一般农户收获的粮食产品，一部分交租，一部分出卖，剩余的供给家庭食用。构成农户家庭主食的主要是小麦、玉米和红苕，消费比例大致为：占产量的75%的小麦、占产量45%的玉米和占产量90%的红苕。剩余的玉米，对于自耕农来说，除主食外，主要用于饲料，2%留作种子，余下的在市场出售；佃农则以64%交租，32%用于饲料和种子，4%出售。大米在主食中消费很少，只占产量的8%，但稻谷多的农户消费量也有所增加。佃户所产稻谷，71%交租，17%留种，12%出售；自耕农所产稻谷用于主食较多，出售的比例也有所增加。

粮食市场品类复杂，又随收获季节的变化而有所不同。春夏收获时节，小麦、大麦和各种豆类销售旺盛，6～7月为最盛时节；秋收时节，稻米和五谷杂粮上市量大，9～10月上市量最多。粮食价格高低主要取决于流通量，丰收之年和收获季节粮价低；反之粮价高。粮食市场交易量还受与运输关联的水道枯丰因素影响。

抗战时期，因东部和北方大量人口内迁，巴蜀人口激增，商品粮的交易特别兴盛。1938年，四川有41个较大的粮食市场。这些市场每年流通总量为：稻米约620万市石、小麦110万市石、玉米30万市石。因粮食种类繁多，输入的产区也不一样。稻米首推长江流域，占输入量的38%；其次为沱江流域，占18%；成都平原占14%；嘉陵江流域占12%；涪江流域占11%。各地小麦、玉米的输入比例与稻米相近。小麦输入以嘉陵江流域、成都平原和沱江流域为主，玉米输入以沱江流域、涪江流域和嘉陵江流域为主。这三种商品粮输入以后又输出的，稻米和玉米各占1/3，小麦占1/4弱。[①]

---

① 游时敏：《四川近代贸易史料》，四川大学出版社1990年版，第112页。

全省购销量最大的粮食市场大约有七个，购销总量如下：①成都市场，1940年，成都人口大约40万余人，年销大米约100万市担；②重庆市场，1939年重庆人口约52万余人，年销大米约100多万市担；③万县市场，1939年，万县销售大米约97万市担；④泸县市场，1939年，泸县城市人口8万余人，其中80%食大米，是消费兼集散市场；⑤宜宾市场，位于川滇贸易冲要，为长江起点商埠，也是川南米粮集散市场之一，1936年由岷江上游及叙南各县输入的大米约138万石，向长江下游运销粮食达到128万石；⑥合江市场，年输出大米5万市担以上；⑦富荣、犍乐盐区市场，全省两个最大的井盐产区，也是最大的粮食消费市场。

（二）农村副业产品的商品化

近代以来，主要由农副产品构成的山货是巴蜀出口商品大宗。民国时期，每年山货出口货值在1000万元以上。其中，猪鬃约占60%，羊皮次之，牛皮、羊毛、猪肠、牛油又次之。[①]以1932与1934年的年均数看，土货占出口数额的66%。其中，山货占输出总额23.2%，桐油占21%，生丝占15.7%，药材占6.1%[②]。巴蜀是中药材主要产地，全国中药材总计600余种，巴蜀就占370余种。常用药材当归、附子、麦冬、川芎、黄连、川乌，都是巴蜀农家经济作物，与药材市场有着密切联系。

民国时期巴蜀农副业产品生产虽然依旧维持农户家庭养殖，很少有集约化的养殖场，但由于成本低、效益高，市场需求量不断增加，其商品化进程十分明显。巴蜀经济作物种类多，总产量也较高。产品主要有油菜籽、花生、棉花、蚕丝、甘蔗、麻类、药材、烟草、茶叶、桐油、夏布、畜产、林产等。在正常年景，油菜籽产量保持在2亿公斤以上，1933年达到3.69亿公斤，是民国最高年产量。[③]正常年份四川年产茧239万公斤、桐油7842万公斤、棉368.55万公斤、甘蔗2.53774亿公斤、药材产量约451.5992万公斤，1928～1932年5年间，年输出黄丝6万公斤、桐油181.4745万公斤、糖19.685万公斤。其他如药材、林产品、畜产品输出也占有相当的比重。巴蜀输出的农副产品，大约占总输出额的92%。[④]四川是我国主要茶叶产地，也是丘陵和山区的主要的经济作物。据四川

---

① 《四川档案史料》1983年第4期，四川省档案馆编印，第63页。
② 《四川省志·农业志》上册，四川辞书出版社1996年版，第178页。
③ 《四川省志·卷首》，方志出版社2003年版，第363页。
④ 《四川省志·农业志》下册，四川辞书出版社1996年版，第291～292页。

省建设厅1931年调查，全省茶园面积约29.5万亩，茶叶总产量近1万吨。1949年降为4950吨，达到低谷。①

从巴蜀农民卷入市场的程度看，我们也不能过高地估计自然经济解体的程度。巴蜀农民一年极有限的收入中，绝大部分依然是非现金收入，农民依靠出售农副产品或外出打零工的货币收入仅占一小部分。在农民消费中，真正能用于在市场上购买商品的现金极其有限。1927年日本学者川户爱雄对巴蜀一位农户的调查表明了这一点。在其全部支出585.30元中，把购买衣服、农具、种子、肥料、饲料和杂费全算作农民在市场上的购买部分，农民的全部支出也仅有25.9%的交换与货币及市场有关。另一个外国学者布朗在1926年对成都平原50户农民的支出调查中也得出了类似的结论，每户在食料费和租税上的支出大约占了77.5%～78.2%，能用在市场上购买商品的部分仅22%～23%，大约是156元～234元。由此可见，重庆开埠后，巴蜀自然经济的解体仅仅是初步和局部的。洋货的涌入，受制于自然经济、低下的农业生产力、封建剥削制度以及人们消费习俗的惯性。处在传统生产方式下的农副业生产，应付不了资本主义工业品的输入。过高地估计巴蜀自然经济解体的程度，忽视其内部各个地区之间在近代经济变化中的不平衡性，都是不妥当的。

1929～1933年资本主义国家爆发大规模的经济危机，巴蜀的一些农副产品的产销立即遭到严重挫折，在危机期间，外国资本主义国家为转嫁危机加紧了商品倾销。四川因为洋货大批涌入，农村的手工麻织业、制烟业和蔗糖业都受到了不同程度的打击。如1930年，隆昌一带的夏布外销数曾达14126担，但因危机期间资本主义国家纷纷提高了关税，1932年夏布外销降至1493担，比1930年减少了90%。在危机前，巴蜀每担桐油可卖42元，但在1931年，跌至不足20元②，1930年前，巴蜀每年产丝达4万石左右，每年输出生丝保证在2000万元以上。资本主义危机的爆发，加之日本丝加紧了对中用丝传统市场的渗透和压迫，巴蜀生丝出口急转直下。③

虽然民国时期巴蜀农产品化已经达到相当的水平，但在特定的社会条件下，巴蜀农村的商品经济发展也极具畸形。随着外国资本主义的入侵，鸦片的

---

① 彭泽益：《中国近代手工业史资料》卷2，中华书局1984年版，第398页。
② 均见吕平登：《四川农村经济》第10章《农业产销》，正中书局1936年版。
③ 张肖梅：《四川经济参考资料》第14章，中国国民经济研究所1939年版，第13页。

种植业泛滥成灾。虽然从表面上看起来农民的收入提高了，但实际上却并非如此。鸦片的种植，只是使洋行、军阀、地主、烟毒贩子们钱塞满了腰包，农民得到的只是灾难，"因当局勒令种烟，人民赖以生活之谷物顿形减少。米珠薪桂，饥馑迭告，折骨烹儿，司空见惯"[①]。

1921年四川酉阳、秀山、黔江及彭水，由于粮食短缺，发生饥馑，主要是因为把土地种了鸦片。"忠县种烟，大旱，斗米值银十二元。涪陵种烟，大饥；栽烟者，一家吞烟自尽。巴中种烟饿死者，埋万人坑。"[②]

第二节 农民和农村逐步陷入困境

一、动荡时局下的地权转移

（一）土地兼并的新特点

晚清巴蜀地区，虽然时局动荡，重庆开埠后"欧风美雨"逐步波及，但广大农村基本上保持着传统格局。巴蜀地区与其他地方一样，自古以来就有与农耕文明息息相关的"以末致富，从本守之"的传统，由此形成了乡村大大小小的传统地主和众多的自耕农，并且其地权在明清以来商品交换呈现不稳定状态，形成所谓"千年田，八百主"的"常规"土地转移态势。

巴蜀农村的这种传统格局在接踵而来的社会大变动中发生了改变。进入民国以后，巴蜀地区时局动荡，军阀、官僚通过军政权力，横征暴敛、巧取豪夺获得的巨额财富，在权力转移频繁的时局下，受"以本固财"古老传统的影响，他们更热衷于求田问舍，广占良田，竞相跻身田连阡陌的绅士行列，享受无尽的地租收益，从而满足其财富占有的稳定感。

新兴军阀、官僚不仅拥有聚敛而来的巨额财富，而且有以枪杆子为后盾的政治势力，对土地进行强买豪夺自然十分方便。巴蜀农村经济的凋敝和农民的破产更便利了军阀官僚的兼并活动。辛亥革命后十多年，大多数军阀、官僚迅速成为富甲一方的暴发户，不仅他们自己，甚至他们的亲朋故旧，乃至兵弁都

---

① 周宪文：《中国之烟及救济》，载《东方杂志》第23卷第20号，1926年10月版。
② 《重庆海关1912～1921年报告》卷1，第145页；转引自李文治《中国农业史资料》第2辑，三联书店1957年版，第630页。

成了大大小小的地主。在兼并自耕农、旧式地主土地的过程中，这批新兴地主的势力得到了迅速的扩张，并完全取代了旧式地主的地位。

据1935年对四川的崇庆、大邑、灌县、重庆、万县、宜宾、酉阳、雅安、苍溪、江油10县地主进行调查，得出的结论是：其一，新暴发的军阀、官僚已占地主的绝对多数。从上述各县地主总户数中，这类新兴地主最多占96.3%，最少占31.5%。从占有土地看，大邑县的这些新兴地主几乎囊括全部土地，多达99%；最少的是灌县，新兴地主占有的土地也占地主占地的77%。其二，旧式地主已明显衰落，在上述各县当中，旧式地主占田最多的是灌县，达占田总数的23%，最少的不足1%，大多数不足10%，四川土地所有权的构成已发生了明显的变化，发生变化的原因显然是清末民初的政局变动。

当时在四川有名的大地主中，大多有军阀、官僚背景，如在郫县，"全县约40万余亩土地，但20万亩操纵在大地产所有者手中，其中的大地主，多为川军军官，这些军官发了财，多在郫县、温江、新津等膏腴之乡购买田地。这些地方不仅收成可靠，与成都近在咫尺，收租也非常容易"。"刘存厚、曾南夫、黄逸民、白驹等军、师长，在郫县每人都有3000亩以上的田地。其余旅团长百亩、千亩的更不可胜计。"①四川大军阀刘湘、刘文辉、刘成勋原籍都在大邑县，大邑自然成为军阀占地最集中的地方。据统计，"大邑县的军阀地主的66%，占田最高的达3万亩，平均占田也达3046亩"②。这些军阀不仅自己田连阡陌，而且扶植亲朋故旧成为大地主。在新兴地主势力扩张的同时，旧式地主无可奈何地丧失了原来的地位，绝大部分旧式地主都处于没落之中。仅仅在一些边远山区，一些旧式地主依赖传统方式维护了原来的地位。

（二）官府提卖公共土地

清代四川官（公）地、庙产、祠田、族田、学田这类土地数量不少，为维持传统社会生活和秩序，从经济层面长期发挥着重要的社会功能。随着民国以来的社会变革，这些土地及其原有传统存在形式已经越来越难以为继。在巴蜀农村土地兼并持续发展的趋势下，这类土地遂纷纷通过各种渠道，成为地主阶级的囊中之物。据粗略统计，清代巴蜀这类土地占土地总数的1/3以上，这种土地虽然多由地主阶级控制，但至少在名义上或形式上与地主私产还是有区别

---

① 彭通湖等：《四川近代经济史》，西南财经大学出版社2000年版，第208～209页。
② 吕平登：《四川农村经济》，正中书局1936年版，第187页。

的。按照古代传统，这些土地受到封建宗法关系或社会习俗甚至体制的保护或曰束缚，其买卖多少受到了限制。但自民国以来，由于传统受到破坏，地主阶级的土地兼并日趋激烈，家族关系、宗法传统或宗教禁忌统统被冲破。巴蜀地区的新兴地主，大多拥有政治、军事实力做后盾，这类土地自然成为其掠夺对象。民国以来，这类公田、庙产或族田等多次被"政府"提卖，加入了商品土地的行列。如成都昭觉寺，在清代时有7000余亩土地，在民国年间被"充分"提卖后仅剩下1000余亩；成都文殊院的土地也由1000余亩降至800余亩。①其他类似土地也莫不如此。"公田，如学田及其他机关田地，民国以来，亦多被官绅提卖。祠田，本民间之家族祠堂之奉祀田，亦被提卖殆尽。"②这些以政府名义提卖的土地，最后大多转移到少数有权有势的军阀或官僚地主手中。这些土地的曲折流转，结果大大推进了地权的集中，加剧和深化了社会矛盾。

（三）"以末致富，从本守之"

在中国半殖民地半封建社会的历史条件下，投资工商业不仅冒风险，而且往往远不及地租丰厚可靠。在巴蜀地区，还要加上社会经济环境闭塞，因而当时巴蜀的工业利率一般不过6%～8%，也就是说回收投资约需12～16年；投资土地每年可获占收获物50%～70%的地租，大约相当于地价的10%～20%，回收在土地上的投资仅需5～10年。这就必然吸引众多的资金流向土地，各阶层自然热衷于窥测膏腴，寄生于封建性剥削。③虽然巴蜀地区的金融资本和货币资本也能得到发展，但其资本追求利润最大化的一大有效途径，就是固守"以末致富，从本守之"的传统。因而在政局相对平稳的年代，大量金融资本和货币资本，除用于扩大经营活动和消费外，还被大量地投资于土地，进而带动了土地兼并的加剧。如金堂县唐克斋："外操其赢，内课耕读，家业日丰裕，置田千余亩。"④乐至县何祖勋"以耕种兼盐业，遂致富，置土数契"⑤。在眉山县，"凡有赢裕者皆竞求殖产，规占膏腴，以工商业劳瘁且得失罔定"⑥。南溪县，"县人以买田收租不耕而食为自然收入，最普遍之源泉，劳心劳力储蓄有

---

① 参见张肖梅：《四川经济参考资料》第一章，中国国民经济研究所1939年版，第11页。
② 参见吕平登：《四川农村经济》，正中书局1936年版，第131页。
③ 参阅彭通湖等：《四川近代经济史》，西南财经大学出版社2000年版，第207～216页。
④ 民国《金堂县志》卷十。
⑤ 民国《乐至县志》卷四。
⑥ 民国《眉山县志》卷四。

资购置田土"。"县属商业不甚发达，投资多数，故资本收入不及土地收入之可靠。"①因受强烈的逐利驱动，巴蜀盐商资本雄厚，大量购置土地，其他商人无不如此。如民国年间，重庆大商人汤子敬发家后，除把资金用于钱庄、盐业投资外，还在重庆购买房地产，因而有"汤半城"之称。②布匹商人杨石斋和他的几个儿子，在农村买了4000多亩田地，在重庆也买了几条街的房屋。③

在这种风气下，各阶层竞相兼并土地，促成巴蜀地价上涨。有田者，高昂其价，待价而沽；无田者，家无余财，求告无门，只好佃耕度日。巴蜀地价"清中叶以后，无甚变化，在全国地价中也不甚高，占第十二三位，恰当全国之中和数……殆民五以后，因新兴军阀发达关系，均争买田产，至田价逐年高涨，比以前增至百分之五十"④。如在荣县，"光绪中，田谷俱贱，上田百挑千贯有余，中田千贯，下田数百贯，房地附之。……国变（辛亥革命）后，卖贴未出，买者环生，故田价益贵。上田百挑万五六千缗，中田万二三千缗，下田万缗"⑤。

由于上述原因，民国时期巴蜀土地价格总趋势是上涨，但也发生过特殊原因引发的暴跌。例如，军阀"二刘大战"发生的20世纪30年代，地价由上涨转入暴跌。这次地价狂跌一直延续到抗战前夕，如荣昌、隆昌、内江一带的农民，饱受战祸之苦，"以债台高筑，纷纷变卖田产，去年每石租已由100元降至40元，亦无人接受承买"⑥。

二、农户构成和租佃关系的变迁

上述社会历史原因的一个直接结果，就是民国以来各地农村的地租率大都普遍上涨。巴蜀农村土地兼并加剧，一方面使得失地农民不断增加，另一方面，由于四川工商业发展艰难，大批破产农民和农村剩余劳动力不能顺利转移出去，滞留在农村的破产农民只能租种土地谋生，使佃农大幅度增加。这就直接造成农村地租剥削日益严重。由于土地数量有限，佃农之间的竞争必然增强

---

① 民国《南溪县志》卷四。
② 《重庆工商人物志·汤百万发家史》，重庆出版社1984年版。
③ 《重庆文史资料选辑》第3辑，政协重庆市委员会内部发行，第41～42页。
④ 参见吕平登：《四川农村经济》，商务印书馆1936年版，第96页。
⑤ 民国《荣县志》卷十。
⑥ 西华近代文献征集处：《四川农村崩溃实录》，成都民间意识社1935年版，第2～3页。

土地所有者的优势，使地主大幅度增租、加押成为可能。

与上述社会变迁相伴随的另一个结果是，巴蜀地区农户构成也发生了引人注目的变化：根据对巴蜀部分县的调查统计，1912～1933年，佃农比例处于上升状态，从1912年的52%上升到1933年的59%；自耕农比例呈现下降状态，从1912年的30%下降到1933年的22%；半自耕农稳定在约19%，这是一个伸缩性很大的中间状态，处在自耕农与佃农的过渡阶段。①有关研究证实，在巴蜀地区，大约占农户7.6%的富户，占有77.6%的耕地。成都平原占农户7%～8%的富户，占有70%～80%的耕地；江安县7%的富户占有63%的耕地；崇庆县8%的富户占有80%的耕地；江津县7%的富户占有90%的耕地。②自耕农数量的持续减少与佃农数量的持续增加，作为社会阶层和阶级结构的变化，成为民国时期巴蜀农村社会的不良征兆，它说明农户生存状况在不断恶化，他们正在失去基本生产资料——土地。

（一）地租呈上涨趋势

在巴蜀地价上涨的同时，地租上涨出现居高不下的矛盾状态。防区制时代，巴蜀政局不稳，天灾人祸接踵而至，凡投资于土地的地主都想加大租率，尽快回收购买土地的资金，各地租率因而普遍上涨。如：资中县，"民国21年租价一亩由40～50千涨至130千，最低也需80～90千；佃户被迫，明知所产不能偿付如此高额地租，但舍此亦无他业可营，只好忍痛承受"③。在金堂县，民国以前，只有水田纳租，旱地不纳租；"近因田赋一年数征，水田、旱地都要纳租了"④。在泸州、江安等处，地主出租上地，"租谷时常任意提高，二年之内，已增三分之一，佃农生活自然只有日趋苦海"⑤。在川南各县，"地主还在加高租额，佃户除完纳杂粮、稻草等与地主外，再要替主人服役当差，日不暇息，以致近年来大批佃农纷纷破产"⑥。据1929年国民政府内政部调查统计，巴蜀水、旱田的分租率是，甲等田为59%，乙等田为55%，丙等田为52%。

---

① 参见吕平登：《四川农村经济》，商务印书馆1936年版，第173～174页。
② 参见吕平登：《四川农村经济》，商务印书馆1936年版，第177～181页。
③ 实业部中国经济年鉴编纂委员会编：《中国经济年鉴》第7章，商务印书馆1934年版，第88页。
④ 陈正谟：《中国各省的地租》，商务印书馆1936年版，第30页。
⑤ 邵士平：《四川的土地关系与税捐》，载《中国近代农业史资料》第5辑，三联书店1957年版，第260页。
⑥ 重庆《商务日报》1934年3月18日。

而在1931年内政部重新调查时，巴蜀农村的各类租率从1929年到1931年两年期间，均上涨了3%～6%。巴蜀多数田地的租率高于全国平均租率10%以上，四川无疑是地租租率最苛重的省份之一。①

抗战时期，由于人口急剧增加，耕地有限，地租也就水涨船高。以成都平原为例：成都平原10余县，260多万亩肥沃土地，有都江堰水利系统灌溉之利，旱涝保收，是"天府之国"的膏腴之区，也是抗战后方的大粮仓。但是，耕种这些良田的农民，90%左右是佃农。佃农每户租种25石左右的稻田，抗战以前每年向地主交纳20石左右的地租；抗战以后每年交纳24石或25石地租。佃农要在高额地租下求得温饱，需要投入更多的劳力和肥料，他们只好求助于高利贷，最终陷入困境。②

因为地租率很高，中国土地购买年自然很短，就西方国家而言，土地购买年一般20～30年，每年的地租折价后，大约相当于地价的3.3%～3.5%。就中国全国平均数而言，土地购买年大约在7.08～9.06年，在巴蜀则不过5～10年，其中四川水田租率最高，土地购买年一般只有4.9～5.3年，投资于土地可以迅速而稳当地回收全部投资，这助长了巴蜀地区土地的兼并之风和杀鸡取卵似的掠夺。

（二）押租大幅度增加

民国初年开始，巴蜀各地押租上涨十分明显。据统计，各地佃田的押金平均比以前增长了10%以上，每亩押金与田租之比例在川东为80%，川西为60%～70%，押金大体相当于地价的5%，即佃田时需向地主先预交一年田租的60%～80%的信用金额。在重庆，1920～1930年间，租田若干亩，押金由1450元增至1636元，平均增长了12.8%。地主增加押租，使大批农民陷入地主或高利贷者的债务罗网之中。在佃农缴不出更多的押金时，地主或将土地转佃殷实之户，或趁机抬高地租。如在合江县，"凡是佃农无力缴纳'稳租银'的，每百串可加纳1～4石稳谷"③。

地主增加押租的一个重要原因是，获取现金投放高利贷。据统计，1934年的巴蜀农村中，佃农向地主缴纳的押金中，全部由借贷而来的占43%，部分借

---

① 张肖梅：《四川经济参考资料》第13章，中国国民经济研究所1939年版。
② 时事问题研究会编：《抗战中的中国经济》（1940年出版），中国现代史资料编辑委员会1957年翻印本，第50～51页。
③ 西华近代文献征集处：《四川农村崩溃实录》，成都民间意识社1935年版，第200、454页。

贷的占32%，以合会方式借贷的占11%，完全自有的仅占14%。押租的存在和提高增强了地主的地位，很多地主既是土地的出租者，又是农民的债权人，对佃农的命运因而可以随意操纵。据中国银行1933年对四川1556家农民调查，四川农民的负债面高达61%，在耕种30亩以下的农民中，负债率平均为62%，耕种30亩以上的农民中，负债率平均为25%。从负债原因看，因粮食不足而负债者占54%，因缴付押金而负债者达75%，农民每年所得，除负债外，所余无几。①

（三）经营型农户和特色商品经济区的涌现

随着农村商品经济发展，农村两极分化加速以及押租制的盛行，四川出现了一部分佃富农。这些佃富农手中拥有较多的货币，通过缴纳较多的押金在争佃中取得了较多土地的耕种权。除一部分自耕自种外，还将部分土地转佃出去或雇人进行耕种，从中获取更多的经济收益。如合江县某富农："自业青杠十五亩、租山青杠四十四亩，共放山蚕五十九厂""雇工六十名进行经营"。②云阳县佃富农除种植粮食外，增种桐树，佃岁收赢，"佃有余利，久亦买田作富人如故"③。大竹县江国荣分家时有田40余亩，因其善于经营，除自田外，更佃邻田50余亩一并耕作。经过20余年的艰苦努力，家渐殷实，"俨然富家矣"④。巴蜀的这些佃富农经营规模比中农或佃农大，资金也相对充足，在生产经营中比较注意改良生产技术，故劳动生产率和商品率也比一般农民高，在当时代表了较先进的生产力。但是，巴蜀的这些佃富农经济本身十分微弱并具有传统农业性质，大多佃富农经营积累资金后，往往购买土地或投放高利贷，最终成为地主、高利贷者。巴蜀农村的封建生产关系根深蒂固，富农经济也不能不受其影响，富农经济难以转化为新型农场主。

抗战时期，随着战时需求的不断增加、物价的快速上涨，农副产品的商品化经营成为趋势。据中国农民银行1940年对四川22个县408家农户的调查，农民生产的粮食，除去地租、赋税，14.95%的稻谷、24.32%的小麦、30.04%的玉米、7.34%的红苕，都作为商品在市场出售。⑤原本主要是自给自足的粮食，现

---

① 以上均见吕平登《四川农村经济》，商务印书馆1936年版，第454～455页；并见彭通湖等：《四川近代经济史》，西南财经大学出版社2000年版，第219页。
② 民国《合江县志》卷四五。
③ 彭通湖等：《四川近代经济史》，西南财经大学出版社2000年版，第217页。
④ 民国《续修大竹县志》卷九。
⑤ 中国农业银行：《四川省农村经济调查报告》第2号，第35～48页。

在达到如此高的商品率,变化确实太大。

经济作物、林木果品、家禽家畜等农副产品,更成为战时军需民用的紧缺物资。在强大社会需求的刺激下,农副产品的生产进入了商品领域。在原有经济栽培习惯的基础上,很快形成了几个有特色的经济区:以成都平原郫县、新都、什邡为中心的叶烟产区,嘉陵江、涪江和沱江流域的棉花产区,长江、乌江和嘉陵江两岸的桐油产区,川北、川东以及川南丘陵地带的蚕桑产区,以隆昌、荣昌、江津以及达县、大竹、蓬安为基地的麻产区,以川西、川南和川东部分山区为基地的茶叶产区。这些经济作物产区都形成了大面积、规模化的生产,并且积累了一整套高产经验,能够为市场提供大批量优质商品。

(四)农民生计艰难,农村社会动荡

地租率的上升和押租的增加,使土地所有者不仅占去了农民的全部剩余劳动,甚至一部分必要劳动也被地主侵占。巴蜀农民的生活更加艰难了,大多数农民终年劳累,到头来仍然负债累累。农民难以维持简单再生产,巴蜀农业显现停滞、萎缩的迹象。如在罗江等县农村,"山多田少,田主任意加租,视为惯例。佃耕农民,往年在丰收年份尚可苟延,近来连年荒歉,更难维持生计。由是弱者多迁往松茂为佣,强者不堪困苦,以致流为盗匪"[①]。一旦佃农不就范,地主动辄以"恶佃抗租"之罪名,将佃户扭送区、乡公所拘押。每年除夕将至,地主逼债如狼似虎,农民惶惶不可终日,离家外出躲债者不可胜数。封建剥削的加重,是农民生计艰难、农村社会动荡、盗匪猖獗的重要原因。

民国以来,巴蜀农村土地兼并愈演愈烈,自耕农土地自然是军阀、官僚、商人、地主、高利贷者的兼并对象。由于商品经济的发展,自耕农的分化加剧,民国以来赋税日趋加重,频繁的兵匪骚扰、咄咄逼人的高利贷,加之自然灾害,巴蜀农业生产条件趋于恶化,使大批自耕农难以维持生计而处于破产边缘,自耕农的小块土地已朝不保夕。

三、农村高利贷猖獗

在地主、军阀及兵匪的剥削、压榨之下,四川农民的生产、生活日趋艰难,靠借债度日的农民大幅度上升。由于大批农民弃田外逃,负债难偿的农民日渐增多,民间借贷几乎绝迹,农民要想通过"合会"等方式取得资金也日益

[①] 西华近代文献征集处:《四川农村崩溃实录》,成都民间意识社1935年版,第127页。

艰难。巴蜀农村的民间金融机构如"因利局""平民借贷所",大都掌握在豪绅手中,并完全转变为高利贷机构。农民资金紧缺使高利贷者有机可乘。据不完全统计,1934年,巴蜀农民借款来源中,来自银行和合作社的仅占3.5%,典当占18.3%,钱庄占6.8%,商店占8.8%,地主占26.6%,富农占14.5%,商人占21.5%。①其中地主、当铺、商人是最大的高利贷主。巴蜀农村已形成了一支庞大的对农民进行压榨的寄生虫队伍。如仅在巴县一地,各村专以放债为生的人竟有700余人之多。②在这一时期,巴蜀农村的高利贷有以下几个特点:

第一,借款期限普遍缩短。由于政局不稳,经济萧条,民间信用丧失,债主回收资金越来越困难,长期贷款追讨无期,债主不得不缩短借贷期限,不愿再冒更多的风险搞长期借贷。据1934年统计,巴蜀农村的借贷期限中,一年以下的占80%,1~3年的占5.6%,3年以上的占2.8%,而不定期的占11.2%。③借贷期限普遍缩短,农民无法借到用于生产的资金,更不敢把资金用于长期投资,农民刚刚借钱到手,又得想法筹款还债。

第二,典当、抵押性质的恶化使农村经济呆滞和萧条,使农民偿债能力下降,并使典当、抵押性质的高利贷迅速发展起来。为保证债务的安全,并趁机夺取农民家中的土地、房产等资财,高利贷者以苛刻、毒辣的手段对农民进行高利盘剥。在这一时期,采用抵押信用借款的农民占借债农民的44.5%,请人担保借款的占24.4%,只有20.4%的借贷关系是凭个人信用。④在抵押借款中,1932年,典押土地的农户占总农户的41%,到1934年,这一比例更上升到44%。除土地外,农民还多以农具、房屋、衣服、被褥等东西作抵押。农民的生产、生活日益失去了保障。

第三,高利贷无孔不入。高利贷通常是发生在现金借贷上,但由于农村资金呆滞,现金借贷日趋困难,实物和其他形式的借贷也相继发生。由于农村生产萧条,不少农民缺乏粮食、农具,高利贷遂趁机而入。据统计,在1933年,借粮的农户已占借债农民的46%。⑤粮食借贷的利率一般比现金借贷更高。农民若在青黄不接的3~4月份借粮1石,到8月收获季节之时就需归还1.5石。一些地

---

① 参见《农情报告》1935年第11期,实业部中央农业试验所,第108页。
② 《四川军阀史资料》第5辑,四川人民出版社1988年版,第122页。
③ 《农情报告》1935年第11期,实业部中央农业实验所,第108~109页。
④ 《农情报告》1934年第11期,实业部中央农业实验所,第108~109页。
⑤ 《农情报告》1934年第4期,实业部中央农业实验所,第30页。

主在出借粮食时，还强迫农民以原价5~6成的价格贱卖农产品给他们，这种高利贷性质的粮食借贷，也是农民陷于贫困的原因之一。

第四，半官方借贷机构的活跃。除地主、商人等从事借贷活动外，各种半官方机构也在高利率的吸引下卷入农村信贷活动。当时巴蜀的民间信贷机构如"因利局""平民借贷所"之类早已变为高利贷机构了。巴蜀几乎每个场镇都有三四家由团阀开设的钱庄等高利贷机构，其资金多为团款、地方公款或合股资金。所放贷款分三种，一是长期贷款，放贷对象多为中小地主；二为月款，对象为一般商人，利息3~4分不等；三是短期贷款，放贷对象多为农民、小贩。这种短期放贷多不规定利率，只讲每场还本息若干，分若干场还清，此等放贷获利极大，通常是每10元资本，月终连本带利收回36~40元，农民欠款不还者，则派团丁追缴。①

陷入困境的农户需借债度日，便利了高利贷者提高利率。据统计，在1933~1934年，四川农村现金借贷，月利息率在10%~20%的占34.6%，利息率在30%~40%的占54.6%，利息率在40%~50%的占6.1%，50%以上的占4.7%。一年之中，农民借地主一笔钱，几乎都要以2~5倍的钱来偿还，剥削之重可想而知。在1932年，每借100元，年利为25元；到1936年时，已上升到40~60元。1932年普遍短期贷款月利率为25%，1936年已增至50%~60%，至于以日或场计算的利率，则由100%上升到300%~500%。如江安一带的场息称"打打钱"，借洋1元一场3天，即需付利息2~3角②。一种叫"金斗翻"的高利贷，头场借款10元，第二场就需还20元。另一种叫"先追利"的高利贷，即借钱10元起，先扣利息2元，然后照十足数还本付息。高利贷对巴蜀农村经济具有很强的破坏作用，陷入高利贷网罗中的农民，非到倾家荡产、家破人亡而不得解脱。③

---

① 吕平登：《四川农村经济》，商务印书馆1936年版，第453页。
② 参阅彭通湖等：《四川近代经济史》，西南财经大学出版社2000年版，第188~232页。
③ 《国民公报》1925年7月1日。

第三节 清末民国时期若干农业发展举措

一、清末农业改良

清朝末年,中国经济状况日益恶化,许多地区灾荒扩大,产量递减,粮食不敷,水利破坏,土地逐渐贫瘠,农业处于衰败的趋势,已明显地危及国计民生。不少有识之士竭力鼓吹农业改革,传播新的农业知识、技术,组织农牧垦殖公司,设立农会等。清政府也对农业政策进行了一些改进,如开放禁垦区,奖励垦荒,支持创办农业公司,通访各地发展蚕桑,提倡改良品种,积极普设农业学堂等。特别是20世纪初在全国推行新政之后,亦把振兴农业作为一项重要内容,取得了一定成果。僻处腹地的农业大省四川,由于官绅合作,措施有力,多年不间断地倡导和推行,农业改革取得了一定成效。[①]

（一）农政总局和农务总会

19世纪末以来,四川省生计日蹙,财政拮据,农业凋敝,"乐岁则无仓箱,凶年不免沟壑,衣被取给于人,山原入目枯槁""民间本计,大有江河日下之忧"。四川省上下都力图改变这种状况,深感农业改革之迫切,"亟兴农政,以握本富之纲,苏川民之困"。虽然自1902年以来四川省农业改革已成风气,但尚无一总的领导机构,1905年,四川总督锡良令设农政总局,"以掣全省农政之纲"。总局内设农田、蚕桑、树艺、畜牧四个部门,各县设农务局,"以稽考本属农事"。各乡场设公社,每年年终各公社将本年本乡所办农务"分晰册报农务局",各农务局汇报总局。农政总局规定:凡种树最多,育蚕得法,以及种田畜牧有成绩者,各公社"须将其事迹详细注明,送地方官转详总局奖励"。对于"惰农自安"和官绅举办不力者则予以处罚。凡是能自创农学会或自立农桑等学堂者,地方官上报总局,"分别详请奖励。其有著为农学书呈总局鉴定后当予以板（版）权专利"。农政总局宣告各属:"自兹以往,咸与维新,总局倡之,各属率之,公社董之,民间则效而实行之,万众一心,日臻富庶,复生众用舒之大道,拯啼饥号寒之穷黎,将胥于农政观之,故万政必自农政始。"1905年以后,各县都设立了总局的下属机构农务局。

随着农务的发展,人们认为"农务总会设立诚不可缓,盖欲开通智识,改

[①] 参见王笛：《清末四川农业改良》,《中国农史》1986年第2期。

良种植，联合社会，必视此为权舆"。1908年成立了四川农务总会。农政总局为官方机构，农务总会为民间组织，其宗旨是"为公益起见，故其组织在使农民日求进步，去习惯之弊，为集合之谋"。总会设总、协理各1名，董事50名。各府、厅、州、县设立分会，乡镇、村落、市集等处设立分所。据统计，至1911年，全川各厅、州、县设立农务分会99个，乡场设立分所21个。农务总会每年二月开大会一次，各地会员届时到会报告"去年所办事宜，筹议本年一切应兴革事宜"。报告及筹议事项皆列表登报公布。农务总会的主要事务有：调查土壤、气候、肥料、耕稼、播植、收获诸法，调查川省粮食、蚕桑、森林、畜牧、水产、渔业的出产以及销售情况，按月填表登报，以促进改良；劝导绅商设立森林、开垦、畜牧、蚕桑各类公司等。据不完全统计，迄1911年四川省设立及筹办的农垦公司有十余家。

（二）提倡农学

20世纪初，由于政府提倡，农学进一步大兴。农政总局在成都青年宫修建陈列所，"将农品各标本及物产各品类运赴所内罗列纵览，以冀开通民智"。农务总会亦设立标本陈列室，"陈列农业、林业、蚕业、水产、畜产各标本"。每年秋收以后，"集本年春秋二季农品举行品评会一次，为切实改良之计划"。又将中国旧农书和外国农书编译成白话文刊布，规定"凡有阐明农学，创造农具，改良农产，编译农书者"，经总会查核后，便"酌予奖励"。四川劝业道也令将农学书，"无论林业、渔业，新说、旧说均可呈由劝业道核定咨呈"，以供"实业研究"。从四川通省中等农业学堂的《应用书月表》中我们可概见这时农业知识传入四川的情况，农业方面如《土壤学》《肥科学》《作物学》《园艺学》《农业气象学》《害虫驱除法》《家畜饲养论》等；蚕桑业方面如《桑树栽培》《蚕体解剖》《饲蚕法》《蚕体生理》《害虫论》《害菌论》等；林业方面如《林学通论》《造林学》《森林利用学》《森林保护学》《森林管理学》《森林测量学》等。

（三）农业教育

1. 农业学堂

随着四川省风气的渐开，人们开始注意到农业教育于农业发展之重要，"各国富强之效果大都根源于实业，而实业发达之理由不得不致力于教育。……中国以农立国，则农业学堂不可不立"。1905年春，川督锡良决定开办农业学堂，选送7名学生赴日学习农业，以作将来师资。翌年在成都建四川中等农业学堂，学生从各学校调取，不收学费，初40人，后增至170余人。学校宗旨是："教授农业上必需之知识，应有之艺能，用中国之成法，参东西洋之新理，使学者实能从事农业。"学制有两种，预科二年毕业，本科三年毕业，开设数、理、化、动植物等各门课程。本科分为农、蚕、林三个专业，聘日本人担任教习。各地官办、民办农业学堂相继设立。

2. 蚕桑传习所

1902年，合川张森楷设立四川蚕桑公社。张氏受西方农学影响，有改良中国农业之志，1901年，他先后往武昌参观张之洞所设马厂农校，到上海访《农学报》主编罗振玉，赴杭州聘请蚕学馆毕业生3人，购优良蚕种100张，桑苗1万株，外国仪器90余件，中外图书200余种，为蚕桑公社的建立打下了极好基础。1903年，张森楷呈准学务大臣张百熙、荣庆设立四川民立实业中学堂，后又赴日本考察蚕桑，在他的主持下，"社誉大起，来学者百数十，校舍不能容"。

1906年，四川农政局在四川省中等农业学堂附设费桑速成科传习所，讲授"栽桑、养蚕、制丝诸法"。招生40人，一年毕业。课程有蚕体生理、蚕体病理、饲育法、桑树栽培法、制丝法、显微镜使用法、蚕体解剖等，并进行实习，力图使学员"深明种植、饲育、缫丝，学成而后，归而教其一乡一邑，或自谋蚕桑事业"。以后又建立女子制丝讲习所，各县则就地筹款，设县立蚕桑传习所，分复式、简易两种，并提倡公私设立蚕桑学校。1909年，当局拟在成都开设蚕桑传习所，"广造师资，并求蚕学统一之效"。川督令劝业道派员分路检查"各属传习所办理是否得法，随时详加指道，分别奖罚，务使各地方官推行始终不懈"。因此，四川省蚕桑传习所发展很快。

二、民国时期的农、林、畜牧改进与科研机构

为了研究推广农业技术，国民政府实业部等农政机构在四川设置了一些农业实验机构。

（一）中央系统的农、林、畜牧改进与科研机构

这些科研机构的设置对推动近代农业经济的发展起了积极作用。

1. 北碚西山坪桐油试验场

1940年成立，由北碚管理局供给场地房屋，中央农业试验所派员驻场工作，隶属中央农业试验所。负责人李士勋，中央大学农学院毕业，系中农所稻作系荐任技士兼代理场长。内部分育种、栽培与推广三组，技术人员4名。主要

业务是：油桐育种，采集、鉴定油桐品种；培育桐苗以供繁育推广，寻求杂交方式以改良品种；油桐雌雄性研究，自然杂交的研究，生长及产量记录；嫁接开花习性研究，间作、施肥实验。

2. 农林部华西区农业推广繁殖站

1942年设立，在成都外东净居寺侧四川省农业改进所内，借房10间办公。初名四川推广繁殖站，1946年复员时改此名。主任梁天成，中央大学农学院毕业，美国明尼苏达大学农学硕士，曾任四川省农业改进所技正，1947年到职。该站属农林部农业推广委员会，下设推广组、繁殖组、总务组、会计室、农场管理室，职员54人、工友29人。主要业务是繁殖良种，限于经费，当时仅在成都平原实验、推广良种。实验农场在华阳县得胜乡和桂溪乡，有土地共计81亩，其中50亩向川农所租用，其余土地为1948年自购。实验并得到推广的良种有：浙场二号、川农四二三水稻，亩产4～5市石；矮、立、麦、川福麦小麦，亩产2～3市石；南瑞苕甘薯，亩产6～10市石。

3. 西南林业试验场

该场设立于重庆市歌乐山保育路17号，前身为1941年成立的中央林业实验所，该所1946年复员南京后，留守机构为中央林业实验所西南工作站，1947年改设西南林业试验场，其经费仍由原机构支付。主任杨敬睿，西北农学院林业系毕业，曾到美国耶鲁大学及纽约州林学院深造，历任中央林业实验所技士、华中林业所技正。主要业务是：有关西南各省经济林、保安林及主副产品的利用；对西南各省经济林木栽培、试验、经营、推广事宜；西南各省公私林业场、所技术工作的合作问题；改良苗木种子的技术介绍与推广，森林、苗木、林木病虫害防治方法及研究事宜；森林主副产品分级标准与运销制度研究；荒山、荒地测勘及造林事宜，西南风景林、行道林及森林公园的筹划、设计问题。该所有房屋100余间（包括实验室）、实验林场苗圃专用山地548亩。

4. 农林部中央林业实验所常山种植实验场

该场设立在南川县金佛山三泉公园（距县城20公里），前身为农林部金佛山垦殖实验区管理处，主任孙醒东。办理难民、侨胞垦荒种植工作，兼办常山种植业务。当时有垦民200户400余人。1945年4月奉命裁撤，同年7月16日正式成立中林所常山种植实验场，场务仍由孙醒东主持。1947年6月，孙调任中林所简任技正以后，由该场技士刘式乔兼代场务。刘系中央大学农学院1942年毕业生，曾在湖南、贵州从事农垦技术工作。有房屋44间，林地面积5798亩，下设4个工作站分片作业。共计种植林木246万株，第一站种植86万株，第二站种植98万株，第三站种植804市亩（植株无统计数据），第四站种植62万株。苗圃面积9336市亩，苗木株数2408520株。

5. 农林部中央农业试验所北碚试验场

该场设立于重庆市北碚天生桥，前身为中央农业实验所。1946年中实所复员南京，将该场改为北碚试验场，隶属中央农业实验所，不分系、组，工作人员由中农所派驻。场长杨宏祖，金陵大学农学院毕业，留美回国。曾任四川农业改进所技正，后兼中农所园艺系技正（成都就职）。代理场长李士勋，中央大学农学院毕业，系中农所稻作系荐任技士兼代理场长。主要业务是：稻作育种及推广；果树品种比较育苗及推广；家蚕、柞蚕的试验研究；与西山坪油桐试验场合作，进行油桐试验。有楼房1座、平房若干间，还有自置场地408亩。

6. 农林部华西兽医疫防治处

国民政府农林部鉴于华西各地兽疫严重，于1947年设立该防治处。因经费不足，借用成都浆洗街川农所血清厂房屋、设备加以利用。处长杨兴业，上海兽疫防治处技正，抗战时期曾被派往美国密歇根大学研究兽医学科。该处共有职工40人，包括1名高级兽医和2名中级技术人员，设有会计室、防疫组、总务组、制造组、人事室。该处主要业务是：主办华西区兽疫防治及调查事宜；制兽医使用的各种血清疫苗，如抗猪丹毒血清、抗牛瘟血清、抗猪霍乱血清、抗出血性败血病血清、牛瘟脏器苗、炭疽芽孢苗等。虽然存在时间不长，但其工作富有成效，对四川牛瘟施行防治，对炭疽病进行了严密防治、对猪瘟防治尤有成效。

7. 北碚种猪繁殖场

该场为中央畜牧试验所、中国农村复兴委员会及四川省第三区专员公署合办。该场隶属中央畜牧试验所，内部暂分猪场管理及推广。临时负责人程绍明，四川黔江人，日本东京帝国大学兽医科毕业，曾任中央畜牧试验所华北工作站技正。截至1949年的筹备期，主要业务是：进行约克猪种猪繁殖；公猪与本地母猪杂交配种及防治猪瘟工作；同时进行猪舍建设。①

---

① 以上均见《民国时期川康农林机构概况》，《四川档案史料》1985年第4期，第36~57页。

（二）省属系统的农、林、蚕桑、畜牧改进与科研机构

1. 四川省农业改进所

1938年9月1日，四川省政府将原家畜保育所、蚕丝改良所、稻麦改进所、棉作试验场、第一林场、农林植物病虫害防治所、园艺试验场和林业试验场等9个单位合并为四川省农业改进所，负责四川农业改良、推广工作。其直属业务机构有：农事组、林务组、畜牧组、农业经济组、江津农场、成都沙河堡园圃等，设有推广辅导区。同年9月15日，四川省府向中国、农民两银行及省合作金库商借500万元，以改进丝、棉、桐、蔗、稻、麦、柑橘的生产与运销。11月24日，省府通令成都、华阳等65县分别成立农业推广所。1940年2月8日，省农改所在成都青羊宫举办"劝农大会"，内设畜牧、农业、化学等9组，分别陈列各县农业推广所展品。遂宁、内江、江津、合川、泸县、乐山、三台、广安等县农业推广所也同时在当地举办此项活动。

1942年1月，该所本部增设室，将过去的10组简化为4组，附属机关也加以调整。1944年，川省外销物资增产委员会奉令裁撤，将所辖油桐、绵羊两改良场划归该所接管。所长王善佺，北京大学农学院毕业，留美归来，曾任大学教授、农学院院长等职，对棉花研究富有成果。副所长陈万聪，中央大学农学院毕业，留美归来。该所隶属建设厅，职工人数，所本部144人，家畜保育场59人，病虫害防治场43人，稻麦改良场90人，棉业改良场78人，林业改良场47人，甘蔗改良场22人，总计483人。

四川省农业改进所在成都拥有各类试验农场，包括：稻麦改良场33387市亩，病虫害防治场3000市亩，家畜保育场7600市亩，沙河堡园圃7900市亩，华阳经济果木园5600市亩，农场用地共计57487市亩。省农业改进所下属实验场、站遍及全省，其主要场、站情况简介如下：

（1）遂宁棉业改良场。1936年设立于遂宁县棘子坝，原名四川省棉作实验场，直属建设厅，1938年改隶四川省农业改进所，改称此名。场长杨信五，1943年中央大学农学院毕业。设置技术股、推广股、总务股，下设推广区、区域实验场、植棉指导区，有棉业改良场14200市亩。有职员78名，工友20名。主要业务是：在遂宁、射洪、三台一带推广德字棉近20万市亩。附属机构有在四川产棉区分设的12个推广区、7个优质棉区域试验场和5个植棉指导区。

（2）灌县林业改良场。1936年成立第一林场，次年成立林业试验场，两场于1938年划归川农所，成立林业试验场，有试验场地5000市亩。1942年改称

此名。场长杨靖孚，曾任浙江大学教授、四川省建设厅技正。全场职员47名，工友人数不详。附属机构有：涪陵川东分场，辖有重庆苗圃；峨眉川南分场，辖有峨眉、乐山、龙池、三道河、沙坪等处苗圃；三台川北分场，辖有盐亭、阆中、绵阳等地苗圃；巴中油桐场；灌县药圃；龙泉驿、青龙沱、威州等处苗圃；灌县紫坪铺森林管理站。

（3）江津农场。其前身为成立于1937年的园艺试验场，1938年9月划归四川省农业改进所，有试验农场6000市亩。1942年1月改名为园艺试验场，1948年6月裁撤，善后业务由川农所派员办理。

（4）璧山农业推广站。设于1941年7月，站址在璧山县城内后伺坡，与璧山县中心农业推广所合署办公。中心农推所成立于1938年9月，由中华平民教育促进会与农产促进委员会合办。1939年转由农产促进委员会与四川省农业改进所合办。主要目标是：以县单位农业推广制度的实验研究为中心，建设四川著名的推广实验区。1947年，中华平民教育促进会也予以人力、财力、技术帮助。主任于孝思，四川省立教育学院教育系毕业；副主任汪维翰，金陵大学农学专修科毕业。下设总务、业务、教育三股，主要业务为，辅导第三行政区各县农业推广所办理推广业务、辅导健全乡农会及组织农场经营改良会，兼办璧山县中立农推所及该县农林场。

（5）泸县稻麦改良分场。原系省稻麦改进所，设于泸县兰田坝，1938年并入省农业改进所稻麦改良场。主要业务是进行红苕和水稻、小麦试验。

（6）合川稻麦改良分场。设于合川县北门外高望山，负责人贺逢辰，西北农学院毕业。该场隶属于省农改所稻麦改良场，人员不多，统作业，不分组。

（7）资阳简阳植棉指导区。设于简阳贾家场，负责人龙耀宣。场地系抗战时期中央大学农学院向县政府承租。抗战胜利后，由省农业改进所接收，设立资简植棉指导区，由纱厂供给一部分经费，主要试验推广鸡脚棉、德字棉。

（8）绵阳稻麦改良分场。设于绵阳普明寺，为前省稻麦改进所设立，后省农改所成立，隶属该所粮食作物组，该组后改为稻麦改良场。场地借用公产，房屋牲畜自有。

1940年2月8日，四川省农业改进所为推广各项改良经验，在成都市郊青羊宫举办"劝农大会"，会期3天，内设畜牧、农业、化学、蚕丝、改良工艺作物、农村经济、垦殖工程、粮食作物、森林果木、病虫防治等专业组，分别陈列各县农业推广所展品，并备有电影、话剧、国术等各项游艺活动，招待农民和四方游览者。遂宁、内江、江津、合川、泸县、乐山、三台、广安等县农业推广所也同时在当地举办此项活动。

此项"劝农大会",是省农业改进所为鼓励农民改良农业、增加生产而规定每年春季举办的农业技术推广活动。1939年首次举办,收效甚宏。

2. 四川丝业公司

1934年,全国经济委员会成立蚕丝改良委员会,对蚕种的改良、蚕丝的分级等方面进行了实验和推广。1936年,由卢作孚、何北衡等筹设四川丝业公司,初名四川生丝公司,1937年更为此名。公司隶属四川省建设厅,主要业务是制作蚕种、改良缫丝、运销生丝和参与国际贸易。1938年,该公司最高产销量为7000关担[①],产品80%为收购,20%运沪出口,销往瑞士、印度、英国、美国、法国。

丝业公司的经营区域在川东巴县、江北、璧山、合川、川北铜梁、潼南、西充、南充、三台、射洪、盐亭、阆中、苍溪和川西梓潼、绵阳等蚕丝产区,并将川南乐山、筠连、高县、珙县、庆符、青神、井研、犍为、屏山、夹江,内江和下川东万县、达县、长寿、涪陵、丰都、忠县、云阳、大竹等蚕丝产区规划为待经营区。

丝业公司在北碚、南充、仁和、阆中、三台等地设立制种场,共计拥有蚕室278间、桑园面积13634公亩,每年制种65万张。与此配套的设施还有北碚、南充的蚕种冷藏库,两库共有春蚕种60万张、秋蚕种60万张。

四川丝业公司分别在重庆、南充、三台、阆中开办5个缫丝厂,拥有立缫机120部、坐缫机2375部,11个月生产生丝44.4万公斤,折合7309关担。[②]

三、抗战前后国民政府对巴蜀地区的农业政策

(一)减租退押政策

孙中山早就提出"平均地权"的主张。1924年,孙中山亲手制定的《农民协会组织章程》中,又明确提出要实现"耕者有其田"的目标。1926年10月,国民党在广州召开联席会议通过的《中国国民党政纲》中,确定解决农民问题

---

① 每关担为133磅。
② 以上资料均见《民国时期川康农林机构概况》,见四川省档案馆编《四川档案史料》1985年第4期,第36~57页。

的21条，提出要减轻佃农田租的25%，这就是"二五减租"的来历。南京国民政府成立后，面对波涛汹涌的农民运动，深感现有的土地占有制度已难以维持，先后颁布了《租佃暂行条例》和《土地法》等一系列文件。1932年颁布的《租佃暂行条例》19条规定："缴租不得超过当年正产物收获额375‰"，提出"禁止包租、预租和押金"。但实行起来困难重重。直到1948年，为稳定西南农村局势，西南长官公署和四川省政府才分别制订实施"二五减租"的计划。规定从1948年开始，按佃农佃耕田地租约所载租额减租25%。地主和佃农的所有租约都按减租后的租额换定。为保证实行，四川省政府于8月6日成立了四川省减租工作推行委员会，并派出9.6万人参加减租工作，估计受益农户可达1750万人。到1948年9月底，已完成减租工作的县份占全省60%，正进行的占30%。即使采取这样的措施，也难免遭到土豪劣绅和不法官吏的软拖硬抗，使成效打了折扣。①

（二）合作金库

1935年10月，四川省政府按照《农村金融紧急条例》规定，设置县、村合作委员会，推动全省合作事业的发展。1936年11月，省合作金库成立后，即积极辅导设置县、市合作金库，拟订3年内完成普设计划。县、市合作金库由省金库、农民银行、交通银行、中国银行、农本局筹划区辅导设置。到1939年底，共发放农贷2700余万元，所有农贷，均由合作社集体贷款。全川共有130余县成立了合作社，入社农户达150余万户。1940年1月，四川农村合作委员会由建设厅长兼主任委员，四川省银行两行经理为委员，并拟订三项中心工作：①普遍建立合作组织；②发展特产产销合作；③推广出征军人家属合作组织。到1944年止，在四川成立县（市）合作金库121个，西康成立10个。②

合作金库成立后，即发放合作农业贷款。1938~1940年，由合作金库发放的合作农贷约占农贷总额的50%左右。由于合作金库加大了农贷的分量，1945年，四川农贷占全国总额31.8%，在各省中居首位。抗战结束后，四川农贷数额逐年下降，1946年占全国总额9.47%，居第二位；1947年占5.45%，居第五位。1948年2月，中央合作金库四川分库在重庆成立。7月，在四川发放农贷1334.4亿元，其中粮食放款233亿元，占总额17.46%；棉花放款245.8亿元，占总

---

① 《四川文献月刊》第48期，1966年8月版，第9~10页。
② 《四川省志·金融志》，四川辞书出版社1996年版，第73~75页。

额18.42%；蔗糖放款885.6亿元，占总额64.12%。9月，发行金圆券后，中央金库在四川发放农贷总额为53715元，其中粮食放款14844元，占总额27.63%；棉花放款8193元，占总额15.25%；蔗糖放款30678元，占总额57.11%。1949年，由于金融体系崩溃，四川农贷实际上已经停止。①

（三）农村信用合作社

20世纪30年代初，农村复兴委员会、实业部即着手农业改良和农村建设。1933年制订的"四年实业计划"，1935年推行的"国民经济建设运动"，都规划了农业和农村建设，提出："增加农业生产，凡制肥、选种、改良农作方法，活泼农业金融、流畅农产运销，悉以合作社为指导并改进之，以达到粮食自给自足的初步目标。"②

1935年10月，按照国民政府指令，四川省政府开始创办合作事业，以救济灾区，复兴农村。1936年11月22日，四川省合作金库在成都成立，注册资本为法币1000万元，由省政府认购50%，其余由合作社及联合社认购，但实际认购数不足。1939年7月，中国农民银行承担筹股责任，才凑足1000万元股金。省抗战时期，四川84%的县区都成立了以农业银行资金为主要股份的合作金库机构，兼理农贷业务。重庆市于1941年成立合作金库，由政府与中央信托局、农行、工业合作协会筹股100万元，不久增资为400万元。

依照国民政府1934年3月颁布的《合作社法》细则规定：合作社只需9人以上认股社员即可组织，各社员均负无限责任。一般社设理事、监事，分别经理和监督社务。大社设会计司账务、司库管现金出纳、经理专司业务。每股股金2～10元，社员个人认购股金不得超过股金20%。从1937年到1943年5月，全省信用合作社从812家激增到22162家；入股股数从30490股上升到139.6561万股；入股股金从7.8552万元激增到1423.9393万元；贷款数额从70.7457万元激增到1.6232亿元。这种互助性质的合作社，能够向农户提供条件优惠的融资、贷款，理所当然受到农民欢迎。

1940年3月28日，四行和农本局增拨农贷资金，贷款对象增加、范围扩大，购田有贷款，期限延长。中国、中信、交通、农民四行决定投资1亿元，调剂四川农村经济，发展农田水利。同年秋，四联总处核定西康省本年农业贷款600

---

① 《四川省志·金融志》，四川辞书出版社1996年版，第250～253页。
② 《四川省志·金融志》，四川辞书出版社1996年版，第250～253页。

万元。据此，川省府与各行局决定扩大农贷，以农民团体或个人、农业改进机关为对象，种类有生产、供销、储押、水利、运输、耕地、副业、推广等。分联合办理及分别办理两种。联合办理的贷款，分担比例为：农民银行35%，中国银行25%，交通银行、中信局各15%，农本局10%。分别办理的贷款为农民银行53县、中国银行23县、交通银行14县、中信局5县。川省府向四行押贷150万元，开始办理农业贷款。川省府又从四联总处给川省农贷总额1亿元中拨出1000余万元办理猪牛繁殖及防疫保险工作。

自川省农村合作委员会1935年成立以来，到1939年底止，共发放农贷资金2700余万元。所有农贷均由合作社集体贷款。全川有130余县成立了合作社，入社农户达到150余万户。1941年7月6日，成都举行国际合作组织第19届庆祝会。时任四川省主席的张群在报告中说：川省已成立合作社2.4万个，已发放农贷超过6400万元，每年减轻农户负担计130万元，增加社会财富达1.2亿元。[①]1943年，四川农贷达到38800余万元，占全国总额的27%；其中农业生产贷款46%，农田水利贷款28%。1943年7月以后，因太平洋战争爆发，银行信贷资金紧缩，合作金库大多整顿裁撤，以农贷为主的信用社不得不自行解散。

1945年，四川农贷占全国总额的31.8%，居各省首位。抗战胜利后，四川的农贷地位逐年下降，贷放总金额虽大幅度增加，但因通货恶性膨胀，实际效益已明显减少。据省政府1948年11月统计，农村信用合作社仅存13140家，比1942年减少41%。[②]这就是说，政府力图对处于经济困境的农户给予扶持的计划，最终也破灭了。

（四）粮食统购统销政策

1938~1939年四川粮食生产因风调雨顺、播种面积增加，出现了少有的好收成。1938年粮食总产量达到创纪录的1322.24万吨，1939年连续高产，保持稍低于上年产量的1181.23万吨。1940年粮食产量下降为776.1万吨。出现起伏的原因是：棉花、甘蔗及油菜籽等经济作物价格上升幅度快，与粮食的价格差距拉大，因而粮食作物种植面积减少，经济作物种植面积增加。但在1939~1940年间，因战区扩大，军需猛增；战区人口大量内迁，激增至5000万，民食需求量大幅度增加。政府采取非常措施，促使粮食作物种植面积不断增加，产量不

---

① 张学君主编：《四川省志·大事纪述》中册，四川科学技术出版社1999年版，第263页。
② 《四川省志·金融志》，四川辞书出版社1996年版，第80页。

断增加。1941年四川粮食产量回升为949.6万吨，1942年又上升为974.2万吨，虽然未能恢复到1938年的水平，但没有出现大的波动。据统计，重庆物价总指数1937年为100，1938年为134，1939年为233，而同期米价并未按比例上涨，1937年米价每市石10.50元，1938年1月为11.40元，10月降为8.40元，1939年尚不足10元。虽然1940年6月粮价开始上涨，但在10月前，重庆物价总指数已高达754，米价不过356；10月物价总指数达到852，而米价有突破性上涨，达到752；11月以后，米价高涨，主要是游资作祟，在政府统制五金、电料、纱布、洋货后，转而囤积粮食，导致粮源冻结。①

随着战线的扩大、战争时间的延长，对粮食实行统制，由国家掌握粮食的供销，已成摆脱粮食困境的必然选择。山西、福建、陕西先后实行了"田赋征实"办法，解决了军需民食困难。1940年7月28日，行政院颁布《本年度秋收后军粮民食统筹办法》，首次作出田赋改征实物的规定。1940年8月30日，省府举行418次会议，通过四川省政府管理粮食暂行办法大纲及四川省粮食调查暂行办法大纲，并筹建四川省粮食管理局。9月3日，全国粮食管理局派嵇祖佑为四川粮食管理局局长，何乃仁为副局长。9月22日，省粮食管理局设置粮食供应处，处长为嵇祖佑兼任。同日省政府令全川各县成立粮食管理委员会，负责管理县内粮食的调查、征购等事项。县长兼主任委员。9月11日，全国粮食管理局在四川定价派购黄谷450万石。11月13日，行政院第490次会议作出田赋改征实物案，要求"各省田赋酌征实物"。1941年初，粮价暴涨不已，影响到军需民食。3月29日，行政院颁布《田赋改征实物办法暂行通则》，进一步规定："应自即日起，尽量征收实物。"至此，田赋征实政策业已形成。6月16日，国民政府召开第三次全国财政会议，通过了田赋征实和田赋暂归中央接管的决议，财政部随即拟订《战时各省田赋征收实物暂行通则》，报经行政院批准实施。②此后，川康、重庆和各县田赋管理处陆续成立，着手田赋征实工作。

四、民国时期巴蜀农田水利建设

（一）都江堰灌区的岁修与改造

1915年2月8日，署四川巡按使陈延杰报请北京政府内务部拨款大修都江

---

① 游时敏：《四川近代贸易史料》，四川大学出版社1990年版，第118~119页。
② 陆仰渊、方庆秋主编：《民国社会经济史》，中国经济出版社1991年版，第533~536页。

堰，并请设立都江堰水利工程局。4月6日，内务部全国水利局批复拨款30万元大修费用，并委西川道道尹王章祜兼任都江堰水利工程局局长，负责大修工程。1916年春，都江堰大修工程完成。这次大修，对上下游河床进行了全面疏淘，修筑堤埂一处，疏淘河床36处，修筑进埂24处。由于经费有限，对支流沟渠及关系较小之处，则由各地人民就地筹款修浚。

1933年10月岷江叠溪洪水暴发，都江堰首全被冲毁。同年冬到次年春，四川善后督办刘湘拨款1.2万元恢复砌石鱼嘴，因基础不牢，1934年7月汛期复被冲毁。1935年冬至1936年春，四川省政府拨付工款15万元再次大修都江堰。第一次采用水泥改建堰首鱼嘴。大修由都江堰管理处处长张沅主持，将鱼嘴位置西移20余米，浇筑混凝土基础水泥砂浆面石，筑成顺水流线型新型鱼嘴，同时加固百丈堤、内外金刚堤、飞沙堰和人字堤，内、外江亦同时大力淘修。工程于1986年4月8日告竣，由省府主持开水典礼。

都江堰自1936年改用水泥新材料砌筑后，直到1973年改建，外江节制闸拆除，中经36年，一直稳固完好。1936年冬，青神人邵从燊应四川省建设厅厅长卢作孚邀请回川，接替张沅任四川省水利局局长，将局机关由灌县迁到成都，延聘全国水利人才。

这次大修都江堰是四川省水利工程第一次采用现代化工程测量和现代施工方法。

（二）抗战时期大规模兴修农田水利工程

1937年7月，抗日战争全面爆发，全国水利技术专家、学者来川。省水利局邵从燊更多方罗致，先后应聘来四川省水利局工作的有李赋都、黄万里、张有龄、顾兆勋、李镇南等留学德、英、美、日等国专家和国内培养的吴际春、魏振华、朱墉庄、刘某（名不详）等水利专家，为四川采用现代水利技术作出贡献。

在邵从燊任职的1936~1949年，除对涪江、岷江、青衣江等堰灌区进行现代测绘，作出全面水利开发规划外，先后完成涪江渠、大围堰、四联堰、大渡河楠木堰、青衣江花溪渠、巴县梁滩代引水渠堰工程。四川高地灌溉所用水轮泵，首先为刘姓工程师制造，被川省建设厅命名为刘式抽水机。

抗日战争全面爆发后，政府为发展农业，比较重视农业水利工程，经济部在《水利建设纲领》中提出："西南、西北农田灌溉以足民食。"除重视都江堰的岁修工程外，还专门设置农业水利机构，拨给经费兴修水利。当时在经济部水利司的专责管理下，四川省政府成立农田水利局，还成立了川康农田水利贷款委员会，以统筹推进四川农田水利建设。

1940年2月12日，川康农田水利贷款委员会主任委员何北衡宣布已完工的水利工程有三台郑泽堰、绵阳天星堰；正在进行的水利工程有绵阳陇西堰、洪雅的花溪堰、青神的洪化堰；正在整修的有眉山的醴泉堰等；正在测量的有西昌邛海、安宁河、雅安青衣江等处。1942年8月26日，川省已动工的水利建设有遂宁南北堰、洪雅花溪堰、三台北堰、峨眉熊公堰、雅安青衣渠5处，由中国、中央、交通、农民4家银行和信托局贷款500万元，有力地推动了工程的进展。1943年7月15日，四川水利局局长何北衡称，川省利用水利灌溉之农田已有450万亩。《民国川事纪要》下册记载：截至1943年，新修各项灌溉工程灌溉面积52.17万亩；1945年7月，又陆续修建了彰明长清堰、梓潼宏仁堰、邛崃三桥堰、乐山牛头堰、犍为绥水堰、内江大水沟、夹江永兴堰等工程。

据有关资料统计，从1939年至1945年6月底止，四川共完成开渠工程26处，受益田亩为38万亩，筑坝工程233处，受益面积约11万亩，挖塘工程3876处，受益面积约16万亩，其他工程13处，受益面积1万余亩，总计受益面积66万亩，与四川已耕地总面积9600万亩相比，仅占0.7%。①

（三）1946～1949年，再度兴修四川农田水利工程

据四川经济资料统计，1946年的四川各项水利工程新增加的灌溉面积应为76.9万亩之多。②若再加上原来的都江堰，三台的郑堰泽，新津、彭山、眉山三县共享有的通济堰，什邡、绵竹两县朱、李、火三堰，彭县的湔堰，绵阳的天星堰、陇西堰，洪雅的花溪堰，眉山的醴泉堰，峨眉的余公堰等，四川省的灌溉面积应在450万亩以上。具有如此良好的水利灌溉条件，四川农业的高产、稳产得到了切实保证。

1946年12月11日，四联总处同意对四川1947年的大型农田水利建设贷款。四联总处规定以集中力量，完成以往未完成的工程为原则，经就已经贷款举办而未完工的川省梁滩河、沙河堡等处及康省周公渠39处作一估计，尚需贷款129亿元。除由水利委员会转请国库拨付12亿元外，其余180亿元准由中国农民银行贷款，并按7折向银行转抵押。

---

① 彭通湖等：《四川近代经济史》，西南财经大学出版社2000年版，第446～447页。
② 周开庆：《四川经济志》，台湾商务印书馆1972年版，第42页。

1947年1月26日，四联总处允贷款6亿元，协助四川省政府举办未完的大型水利工程，定期3年还清本息。计巴县梁滩河分配8000万元，华阳沙河堤9000万元，灌县都江堰4000万元，三台围坝8000万元，乐山六坝3.1亿元。[①]到1947年8月9日，据四川省水利局统计，四川已建成8项水利工程：巴县梁滩河水利工程，灌溉面积2万余亩；华阳沙河堡高地灌溉工程，灌溉面积8000亩；内江大小灌溉工程，灌溉面积1.3万亩；三台及乐山六坝灌溉工程，灌溉面积3.2万亩；彰明长青堰灌溉工程，灌溉面积800亩；灌县导青堰灌溉工程，灌溉面积7900亩；犍为清水溪电力提灌工程，灌溉面积1万亩；邛崃三桥堰灌溉工程，灌溉面积8000亩。这8项水利工程合计灌溉面积10.6万亩，进一步改善了四川大面积农田灌溉状况，使四川农业生产状况得到了一定的改善。[②]

---

① 《四川省志·大事记》中册，四川科学技术出版社1989年版，第327页。
② 《四川省志·大事记》中册，四川科学技术出版社1989年版，第337页。

第七章

新中国初三十年的巴蜀农业和农村

1949年，中华人民共和国成立，中国历史翻开了崭新的一页，巴蜀地区与新中国其他地区一样进入了从新民主主义革命胜利逐步走向社会主义的新时代，巴蜀地区的广大农民和农村也开始了自己的新生活。

第一节　土地改革

一、历史背景

1949年10月1日，中华人民共和国庄严宣告成立之时，巴蜀地区仍然处于国民党的统治之下，直到1949年底和1950年初，巴蜀全境陆续解放，各级新政府相继建立，并按照中共中央、中共中央西南局的指示精神和工作部署，一方面，在重庆、成都、自贡、南充、内江、乐山、雅安、万县等大中城市成立军事管制委员会（简称"军管会"），开展城市接管与社会改造等工作；另一方面，则在四川广大的农村地区，以征粮剿匪、清匪反霸、减租退押为先导，开始探索实行土地改革，并由此开启了当代巴蜀农村经济结构变迁的历史进程。

经历了近代以来的曲折历史，土地改革以前的巴蜀农村呈现非常落后的状况，阶级和社会分化严重。"实物地租和劳役地租普遍存在，人身依附特别明显，土地高度集中。大城市邻近地区，地主阶级兼并土地更为严重。在成都平原，地主阶级竟占有80%的土地，重庆市占人口2%的地主占有土地的95.6%。农民一年劳动所得，大部分为地主阶级所掠夺。"[①]边远地区的状况更为严峻。

总之，土地改革以前的四川，属于典型的内陆型传统农业社会。第一，在产业结构上，以传统的农耕经济为区域内社会经济的最主要成分，而在农业经济结构中又呈现出以种植业为主要农业经济成分的状态。据1949年的四川经济统计数据显示，这年，四川地区的工农业总产值为43.51亿元（按1952年不变价

---

① 《当代中国的四川》（上），中国社会科学出版社1990年版，第32页。

格计算），其中农业产值36.2亿元，占83.2%。而在农业总产值中，种植业产值26.33亿元，占72.7%；林业产值0.67亿元，占1.9%；畜牧业产值4.7亿元，占12.9%；其他产值4.5亿元，占12.5%[1]。其中粮食作物的种植，又占了农业种植总面积的90%[2]，表现出鲜明的"以农为主、以粮为主"，即农村产业结构比较单一的区域经济特征。第二，在区域经济结构与农业经济制度方面，当时的四川农村还有两个特征尤其值得注意：一是在农地产权结构方面，封建地主土地所有制是区域内农业生产关系中起决定性作用的生产资料所有制；二是在农业生产关系与经济结构中，如本书前面晚清民国章节所述，由于中华人民共和国成立之前土地兼并剧烈，大量农民破产失地沦为佃户，封建租佃制度成为区域内农耕地区最主要而普遍的生产关系形式和基本经济制度。这种以封建地主土地所有制为产权制度基础的封建租佃关系，在经济结构上极不合理，并且严重地制约着农民生产劳动的积极性，阻碍了农业生产力的提高，影响了巴蜀地区农村的现代化发展，是土地改革最主要的斗争目标，也是当时巴蜀农村必须面对和亟待处理的基本问题。可见，解放初期中国共产党和人民政府在巴蜀地区进行土地改革，不仅完全必要，而且对于消灭封建地主阶级及其封建土地剥削制度，变革旧中国农村极不合理的土地所有制与农地产权结构，解放农业生产力，改善广大农民群众的生产条件，提高农民的生活水平等，均具有重大而深远的历史意义。

二、土地改革

解放初期四川农村地区土改的准备工作，主要包括两个方面：一是法律法规和方针政策层面上的准备；二是通过清匪反霸、减租退押等农村政治、经济斗争，而在实践层面上为土改做准备。

1950年6月30日，中央人民政府颁布《中华人民共和国土地改革法》，宣布在全国"废除地主阶级封建剥削的土地所有制，实行农民的土地所有制，借以解放农村生产力，发展农业生产，为新中国的工业化开辟道路"。

四川地区的土改运动基本从1950年11月开始，到1952年5月结束，历时一年半，大致可分为三期：

---

[1] 《中国农业全书·四川卷》，中国农业出版社1994年版，第2页。
[2] 《当代中国的四川》（上），中国社会科学出版社1990年版，第33页。

第一期土改是试点阶段，四川划分为川东、川南、川西、川北四个行政区，每个行政区用一两个点来进行试点工作，到1951年的4月底结束试点工作。这次试点，涉及人口1316万余人。主要采取上级土改干部和积极分子组成土改工作团，深入试点乡镇进行土改试点的方法。在试点中，广泛宣传党的政策法令，深入发动群众，整顿健全农协组织，划分阶级成分；没收地主土地；分配地主的土地和财产；处理土改中的遗留问题，建立健全乡、村政权和农会、自卫队组织、青年团组织，落实管制不法地主等。第一期，川东区只有18.8%的地区完成土改，川南区19.99%，川北区16.85%，川西区则更少，只有6.58%的地区完成土改。这次试点工作的重点是了解和掌握土改运动的规律、特点。西南军政委员会土地改革委员会主任张际春在报告中指出："一期土地改革基本上是成功的，收获是巨大的，基本实现了'废除地主阶级封建剥削的土地所有制，实行农民的土地所有制，解放了农村生产力，发展农业生产'的伟大目标。"

第二期土改，从1951年5月开始，到当年10月结束，共计完成土改2400多万人（占人口总数的27%）。

第三期土改始于1951年10月，1952年5月结束。这次土改的规模最大，几乎等于前两期土改地区的总和。第三期土改运动结束时，川西区除少数民族聚居的茂县专区（约68万人），32个县1个市679个乡750万人口的地区；川南区除少数民族聚居的雷波、峨边、马边三县（人口约14万），30个县3个市3225个乡1314万人口的地区；川北区35个县1个市2120个乡1605万人口的地区；川东区33个县2个市1472个乡1732万人口的地区，全部完成了土地改革。

从1950年11月开始试点，经过1951年的全面展开，到1952年5月基本结束，四川农村地区通过3期土改，彻底改变了农村的生产关系。就全省来讲，贫农的土地由人均0.5亩增加到1.6亩，地主的土地由人均14.59亩下降为1.47亩。除川西北高原、川西南山地的一些少数民族聚居地区外①，共有130个县、7个市以及7496个乡（占四川地区总乡数的94.12%）和5403万人（占总人口的98.6%）的地区完成了土地制度的改革。通过土改，3600多万无地少地的农民总共分得了5400多万亩土地和8800多万件农具、25万头耕牛、1200多万间房屋、1.5亿多公

---

① 按：甘孜、阿坝、凉山等四川少数民族聚居地区，直到1955年至1958年10月期间搞民主改革时，才进行了土地制度的改革。

斤粮食①，从而使得四川农村广大无地少地的农民实现了"耕者有其田"的理想。

土地改革的胜利，彻底摧毁了中国两千多年的封建剥削制度，广大农民从地主手中分得了土地和生产资料，解放了农村生产力，极大地调动了生产积极性，迅速掀起了恢复和发展生产的热潮，为解放后四川地区国民经济的全面恢复发展和社会进步奠定了基础。

土改取得了宝贵的历史经验。按照中央的部署，四川及其所在的大西南地区的土地改革运动，比华东、中南、西北等新区都开展稍晚，但也有若干符合本地区实际情况的工作方法及其特点，受到了毛泽东和中共中央的肯定，作为先进经验批转全国各地各级党委参考执行。

例如，关于组织民主党派民主人士下乡参加、参观土改，以巩固和扩大爱国民主统一战线的经验。1951年2月，川西区党委组织了47个民主人士下乡参加土改试点，同时还组织了30多名民主人士到大邑等地参观并听取土改工作的汇报，参加诉苦大会，接受教育。对此，毛泽东曾于1951年3月30日将川西区党委的这一经验批转、介绍给了全国地委以上的党委，并且要求："除抗美援朝工作必须和各民主党派民主人士一起去做不必再说外，土改、镇反两项工作，也必须使各民主党派民主人士参加，越多越好。"②随后，北京、天津等地组织了多批、数百人次的民主人士（其中包括章乃器、梁漱溟、胡愈之、陈垣、余学忠、陆志韦等著名的民主人士）、大学教授、工商界人士、宗教界人士来四川参加、参观土改，接受教育。例如，根据梁漱溟的回忆，他之所以要参加全国政协西南土改工作团，"动机在考验教育自己，同时考察土改是否合法"。但是到了川东地区以后，"实际并未参加土改工作队，而只是参观土改。大家都住在县城里，白天安排参加一些土地改革的会议和活动"。梁氏认为："既然来了，就要深入下去，不能只当参观者。我们提出的要求，得到部分满足，不久便下到（合川）这个县的云门乡，晚间住在镇上一家地主的住宅里，白天就有了更多的机会和方便参加各种活动，包括贫雇农诉苦，清算斗争地主，分田地，发土地证，以至直接与农民谈话等，都参加了。"在深入土改的过程

---

① 《四川农业合作经济史料》，四川科学技术出版社1989年版，第39页。
② 《转发川西区党委关于组织党外民主人士参加土改的经验的批语》，载《建国以来毛泽东文稿》第2册，中央文献出版社1988年版，第203页。

中，梁漱溟等民主人士逐渐地认识到了土地改革的伟大意义。对此，梁氏说："土改不但改变了人与土地关系，同时也改变了人与人关系。经过斗争，人与人关系才能改变，人的本身才能改造。必须退押、反违法，才能发动贫雇，发动贫雇就改变了人以及人与人关系。"民主人士同时还发现，一些地区在斗争地主时，有殴打、辱骂甚至于施用肉刑等现象，于是向川东区党委反映情况，并得到了及时的信息反馈。川东区党委第一书记谢富治就派人向梁氏等民主人士转达了他的意见：对于地主，哪怕是激于义愤也不许打。川东行署副主任魏思文也直截了当地告诉梁氏，绝对禁止采取吊打等肉刑的方式来斗争地主。经过参观、参加土改运动，民主人士确实提高了思想认识。梁氏后来在会上发言时便感慨地说：我们与中共的距离越来越短。并且他在与毛泽东交换意见时赞扬了邓小平主政大西南所表现出来的才干，得到毛泽东的赞同。①

又如，明确实行土地改革的主要目的，就是要改善农民的生产条件，激发农民生产劳动的积极性和主动性，以推动农业的发展，促进农村经济的进步。为此，四川各地各级党委和人民政府都重视贯彻执行以土地改革促进农业生产发展，在土改中注重保护农村经济发展、不误农时的政策。例如，《川南日报》即在1951年2月25日发布的川南行署《关于加强春耕生产的命令》中指出，由于减租退押和土改政策宣传不足等原因，出现了部分土地荒废现象。为了保证今年的农业生产，在已实行土改的地区，应保护农民新分得的土地及财产；暂不实行或正在进行土改的地区，应保障田权，不荒废一寸土地，将来实行土改时，由收益人向新分得田土之人缴纳地租。允许富农经济发展，允许雇长工与零工。5月23日，《川北日报》发表社论《完成土地改革任务的四个标准》提出，衡量土改任务完成及其质量的标准应该是：坚决而正确地贯彻政策法令；充分发动群众；彻底打倒地主阶级；公平合理分配果实，有利生产，没有浪费。8月15日，川东区党委为了使土地改革不耽误农时，顺利完成当年的秋收，于是向各地各级党委发出指示，要求说：凡土改及处理遗留问题已基本完成的地区，即应动员群众进行秋收准备工作；秋收前不能结束的地区，土改暂停，转入秋收。提倡"雇工自由"和开展人力、农具的互相帮助，以保证秋收任务的顺利完成。②

---

① 参见叶永烈：《开国大土改》，中共党史出版社2009年版，第382~385页。
② 参见《四川省农业合作经济史料》，四川科学技术出版社1989年版，第36~38页。

总之，解放初期大规模土地改革的群众运动，使得巴蜀地区农村的社会经济及其结构发生了深刻变革。广大农民分得了胜利果实，获得了土地、房屋、耕牛、农具等实际经济利益，从而不但在经济上翻了身，而且在政治上也翻身成为乡村社会的主人翁，逐渐地树立起了"翻身不忘共产党，致富不忘毛主席"的政治信念，培养起了对共产党、毛泽东主席坚定的依赖感和高度的信任，并因此从历史上游离于国家政权和国家公共政治活动之外的边缘人群，变成了积极响应各级党组织和人民政府的号召，跟着毛泽东和共产党干革命、搞建设的主力军，从而扩大和巩固了共产党和人民政府在农村基层社会的统治基础，增强了共产党和人民政府对农民的组织、动员能力，为当代四川农村经济的现代化变迁，创造了良好而厚实的党政群团组织网络和群众政治基础。

第二节　农业合作化

一、互助合作

土改以后，农民虽然分得了土地，但个体小农经济也存在很大的局限性。因此，中国共产党一贯提倡个体农民"组织起来"，走共同富裕的社会主义道路。与此同时，在实践上，土地改革已经完成的我国广大农村，都普遍发展了劳动互助组织。

1951年9月9日，中共中央在北京召开第一次农业互助合作会议，会议通过了中共中央《关于农业生产互助合作的决议（草案）》，肯定了农民对个体经济和劳动互助的"两种积极性"，要求根据生产发展的需要和可能，大量发展劳动互助组，在条件比较成熟的地区，有重点地发展土地入股的初级农业生产合作社。同时，不能忽视，更不能粗暴地挫伤农民个体经济的积极性。这个决议草案下发各地试行后，农村互助合作有了较大发展。会议认为，为了克服很多农民的分散经营中所发生的困难，要使广大贫困农民能够迅速增加生产而走上丰衣足食的道路，要使国家能得到比现在多得多的商品粮食及其他工业原料，并为国家工业品销售开辟一个广阔的市场，就必须提倡"组织起来"，按照自愿互利的原则，发展农民建立在个体经济基础上（农民私有财产的基础上）的合作组织，开展农业合作化。

从1952年起，四川各地响应党和政府的号召，积极开展农业互助合作运动。

二、农业生产合作社

集体化沿着由初级向高级的路径继续发展。广大农民响应党和政府号召，在大量发展劳动互助组的同时，在条件比较成熟的地区，有重点地发展土地入股的初级农业生产合作社。1952年11月，根据中共中央的决定，成立了以邓子恢为部长的中央农村工作部，负责指导互助合作运动的发展。1953年春，全国初级农业合作社经整顿后有1.5万多个，参加农户27.5万户，比上年大大增加。运动发展基本上是平稳的，但也出现一些急躁现象。中央农村工作部强调互助合作关系到农民的生产和生活的根本问题，必须从小农经济的生产现状出发，绝不能一哄而起。由于贯彻了中央决议提出的"积极领导、稳步前进"的方针，局部地区的急躁偏向得到纠正。

1953年，党中央通过《关于发展农业生产合作社的决议》，决议总结了办社的经验，进一步指明引导个体农民经过互助组到初级社，再到高级社，这是党对农业实行社会主义改造的正确道路。到1955年初，全国农业生产合作社已发展了48万多个。为了解决合作化发展中存在的问题，1955年1月，党中央发出《关于整顿和巩固农业生产合作社的通知》。10月，中共七届六中全会通过了《关于农业合作化问题的决议》。1956年6月30日，全国人民代表大会一届三次会议通过并公布了《高级农业生产合作社示范章程》，认真总结了农业合作化运动由初级阶段向高级阶段发展的经验，指出合作化运动应向着高级形式发展。年底，全国建立75.6万个农业生产合作社，入社农户占总农户的96.3%，全国农村生产资料私有制的社会主义改造基本完成，这一社会变革过程，亦称农业集体化。

1953年12月，党中央通过《关于发展农业生产合作社的决议》。决议强调，农业个体经济与社会主义工业化高涨的需要之间日益暴露出很大的矛盾。党在农村工作中最根本的任务，就是逐步实行农业的社会主义改造，必须把个体经济积极性引到互助合作积极性的轨道上来，把注意力更多地转向兴办初级农业生产合作社。决议认为，以土地入股为特征的初级农业生产合作社已经显示出优越性，可以成为引导农民过渡到土地公有的完全社会主义的高级社的适当形式。

1956年1月1日，四川第一个高级农业生产合作社——新繁县禾登乡新民高级农业社成立。该社以取消土地入股分红、耕畜和大型农具入社为特征，是在全省首批建立的新民初级农业社的基础上，联合周围4个村的6个初级农业社和几十户单干农民共同组成。全社有社员731户，占有土地5000余亩和公积金4300余元。

在高级农业生产合作社数量迅速增加的同时，高级农业生产合作社的规模通过合并有明显扩大，1957年全国平均每社为158.6户。高级农业生产合作社对农民私有化的土地实行无偿转为集体所有。社员土地上附属的塘、井等水利设施，亦随土地转为集体所有。为了满足社员日常生活需要，高级农业生产合作社抽出一部分土地（称为"自留地"），分给社员个人种植蔬菜，其数量根据合作社土地资源多少，按家庭人口规定，一般不能超过当地每人平均土地数的5%。入社的大牲畜、大农具和非农业工具有偿转归集体所有。

第三节　人民公社

建立人民公社和农村人民公社化运动是中国共产党在20世纪50年代后期全面开展社会主义建设中，为探索中国社会主义建设道路所作的一项重大决策。人民公社化运动最初是由高级农业生产合作社的小社并大社引起的。在1957年冬至1958年春的农田水利建设中，许多地方为了加强集体协作的力量，开始突破原有农业合作社的规模，实行并社。毛泽东等中央领导人认为这是农业生产"大跃进"的有效组织形式，给予肯定，并在1958年上半年萌生出改变农村基层组织结构的想法。7月，《红旗》杂志披露毛泽东关于把工、农、商、学、兵组成为一个大公社，从而构成我国社会的基本单位的思想。河南、山东等地闻风而动，建立了人民公社。

在各地争先建立人民公社的形势下，1958年8月，中共中央政治局北戴河会议在提出要为1070万吨钢而奋斗的同时，作出《关于在农村建立人民公社问题的决议》。决议认为这是"指导农民加速社会主义建设，提前建成社会主义并逐步过渡到共产主义所必须采取的基本方针"。决议一方面肯定公社目前还是集体所有制，不忙于改为全民所有制；另一方面又提出快则三四年，慢则五六年或者更长一些时间就可以实现向全民所有制的过渡，并说："看来，共产主义在我国的实现，已经不是什么遥远将来的事情了。"北戴河会议后，全国农村出现人民公社化运动高潮，只用了1个多月就基本实现公社化。到年底，全国74万个农业合作社被2.6万个人民公社代替，全国农户的99%以上参加了公社。

人民公社的特点是"一大二公"。所谓大，就是规模大。将原来一二百户的合作社合并成为四五千户甚至一二万户的人民公社，一般是一乡一社，有的甚至是数乡一社。作为"共产主义试点"的河北徐水县和河南修武县成为一县一社。所谓公，就是生产资料公有化程度高。原来几十个上百个经济条件、贫富水平不同的合作社合并后，一切财产上交公社，多者不退，少者不补，在全社范围内统一核算，统一分配。社员的自留地、家畜、果树等都被收归社有。在各种"大办"中，政府和公社还经常无偿地调用生产队的土地、物资、劳动力和农民的财物。在公社范围内实行贫富拉平、平均分配，对生产队的某些财产无代价地上调。这种"一平二调"就是刮"共产风"，实际上是对农民的剥夺，给农村生产力带来灾难性的破坏。

人民公社实行政社合一的体制。它既是一个经济组织，也是一级政权机构；既要负责全社的农、林、牧、副、渔业生产，也要管理工、农、商、学、兵（民兵）等各方面的工作。人民公社划分为若干个生产大队，生产大队又划分为若干个生产队，实行三级管理。公社统管全社的生产安排、劳力调配、物资调拨、产品分配和经济核算，生产大队负责生产管理和部分经济核算，生产队只是一个具体组织生产的基本单位。

人民公社实行供给制和工资制相结合的分配制度。供给制主要有粮食供给制、伙食供给制和生活基本资料供给制三种形式，社员都到公共食堂吃饭，甚至"吃饭不要钱"。工资制是在供给部分外，根据多劳多得的原则，象征性地发给社员少量的工资。供给制被认为是按需分配原则的体现，具有共产主义因素，要求逐步扩大实行的范围。有些公社提出"八包""十包"等，即社员的衣食住行、生老病死、婚丧嫁娶、教育医疗等所需费用都由公社供给。到1958年10月底，全国农村建立公共食堂265万多个，在食堂吃饭的人占农村总人口的70%至90%。这种制度完全脱离我国农村的实际，造成严重的平均主义和物资的巨大浪费，挫伤了群众的生产积极性。

人民公社大力推行"组织军事化、行动战斗化、生活集体化"，将所有劳动力按军队编制组成班排连营，采取大兵团作战的方式组织工农业生产，动辄夜以继日，连续作战。还强调公社生产自给，努力扩大公社内部的产品分配。农村原有的集市贸易、小商小贩以至家庭副业都被作为"资本主义尾巴"加以取缔。

"大跃进"运动最大的失误是急于求成，在建设速度上盲目求快；人民公社化运动最大的失误是片面追求提高公有化程度。两者的共同教训,是背离了党一向倡导的实事求是的原则,脱离了中国社会生产力的发展水平,违背了经济和社会发展的客观规律。

20世纪50年代后期,中共中央主要领导人认为农业合作化的规模越大、公有化程度越高,越能促进经济的发展,于是提出小社并大社的建议。1958年8月,北戴河中共中央政治局扩大会议通过了《关于在农村建立人民公社问题的决议》,决定在全国农村普遍建立政社合一的人民公社。人民公社的主要特点是"一大二公","一大"指规模大,一个公社平均有500户农民、1000个劳动者和1000亩土地;"二公"指的是公有化程度高,原属于农业社员的一切土地连同耕畜、农具等生产资料以及一切公共财产都无偿收归公社所有。对农业生产进行管理的机构设置为三级,包括管理委员会、生产大队和生产队。其中生产队是基层劳动组织,公社统一负责生产盈亏。

1958年9月7~11日,四川省委在重庆召开一届八次全体扩大会议,通过《关于贯彻执行中共中央〈关于在农村建立人民公社问题的决议〉的决定》。会后全省掀起人民公社化运动。1959年1月9日,四川省委召开一届九次全体会议,通过《关于贯彻执行中共中央〈关于人民公社若干问题的决议〉的决定》,对人民公社的集体所有制性质作了说明,对1959年人民公社的生产、收益分配和社员生活等作了部署,规定生产组织一般采取"三级制"。会议指出:从1958年8~9月,全省16万余个农业生产合作社改组为5000余个人民公社,除少数地区外,普遍实现了人民公社化。

1959年,毛泽东就机械化等六个问题写了一篇《党内通信》,提出"农业的根本出路在于机械化"的著名论断,为我国农业现代化指明了方向。

农业机械化是指农活操作由使用人畜力转移为使用机械,手工劳动被机械操作所取代的过程。农业现代化的重要组成部分。包括:①农、林、牧、副、渔等部门生产作业机械化,如农作物的耕种、排灌、植保、收获,渔业的放养、打捞等;②产品运输和加工的机械化;③农业基本建设施工机械化等。其作用在于提高劳动生产率,减轻劳动强度,提高农业单位面积产量。

1949~1978年,国家在有条件的社、队成立农机站并投资,支持群众性农具改革运动,增加对农机科研教育、鉴定推广、维修供应等系统的投入,基本形成了遍布城乡、比较健全的支持保障体系。

第八章 巴蜀农村率先改革开放的探索

1978年12月，党的十一届三中全会召开，确立了解放思想、实事求是的思想路线，决定把党和国家的工作重心转移到经济建设和改革开放上来。十一届三中全会是新中国历史上具有重大转折意义的标志性事件，是中国进入改革开放新时期的里程碑。随着中国特色社会主义现代化事业的蓬勃发展，四川农村的社会经济及其结构，也发生了翻天覆地的变化。广大农村基层干部和亿万农民为改变农村面貌和自身命运，勇敢冲破既有体制，掀起了波澜壮阔的改革大潮。

第一节　改革开放初期的农业体制变革

一、改革的初步尝试

"文化大革命"中，四川农业十年徘徊，1976年因减产不得不从省外调进50万吨粮食。1977年到1978年，四川省结合深入揭批"四人帮"，肃清"文革"极左思潮的余毒，把调整农业政策、搞好农村经济作为当时经济工作的重点，提出要"打好农业翻身仗"，出台了一些有利于恢复和发展农业生产的政策措施。一是围绕"包"字做文章，尝试恢复了一些过去行之有效的农业生产经营管理制度。从1977年开始，逐步把大寨式工分改为传统的定额评分。1978年，又提出推行"包工到组"，建立"五定"（定领导、定劳力、定任务、定质量、定工分）的农业生产责任制，强调要搞好评工记分和定额管理，坚持"各尽所能，按劳分配""多劳多得，分配兑现"等原则，反对平均主义。鼓励社员经营自留地和家庭副业，其产品在完成国家派购任务后，凡是国家允许上市的，可以拿到集市上出售，但不许长途贩运，弃农经商。不轻易搞所有制升级。支持基层社队开展"包产到组"的改革试点。二是放宽搞活实行休养生息政策。减轻农民特别是经济落后地区和边远地区农民的税收负担，稳定和调减粮食征购任务，对超购部分的粮食由省财政出钱加价收购。在粮食分配上，实行"保两头，压中间"，人均口粮不到180公斤的生产队，不提储备粮。除遭遇特大自然灾害外,务必做到90%的社员收入比上年有所增加,10%的社员不减少收入。不准任何单位平调生产队的钱、粮、物。三是汲取农民"三三得九,不如二五一十"的意见,调整农业耕作制度。改强制推行双季稻(被称为"路线稻")为主攻一季中稻,推广杂交稻和杂交玉米,扩大两季田(稻麦或中稻—油菜),从而使粮油生产获得大丰收,粮食总产连续增长。四是大力发展多种经营,以解决农村经济中长期存在的用钱"集体靠贷款,社员靠卖米"的状况。①

二、家庭联产承包责任制

党的十一届三中全会后,四川率先冲破极左思潮和束缚,实行了以家庭联产承包责任制为主的生产经营形式,撤社复乡,政、社分开,探索县域经济体制改革(从广汉、新都、邛崃三县开始),成为国内改革的先行者和农村经济体制变革的发祥地,邓小平同志称赞为"改革之乡"②四川农村的经济体制改革,不仅促进了四川社会经济体制的全面变革,推动了经济社会的快速进步,也为全国的农村经济体制改革提供了先试先行的经验,起到了示范带头作用。

新时期四川农村生产责任制的改革,经历了一个针对大锅饭弊端,从强调"以'分'为主"到"统分结合,双层经营"的制度完善过程。

1978年,四川省委明确提出,生产队可以组织作业组,实行定额管理,建立定人员、定时间、定任务、定质量、定工分、超产奖励的"五定"生产责任制。广汉县金鱼公社在全省率先进行"分组作业,定产定工,超产奖励,增产分成"的改革,极大地调动了人民群众的生产积极性,促进了农业的发展。省委发现并及时总结了广汉县金鱼公社经验,明确表态支持说,广汉的改革,"方向路线没有问题,它的优点是调动了农民的生产积极性,产量一定会提高,想搞的人可以搞,不想搞的人可以试点",使"包产到组"的生产责任制在全省农村迅速推广开来。到1979年5月,四川全省已有30万个生产队(占生产队总数的57.6%)实行了"包产到组"的生产责任制。1979年1月1日,《人民日报》报道了四川广汉在全县推广包产到组、以产定工、超产奖励的办法和经

---

① 转引自段志洪、徐学初主编:《六十年四川农村经济结构之变迁》,巴蜀书社2009年版,第157~158页。

② 邓小平在四川省欢迎朝鲜劳动党中央委员会总书记金日成到访大会上的讲话。

验。4月，中共中央批转《关于农村工作问题座谈会纪要》，肯定了四川广汉金鱼公社这一改革。金鱼公社的改革是四川农村改革的发端，与安徽凤阳小岗村包产到户一样，成为全国农村改革的先导。

1979年9月，中共十一届四中全会在正式通过《关于加快农业发展若干问题的决定》时，根据一些地方已经在搞"包产到户"的实际情况，将原来规定的"可以按定额记工分，可以按时记工分加评议，也可以在生产队统一核算和分配的前提下，联产计酬，实行超产奖励；但不许包产到户，不许分田单干"（这段话被当时的人概括为"可以，可以，也可以，两个不许"）改为"不许分田单干"，"除某些副业生产的特殊需要和边远山区、交通不便的单家独户外，也不要包产到户"。当代中国农村问题专家杜润生认为，在当时的形势下，"包产到户"的政策从"不许"到"不要"这一字之差的松动，"反映了在此问题上改变传统观念的难度"，但它毕竟为"包产到户"改革的继续进行及其后来不断推广，开了一条政策的口子。①

根据中央的指示精神，1979年初，中共四川省委即在传达、贯彻十一届三中全会的省委常委扩大会议上提出：第一，一定要切实保障基本核算单位在生产计划、分配和交换等方面的自主权；第二，建立健全明确的生产责任制和严格的经济奖惩制，使干部和社员从物质利益上关心生产成果。基本核算单位实行定额管理，可以责任到组，联系产量，计算报酬。只要不搞包产到户，不搞分田单干，各种办法都可以试验。3月，省委在《关于农村人民公社生产队建立健全生产责任制和奖惩制度问题的通知》中，进一步肯定和推广广汉金鱼公社"包产到组"的改革经验，鼓励各地在坚持生产队统一核算和分配的前提下，继续探索和试行多种多样形式的"包工到组"、联产计酬等农业生产责任制。同时还要求，对于已经"包产到户"的社、队，也不要沿用过去"反右倾倒退"的办法加以批判，而要坚持说服教育的办法，帮助他们逐步改正。11月，省委又在《关于进一步落实农村经济政策使生产队逐步富裕起来的意见（试行草案）》中提出，生产队可以将养猪、牛、蚕、鱼等养殖业和蔬菜、药材、果木等经济作物的种植以及其他副业生产，包给专业组、专业户和专业人员。田坎地可以由生产队集体经营，也可以包到作业组，或者包到户经营。"有条件

---

① 杜润生：《农村制度变迁中的群众与领导的互动关系》，《中国农村改革决策纪事》，中央文献出版社1999年版，第9页。

的生产队，还可以划出一部分零星、边远或瘦薄地，按常年产量包到户经营，所包产量顶一部分口粮或饲料，超产部分归自己。"①并介绍了新都县（今成都市新都区）在农村工副业生产中实行"四专一化"（专业队、专业组、专业户、专业人员和生产队会计专业化）的经验。这样，四川省委就正式在文件里第一次也是在全国最早明确地提出可以搞"包产到户"和发展专业户的问题。《人民日报》随即发表了中共四川省委的这份文件。

在省委支持家庭联产承包的态度日益明朗的形势下，1979年，四川各地农村大规模地试验了各种形式的农业生产责任制，主要有：大田生产包工到组，联产计酬；大田生产实行"五定""三定"，小段包工，定额计酬；水（田）统旱（地）包，联产计酬；口粮田分包到户，其余统一经营；包干到户；多种经营和工副业实行包产包工包成本到"四专"；农村基层干部的补贴和奖金与工作成绩挂钩等。

1980年底，省委又提出将全省分三类地区建立和稳定生产责任制的意见，即边远山区和贫困落后地区，大胆放手搞包产到户或包干到户；广大丘陵地区，提倡和推广包产到组，定额计酬，联产到劳，"水统旱包"等；平坝和大中城市郊区，在生产队统一经营的前提下，实行大田包产到组、联产计酬和工副业"四专一包"责任制。1981年初，省委召开地、市、州委农业书记会议，对推广农业生产责任制作了具体研究和安排，要求各地在推广农业生产责任制的工作中，坚持实事求是，一切从当地实际情况出发，不搞一刀切，不硬套一个模式。各个生产队采取什么办法，尊重生产队的自主权，由群众民主讨论决定。同年7月，四川发生特大洪灾，为了组织和引导群众开展生产自救，挽回灾害造成的经济损失，省委作出在灾区把田土全部承包给社员个人的决定。由于当时舆论宣传包产到户、包干到户是解决贫困落后地区经济发展的"灵丹妙药"，农民群众也在实践中很快就认识到包产到户、包干到户的办法简单易行，可以把自己的生产劳动效率与经济收入效益直接挂钩，迅速实现增产增收，也符合家庭经营这一传统的农业经济方式，所以在贯彻省委文件的过程中，各地很快就突破了分类责任制的框框，大田生产最终都选择了包产到户、

---

① 关于这一时期中共四川省委鼓励实行"包产（工）到组"和制止搞"包产到户"改革的相关政策规定及其变化，可参见中共四川省委党史研究室编：《中国新时期农村的改革·四川卷》，中共党史出版社1999年版，第701～708页。

包干到户的责任制。到1981年底，四川全省实行包产到户、包干到户责任制的生产队达到38.37万个，占生产队总数的62.3%；联产到劳的生产队13.56万个，占22.1%；水统旱包的生产队4.5万个，占7.3%，三者合计，实行户营为主生产责任制的生产队占到了84.4%。

1982年，中央"一号文件"又明确地提出：目前实行的各种责任制，包括包产到户、包干到户责任制，都是社会主义集体经济的生产责任制，只要群众不要求改变，就不要变动。为了贯彻中央"一号文件"精神，四川全省共抽调了7.5万名干部到农村，宣传"一坚持"（坚持社会主义集体化道路）、"两不变"（土地等生产资料公有制长期不变，生产责任制长期不变），帮助生产队建立和完善生产责任制。四川农村因此开始了从包产到户向包干到户的迅速变革。至当年底，全四川省实行包干到户的生产队已达到55万多个，占生产队总数的89%，至1984年3月，又进一步增至99.5%。包干到户（即家庭承包经营）于是成为改革开放新时期四川农业生产责任制的主要制度形式。在这一过程中，还逐步建立健全了承包合同制。

农业生产责任制的建立，带动了林牧副渔等生产责任制的建立。在林业上，主要是通过给社员划自留山，落实林权等途径，建立健全林业责任制。中共四川省委决定：凡是有条件的地方，都可以适当地增划自留山，把集体不便经营的荒山、荒坡、隙地划给农户植树造林，山权仍归集体所有，林木归社员，并有继承权。集体的成片林木，也可以实行"四专一包"或折股联营等多种形式的责任制。在牧业上，内地耕牛普遍折价到户；牧区实行牲畜折价到户私养，冬春草场固定到户，夏秋草场统一经营或联户管理。副业能放到户就放到户，不能到户的如成片的果园、茶园，就实行专业承包。渔业责任制，随着堰塘、水库、埝等水利设施的承包，与管水、用水责任制相结合而建立起来。在这一过程中，农业技术承包制也随之建立并推广开来。到1982年，四川已有157个县建立了农业技术承包责任制，承包耕地面积达1319万亩。①

三、"统分结合，双层经营"体制的完善

家庭联产承包责任制并不是要回到合作化以前的分田单干，而只是突破了人民公社时期农民在集体经济组织（生产队）统一安排下集体出工参加生产劳

---

① 《四川农业合作经济史料》，四川科学技术出版社1989年版，第20页。

动的生产管理体制，将农业生产分解成了由农户家庭承担和由集体承担这两个部分。因此，家庭联产承包责任制本身就是一种"有统有分、统分结合"的双层经营体制。或者说，通过家庭联产承包责任制，找到了实现"统"（合作经济组织）、"分"（农户家庭经营）有机结合的双层经营体制的最佳途径，找到了兼顾农户个体生产劳动积极性和合作经济组织优越性的有效组织形式。从这个意义上说，探索建立家庭联产承包责任制的改革过程，同时也就是探索建立"统分结合，双层经营"体制的过程，是探索处理"统""分"两者合理关系的过程。

从实践的层面上看，自1983年普遍地实行家庭联产承包责任制以后，四川各地农村结合"撤社建乡"的乡村行政管理体制改革，也陆续建立起了一些农村合作经济组织，形成了以农户家庭经营为主体的"统分结合，双层经营"体制。但是在探索建立家庭联产承包责任制的初期，由于着眼于"分"，强调保障农民家庭经营自主权，重视调动农民个体生产劳动积极性，而对于"统"即集体经济组织及其经济实力的保存与发展有所忽视，结果造成因为农村集体经济组织薄弱，社、队统一经营及其"统"的力量不足而产生的诸多问题。主要表现在：集体经济组织放松了对所属资产、资源的管理，以致集体的公共设备散失，公共资金被挪用或占用，公共资源被破坏，集体财产管理混乱；集体资产积累职能被过分削弱，许多基层社队甚至于完全没有积累；土地承包合同管理制度不健全，承包方与发包方的责、权、利不明确，影响到承包合同的兑现；集体经济组织无力为社员提供诸如水利、植保、防疫、良种供应等社会化的综合服务，导致出现了农业用水难、防治病虫害难、购买种子农药等生产资料难、销售农副产品难、兴办乡村公共事业难等问题。另外，随着农村商品经济的发展，农民也在客观上要求建立适应其家庭经营需要的农村基层社会服务系统，为他们加工、贮藏、保鲜、运输、购销农副产品，提高农副产品的品质，开展农副产品的深加工，应用现代农业科学技术种田以及在良种、化肥、农药等生产资料的购销方面，提供社会化的综合服务；为他们解决邻里矛盾、经济纠纷，提供协调服务；为他们稳定和调剂土地承包关系等，提供政治与政策上的公共服务；等等。这些问题，都不是一家一户的农户家庭经营能够解决好的，它需要农村集体组织来扮演这一角色，也要求农村经济集体组织增强力量来完成和承担起这一职责。

根据家庭联产承包责任制发展的客观要求，从1985年起，四川在注意完善

"分",稳定农民家庭生产的农村生产经营主体地位的同时,也注意加强集体"统"的力量和功能,进一步理顺以家庭联产承包责任制为基本形式的双层经营体制。为此,1987年8月和9月,中共四川省委、四川省人民政府两次召开全省农村工作会议,对进一步完善农村双层经营体制做了部署。随后,四川各地、市、州、县派出数千名干部深入农村,帮助开展完善双层经营体制的工作。

第一,结合"撤社建乡"的乡村行政管理体制改革,重点加强了村、组(社、队)等农村基层社区的组织建设和制度建设。

第二,调整土地承包关系,完善土地承包制度,给农民群众搞好承包土地上的生产经营吃"定心丸"。在实行家庭联产承包责任制初期,是把土地按人口平均分包到户。随着时间的推移和经济的发展,这种形式的土地承包,出现了一些问题。例如,原来承包土地时为了贯彻土地好坏搭配的原则,结果造成农户所经营土地的零碎分散,极不便于耕作;农户家庭拥有的劳力强弱与土地不完全适应;承包户家庭劳动力变化、人口迁移和新增人口对承包耕地的余缺调剂需求等。对此,在坚持土地集体所有和家庭承包经营的基础上,从实际出发,尊重群众意见,努力稳定已经形成的土地承包关系。首先是坚持土地家庭联产承包经营制度的长期不变。其次是建立合同管理机构,完善农户的土地承包合同及其管理体制。其三是进行必要的小规模承包土地调整时,应制度化、程序化,并由农户监督执行。在具体的办法上,或是组织统一调剂,或是由社员之间协商调剂,还因地制宜地探索采取了三种形式:一是动账不动地的"账面两田制",即将承包田分为口粮田和任务田,农户人口增加时,增加口粮田,减少任务田;人口减少时,减少口粮田,增加任务田。通过调节赋税负担的形式来稳定土地承包关系。二是"按户包土地,长期不变",新增人口主要靠发展二、三产业来解决就业。三是"均包到户",间隔三五年或更长的时间作一次小调整。这样既稳定了土地承包关系,又解决了一些因变化因素所带来的新矛盾。

第三,发展壮大集体经济,建立和完善多种形式的合作经济组织。四川农村基层社、队的集体经济力量历来就低于全国,加上土地承包时分得比较彻底,集体资产的很大部分被均分,由此造成集体组织经济与统一经营的实力较为薄弱(例如1987年统计,四川全省农村约有三分之一的村、90%的社队无集体企业,相当一部分村社除了社员承包土地家庭经营外,没有或很少有统一经营的集体经济,被称为"空壳社"),从而无力向农户提供家庭经营所需要的社会化综合服务。针对这一现状，在完善双层经营体制的过程中，中共四川省委强调，要注意发展村、社（农业合作社）集体企业，特别是村办企业，并把它当作巩固和发展基层合作经济组织、增强服务实力的重要工作，作为进一步深化农村改革，发展农村生产力，振兴四川经济，减轻农民负担的一项战略举措来抓，强调要求农村合作经济组织主要应当在服务农业上下功夫，增强统一服务与统一经营的实力和能力。具体的办法，一是以原来的生产队或生产大队为基础，组织合作社或农业合作社，为农村集体经济及其运行，提供组织的载体。二是以乡为单位建立健全各种为农业生产服务的组织机构，除建立了农技、畜牧、农机、水利、农经等管理服务站外，还拓展了供销社、信用社、科技协会等的服务范围，加大了对农户家庭经营与商品生产的服务与扶持力度。三是组织建设农村合作基金会，以加强对农户生产生活的信贷金融服务等。根据1988年6月对开展完善双层经营体制工作的88个县的调查统计，有38.79万个农业合作经济组织是在原生产队的基础上建立的，占生产队总数的99.18%。其中，有325257个取名为"农业合作社"，占83.86%；有36739个取名为"经济合作社"，占9.47%。另有叫"农工商合作社"或其他名称的。[①]这样，通过多元化的合作经济组织，实现了农户家庭经营的积极性和集体统一经营的优越性的有机结合。

第二节　率先撤社建乡，改革农村管理体制

　　家庭联产承包责任制的实行，导致了农村社会经济各个领域相关制度的变革，动摇了已经实行26年之久的人民公社制度，并使之走向解体。

　　首先，在家庭联产承包责任制的制度规范下，农户拥有生产经营自主权，家庭成为农村基本的生产、核算和分配单位，这就动摇了"队为基础"即以生产队为基本核算单位和统一经营单位的体制，促使人民公社、生产大队和生产队原有的领导生产经营活动这一经济组织功能逐渐趋于退化。其次，在家庭联产承包责任制下，公社、大队和生产队与农户之间原来的组织隶属行政控制关系变成了经济承包法律契约关系，从而削弱了公社、大队、生产队对社员的行政控制能力与管理力度，促使人民公社在行使农村基层社会公共行政管理的职

---

① 《四川农业合作经济史料》，四川科学技术出版社1989年版，第23页。

能时，必须要寻求新的途径和新的方式。

1979年9月，广汉县委在向阳公社进行了政、社工作分开的试点，把公社干部分成三个班子：一是行政班子，二是农副业班子，三是社队企业班子。这一改革得到了省委的肯定。1980年5月，广汉县委进一步在向阳公社进行人民公社体制改革试点，实行党政分工、政企分开；撤销"广汉县向阳公社管理委员会"，恢复建立"广汉县向阳乡人民政府"，成立工业公司管理企业。6月18日正式挂上了"广汉县向阳乡人民政府"的牌子，摘下了"广汉县向阳人民公社管理委员会"的牌子。取消人民公社后，该乡成立了中共向阳乡党委、乡人民政府和农工商联合公司；生产大队改为村；生产队改为独立核算、自负盈亏的集体经济组织——农业合作社。这一改革，后来陆续在四川省和全国展开，确立了我国农村基层政权的新体制。1983年初，省委明确要求，在大队、生产队一般不动的前提下，实行政社分设，以社建乡，选举乡政府。到1984年底，全省撤社建乡工作基本完成。

随后，四川省又在新都县（今成都市新都区）石板滩公社、邛崃县（今成都邛崃市）桑园公社等继续试点"撤社建乡"。

在国家法律制度规范的层面上，1982年12月，全国人大通过的《中华人民共和国宪法》第30条、第105条明确规定：乡、民族乡和镇是我国最基层的行政区域。乡村行政区域内的行政工作由乡镇人民政府负责，乡镇人民政府实行乡长、镇长负责制。乡长、镇长由乡镇人民代表大会选举产生。《宪法》第8条还规定："农村人民公社、农业生产合作社和其他生产、供销、信用、消费等各种形式的合作经济，是社会主义劳动群众集体所有制经济。"这就消解了人民公社的行政管理职能，为全面实行"撤社建乡"改革，建立乡镇人民政府，提供了法律依据。1983年10月，中共中央、国务院又发出《关于实行政社分开，建立乡政府的通知》，要求各地有领导、有步骤地搞好农村政社分开的工作，争取在1984年底以前大体上完成建立乡政府的工作，改变党不管党、政不管政和政企不分的状况。《通知》还提出：当前的首要任务是把政社分开，建立乡政府，同时按乡建立乡党委，并根据生产的需要和群众的意愿逐步建立经济组织。乡的规模一般以原公社的管辖范围为基础，如原公社范围过大的也可以适当划小。在建乡中，要重视集镇的建设，对具有一定条件的集镇，可以成立镇政府，以促进农村经济、文化事业的发展。对人民公社体制下的生产大队、生产队等，1983年的中共中央1号文件《当前农村经济政策的若干问题》提出：

"人民公社原来的基本核算单位,即生产队或大队,在实行联产承包以后,有的以统一经营为主,有的以分户经营为主。它们仍然是劳动群众集体所有制的合作经济,它们的管理机构还必须按照国家计划指导,安排某些经营项目,保证完成向国家的交售任务,管理集体的土地等基本生产资料和其他公共财产,为社员提供各种服务。为了经营好土地,这种社区性的合作经济组织是必要的。其名称、规模和管理机构的设置,由群众民主协而决定,原来的公社一级和非基本核算单位的大队,是取消还是作为经济联合组织保留下来,应根据具体情况,与群众商定。"

在实际运作中,全国各地根据具体情况,采取了一社一乡(即以原公社的区划范围建乡)、大区小乡(即将原来的公社改为区,原生产大队改为乡)和大区中乡(即将原来的公社改为区,原人民公社下设的管理区改为乡)等3种组织形式。而在村的党支部、村民委员会和经济合作社等村级组织机构中,大多数仍实行了三套班子领导成员交互兼职。

贯彻执行中央的指示,四川到1984年底,在全省8559个政社合一的人民公社实行了撤社建乡的改革,建立了中共乡党委、乡人民政府、乡人大主席团等党政领导机构。99.3%的生产大队改为村,建立了中共村党支部和村民委员会;生产队普遍地建立了村民小组,也有的还叫生产队,或者叫作农业合作社。①

实行"撤社建乡"的改革,成立"政社分开"的新型农村管理体制,是改革开放新时期我国农村政治体制改革的一项重要内容和重大突破。通过这一改革,跨出了人民公社体制下多年来一直困扰和束缚农村政权建设和农村经济发展的"左"的禁区。这一改革的显著作用,主要表现在以下几个方面:

第一,通过"政社分开"的途径,把原来人民公社"政社合一"体制下公社、生产大队、生产队之间上下级行政隶属关系,变成了作为国家基层政权的乡政府与作为村民自治组织和村民经济合作组织的村民委员会、村民小组之间平等的契约经济关系。根据规定,实行"撤社建乡""政社分开"改革以后,村民委员会和村民小组都是具有独立地位的村民自治组织,乡镇政府对村民委员会的工作给予指导、支持和帮助,村民委员会也协助乡镇政府开展工作,但它们之间没有上下级的行政隶属关系。乡政府不能包揽或者代替经

---

① 《四川农业合作经济史料》,四川科学技术出版社1989年版,第21页。

济组织的具体经营活动，更不能把经济组织变成行政管理机构。实行"政社分开"后，经济组织的领导干部由上级任命改为经济组织成员选举或招聘产生，由于懂经济管理的干部多了，瞎指挥、平调行不通了，经济工作向着按经济规律办事的方面运转，这就从体制上解决了人民公社时期"一平二调"和生产上瞎指挥等问题。

第二，通过对人民公社"三级所有，队为基础"体制的改革，使人民公社、大队、生产队之间的上下级行政隶属关系变成了不同所有制之间平等的经济契约关系，遏制了生产资料占有从生产队向大队、再向公社过渡的可能。

第三，改变了农村集体资产的占有与分配格局。在农村经济体制改革的进程中，原公社一级所拥有的集体财产转移到了乡镇政府手里，或由上级政府在乡镇的下设部门所占有。原生产大队在改制为行政村以后，由于保留了原来的党支部，并仍然承担着一定的行政管理和政治功能，并被赋予了征取农村提取的公积金、公益金和行政管理费3项提留费用，为政府代收教育、计划生育、道路建设、民兵训练、优抚5项统筹等重要的经济权力，而且还拥有对社区范围内集体所有的土地、山林、水面等生产资源的发包权以及对非农占地的初级审批权等，从而使得行政村一级的村委会、村级集体经济组织仍然拥有较强的经济力量和对乡村公共财产占有、处置和收益等多项重要的经济权力。行政村因此也成为新时期农村经济管理体制中一个承上辖下的重要组织层次。至于原来的生产队这一级，四川农村的实际情况可能有点复杂。在"撤社建乡"的改革中，四川农村大多数以原生产队为单位设置了社区性合作经济组织，一部分经济实力较强的村以村为单位设置了这样的社区合作经济组织。据1990年的统计，四川省共有54.19万个以生产队或村民小组为范围设置的社区合作经济组织。在这一改革过程中，一方面，由于四川农村大多是经济欠发达地区，生产队在人民公社时期的集体积累比较单薄。许多生产队只有几间简陋的保管室（仓房）和耕牛、农具以及集体喂养的生猪等公共财产，并且又在实行包干到户改革时将这些原属生产队所有的耕牛、农机具等分包到了户，生产队少量的集体财产也基本上被分掉了，以至于一些经济落后地区以及经济实力较为薄弱的生产队曾一度不再具有集体经济积累。但是另一方面，结合完善"统分结合，双层经营"体制的工作，四川各地也加强了农村基层社区性合作经济组织的建设。如1983年12月，中共四川省委、四川省人民政府在成都召开农村工作会议时，即明确规定："乡以下，一般应以生产队为单位设置以土地公有为基础的地区性合作经济组织,其名称或叫农业合作社,或仍保留生产队名称,都由群众选定。对于少数大队已经成为经济实体的,可以村为单位设置。"①这就是说,以生产队为单位设置的农村合作经济组织,无论是合作社,还是仍然叫生产队,都必须以"土地公有为基础"。这样,它作为集体所有制的农村最基层的经济合作组织,实际上拥有对原生产队范围内土地、山林、水面等主要经济资源的所有权。而且按照规定,这种社区性合作经济组织,对内与农户签订承包合同,对外发生经济往来,实际上承担了经济法人和村以下行政组织的职能。村民小组、合作社或生产队这种以拥有土地等经济资源所有权而派生出来的部分经济管理权和行政权力,可能是新时期四川农村基层社会政治、经济权力实际运作的特点,但也更有可能是南方丘陵、山区在农户分散居住格局下较为普遍的实际情况。

第四,通过"党政分工""政企分开"的改革,加强和改进了农村基层党组织和政府的政治建设,有利于密切联系群众,为农村经济发展服务,为农民群众服务。按照中央党政分开的原则规定,乡党委对乡政府的领导,主要是政治、思想和方针政策的领导,对干部的选拔、考核、监督,对经济、行政工作中重大问题的决策,而不是包办政府的具体工作。乡党委的具体职责是:集中力量抓好党的路线、方针、政策的贯彻执行,抓好基层党的组织建设和思想建设,加强对共青团、妇联和民兵的领导,促进党风和社会风气的稳定好转。乡政府的职责是:领导和管理经济建设,负责全乡的管理、保卫、司法、指导和监督。这就为理顺乡镇的党政关系提供了制度保障。

第三节 调整农村产业结构

一、农业内部产业结构调整

产业结构调整是新时期四川农村经济结构变迁中极具时代特征的重大变革之一,也是一个内涵丰富、论域甚广的问题。

1977年11月,中共四川省委在重庆召开多种经营工作会议指出,四川农村多种经营的资源丰富,条件很好。"山下是粮仓,山上是银行。"多种经营已

---

① 《四川农业合作经济史料》,四川科学技术出版社1989年版,第158页。

到了非抓不可的时候了。"集体生产靠贷款，社员用钱靠卖米"的状况，不能再继续下去了。要开发自然界这个"银行"，走以多种经营促进支农工业，以支农工业支援农业的路子。会议还制定了1978～1985年发展多种经营的规划。1980年，《四川日报》发表文章指出，根据对全省17个地、市、州（缺甘孜藏族自治州）农村105个社员人均收入在300元以上的经济富裕生产队（相当于同期全省农村人均收入80.1元的3.3倍）的分析，其基本的经验：一是敢于劳动致富；二是积极调整农业内部产业结构——这批富裕队的总收入中，种植业以外的收入占到了54.9%。1984年8月，省委又提出：搞好农业结构的调整，必须解决好3个问题：一是确定发展某项生产，要实事求是，因地制宜，扬长避短，发挥自然资源的优势；二是要充分考虑技术经济条件和交通、运输、加工、储藏能力；三是要适应社会的需求变化，掌握市场信息，通过调整，提高农产品的商品率和经济效益。

根据这一思路和先进经验，四川结合开展多种经营，调整农业内部产业结构，基本的指导思想是：一手抓近1亿亩耕地的集约经营，一手抓林地、草原、水面等非耕地的开发经营，在确保全省粮食总产量每年有所增长的前提下，搞好粮食、经济作物的比重调配与合理布局，重点发展畜牧业、林果业和乡镇企业，建设以种养型为主的林牧副渔同步发展的大农业。首先，调整了种植业内部粮食与经济作物、绿肥饲料用地的比例，即在推广杂交良种、地膜覆盖、水稻半旱式栽培、科学用肥等现代农业技术，确保粮食单位面积产量和粮食总产量逐年有所增长的前提下，调减粮食作物种植面积；按照市场信息、适当集中、专业高产的路子，增加经济作物和饲料绿肥种植面积。调整后，经济作物种植面积增加，在全省耕地中所占比重，从1978年的8.1%增至1990年的12.1%；饲料绿肥用地，也从1978年的5.7%增至1990年的9.1%，形成了"粮、经、饲"三元经济结构。其次，积极发展林果、畜牧、副业、水产等涉农产业。在发展多种经营的过程中，还探索了发展农户庭园经济、果木经济，培育种（养）专业户，打造专业村等多种形式的商品经济发展道路，取得了一些经验。

二、"专业户"和农村专业生产合作社

在农村家庭联产承包责任制逐步推进的过程中，越来越多的农业劳动力从传统的农业生产中解放了出来。他们中有一部分人把自己的一技之长与当地的

资源优势结合起来，发展各种门类的专业生产，并因此获得了比单纯依靠家庭经济模式的农户更高的经济收入，被人们称为"专业户"。如据成都市的统计资料显示：1987年底，成都全市共有农村专业户41157户，其生产经营范围涵盖了农、林、牧、副、渔、工、商、建筑、运输、服务等多个行业。对于"专业户"这一改革开放中出现的新事物，成都市根据省上的指示提出：要通过发展和完善"四专一条龙"（所谓"四专"，即指专业户、专业基地、专业协会、专业市场；"一条龙"，即指"产、供、销一条龙"）的体系，积极引导和促使专业户朝着市场化、社会化的方向发展。

1988年，以专业户的蓬勃发展为基础，四川农村又出现了以专业户为基础，对蔬菜、水果、花卉、食用菌、猪鸡饲养等某一类商品专业化生产（经营）、按合作组织原则组成的农村专业生产合作社。典型者如：双流县彭镇养猪联合社，由7个乡的140多家养猪专业户和一些饲料、运输专业户联合组成，1988年销售肥猪6000多头；双流县九江乡养鸡联合社，1988年生产鸡蛋260万公斤，总产值达到1040万元；金堂县食用菌生产联合社的生产流通环节，共吸纳劳动力9万多人。在加速了农副产品的规模经营和商业化、市场化的同时，也解决了部分农村剩余劳动力的就业出路问题。

三、乡镇企业的异军突起

乡镇企业，1984年以前叫社队企业，主要指由人民公社、生产大队和生产队兴办的集体企业。1984年以后，随着"撤社建乡"，遂改称"乡镇企业"，除社（乡、镇）、队（村、社）集体企业外，又包括了这一时期新兴的由农户联办的合作企业，其他形式的合作企业和个体企业（简称"户办""联办"企业）等，其经营范围，也进一步扩大到了二、三产业的众多领域。[①]

乡镇企业的前身，是农业合作化时期合作社为开展多种经营而将农村传统的手工业、加工工业和家庭副业如碾米坊、磨坊、槽坊、粉坊、油坊、豆腐坊、砖瓦窑、石灰窑和"五匠"（泥、木、铁、石、篾）等能工巧匠组织成立的副业生产队（组）。人民公社成立后，按照"人民公社必须大办工业"的号召，依靠"平、调"生产队、大队的人、财、物力和集体工副业经济资源，

---

① 余明玉：《四川乡镇企业的崛起》，载罗宗荣等主编《四川乡镇企业》，成都出版社1995年版，第6页。

陆续兴办了铁厂、煤矿、砖瓦厂、水泥厂、农机修造厂、化肥厂、种植场、养殖场等社办、队办企业。据统计，到1975年底，四川全省共有社队企业5.42万个，年总产值3.96亿元，占农业总产值的3.28%。

1977年4月，为了加强对社队企业的领导，促进社队企业的发展，四川成立了省社队企业管理局。随后各地、市、州和大部分的县也相继成立了社队企业管理局。1978年10月25日，中共四川省委作出《关于加速发展社队企业的决定》，强调指出："大力发展社队企业，农、副、工相结合，是高速度发展农业的必由之路。社队企业的发展，可以增加集体资金，加快农田基本建设和农业机械化，扩大农业再生产，壮大集体经济，逐步提高社员的生活水平。从长远来看，它对于城乡结合，改善工业布局，逐步缩小和消灭三大差别，都具有极其重要的意义。"并提出了"因地制宜，讲求实效，发挥优势，多快好省"的方针。省委确定由省长鲁大东兼任省社队企业局局长，并强调要求："省、地、县委都要有一位书记兼任社队企业局局长。""要像对待全民所有制企业那样对待社队企业，要像抓好农业那样抓好社队企业。""今后凡是公社能办的企业，县不要办；凡是县能办的企业，地不要办；凡是集体能办的企业，全民所有制不要办；凡过去刮共产风、搞平调收了社队企业的，要一律退回。""农副产品原则上由社队就地加工。县城以下的粮、棉、油等加工企业，要有计划地下放给社队经营，跨公社的企业可以联办或由县社队企业局代管，原有产销关系不变。""省、地、县的机动财力，要安排专款，用于发展社队企业"等。①此后，省委、省政府还先后于1984年9月、1991年10月下发了关于大力发展乡镇企业的决定。按照省委的指示精神，省、地、县各级政府的计划、财政、税收、供销、物资、信贷、交通、林业、轻工等相关部门，也从政策、资金、税收、物资供销、交通运输等方面支持社队企业的发展，从而使得社队企业由此前自发式的发展转变为有计划、有领导地发展，为四川农村乡镇企业的快速发展营造了良好的政策环境，使得四川的乡镇企业异军突起，呈现出快速增长、蓬勃发展的态势。

相关的统计数据显示：1978年，四川省共有乡镇企业14.94万个，从业人员179万（占农村劳动力的4%左右），总产值21.3亿元（占农业总产值的16%）；到1987年时，乡镇企业已增至169万个，乡镇企业从业人员增至631万，总产值

---

① 罗宗荣等主编：《四川乡镇企业》，成都出版社1995年版，第421～423页。

增至260亿元。另外，1987年，乡镇企业支付从业农民的工资40亿元，超过全省农民卖粮的收入；乡镇企业补农资金近4亿元，超过同期财政支农资金；乡镇企业本身的积累已达到87亿元，超过十一届三中全会以前农村社队三级固定资产总值。①

新时期乡镇企业迅速发展壮大，并逐渐成为四川农村新生产力的载体，农村经济的重要支柱，农民致富的主要途径。在促进四川农村经济结构变迁方面，乡镇企业也发挥了积极作用。②

第一，改变了农村以农为主的传统经济结构，形成了以乡镇企业为主导，农、工、商、运、服全面发展的农村产业新格局。根据1990年的统计数据，当年四川农村社会总产值1068.92亿元中，农业总产值637.07亿元，占59.8%；农村工业总产值287.93亿元，占26.94%；农村建筑业产值52.77亿元，占4.94%；农村运输业41.27亿元，占9.3%；农村商业饮食服务业49.88亿元，占4.66%；乡镇企业从业人员总收入占农村总收入的55.5%；乡镇企业从业人员人均工资收入113元，为同期四川农民人均纯收入的188.5%；农业人口因此而人均增收71.3元，人均纯收入的14.13%来自乡镇企业。

第二，为农业发展提供了资金支持。据统计，从1977年至1986年的10年间，四川全省乡镇企业用于以工补农的资金3.89亿元。而在1990年一年中，乡镇企业用于以工补农、以工建农和农村各项社会福利事业支出的资金即达到1.84亿元。整个20世纪80年代，乡镇企业通过支付劳动报酬、支农建农和农村社会事业建设资金等途径，总共向农村提供资金174.4亿元。另据统计，1990年，乡镇企业固定资产原值134.4亿元中，乡、村两级企业生产性固定资产64.3亿元，为乡、村两级集体组织积累了一笔可观的公共财产，壮大了乡村集体组织的经济实力。

第三，探索了一条"进厂不进城，离土不离乡"就地转化农村富余劳动力的出路。由于早期的乡镇企业多注重发展劳动密集型产业，在解决农村富余劳动力就业出路上作用极大。据统计，1990年，四川乡镇企业从业人员已占到农村劳动力总量的14.4%，占农村剩余劳动力总量的44.1%。在他们中间，还涌现了一批优秀的企业家和一大批具有现代工业生产技能、懂企业经营管理的高素

---

① 罗宗荣等主编：《四川乡镇企业》，成都出版社1995年版，第412页。
② 以下论述参见《中国农业全书·四川卷》，中国农业出版社1994年版，第178~179页。

质劳动者。这些人在乡镇企业中事业上的成功和经济收益上的比较优势，对于改变四川农民的就业观念，提高人们的商品经济意识，无疑具有振聋发聩的先进示范作用。

第四，把现代工业文明导入了农村，提高了农村的工业化水平。相关的研究表明：中华人民共和国成立以来，先后多次在农村掀起工业化高潮。第一次是1958年在"大跃进"和人民公社化的背景下，各地响应"人民公社要大办工业"的号召，掀起了第一次工业化高潮，但主要是以农村原来的手工业、加工工业和集体副业为基础，开办种植场、养殖场和小煤窑、小五金厂等，在企业规模和生产技术上，多处于手工作坊的生产力水平。第二次是20世纪70年代为了加快农业机械化，各地兴办了一批农机厂、农具厂、化肥厂、水泥厂、小水电等"五小"工业。第三次就是改革开放以来这次农村工业化浪潮。在这次工业化浪潮中，政府提倡"城乡结合，厂社挂钩"，从而使得乡村工业在既有的轻工、农副产品加工、农机、化肥等传统企业的基础上，也引入了化工、机械制造等若干现代工业甚至于高新科技企业。新时期的四川乡镇企业，在生产规模、技术水平和经营管理水平等各方面，均远远超过了前两次工业化的水平，从而把现代工业经济更广泛也更深入地导入了农村社会经济体系中，提升了四川农村工业化水平和工业现代化的程度。

第五，促进了农村小城镇建设。在乡镇企业发展进程中，一方面，大批乡镇企业需要相对聚集于小城镇，以城镇为依托展开工业布局，形成规模经济效应，从而逐渐成为农村经济、政治、文化的中心，并加强了城乡交流，促进了城乡结合；另一方面，乡镇企业发展壮大以后，也为小城镇建设积累了资金，带动了人口聚集、小城镇商贸经济以及文化、教育、卫生等各项社会公共事业的发展，为下一步的城乡一体化创造了条件。

四、民工弄潮创大业

改革开放以来，民工弄潮创大业，是中国农民又一大创举。四川是主要发源地、流出地，贡献突出，值得大书特书。自古以来，四川是农业大省，也是人口大省。改革开放以前，实行"以粮为纲"，把人们禁锢在耕地上搞粮食生产。结果，1978年全省共有3375万（占当时农村劳动力3501万人的96.4%）农村劳动力在从事第一产业，过着缺粮吃、缺钱花的困难生活。改革开放以后，通过多种经营、乡镇企业、劳务输出和鼓励农民"洗脚上田"、进城务工经商等多种途径，成功地转移了大批农村富余劳动力。据统计，从1978年至1990年的13年间，在全省农村劳动力新增1389万人的情况下，农村中从事第一产业的劳动力还是从1978年的96.4%下降到1990年的86.6%，下降9.8个百分点；从事第二产业的农村劳动力从1978年的2.1%，增加至1990年的6.6%，增加4.5个百分点；从事第三产业的农村劳动力也在同一时期从1.5%增加至6.8%，增长了5.3个百分点。①

总之，经过农村产业结构调整，至20世纪80年代后期，四川农村初步形成了4种类型的产业结构区域：一是开放型产业结构区：主要分布在大中城市郊区和部分平原县，占全省县（区）总数的15%左右。这类地区改革了原有的产业结构，农村工农业产品的商品率已达到75%~80%，第一产业在农村社会总产值中所占比重已下降至45%~60%，基本上脱离了半自给自足农业经济的发展水平，形成了全面发展商品经济的能力。二是综合型产业结构区：主要分布在一部分平原县、大部分丘陵区和中等城市郊区，占全省县（区）的35%左右。这类地区已经形成具有一定特色的支柱产业，初步具备了综合发展商品经济的能力，农副产品商品率高于全省一般水平，二、三产业在农村社会总产值中所占比重已达到1/3以上。三是起步型产业结构区：主要分布在盆周山区和川西高原山区的一部分县，占全省县（区）总数的40%左右。这类地区第一产业比重仍然较大，生产水平较低，尚未形成支柱产业，产业结构基本上仍是原有传统农业的框架，农副产品商品率、人均农村社会总产值和纯收入，相当或低于全省的平均值。四是封闭型产业结构区：主要分布在川西北高原，占全省县（区）总数的10%左右。这类地区商品经济欠发达，乡镇企业十分薄弱，农村产业结构几乎没有什么变化，第一产业占农村社会总产值的80%左右，其中还有一部分县未能解决温饱问题。②

第四节 市场经济体制与农村经济结构变迁

20世纪90年代，中国的改革开放和社会主义现代化建设事业进入一个新的发展阶段。

---

① 《中国农业全书·四川卷》，中国农业出版社1994年版，第135~136页。
② 《中国农业全书·四川卷》，中国农业出版社1994年版，第139页。

1991年11月，中共中央召开十三届八中全会，作出《关于进一步加强农业和农村工作的决定》，在充分肯定了十一届三中全会以来党在农村的各项基本政策以及农村改革所取得巨大成就的基础上，强调要继续稳定以家庭联产承包为主的责任制，不断完善统分结合的双层经营体制，坚定不移地深化农村改革。1992年初，邓小平"南方谈话"强调提出，党的基本路线要管一百年，动摇不得。改革开放胆子要大一些。并提出了"三个有利于"和计划与市场并不是社会主义与资本主义的本质区别等一系列精辟论述。同年10月，中共中央召开党的十四大提出了"加快改革开放和现代化建设步伐，夺取有中国特色社会主义事业更大胜利"的奋斗目标。并决定：一是确立邓小平建设有中国特色社会主义理论在全党的指导地位；二是明确我国经济体制改革的目标是建立社会主义市场经济体制；三是要求全党抓住机遇，加快发展，集中精力把经济建设搞上去。1995年，中央提出并实施了西部大开发战略。1997年召开的党的十五大提出：要高举邓小平理论伟大旗帜，要坚持党的十一届三中全会以来的路线不动摇，牢牢抓住历史机遇，开拓前进，坚持社会主义市场经济的改革方向，使改革在一些重大方面取得新的突破，在优化经济结构、发展科学技术和提高对外开放水平等方面取得重大进展。1998年，中共十五届三中全会通过的《关于农业和农村工作若干重大问题的决定》提出："以公有制为主体、多种所有制经济共同发展的基本经济制……必须长期坚持。"从而第一次把"以公有制为主体、多种所有制经济共同发展"明确为我国农村基本的经济制度，把多种所有制的地位提到了新的高度，并要求"探索和完善农村公有制的有效实现形式"。

邓小平"南方谈话"和党的十四大、十五大，促进了人们进一步解放思想，推动着我国改革开放和社会主义现代化建设事业进入一个新的发展阶段，促使四川农村经济按照"稳粮、增收、奔小康"的思路，朝着现代化的方向继续前进。

一、家庭联产承包责任制的稳定与变化

首先，根据"大稳定，小调整"的原则，继续稳定农村土地联产承包责任制。从1997年起，四川各地结合延长土地承包合同工作，按照"保质、联产、有偿承包"等原则，充实了土地承包合同内容，明确了发包和承包双方的权利义务，向农户颁发了土地承包经营权证书，进一步稳定和完善了农村土地承包

关系，完善了统分结合的双层经营体制。到2000年初，四川全省已有4822个乡镇完成了土地延包工作，占乡镇总数的96.5%；延包耕地6259万亩，占耕地总数的92.5%。同时在一些人地矛盾过分突出的地区也进行了土地小调整，涉及耕地531.7万亩，占耕地总数的7.5%。

其次，土地流转的出现。由于改革开放以来乡镇企业的蓬勃发展和农民进城务工经商，改变了传统的农业生产与一部分农民的职业结构，使得一些长期从事二、三产业或进城务工经商的农户将自己全部或部分的承包土地转包给其他主要从事农业生产的农户生产经营，由此形成了土地转包的新趋势。对此，中共四川省委、省人民政府要求各地按照"明确所有权，稳定承包权，放活使用权"和"依法、自愿、互利"等原则，在农村劳动力转移较多、经济发展较快的地方，因地制宜地探索和试行多种形式的土地转包新途径。据统计，2000年，四川农村土地流转面积已达到421.9万亩，其中耕地139.9万亩，占流转总面积的33.1%；非耕地282.1万亩，占流转总面积的66.9%。土地流转的主要形式有：转包（110.4万亩）、租赁（157.1万亩）、入股（21.5万亩）以及拍卖、土地互换等。[①]土地流转是新时期四川农村探索土地资源利用新机制的一项重要尝试，它有利于提高农业的生产率、规模经营和集约化水平，有助于促进农村商品经济的发展，并为后来进入21世纪以后成都市在中央、四川省的支持下，以科学发展观为指导，推进城乡一体化，实施"三个集中"时，促进土地向种田大户和规模经营集中，提供了先试先行的经验。

二、农业产业化经营

农业产业化经营是20世纪90年代农村深化改革和商品经济发展的新事物，是"把农村千家万户的分散经营引导到规模化、系列化、产业化的轨道上来"，提高农业生产的规模经营效益，实行集约化经营和"推进农业向商品化、专业化、现代化转变"的重要途径。

在农业产业化经营方面，四川主要是围绕发展龙头企业和建设农副产品购销市场体系，搞了"五抓"：一是抓市场带动。在省内大宗、主要农产品的产地或集散地，重点建设了几个在全国具有较高知名度的功能齐全、设备先进、货源充足、交易活跃、辐射力强的农副产品专业批发市场，以市场建设带动

---

① 《从十五大到十六大》，中共党史出版社2002年版，第895页。

农业产业化的发展。二是抓龙头企业建设。重点是围绕"公司+农户"这一新的农业经营组织模式，探索培育多种类型、多种所有制的农业龙头企业。1995年，四川省批准在成都市的郫县搞公司+农户的改革试点。当年，郫县即有龙头企业49家，创年产值3.78亿元，带动农户2.65万户，转移农村劳动力3.18万人，农户获利7694万元，人均收入增加1000元以上。成都市委、市政府抓住这一机遇，明确地提出：要打破行业和行政的界限，不分所有制性质，谁有实力，谁就是龙头。积极引导和鼓励国有企业、乡镇企业、民营企业、个体企业和"三资企业"兴办农副产品加工业，以龙头企业的规模经营和市场经济效益，吸引带动农户，把农户逐步引向现代农业的社会化、商品化生产之路。至1997年底，成都市已发展有4000多家农业产业化组织，有一定规模的龙头企业达到300余个，联系的农户达到50多万户。三是抓基地建设。鼓励农产品加工企业，特别是龙头企业，围绕主导产品、特色产品、拳头产品，通过定向投入、定向服务、定向收购等方式，与乡、镇、村、组、户结合，建立稳固的农产品生产基地；鼓励有条件的企业采取承包、租赁土地等方式，获得农业资源和从企业分流部分富余人员直接从事开发性生产，形成企业自己的农副产品生产基地。四是抓科技支撑。鼓励龙头企业引进高新技术、专业设备，从事农副产品的生产和深加工，探索实行精确农业、电脑农业等高科技农业生产方式。五是抓机制创新。引导龙头企业建立多种多样的与农户利益紧密联系的生产组织方式。比较普遍的做法是以合同契约为纽带，企业根据市场需求，或自己建立农副产品生产加工基地，或与农户签订产销合同，确定保护价。企业负责向农户提供种子、饲料、启动资金、技术指导和收购产品等，收购的农副产品集中起来后，或批量投入市场，或经过加工后投入市场，从而在不改变家庭联产承包责任制和农户家庭经营的前提下，通过公司+农户、专业协会+农户等形式，以企业为龙头，农户为基础，配套服务为手段，共同利益为纽带，把分散经营的个体农户与市场经济联系起来，促使其走上产业化经营的现代农业发展之路。另外，还有一种更高级的形式，就是企业和农户以资金、技术、劳动力、土地使用权等生产要素入股，形成股份合作经济体制下的企业+农户利益共同体。

在探索推广公司+农户这种产业化经营模式的进程中，四川各地还结合进一步调整农村产业结构，发展高效农业，以市场为导向，以增产增收为目的，以粮、菜、花、果、肉、奶、鱼等农产品基地建设，突出开发早、特、珍、稀、贵等优势畅销的拳头产品，形成了因地制宜、各具特色的农副产品商品化生产、营销体系或生产基地。例如，成都市于1997年即已建成20多个粮油、副食品、水果、蔬菜、出口创汇和轻纺原料等农副产品生产基地，各类基地的农业产值总计达70亿元，占全市农业总产值的74%，农产品商品率达到65%，形成了初具规模的区域性农业专业化生产格局。①

通过农业产业化的发展，逐渐探索出了一条既能充分发挥农户家庭经营和个体生产劳动积极性，又能实现把农户组织起来，走符合现代农业规模经营、集约经营之发展道路的目标，还进一步促进了由单一农业向农林牧副渔业全面发展，由一般性结构调整、适应性结构调整向着战略性结构调整的深化，使得农业产业结构更加趋于合理。

三、农业社会化服务体系的逐步健全

为农户提供农业生产社会化服务是农业现代化的重要内容，也是现代农业与传统农业的根本区别之一。改革开放以来，在推行家庭联产承包责任制的过程中，四川农村以国家建立起来的农技站、农经站、水利站、农机站、农业生产资料公司及其销售网点等为基础，探索多元化、多渠道兴办和发展农业社会化服务组织，完善和加强农业社会化服务，解决农户家庭经营与商品生产社会化之间的矛盾。概括地说，新时期四川农村建设社会化服务体系的途径主要有四：一是建立民办公助的乡村农技、农经服务站（所）；二是采取多种形式为农村培训技术人才；三是发展各种农民专业协会，实行农民自我服务；四是发展民间服务经营的新型经济联合体和个体服务户。新时期四川农村社会化服务组织的发展概况，以农经农技站为例，1987年，四川全省共有乡级农经服务组织8016个（占全省总乡数的93%），其中有1776个是农经农技相结合的综合服务站。至1990年，乡镇综合性农技服务站增至6442个，并办有村农技组4.5万个（占总村数的50%）。还有科技示范户95万多户，形成了多种所有制形式、多元化覆盖四川农村的产前、产中、产后系列化服务的农业科技体系。20世纪90年代，结合贯彻落实国务院《关于加强农业社会化服务体系建设的通知》，四川各地又以农村合作经济组织为建设农业产业化服务体系的基础，充分发挥其内联广大农户，外联政府经济技术部门，加上供销、信贷、农技、农经等其他

---

① 《从十五大到十六大》，中共党史出版社2002年版，第890页；中共成都市委党史研究室编：《走改革开放之路》，中共党史出版社2008年版，第35～36页。

社会服务组织的纽带作用，从搞好农民急需的产前、产中、产后等农业生产社会化服务着手，进一步扩展了服务内容。从提供专项服务或系列化服务出发，加强了对供销合作社、信用合作社以及各种农产品经销、加工企业和农民自愿组成的服务实体的组织建设和机构完善，强化了各种经济实体的农业社会化服务功能，发展和完善适应现代农业生产需求的农村社会化服务体系。从"科技兴农"出发，在完善和提高既有的县、乡、村三级农业科技推广服务组织的基础上，重点加强了农村乡镇农业服务机构的建立、调整和充实。如成都，1993年，全市县、乡、村三级农业科技推广服务机构共有技术人员3万余人；建立了16个农业技术推广中心；在全市298个乡镇共建立起398个农技服务站、404个畜牧兽医服务站、365个农经服务站、392个农机服务站和236个水利服务站；全市4647个村已有3236个村建立了村级综合服务社；共有科技示范户17.3万户；农村专业技术协会1120多个。[①]基本形成了一个上下相连、左右相通、覆盖全市农村地区的农业科技推广服务网络，为市场经济体制下发展商品农业，开创现代农业新局面，提供了科学技术的支持。

四、农村经济结构的变化

首先是乡镇企业的迅猛发展。相关的统计资料显示：四川的乡镇企业，从20世纪80年代后期开始加速发展，到1992年邓小平"南方谈话"和中央加快改革开放的步伐以后，呈现出一种"井喷式"的迅猛发展趋势，进入发展史上最好的时期。

20世纪90年代四川乡镇企业的迅猛发展，除表现在全省乡镇企业总产值逐年快速增长方面外，也表现在规模企业的增加，一批像新希望集团、通威集团、恩威集团、八一家具集团这类大型国内知名企业的出现等多个方面。从对四川农村社会经济结构变革的影响上来看，有两点值得一提：一是乡镇企业在四川农村社会生产总值中所占比重，从1991年的43.9%增至1995年的60%以上，改变了四川农村以农为主的生产格局；二是在转移农村劳动力方面继续发挥重要作用："八五"期间转移210万人，"九五"期间转移190万人，合计400万人，每年平均转移劳动力40万人。[②]乡镇企业由此成为四川农村社会经济发展

[①] 中共成都市委党史研究室编：《走改革开放之路》，中共党史出版社2008年版，第37页。
[②] 罗宗荣等主编：《四川乡镇企业》，成都出版社1995年版，第29页。

的动力源,农民增收的主渠道。

其次,农村劳动力特别是青壮年男女劳动者外出务工经商已成潮流,使四川逐渐成为国内有名的"劳动力资源大省"和"劳务输出大省"。据统计,2001年,四川省农村劳动力向非农产业转移已达1260万人,比1996年增加了近35万人,增长38.4%。其中,跨省输出560万人,同比增加200万人,增长55.6%;国外劳务输出1.5万人,实现收入10亿元;从邮局、银行汇回四川劳务收入235亿元,同比增加102.6亿元,增长77.5%。2001年,四川省还有34万外出务工经商人员回乡创业,他们兴办的企业共吸收安置100万劳动力就业,从而形成四川省农村富余劳动力转移中的"内转(省内转移700万)、外输(560万)、回引(34万)"的劳务开发新格局,另外,2001年四川省农民劳务收入为人均580元,占农民人均纯收入的29%,占农民人均纯收入增量的54%。[①]

到21世纪初,四川农村以及农户经济,无论是在生产格局上,还是在经济收入方面,都已经基本上走出了"以农为主""以粮为纲"的旧框框的束缚,呈现出一种以市场为导向、农林牧副渔以及农工商多业兼营的现代农业新局面。

---

① 《从十五大到十六大》,中共党史出版社2002年版,第891页。

第九章 走向现代化的新世纪四川农村

改革开放之初，巴蜀农业走在时代前列，取得了令人瞩目的成就。进入21世纪以来，伴随着迈向全面建设小康社会和加速社会主义现代化建设新阶段的步伐，取得了一系列新成就。围绕着21世纪头十年，四川实施跨越式发展战略、全面建设小康社会分三步走的奋斗目标。"坚持科学发展、构建和谐四川""奔富裕、求发展、促和谐、树新风"，着力推进"传统农业向现代农业跨越"，农村经济按照省委"推进产业化，全面建小康"的总体思路，沿着社会主义现代化道路，朝着科学发展，协调发展，统筹城乡发展，以实现解决"三农"问题，建设和谐社会的宏伟战略目标。

第一节　推进产业化，全面建小康

一、扶持龙头企业做大做强

中共四川省委提出的"推进产业化，全面建小康"基本思路，把贯彻落实党的十六大、十七大精神，解决好"三农"问题作为21世纪初期农村工作重中之重。提出这一思路，是基于认识到：农业产业化作为一种现代农业生产经营方式，作为人类农业文明发展的进步潮流，不仅是新世纪初期做好四川农村工作的抓手，也是实现统筹城乡发展、城镇反哺农村、工业反哺农业的重要载体，更是实现农业增产和农民增收的重要途径，转变农业发展模式和农村经济增长方式的必然要求，推进四川传统农业向现代农业跨越式发展的必由之路。为此，省委、省政府出台了《关于大力扶持龙头企业发展，加速推进农业产业化经营的意见》，提出要重点在优质粮油、畜牧、果蔬、中药材等优势产业上做大做强龙头企业；大力发展配套产业和配套企业；引导和鼓励现有龙头企业、乡镇企业、中小企业向农业产业带、产业基地和产业园区集中，形成企业集群和产业集群；全省农业产业化经营要逐步显现出科学发展、整体推进，以构建现代农业为目标，以科学规划为龙头，大力推进农产品专业化、规模化、优质化、标准化、品牌化建设，进一步拉长产业链，发展农产品精深加工，发展农业循环经济，提高可持续发展能力等特征；要求农业产业化经营以体制创新、机制创新、科技创新为动力，以集约化、规模化、专业化为特征，在社会主义新农村建设和推进传统农业向现代农业的跨越中发挥重要作用。为贯彻落实中央和省委的指示精神，四川各地把推进农业产业化经营作为实现从传统农业向现代农业跨越、农业增产、农民增收和社会主义新农村建设的工作重点，积极加强领导，继续完善政策措施，加大对产业化经营组织的扶持力度，为农业产业化经营营造良好的体制、政策与行政服务的软环境。例如，为了在资金方面给农业产业化经营以强有力的支持，各级财政把农业开发资金、基地建设资金等支农资金重点投入农业产业化经营项目，实行捆绑使用；扶贫资金也紧紧围绕农业产业化经营项目集中投入，重点安排；银行、农村信用合作社也加大了对农业产业化经营项目的金融信贷投入力度，重点给予资金倾斜，积极支持解决其技改贷款以及农副产品收购流动资金贷款，并在利率上给予适当的优惠，有力地推进了全省农业产业化经营的快速发展。

农业产业化必须大力发展涉农企业，而龙头企业是农业产业化经营的火车头。龙头企业的发展水平，不但标志和制约着农业产业化的经营规模和集约程度，也影响其带动农户发展商品生产的经济辐射能力。为此，四川各地对有优势、有特色、有基础、有前景的龙头企业，采取了有偿和直接投资相结合的方式予以重点、优先扶持。首先，制定出台了一系列以税收优惠、用地优先为主的扶持政策，鼓励龙头企业从事种植业、养殖业和农林产品初加工，鼓励企业研究开发新产品、新技术、新工艺，鼓励企事业进行技改和购买先进设备。加大对龙头企业用地优惠的政策力度，规定龙头企业从事农副产品经营和重点农副产品批发（专业）市场的用地，优先审批，其征（使）用土地的各项费用从优，收费低于工业用地。重点龙头企业建立生产基地所需的用地，直接向村集体经济组织租赁或承包，只向乡（镇）政府备案，不再办审批手续。其次，通过积极有效的招商引资活动，以诚招商、以项目招商、以资源换资金、以存量换增量，聚集了一大批龙头企业。如成都市就先后引进了美国维生公司、福建兰田公司、晋江福源公司、北京汇源公司等一批海内外知名企业。其三，按照"利益共享、风险共担"的原则，积极引导龙头企业与农户创新利益联系机制，探索出合同（订单）保护、劳资合作、利润返还、股份制合作等多种深受农民欢迎的经济合作方式，带动了农户商品经济的蓬勃发展。

在党委、政府的积极引导、政策优惠和资金倾斜等全方位扶持下，近年来，四川农业产业化龙头企业生产能力不断扩大，经济实力显著增强，显示出良好的发展态势。第一，在畜牧、优质粮油、果蔬、中药材四大优势产业以及茶叶、丝绸、林竹等特色产业上，培育壮大了永丰纸业、铁骑力士、叙府茶业、绿科农业、菊乐乳业、仙芝茶叶、升达林产等一批加工型龙头企业。第二，一些著名的大型龙头企业如希望集团、恩威集团、高金食品公司、四海集团、华侨凤凰、通威集团、派立食品、美宁集团、白家食品等积极向外发展，走出四川，走向世界，努力开拓海内外市场，在国际国内两个市场的竞争中继续做大做强，国内外市场占有份额稳步扩大。第三，龙头企业不断提高农副产品的科技含量，加大技改力度，大搞精深加工，开发系列产品，延长产业链条，创造名优品牌。截至2005年底，仅省级重点龙头企业就申请专利335个，其中申请发明专利68个；注册商标1185件，其中在国外注册商标238件，驰名商标7件，著名商标51件。高金、美宁、豪吉、光友、新希望、通威、升达、竹叶青、永丰等龙头企业，均成功地打造出了企业品牌，成为不仅在全省，而且在全国甚至世界，都有较高知名度的涉农规模经营企业，不仅有效地发挥了龙头企业产供销、贸工农一体化经营的辐射带动作用，也为农业发展、农民增收和农业产业升级换代注入了新的活力。

二、农业产业化经济组织的创新发展

创新是经济社会发展的原动力。经过21世纪初期的几年探索创新，四川农业产业化经营组织已经形成以下四种主要模式：

（一）龙头企业+基地+农户

这是以中国以农产品加工企业为龙头，重点围绕一种或几种产品的生产、加工、销售，与原料生产基地的农户实行有机联合的组织模式。在这种组织模式下，企业为农民提供优良品种、种养技术和资金，与农户签订最低保护价，确保农民利益。如2006年，四川省生猪受到多种因素的影响，价格跌至历史最低，四川高金、四海、春源等龙头企业按照年初与农户签订的最低保护价收购，有效地保护了养殖户的利益和养猪的积极性。

（二）龙头企业+合作经济组织+农户

这种模式是以农户家庭承包经营为基础，农民自愿加入提供产前、产中、产后系列化服务的互利、互惠、互助的农村专业合作经济组织。通过种养大户、经济能人或村（社）集体经济组织牵头并从中协调沟通，把分散的农户与龙头企业联系起来，通过企业直接与专合组织签订合同，专合组织再与农户签订合同的途径，一方面，农户通过专合组织联合起来，形成规模生产能力和与企业打交道的经济实力；另一方面，企业也避免花费大量的精力与单家独户的农户签订合同等烦琐事务，双方通过合同这一经济契约形式，从法律上更好地保护了双方尤其是农户的经济利益。

（三）专业批发市场+合作经济组织+农户

这种产业化经营组织的特点是，专业市场将最新的信息传递给专业合作组织，通过专合组织把信息传递到农户，弥补了农户在生产销售过程中信息不畅的缺陷，并且通过专合组织在农户家门口就能把产品销售到市场。例如，绵阳市高水农副产品批发有限公司牵头组织经营户下到各蔬菜种植基地，直接与农户签订供销合同，并为农户提供优质种苗，指导农户按标准化生产。截至2007年，该公司与基地3000余户种植大户签订购销协议，连接基地97.6万亩，带动农户12万余户，农户通过这一方式调整产业，每亩耕地年收益由过去的800~1000元增至3000~5000元。

（四）龙头企业+工场

这也是一种新型的农业产业化经营组织模式。一些地方为了解决种养业发展中的规模化、标准化问题，探索出了由龙头企业建设标准种养场，吸纳专业大户入场生产经营，使种养场变成了工场。例如，绵阳市铁骑力士集团建起的标准化养殖场，吸纳专业大户入场发展蛋鸡产业，采取公司+工场+专合组织+农户的产业化经营模式，共带动2300多家专业养鸡大户，为农户增加现金收入2.1亿元，户均9.13万元。

据统计，截至2006年，四川全省农民专合组织已发展到1.4万多个，比2002年增长40%，会员达282.3万户；2007年，又进一步发展到1.5万个。通过农民专合组织的蓬勃发展及其联系纽带作用，实现了对农业产业化经营组织形式与机制的多元化创新，使得龙头企业与农户之间的经济合作与利益联系形式更加丰富多样，机制更加灵活，制度更健全，运作更规范，从而保证了参与农业产业化经营的龙头企业与农户双方均能获得合理收益，达到"双赢"甚至于"多赢"。

三、因地制宜建设产业化基地

进入21世纪以来，四川开始按照区域化布局、专业化生产的要求，制定并实施特色农业发展规划与优势农产品区域布局规划，并且以相关规划为根据，确定了水稻、"双低"油菜、饲用玉米、柑橘、茶叶、蔬菜、蚕茧和棉花等8种优势农产品，建设了一批具有比较优势和区域特色的农业产业带和优质农产品生产基地。

2003年，省级有关部门出台了《四川省优势农产品区域布局规划》《四川省丘陵地区优势特色农业发展规划》《四川省竹产业发展规划》《四川省水产品加工发展规划》等指导性文件，各地各部门据此确定了发展重点，加强了农业产业带和优质农产品生产基地的建设。2004年，四川省又重点抓了按标准建基地，围绕主导产业建立农业标准化体系、农产品检测体系和农产品评估体系等工作，全省共认定无公害产品生产基地711个，认证无公害农产品841个，101家企业的291个产品获得绿色产品标志使用权，21家企业的43个产品获得有机食品认证。2005年，全省初步形成了资阳、遂宁、南充、内江等丘陵地区的粮油、生猪、水果产业带，乐山、宜宾、雅安的茶叶产业带，成都、绵阳、眉山的奶牛、花卉苗木、蔬菜产业带，攀枝花、凉山的热带水果、蔬菜、烟叶产业带。到2006年末，初步建成了柑橘产业带、"双低"油菜产区、棉花产区、优质水稻、饲用玉米、商品蔬菜、茶叶和蚕桑等16个优势产区，农业生产布局不断优化，优势农产品产业带初步形成。

与此同时，四川省还有针对性地制定各类农业标准体系1400余项（其中省级农业地方标准286项），建立农产品专项标准体系108个，构成标准1281项。初步形成了一个以农产品质量安全为重点，覆盖农业产前、产中、产后全过程的农业标准体系。全省新认定无公害农产品生产基地275万亩，无公害农产品102个，又有36家企业的70个产品获得绿色食品标志使用权，5家企业的17个产品获得有机食品认证。以上成就，标志着四川农业产业在标准化体系建设方面的显著进步。

四、畜牧业产业化经营

畜牧业是农业的重要传统组成部分，在巴蜀地区有极为悠久的历史。因此，四川历来是农业大省，也历来是畜牧业大省。不过，受地理和气候条件的影响，省内畜牧业生产资源，主要集中在川西北高原少数民族聚居地区。

加强畜牧业的产业化经营，构建现代畜牧业，不但是提高农牧民组织化程度、加强抗御市场风险能力的重要途径，也是坚持科学发展、构建和谐四川、加强民族团结、促进民族地区经济发展的一件全局性、方向性的大事。因此，近年来四川在推进农业产业化经营的进程中，重点培育了290家实力强、品牌优、辐射带动作用大的畜牧业加工龙头企业，其中有国家级重点龙头企业11家，省级重点龙头企业63家，高金、四海、蓝雁等61家肉类及副产品加工企业已通过出口注册。2007年，四川省已发展有畜牧专合组织4000余个，畜牧专业市场200多家，有11家畜产品批发市场被农业部批准为全国性农产品定点交易批发市场，年交易量达3.3亿头（只、羽），带动农户54万户。龙头企业及农村畜牧专合组织共带动农户480万户，占全省农业产业化带动农户总数的50%以上。

以上数据表明，四川省的畜牧业产业化经营成效显著，并且已从局部探索转入全面推进的新阶段，形成了规模扩大、领域延伸、竞争力增强、带动力提高的新格局。

五、农业产业化经营的新进展

顺应历史发展的趋势，总体上看，四川各地在推进农业产业化经营的进程中，注意突出重点，加快发展，取得了显著的成效。

首先，根据市场需求，立足当地资源优势和技术力量，确立了产业重点，抓好了畜牧、林果、渔业、中草药、蔬菜、花卉基地和农产品加工等骨干产业和项目的建设，推动了特色优势产业化。

其次，根据扶优扶强的原则，确立了龙头企业重点，优先扶持了一批省级重点龙头企业，抓了一批专业大户、专业村、专业场站、专业协会、专业市场等经营组织、行业组织和外向型经济企业，重点扶持发展了农副产品精深加工、包装、保鲜、贮运和专业市场。到2007年，四川有省级以上重点龙头企业294户，销售收入过亿元的230户、上10亿元的15户、百亿元以上的两户。全省"一村一品"专业村发展到2355个，主导产业收入占专业村经济总收入的53%。

最后，实行优惠政策，鼓励各种所有制成分创办、兴办农业产业化经营企业。一批上规模、上档次的重点龙头企业、产业园区、产业集群已经快速成长起来，成为推动四川农村经济发展的骨干力量。

一是农业产业化经营组织数量激增，规模迅速扩大。据统计，2006年底，四川全省农业产业化经营组织总数已增加到15万个，比2002年增加了14倍；从业人员360万人，带动农户达1026万户，比2002年增加237.4万户，占全省总农户的52%，比2002年增加11%；参加农业产业化的农户年人均纯收入增加额高于其他农户50%以上；发展到2007年，农业产业化经营组织带动农户面又进一步增至53%，所带农户人均增收比一般农户高出180元以上，显示出组织起来进行规模经营的集体经济发展优势。

二是龙头企业发展迅速而且显示出强大的带动作用。2006年，四川共有各类农业产业化龙头企业5273家，比2002年的2127家多了3146家；规模以上龙头企业2130家，销售收入过亿元的240家、10亿元以上的13家；销售收入过100亿元以上的1家。龙头企业实现销售收入1122.47亿元，净利润76.12亿元，出口创汇8.02亿美元，上缴税金30.81亿元，分别比2002年增长1.8、3.9、6.1、1.4倍。到2007年，四川省规模以上的龙头企业又进一步增加到2300户，规模以上龙头企业实现销售收入825亿元，净利润55.6亿元，上缴税金19.3亿元，出口创汇4.2亿美元。

三是农业产业化经营在农村经济发展中的地位作用日益重要，贡献越来越大。到2005年，四川全省农林牧渔业总产值达2450亿元，农业增加值1497亿元；而全省农业产业化经营组织的销售收入、净利润，则分别占到了全省农林牧渔业总产值、农业增加值的40.9%、7.4%。2006年，四川农业产业化经营组织基地种植业面积达4624万亩，牲畜饲养量达17494.9万头、禽类饲养量达6.75亿只、水产养殖面积达95.8万亩，分别占全省总量的32.7%、43.8%、40.1%和31.8%。其中进行标准化生产的无公害农产品基地达523.4万亩、绿色食品基地达309.8万亩。推进了农业产业化经营持续、快速的发展壮大。农业产业化经营已经成为四川农村坚持科学发展，解决"三农"问题，全面建设小康社会和社会主义新农村建设的重要途径和坚实载体。

第二节 土地流转与农地产权体制机制变革

一、统筹城乡发展中成都农村土地流转的主要模式

农村土地流转，是20世纪90年代中后期以来逐渐流行且规范起来的重要作法，原来叫"土地转包"，始于20世纪80年代中期。最初是由于一部分农户"离土又离乡"弃农进城务工经商以后，将其承包的土地转包给其他仍留在农村从事农耕的农户经营。由于当时承包经营土地要求完成国家下达的粮、棉、油等农副

产品订购合同任务，交纳农业税以及乡村集体提留等多项税费，因此，把土地经营权转包出去的农户，还需要向愿意接手承包经营土地的农户支付一定数额的费用。从20世纪80年代中期起，随着农业产业化经营的兴起，越来越多的企业在政府的积极引导、鼓励下，纷纷进入农村从事农业产业化经营，土地转包亦即土地流转的规模逐渐扩大，土地流转的形式，也就超越了原来的"转包"，逐渐发展出了土地"租赁""土地入股""公司+农户"等多种流转形式。进入21世纪以后，成都市在中央和省委的支持下，以科学发展观为指导，积极统筹城乡发展，在全国率先推进城乡一体化，促进"三个集中"（即工业向工业集中发展区集中，农民向城镇转移和集中居住点集中，土地向种植大户、企业和适度规模经营集中），并按照"坚持所有权，稳定承包权，放活经营权"的思路，在全域成都的范围内比较广泛而普遍地探索了土地利用体制机制的变革和创新，逐渐形成了若干先进可行的土地流转模式，主要分为"产业园区+龙头企业"的农地规模经营模式、"土地入股，村企合一"的农地集体规模经营模式、"土地入股，村企合一"的农户宅基地流转经营模式、土地整理中的"耕地占补平衡+城乡建设用地指标挂钩"模式、"跨区域整合资源+土地整理+生态环境保护"模式、集体建设用地办工业园区模式等。

二、土地流转在农村经济变迁中的作用

（一）有利于发展现代农业，实现土地的规模经营和集约节约经营

土地的规模经营和集约、节约经营，是农业现代化的必由之路。我国改革开放以来实行的家庭联产承包责任制，曾极大地调动了农户的生产积极性，推动了农村经济、乡镇企业的蓬勃发展。但与现代农业规模经营、集约经营相比，我国因人多地少和平均主义的土地分配方式，单家独户的小农经济及其承包地的零星分散、过于细化，牛耕人种的生产技术，农业机械化程度低，生产成本高，劳动力资源消耗大，农业劳动生产的比较收益低等弊端，也是显而易见的，并成为制约农业增效、农民增收的"瓶颈"。尤其是自20世纪90年代中期以来，随着城市化进程的提速和国家大力推进农业产业化经营，一方面，许多农民"洗脚上田"，弃农经商，外出或进城务工，将其承包经营的农地闲置乃至荒废；另一方面，一些种（养）植大户、农业产业化龙头企业响应党和政府的号召，积极参与推进农业产业化、规模化生产时，却缺少足够的土地以开展规模经营。这其中原因很多，但最主要的原因还是没有及时建立起与现阶段

农村发展现代农业规模经济相适应的农村土地使用权有偿流转制度（按照现行《农村土地承包法》及其相关规定，只有农村集体甚至本村范围内的成员才能成为土地调整和重新分配的对象），限制了土地作为生产要素的流动范围，造成发展现代农业规模经营的土地制度障碍和人为约束。

21世纪以来，成都市在统筹城乡发展，推进"三个集中"，探索农村土地承包经营权流转的实践中认识到，在人多地少、农业生产方式落后的情况下，要解决"三农"问题，要通过工业化、城镇化推动农业现代化，就必须在积极促进工业向工业集中发展区集中、农民向城镇集中的同时，按照"政府引导，农民参与，市场运作，企业主体"和"依法、有偿、自愿"等原则，引导、鼓励和促进耕地依法流转，向种植大户、经济能人和龙头企业集中，并取得了一定的成效。

第一，土地流转的方式与规模。截至2006年，成都市农用地流转面积达到153.78万亩，占耕地总面积的19.81%。其中，租赁86.89万亩，占流转总面积的56.56%；转包43.4万亩，占28.22%；互换经营9.93万亩，占6.46%；入股5.41万亩，占3.52%；其他8.15万亩，占5.3%。土地流转的规模方面，1000亩以上的有42.50万亩，占27.64%；501～1000亩的有8.04万亩，占5.23%；100～500亩的有18.16万亩，占11.81%；51～100亩的有13.95万亩，占9.07%；50亩以内的有71.13万亩，占58.85%。农地流转呈规模不断扩大、土地集约利用效率不断上升的良好发展态势。

第二，种植大户和农业龙头企业的发展状况及示范带动作用。2006年，成都全市农业种植大户规模经营的土地面积达到69.71万亩，占流转总面积的51.45%。全市规模以上农业龙头企业580家，其中5000万元以上的181家（比2000年增加139家），1亿元以上的50家，3亿元以上的14家；市级重点农业龙头企业238家，其中省级重点龙头企业53家，国家级重点龙头企业11家。全市农村专合组织1563个，拥有成员19.2万个，联系带动农户123.5万户，带动面积比例达59.2%。示范、推广农业优良品种149个、农业新技术128项。具体案例，如都江堰市日升奇异果合作社，建设了5000亩标准化猕猴桃生产基地，辐射带动规模经营4.5万亩。社员也从2003年建社之初的19户，至2005年发展到2200户，社员人均增收1400元。蒲江县鹤山镇农业产业园区中的入园茶叶公司，采取与农户签协议，按保护价收购农户茶叶等形式，规模经营面积达1.2万亩，联系农户3000户。邛崃市固驿镇仁寿村，于2005年按照市委、市政府的部署，在实施成都市优质粮食集体化、集约化经营综合改革试点中，依托"文君米业"进行土地的规模流转和粮食的集中规模经营，经过1年的实践，带动农户986户，实现农民人均增收987元，村集体经济收入增加近20万元。金堂县引进蒙牛集团成都市金蒙乳业有限公司，投资1亿元建成14条无菌奶生产线及其配套设施，日处理鲜奶能力达400吨，带动该县5000多户农户增收致富。崇州市引进以加工成品白鸭为主的成都市丰丰食品有限公司后，采取"产业+合作社+基地+农户"的运作模式，带动1.8万户农户养鸭致富，等等。

第三，通过土地流转和土地规模经营，推动和优化了农业产业布局。在几年来推动土地流转和规模、集约经营的基础上，成都市农业产业结构不断调整优化，初步形成了一圈层发展观光、休闲旅游农业，二圈层发展花木、精品水果等产业项目，三圈层发展林木、蔬菜、瓜果等种植业、养殖业及生态旅游业的圈层分布和错位发展的区域布局；初步形成了以邛崃、蒲江为中心的生猪产业带，以大邑、金堂为中心的食用菌产业带，以蒲江、邛崃、都江堰为中心的名优茶叶产业带，以金堂、蒲江为中心的柑橘产业带，以双流、彭州为中心的猕猴桃产业带，以温江、郫县为中心的花木产业带等7个农业产业带；建成了双流15万亩枇杷和4万亩冬草莓，锦江区数千亩鲜切花，温江10万亩苗木，彭州20万亩蔬菜等194个具有一定规模的农业产业基地，为推进农业产业化经营和现代农业创造了条件。

第四，通过土地流转和土地规模经营，促进并实现了农业增效和农民增收。经初步测算，土地规模经营后，实现亩产值平均增加1000元以上，每亩收益增加600元左右。农民的收入也从土地流转和土地规模经营前的单一种粮食或蔬菜收入转向为土地租金、务工收入、房屋（住房和铺面）租赁收益、股金分红、社会保障等多项收入，形成多元化持续增收的机制。2006年，成都全市农民人均纯收入达到4925元，比2002年增加1548元，增长45.8%。[①]

（二）有利于人们珍惜和爱护耕地

现行的农村集体土地所有制因为权利主体不明确，而使得相当一部分人并不爱惜土地和不注重对土地资源环境的保护。如果推行农村集体土地流转，土地有了合法、明确的使用权主体，土地资源的财富效应、稀缺性及其程度通

---

① 参见中共成都市委政策研究室编：《科学发展观指导下的成都实践》，四川人民出版社2007年版，第135～154页。

过土地要素市场的建设和市场土地价格反映出来，会大大增强全社会关于土地的财富意识和使用土地的成本意识：农地的承包经营者或受让者因为付出了土地经营使用的代价而有了成本意识后，就必然要按照资本的效益最大化原则精心经营土地，而不至于随便闲置或撂荒土地；政府即使是因社会公共建设需要征用土地，也必须按照市场经济规律和游戏规则，价格公平合理并且及时、足额地支付补偿金，进而会自觉养成集约、节约用地的成本意识，从而促使政府在规划、实施各种发展项目和公共市政设施时，认真、充分地考虑到土地成本而不至于多征少用或者征而不用。为此，成都市提出的提高土地节约集约利用水平目标是：全市工业用地集中度达到80%以上，工业用地容积率提高20%以上；农村居民点总用地减少30%，城镇人均建设用地控制在100平方米以内；全市建设用地单位面积的二、三产业产值提高2.5倍。

（三）有利于农民真正从土地上解放出来，实现向城镇及二、三产业转移

我国是一个发展中的农业大国。"耕者有其田""靠地谋生"，是千百年来中国农民的基本要求和朴素愿望。但是在当时土地法规及政策的制约下，土地在为农民提供最基本生活保障的同时，也成为农民的身份象征和制约农民向城镇迁居，向二、三产业转移的羁绊。其结果，一方面是全国大范围的民工潮所显示出的广大农民在市场经济这只看不见的手的指引下，向城市流动，向二、三产业转移的强烈冲动；另一方面，则是在农村的户籍、土地等管理体制下，农地的财富效应无法凸显，很难割断农民与土地的血肉联系，很难用市场经济手段和价值规律来分流农民，农民即使是在进城务工、经商取得事业成功甚至在城镇已经购房定居的情形下，也会因土地和城乡二元户籍制度的约束，使他们仍保留着农民的身份和在农村承包经营的土地，成为一群离乡不离土、进城仍恋土的特殊农民。之后因国家取消农业税和一些地方政府对农业实行按耕地或户口直接补贴到地、户的政策，使得一些已经进城务工经商且定居城镇的农民又重新返回农村争地，进而造成本已规模经营的土地重新向着分散、细碎的小农经济格局复归。

这些现象说明：如果不通过农地的资本化流转，进城后的农民仍有可能在城乡之间来回往返，无序流动。政府也因农地流转的滞后而难用市场经济手段来调节和配置社会资源，调控农村劳动力的流动，更无法阻止他们回归农村。因此，成都实行的统筹城乡发展，推进"三个集中"，抓住了土地产权体制变革这一要害，采取"所有权（乡村集体组织所有）、承包经营权（农户拥有但

可有偿转让）、使用权（经营户或企业有偿使用）"三权分离的方式，以市场经济手段促使农民在价值规律和比较效益的吸引下，自觉切断与土地的直接联系，做到真正进城，离土又离乡，实现由农民向市民的身份转变，完成从农业向二、三产业的职业转移，真正融入城市社会并过上城市居民的生活。

三、统筹城乡发展中成都市农村土地流转的基本经验

（一）发挥政府的引导作用

第一，发挥政府的动员、组织和引导作用。在土地管理制度与体制框架下，推进农村土地的资本化流转，是一项政策性极强，涉及政府、企业和农户多方利益的错综复杂的系统工程。政府作为公共行政管理机构，必然要承担起动员、组织和引导的责任。通过制度供给、体制创新、财政支持、政策导向等方式，推进土地的资本化流转。

第二，发挥政府对道路、电、水等基础设施前期投资以拉动社会资金参与土地流转的杠杆作用。在这方面，成都市探索出了如政府出资建设"农业产业园区（基地）"、政府投资基础配套设施建设等多种模式，收到了"栽下梧桐树，引来金凤凰"的效果。如锦江区在打造"五朵金花"时，即由区政府（含街道办事处）投入9745万元，市级有关部门投入1800万元，合计11545万元，用于前期的道路等基础设施建设。值得注意的是，政府的先期投资，只要巧于运作，可以做到一举多得，多方共赢。仍以"五朵金花"为例，如果按常规的征地拆迁方式建设，预计需投资18亿元，但在实际运作中，锦江区政府在不征地、不拆迁的情况下，只投入了1.8亿元，就实现了把"五朵金花"建成成都城区"通风口"的城市规划建设目标；同时还实现了"农房改造景观化、基础设施城市化、配套设施现代化、景观打造生态化、开发土地集约化"，促进了社会主义新农村建设，所营造的大片绿地也成为市民休闲度假，企业、农户搞乡村旅游的开放式公园和农业增效、农民增收的平台，成为"一举多得"（政府节省了城市生态环境建设的投入，农民实现了失地不失利、不失业、不失权）的以资本化方式运作土地流转的典范。截至2006年，成都市仅推动农民向城镇集中一项，即通过市级财政对优先发展城镇投入1.5亿元专项补助资金，吸引带动社会建设资金40亿元，资金的聚集效应达到26.7倍。

第三，发挥政府政策激励的导向作用。在鼓励土地规模经营方面，成都市规定：农业产业化龙头企业按照全市产业布局规划，成片集中并在同一县

域内从事土地规模经营开发，建立规模化、标准化原料生产基地，连续3年以上规模经营土地面积达1000亩以上的，市政府给予一次性奖励。其中，规模经营1000~2000亩（不含2000亩）土地的，按每亩100元标准奖励；2000~3000亩（不含3000亩），按每亩150元标准奖励；3000亩以上，按每亩200元标准奖励。初步形成和完善了"政府协调，群众（业主和农户）参与，社会服务"的农村土地流转的体制机制和政策，正确地引导了种植大户、农业产业龙头企业开展土地的规模经营和集约经营。在加强粮食生产方面，成都市制定了《关于进一步稳定和促进粮食生产的意见》和鼓励粮食规模化经营的优惠政策，在对全市粮食种植进行科学规划和合理布局，积极改善粮食生产条件的基础上，规定龙头企业、农民专合组织、种粮大户和集体经济组织通过订单生产等方式，建立规模在1000亩以上的集中连片的水稻、小麦粮食生产基地的，经报市级农业部门审核和市政府审批，给予每亩10元的补贴，从而加快了粮食规模化生产、产业化经营的步伐，促进了优质粮食生产基地的建设。

另外，政府在土地流转中，还可以扮演为企业、种植大户与农户等土地流转双方牵线搭桥的"红娘"和担保人角色；当流转双方发生经济利益的纠葛或冲突时，政府还是居间调停的调解人、协调人。

（二）坚持"依法、自愿、有偿"的原则

第一，依法原则。成都市《关于推进农村土地承包经营权流转的意见》规定，农村土地流转，必须严格按照《农村土地承包法》和农业部《农村土地承包经营权流转管理办法》实施，做到"土地流转不得改变所有权性质和土地用途""土地流转的期限不得超过土地承包期限""土地流转应签订规范的书面流转合同"等。这些规定对于保障农民的合法权益，保护耕地和确保土地用途不被随意更改，起到了重要作用。

第二，自愿原则。土地承包经营权是农民享有的一项基本权利，是农民的生存之本。成都在实施农村土地流转中，强调充分尊重农民意愿，不得代民做主，不搞强迫命令。例如，在土地流转进行规模经营的过程中，如果一户人家占着一块"飞地"，周围其他农户的土地就无法打包经营。对此，金堂县祝新村在推进土地流转时，认识到"土地是农民的根，要农民自愿把土地经营权转让出来，就必须把眼前的、未来的种种利害讲清楚，让他们自己选择"。为了征求农民群众的意见，镇领导和工作人员走访了全村700多户人家。调查发现，农户最担心的问题有：公司垮了咋办，租金能拿多少年，集中居住点选在哪里？对此，工作人员反复解释：公司事先会收取租赁者的大额押金，并且每半年发放一次租金，就算亏本了，保底400元/亩的租金仍会一分不少发给农民，即使有经营者出现困难，公司也有充足的时间找到其他经营者；同时，村民到公司务工，按每人每月500元的工资算，一年就有6000元收入。这使群众打消了顾虑。此外，在推进集中居住时，也采取了尊重群众对于政策、住址、户型、建房等"四个选择权"，让村民自愿集中。对于确实不愿意搬迁而选择继续居住在祖辈留下的宅基地上的村民，也不勉强。这样，使农户在是否参与土地流转上的选择面更宽，在一个感到自由和被尊重的氛围中作出选择，从而增强了对政府的信任感。

第三，有偿原则。实施土地流转，必须保障农民的切身利益，让农民从土地的流转中得到实惠，增加收入。对此，成都市明确规定，土地流转的转包费、转让费和租金等，应由流转承包地的农户与受让方或承租方协商确定，流转的收益归承包方所有，任何组织和个人不得侵占、截留和扣缴。在实际操作中，成都市各区（市）县的多数试点乡、村，都采取了在租金、股利"保底"的基础上，"分红"和引导农民务工等方式，在保障农民土地流转合法收益的基础上，实现了土地增效，农民增收。

（三）因地制宜，多形式地探索和推进土地流转

按照"因地制宜"的原则，一是采取了转包、租赁、互换经营、入股等多种形式进行土地流转；二是实行农业龙头企业经营、农村集体经济组织经营、农民专业合作经济组织经营和种植大户自主创业实施规模经营等多种模式，加快农地的集中和规模经营，促进了传统农业向现代农业的转变，顺利推进了土地流转和土地规模经营的发展。

四川农村的土地流转，作为21世纪新的时代条件下对农地产权体制变革和土地利用机制的重大创新，与农业产业化经营、农村产业结构调整等结合起来，已大大改变了传统农业经济结构中一家一户粗放式、低效益农地经营模式，促使其向着高效益、规模经营的现代农业进步，并突破了农村集体社区自然范围对土地规模经营的限制，使得有志于从事现代农业规模经营和产业化经营的外地农民、城市居民或企业，可以通过租赁土地承包经营权等形式，跨地区或跨越城乡居民的身份障碍，参与现代农村经济建设，这既增加了发展现代农业的资本来源，又有利于改进农业的技术构成，提高农地利用的经济效益，尽快实现从传统农业向现代农业的体制机制转型。

上述案例揭示，在农业产业化经营和土地流转的过程中，乡村集体组织扮演了把社区农民重新组织起来走集体化道路的重要角色，而农民通过比较经济利益的得失，在自愿而不是被迫、互利而不是无偿的前提下，以土地承包经营权入股分红、并在合作社或进企业务工的形式下，以股东和打工者的双重身份走上了新型合作化道路。这样，既促进了农村产业化经营的发展，农民也实现了从个体小农向资本股东、农业工人的身份转换，农家的生产方式和经济收入也从原来单纯的男耕女织变得丰富多彩起来。如据统计，2002～2006年，四川省转移和输出的农村劳动力即从1310万人增至1874.1万人，同期劳务总收入亦从2002年的430亿元，增至2006年的913.5亿元。2006年，四川劳务输出收入已占到农村人均增收部分的50%以上，成为农民致富奔小康最重要的经济收入渠道。

1990年3月，邓小平在提出"两个飞跃"的论断时说："中国社会主义农业的改革，从长远的观点看，要有'两个飞跃'。第一个飞跃，是废除人民公社，实行家庭联产承包为主的责任制。这是一个很大的前进，要长期坚持不变。第二个飞跃，是适应科学种田和生产社会化的需要，发展适度规模经营，发展集体经济。这是又一个很大的前进，当然这是很长的过程。"①随后在1992年7月审阅党的十四大报告稿时，邓小平再次阐述了他关于"两个飞跃"的思想，强调指出："关于农业问题，现在还是实行家庭联产承包为主的责任制。我以前提出过，在一定的条件下，走集体化集约化的道路是必要的。但是不要勉强，不要一股风。如果农民现在还没有提出这个问题，就不要着急。条件成熟了，农民自愿，也不要去阻碍……从长远的观点看，科学技术发展了，管理能力增强了，又会产生一个飞跃。我讲过，农业的改革和发展会有两个飞跃，第一个飞跃是废除人民公社，实行家庭联产承包为主的责任制，第二个飞跃就是发展集体经济。社会主义经济以公有制为主体，农业也一样，最终要以公有制为主体。公有制不仅有国有企业那样的全民所有制，农村集体所有制也属于公有制范畴。现在公有制在农村第一产业方面也占优势，乡镇企业就是集体所有制。农村经济最终还是要实现集体化和集约化……现在土地是公有的，要提高机械化程度，利用科学技术发展成果，一家一户是做不到的。特别是高科技成果的应用，有的要超过村的界线，甚至超过区的界线。仅靠双手劳动，

---

① 《邓小平文选》第3卷，人民出版社1993年版，第355页。

仅是一家一户的耕作，不向集体化集约化经济发展，农业现代化的实现是不可能的。就是过一百年二百年，最终还是要走这条路。"①

站在21世纪的今天，重温邓小平的这些精辟论断，概观四川农村以科学发展观为指导，在统筹城乡发展和建设社会主义新农村的进程中，把握农业产业化经营和土地流转的体制机制变革创新的时机，再度把农民组织起来走集体合作经济和共同富裕道路的实践，这既是邓小平作为伟大政治家的远见卓识，也是社会历史发展的必然趋势。

第二节　新农村建设的伟大成就

一、推进新农村建设

社会主义新农村建设是指在社会主义制度下，按照新时代的要求，对农村进行经济、政治、文化和社会等方面的建设，最终实现把农村建设成为经济繁荣、设施完善、环境优美、文明和谐的社会主义新农村的目标。2005年中国共产党十六届五中全会提出要按照"生产发展、生活富裕、乡风文明、村容整洁、管理民主"的要求，扎实推进社会主义新农村建设。中央农村工作会议提出，积极稳妥推进新农村建设，加快改善人居环境，提高农民素质，推动"物的新农村"和"人的新农村"建设齐头并进。

2006年初，省委召开农村工作会议、印发省委一号文件，对推进社会主义新农村建设作出全面部署。2007年省委印发了《四川省社会主义新农村建设规划纲要（草案）》，启动开展了"百村引领、千村示范、万村行动"工程。2009年，在总结试点示范工作基础上，省委、省政府确立了成片推进新农村建设的工作思路，并确定了首批50个省级新农村建设示范片、10个整体推进县（市、区），后来又分别于2013年、2016年启动了第二批、第三批示范县建设。2010年，在总结汶川地震灾后重建经验工作中，省委、省政府要求学习借鉴灾后重建与新农村建设相结合的经验，坚持总体规划、分类推进、分步实施的原则，把新农村建设放在更加突出的位置，连片推进、以片带面，加快四川省农村全面建设小康社会进程。各地积极探索创新，形成了具有鲜明地域特色

---

① 《邓小平年谱》（下），中央文献出版社2004年版，第1349~1350页。

的"藏式新居""彝家新寨""巴山新居""乌蒙新村"等建设模式。

党的十八大以来，省委、省政府对新农村建设工作提出了新的要求，强调要合理确定新农村建设发展模式、新农村布局和聚居规模，推广"小规模、组团式、微田园、生态化"建设模式；坚持新建、改造、保护相结合，以建制村为单位，建设一批业兴、家富、人和、村美的幸福美丽新村；坚持生态优先，保持田园风光，展现农村特色和个性魅力。2016年省委、省政府启动了以"住上好房子、过上好日子、养成好习惯、形成好风气"为目标的"四好村"创建工作。

经过十几年的不懈努力，四川省新农村建设取得了显著成效，累计建成幸福美丽新村25951个，在推进机制、工作思路、建设风格等方面，形成了一套相对成熟的模式。

以郫县（今成都市郫都区）战旗村为例，20世纪90年代，作为被称为"穷棒子社"的纯农业村庄，战旗村面对薄弱的集体经济和有限的人均收入，为开阔视野、转变观念，两委班子先后到全国多个先进村庄学习考察，联系本村实际，大胆提出经营村庄的新理念。

他们勇立改革潮头，坚持以农业供给侧结构性改革为主线，深入实施农村集体产权制度改革、耕地保护补偿制度、农地流转履约保证保险制度、集体资产股份制、农村产权交易等"五项改革"，敲响全省农村集体经营性建设用地入市"第一槌"，推动资源变资产、资金变股金、农民变股东，实现资本入村、人才进村、市场主体再造。

2003年起，战旗村开始探索农业规模化种植，集中约110亩土地种植花卉苗木和蔬菜，同时解决了村里人的就业问题。

2006年抓住成都市统筹城乡战略契机，战旗村通过集中600亩土地获取政策补助300万元，用来完善基础设施和农田改造，土地流转随之增加。集中土地以后，村集体给村民一定数量的基本收益作为保底，50%的利润分红。成立蔬菜专业合作社，对集中的土地进行统一经营管理，引进榕珍菌业、妈妈农庄等企业解决村民就业问题，同时运营没有流转出去的土地。

2007年，战旗村开始进行土地综合整治，运用土地增减挂钩政策，通过拆院并院整理节约出208亩建设用地，实现土地收益。2009年完成集中居住。2011年完成全村承包地、宅基地的权属调整以及确权颁证，成立战旗资产管理公司，以确权的1704人作为公司成员，以家庭为单位颁发股权证书。土地集中

1800多亩（约97%的农用地），部分用于合作社建设农业生产示范基础，发展高端设施农业，一部分出租给种植大户，以家庭农场形式种植蔬菜、苗木。

战旗村优化生产体系，按照建基地、创品牌、搞加工的思路，探索新业态新模式，做强做优绿色产品品牌，建成绿色有机蔬菜种植基地1800余亩，集聚企业16家，吸纳就业1300多人，全面提升现代农业附加值。先后培育出榕珍菌业、满江红、战旗等省、市著名商标品牌3个和"天府水源地"有机品牌，榕珍菌业年产值上亿元。创新互联网思维，搭建"精彩战旗"特色产业在线服务大厅，把订单农业、精品农业、体验农业、线上交易有机结合，大力推行农产品网上交易。经过多年努力，战旗村已成"产业旺、生态美、人才兴"的社会主义新农村，成为乡村振兴的一面旗帜。

二、农业经济的辉煌成就

党的十一届三中全会把党和国家的工作中心转移到经济建设上来，一系列顺应时代的改革政策出台落地，四川在全国率先进行了以家庭联产承包责任制为主的农村经济体制改革，充分调动了农民的生产积极性。进入新世纪后，党中央更加高度重视"三农"工作，从2004年开始，连续18年中央和省委1号文件锁定"三农"，出台了一系列扶农、惠农、富农政策，农业农村经济得到了前所未有的发展，全省农业农村经济日益壮大，综合实力不断增强。

（一）农业经济总量扩大

1. 农业经济总量跳跃式增长

1978年四川农林牧渔业总产值95.7亿元，经过40年的发展，2017年达到6963.8亿元，比1978年增加了6868.1亿元，增长71.8倍，按可比价计算，年均增长4.9%。其中：第一产业实现产值6820.9亿元，比1978年增加了6725.2亿元，增长70.3倍；农林牧渔业增加值由1978年的82.2亿元，增加至4369.2亿元，增加4287.0亿元，增长52.2倍。其中：第一产业增加值4282.8亿元，比1978年增加了4200.6亿元，增长51.1倍。

2. 农业经济内部构成由两家独大向多元化转变

1978年，四川农林牧渔业总产值中，农业和畜牧业占了96.2%，而林业和渔业分别仅占3.4%和0.4%，农林牧渔服务业基本为零。经过40年的发展，特别是党的十八大以来，林业和渔业生产得到快速发展，农林牧渔服务业生产更是从无到有，促进了农业经济逐步向多元化方向发展。到2017年，全省农业、畜牧业占农林牧渔业总产值的比重降至91.1%，下降5.1个百分点，林业和渔业则上升至6.8%，上升3.0个百分点，农林牧渔服务业产值占比2.1%。

（二）农业生产能力增强

1. 粮食安全保障能力稳步提高

四川作为人口大省和西部地区唯一的产粮大省，改革开放以来，历届省委、省政府领导均一直把粮食生产作为农业的首要任务来抓，特别是2012年粮食安全省长责任制考核办法出台后，省委、省政府进一步加大了抓粮食生产的工作力度，通过实施"米袋子"工程，从保粮食播种面积入手，狠抓粮食作物良种繁育、标准化生产、新品种展示示范基地建设等措施，依靠科技、主攻单产、提高品质，全省产粮大县由2011年的12个增加至2017年的82个，并通过在产粮大县深入开展高产高效创建活动，确保了全省粮食播种面积基本稳定和粮食产量稳定增长，粮食安全保障能力稳步提高。2017年，全省粮食作物播种面积9662.1万亩，比1978年减少1499.4万亩，下降13.4%，年均下降0.4%。但由于粮食亩产水平比1978年提高了69.7%，带动全省粮食产量2017年达到3498.4万吨，比1978年增产1116.6万吨（223.3亿斤），年均增长1.0%。

2. 特色效益农业发展迅速

特色农业是农业增效、农民增收的重要支撑，改革开放以来，特别是党的十八大以来，各地把发展特色农业作为发展农业的重要抓手，省委、省政府实施了"现代农业千亿增收工程"，大力推进现代农业示范区（园区）建设，加快发展蔬菜及食用菌、水果、茶叶等优势产业，加快创建良种化、标准化、专业化、规模化、集约化、品牌化基地建设，促进了四川特色效益农业的快速发展，群众"菜篮子"不断丰富。2017年，全省油料作物播种面积2005.2万亩，比1978年增长2.2倍，年均增长3.1%；油料产量323.5万吨，增长5.1倍，年均增长4.8%。蔬菜面积2109.4万亩，比1998年增长1.1倍，年均增长3.9%；蔬菜及食用菌产量4523.0万吨，比1998年增长1.4倍，年均增长4.7%。水果总产量1026.8万吨，比1978年增长56.7倍，年均增长11.0%。茶叶总产量28.3万吨，比1978年增长13.9倍，年均增长7.2%。

3. 林业生态环境由破坏到修复成效卓越

四川林业资源丰富，属全国第二大林区。改革开放以来，四川林业发展经历了森林破坏严重到林业生态环境得到全面修复的曲折过程。改革开放至1998年以前，四川经历了由出门见绿到"晴天一身灰、雨天一身泥"的尴尬局面。

1998年开始实施天然林保护工程以后，各地着力建基地、搞加工、创品牌、育主体、促融合，积极培育新产业新业态，四川林业产业发展迅速，森林覆盖率大幅度提高，林业生态环境明显改善。

（1）森林资源稳步增长。实施天然林保护和退耕还林等工程以来，通过大力造林育林和森林资源的保护管理，全省森林面积和蓄积实现了"双增长"，分别居全国第4位和第2位。截至2017年末，全省林地面积36036.0万亩，占全省所辖面积的49.4%，居全国第3位；森林面积25885.5万亩，居全国第4位，其中有林地23013.0万亩、灌木林地11472.0万亩、未成林地264.0万亩、苗圃地3.0万亩。全省森林火灾受害率连续10年控制在0.1‰以下，低于国家1‰的控制指标；林业有害生物成灾率连续多年控制在0.3‰以下，无公害防治率和测报准确率均提高到95%以上。

（2）国土绿化成效显著。全省坚持以工程造林为主体，社会造林和义务植树为补充，大力开展植树造林活动，森林覆盖率由1978年的12.0%提高到2017年的38.2%，提高了26.2个百分点。2017年，全省共有3470万人次参加义务植树活动，共计植树1.38亿株。

（3）自然资源保护事业快速发展。截至2017年末，省林业系统已建立森林和野生动植物、湿地等各种类型的自然保护区123个，保护管理面积达1.09亿亩，占全省所辖面积的14.9%，其中国家级自然保护区24个、省级自然保护区50个。自1989年建立第一个森林公园以来，经过近30年的努力，截至2017年末，全省已建立森林公园137个（其中：国家级森林公园44个，省级森林公园62个），以九寨国家森林公园、海螺沟国家森林公园为代表的具有较高知名度和较好基础设施的精品森林旅游景区正在形成，有力地促进了全省旅游业的大发展。

（4）林业产业发展步入快车道。四川林业在坚持生态优先的前提下，加快林业产业发展。截至2017年末，全省林业产业基地超过1亿亩，其中现代基地2761万亩；涉林企业7748家，木竹人造板产能达到1323万立方米、木竹地板产能达到2190万平方米、木竹家具产能达3929万件（套）、竹浆造纸（含竹纤维）产能达180万吨，特色经济林产品加工能力达170万吨；成都平原区林板家具、川南竹产业、川东北特色经济林和川西生态旅游四大产业集群初步形成。

4. 畜牧业发展兴旺

从1978年到2017年，伴随着中国社会经济发展的步伐，四川畜牧业坚持

"解放思想、实事求是、与时俱进",积极探索现代畜牧业科学发展规律,从联产承包责任制、专业化畜牧业发展到现代畜牧业发展,全省畜牧业在发展中不断壮大,走出了一条畜牧强省之路。

(1)畜牧业发展基础牢固。改革开放以来,全省适时调整畜牧经济发展思路,出台发展畜牧业的有关决定,引导产业发展,促进畜牧业的长期稳定。狠抓畜禽良繁体系建设,努力提高良种化水平;狠抓饲料工业体系建设,加强质量监控;创新体制,全力推进产业化经营。特别是党的十八大以来,以优化生猪品种品质和大力发展草食牲畜为重点,围绕生猪产业控量提质、牛羊产业加快发展、禽兔产业稳定发展的指导思想,狠抓畜牧业标准化、规模化建设,进一步优化畜牧业产业布局,大力发展节粮型草食牲畜、特色小家畜禽等资源节约型畜牧业,畜牧业养殖结构进一步优化,生产效率进一步提高。

(2)生猪出栏量居全国第一。全省拥有60多个国家级生猪调出大县,生猪出栏量稳坐头把交椅。2017年,全省生猪出栏6579.1万头,居全国第一位,占全国生猪出栏总量的9.4%,比第二位的河南省多359.1万头。出栏量比1978年增加了4965.1万头,增3.1倍,年均增长3.7%。

(3)草食牲畜发展势头良好。随着居民饮食习惯的变化,对牛、羊、兔等草食牲畜的需求大幅度增加,各地积极发展草食牲畜养殖,草食牲畜保持良好发展势头。2017年,全省牛出栏267.3万头,比1980年增加了218.6万头,增4.5倍,年均增长4.7%;羊出栏1780.4万只,比1980年增加1408.4万只,增3.8倍,年均增长4.3%。

(4)家禽生产稳步发展。家禽养殖由农户散养向专业化、规模化生产发展,涌现出了一大批畜禽养殖专业户和企业。近年来,各地结合区域特点,大力发展林下养殖,进一步推动了家禽养殖稳步发展。2017年,全省家禽出栏65259.8万只,比1985年增加55653.2万只,年均增长6.2%;禽蛋产量144.5万吨,比1985年增加了121.5万吨,年均增长5.9%。

(5)主要畜产品产量增长。随着人民生活水平大幅度提高,对畜产品的需求大幅度增长。兴旺发展的畜牧业,带来畜产品产量倍增,满足了这一需求。2017年,全省肉类总产量662.5万吨,比1978年增加了584.5万吨,增7.5倍,年均增长5.6%。其中:猪肉产量472.2万吨,比1978年增加了396.2万吨,增5.2倍,年均增长4.8%。牛奶产量63.8万吨,比1978年增加了58.0万吨,增10.0倍,年均增长6.3%。

5. 渔业生产实现突破

四川省水资源丰富，鱼类种类繁多，人均水资源占有量2900立方米以上，高于全国平均水平15%，渔业生产具有良好的发展基础。改革开放以来，全省渔业政策有效调整，渔业规模化、产业化稳步推进。

（1）水产品产量快速增长。全省水库生态养殖、池塘高产高效养殖、稻渔综合种养蓬勃发展，水产品养殖面积不断扩大，水产品产量快速增长。2017年全省淡水养殖面积达到282.6万亩，稻田养鱼面积464.5万亩；全省水产品总产量达到154.5万吨，比1978年增加151.4万吨，增长49.5倍，年均增长10.5%。

（2）水产品品种不断丰富。四川水产品养殖品种不断丰富，到2017年已发展到30多个品种，包括了鱼类、甲壳类、贝类等。养殖鱼类除大宗淡水鱼中的草鱼、鲢、鳙、鲤、鲫、鲂外，名优鱼类的养殖产量也逐步上升。2017年，全省特色名优鱼类产量达31.2万吨，其中：鲶鱼8.0万吨、鲫鱼6.8万吨、鳊鲂3.4万吨、泥鳅3.3万吨、黄颡鱼3.3万吨、鲈鱼1.7万吨、黄鳝1.2万吨。

（3）质量安全切实加强。改革开放以来，发布并实施98项水产地方标准，创建了5个国家级水产标准化示范县。水产品产地抽检合格率稳定在98%；截至2017年末，全省无公害水产品生产基地达到289个、面积4万公顷，占水产养殖面积的21.4%，无公害水产品达到896个。

（4）科技兴渔成效显著。截至2017年全省先后有60余项科研成果获得省、部级奖励，有150余项获得地、厅级奖励；有国家产业技术体系大宗淡水鱼创新团队试验站2个，特种水产创新团队试验站1个，科技研发取得历史性突破。

（三）农业生产条件改善

农业生产条件是农业生产持续稳定发展的支撑，在改革开放后的较长时间，四川都未能改变靠天吃饭的局面。为夯实农业增产、增效和农民增收的基础，历届省委、省政府高度重视农业农村基础设施条件的改善，不断加大投入力度。特别是党的十八大以来，更是从新农村建设到幸福美丽新村建设，瞄准农业农村基础设施短板，加大对农业基础设施建设的投入，持续抓好交通、水利、生态环保、农机推广等基础设施建设，农业科技化、机械化和信息化水平明显提升。

1. 农业基础设施加快建设

2017年，全省实施高标准农田建设项目235个，建成高标准农田410万亩。实施农机装备发展行动，建设12个全程机械化核心示范区。推进低温绿色储粮项目建设，建成低温绿色储备库58个，低温绿色储粮技术可为企业每吨粮食增加100元以上的收益。加快大中型水利工程建设，新增和恢复蓄引提水能力1亿方。加快推进农村公路专项工程建设，截至2017年末，全省新改建农村公路2.7万公里，新增71个乡镇、2547个建制村通硬化路，乡镇和建制村通硬化路比例分别达到98.9%、97.3%，全省农村公路总里程达28.2万公里。据第三次全国农业普查：2016年末，全省99.3%的村通公路，比2006年提高了6.5个百分点；进村主要道路为水泥路面的村占85.0%，比2006年提高了65.1个百分点；村内主要道路为水泥路面的村占82.6%，比2006年提高了71.5个百分点。

2. 农业科技全面推进

积极实施农业重大科技专项，培育农业科技创新载体，为现代农业发展提供有力支撑。加强成果转化，鼓励科技人员创新创造，创新职业农民培训方式，优化整合农村实用技术培训、专业技术人员培训、科技人员技术培训资源。截至2017年末，全省累计培训新型职业农民14万人，有乡镇农技推广机构7319个，核定人员编制42697人，编制内实有人数35684人，乡镇在岗农技人员本、专科占76.7%，高、中级以上职称占41.8%；21个乡镇农机推广机构，被农业部认定为五星乡镇农技推广服务机构。农业科技进步贡献率达58%，高于全国平均水平。

3. 农业机械化水平进一步提升

一是农业机械化水平大幅度提高。2017年，全省年末农业机械总动力4530.0万千瓦，比1978年增加4102.8万千瓦，增长11.9倍，年均增长6.8%。耕种收的农业机械从无到有，截至2017年末，全省共有拖拉机23.1万台、耕整机159.39万台、旋耕机20.93万台、播种机2.46万台、水稻插秧机0.93万台、排灌动力机械110.58万台、联合收获机3.6万台。农作物耕种收机械化率达到了57.0%。二是设施农业面积实现突破发展。2017年，全省设施农业占地面积184.2万亩，占耕地面积的2.2%；有效灌溉面积3678.7万亩，占耕地面积的43.0%。

4. 农业信息化水平实现大突破

改革开放以来，四川农业实现了由传统农业向信息化农业的转变，电子商务、实体经营、产品展示、信息交流、策划包装、储藏物流等全流程全方位一站式服务全面开花。截至2017年末，全省共有国家级、省级电子商务进农村综合示范县113个，实现全省21个市（州）全覆盖。有县级电商综合服务中心157个，镇（乡）电商综合服务站2384个，村级电商服务站点8670个，覆盖率分别达到88.2%、54.8%、18.2%。全省有超过80.0%的村通宽带互联网，通过开展电子商务进农村，直接创造就业岗位14万个，累计帮助2万多人开设网店创业，农村电商产业链直接创造就业岗位13.9万个。

（四）农业现代化进程加快

1978年以来，四川"三农"发展突飞猛进，从20世纪90年代末开始，随着农村体制改革的不断深化和推进，以体制创新、机制创新、科技创新为动力的农业产业化经营模式应运而生，推动着集约化、规模化、专业化为特征的农业产业化发展。进入21世纪，四川进一步完善推进农业产业化的政策措施，加大对产业化经营组织的扶持力度，农业发展、农民增收和农业产业的升级换代注入了新的活力。深入推进农业供给侧结构性改革，农业"三新"从无到有，发展迅速。

1. 现代农业产业逐渐壮大

四川省委、省政府一直高度重视农业产业化工作，把"推进产业化，全面建小康"作为加快农业农村发展的重要路径和着力方向，切实加以推动，有力地促进了全省现代农业发展和农民持续稳定增收。

（1）农业产业园区规模扩大。为加快四川农业现代化的发展，省委、省政府下大力气抓农业产业园区的发展，农业、林业、农业科技等园区规模不断壮大。截至2017年末，全省共建立了96个国家级、省级农业产业园区。其中：国家级农业产业园区26个，省级农业产业园区70个。分产业看，农业产业园区79个，林业产业园区8个，农业科技园区9个。全省农业园区当年投入的各项资金总计达到641.0亿元。年末从业人员162.6万人，其中：吸纳本地劳动力111.1万人，占从业人员总数的68.0%。

（2）全省规特色优势产业呈现出集中布局、连片发展，成规模、上档次的良好态势。川猪、川菜、川茶、川药、川果等产业区域已从"点状"向"带状""块状"推进，初步形成了平原地区的粮油、蔬菜、水产、花卉苗木产业带，川中丘区的粮油、生猪、禽兔、水果产业带，盆周山区的优质肉牛羊、茶叶、中药材、林竹、食用菌、干果产业带，高原地区的牦牛、反季蔬菜、马铃薯产业带，攀西地区的热带果蔬、烟叶产业带。

（3）产业化龙头企业助推农业"三新"发展。鼓励开办产业化龙头企业，增强对农户生产的带动作用，截至2017年末，全省共有产业化龙头企业4460家，其中，国家级龙头企业74家，省级714家，市（州）级2303家，县级1368

家。新希望集团、通威集团等企业已跻身全国行业前列；四海公司、高金公司等企业快速发展，正在向"百亿"企业迈进；竹叶青公司、叙府公司进入了全国茶业企业"十强"。从经营范围看，以农产品加工为主的占29.6%；开展生产加工一体化经营的占21.3%；以农业生产服务为主的占6.5%。龙头企业总共带动农户1484.5万户，占全省年末乡村户数的71.9%。

（4）新型经营主体大量涌现。农民专业合作社、规模户、家庭农场从无到有，快速发展，提高了农业生产经营的组织化程度。截至2017年末，全省有规模户11.7万个，其中，注册为家庭农场的3.9万个；有以农业生产经营或服务为主的农民合作社6.4万个。农民合作社中，标准化生产的占31.7%，拥有注册商标的占14.0%，通过了农产品质量认证的占12.5%，创办了加工实体的占8.5%。能按可分配盈余返还成员的占37.2%。

2. 一二三产业融合发展步伐加快

（1）农村劳动力向二、三产业转移。改革开放以来，随着经济水平不断提高，大量的农村劳动力从土地中解放出来，加入非农行业的劳动大军中。1978~2017年，第一产业就业人员从2524.2万人减少到1792.9万人，年均下降0.9%；二、三产业就业人员由562.8万人增加到3079.1万人，年均增长4.5%。大量的农村劳动力从第一产业转移到二、三产业，第一产业就业人员占比从1978年的81.8%下降到2017年的36.8%，下降45.0个百分点。

（2）农产品加工业发展壮大。农产品加工由单一贮藏保鲜功能，向集筛选、分级、清洗、保鲜、冷藏、烘干、包装、贴牌、质检、营销等多种功能于一体转变。2017年，全省有规模以上农产品加工企业4136家，完成工业总产值1.1万亿元。监测的主要产品中：加工熟肉制品17.7万吨、速冻食品11.9万吨、膨化食品5万吨、乳制品146.2万吨、冷冻饮品26.1万吨。

（3）乡村旅游蓬勃发展。1986年位于郫县友爱镇农科村诞生中国第一家"农家乐"，启动了四川乡村旅游的新模式。之后省委、省政府重点打造了"五大产业带"，即以成都平原为核心的平原风光休闲农业与乡村旅游产业带；以甘孜、阿坝、凉山为重点的民族风情休闲农业与乡村旅游产业带；以巴中、达州、广安等为重点的红色故里休闲农业与乡村旅游产业带；以乐山、宜宾、泸州等为重点的川南田园风光休闲农业与乡村旅游产业带；以德阳、绵阳、阿坝等为重点的灾后重建新貌休闲农业与乡村旅游产业带。截至2017年末，全省累计建成农业主题公园440个，打造休闲农业专业村1400个，认定首批省级示范休闲农庄100个、省级示范农业主题公园80个。累计创建全国休闲农业和乡村旅游示范市县16个，获评中国美丽休闲乡村19个，入选中国重要农业文化遗产5个。全省有5000个行政村发展乡村旅游，休闲农业经营单位3.1万家。2017年，全省实现乡村旅游收入2283亿元。

（五）农村社会事业发展进步

改革开放以来，九年义务教育、农村居民医疗保险、农村居民最低生活保障、乡镇文化站、村级综合性文化服务中心建设加快推进，全省农村教育、医疗卫生、文化等社会事业得到全面提升。

1. 农村教育事业蓬勃发展

大力推进九年义务教育，乡镇开办幼儿园、托儿所和小学情况在全国领先。第三次全国农业普查成果显示，2016年全省有小学8920个，小学在校学生417.0万人。有幼儿园、托儿所的乡镇4024个，占乡镇总数的93.6%；有小学的乡镇4248个，占乡镇总数的98.3%。有幼儿园、托儿所和小学的乡镇数量均居全国第一位。同时，大力发展面向农村的职业教育与成人教育，深入推进"9+3"免费教育计划，2017年全省中职招生38.36万人，其中，农村生源占80%左右。

2. 农村文化、卫生事业不断进步

一是文化事业大力推广，精神文明建设不断增强。2017年，全省建成幸福美丽新村6878个，涉及农户273.6万户，累计建成幸福美丽新村23160个，占全省行政村的48.98%。累计创建省级四好村3481个、市级四好村14828个、县级四好村21122个。共有乡村图书馆文化站19474个，剧场、影剧院615个，体育场馆660个，农民文化娱乐设施不断完善。二是医疗水平显著提高，卫生事业得到加强。截至2017年末，全省乡村有医疗卫生机构3.5万个，床位51.8万张，职业（助理）医师19.2万人，农村医疗服务和疾病预防控制体系进一步完善。

3. 农村社会保障显著加强

改革开放以来，农村社会保障体系随着国家综合实力的不断壮大，农村居民享受社会保障的覆盖面不断扩大，打破了千年以来的"养儿防老"格局。2017年，全省农村低保标准低限已达到3300元/年，平均标准则达到3600元/年，超过国家现行扶贫标准；农村"三无"特困人员集中供养满足率超过65%。全省城乡居民基本养老保险参保人数3318.8万人，城乡居民基本医疗保险参保人数6785.4万人，城乡居民最低生活保障人数428.2万人。

（六）农民生活质量提高

改革开放以来，四川农村经济快速发展，农民收入大幅增长，农民生活水平大幅度提高，经历了满足温饱到追求生活质量的过程。特别是党的十八大以来，党中央对"三农"问题空前重视，出台了力度空前的各种惠农富农政策，有力地拉动了四川农民收入快速增长，城乡收入差距不断缩小，生活条件明显改善，极大地刺激了农民生活消费热情，农村居民生活质量大幅度提高。

1. 收入水平不断迈上新台阶，城乡差距逐步缩小

1978年以来，四川农村居民收入水平迅速提高。调查显示，四川农村居民人均可支配收入由1978年的127.1元增加到2017年的12226.9元，增长95.2倍，年均增长12.4%；并分别在1995年、2010年、2015年迈上1000元、5000元、10000元大关。

城乡收入差距经历了缩小—扩大—再缩小的历程。改革开放初期，由于家庭联产承包责任制极大地激发了农民的生产积极性，农民收入快速增长，四川城乡居民收入差距由1978年的2.66∶1缩小到1982年的1.74∶1；之后，随着城镇改革开放，城乡居民收入差距逐步拉大，并于1994年达到峰值（3.48∶1）；2010年后，中央相继出台的统筹城乡、脱贫攻坚、农业供给侧结构性改革等政策措施在四川落地落实，农民增收保持了"两个高于"（即四川农民收入增速高于全国平均增速、高于城镇居民收入增速）的良好态势，城乡居民收入差距再度缩小，至2017年缩小至2.51∶1。

2. 农民收入来源多样化，"独角戏"变为"大合唱"

改革开放之初，四川农民收入结构是传统的农业经营收入唱"独角戏"；随着改革不断深入，农村富余劳动力加速向非农产业转移，各项惠农富农补贴相继出台，四川农民收入结构发生了深刻变化，四项收入齐头并进，形成了"大合唱"的良好局面。2017年农村居民工资性收入占可支配收入的比重达到32.8%，比1990年提高了17.5个百分点；转移性收入占比达到25.1%，提高了20.7个百分点；经营净收入占比为39.4%，下降了40.0个百分点。

3. 农村居民生活水平大幅提高，消费结构不断优化

随着四川农民收入水平快速提高，农村居民生活水平也水涨船高。调查显示，四川农村居民人均生活消费支出由1978年的120.3元，增加到2017年的11396.7元，增加11276.4元，增长93.7倍，年均增长12.4%。同时农村居民生活消费结构也不断优化，由解决温饱向注重生活品质转变。2017年，四川农村居

民恩格尔系数为37.2%，比1978年下降了36.4个百分点；衣着支出占生活消费支出的比重也下降了5.6个百分点。主要用于提高生活品质的生活用品及服务、医疗保健、交通通信、教育文化娱乐支出占比分别提高了2.6、12.0、7.2、8.2个百分点。

4. 能源通信垃圾处理水平提高，居住水平明显改善

改革开放初期的四川农村电灯没有油灯亮，农民住的是土坯（茅屋）房，饮的是沟渠（堰塘）水。随着国家经济实力的增强，各级各地不断加大对农村生活基础设施的投入，特别是脱贫攻坚的深入扎实推进，农村生活条件得到显著改善。据2017年的第三次全国农业普查显示，全省有45.9%的村通天然气，比全国平均水平高34.0个百分点；98.7%的村通电话，比2016年提高了4.9个百分点；84.0%的村安装了有线电视，比2016年提高了23.0个百分点；71.4%的村生活垃圾集中处理或部分集中处理，比2016年提高了66.8个百分点。有86.1%的乡镇集中或部分集中供水，92.1%的乡镇生活垃圾集中处理或部分集中处理，58.8%的村完成或部分完成改厕。

5. 家庭耐用消费品逐渐普及，质量不断提高

1978年，四川农村除个别家庭拥有自行车外（每百户拥有5.8辆），基本没有其他耐用消费品。随着农村居民生活水平快速提高，电视机、电冰箱、洗衣机、移动电话机等基本耐用消费品已全面普及，家用汽车、摩托车、空调、计算机等提高生活品质的耐用消费品也快速增长。2017年，四川每百户农村居民家庭拥有彩色电视机117.1台、电冰箱96.2台、洗衣机89.9台、移动电话机242.0部。家用汽车由2000年的0.1辆/百户增加到13.4辆/百户，空调由2000年的0.2台/百户增加到40.3台/百户，计算机由2008年的2.2台/百户增加到17.7台/百户，热水器由2000年的3.9台/百户增加到65.8台/百户，生活质量全面提高。

水利编

巴蜀文化通史 | 农业与水利文化卷

第一章 巴蜀水利和水文化的起源

第一章 巴蜀水利和水文化的起源

以都江堰工程为杰出典范的古代巴蜀水利和水文化,是人类文明史上甚为罕有的奇观,不仅流芳古今、举世闻名,而且枝繁根深,渊源甚远。

巴蜀地区水资源极为丰沛,且为中国和世界上人类生活繁衍最早的区域之一。至迟在距今200万年左右的旧石器时代早期,我们的祖先就已经在巴蜀江河之畔找到了自己居息活动之所,开启了巴蜀先民依水而生存发展的漫长社会历程。此后历经旧石器时代中期、晚期,和新石器时代以至距今数千年以来的文明时代,巴蜀先民与水相生相克、兴水利、避水患的水文化历史极其悠久,成就极为辉煌。本章主要概述巴蜀地区优越的水资源环境,尝试探讨和粗略勾勒巴蜀水文化漫长历程的早期阶段——史前时期这一广大区域水文化萌芽、起源和初步发展的大致状况。

第一节 千河巴蜀,水润天府

一、得天独厚的丰富水资源[①]

在历史上,作为文化区域的巴蜀以四川盆地为核心地区,主要包括今四川省和重庆市境,地理上大致位于东经97°21′~110°12′,北纬26°03′~34°19′,东西横跨1200余公里,南北纵贯900余公里,面积约57万平方公里。该区域东连湘鄂,南邻云贵,西依青藏,北接陕甘,地理气候条件优越,是东亚大陆文化起源、发展最早的地区之一,自古以区域特色鲜明、成就辉煌灿烂的巴蜀文化举世闻名。

巴蜀地区面积辽阔,地貌复杂多样,水资源条件非常优越。川西北高原海拔4000米以上的山峰终年积雪。这些雪峰冰川,是中国西部自古以来巨大的"凝固水库",蕴藏着极其丰沛的水资源。黄河流经的川西高原北部高原面貌

---

① 本节有关资料和数据主要采自四川省水利电力厅编:《四川水利志》(内部资料)第一卷《概述》,第7~8页;第二卷第一节、第六节,第54~57页、第94~95页。

完整，有涵水丰沛的若尔盖湿地等大片沼泽。巴蜀境内自西向东分布着金沙江、雅砻江（古称若水）、大渡河、安宁河（古称孙水）、青衣江、岷江、沱江、嘉陵江、渠江等著名江河，长江干流横亘于盆地南部，岷江、沱江、嘉陵江、渠江等各大支流自北向南、乌江自南向北注入长江。

巴蜀地区年平均降水量在500～1200毫米之间，各地降水季节分配不同，总体上盆地比高原多。盆地东部春、夏多雨，西部夏、秋多雨，整个盆地降水量由边缘向中心递减，而干旱年降水量仅600毫米左右；金沙江及安宁河谷地大部降水集中在6～10月，形成明显的干、湿季节；高原区气温低，霜雪多，雨量少，日照丰，多年平均年降水量除凉山彝族自治州大部分地区为1000～1200毫米外，一般600～800毫米，巴塘、得荣、乡城一带年降水量不足500毫米。四川盆地虽降水量较为丰沛，但季节不均，既因夏季高温多雨而有利于农作物的生长，又由于盆地东部的伏旱和西部的春旱夏涝，对农业生产的不利影响也很大。盆地多雾，常阴雨绵绵，尤以秋季阴雨日数最多。西南部年日照仅800～1100小时，是全国日照最少的地区之一，因而素有"蜀犬吠日"之说，重庆则号称"雾都"。巴蜀地区大气降水水资源较丰，总量在6000亿立方米以上，其中地表径流总量3000亿立方米以上。

巴蜀地区地表水系由众多的大中小江河构成，各大江河除开上源位于高原雪山区的金沙江、雅砻江和大渡河等常年有融雪水补给外，其余河流主要来自大气降水补给，但时空分布不均。从时间上看，一是每岁有枯水期和汛期之分，二是年际变化也较大；从空间上看，则自西北向东南呈逐渐递增的趋势十分明显，川西高原在200～500毫米，而四川盆地东南年径流深可达700毫米以上。根据实测同步系列资料推算，巴蜀地区河川多年平均年径流量为2975亿立方米，是地表水资源的主体。

共同构成巴蜀地区地表水资源的还有湖泊、冰川等。湖泊主要分布在西部高原，水面大于400平方米的湖泊有1043个。其中水面在1平方公里以上的有49个，最大的盐源县泸沽湖面积达48.45平方公里，湖水总容积19.5亿立方米；其次是雷波县马湖，面积7.32平方公里，总容积4.8亿立方米；西昌市邛海面积31平方公里，总容积3.2亿立方米。冰川主要分布于西部高山高原，大约有200余条，以贡嘎山冰川、雀儿山冰川最为著名。以上冰川总覆盖面积约510平方公里，总储水量约210亿立方米。根据海螺沟冰川平均日消融深度7～10厘米（6～7月）的资料推算，上述全部冰川夏季月融水量约为0.36～0.51亿立方米。

巴蜀地区的地下水资源也较为丰富，但因水文地质条件复杂，地区分布很不均衡。初步勘测表明，巴蜀地区地下水储量约在500亿到800亿立方米之间，其中以成都平原地下水储量较丰，丘陵地区则相对贫乏。成都平原、盆地边缘和川西南山地地下水最富，盆地底部与川西高原相对贫乏。成都平原地下水最为富集，静储量达150亿立方米，水位埋深多在1～7米，含水层厚度大，涌水量超过50升/秒，流量稳定。

巴蜀地区丰沛的天然降水，和上述江河、湖泊、冰川与储量巨大的地下水，构成了优越的水资源条件。尤其是长江、岷江、嘉陵江等这些绵亘古今、源远流长的江河，水量大而流域面积宽，与历史上的巴蜀源远流长、闻名天下的水利和水文化可谓息息相关。

中国的水力资源世界第一，而四川水力资源居全国之首。全省水力资源理论蕴藏量1万千瓦以上的河流共737条，水力资源理论蕴藏量达14268.85万千瓦，理论年发电量达12499.51亿千瓦·时。全省调查河流上，单站装机容量1000千瓦以及以上的技术可开发电站共有1899+22/2座，总装机容量达10345.96万千瓦，年发电量5568.64+12/2座，装机容量7611.20万千瓦，年发电量4017.64亿千瓦·时，其装机容量和年发电量占技术可开发量的73.6%和72.1%。

二、天然水系的树枝状、向心状水系结构体系

巴蜀江河众多，除四川省阿坝藏族羌族自治州北境的黄河支流黑河（墨曲）、白河（嘎曲）属于黄河水系外，其余均属于长江水系。其中，除盆地东北城口县的任河北流、东南酉阳和秀山县的酉水东流，分别流注入汉水、沅江外，其余均汇入长江，经三峡出境。

长江干流在宜宾以上称金沙江，其一级大支流为左岸的雅砻江；在宜宾以下至三峡段称川江，其一级大支流左岸自西向东分别是岷江、沱江和嘉陵江，右岸则为乌江。岷江的二级大支流为大渡河，嘉陵江则有二级大支流涪江、渠江。而大渡河也有三级大支流青衣江。至于直接注入以上大江大河的中小支流更是数量甚多。巴蜀地区计有流域面积在100平方公里以上的河流1417条，因而四川历来有"千河之省"的美誉。在这些大大小小的河流中，流域面积在10万平方公里以上者5条，1万～10万平方公里者17条，1000～10000平方公里者131条，500～1000平方公里者230条，100～500平方公里者493条。按河道长度计，巴蜀地区500公里以上的河流有10条，200～500公里者17条，100～200公里者61

条，100公里以下者1200余条。按中下游常水期的水面宽度计，500米以上者1条，200～500米者9条，100～200米者33条，50～100米者112条，50米以下者近1200条。其中成都平原河网密度最大，平均每平方公里有1.2条。上述大小众多的江河溪流，构成了巴蜀大地上繁复多样的水系网络。

从整体上看，巴蜀地区以长江为总干的河流网络结构以树枝状水系为主，但这一总体系谱又因受地质构造、基岩性质与地表形态的影响，存在着诸多区域性差异。川西北高原上的雅砻江、大渡河上源，主要受山脉走向控制，多呈西北—东南方向并列，水系类似乔木树枝；金沙江、雅砻江干流沿着构造线发育，其支流平行排列，且较短小，形成羽毛状水系；岷江、沱江上源自盆地边缘山区流入盆地内部，形成由一点向外辐射的扇状河网，在成都平原上水网呈纺锤状；嘉陵江水系位于盆地中部，形成典型的向心状河网；盆地东南平行岭谷区和北缘大巴山区，因受东北—西南和西北—东南两组构造线影响，河流近于垂直交汇，水系多呈格状。由于川江沿着盆地南缘东流，北岸穿越盆地的支流长而多，南岸支流则短而少，水网分布极不对称。因此，就传统的巴蜀地区而言，作为上述整个树枝状水系主干的长江与其两岸汇入的各大支流，又在四川盆地形成了南北不对称的向心状水系结构。

巴蜀地区树枝状水系下各主要河流网系的多样化特征，反映了长江上游地理上各流域的多区域状况。一方面，各区域山川水土的不同条件特点，影响制约了各自相对不同的人文地理面貌和区域文化特征，以及与之相应的水文化技术特点和传统。另一方面，长江上游的地理形势，尤其四川盆地整个水系的向心状结构，又将盆地各流域连接起来，这就不仅孕育产生了彼此联系密切、水乳交融的巴蜀文化和文明，而且孕育发展出了历史上特色鲜明、丰富多彩、影响深广的巴蜀水文化。

第二节　巴蜀水利和水文化的起源

一、巴蜀史前人类遗址、遗迹反映的人水关系和水文化的起源

水是生命之源。人类自出现于地球之日起，就依水而生存、生活、发展，与水结下了天然永恒的不解之缘，由人水关系而生的水文化也逐渐随之而起。不过，人类社会越是早期，就越是主要或更多地受到自然条件和自然规律的制

约。生民之初，水利尚未发明，水文化只是简单地发生于人类与天然水资源之间。具体说来，在这样极为漫长的岁月中，限于生存能力的低下，水文化主要是发生于人类及其居住地点与河流、湖泊等天然水资源之间。人们离不开水，但又难以抵御常年周期性的洪水之灾，因而多居住生息于山地、丘陵地带靠近河流、湖泊的天然洞穴内或台地、阶地上，既能因水之利，又能避水之患。而在主要由河流冲积形成的广大平原地区，由于远古时期河流水道紊乱，沼泽湿地密布，人类通常尚无能力开发居住。

上述人类早期历史的规律性，在巴蜀远古时期的历史文化遗迹、遗存中也充分反映出来。考古调查和发掘揭示，巴蜀地区人类新石器时代晚期以前的遗址、遗迹，基本分布于四川盆地内广大丘陵地区和盆周山区，而在川西平原上大量出现的时间，则晚至距今5000年以上。

广大巴蜀地区，尤其四川盆地，是我国长江上游早期人类文化发生发展最重要的摇篮和核心地区。近世考古学调查和发掘证明，巴蜀地区早在旧石器时代以来就有人类生息活动。其重要古人类化石材料和遗迹、遗存已屡有发现，如旧石器时代早期的四川盆地东缘长江三峡地区的巫山人化石[1]，中期的丰都桂花村旧石器制造场等[2]，盆地内丘陵地区旧石器时代文化晚期的资料则更多，如资阳人头盖骨化石[3]、筠连人牙化石[4]、射洪人顶骨化石[5]、北川人牙化

---

[1] 黄万波等：《巫山猿人遗址》，海洋出版社1991年版。
[2] 《三峡淹没区旧石器时代考古训练班结业、丰都桂花村遗址发掘获得重大成果》，《中国文物报》1996年1月28日第一版。发掘者将桂花村遗址定为旧石器时代早期，叶茂林先生则因其所据资料出于遗址上部，于1998年撰文将其置于旧石器时代中期，分析认为其下层遗存可能确已进入旧石器时代早期。并推论指出，三峡工程考古中长江四川段内发现的一些旧石器时代遗存遗址，"恐怕既有旧石器时代早期的，也会有中、晚期的"。（叶茂林：《四川旧石器时代遗存浅论》，四川大学考古专业编《四川大学考古专业创建三十五周年纪念文集》，四川大学出版社1998年版）综合各方面的资料和近年来的发掘研究进展，叶先生此说可谓有据。
[3] 裴文中等：《资阳人》，科学出版社1957年版。
[4] 游天星：《四川筠连人类牙齿化石的发现》，《成都地质学院学报》1983年第3期。
[5] 秦学圣：《四川省射洪县人顶骨化石发现的初步调查》（未刊稿）；另见范贵杰、胡昌钰：《四川古人类旧石器时代》，《云贵川古人类旧石器时代考古经验交流会文集》，1984年铅印本。以上转引自叶茂林：《四川旧石器时代遗存浅论》（四川大学考古专业编：《四川大学考古专业创建三十五周年纪念文集》，四川大学出版社1998年版）。

石①，以及资阳市鲤鱼桥②、汉源县富林③、狮子山④、攀枝花市迴龙湾⑤，南部县大桥镇⑥、蓬溪县郪口⑦，与重庆市铜梁县张二塘⑧、九龙坡区桃花溪⑨等遗址、遗存。近年来，在三峡水库沿岸抢救性考古调查和发掘中，发现了数十处旧石器时代遗址和石器制作场所，年代一般在距今10万年到1万年左右的旧石器时代文化晚期。此外，在属于今成都市区内的羊子山土台商周时代祭祀遗址基址以下黄土中，也曾发现过5件打制石器，有学者研究后认为应是晚期旧石器。⑩以上资料反映，巴蜀地区旧石器时代晚期遗存相对丰富，分布范围散布

---

① 叶茂林：《四川北川县发现古人类牙齿化石》，《人类学学报》1991年第3期；叶茂林、邓天富：《记北川县采集的化石材料》，《四川文物》1993年第6期。
② 北京大学历史系考古教研室、四川省博物馆：《资阳县鲤鱼桥旧石器地点发掘报告》，《考古学报》1983年第3期。
③ 杨玲：《四川汉源富林镇旧石器时代文化遗址》，《古脊椎动物与古人类》1961年第4期；张森水：《富林文化》，《古脊椎动物与古人类》1977年第1期。
④ 陈全家：《四川汉源狮子山旧石器》，《人类学学报》1991年第1期；高星：《旧石器时代考古》，《中国考古年鉴》（1992），文物出版社1994年版。
⑤ 晏德忠：《攀枝花市发现旧石器时代晚期洞穴遗址》，《四川文物》1988年第1期；李淼：《攀枝花市发现旧石器时代晚期的洞穴文化遗址》，《人类学学报》1988年第4期。
⑥ 张森水：《旧石器时代考古》，《中国考古年鉴》（1989），文物出版社1990年版。
⑦ 张森水：《我国南方旧石器时代晚期文化的若干问题》表1，《人类学学报》1983年第3期。
⑧ 李宣民、张森水：《铜梁旧石器文化之研究》，《古脊椎动物与古人类》1981年第4期；张森水：《铜梁旧石器遗址自然环境》，《古脊椎动物与古人类》1982年第2期。
⑨ 李宣民：《桃花溪旧石器》，《人类学学报》1992年第2期。
⑩ 四川省文物管理委员会：《成都羊子山土台遗址清理报告》，《考古学报》1957年第4期；童恩正：《古代的巴蜀》，四川人民出版社1979年版，第5页；邓少琴：《巴蜀史迹探索》，四川人民出版社1983年版；叶茂林：《羊子山土台遗址出土打制石器的性质与年代浅析》，《四川文物》1988年第5期；叶茂林：《四川旧石器时代遗存浅论》，四川大学考古专业编：《四川大学考古专业创建三十五周年纪念文集》，四川大学出版社1998年版。叶茂林对此5件石器作了较为细致的分析，并将之与重庆市铜梁县和资阳市出土的旧石器相比，认为在制作技术等方面都有一些相似之处。至于羊子山打制石器的年代，因无其他物品伴随出土，因此只能根据地层来推测：羊子山土台基址的土层是厚约2米的含砂质黄土（间有局部分布的黑色腐殖土），石器则发现在1～1.2米深的黄土和黑灰色腐殖土层。再下面则为含钙质结核的晚更新世后期风成的"成都粘土"，因此地层的年代不会早于全新世。叶茂林认为其含砂的黄土有可能是全新世冲积覆盖物，黑灰色腐殖土是平原地带常见的洼地积物，其沉积时间可能早于全新世初期，但也不能排除这些石器从附近搬运来的可能性。另外，在川西高原北部的炉霍县鲜水河左岸，也发现了旧石器时代的人类牙齿化石和石制品。（宗关福、陈万勇、黄学诗：《四川省甘孜藏族自治州炉霍县发现的古人类与旧石器材料》，《史前研究》1987年第3期）

于巴蜀各个地区，北至川北山区，南到川南岩溶地貌区和金沙江流域，西及川西高原雅砻江、大渡河流域，东抵长江沿岸直至三峡区域，而以川中盆地和长江三峡地区较为富集，主要分布于河谷、丘陵地带近水而地势相对高亢，便于人类利用水资源、避免水患之处。如在三峡地区发现的重要遗址、遗迹，全部位于长江干流第二、三级阶地，个别位于第四级阶地。① 这些资料生动地反映了早期人类居处选址方面，积极利用水资源、主动适应水环境的历史情形。

进入新石器时代以后，巴蜀地区先民留下的考古学遗迹遗址数量剧增，分布范围大为扩展，遍及巴蜀地区各主要江河流域。后世文献记载反映，关于当时社会的一些古老传说已经开始出现，可以之与考古资料结合，初步揭示或了解这一时期随着经济社会的发展，先民人口数量繁衍，水文化起源、发展的大致情形。如属于巴蜀地方文献系统的《蜀王本纪》中，已有大禹生于岷江流域传说的追述；中原先秦文献《尚书·禹贡》也记载了虞夏之际的岷江、沱江和嘉陵江等流域的治水活动，《大戴礼记》《世本》等书也提到黄帝族群的青阳和昌意两大支系降居岷江、雅砻江流域的传说。这些传说记载都大致符合近世考古所揭示的新石器时代晚期以来史实面貌。即使在缺乏文献记载的金沙江流域，在属于向家坝水电站库区的宜宾市屏山县楼东镇沙坝村叫化岩遗址的考古发掘中，发现了位于金沙江北岸阶地上的新石器时代晚期遗址，时代距今约5000～4700年，遗迹、遗物在一、二、三、四级阶地上均有发现，充分展示了先民依水、近水居住的生产、生活状况。

下面大致以考古学资料相对丰富的岷江流域、嘉陵江流域为主要例证，对巴蜀地区新石器时代尤其是其晚期的人水关系和早期水文化起源的情形简要述析如下。

岷江发源于川西高原上的岷山山脉郎架岭，古称羊膊岭，全长735公里，流域面积14万平方公里，是长江上游水量最为丰沛的一条支流。岷江在都江堰以上为上游，流经川西高原和山地；都江堰市至乐山段为中游，流经成都平原

---

① 三峡库区第二级阶地大约形成于旧石器时代末期，故其考古遗迹大致处于旧石器时代向新石器时代过渡阶段；第三、四级阶地则分别形成于距今4万多年和10万年左右。[中国科学院古脊椎动物与古人类研究所：《奉节鱼复浦遗址旧石器时代发掘报告》，载重庆市文物局、重庆市移民局编《重庆库区考古报告集（1997卷）》，科学出版社2001年版；重庆市文化局三峡文物保护工作领导小组办公室：《重庆库区2000年度考古综述》，载重庆市文物局、重庆市移民局编《重庆库区考古报告集（2000卷上）》，科学出版社2007年版]

地区和部分丘陵地区；乐山以下至宜宾入金沙江口为下游，流经地区主要为丘陵、低山地带。岷江有大小支流90余条，其中主要有上游的黑水河、杂谷脑河，中游都江堰灌区的黑石河、金马河、江安河、走马河、柏条河、蒲阳河等，下游的青衣江、大渡河、马边河、越溪河等。岷江流域是长江上游新石器时代历史文化最悠久、最繁荣的区域，其中尤以岷江干流流经地区的文化最为发达，已经发现和发掘的新石器时代先民遗址最为密集，规模最大，反映的水利技术和水文化以及整个社会发展水平也最高，岷江无愧为古蜀文化和文明的母亲河。由于岷江流域成都平原上的宝墩文化古城群及其反映的较高水文化将在下文中集中讨论，这里侧重介绍岷江上游地区近年来考古调查发现和发掘的新石器时代古遗址所揭示的早期水文化状况。

岷江上游地区的历史文化极为悠久，但该地区的考古工作尤其是新石器时代的调查发掘却长期相对滞后。2000年6月至9月，成都市文物考古研究所等单位联合在岷江上游的茂县、松潘、理县、汶川、黑水等县境内，开展了一次全面、细致的考古调查，其范围遍及岷江上游干流及其主要支流黑水河、杂谷脑河两岸的河谷阶地和台地上，共发现营盘山遗址、理县孔地坪遗址等82处新石器时代文化遗址和遗物采集点。其中仅茂县境内就发现了13处新石器时代文化遗址和9处遗物采集点。①这些遗址鲜明地反映了早期先民社会的人、水、地关系，下面仅对考古工作者已经进行了勘探和试掘的营盘山等遗址略加论述。

营盘山遗址位于茂县县城凤仪镇附近，地处岷江东南岸二级台地上，东临河床下切的深谷，岷江从遗址东北面、背面和西面环绕而过，海拔约1600米，高出现今岷江河面约120米。整个遗址平面约成长方形，东西宽约150～200米，南北长约1000米，总面积近15万平方米，其年代距今约5500～5000年，是岷江上游地区最大的新石器时代遗址，也是该地区广大范围内已经发现的新石器时代文化遗址群的中心。总体上看来，营盘山大型遗址及周围遗址群反映，当时岷江上游地区的先民共同体组织已发展到史前较高的历史阶段，呈现出颇为繁荣的社会状况，出土的文化遗物也揭示了遗址中生活的先民具有颇为高超的技艺水平。此种状况，自然会对当时社会的人、水关系产生积极影响。从地理地势上看，遗址背靠龙门山脉主峰九顶山，面向岷江河谷，先民的选址可谓颇为

---

① 成都市文物考古研究所等：《四川茂县营盘山遗址试掘简报》，载成都市文物考古研究所编《成都考古发现（2000）》，科学出版社2002年版。

考究，以至被考古专家称誉为"风水宝地"。考虑到岷江上游地处川西北高原，群峰耸峙，坡降和水流落差大，岷江水流湍急，河床数千年下切较严重，5000年前遗址存续时期距离江面当明显要近些，因而当时水环境更为优越，先民对水资源条件的利用应当更为方便。

营盘山遗址附近的波西遗址，其时代上限可达仰韶文化庙底沟类型晚期（比营盘山遗址的年代早），下限年代为大地湾第四期为代表的仰韶晚期文化（学者或称为马家窑文化石岭下类型）早段，该遗址出土器物的文化内涵与营盘山遗址有一定联系，也有一定区别，并带有仰韶文化庙底沟类型晚期的特征[①]，揭示了岷江上游地区新石器时代文化面貌的丰富多样性和文化来源的多元性。但波西遗址在水环境和水文化特征上与营盘山遗址颇为相似，两个遗址隔江相距约1500米，都处于江边二级台地上，地处西岸的波西遗址历经5000多年后高出岷江河床约100米，其亲水习俗与营盘山遗址的先民如出一辙，生动地反映了在相同和相似的地理水文环境条件下，各先民共同体文化风习形成和演变发展的共同规律性。

位于凤仪镇水西村的沙乌都遗址，离营盘山遗址更近，两者隔江相距不足800米。沙乌都遗址与波西遗址也因隔着一条较深的自然冲沟彼此相望。该遗址在文化内涵上与成都平原上的宝墩文化存在较为密切的联系，其时代据发掘者推测为距今4500年左右。在岷江上游以营盘山为中心的新石器时代遗址群中，沙乌都遗址年代较晚，地处位置则相对较高，位于岷江北岸的三级台地上，现今距离岷江河床已约300米。[②]这似乎表明地理条件较好的今茂县县城附近地区经过先民逾千年的长时期繁衍生息，到距今约4500年时，近水阶地或台地已经开发居住净尽，使得沙乌都遗址先民不得不选择水资源条件稍逊之地定居。看来，历史上资源、环境与人类繁衍、社会发展之间的复杂矛盾关系，在史前时代似乎已经初露端倪。

在岷江最大的支流大渡河流域，石器时代人类生息活动的遗迹遗址很早就有发现，反映了该流域早期的人、水、地关系，其中尤以近来调查发现的马尔康县哈休新石器时代遗址引人注目。哈休遗址位于大渡河上游，时代距今约

[①] 成都市文物考古研究所等：《四川茂县波西遗址2002年的试掘》，载成都市文物考古研究所编《成都考古发现（2004）》，科学出版社2006年版。
[②] 成都市文物考古研究所等：《四川茂县沙乌都遗址调查简报》，载成都市文物考古研究所编《成都考古发现（2004）》，科学出版社2006年版。

5300～4700年，是一处面积较广，农业文化内涵丰富的聚落遗址。[1]该遗址北靠八谷脑山，西临布尔库沟，南边是茶堡河，东临较为陡峭的坡地，居住环境较为理想，比较典型地体现了古人靠近河流山崖建立聚落的选址原则，以便于利用水资源和狩猎、防御。

嘉陵江为长江上游最大的支流，流经陕西、甘肃、四川、重庆等省市。嘉陵江上游与汉水源头距离很近，以至长期被称为西汉水，甚至曾直接被误称为汉水，唐以后方始名嘉陵水。嘉陵江水系包括干流和大大小小的若干支流，水系由北而南整体呈现为典型的扇形向心结构。流域地势东、北、西三面较高，向东南逐渐降低，地势渐趋平缓。流域面积达16万平方公里，幅员相当辽阔，历史上曾经是巴文化分布的主要地域。嘉陵江干流来源主要有东、西之分，西源即自古所称西汉水，而流经秦岭南麓嘉陵谷的东源习惯上被认为正流（也有以西汉水为正源者）。以上二源在陕西省略阳县白水江镇合流，向南流经广元、南充等地，在合川汇合渠江和涪江后，南流至重庆入长江。东源嘉陵江发源于陕西宝鸡市大散岭，流经凤县和略阳县。此区山高谷深，属于秦岭侵蚀山地，因此在水流平缓处的河流两岸常形成一些沉积的面积不大的河谷阶地，先民自新石器时代以来就聚居在这些河岸阶地上。[2]嘉陵江西源西汉水发源于甘肃天水市秦州区的齐寿山，流域地处秦岭南坡，地质地貌特征从北到南变化较大，其南部地区由黄土丘陵沟壑区过渡到土质山区，北部地区则分布着2350余平方公里的黄土高原区地貌，以黄土梁状丘陵为主，河流切割现象十分严重，形成一些面积较大的山前台地、河岸台地及两河交汇形成的沉积台地。正是在这些近水台地上，发现了不少新石器时代的文化遗址。除干流外，嘉陵江还有若干重要支流，包括著名的渠江、涪江和白龙江等。各支流的上游也多发源和流经川北一带岷山、米仓山、大巴山等山区，因而河流比降大，沉积作用不明显，不易形成河谷阶地。新石器时代以来为数不多的先民遗址，主要位于一些风化雨蚀形成的面积不大的山麓前平缓坡地，和少数狭小的河谷平原台地上。嘉陵江干流自广元以下，河谷逐渐开阔，地形从深丘过渡到浅丘，河曲、阶地和冲沟发育，与涪江、渠江中下游构成川中盆地。由于地势平缓，河流比降

---

[1] 阿坝藏族羌族自治州文物管理所、四川省文物考古研究院、成都市文物考古研究所、马尔康县文化体育局：《四川马尔康县哈休遗址调查简报》，《四川文物》2007年第4期。
[2] 陕西省社会科学院考古研究所汉水队：《陕西汉中专区考古调查简报》，《考古》1962年第6期。

小，河谷呈不对称的"U"形或浅凹形，沿岸有多级阶地，并局部地与低山、浅丘连接，形成较广阔的缓丘平坝。这样的环境较为适合早期人类居息繁衍，因而发现的新石器时代遗址就多分布在这些河流旁的平坝台地上。

　　人类文化都是在特定的地理环境中产生的，因此，地理水文环境必然会对人类生产生活和文化面貌产生相应的影响。在新石器时代，虽然人类支配自然的能力与旧石器时代相比已大大增强，但由于生产力水平的仍然低下，人类依旧更多的是适应地理环境。因此，嘉陵江流域的新石器时代遗址多选择在水地关系相对和缓、地势平坦的河岸台地和河谷阶地或山体平缓的坡地，既有利于生产也有利于生活。① 20世纪70年代末，重庆市博物馆对嘉陵江中下游初次进行考古调查，就发现了从新石器时代到战国—秦汉的文化遗址11处。② 2002年10～11月，四川省文物考古研究所在渠江流域调查又发现了20多处先秦（包括新石器）时代的古文化遗址及石器采集点③，并在该流域的宣汉县罗家坝发掘了媒体称为"20世纪末发现的面积最大的巴文化遗址"，位于后河一级阶地上的该遗址遗存包括新石器时代晚期和东周时期以至秦汉时期④，反映了先民在这一依山傍水的优越环境里长期生息繁衍的史实。以上嘉陵江流域考古调查和发掘反映，先民居址的选择受到地势地貌和水环境特点的明显影响制约，因而其新石器时代遗址大致可分为台地遗址、坡地遗址、河谷阶地遗址三种类型。下面谨对之从早期水文化角度作一分析。

　　先谈台地遗址类型。台地遗址面积通常相对较大，多位于海拔较低的河边台地或江河冲积平原上，地势平坦开阔，土壤发育较好，十分有利于耕种和居住。像宣汉的罗家坝、嘉陵江干流中下游的蓝家坝、涌泉坝、报本寺、明家嘴、淄佛寺、沙梁子等就属于这一类型，而以出土材料较翔实的罗家坝为典型遗址。海拔约340米的罗家坝遗址位于渠江支流中河与后河交汇冲积形成的一级台地上，三面环水，一面靠山，其中第9～11层属于新石器时代晚期文化。遗址面积很大，达50万平方米，虽然被现代冲沟分为罗家坝和张家坝两个单元，但遗址本身尚未遭到河流的破坏，保存仍很完好，属于原生文化堆积址，并且

---

① 赵炳清等：《嘉陵江流域新石器时代遗址的地理考察》，《中华文化论坛》2009年第1期。
② 重庆市博物馆：《四川嘉陵江中下游新石器时代遗址调查》，《考古》1983年第6期。
③ 四川省文物考古研究院：《渠江流域古遗址调查简报》，《四川文物》2005年第6期。
④ 四川省文物考古研究所、达州市文物管理所、宣汉县文物管理所：《四川宣汉罗家坝遗址2003年发掘简报》，《文物》2004年第9期；《罗家坝遗址笔谈》，《四川文物》2003年第6期。

缺乏新石器时代晚期以前的地层，说明远古先民是在龙山时代迁来的。虽然遗址距河边仅约10～50米，相对高度也仅3～4米，但当时先民们并没有受到洪水的危害，可能是由于罗家坝地处渠江上中游地区，河流径流量小，河床比较固定，而当时地面植被覆盖又好，没有水土流失的现象。地理条件的优越使得此处一直有人类生存，聚落发展稳定。因为遗址的地层关系十分清楚，从新石器时代晚期至商周、春秋战国、西汉都有明确的文化堆积，也没有洪水沉积的淤沙层出现。可见，在海拔较低的河边台地或河流冲积扇上，有利于形成大型遗址的地理条件，特别是在川东北浅丘地区的临河地带，距水源较近，但又有一定的高差，可以避开洪水，且有一定面积的平地供人们居住和生产。此类地带常常形成沿河道旁展开的交通线，因而临水的方便，也就利于聚落内外人们频繁的接触和文化交流，从而形成文化面貌一致的古代民族和遗址群。

坡地遗址一般多分布在岷山、大巴山南麓的低中山地区，在海拔约600米左右的山麓缓坡地带，面积狭小，地势不甚开阔，因而不易形成大型的遗址。下面就以广元张家坡遗址与绵阳边堆山遗址为例进行分析。

张家坡遗址位于广元市西山东南坡地上，面积约为1万平方米，分为3层，第1层为耕土层，第2层为扰乱层，第3层为新石器时代文化层，厚0.25～0.7米。① 可见聚落不仅规模不大，而且延续时间不长，先民定居的稳定性还不很强。但从水环境与选址角度看，遗址以西山海拔550米的山梁为屏障，高出嘉陵江河床约70米，遗址所在高度则为30～55米，面对嘉陵江与南河的交界处，形成典型的面水依山居住特点，既靠近水源，又不易受到水患的影响，地理位置十分优越。

边堆山遗址则不同，其山位于绵阳市市中区新皂乡姜家湾，海拔553米，涪江支流安昌江从其陡峭的北面流过，面积为1万平方米的遗址则在南山腰的缓坡地带上②，与人类一般面水依山而建的坡地聚落形成显著区别。但这里的先民如此选址，显然是因为山北虽临江却没有形成聚落的条件，而山南坡地较为平缓，加上当地气候暖湿，雨水较多，因而形成了这种远离河流向阳而居的背水居山模式。遗址文化层厚1.5～2.5米，第3～5层为新石器时代文化层，第2层为

---

① 中国社会科学院考古研究所四川工作队：《四川广元市张家坡新石器时代遗址的调查与试掘》，《考古》1991年第9期。
② 中国社会科学院考古研究所四川工作队：《四川绵阳市边堆山新石器时代遗存调查简报》，《考古》1990年第4期；何志国：《绵阳边堆山文化初探》，《四川文物》1993年第6期。

扰乱层，可见遗址延续的时间可能不是很长，先民们具有很大的流动性。

边堆山遗址与张家坡遗址选址的差异，主要应是受到地形条件的制约，人类适应地理环境的结果。如在与前者相似的地理水文条件下，类似的选址特点在渠江支流通江流域的新石器时代遗址上表现得更为突出。2002年，四川省文物考古研究院进行的渠江流域考古调查中，在通江流域发现了6处新石器时代遗址（如凤凰包、大梁上、禹王宫等），其共同选址特点是居住在离水源较远的向阳的半山腰的缓坡地带，遗址面积不大（禹王宫除外，可能是一处中心聚落），文化堆积不厚。[①]此类遗址的人、水、地关系，与张家坡遗址代表的通常类型表现形式不一样，虽然并不是文化内涵上的质的差异，但确实展示了先民很早就适应水地环境而形成的一种模式。

河谷阶地遗址主要分布在嘉陵江上游，根据考古调查，在陕西凤县就发现了11处新石器时代遗址，其中太山庙、五里坪、桑园村、八里坪等4处具有代表性。[②]这些遗址比较集中地分布在不超过5公里的范围内，大体形成了桑园村西遗址为中心聚落的聚落群。这些遗址面积不大而文化层较厚，说明其规模虽小，但延续时间长，形成了稳定长期的聚落。值得注意的是，上述聚落都处在嘉陵江沿岸的一、二级阶地上，地势平坦、距河面高程一般较高（八里坪高出40米），又背靠山，不易遭受水患，反映了河流两岸山地侵蚀形成的沉积阶地条件下的人、水、地关系特点。

在上述台地、坡地和阶地诸遗址类型中，后二者虽然已经形成种植业和采集、渔猎复合的经济生业，但因水土资源的相对限制，早期农业的发展水平仍处于低级阶段，而与农业密切相关的早期水利灌溉技术显然无从产生发展起来。但在水资源和土壤等条件良好的台地遗址中，以种植业为代表的早期农业得以较早就发展起来，形成种植业为主，渔猎、采集为补充的经济模式。其典型如嘉陵江干流中下游的合川沙梁子和宣汉罗家坝遗址。20世纪80年代对合川沙溪乡沙梁子遗址的考古调查中采集到石器24件、陶片107片。石器有农耕用的"石耜、石锄、石斧、石锛、砍砸器等；渔猎用具有石球、网坠、石矛

---

① 四川省文物考古研究院：《渠江流域古遗址调查简报》，《四川文物》2005年第6期。
② 陕西省社会科学院考古研究所汉水队：《陕西汉中专区考古调查简报》，《考古》1962年第6期。

等"①。此外，在蓝家坝、涌泉坝、报本寺、明家嘴、淄佛寺的考古调查中②，采集的石器也主要有石铲、石锛、石耜、石锄、石斧、砍砸器、石球等，反映当时居民的经济方式也是以种植为主，渔猎为辅。可以推测，在嘉陵江流域这些水资源条件良好、土地相对平旷的遗址一带，至迟在新石器时代晚期，灌溉等早期的水利技术应已经初步发生发展起来。

这种较为进步的水文化状况与地理水文条件密切相关，同时也是经历了漫长的历史过程发展形成的。从类型上看，除了上述近水的台地、坡地和阶地以外，地处南方的巴蜀地区先民在新石器时代的遗址还应有洞穴一类。在我国南方，新石器时代早期和中期偏早的遗址多发现于洞穴之中，这与南方多石灰岩溶洞有关，而石灰岩溶洞通常具有非常良好的水资源和环境，水质清洁、充沛而稳定，不易形成水患，形成人水亲和的关系格局。不过，在巴蜀地区至今洞穴遗址发现的资料还很少，其典型即江油市吴家后山山腰上发现的大水洞遗址，海拔1505米，从中发现了新石器时代人类生活的足迹。洞内第1层为黄褐色粉砂土层，第2层为黄褐色粉砂质黏土层，这两层是洞内流水携带泥沙长期淤积形成的。第3层为新石器时代文化层，厚0～0.22米，第3层以下为生土层。可见，该洞穴聚落的规模不大，延续时间不长，可能是十来个个体的暂时栖息地。洞内地势平缓，顶部平坦，东壁下有水源，靠近水源东西宽约10米的区域是人们的生活区，生活区东北侧是工具制作区。③在新石器时代，这种利用水资源的安稳然而简单的方式毕竟属于较为早期的状态。在大多数巴蜀地区新石器时代遗址中发现的水文化资料，虽然因具体自然环境条件规模不一、各有特点，但基本属于前述靠近江河湖泽的阶地、台地或坡地居住遗址等类型，其文化水平已普遍较之先进。如在传统的川东峡江地区的新石器时代，先民水文化的起源也很早，并在近年来大规模的三峡库区考古中所获的大量资料中得到印证。由于长期地质和江流下切作用，峡江地区在长江干流的两岸阶地发育，新石器时代以来的先民遗址大多分布于江边一级阶地，也有少数位于二级阶地

---

① 《合川沙溪乡沙梁子新石器时代遗址的调查》，载重庆市文化局文物处、重庆市博物馆编《三江考古调查纪要》，1987年（内部资料）。转引自赵炳清等：《嘉陵江流域新石器时代遗址的地理考察》，《中华文化论坛》2009年第1期。
② 重庆市博物馆：《四川嘉陵江中下游新石器时代遗址调查》，《考古》1983年第6期。
③ 四川省文物考古研究院等：《四川江油市大水洞新石器时代遗址发掘简报》，《四川文物》2006年第6期。

者，如忠县中坝遗址。①结合上述岷江和嘉陵江流域的资料可知，一般而言，江河一、二级阶地，尤其一级阶地都具备良好的水资源条件，遗址所在只要有一定面积的土地可供种植，与浇灌等初步水利技术相关的早期农业就在其地发展起来。这说明，在以四川盆地为主的广大巴蜀地区，新石器时代遗址中生活的先民，其水文化已经起源并有了初步发展。

二、大禹治水传说与宝墩文化聚落群水利文化的初步发展

（一）巴蜀地区大禹治水的古老传说

前述新石器时代巴蜀地区早期水文化的起源，到距今约4500年，约当中原龙山文化时代，在成都平原上的宝墩文化得到了引人注目的长足发展。宝墩文化诸史前聚落涌现于川西平原，表明盆地内经济、社会发展水平有了明显提高，先民的水利活动已使这片河流沼泽密布、昔日阒无人迹之地已逐渐变得宜人宜居。这一时期，也正是考古学和古气象学揭示的东亚大陆气候温湿多雨②、传说中洪灾多发、鲧禹治水的虞夏之际。这些传说已在一个时期以来的多学科研究中得到相当程度的证实。如国外的一些学者从地学等自然科学的角度，揭示了在距今四五千年的第四纪全新世，世界曾处于普遍的灾变气候时期，东亚大陆甚至全球很多地方都发生过大规模的水灾，并大量存在于许多民族的历史记载或记忆中，因而虞夏时期的水患及其治理传说，应有可以信据的史实基础。③

先秦以来的传世文献中，大禹治水的传说史不绝书。《尚书·尧典》称当时"汤汤洪水方割，荡荡怀山襄陵，浩浩滔天"；并载帝尧接受四岳建议，派鲧治理洪水，鲧以消极的堙塞壅堵治之，因而失败。此说应是面对这场空前巨大的水患，传统治水模式无法奏效的反映。《尚书·尧典》复载帝舜即位后，

---

① 四川省文物考古研究所等：《忠县中坝遗址1999年度发掘报告》，载重庆市文物局、重庆市移民局编：《重庆库区考古报告集（2000卷下）》，科学出版社2007年版。
② 竺可桢：《中国五千年来气候变迁的初步研究》，载《竺可桢文集》，科学出版社1979年版。
③ G.Cuvier, *Essay on the Theory of the Earth*, 4th ed., Blackwood and Edinburgh, 1822, p.167; T.W.Kingsmill, "Notes on the Geology of China", *Proceedings of the Geological Society*, London, 1868, Dec.23. p.136; R.Pumpelly, "Geological Research in China, Monglia, and Japan during the Years 1862-1865", *Smithsonian Contribution to Knowledge*, vol. 15, 1867, p.47.

改命鲧之子禹治之。禹汲取教训，采取了新的治水方略，故《尚书·禹贡》云："禹敷土，随山刊木，奠高山大川。"2002年发现的西周中期青铜器遂公盨①，铭文开首即云"天令禹敷土，随山浚川"，说明《尚书·禹贡》关于大禹治水的文字记载及其传说，至少在西周中期以前就已长期流播、记录成文而广为人知了。②

传世文献反映，鲧禹治水的古史传说，与远古巴蜀地区存在甚为密切的关系。这在文献关于大禹生于西羌的大量传说记载中得到反映：

《史记·六国年表序》："禹兴于西羌。"

《蜀王本纪》："禹本汶山郡广柔县人，生于石纽。"

《吴越春秋·越王无余外传》："禹家于西羌，地曰石纽，石纽在蜀西川也。"

《三国志·秦宓传》："禹生石纽，今之汶山郡是也。"裴注引皇甫谧《帝王世纪》曰："鲧纳有莘氏女曰志……生禹于石纽。"又引谯周《蜀本纪》曰："禹本汶山郡广柔县人也，生于石纽，其地名刳儿坪。"

汉晋时期，禹兴于西羌之说在传世文献中是甚为流行的看法。③值得注意的是，以上文献不仅将禹出生之地归于西羌或西夷，而且具体到了一个名叫

---

① 李学勤：《论遂公盨及其重要意义》，《中国历史文物》2002年第6期。同期所载裘锡圭、朱凤瀚、李零三文关于此器年代的观点也大体同此。
② 记载西周早期历史的《诗经·大雅·文王有声》也歌颂云："丰水东流，维禹之绩。"《小雅·信南山》也咏道："信彼南山，维禹甸之。"不仅如此，《商颂·长发》也追颂说："洪水茫茫，禹敷下土方，外大国是疆。"《商颂·殷武》则称："天命多辟，设都于禹之绩。"考订历史文献，应将成书年代的确定和其资料来源的追溯区分开来。异言之，古籍成书年代可能较晚，而其资料的来源却可能甚早。《商颂》是周代宋国贵族祭祀其商王室祖先的颂歌，而宋公室是商王血脉相传的后代，故这些颂歌的产生传承，应渊源有自，颇为久远，至少其歌咏的内容素材应是从商代直接流传下来的。
③ 除上引诸条外，类似记载很多。如《新语·术事》："大禹出于西羌。"《盐铁论·国病》："禹出西羌。"焦氏《易林》卷一六："舜升大禹石夷之野。"此种传说应该是先秦时期流传下来的。刘向《新序·杂事第五》载"鲁哀公问子夏曰：'必学而后可以安国保民乎？'子夏曰：'不学而能安国保民者未尝闻也……禹学乎西王国。'"与成书于战国的《荀子·大略》"禹学于西王国"之说同。不过，真正直接与上引汉晋记载吻合的，是《史记·六国年表序》"禹兴于西羌"条下《集解》引皇甫谧曰："《孟子》称'禹生石纽，西夷人也'。"此当为《孟子》佚文，不见于今本《孟子》。

石纽的地方。从西汉晚期扬雄《蜀王本纪》等书的记载可知，石纽在汶山郡广柔县境内。据李绍明先生研究，"汉晋时期广柔县的辖境甚广，应包括现今汶川、北川和邻近的什邡诸县均有以石纽命名的地方，并有禹生于此的相关传说"。① 从先秦以来，这一带就长期是羌族居息之地。任乃强先生的《华阳国志校补图注》"广柔县"条下收集的《华阳国志·蜀志》古佚文云："有石纽乡，禹所生也，夷人共营其地，方百里，不敢居牧。有过，逃其中，不敢追，云畏禹神；能藏三年，为人所得，则共原之，云禹神灵佑之。"② 所谓"夷人"或上引古籍之"西夷""石夷"，乃旧时汉人对羌族的习称。从此条充满神秘色彩的记载，足可见大禹文化在羌区影响的深刻久远。值得注意的是，2004年在云阳县旧县坪发掘出东汉巴郡朐忍令景云碑，碑文明确记载景云为大禹后裔，并云其"先人伯沇，匪志慷慨，术（述）禹石纽、汶川之会"③。这一珍贵的新出土文献资料无疑是上引传世文献之说的重要佐证，可知"禹兴于西羌"作为东周以降广泛流传之说，应有相当的史实依据，如汉晋时期盛称"禹本汶山郡广柔县人也，生于石纽"，因而屡为学界前辈尤其巴蜀学者所认同。④ 而史前晚期源于远古羌族的大禹族群，必有一西兴东渐、辗转进入黄河中下游之历程。⑤ 不仅如此，禹族最早生息繁衍于川西高原及附近西羌地域的传说，也与《尚书》关于大禹治水于长江上游的岷江流域地区的记载吻合。由上述禹族早期居息于岷江流域的史传，可推知大禹治水，亦应始于长江上游的岷江流域地区。此说代代相传，因而后世在由广柔分出的汶川、茂县、北川等县境，不仅往往都有刳儿坪、石纽、禹穴等地名，而且《汶川纪略·山川》明确记载："涂禹山，俗呼同灵山，土司住宅在江外。或云山上旧有瓦寺，故曰瓦寺也。"李元《禹迹考》也云："加渴瓦寺土司署在治西北十里，谓之涂

---

① 李绍明：《从石崇拜看禹羌关系》，李绍明、汤建斌、谭继和、王纯五主编《夏禹文化研究》，巴蜀书社2000年版。
② （晋）常璩撰，任乃强校注：《华阳国志校补图注》，"广柔县"下据《续汉书·郡国志》刘昭注引《华阳国志》佚文及《水经注》卷三六补，上海古籍出版社1987年版，第190页。
③ 魏启鹏：《读三峡新出东汉景云碑》，《四川文物》2006年第2期。
④ 徐中舒：《先秦史论稿》，巴蜀书社1992年版，第23、31~33页；蒙文通：《巴蜀古史论述》，四川人民出版社1981年版，第35~49页；邓少琴：《夏禹出自西羌石纽》，载氏著《巴蜀史迹探索》，四川人民出版社1983年版，第124~130页。
⑤ 谭继和：《禹文化西兴东渐简论》，载李绍明等主编《夏禹文化研究》，巴蜀书社2000年版；彭邦本：《禹族西兴东渐及其在黄河中下游的活动初探》，《社会科学研究》2003年第1期。

禹山，与剐儿坪相距十里有奇，盖即涂山故国。"涂山传说，不仅事关大禹婚姻，而且是大禹治水传说的直接记录，《左传》哀公七年："禹合诸侯于涂山，执玉帛者万国。"《说文解字》亦云："䇲，会稽山也。一曰九江当涂也，民以辛、壬、癸、甲之日嫁娶。从山，余声。《虞书》曰：予娶涂山。"所引《虞书》即《尚书·皋陶谟》。段注："《皋陶谟》曰：'予创若时，娶于涂山，辛、壬、癸、甲。'郑注云：'登用之年，始娶于涂山氏。三宿，而为帝所命治水。'《水经注》引《吕氏春秋》：'禹娶涂山氏女，不以私害公，自辛至甲，四日复往治水。'"涂山地望，学界历来意见分歧，计有浙江绍兴、安徽怀远、安徽当涂、河南嵩县、重庆江北、四川汶川（汉晋汶山郡广柔县）诸说，至今未有定论。就大禹治水的文化传说而言，都有一定的真实素地为据，反映了中华民族古老而源远流长的水利文化。因此汶川（汉晋汶山郡广柔县）说见于记载虽时代偏晚，然言之凿凿，应为蜀地长期流播的传说。

古代巴地的相关传说则见载要早得多。晋常璩《华阳国志·巴志》："禹娶于涂山，辛、壬、癸、甲而去。生子启，呱呱啼，不及视，三过其门而不入室，务在救时。今江州涂山是也，帝禹之庙铭存焉。"并在江州县下指出，"涂山，有禹王祠与涂后祠"。《水经·江水注》："江水北岸有涂山，南有夏禹庙、涂君祠，庙铭存焉。常璩、仲雍并言禹娶于此。"如果联系《尚书》中大禹治理嘉陵江流域的记载，则可知关于禹娶涂山位于江州亦即今重庆江北的传说，应非常古老，反映了虞夏时期巴地先民治水除患的历史文化信息。有关大禹时期巴地水利的传说，主要集中在嘉陵江流域。《尚书·禹贡》云："岷嶓既艺，沱潜既道。"潜水，据阎若璩《尚书古文疏证》引胡渭说："一在巴郡宕渠县，一在广汉郡葭萌县。"① 即今嘉陵江支流渠江，及另一在今广元境内流入嘉陵江的支流。这是传世文献中嘉陵江流域水利活动的最早记载。嘉陵江发源于陕南，向南流经四川盆地，至重庆入长江，为长江上游最大支流，其水系包括渠江、涪江等大小诸多支流，是四川盆地的又一条母亲河，历史文化悠久丰富。看来在治理今四川西部岷、沱流域的同时，大禹时代先民又对包括今川东、北地区亦即传统为巴地的嘉陵江流域陆续进行疏导，并留下了上述悠久的传说。这些传说，亦可视为虞夏之时巴地治水活动之史影。

大禹时期长江上游地区治水传说，更多地集中在蜀地。

---

① 阎若璩：《尚书古文疏证》卷六下引，《皇清经解续编》本。

《尚书·禹贡》云：

华阳、黑水惟梁州。岷嶓既艺，沱潜既道，蔡蒙旅平，和夷厎绩。

岷、嶓分别指岷江上游川西北以及川、甘交界处的岷山、嶓冢山，艺指树艺种植。宋代学者王炎云："江汉发源此州。方江汉之源未涤，水或泛滥二山下，其地有荒而不治者。今既可种艺，知二水之顺治也。"①此说是。沱指沱江，是成都平原的母亲河之一。"沱潜既道"之"道"，高邮王氏父子明确指出即"导"②，亦即疏导。

《尚书·禹贡》又云：

岷山导江，东别为沱。

这是长江上游现存最早的治水记载。岷山绵亘于与川西北邻接的甘青高原，是岷江的发源地，所以从那里开始疏导的江，自然就是岷江。在明朝以前，古书但凡单独称"江"之处，多指长江，并把岷江视为长江上游正流。直到晚明徐霞客通过实地考察，才将长江上游正流更定为金沙江。所以《禹贡》此条所述，乃先民对岷江水系的疏导，其中最主要、最艰难的工作，是排泄地势低洼的川西平原积水。《禹贡》中禹奉中原华夏联盟首领舜之委派着手的这项使命，实际应是宝墩文化中晚期蜀地先民在这方面长期艰巨历程的缩影。宝墩文化迄今已经发现8座古城，它们和陆续发现的若干次级聚落遗址、遗迹，在川西平原上构成了一个庞大的网络状遗址群，揭示当时存在着一个与同期中原唐虞集团类似的区域性族群联盟共同体。由这样一个联盟主导开展夯筑墙垣、疏导河流之类区域性水利活动以兴利御患，在当时已完全可能，宝墩文化古城群夯筑方式的相同以至整个文化面貌的基本一致，即是反映。该古城群和许多小型聚落遗址，一般都依傍古河道水流营建，说明平原上的积水沼泽已得到初步排泄整治，这应与从岷江上游进入川西平原的禹羌民族支系密切相关。在唐虞时代，禹族所自出的西羌，是西部的一个人口众多、很有影响的族群，也是

---

① 阎若璩：《尚书古文疏证》卷六下引，《皇清经解续编》本。
② 王引之：《经义述闻》卷三，《四部备要·经部》，中华书局据自刻本校刊，第16~17页。

古代四川盆地居民的一个主要来源。羌人世居岷江上游,自古以熟悉水性、长于水工闻名,并由此形成悠久传统,故直到20世纪前期,成都平原上举凡打井、修堤一类工作,往往由羌民承担。在传说的虞夏之际东亚大陆一些地方空前的洪灾中,川西平原洪水漫衍,积潦严重,须疏通河道以排除积水。该平原主要由岷江和沱江两大水系冲积而成,从西北向东南微微倾斜,平均坡降约4‰,地面高度从西北端都江堰海拔750米左右,逐渐向东南递降至平原另一端金堂县的450米左右。由于这样的地势,积洪宣泄的自然走势遂大致为由西北而东南。传说中大禹率众对平原水系的疏导即顺此地势和水势,并由西向东开挖了一条人工河道以泄洪,即《禹贡》所云"东别为沱"。此"沱"并非上述作为川西平原母亲河之一的沱江,一般认为即自今都江堰市西南至成都东南与流江汇合之古郫江,但此水道必非全然人工开凿,应是充分利用了大致东向的自然河道,又在岷、沱水系众多紊杂的自然支派之间间或决口沟通而成。大禹时代工具尚主要为石、骨、木器,但有限开挖较为疏松的冲积土壤以沟通相近河流支系并非没有可能,因而这条传说记载不宜轻易否定。此举沟通了岷、沱二江,川西平原水情应大有改善。而岷、沱水系的上述初步整治,为该平原进一步的开发,奠下了良好的基础。

(二) 宝墩文化聚落群与古蜀水利文化的初步发展

与文献中鲧禹治水传说时期大致相当的巴蜀地区考古学文化,首推成都平原上距今4500~4000年的宝墩文化。以宝墩文化古城为中心的古遗址群,大体印证了巴蜀地区上述关于大禹时代治水的古老传说。

相当于黄河流域龙山文化时代的宝墩文化古城群,其高大的城垣和开阔深邃的堑壕,正是长江上游先民在距今4500~4000年左右构筑的大型水利设施。传世文献中与之大致同时的鲧禹时代大筑城、郭的传说,颇能与之互证。堤坝和城垣同源于先民避免洪水灾患的水利活动,故而史称共工和鲧相继筑堤坝"壅防百川,堕高湮庳,以害天下"[1],又云"鲧作城""鲧作郭"[2]。后者的城郭实即前者的堤防,传说的两面反映的是二而一的史实。近年考古发现的新石器时代晚期东亚大陆上的古城群,其夯土城垣实际就是与防御水患密切相关的封闭性堤围。在川西平原上,与之大体同期的宝墩文化古城群的涌现,显然

---

[1] 《国语·周语》。
[2] 《世本·作篇》,《世本》秦嘉谟辑补本,载《世本八种》,商务印书馆1957年版,第361页。

也与上述背景紧密相关。

此期川西地域的古城群不仅在城址的规模和密集程度上展示了不低于域外的发展水平,而且在因地制宜避水患求水利方面亦具特色。

首先,与北方黄河流域在地面开槽版筑建城的模式相异,长江上游的宝墩文化古城群与长江中游屈家岭文化和石家河文化时期的古城,在城垣建造方面同属于另一技术传统,即其城垣采用地面堆筑而成。这种表面看来不如黄河流域版筑技术精密的工程模式,同样可以建成主要由城、壕构成的集防洪和军事功能于一体的坚固复合体系,虽然它们在多年未遇的特大洪水面前可能难逃灭顶之灾,但在通常年份显然是基本能够抵御夏秋水患的。

其次,这些古城均位于临近河流的平原台地上,顺着古河道流向的水脉和地脉兴建,既有利于避开江河径流冲击力量的破坏,又便于获取水利,巧妙地因应了水资源等自然条件。史载先秦时期,"凡立国都,非于大山之下,必于广川之上。高毋近旱而水用足,下毋近水而沟防省;因天材,就地利"①。成都平原上新石器时代晚期的古城,已近乎上古此种兼具防洪和御敌功能的人工复合体系的都邑之性质,如年代最早、面积最大(达260余万平方米)的宝墩古城即例证,其内城垣总体方向45度,与附近的铁溪河流向一致,而其南垣西段外的宽约10米的低洼带应为城壕一类人工水道。②这样的城址布局和走向,显然意在避开和减轻水患。

复次,在临近岷江出山口等水势更为湍急险峻的地带,宝墩文化古城的兴建明显采取了更为强化防御的技术手段,显示了因水、地之势制宜的智慧和灵活性。这在都江堰市芒城、崇州市双河与紫竹等3处古城址,都有内外双重城垣的筑城模式上充分体现出来。③双垣意味着增加了一重防洪堤防,双垣之间则为大约兼具防御和给、排水功能的壕沟,此种多重复合体系,应具有更强的防患功能。温江鱼凫城特色尤其鲜明,根据1999年新发现的东城垣,证明其城垣

---

① 《管子·乘马》。
② 成都市文物考古工作队等:《四川新津宝墩遗址的调查与试掘》,《考古》1997年第1期;中日联合考古调查队:《四川新津宝墩遗址1996年发掘简报》,《考古》1998年第1期。
③ 成都市文物考古工作队等:《四川省都江堰市芒城遗址的调查与试掘》,《考古》1999年第7期;江章华、李明斌:《古国寻踪——三星堆文化的兴起及其影响》第二章,巴蜀书社2002年版。

形状呈比较规则的六边形，城址面积达40万平方米。①该城没有采用通常大致为矩形的城垣形式，而是因应水流地势而规划营建，可谓颇具匠心。从建筑技术上看，其城墙发现卵石层与土层相间堆筑结构，显然有加固墙垣、增强抵御水患功能的作用。城垣北部有一大致呈东西向的低洼地带，应为古河道。而城址东部河道的洪水，无疑是古城东垣绝大部分毁坍的直接原因所在。

此外，宝墩文化遗址群中其他一些发现，也反映了当时水利技术或曰水文化的初步发展进步情形。如在郫县古城址的西北部，发现了干栏式建筑。②同样的发现也见于温江鱼凫城内③、成都市区④。值得注意的是，在位于温江区的红桥村遗址，成都市文物考古研究所经过几个月的发掘工作，完整揭露出了一座4000年前的护岸堤，长约147米，大体呈西北—东南走向，剖面呈梯形，底宽14米、顶宽12米、高约1.3米。筑堤方法为夯筑，中间平夯，两侧堆筑，和同时期宝墩文化城墙的建筑方法比较一致，最大的区别在于护岸堤上发现8道人工开挖的沟槽，内有较为密集的柱洞，表明在建造时候曾经在沟槽内安插木桩，起到加固的作用；在护堤近水的一侧，用大量卵石堆筑为护坡。发掘者指出，为了居住的台地不受河水的侵蚀，红桥村先民在其居住的台地边的河漫滩上修筑了坚固的护堤，防止河流对台地的侵蚀。这与传说中的大禹治水年代相当，比战国时期李冰在都江堰主持的水利工程早了近2000年，和此前发现的良渚文化水坝均为目前国内已知最早的史前水利设施，且在建筑技术方法和功能上又各有特点，具有改写中国早期水利史的重要意义。⑤这些考古发现不仅为成都

---

① 李明斌、陈云洪执笔：《温江鱼凫村遗址1999年度发掘》，载成都市文物考古研究所编：《成都考古发现（1999）》，科学出版社2001年版。
② 成都市文物考古研究所、郫县博物馆：《四川省郫县古城遗址1998—1999年度发掘收获》，《成都考古发现（1999）》，科学出版社2001年版；成都市文物考古研究所、郫县博物馆：《四川省郫县古城遗址1997年发掘简报》，《文物》2001年第3期。
③ 鱼凫城内发现了14座房屋基址，均地面建筑，分为木（竹）骨泥墙带墙基槽式和干栏式两种，干栏式房址的布局和建造方式与郫县古城遗址1998年清理的同类建筑相似，推测为仓储式建筑的基础部分。[成都市文物考古研究所：《温江县鱼凫村遗址1999年度发掘》，《成都考古发现（1999）》，科学出版社2001年版]
④ 参阅江章华、李明斌：《古国寻踪——三星堆文化的兴起及其影响》，巴蜀书社2002年版，第67～74、82～83页。
⑤ 贾昌明：《寻找古蜀文明之光——中华文明探源工程成都平原考古工作侧记》，《中国文物报》2014年5月9日《文物考古周刊》。

十二桥商周时期大型干栏式宫殿建筑群遗址找到了本地技术来源，而且证明，早在4000年前，川西平原上一些低湿临水之地也已得到了开发，从一个侧面印证了禹族治水蜀中的传说，反映了当时水文化的进步。另外，据报告，中日联合考古调查队1998年在都江堰芒城遗址的灰坑中发现了水稻硅酸体的存在，证明成都平原至迟在这一时期已开始种植水稻。[①]倘若这一发现属实，同样可以从稻作农业的角度揭示成都平原上水利和水文化的早期发生发展情形。

蜀地略当传说中鲧禹时期的上述考古资料反映，古城或曰以封闭的堤围保护的聚落，其单个孤立的"壅防""湮塞"，在洪水面前确有明显的被动和局限性。宝墩文化古城群顺水而兴存发展，又遭受过水患严重破坏毁损的情形，既反映了当时气候温湿、洪水频繁的史实背景，又间接揭示了新的治水方略出现的必然性，也反映兴于西羌的大禹治水于蜀中的传说确实蕴含有古老的史实素地。综合文献传说和出土资料可知，大禹时代的先民既合理继承了前辈筑城或曰堤围作为一般情况下兴利避害基本模式的传统经验，又于大灾之际汲取惨痛教训后，一改此前孤立地看待处置洪水的片面性失误，即转以较为宏阔的思路对区域性的水土实施较为综合的治理，并且在继续保护巩固城邑的基础上改以疏导为消除水患的主要新措施。根据《尚书》以来的文献传说记载，这种比较全面整体而初步的标本兼治，历尽艰辛后终于大见成效。而在史传大禹受命领导的这次空前宏大的治水工程中，也包括《禹贡》所载"岷山导江，东别为沱"等在蜀地开展的系列水利实践活动，这应该就是禹族当初在岷江流域水利活动的史影。

看来在大禹时代，蜀地先民就大致对四川盆地主要水系陆续进行过初步的疏导治理。考察宝墩文化遗址群对水环境的处置遗迹，可知当时的基本治理思路或方略无疑已达到一定的综合水平，否则绝难成功。成功不仅来自于综合整治的方略，更是这一朴素方略初步所含的"道法自然"思想的胜利。《淮南子·原道训》云："禹之决渎也，因水以为师。""以水为师"，也就是所谓"道法自然"，这是中国古代由来已久的哲学理念。尽管在产生之初，这一理念还远不如后世系统严密，甚至还不很清晰，但有一点应是清楚的：它源于先

---

① 中日联合考古调查队：《都江堰市芒城遗址1998年度发掘工作简报》，《成都考古发现（1999）》，科学出版社2007年版，第89页。

民对水性规律的认识和尊重。此理念一经出现，必然伴随先民成败交织的一步步实践逐渐丰富深化，并对后世产生深刻久远的影响。而在这一过程中，长江上游的蜀地，以其历史悠久、因任自然、因地因水制宜的卓越实践及其经验总结，为这一古老的科学理念的形成完善作出了独特的贡献。

第二章 先秦巴蜀地区水利、水文化的早期发展

如前所述，巴蜀地区石器时代考古反映的史前人水关系，必然导致巴蜀先民的早期水利、水文化的发生和发展。在相当于中原的夏商周三代时期，巴蜀地区亦进入了早期文明时代。中原和巴蜀本土的传世文献均反映，这一时期，巴蜀地区无论是传统的巴地，还是蜀地，都产生和形成了充满人水关系意涵的许多古史传说，反映了其时早期水利和水文化发生、发展的情形和特质，并得到了巴蜀地区一个时期以来大量考古资料的印证。

第一节 巴地古史传说和考古资料反映的早期水利

一、先秦巴人传说中的水文化意涵

巴人为长江流域极为古老的族群，《世本》记其古史传说反映该族群共同体起源之初就与水结下了不解之缘：

> 巴郡南郡蛮，本有五姓：巴氏、樊氏、瞫氏、相氏、郑氏，皆出于武落钟离山。其山有赤黑二穴，巴氏之子生于赤穴，四姓之子皆生于黑穴。未有君长，俱事鬼神，乃共掷剑于石穴，约能中者，奉以为君。巴氏子务相乃独中之，众皆叹。又令各乘土船，约能浮者，当以为君。余姓悉沉，惟务相独浮。因共立之，是为廪君。①

显然，由五姓组成的廪君蛮是巴人中最重要的族源支系之一，生息于鄂西邻近川东（今渝东）的夷水亦即清江流域，《世本》反映其一开始就是滨水族群，因而神秘的水文化习俗在其共同体早期首领廪君的产生传说中尤为鲜明地表现了出来："各乘土船，约能浮者，当以为君"，结果"余姓悉沉，惟务相独浮。因共立之，是为廪君"。根据《世本》佚文，廪君以其卓越神异的资质

---

① 《后汉书·南蛮西南夷列传》。

能力脱颖而出，初步当选为联盟领袖；接着又经历了一次神奇的考验：

> 乃乘土船，从夷水至盐阳。盐水有神女，谓廪君曰："此地广大，鱼盐所出，愿留共居。"廪君不许。盐神暮辄来取宿，旦即化为虫，与诸虫飞，掩蔽日光，天地晦暝。积十余日，廪君伺其便，因射杀之，天乃开明。廪君于是君乎夷城，四姓皆臣之。①

作为非华夏族首领，廪君的资料显然被后世改造得并不太多，保留了更多的原始性。盐水亦即夷水，据研究即夷水上游，廪君战胜盐水女神后"君乎夷城"，即夷水之城，则在鄂西南恩施境内，紧邻今重庆万州区云阳、奉节县。廪君地位的取得、确立和巩固，看来与其"乘土船"溯清江而上战胜盐水女神的非凡经历密不可分，这一切均充分反映了其为滨水甚至水上族群的文化特质和风貌。廪君蛮溯清江而上到达鄂西地区以后，再沿着大溪（古称乌飞水）北上，即可到达今渝东（传统意义上的川东）巫山县境内。《水经注》卷三四载：

> 江水又东，乌飞水注之。水出天门郡溇中县界，北流经建平郡沙渠县南，又北流经巫县南。西北历山道三百七十里，注于江，谓之乌飞口。

可见乌飞水亦即大溪上古源流比现在长远，穿过了长江与清江间的分水岭②，这就为廪君蛮沿之转徙进入峡江地区滨水而居提供了便利的自然通道。

巴人的另一著名支系为板楯蛮，又称賨人，也是自古滨水而居的族群。《华阳国志·巴志》载：

> 阆中有渝水，賨民多居水左右，天性劲勇。

---

① 《后汉书·南蛮西南夷列传》。
② 童恩正：《古代的巴蜀》，四川人民出版社1979年版，第12~13页。按：童先生针对《水经注·夷水》廪君从夷水下至"盐阳""夷城"之误，考证出廪君族群溯江而上以至川东的迁徙路线。亦有学者复引东汉应劭《风俗通义》"廪君乘土船下至夷城"（《北堂书钞》卷158引）之说，认为《水经注》记载不误。（蒙默等：《四川古代史稿》，四川人民出版社1989年版，第27页）若依此说，则"盐阳""夷城"仍在夷水下游或鄂西，亦为传统巴地。

> 宕渠郡……长老言，宕渠盖为故賨国，今有賨城。①

渝水为嘉陵江、渠江古称，根据《后汉书·巴郡南郡蛮传》和《华阳国志·巴志》等书的记载，渝水流域以至长江干流的朐忍（今云阳）等地，均聚族而居有"户岁出賨钱口四十"的賨人，"一曰板楯蛮"②。《华阳国志·巴志》中宕渠郡下辖宕渠、汉昌、宣汉三县，这一带就是秦汉时期的阆中，乃古代板楯蛮世代生息繁衍之地。

《华阳国志》记述先秦至晋代巴地族群云："其属有濮、賨、苴、共、奴、獽、夷、蜑之蛮。"③巴人中的这些族群多为滨水先民，尤其是濮、賨、蜑，其生业方式和习俗的水文化底蕴甚为深厚。这里以蜑为例略作述析，"蜑民"或作"疍民"或"蛋民"，自古以来就以水上族系闻名。对于上述《华阳国志·巴志》所记巴国八个族群的"蜑"，任乃强先生注云："'蜑'字一作诞。《后汉书》注引《世本》云：'廪君之先，故出巫诞也。'《寰宇记·峡州》'长阳县'引，又作'巫蜑'。《山海经》有'巫載之国'，称为'巫載'。載、蜑、诞、蛋皆夷语异译。巴族本出于載，今沿海水居之'蛋民'，亦出于此。"④疍民历来以船为居室，以渔为业，生业、生活方式和习俗，均典型的水文化，也是古代巴人中最引人注目的水文化族群。

二、巴地考古资料反映的水文化习俗

传世文献中巴人廪君蛮、板楯蛮的上述水文化习俗，亦得到了一个时期以来考古学发掘与研究的印证。

近年来在宣汉县罗家坝发掘的号称"面积最大的巴文化遗址"，位于渠江支流后河一级阶地上，该遗址遗存包括新石器时代晚期和东周时期以至秦汉时期，根据其东周以来墓葬所出青铜器、陶器等资料，学界多认为应属古代巴

---

① （晋）常璩撰，任乃强校注：《华阳国志校补图注》，上海古籍出版社1987年版，第14、49页。
② （晋）常璩撰，任乃强校注：《华阳国志校补图注》，上海古籍出版社1987年版，第14页。
③ （晋）常璩撰，刘琳校注：《华阳国志校注》，巴蜀书社1984年版，第28页。
④ （晋）常璩撰，任乃强校注：《华阳国志校补图注》，上海古籍出版社1987年版，第5、10页。

人重要支系板楯蛮的文化遗存①，可谓信而有据。早期巴人亲水、近水，其生产生活与水密不可分，甚至与水融为一体的风习文化，在文献和出土资料中多有反映。张勋燎先生曾结合历史语言学和民族语言学方法，举出历史上川、鄂之间"鱼阳"和"巴阳"，"鱼复"和"巴复"两组相关的地名作例子，揭示"巴"之义为鱼，应为我国南方壮傣语系民族中"鱼"字的读音；他进而结合多种传世文献（包括正史、类书、地方志、图籍等）、民族语言和地名学、考古资料，论证指出：

> 古代巴人的以"巴"名族，这是由于他们在生活中和鱼有特别密切的关系而又把"鱼"读作"巴"音的特点所致……
>
> 根据大量的材料说明，早期的巴人是以渔猎为主的民族，沿水而居，以船为家，这点过去已经有人谈到。应该特别强调加以补充的是，在他们的生活中和鱼的关系尤为密切。在原出于《世本》的早期巴人传说中，便有廪君乘土船从夷水至盐阳，盐水女神告廪君："此地广大，鱼盐所出，愿留共居。"其后廪君射杀女神而君于夷城的记载。这虽然是神话传说，但可表明巴人选择居地，首先是以产鱼为条件。根据文献记载，在川东长江沿岸，过去曾有"巴子鱼池"之类的遗迹。如《元和郡县志》卷三十三，剑南道下，渝州即载，在南平县（今巴县）有"巴子鱼池，在县西北一十里"。过去经学者们的研究认为属于战国至西汉初年巴人的墓葬，不仅把棺椁作成船形或以船为棺椁，在棺椁中还发现了大量的鱼骨遗存。在巴人的錞于、钺之类的铜器上，也发现有若干鱼和船的图像。此外，一九六〇年在湖北荆门出土的一件战国巴人铜戈上，也发现有人裸体入水擒鱼的图像。②

巴地先民尤其是峡江地区滨水族群以渔业为主要生业由来已久。在三峡水库消落区的重庆市巫山县曲尺乡大水田大溪文化遗址的考古发掘表明，尽管遗址中出土了较多穿孔石铲、大型石斧等标志农业文化的器物，但均非实用农具，浮选和筛选亦尚未发现农作物种子，因而发掘者研究认为，该遗址先民

---

① 四川省文物考古研究所、达州市文物管理所、宣汉县文物管理所：《四川宣汉罗家坝遗址2003年发掘简报》，《文物》2004年第9期；《罗家坝遗址笔谈》，《四川文物》2003年第6期。
② 张勋燎：《古代巴人的起源及其与蜀人、僚人的关系》，《南方民族考古》第一辑，四川大学出版社1987年版，第49页。

"获取食物的主要手段应为渔猎采集为主"①。这一推论合乎峡江地区新石器时代以来大量考古资料和文献记载反映的历史实际。

经历了新石器时代的巴人自然早已发明或学会了初步的种植业，但其早期生业以渔猎为主，而且渔业占有突出的地位，确实是现有资料已经揭示的史实。这种"沿水而居，以船为家"的生活方式，与巴人中有以"诞"或"蜑"为主要族姓的记载若合符节。②而《世本》关于廪君等"五姓争胜，以土为船，雕文画之而浮水中，其船浮者，神以为君"③的传说，"从民族学的观点看来，则是相当真实地反映了这样一种历史情况：由于古代的巴人沿江河而居，捕鱼是获取生活资料的一项重要内容，船是一种特别重要的工具，一些重要的仪式，都要和船发生联系。他们在推选部落或部落联盟酋长时，就要举行一种特殊的仪式，几个氏族或部落的人聚集在一起，各自做上一只陶船模型，放到河里任其漂浮，看谁的漂得最远，最后沉没。最后沉没者即为神意所属，得为酋长"④。这一切无疑都生动鲜明地反映了巴人作为滨水甚至水上族群的典型的水文化风习。

第二节 文献与考古资料反映的先秦古蜀国的水利活动

一、鱼凫氏

大禹父子开创中国历史上最早的文明时代——夏朝以后，根据汉晋时期的传世文献，夏商以来，四川盆地曾先后存在过蚕丛氏、柏灌氏、鱼凫氏、杜宇氏、开明氏等几个王朝。⑤这些朝代及其史事在中原系统的史书中多已失载，但仍以传说为主要形式粗略地保存在《蜀王本纪》《华阳国志》等古代四川的地方文献系统中。证以近世宝墩文化、三星堆文化、十二桥文化、金沙遗址、

---

① 四川省文物考古研究院：《渠江流域古遗址调查简报》，《四川文物》2005年第6期。
② （晋）常璩撰，刘琳校注：《华阳国志校注》，巴蜀书社1984年版，第30页。
③ （宋）李昉等撰：《太平御览》卷七六九引，中华书局1960年影印本。
④ 张勋燎：《古代巴人的起源及其与蜀人、僚人的关系》，《南方民族考古》第一辑，四川大学出版社1987年版，第50页。
⑤ 《蜀王本纪》；（晋）常璩撰，任乃强校注：《华阳国志校补图注》，上海古籍出版社1987年版，第118页。

商业街大型船棺群遗址等考古学资料，这应是先秦时期的五个区域性共主政权，其间既有雄长蜀地之相继关系，复有在共主状态下长期并存之史实。[①]由于四川地区尤其成都平原河流沼泽众多的地理水文条件，上述诸王朝肯定都曾进行过有组织的甚至大型的水利活动。

蜀地上述诸朝中，除开蚕丛、柏灌二代史载迷茫难以具论外，鱼凫氏尤其是杜宇氏、开明氏时期的水利活动，在文献传说中已有迹可寻甚至有案可稽，而且在日益丰富的考古资料中得到了相当的印证，使我们得以从中透视蜀地先民继大禹时代之后进一步发展了的水利思路及其文化理念。

虽然关于鱼凫氏王朝的传世文献记载非常零散，但通过与考古学资料的互证，按照多数学者的研究意见，时当夏商时期的广汉三星堆遗址，应该就是昔日鱼凫氏王朝都城所在。三星堆祭祀坑出土的蜀王金杖上精美的鹰钩喙水鸟图案，和三星堆文化遗址中多有发现的鸟头形陶器柄的鸟嘴，都以鹰钩喙为鲜明特征，学者多以为即文献传说中的鱼凫氏王朝神权政治和祖先崇拜的象征遗物，鱼凫氏大约源于早期的滨水渔猎族群，是夏商时期来自长江中游的共同体。[②]照此观点，湖北宜昌中堡岛、路家河等长江中上游沿岸遗址所出类似的鸟头形陶器柄等大量资料，以及从鄂西到川东、川南、川西以至成都平原核心地带沿长江、岷江水系分布的若干鱼凫（鱼符、鱼复）地名，应是其族群迁徙、沿途居留建国立邑的历史遗迹。该族群最后以三星堆古城为中心，建立起鼎盛时期号令声威及于整个四川盆地以至汉中、鄂西等一些周边地区的王朝。同禹族一样，这个原本依水为生的族群应也很擅长水利，可惜因年代久远等原因，这方面的直接记载早已经湮没无闻。不过，我们仍可以从三星堆古城的规划选址和建造布局略加管窥。滨水建成的三星堆古城面积约3平方公里，而包括古城在内的整个三星堆遗址共约12平方公里[③]，是夏商时期东亚大陆规模最大的早期文明中心之一。如此巨大的聚落，必须有防洪、供水、排水等全面的规划考虑。值得注意的是，

---

① 彭邦本：《早期蜀史诸代的并存、相继关系及其共主秩序考略》，《徐中舒先生百年诞辰纪念文集》，巴蜀书社1998年版。
② 张勋燎：《古代巴人的起源及其与蜀人、僚人的关系》，《南方民族考古》第一辑，1987年；林春：《宜昌地区长江沿岸夏商时期的一支新文化类型》，《江汉考古》1984年第2期。
③ 四川省文物管理委员会等：《四川省考古五十年概略》，载文物出版社《新中国考古五十年》，文物出版社1999年版，第379页；四川省文物考古研究所编：《三星堆祭祀坑》，文物出版社1999年版，第9页。

三星堆古城不仅气势宏大，而且设计巧妙。它北临鸭子河，南有马牧河蜿蜒穿城而过，这样的里外布局，显然有利于解决城市生产、生活以至保持和改善生态环境的用水、排水问题。这两条河流尤其是鸭子河，只要按照大禹以来的传统，时或加以疏导，就能兼收水运和防洪排潦之效。古城墙垣颇为宽大坚固，马牧河虽穿墙入城，但其河道不宽，易以人工设施控制水流。三星堆古城垣始建于夏代晚期，一直沿用到商周之际，之所以能够巍然矗立鸭子河畔达数百年之久，定然有长期合理的规划措施和有效的水利制度为保证，滨水跨河而建的城垣与水和谐地融为一体，透露出道法自然、天人合一之意趣，其水利技术与理念，显然已经较诸宝墩文化时代有了重大发展。

二、杜宇氏

继鱼凫氏之后的蜀地共主，是约当晚商西周时期的杜宇氏王朝。《蜀王本纪》记载其传说云：

后有一男子名曰杜宇，从天堕，止朱提。有一女子名利，从江源井中出，为宇妻。乃自立为王，号曰望帝，治汶山下，邑曰郫。化民往往复出。

大体相同的记载又见于东汉末蜀地学者来敏的《本蜀论》，唯扬雄所云"女子名利"者，其书作"女子朱利"，并直接称她"自江源出"，而无"井中"二字。①江源应指禹羌世居的岷（汶）江上游地区，因而从地望和时间上看，这个神奇的传说蕴含着一个重要信息：与水和岷江密切相关的朱利及其族群，应出于自古长于水利的西羌。②而"从天堕"云云，说明杜宇也同样来自西部高地。相传来自江源一带的杜宇夫妻，将其在成都平原上的都城命名为郫，意即低平之地的都邑，传说就在今天郫县一带。但近年来成都市区十二桥、黄忠小区和金沙等一系列商周之际重要遗址的发掘，揭示这些原本就相互连接为一体、沿古郫江绵延数里的大型聚落遗址，才和强大的杜宇王朝之都

---

① 见王国维校：《水经注校》，上海人民出版社1984年版，第1045页。
② 徐中舒先生指出："朱利原为藏语牧场之意……今四川甘孜地区还有一个地名称为朱倭，旧译为竹窝，这里就是一个牧区，正与汶山江源相同。"（见徐中舒著《论巴蜀文化》，四川人民出版社1981年版，第141~142页）岷江上游久为羌藏民族聚居之地，且羌早于藏，且多有融于藏族者，故藏语该词应沿自羌，朱利之族当与禹羌渊源相通。

相称，而郫县一带至今尚无同期的类似重大发现。上述包括大型宫殿区、居住区、手工业作坊区、墓葬区和大规模滨河祭祀场所的遗址，面积约5平方公里，整体上构成一个分区布局合理、功能系统完备的中心都邑，且正好濒临古郫江水系而建，郫邑之名，或源于此。考古发现揭示的城水亲和如同水乳交融的格局，反映这座依水兴建的大型古都具有顺应自然的深厚水文化意蕴。从其绵延数百年的史实可以推知，杜宇王朝在水利技术方面也应该有相当高的成就。十二桥遗址结构复杂、布局讲究的大型滨水木构"宫殿"建筑群①，说明当时的高级贵族住宅或统治机构就建于河滨，如果没有足够的技术提供平时充分的水利服务和安全支持，统治者是不可能如此布局的。不过，能提供常年的安全，未必能保证永无忧患，揆之川西平原的地理水文形势，杜宇王朝也应当不止一次遭遇过严峻的水灾挑战。考古发掘揭示郫江故道旁的上述大规模干栏式建筑群，最终都朝着洪水湍急的流向坍塌，就是当时发生过多年未遇之洪灾的确切证据。这种相隔若干年才可能突发的严重险情，与《蜀王本纪》中杜宇王朝晚期再次遭遇"若尧时之洪水"的下述明确记载相合：

　　望帝积百余岁，荆有一人名鳖灵，其尸亡去，荆人求之不得。鳖灵尸随江水上至郫，遂活，与望帝相见。望帝以鳖灵为相。时玉山出水，若尧时之洪水，望帝不能治，使鳖灵决玉山，民得安处。

　　这场洪灾发生的时间约在两周之际，传说最终完成这次极为艰巨的治水使命的，是来自荆楚地区的一位大禹式的治水英雄——鳖灵。
　　文献记载中杜宇王朝时期蜀地洪水的泛滥及其治理，反映了这一时期先民水利技术的发展，考古发掘揭示出的成都市区商周之际尤其周代都邑的城水亲和格局，大量干栏式建筑遗存也充分证明了这一点。同时，蜀地文献《华阳国志·蜀志》记述蜀王杜宇"教民务农，一号杜主。……巴亦化其教而力务农，迄今巴、蜀民农时先祀杜主君"②。说明杜宇王朝时期蜀地甚至整个巴蜀地区农业有了一次大的发展，同样启示我们，不仅王朝的都邑等聚落兴水利、避水患的技

---

① 四川省文物管理委员会等：《成都十二桥商代建筑遗址第一期发掘简报》，《文物》1987年12期。
② （晋）常璩撰，刘琳校注：《华阳国志校注》，巴蜀书社1984年版，第182页。

术水平明显提升,而且当时的农业也因农田水利的发展进入了新的繁荣期。

三、开明氏

根据《蜀王本纪》,杜宇王朝后期遭遇水患,"若尧时之洪水,望帝不能治,使鳖灵决玉山,民得安处",并称"鳖灵治水去后,望帝与其妻通,惭愧,自以为德薄不如鳖灵,乃委国授之而去,如尧之禅让"①。《华阳国志·蜀志》亦载杜宇时"会有水灾,其相开明决玉垒山以除水害。帝遂委以政事,法尧、舜禅授之义,遂禅位于开明,帝升西山隐焉"②。这是蜀地上古水文化中的一则著名的传说。

相传因治水成功而受杜宇氏禅让,建立起秦灭巴蜀前的最后一个古蜀王朝——开明氏。如《蜀王本纪》所述,鳖灵的来历同样充满了神话色彩。传世古书都说他死亡以后,尸体溯江而上漂到了川西平原,居然又神奇地复活了。上古英雄或重要历史人物尤其开国之帝王被神化,以证明他拥有过人之处,特别是有与众不同的神圣资质以替天行道,是神权社会意识形态和文化风尚的通例。揆诸史实,鳖灵的到来,当然不会只是一个人,而是一族群,时间则不晚于春秋前期。上述整个传说与水尤其密切相关,说明鳖灵一行也是一个水上民族或擅长水利的水滨民族。应为鳖灵或曰开明氏族群遗物的成都商业街船棺等出土资料也揭示③,他们死后也要回归船上,可见其文化习尚理念与水的关系何等亲近。

《蜀王本纪》所记鳖灵开凿的"玉山",《本蜀论》作"巫山","巫""玉"二字盖因形近而讹,当以"玉"为是。《华阳国志·蜀志》也记杜宇氏晚期,"会有水灾,其相开明决玉垒山以除水害"。可见玉山又曰玉垒山。学者或认为玉垒山乃是湔水即今白沙河的发源地,就是今都江堰市与汶川县交界之地茶坪山,应有所据。但揆诸地理和水势,此山的位置和凿决与否,似不会对川西平原的水情有决定性的影响,故鳖灵所凿的"玉山"当别有所指。《水经·江水注》云:"江水又东别为沱,开明之所凿也,郭景纯所谓玉垒作东别之标者也。"大禹时代至开明氏已时逾千载,当初所凿沟通岷、沱二

---

① 《蜀王本纪》,引自《全汉文》卷五三。
② (晋)常璩撰,刘琳校注:《华阳国志校注》,巴蜀书社1984年版,第182页。
③ 成都市文物考古研究所:《成都市商业街船棺、独木棺墓葬发掘简报》,《文物》2002年第11期。

水系的人工引水河道可能早已严重淤塞甚或淹没，故此条记载，应是继大禹时代之后，开明氏对之再作整治以引岷入沱的反映。而"作东别之标"的玉垒，就是川西冲积平原东端的泄洪瓶颈沱江金堂峡。从西北向东南倾斜的平原暴雨酿成洪水时，大量积水遂容易汇聚于地势最低的金堂一带，金堂峡狭窄的河道使洪水宣泄不畅，往往导致平原水灾。因此，鳖灵疏导治理岷沱水系，进而开凿拓宽金堂峡，终于成功地排泄了洪水，平息了灾患。故《蜀中名胜记》引旧地志云此峡口"相传为鳖灵所凿"①。显然，对岷、沱二江流域从上到下再度疏、凿并举，既抓住了关键，又本末兼治，是大禹时代初具之"综合治理"方略和"道法自然"理念一脉相承和发展。须指出的是，开明时期的治水，应也经过了相当长久艰巨的曲折历程，非旬日所能奏效。至于治理成效，当由于工具（尤其金属工具的使用）、技术等条件的进步而有了很大提高。

鳖灵或者说开明氏王朝的治水活动，不仅在传世文献中有明确的记载，而且在考古发现的此期水利遗迹资料中也得到了直接证实。20世纪80年代，在成都市区指挥街遗址出土了东西向的一排6根柱桩和竹木编拦沙筐等遗迹遗物，时代不晚于春秋前期，应与防洪有关。②在方池街及附近金河宾馆等遗址的发掘中，又发现了在开明氏王朝年代范围内的春秋晚期至战国早期的多条卵石埂，显然是当时延伸于较大范围的同一大型人工水利设施系统的遗迹。其中方池街遗址的东、中、西三条有规律地分布的卵石埂，整体呈"Z"形，颇引人注目。因地处建筑密集的市区，发掘面积受限，其中除中埂分别与东西二埂斜向相接而长约26米外，其余二埂均南北延伸颇长而不见其两端。发掘者根据"石埂剖面形状大致都呈椭圆形，部分石埂上部被破坏，但下部埂脚埋入地层，仍呈圆弧状，卵石紧紧相挤，体现了使用竹笼的特点"，结合蜀中治水传统及成都抚琴小区商代遗址已有以竹篾固定、保护器物的出土资料等研究后明确指出，这些石埂均用竹笼盛装卵石砌成，是开明氏时期的治水工程遗迹，具体用途则是护堤、分水、支水和滚水，并初步推定其西、中两埂整体上为一倒人字形滚水、支水埂。③从三条石埂的有计划分布，尤其是从其护堤、分水、支水

---

① 转引自蒙默等：《四川古代史稿》，四川人民出版社1989年版，第32页。
② 四川大学博物馆等：《成都指挥街周代遗址发掘报告》，《南方民族考古》第一辑，四川大学出版社1987年版。
③ 王毅：《从考古发现看川西平原治水的起源与发展》，罗开玉、罗伟先主编：《华西考古研究（一）》，成都出版社1991年版，第146~171页。

和滚水功能分析，可知其已经初具后世都江堰工程内江诸堤功能系统的理念意蕴，应是东周时期蜀地先民熟谙水性后的智慧体现。这种在疏导的基础上更加复杂的水利技术设施，既是对大禹以来治水传统的继承，更是富于创造性的发展。而与竹笼卵石堤埂同出的陶龙塑像，更透射出古蜀水文化强烈的信仰色彩。

开明氏时代，蜀地水利技术的进步发达，已影响及于中原地区。古本《竹书纪年》云：

> 梁惠成王十年，瑕阳人自秦道岷山青衣水来归。

方诗铭、王修龄先生的《古本竹书纪年辑证》此条下案引"《存真》云：'瑕音近雅，雅山之南，梁州之边徼也。'"①徐中舒先生指出："道应读如《禹贡》导山导水之导。"②《存真》与徐先生之说均是。此为东周蜀地先进的水利疏导技术及其活动在中原文献中的反映。不仅如此，根据《禹贡》中所导江、河即为所在地方朝贡运道之例，《竹书纪年》此条证明蜀地水运已颇发达，且与域外地区水路交通，加深了古蜀与华夏在经济、政治和文化各方面的互动。此种情形，无疑预示着古蜀与华夏大一统局面的来临。

---

① 方诗铭、王修龄：《古本竹书纪年辑证》，上海古籍出版社1981年版，第115页。按：《存真》，即清代著名学者朱右曾的《汲冢纪年存真》。
② 徐中舒：《论巴蜀文化》，四川人民出版社1981年版，第12页。

第三章 秦以后巴蜀水利的主要历程和卓越成就

秦举巴蜀，使巴蜀地区开始全面融入华夏。秦统一天下后，巴蜀地区遂完全成为我国古代中央集权多民族大一统国家的有机组成部分。自此以后，总体上大一统的政治格局、巴蜀文化与华夏文化的深度融合，为巴蜀地区社会历史的长达两千多年的发展，注入了强大而持续不断的活力，催生了中古以降闻名海内外的"天府之国"。巴蜀地区的水利和水文化亦在这一宏阔的历史进程中，取得了称誉天下的辉煌成就。

第一节　秦汉时期

一、秦举巴蜀后的大规模水利建设

（一）成都城市建设中的水利设施

秦灭巴蜀后，长江上游的蜀地与黄河流域在政治上开始正式结为一体，文化互动融合加快，使蜀地水利技术和水文化在汲取秦人传入的中原因素后进一步发展完善。

在都江堰兴建之前，秦国派张仪等在蜀地规划修筑蜀郡治所。该城所在，仍为位于今成都市区的开明氏王朝都城旧址，因而大体保持依古郫、检二江濒水筑城的基本格局，但城垣形状因借鉴秦都咸阳模式而变得更为规整。史传张仪按新的规划修建城垣，但城墙屡筑屡坍。一筹莫展之际，忽见有大龟周行旋步，遂遵蜀巫建议，循龟行路线夯筑城垣，终于成功。因这一传说，历史上成都又叫龟化城。①成都平原河流湖泽众多，水量丰沛，且地下水富涵而水位

---

① 《太平寰宇记》引《周地图记》云："仪筑城，城屡坏不能立。忽有大龟周行旋走，巫言依龟行处筑之，城乃得立。"（转引自《华阳国志校补图注》第131页注释⑩，上海古籍出版社1987年版）此说初见于《太平御览》卷九三一引《华阳国志》佚文："秦惠王（更元）十二年，张仪、司马错破蜀克之。仪因筑城，城终颓坏。后有一大龟从硎而出，周行旋走，乃依龟行所筑之，乃成。"类似记载又见于《古文苑·蜀都赋·注》引《益州记》、《太平御览》卷一六六引《九州志》。详蒙文通：《越史丛考》，人民出版社1983年版，第66页。

高，颇异于黄河流域。习于北方干爽黄土地带筑城技术模式的秦人首次在这里营建城垣，必然会水土不服、遭遇障碍。自新石器时代晚期以来，黄河流域夯筑城墙，均有在地表下开挖基槽，再版筑墙垣的传统。成都平原掘地三尺即见水，且成都城址所在之地本为冲积之沙壤所成，土层之下则多为砂石，非黄土地带干燥深厚而黏性强的土壤可比，根本无法照搬开槽筑城之秦人技术模式。而上述传说将筑城曲折过程中障碍的克服系于龟这一蜀地先民虔诚信奉的水生灵物，是古蜀水文化集神秘信仰和科学认识于一体的生动反映，同时暗示张仪等新统治者从遭遇障碍进而认识到蜀地水土的特殊性，是在汲取了蜀人的传统智慧后才最终解决了筑城难题。这既反映了积淀深厚的蜀地水文化的卓越成就，也表明新城的建成是蜀秦文化融合的结晶。

为了夯筑工程浩大的成都城垣，史载张仪又率众在城西、北、东向郊外大规模挖取黏土，形成了几个巨大的土坑。《华阳国志·蜀志》记载，张仪等又规划引水入坑，使这些巨大的土坑蓄水成湖，城的西、北、东向郊外依次为柳池、天井池、万岁池、龙坝池和千秋池，形成成都平原历史上最早有案可稽的人工湖。这些人工湖泊与天然河渠"津流径通，冬夏不竭"[①]，构成了成都平原充裕的水利资源和良好的生态环境。各方面的资料反映，成都城内的生产生活用水不仅可以由郫、检二江源源不断地提供，与此同时，成都城内自身的水资源也非常丰富，考古发现的秦汉陶井圈表明，秦人在城中开掘了众多的水井，以满足官民之需。人、水、城市的亲密无间，形成一派亲和融洽、充满活力的人文景观。

（二）都江堰大型综合水利工程体系的兴筑

公元前4世纪末期秦举巴蜀，目的非常明确，就是要将蜀地建成其兼并天下的"王业之基"，为此开展了大规模的建设，尤其是水利工程建设。可以这样说，从秦举巴蜀以至秦统一天下，是历史上蜀地水利大发展、成就最卓著的重要时期之一。这方面最引人注目的典型体现，就是融会蜀秦水利技术精华，尤其是集古蜀水文化智慧之大成并加以深化传承的都江堰水利工程的建设。秦统治集团一方面以几十年艰难曲折的努力敉平开明氏残余势力的几次反叛，最终平定了局势，一方面积极着手开发建设巴蜀地区。继张仪筑成都城之后，蜀守李冰又于公元前3世纪上半叶主持设计兴修了都江堰大型水利工程。

---

① （晋）常璩撰，任乃强校注：《华阳国志校补图注》，上海古籍出版社1987年版，第129页。

都江堰水利工程体系极为完善，固然是李冰以来长期积累改进的结果，但该工程的设计主旨和基本模式应于兴建之初就已大致确立。该工程的综合功能包括成都平原的行洪排涝、舟楫水运、农田灌溉、城邑生活用水和景观供水等，其中最重要的就是航运和灌溉，因此现存最早记述李冰主持创建此项大型工程的《史记·河渠书》明确指出："蜀守冰凿离堆，辟沫水之害，穿二江成都之中；此渠皆可行舟，有余则用溉浸，百姓飨其利。"《华阳国志·蜀志》亦曾概述云：

冰乃壅江作堋，穿郫江、检江，别支流双过郡下，以行舟船。岷山多梓、柏、大竹，颓随水流，坐致材木，功省用饶。又灌溉三郡，开稻田，于是蜀沃野千里，号为陆海。旱则引水浸润，雨则杜塞水门。故《记》曰："水旱从人，不知饥馑，天下谓之天府也。"

上文所引之《记》，应为前朝古籍。堋，又作堋鄢①，鄢即堰，则堋即堤坝。显然，宝瓶口后平原上展开的航运灌溉系统，广收水运、灌溉和防洪之利，千百年来发挥了巨大的经济、生态效益与卓越的军事战略作用，使蜀中成为千古不衰的"天府之国"。

从上引《史记》和《华阳国志》可知，作为成都平原上都江堰航运灌溉系统的主体部分，李冰所"穿二江"，就是郫江和检江。揆诸当时社会整体发展水平，尽管铁工具已经开始普遍推广，但所"穿"二江仍然并非全盘能由人工开凿，而是顺应和利用了川西平原水地的自然之势，尤其是充分利用原有自然河道加以疏导，对个别河段可能实施过拓展以至截弯取直，以利通航，然仅此已足以使川西平原的水环境和经济社会发展条件大为改善。

除此之外，据载李冰在蜀地兴修的水利工程还有多处。如《华阳国志·蜀志》中就有以下几条记载：

（李冰）又导洛通山洛水，或出瀑口，经什邡与郫别江会新都大渡。

---

① 都江堰渠首鱼嘴西侧外江河床出土的东汉建安四年（公元199年）郭择、赵汜碑铭文即作堋鄢，碑藏都江堰市文物局。

此处所记，为石亭江出山口高景关右岸引水之堰。

冰又通笮道文井江，经临邛，与蒙溪分水白木江，会武阳天社山下。

武阳为今新津县，当金马河、西河与南河三江之会，时属犍为郡。

时青衣有沫水出蒙山下，伏行地中，会江南安，触山胁溷崖，水脉漂疾，破害舟船，历代患之，冰发卒凿平溷崖，通正水道。
南安县，郡东四百里，治青衣江会。悬溉有名滩，一曰雷坻，二曰盐溉，李冰所平也。

南安即今乐山，位于沫水和青衣江、岷江之会，上文所记李冰在此处凿离堆、平险滩，亦当地自古以来的传说。

僰道有故蜀王兵兰，亦有神作大滩江中，其崖崭峻不可凿，冰乃积薪烧之。

这是有关宜宾地区"离堆"的古老传说。结合秦人设置僰道、修筑五尺道等史实，和其循长江东下灭楚以统一天下的战略等综合审视，李冰凿此处离堆亦即整治长江航道的记载是合乎历史背景的。

现存史籍中关于李冰水利活动的丰富记载启示我们，秦人大约在蜀地所到之处都陆续开展了水利建设，其活动几乎广及蜀地全域范围。

（三）蜀地农田水利建设的推广

前面已经指出，都江堰大型综合水利工程体系虽以航运为要务，但农业灌溉也是其兴建宗旨的必有之义。而成都平原由西北向东南微微倾斜的自然地势，使都江堰工程系统顺此地势呈树谱状伸展分布的大小各引水渠道，以自流灌溉而闻名于世。这一因任自然的技术传统，应在李冰时代就已经出现并逐渐推广、大见成效，因而得以坐收"旱则引水浸润，雨则杜塞水门""水旱从人"、五谷丰登的奇效。从有关记载可知，这种旱涝保收的灌区面积，一开始即颇为广辽。如东汉应劭《风俗通》就称"秦昭王使李冰为蜀守，开成都两江，溉田万顷"。汉亩合今0.7亩，则"万顷"约当今70万亩。《华阳国志·蜀志》则明确记载都江堰"溉灌三郡",又"自湔堰上分穿羊摩江,灌江西"。"三郡"指蜀、广汉、犍为,可见几乎整个成都平原均已在灌区之内。

不仅如此,各方面的资料表明,秦人灭掉开明氏古蜀王国后,为了将之打造成为统一天下的"王业之基",伴随其统治秩序的建立和自秦移民于蜀,迅速即将其在关中实行的农田水利政策制度推行于整个蜀地,并非只是成都平原。20世纪末出土于四川省青川县郝家坪秦墓之秦《为田律》木牍,十分清楚地反映了这一史实,其文云:

二年十一月己酉朔朔日,王命丞相戊(茂)、内史匽、□□更修《为田律》:田广一步,袤八则为畛。亩二畛,一百(陌)道。百亩为顷,一千(阡)道。道广三步。封,高四尺,大称其高。捋(埒),高尺,下厚二尺。以秋八月,修封捋(埒),正彊(疆)畔,及發千(阡)百(陌)之大草。九月,大除道及除邮(浍)。十月,为桥,修陂隄,利津□。鲜草,虽非除道之时,而有陷败不可行,相为之□□。①

牍文所云"二年",乃秦武王二年(前309)。"更修"二字,学者多解为改订,黄盛璋先生认为是重申旧律之意,与云梦秦简《语书》"修法律令、田令"意思相同②,可从。秦武王二年距离秦举巴蜀仅仅七年,显然,重申此律,很可能与兼并巴蜀,疆域扩大,须行统一的农田规划包括相应的农田水利制度有关。《为田律》是关于农田规划的法律,与云梦秦简《田律》不同,后者是有关农业生产管理等方面的法律。值得注意的是,《为田律》在规定田亩面积阡陌封疆等规制的同时,又明令每年十月"修陂隄,利津□"。津字后之"□",原简报未释,于豪亮、唐嘉弘先生释"梁"③,甚是。汉承秦制,张家山汉简《二年律令·田律》中有

---

① 四川省博物馆、青川县文化馆:《青川县出土秦更修田律木牍——四川青川县战国墓发掘简报》,《文物》1982年第1期。按:发掘者最近又对木牍所出的M50专门发表了简报,本处引文即采自后者,请详见四川省文物考古研究院、青川文物管理所:《四川青川县郝家坪战国墓群M50发掘简报》,《四川文物》2014年第3期。
② 黄盛璋:《青川新出秦田律木牍及其相关问题》,《文物》1982年第9期。
③ 于豪亮:《释青川秦墓木牍》,《文物》1982年第1期;唐嘉弘:《论青川墓群文化及其政治经济问题》,《先秦史新探》,河南大学出版社1988年版,第100页。

一枚简的文字十分接近青川木牍，其相同文字部分正作"十月为桥，修波（陂）隄（堤），利津梁"①。而所谓"修波（陂）隄（堤）"，即修整沟渠河流陂池堤防，此为定期维修水利设施的记载。或释波为陂，亦通，陂塘亦为水利设施，在丘陵山地尤为普遍而重要。青川地处川北，属于四川盆地周边山地，"修陂隄"可谓合乎地宜。《为田律》牍文的发现和释读，不仅是秦人将商鞅变法后施行的秦地农田水利制度推行于蜀地的确证，而且反映秦人治蜀时期，蜀地古老的农业水利建设应有了进一步的发展和大规模的推广，这对蜀中经济社会的发展无疑具有极大的促进作用和深远的意义。

二、两汉时期巴蜀水利的发展

巴蜀地区地处秦岭以南，水土资源优越，水利和农业起源很早，在先秦时期经历了长期发展，并在战国以后以富饶闻名天下。秦并巴蜀后，在巴蜀水利既有基础上，又结合中原的水利和农业技术，巴蜀进入了一个新的发展时期，进一步取得了巨大成就。《汉书·地理志》云："巴蜀广汉本南夷，秦并以为郡，土地肥美，有江水沃野，民食稻鱼，亡凶年忧。"秦末大规模农民战争爆发，天下震荡剧烈；接着又是楚汉之争，社会经济和秩序严重残破。但蜀地作为刘邦集团苦心经营的战略后方，尚能在汉初接受关中饥民就食。②西汉初年，为了重建社会秩序，汉王朝实行了"解甲归田""休养生息"以恢复经济的措施，蜀地农田水利建设逐渐恢复。《华阳国志·蜀志》载：

孝文帝（前179～前157年在位）末年，以庐江文翁为蜀守，穿湔江口，灌溉繁田千七百顷。③

《水经注·江水》亦云：

---

① 张家山二四七号汉墓竹简整理小组编：《张家山汉墓竹简（二四七号墓）》（释文修订本），文物出版社2006年版，第42页。
② 《汉书·高帝纪》：汉高祖二年（前205）六月，"关中大饥，米斛万钱，人相食，令民就食蜀汉"。
③ 《汉书·文翁传》则记载："文翁，庐江舒人也，景帝（前157～前141年在位）末为蜀郡守。"

江北则左对繁田，文翁又穿湔胝口以灌溉繁田千七百顷。

文翁为蜀郡太守的时间，史籍记载歧异，东晋常璩《华阳国志·蜀志》云在文帝末，东汉班固的《汉书·文翁传》则记载时在景帝末年，按当以成书更早的《汉书》之说为是，《汉书·地理志》也明谓"景、武间，文翁为蜀守，教民读书法令"。可见文翁治蜀时跨景帝、武帝之际，如此则文翁治蜀时当西汉早期、中期之交，这是关于西汉时期巴蜀地区大规模水利工程的最早史料。由于巴蜀地区秦汉之际并未经历大规模战乱破坏，因而能够在汉初接受关中饥民就食，则小规模水利活动或农家自己的日常水利工作当更早就已经开展。文翁引水灌溉大片繁县之田的明确记录，反映都江堰修成以后，蜀地灌区进一步扩大之史实。《华阳国志·蜀志》云文翁"穿湔江口，灌溉繁田千七百顷"。繁田，繁县之田。汉代繁县，为今彭州市以东南濛阳至新都区新繁一带。湔江口或谓今都江堰宝瓶口下蒲阳河口，或谓今彭州市石坝子青白江右岸锦水河口。按汉代田制，其地千七百顷约当今12万亩。

至于都江堰大型水利体系本身，西汉时期当一直维护运转良好，故《史记·河渠书》记"太史公曰，余南登庐山，东窥洛汭，西瞻蜀之岷山及离堆，自龙门至于朔方，曰，甚哉，水之为利害也"。司马迁"西瞻蜀之岷山及离堆"，所循显然是溯岷江之源的路线。细品太史公原文，其时都江堰工程应未曾失修成患，处于正常运转中。文翁在繁县湔江口的水利工程即"灌溉繁田千七百顷"，史载都江堰系统可"灌溉三郡"，灌区面积自然远远过之。西汉时期巴蜀地区的繁荣，可谓基础雄厚。

不仅如此，这一时期的水田技术也达到了很高的水平，并在考古资料中得到印证。随着汉代丧葬观念的变化，以大量陶质明器随葬到墓中，成为当时中原和巴蜀地区厚葬风俗的典型反映，西汉中期开始增多。但由于不同的生产生活实际，中原地区明器中多见仓、灶、井、屋、猪圈等，而无陂塘水田模型。以陂塘水田模型作为随葬品的风俗，最早兴起于西汉时期的巴蜀地区，后随着经济文化交流，并进而传播到生业、风俗与巴蜀相近的云贵地区。西汉末年，"广汉文齐为（益州郡）太守，造起陂池，开通灌溉，垦田二千余顷"[①]。此益州为以云南滇池周围为核心的原滇国之地，汉武帝元封二年（前109）平滇后

---

① 《后汉书·南蛮西南夷列传》。

置,滇池"周回二百余里,水源深广……有盐池田渔之饶"①。文齐此举,不仅将蜀地先进的水田技术推广到了"河土平敞"的滇池地区,是古代西南夷地区水田灌溉工程的最早记载,且超过了文翁"穿湔江口灌溉繁田"的面积。

从西汉后期到整个东汉时期,有关巴蜀地区水利的史籍记载更为丰富,反映其时水利建设的进一步推广和发展进步。这一时期兴建的大型水利工程首推武阳六水门大堰,又称蒲江大堰。据《华阳国志·蜀志》:"武阳县,郡治。籍江为大堰,灌郡下,六门。有朱遵祠。"②武阳系秦并巴蜀后所置古县,汉以后曾为犍为郡治所,县治在今新津、彭山间双江镇北。该堰规模宏大,故史称大堰,唐朝以后名馨堰,又名远济堰、通济堰。"籍江"本或作"蒲江",《水经注·江水》记武阳县,"此县籍江为大堰,开六水门,用灌郡下"。刘琳先生指出《水经注》该条"显系用《常志》此文,顾校据改,是"③。任乃强先生的《华阳国志校补图注》仍作"蒲江",并且指出:

> 《常志》称"蒲江大堰"者,……西魏于水北原置临溪(盐溪)县,属蒲原郡,隋分置蒲江县,皆因水为名也。此水至天社山下入江。前汉时,已有人于天社山嘴凿石为渠,引蒲江水灌武阳县大江西岸平原诸田。其时水位高,渠缘山行开水门六处分水下灌,故称其地为"六水门",本志与《水经注》并见。……朱遵率郡人拒公孙述,战死于"六水门",即是在此堰区,以此知堰是前汉时开。凡大堰皆必借江水为堤坝提高水位。《水经注》之"籍江",显为"蒲江"字讹。④

"籍江"抑或"蒲江",尚可研究,但任乃强先生"六水门"兴建于前汉之说,可从。史载这一大型水利工程筑成后,"用灌郡下",这就将犍为郡的武阳及其以南(包括今彭山县以至眉山市东坡区沿江平坝)的大片农田辟为灌区,大大促进了这一带农业生产的发展。这是都江堰为代表蜀地农田水利工程向成都平原以南的犍为郡地区大力延伸的史例。

与此同时,蜀地的水利灌溉之业也在朝北、东方向的广汉郡进一步拓展。

---

① 《后汉书·南蛮西南夷列传》。
② (晋)常璩撰,刘琳校注:《华阳国志校注·蜀志》,巴蜀书社1984年版,第279页。
③ (晋)常璩撰,刘琳校注:《华阳国志校注·蜀志》,巴蜀书社1984年版,第280页。
④ (晋)常璩撰,任乃强校注:《华阳国志校补图注》,上海古籍出版社1987年版,第176页。

《四川通志·金石》收有《汉沈子琚碑》①，所记也是郡县地方官发展农田水利的史事。该碑又名《绵竹江堰碑》，既指明地在绵竹，又称"江堰"，可知也是相当规模的水利工程，应是在绵竹县所濒临的绵水（今称绵远河）上筑堰溉田。沈君，字子琚，《天下碑录》作子璩，应为广汉郡新任郡守。碑文载沈君以东汉晚期灵帝熹平三年（174）十月到郡履新，绵竹令樊君也以次年三月到县。碑称其视事之初，百姓躬耕者少，溉田邱荒，有遣都水掾、水曹史等官吏，缮作崩壅之句，又有陂田及渠口之字。碑末云：水由池中通利，五稼丰茂，人民归附云云，所记显然也是地方官员兴修水利之事。绵竹位于成都东北，以上文物资料无疑是沱江上游流域农田水利进一步发展的见证。按绵、雒等广汉郡属县地处成都平原北部，有洛水（今石亭江）、绵水等多条河流流过，水土条件优越。《华阳国志·先贤仕女总赞》记"永平三年举孝廉"的"姜诗，字士游，雒人也……涌泉出于舍侧，有江水之香……其泉溉田六顷，施及比邻"②。明曹学佺《蜀中名胜记·汉州》引《录异记》云"汉州赤水，有涌泉，水脉五、六，自山下涌出，因成大池，流三二百步，可激堆硙，汇成大溪"，今什邡南阳泉即是。古代成都平原泉流随地涌出，类多地下回归水，东南下游农民自古赖以灌田。《华阳国志·蜀志》记李冰曾"导洛通山洛水，或出瀑口，经什邡与郫别江会新都大渡。又有绵水，出紫岩山，经绵竹入洛，东流过资中，会江江阳。皆溉灌稻田，膏润稼穑。是以蜀川人称郫、繁曰膏腴，绵、洛为浸沃也"③。不过，这些"膏腴""浸沃"之地，也需要科学的方法来保障高产，因而也需要郡县有类似都江堰岁修的制度、措施来维持水利设施的持续运转。看来东汉晚期政衰，大概由于地方官员的疏惰或弊政，这一带出现了"百姓躬耕者少，溉田邱荒"的现象。故熹平三年十月到沈子琚莅郡，绵竹令樊君以次年三月到县，同属新官上任，重新振兴水利，从而再现五稼丰茂，人民归附的繁荣。《华阳国志·蜀志》又称"绵竹县，刘焉初所治。绵与雒各出稻稼，亩收三十斛，有至五十斛"④。刘焉于灵帝中平五年（188）任益州刺史，即把州治从雒迁徙到绵竹，时当沈、樊二人治理绵竹之后约十余

---

① （清）常明等修：《四川通志·金石》，清嘉庆二十一年刻本。
② 《华阳国志·先贤仕女总赞（中）》"广汉士女"，详刘琳校注《华阳国志校注·蜀志》，巴蜀书社1984年版，第755页。
③ （晋）常璩撰，刘琳校注：《华阳国志校注·蜀志》，巴蜀书社1984年版，第210页。
④ （晋）常璩撰，刘琳校注：《华阳国志校注·蜀志》，巴蜀书社1984年版，第259页。

年，绵竹经济文化的繁荣，应为徙治的重要原因。绵竹其时亩产达三十斛至五十斛，这即使在近世亦属高产，足可见东汉时期蜀中水利技术的卓越成效。

东汉大学者蔡邕有云：

明哲君子，创业农事，因高卑之宜，驱自行之势，以尽水利，而富国饶人，自古有焉。若夫西门起邺，郑国兴秦，李冰在蜀，信臣治穰，皆此道也。①

所谓"因高卑之宜，驱自行之势，以尽水利"，乃我国古代在平原等地势条件优越的地方实行自流灌溉水利模式的简括，而李冰创建的都江堰，正是蔡邕笔下这方面的典范。成都平原整体的自然地势，从西北向东南呈现5‰~3‰的地面坡降，平原上的河渠也基本呈这样的流向。顺应此自然条件，至迟从李冰建都江堰水利工程起，先民就开创了利用成都平原地势自流灌溉的水利技术传统。蜀郡文翁"穿湔江口以灌溉繁田"，和犍为郡武阳（蒲江）"大堰开六水门，用灌郡下"，以及广汉郡沈子琚在成都平原北部筑堰发展农田水利的举措，都是对这一灌溉模式的继承和推广。

作为蜀中水利的典范工程，都江堰至迟在汉代已经形成由政府主导的较为完善的岁修制度，得以长期运转。虽然工程在政治动荡尤其兵荒马乱时不免失修衰败，然而一旦政局稳定下来后，地方政府往往把重修工作提上日程。2005年3月，都江堰渠首维修工程人员在鱼嘴西侧外江的河床中，出土了一座东汉末年的石碑——建安四年（199）正月中旬故监北江堋太守守史郭择赵汜碑，碑文云：

惟择，产广都；汜，郫县人。择、汜礼履仁义，结发修善……三年□□□间，择、汜受任监作北江堋，堋在百京之首。冬寒凉慄，争时错作，□刃□□□，不克□□。时陈溜高君下车，闵伤犁庶，民以谷食为本，以堋当作，□□□兴□公，掾史、都水郭荀任甬，杜期履历平司；择、汜以身帅下，志□□□，□□作堋。旬日之顷，堋鄢竟就备毕。佐直修身，契白不文，水将分□□□，□□不足，淤□不汝，众亦不咋，宜建碑表。时堋吏李安、傅阳，作者赵□卿、郑□□、□彦□、苏子印、□定卿、杨叔财等百余人，报服恩施，比方先后，治造趋□□冬，兴意推盛，出家钱勒石纪行，刊示后

---

① 蔡邕：《京兆樊惠渠颂》，《蔡中郎集》，江苏古籍出版社2002年版。

贤，以劝为善。①

该碑所记，是建安三年（198）蜀郡太守"高君"下令举行的一次都江堰维修工程。北江堋，即都江堰。北江，系李冰所开岷江东岸引水干渠，即后世所称内江。堋，即堰，"蜀人谓堰为堋"②。此次修治北江堋，时值寒冬，正是秦汉以来依制岁修之时，但从碑文"陈溜（即陈留）高君下车，闵伤犁庶，民以谷食为本，以堋当作"的内容，以及委派"掾史都水郭荀任舌"，杜期履历平司，而此前已有"择、氾受任监作北江堋"来看，这亦像一次专门举行的大修（岁修制度本身就包括定期大修之制，亦在冬季举行）。由于具体负责监修工程的官员郭择、赵氾志在高质量地"作堋，旬日之顷，堋鄢竟就备毕"。完工之后，"水将分□□□，□□不足，淤□不汝"，虽然文字残损，仍可见堰首工程正是以分水引流为特质，且似乎流水清淤效果不错，工程质量颇高。不仅如此，工程负责人郭择、赵氾又"以身帅下"，"佐直修身，契白不文"，堪称典范，因而人们在完工之后的次年正月共同捐资兴建了这一功德碑。值得注意的是，碑文中"掾史都水"郭荀、杜期云云，不仅反映秦汉以来郡府一直有较为健全的水工职能部门，而且都江堰还专门设有"堋吏"不止一人，说明至迟东汉时期"堋鄢"本身已有专设的管理机构及其专职管理人员（秦与西汉时期是否已经如此待考）。同时，至少大型的维修工程，不仅是郡县的都水等职能机构的职责（这一点《汉沈子琚碑》亦有反映），而且必须派员具体负责监管指挥工程事务。过去对都江堰的研究，比较多集中关注的是技术及其理念层面，对制度的研究因材料缺乏而不够深入，郭择、赵氾碑的出土，为我们提供了这方面珍贵的新资料。

东汉时期，巴蜀水利不仅在平原、坝区取得了高度的成就，而且在丘陵地区也得到了因地制宜的发展。如史载广都望川原（双流县牧马山）一带丘陵台地引江水长藤结瓜发展灌溉，即为显例。《后汉书·郡国志》："蜀郡·广都县"注引任豫《益州记》曰："县有望川原，凿石二十里，引取郫江水溉广都田，云后汉所穿凿者。"③《华阳国志·蜀志》亦载："广都县，（蜀）郡西

---

① 碑藏都江堰文物局，碑铭释文见冯广宏主编：《都江堰文献集成·历史文献卷（先秦至清代）》，巴蜀书社2007年版，第9~10页。
② （宋）乐史撰，王文楚等点校：《太平寰宇记》卷七三，中华书局2007年版。
③ 《后汉书·郡国志》。

三十里，有渔田之饶。江有鱼槽梁，江西有好稻田，（有望川原），穿山崖过水二十里。"①望川原，今双流县牧马山高地，在府河、古大江西。郫江，今经宝瓶口流入成都平原各支河，均属郫江水系。在山丘台地上开渠引水，凿石穿岩达二十里，可见工程之巨大与艰巨，民间分散的力量显然不能为，必然系政府组织的公共工程。值得注意的是，这一工程结合地理条件和水利需求，具有平原地区不同的形态特点。对此，《水经注·江水》记载道："江水东迳广都县，江西有望川原，凿山崖度水，结诸陂池。"所谓"结诸陂池"，就是凿山崖筑渠，引水至沿线灌区塘堰存蓄起来备用，这是一种因应山丘地区地理形势采取的古老调蓄措施，为巴蜀地区长藤结瓜式灌溉网络的最早记载，反映了先民的杰出智慧。

东汉巴蜀山丘地区农田水利事业的发展，在考古发掘资料中也得到了生动而丰富的印证。近世以来，巴蜀各地出土不少东汉时期墓葬中随葬的陶质及石雕田塘渠堰模型。单是四川博物院收藏陈列的就有：1957年成都天回山出土陶水塘，1993年新津宝姿山出土陶田，1974年资阳县出土陶水渠，1977年峨眉县双福乡出土石雕田塘。以上出土陶田中，田内插秧，田内有沟，田坎有阙，后二者显然是实际生产中水利灌溉设施的形象反映。峨眉县石雕田塘，塘侧有两块方田，一田沤有绿肥，一田内二人正在插秧。峨眉石塘与成都陶塘相似，塘内水面有鹅鸭水禽，水底有鱼蟹，还种有莲藕，莲叶、莲斗古朴逼真，两塘内各有一条船，说明汉代实际堰塘面积不小，多种经营甚为发达。此种情况，无论平坝、丘区皆然，并在文献中有记载。如《魏武四时食制》即云："郫县子鱼，黄鳞赤尾，出稻田，可以为酱。"②

第二节　魏晋南北朝时期

一、蜀汉时期水利的发展和制度创新

东汉末年以降，社会长期动荡后，天下终于形成了魏蜀吴三国鼎立的分裂局面。三国归晋以后，天下虽然曾出现过短暂的统一，但很快又陷入了南北朝

---

① （晋）常璩撰，刘琳校注：《华阳国志校注·蜀志》，巴蜀书社1984年版，第249页。
② 引自《太平御览》卷九三六。

对立的更长时期的分裂局面，历史的发展出现了巨大的曲折，对社会经济的破坏也非常严重。在这一长约400年的历史时期，巴蜀地区在蜀汉王朝区域性相对稳定的局面下，和接下来西晋短暂统一时期，经济、文化虽然已经不复秦汉大一统时期的兴盛繁荣，但仍有一定发展和制度创新。而在其后的成汉、东晋和南北朝时期，在天下长时段分裂动荡的形势下，巴蜀地区的经济发展明显受到影响，农田水利建设也不例外，都江堰工程虽然大致维持运转，但整个水利事业处于相对低迷的状态。

三国时期，巴蜀地区处于以继承汉朝正统自居的蜀汉政权统治下。为了达到光复汉室、统一天下的目标，蜀汉政权将巴蜀视为其实现这一神圣理想的王业之基来加以建设。尤其是在诸葛亮主政时期，努力发展生产使巴蜀地区的水利建设仍然取得了一定成就。相传章武三年（223），蜀汉丞相诸葛亮就在成都城西北郊筑九里堤防水患。堤成，颁护堤令立碑，又云："九里堤捍卫都城，用防水患，今修筑竣，告尔居民，勿许侵占、损坏，有犯，治以严法，令即遵行。章武三年九月十五日。"① 九里堤为古郫江、今府河沿岸堤防。护堤碑今已不存，近年在三台县发现碑文拓本，未详真伪。② 考其碑文，或认为乃假诸葛丞相之名，此碑最早立于唐代。但从字体和蜀汉时期史实综合考察，此碑内容似非虚构。

史载蜀汉建兴五年（227），诸葛亮开始率军北伐，北上进驻汉中。与此同时，为巩固后方，发展经济，又在都江堰专设堰官，以维护这一关乎国计民生的水利工程。《水经注·江水》："诸葛亮北征，以此堰（都江堰）农本，国之所资，以征丁千二百人主护之，有堰官。"③ 过去认为这是古代都江堰设堰官之始，误。前引近年都江堰出土的东汉建安四年郭择、赵汜碑落款提到"作者赵□卿、郑□□、□彦□、苏子印、□定卿、杨叔财等百余人"，似乎当时北江堋工程的维修者皆临时征发的役工，这应该是秦汉时期的常制。而《水经注》此条却记诸葛亮常年"以征丁千二百人主护之"，建立了一支由兵丁组成的专业队伍，力度甚大，则是加强管理的新举措，足见诸葛亮对都江堰的重视明显有过前人。明曹学佺《蜀中名胜记·夔州府》："郡有义泉，诸葛武侯所

---

① 杨重华等：《"丞相诸葛令"碑》，《文物》1983年第5期。
② 四川省水利电力厅编：《四川水利志·建国前四川水利大事记》（内部资料）。
③ （北魏）郦道元著，陈桥驿校证：《水经注校证》，中华书局2007年版，第766页。

凿。侯虑城中无水，乃接筒引泉入城。"这个言之凿凿的传说，反映今奉节县等传统三巴地区沿江城镇古老的竹管、石枧引水供水入城进户的水利设施，至少在诸葛亮主政的蜀汉时期就已经出现了。

蜀汉统治集团其他成员亦对水利颇重视。《三国志·蜀书·后主传》"建兴十四年（236）夏四月，后主至湔，登观坂，看汶水之流，旬日还成都"。这是蜀汉后主刘禅视察岷江的记载。湔，湔水或湔县，今都江堰一带。观坂，今白沙河口，古昔通川西高原大道过此。考察岷江上游的水势，对于中下游的水利、交通等国计民生显然都有重要意义。

二、两晋南北朝——历史低谷中的巴蜀水利

（一）都江堰水利系统的大致维持

两晋及南北朝，史籍中除了巴蜀地区若干山崩水患、雨雪天灾的记载外，有关水利的内容阙略，尤其难见大型水利工程的记载。唯从东晋时期蜀地史家常璩《华阳国志》的记载中，可以略窥两晋时期的一些情形。《华阳国志·蜀志》曾概述都江堰大型水利系统的"郫江、检江别支流双过郡下，以行舟船。岷山多梓、柏、大竹，颓随水流，坐致材木，功省用饶。又灌溉三郡，开稻田，于是蜀沃野千里，号为陆海。旱则引水浸润，雨则杜塞水门"。此种情形，在蜀地统治秩序正常运转、民间社会基本稳定的情况下，应当与秦汉以至蜀汉时期大致相似。亦即由于川西平原的自然地势，具有从西北向东南方向略微倾斜的特点，基于此天然禀赋的优越，加上岁修已经成为社会秩序稳定时期地方政府遵守的传统制度，并且已然融入民俗，遂使得都江堰水利工程系统的通航、运输、灌溉功能，特别是成都平原上农家的自流灌溉，只要没有遇上特殊的自然灾害，仍然大致能够维持。值得注意的是，两晋南北朝时期，都江堰大型水利系统所在的成都平原自然灾害的记录较少，其中与成都平原的水旱相关的主要有以下几次：

《晋书·武帝纪》："咸宁三年六月，益、梁八郡水，杀三百余人，没邸阁仓。九月戊子，兖、豫、徐、青、荆、益、梁七州大水。"

《晋书·惠帝纪》："元康四年夏五月，蜀郡山移，山崩地陷，坏城府及百姓庐舍。"

《晋书·李寿载记》：晋成帝"咸康二年，时岷江山崩，江水竭"。

《宋书·五行志》："永嘉三年五月，大旱。河、洛、江、汉皆可涉。"

在以上严重自然灾害中，咸宁三年（277）的大水难免会对都江堰造成破坏；元康四年（294）似为地震或大规模地质灾害，通常也易引起水灾；咸康二年（336）山崩造成江水竭，显然是在岷江上游，江水竭应是堰塞湖使然，湖崩也难免破坏都江堰渠首工程。至于永嘉三年（309）"河、洛、江、汉皆可涉"的大旱，灾情也非都江堰能够避免的。但在其后的东晋南北朝时期，类似的记录尚未见到。因此，在此后的两三百年时间内，都江堰水利体系及其功能作用大概至少在较低水平上得到了一定延续。一百多年后，北魏郦道元《水经注》亦载：

江水又历都安县，县有桃关、汉武帝祠，李冰作大堰于此，壅江作堋。堋有左右口，谓之湔堋。江入郫江、捡（本或作检）江，以行舟。《益州记》曰："江至都安，堰其右，捡（检江）其左，其正流遂东，郫江之右也。"因山颓水，坐致竹木，以溉诸郡。又穿羊摩江、灌江，西于玉女房下白沙邮，作三石人立水中，刻要江神：水竭不至足，盛不没肩。是以蜀人旱则藉以为溉，雨则不遏其流。……邮在堰上，俗谓之都安大堰，亦曰湔堰，又谓之金堤。左思《蜀都赋》云"西踰金堤者也"。①

这段记载，同样反映都江堰水利体系于南北朝时期也基本上在延续。陈桥驿先生指出："《名胜志·四川》卷六《成都府》六《灌县》引《水经注》云：'李冰作大堰于此，立碑六字曰：深淘滩，浅包鄢。鄢者，于江作堋，堋有左右口。'此'深淘滩，浅包鄢。鄢者'八字，当为此句中佚文。"②看来，郦道元时，大堰此碑和石人及其题刻应该还在，似乎也反映都江堰渠首工程仍在运转。

（二）丘区的山原田、陂池及人工养鱼

《华阳国志》还反映东晋时期，两汉以来巴蜀地区先民在丘陵地区开水田（山原田）、陂池及人工养鱼的传统得到延续。这方面的情况见于《华阳国志》的有：

---

① （北魏）郦道元著，陈桥驿校证：《水经注校证》，中华书局2007年版，第766页。
② （北魏）郦道元著，陈桥驿校证：《水经注校证》，中华书局2007年版，第779页。

涪县（今绵阳、安县、江油南德阳及中江、三台县北），"有宕田、平稻田"。①

德阳县（今江油东北及剑阁县），"山原肥沃，有泽渔之利"。②

郪县（今中江、三台县南及射洪西北）"有山原田"。③

广汉县（今射洪、盐亭蓬溪、遂宁及安岳县东）"有山原田"。④

繁县（今彭县一带），"有泉水稻田"。⑤

广都县（今双流县），"有盐井、渔田之饶"；"大豪冯氏有鱼池"；"江有鱼漕梁"，"江西有稻田；有望川原，穿山崖过水二十里"。⑥

什邡县（今什邡市大部及彭州市一部），有"美田"。⑦

新都县（今新都东部、金堂北部），"有枣、鱼梁"。⑧

江阳县（今泸州市及自贡、富顺、隆昌、荣昌等市县），江阳郡治，"郡下百二十里者曰伯涂鱼梁，云伯氏女为涂氏妇，造此梁"。⑨

汉安县（今内江市、威远县），"土地虽迫，山水特美好，宜蚕桑，有盐井、鱼池以百数，家家有焉，一郡丰沃"。⑩

南安县和武阳县。"南安（今乐山市中区、夹江县、峨眉山市、五通桥区、沙湾区和眉山市青神县）、武阳（今彭山、新津、仁寿、井研、眉山市东坡区及双流县南部），皆出名茶，多陂池。"⑪

上引文涪县"宕田、平稻田"，原书作"宕田、本稻田"，据任乃强《华阳国志校补图注》改。任先生注："宕田，谓紫土丘陵中之农田。平稻田，谓

---

① （晋）常璩撰，任乃强校注：《华阳国志校补图注·汉中志》，上海古籍出版社1987年版，第91页。
② （晋）常璩撰，刘琳校注：《华阳国志校注·蜀志》，巴蜀书社1984年版，第266页。
③ （晋）常璩撰，刘琳校注：《华阳国志校注·蜀志》，巴蜀书社1984年版，第263页。
④ （晋）常璩撰，刘琳校注：《华阳国志校注·蜀志》，巴蜀书社1984年版，第265页。
⑤ （晋）常璩撰，刘琳校注：《华阳国志校注·蜀志》，巴蜀书社1984年版，第241页。
⑥ （晋）常璩撰，刘琳校注：《华阳国志校注·蜀志》，巴蜀书社1984年版，第249页。
⑦ （晋）常璩撰，刘琳校注：《华阳国志校注·蜀志》，巴蜀书社1984年版，第261页。
⑧ （晋）常璩撰，刘琳校注：《华阳国志校注·蜀志》，巴蜀书社1984年版，第261页。
⑨ （晋）常璩撰，刘琳校注：《华阳国志校注·蜀志》，巴蜀书社1984年版，第290页。
⑩ （晋）常璩撰，刘琳校注：《华阳国志校注·蜀志》，巴蜀书社1984年版，第292页。
⑪ （晋）常璩撰，刘琳校注：《华阳国志校注·蜀志》，巴蜀书社1984年版，第283页。

冲积平原上之水稻田。……其称云'宕田'者……能层层建成梯田。"①山原田，山丘阶层之平田；鱼曹梁或鱼梁，沿江筑石堤分水，水口设笱以取鱼。

以上主要为蜀地的情况。至于传统巴地，水田因地理条件的制约，尚待发展。如《华阳国志·巴志》在简括巴的地域四至后虽然云"土植五谷"，但并未具体指出是哪些粮食作物。列举其主要物产，也无水稻一类粮食。《巴志》进而指出：

> 其民质直好义，土风敦厚，有先民之流。故其诗曰："川崖惟平，其稼多黍。旨酒嘉谷，可以养父。野惟阜丘，彼稷多有。嘉谷旨酒，可以养母。"其祭祀之诗曰："惟月孟春，獭祭彼崖。永言孝思，享祀孔嘉。彼黍既洁，彼牺惟泽。"②

其所引诗中不仅言及"川崖惟平""野惟阜丘"，且明确指出"其稼多黍""彼稷多有"，主要粮食作物显然为黍、稷，其中又以黍为祭品。这说明，时至东晋，传统巴地的山丘地区，尚未像蜀地那样发展出较为普遍的水田农业。不过，巴地利用水资源条件养鱼，则已经有长期延续下来的水利技术传统。如《华阳国志·巴志》记汉桓帝永兴二年（154）但望上疏请分巴郡云："敢欲分为二郡，一治临江，一治安汉，各有桑、麻、丹、漆、鱼池、盐、铁，足相供给，两近京师。"③《汉书·地理志》记巴郡"阆中，彭道将池在南，彭道鱼池在西南。……安汉，是鱼池在南"。《华阳国志·巴志》也载："阆中县，郡治，有彭池大泽。"④

（三）提水机械——木天公

值得注意的是，《水经注·江水》记巴地东晋时曾有过在奉节城设"木天公"自江中汲水史事：

> 巴东郡，治白帝山城，周回二百八十步，北缘马岭，接赤岬山。其间平

---

① （晋）常璩撰，任乃强校注：《华阳国志校补图注·汉中志》，上海古籍出版社1987年版，第93页。
② （晋）常璩撰，刘琳校注：《华阳国志校注·巴志》，巴蜀书社1984年版，第28页。
③ （晋）常璩撰，刘琳校注：《华阳国志校注·巴志》，巴蜀书社1984年版，第49页。
④ （晋）常璩撰，刘琳校注：《华阳国志校注·巴志》，巴蜀书社1984年版，第92页。

处，南北相去八十五丈，东西七十丈。又东旁东瀼溪，即以为隍，西南临大江，窥之眩目。惟马岭小差逶迤，犹斩山为路，羊肠数四，然后得上。益州刺史鲍陋镇此，为谯道福所围，城里无泉，乃南开水门，凿石为函道，上施"木天公"，直下至江中，有似猿臂相牵引汲，然后得水。①

据清嘉庆《四川通志》，鲍陋于晋安帝义熙三年至八年（407～412）任益州刺史，"木天公"引水事应发生在此期间。以上引文中，"木天公，有似猿臂相牵"，当如明代《天工开物》一书所载绘"高转筒车"，只是筒车用水力冲转，此乃借助人力。此为四川地区有机械提水的最早记载。类似水工机械最早者为战国时《庄子》一书所载用于灌园的桔槔②，至今在巴蜀各地水井上仍多有用者。此事可见巴地水利也有其先进一面。但总体而言，巴地受地理条件制约，水利发展尚落后于蜀地。《华阳国志·巴志》载：永建中，泰山吴资元为郡守，屡获丰年。民歌之曰："习习晨风动，澍雨润乎苗。我后恤时务，我民以优饶。"可知当时丰年主要靠的是澍雨。③

第三节　隋唐五代两宋时期

一、隋唐时期水利的繁荣

在经历了南北朝长时期分裂局面下的低谷阶段以后，隋唐时期，巴蜀地区的经济社会发展再次迎来了繁荣，并取得了公认的天下领先地位，史称"扬一益二"。到了宋代，巴蜀的经济文化在唐五代的基础上，进一步发展，更达到了古代史时期的又一次新的高峰。在此背景下，巴蜀地区的农田水利建设也取得了新的重要成就。

---

① （北魏）郦道元著，陈桥驿校证：《水经注校证》，中华书局2007年版，第777页。
② 《庄子·天运》云："子独不见夫桔槔者乎？引之则俯，舍之则仰。"同书《天地》篇亦载："子贡南游于楚，反于晋，过汉阴，见一丈人方将为圃畦，凿隧而入井，抱瓮而出灌，搰搰然用力甚多而见功寡。子贡曰，有械于此，一日浸百畦，用力甚寡而见功多……凿木为机，后重前轻，挈水若抽，数如泆汤，其名为槔。"
③ （晋）常璩撰，刘琳校注：《华阳国志校注》，巴蜀书社1984年版，第43页。

（一）都江堰水利体系覆盖范围和功能的扩大

随着隋朝结束长期的南北分裂，巴蜀地区水利在天下统一的环境下有了迅速的恢复发展，其中尤其以都江堰水利系统覆盖范围和功能的扩大引人瞩目。

《新唐书·地理志》载：成都府蜀郡温江县，"次畿，本万春，武德三年（620）置，贞观元年（627）更名。有新源水。开元二十三年（735），长史章仇兼琼因蜀王秀故渠开，通漕西山竹木"。西山，包括今龙门山、岷山，是岷江的发源地和流经地，盛产竹木，历来是成都平原上生产生活所需竹木用材的主要来源。《华阳国志》早已经概述过都江堰建成以来，蜀地长期利用二江水路漂运竹木的传统。值得注意的是，盛唐时期"通漕西山竹木"的水路，是沿着隋代蜀王杨秀的故渠开的。这说明早在隋朝时期，杨秀就已经在改善成都平原水运方面，进行过大型的水利工程。所谓"新源水"，也表明这是一条新开通的水运渠道。

按温江县初设于西魏恭帝二年（555），析郫县南境和江原县东境为其地。此前成书的郦道元《水经注·江水》记大江自江原折东北流，至郫县下经犀浦至成都，说明蜀王杨秀开渠亦利用了原有河流，改善了水运条件。此后，《元史·河渠志》记："南江东至鹿角，又东至金马口，又东过大安桥入于成都，俗称大皂江，江之正源也。"又宋英宗治平初（1064~1065），吕大防知青城县，县治在今灌县羊马河右岸徐家渡场。唐李吉甫《元和郡县志》载："青城县，大江经县北，去县二里。"《宋会要辑稿》卷一九三记："治平初，吕大防知青城县日，尤用意检察。窃缘禁山之下，即是皂江，可以直至成都。夏秋涨水之际，侵巡剪伐，结为船筏，敝江而下。永康（今灌县都江堰）至成都，止一日之程，坦途方轨，别无险要，思以禁名而终莫能禁者，一江实为之累也。"说明从隋唐至宋元，西山竹木一直从南江水路经今温江北、郫县，下流达成都。至今温江县治北10公里尚有元代开凿马坝渠河旧名。

到唐朝初年，益州大都督府长史高俭又在成都平原上开渠扩大都江堰灌区。高俭，字士廉，渤海蓨县（今河北景县南）人，贞观元年（627）出任益州大都督府长史，五年入为吏部尚书。《旧唐书·高士廉传》："秦时李冰守蜀，导引汶江，创浸灌之利。至今地居水侧者，顷直千金，富强之家，多相侵夺。士廉乃于故渠外，别更疏决，蜀中大获其利。"《新唐书·高俭传》亦载："秦时李冰导汶江水灌田，濒水者顷千金，民相侵冒。士廉附故渠斯引旁出，以广溉道，人以富饶。"综新旧唐书本传可知，高俭凭借政府的权威，平息因水资源分配不均导致的民间矛盾，具体做法就是在原有干渠旁进一步广开灌溉支渠，大大扩展了自流灌溉的面积，使"蜀中大获其利""人以富饶"，取得了改善国计民生、化解民间矛盾纠纷的良好效果。唐高宗龙朔二年（662），灌县兴修侍郎堰、百丈堰。《新唐书·地理志》：彭州蒙阳郡导江（县），"有侍郎堰，其东百丈堰，引江水溉彭、益田，龙朔中筑。又有小堰，长安（701～704）初筑"。导江县治今都江堰东南11公里废导江铺。彭州，辖今彭州市；益州，辖今成都，引水溉田小堰应均是都江堰渠系扩建。

到唐玄宗天宝年间，长史章仇兼琼又重筑万岁池堤，积水溉田。《新唐书·地理志》记成都县"北十八里有万岁池。天宝中，长史章仇兼琼筑堤，积水溉田"。据《四川通志·职官》"章仇兼琼，颖川人，开元二十八年至天宝五年任剑南节度兼采访使"，则章仇兼琼重筑万岁池堤应在天宝元年至五年（742～746）间。万岁池，在古代成都城北面，秦时张若筑城取土所遗留的大池坑之一，张若其时即以诸池引水成湖，并与城外河道"津流径通"，形成著名的水利景观。都江堰无坝引水的诸渠系形成后，万岁池等围绕成都城周的诸人工湖应也与之脉络相通，构成其巨大的水利系统的组成部分。万岁池至近现代仍存，名白莲池，惟原本巨大的水面已逐渐缩小至约60亩（4公顷），为成都市的渔场。张若开挖兴修诸池以后，至唐代天宝年间，已历千载，其中万岁池等已年久失修，故章仇兼琼加筑堤防后，该湖之水利功能当大体恢复。至南宋孝宗隆兴年间（1163～1164），王刚中以龙图阁待制知成都府，又加以疏浚整治。《宋史·王刚中传》载："成都万岁池，广袤十里，溉三乡田，岁久淤淀。刚中集三乡夫共疏之，累土为防，上植榆柳，表以石柱。州人指曰：'王公之甘棠也。'"不仅水利灌溉功能恢复加强，广辽的湖面及其周沿再次呈现景观盛况。

《新唐书·地理志》载蜀郡成都县"南百步有官源渠，堤百余里，天宝二载（743），令独孤戒盈筑"。这是唐代成都县令独孤戒盈领导的一次大型水利工程，当有相当的灌溉、排涝等综合效益。因年湮代远，官源渠名实今均不存。或揆度地势，认为似应为原自望江楼府河对岸引水的洗瓦堰及其下游另自府河取水姐儿堰一带。中华人民共和国成立后，成都市东南郊改造沙河，洗瓦堰首上移沙河取水，干渠长仅20公里。

唐代利用都江堰水利体系直接改善成都城市水环境、提升城市综合功能的著名工程有二，一是白敏中开成都城中金河，二是高骈改江道，筑成都罗城；有关论述，请详本节城市水利的新发展部分。

（二）广泛兴修和拓展堰渠、陂塘

在维持并扩展都江堰等原水利工程的同时，唐代又广泛兴修和拓展堰渠、陂塘，农田水利建设成就斐然。

在成都平原周边，唐代兴建了许多水利设施。唐高祖武德（618～626）初，籍县令陈冲修筑古堰，引水溉田。《新唐书·地理志》："陵州仁寿郡，本隆山郡，天宝元年更名。……县五：仁寿，望。……籍，上。永徽四年析贵平置。东五里有汉阳堰。武德初引汉水溉田二百顷，后废。文明元年（684），令陈冲复置，后又废。"唐仁寿郡籍县，今双流属籍田铺，位于成都市南、府河右岸龙泉山北麓坪坝，鹿溪河（古赤水河，唐时一名汉水）沿龙泉山麓自西向东、集纳龙泉山北溪流，经籍田铺北向东流汇入府河。籍田古堰当年的兴修，对籍田一带的丘区农业，无疑有积极意义。

唐武后时，长史刘易从决沱江灌彭县田。《新唐书·地理志》："彭州蒙阳郡九陇县。武后时，长史刘易从决唐昌沲江，凿川派流，合棚口琅歧水溉九陇、唐昌田。"唐彭州九陇县治今彭州市南；唐昌，原崇宁县治，濒柏条河（沱江）右岸。棚口琅歧水，今彭州海窝子湔江出山口分流青白江。刘易从决沱江开渠引水，为明清时期万工堰、官渠堰，即今人民渠先河。《元史·河渠志》："外江东至崇宁，亦为万工堰，堰之支流，自北而东，为三十六洞，过清白堰东入于彭、汉之间。"《明史·河渠志》："天顺二年（1458），修彭县万工堰，溉田千余顷。"

在成都以南方向，唐代在汉晋时期基础上，进一步在岷江流域拓展农田水利。玄宗开元二十八年（740），章仇兼琼扩修新津通济堰。《新唐书·地理志》：蜀州唐安郡新津县，"西南二里有远济堰，分四筒穿渠，溉眉州通义、彭山之田。开元二十八年采访使章仇兼琼开"。彭山，今眉山市彭山区；通义县今不存，其地分别并入今眉山市东坡区、彭山区。又《新唐书·地理志》载眉州通义、彭山县，"有通济大堰一，小堰十，自新津邛江口引渠南下，百二十里至州西南入江，溉田千六百顷。开元中，益州长史章仇兼琼开"。通济堰为历史上有名的大型农田水利工程，其大堰应为干渠，小堰则指支渠。一千六百顷，合今16万亩。通济堰始建于西汉，唐代章仇兼琼扩建后，历代虽有废兴，至今仍存。开元年间，章仇兼琼在川南方向上进一步兴修的另一重要水利工程，是眉山蟆颐堰。此事新旧《唐书》失载，清嘉庆《四川通志》"眉州直隶州堤堰"有云："蟆颐堰，在州东七里，唐开元中，益州长史章仇兼琼因蟆颐山筑堤障蜀江水，溉眉山、青神田，分东、中、西三大堰，大小筒口百余道，共七万二千亩有奇。宋嘉定初（1208~1210），魏了翁守眉，又畚武阳石垒堤，其利尤溥，了翁有记。"

唐文宗大和年间（827~835），青神县兴修鸿化堰。《新唐书·地理志》：眉州通义郡青神县，"大和中，荣夷人张武等百家请田于青神，凿山酾渠，溉田二百余顷"。据清《四川通志·堤堰》："鸿化堰在（青神）县北十五里，唐初张武等所开。"注引清乾隆时期王承曦《鸿化堰记》："青邑介于嘉眉，土地瘠薄。田之望水，犹农之望岁焉。初唐张武始于邑北兴修鸿化堰，沿江开沟，引河水灌溉，直长四十里。明余承勋相继补修，民岁获利。（至清初）日久淤塞。乾隆十九年（1754）邑令林鸿奉制军黄公檄兴水利，遂议复修，统计用水田亩分上中下三等派费。岁癸未（1763），余相度地形，吁禀制宪檄委本州率同确勘，改修堰头，挖淘堰沟，以宽深为度，坚彻鱼嘴，拦水入堰，计灌田七千六百四十亩。"或以唐代无荣夷地名，荣夷或指荣州（今荣县）少数民族。倘若是，则似为僚人。由此可知已经完成汉化，从一个侧面反映了唐代经济文化的发展繁荣。

在成都平原以北的今德阳、绵阳地区，唐时农田水利建设也取得了巨大成就。如《新唐书·地理志》：汉州德阳郡雒县，"贞元末，刺史卢士玼立堤堰，溉田四百余顷"。雒县，今广汉市。卢士玼，据《都江堰功小传》，范阳（今属河北省）人。立堤堰建于贞元末，即唐德宗贞元二十一年。《新唐书·地理志》又载："绵州巴西郡……罗江，中，本万安，天宝元年更名，北五里有茫江堰，引射水溉田入城，永徽五年，令白大信置；北十四里有杨村堰，引折脚堰水溉田，贞元二十一年，令韦德筑。"罗江县，今属德阳市，则该县在唐高宗永徽五年（654）兴修的茫江堰、德宗贞元二十一年（805）兴修的杨村堰，也在今德阳市境。

不过，唐代在绵州修建了多处堰陂，主要还是分布在今绵阳市地域内。

如唐初的贞观元年（627），即在今绵阳市安州区境内修建了折脚堰、云门堰，引水溉田。《新唐书·地理志》："绵州巴西郡神泉（县），北二十里有折脚堰，引水溉田，贞观元年开。"唐代绵州神泉县，治今绵阳塔水镇。折脚堰应在镇北二十里，其名虽已经不存，其址则约当今茶坪河引水渠堰，下游入罗江为今野坝堰及人民渠灌区。《新唐书·地理志》又云："绵州巴西郡龙安（县），东南二十三里有云门堰，决茶川水溉田。贞观元年筑。"唐绵州龙安县，治今安县城北，其"东南二十三里有云门堰"，是在今安昌河右岸引水溉田的渠堰，据乾隆《安县志》云可"灌田三千亩"，民国《安县志》则为"灌田二千余亩"。之后云门堰名实均存，经整治，堰头上移700米至黄土镇安东堤，总灌溉面积4248亩。《新唐书·地理志》："绵州巴西郡魏城，北五里有洛水堰。贞观六年引安西水入县，民甚利之。"唐绵州魏城县，治今绵阳市东北魏城镇，濒梓潼江支流魏城河，有古拦河坝，应即洛水堰旧址，近世加修后更名为魏城水库，至今仍在蓄水溉田，发挥效益。

贞观以后，绵州境内的水利工程又有新的业绩。如武则天垂拱四年（688），在巴西县扩修广济陂。《新唐书·地理志》："绵州巴西郡巴西（县），南六里有广济陂，引渠溉田百余顷，垂拱四年长史樊思孝、令夏侯奭因故渠开。"唐绵州巴西县治今绵阳市涪江东岸，南六里广济陂应自涪江取水，穿渠约当今惠泽堰，溉田百余顷相当于灌溉面积一万余亩。长史是州郡长官，令是县官，既云"故渠"，则唐初或更早就已有灌渠，这次州县领导的应属于增修扩效工程。

《新唐书·地理志》又记："剑州普安郡阴平县，西北二里有利人渠，引马阁水入县溉田。龙朔三年（663），令刘凤仪开。宝应中（762）废，后复开，景福二年（893）又废。"唐剑州阴平县治今江油市东北马角坝，濒梓潼江上源右岸，则唐高宗龙朔三年建成的利人渠，今属绵阳市。不过，江油马角坝一带已较今绵阳市区明显向北龙门山地区推进，反映了唐代水利区域的拓展。

在成都平原以东，从今资阳、内江地区到传统巴地，农田水利也有发展。贞观六年（632），又在今资中兴建农田水利设施。《新唐书·地理志》记载："资州资阳郡盘石县，北七十里有白枝池，周六十里。贞观六年，将军薛万彻决东使流。"唐资州盘石县，治今资中县重龙镇。薛万彻，雍州咸阳人，初唐车骑将军。薛氏利用白枝池大湖之水"决东使流"，显然是用于农田灌溉。

另外，文献反映传统上属于典型巴地的奉节县，早在唐代宗大历元年（766）以前，就已经建有"青苗陂"。宋代祝穆所撰《方舆胜览》即谓：奉节"东屯有青苗陂"。《明一统志》亦明确记载："陂在瞿塘东，蓄水溉田，民得其利焉。"清代嘉庆《四川通志·堤堰》更具体指出："奉节县，青苗陂在县东、白帝城东北五百里。"而最早反映该陂塘的记载，则是诗人杜甫大历元年居夔州时的《夔州歌十绝句》诗："东屯稻畦一百顷，北有涧水通青苗。"足见青苗陂初建必早在大历以前。据此可知，奉节青苗陂是早在隋唐时期巴地已经兴建的山谷堰渠之一。

（三）城市水利事业的拓展

隋唐时期，巴蜀水利不仅在农业灌溉等方面有前述业绩，而且在城市水利方面也取得了巨大的新成就，其中尤其以成都城市水利的新发展引人注目。

唐宣宗大中七年至十一年（853～857），大诗人白居易从弟白敏中任成都尹，主持兴建了一项成都城市大型水利工程——开挖金河引水入成都城中。宋席益《淘渠记》载："唐白敏中尹成都，始疏环街大渠。其余小堰，本起无所考。"李冰兴建都江堰以来，郫、检二江双流成都古城以南，是成都传统的水利和水环境格局。白敏中金河引水工程的建成，使"江水贯城中为渠"，同时顺应成都地势呈由西向东走向，其渠道大致为从西关通惠门到东关城阙。金河引水入城的流量颇大，不仅其主干渠可以行舟，而且与诸多大小分支渠流一道，构成一城中网状水系，极大地改善了城市内部水环境，保障了生产生活和景观交通供水、雨天行洪排涝的功能需求。

真正整体改变成都城水利环境，形成后世两江抱城优良形态和格局的，是唐僖宗乾符元年至四年（874～877）高骈筑成都罗城，改江道，筑縻枣堰堤，这是历史上成都城市形态变迁的大事。《新唐书·高骈传》："高骈，字千里，幽州人。僖宗立，徙骈成都尹、剑南西川节度使。蜀之土恶，成都城岁坏，骈易以砖甓，雉堞由是完坚。乾符四年进位检校司空。"经此之后，成都城从夯土城垣改变为砖甓城垣，其坚固和美观程度均大为提升，史称罗城。不仅如此，据宋吴师孟《导水记》记载："蜀守冰凿离堆，穿二江成都之中，皆可行舟。自高燕工骈筑罗城、堰縻枣，分江水为二道环城而东。"高骈筑罗城，把原来由城西北向南，再从城南由西向东流过的郫江，径改为由西北直接流经城北，至城东北再折南绕城东南流，在城东南合江亭汇合检江（南江，又名南河），改道后的郫江则更名府河。两江抱城后，不仅可以极好地起到大型护城堑壕的军事防御功能作用，复因江水四季畅流，对城市的生态、生产和生活具有极好的优化作用。

至于旨在防御水患的縻枣堰，据载也初建于高骈时。宋杨甲《縻枣堰记》云："縻枣堰者，杀湍悍之巨防也。粤考厥初虽肇始于唐高骈，然陋易圮，不足以湮洪源，折逆流。建隆崇基，引注灌溉，绝其氾滥者，宋端明殿学士刘公熙古之力也。自开宝（968~976）迄今逾二百年。淳熙二年（1175）吴郡范（成大）公镇蜀，越明年六月筑亭于糜枣堰下，云汀烟渚，竞秀于前；古木修篁，柏阴森森，亘数十里，幽旷清远，以章刘公之功，亦益州之胜概也。"糜枣堰，大致位于今成都市区西北桥沿府河上游一公里许右岸，应为在三国时诸葛亮所筑九里堤基础上建成，惟后世因诸葛孔明名声巨大，后起之糜枣堰名遂被遮蔽，故该水利设施通常人称九里堤，至今而然。堤上原有诸葛庙，相传建于宋代乾德年间，刘熙古曾题"为王者师"金匾一道，近世尚存庙宇遗址。该堤高、宽各四丈八尺，明清时期，古柏犹存，挺拔苍翠，但不知毁于何时，今已无存。

除开成都以外，巴蜀地区其他一些城市在兴修添建水利设施方面也有不少成就。根据《新唐书》的记载，唐高宗永徽五年（654），罗江县即修筑茫江堰引水入城，"绵州巴西郡罗江（县），北五里有茫江堰，引射水溉田、入城"[①]。罗江县今属德阳市，濒凯江右岸。射水，凯江上源。溉田、入城，则农田灌溉之外，尚包括城市供水，这项综合性水利工程比白敏中开掘金河引水入成都城早了约两百年。在传统巴地涪陵，唐僖宗光启年间（885~888）也在刺史张浚领导下兴建了引水入城工程。嘉庆《四川通志·政绩》："张浚，光启中涪陵刺史。蜀故乏井，浚寻山谷之源，以竹导其流，民赖其利。"以竹为管道引导水流，流量虽然有限，但如果多处置管引水，则仍颇具效益。

古代城镇一般都临水而建，防洪排涝为历代都需要解决的问题。隋唐时期，经济社会繁荣，地方官在城市水利建设方面除了改善供水等外，也很注意预防水患。成都西北的糜枣堰系典型史例，此外在一些中小城镇，类似工程也应不少，惟区位不够重要，史籍每有失载，或见载亦较为零散。如唐文宗大和九年（835），剑南东川节度使冯宿筑梓州城防洪堤。《新唐书·冯宿传》载："冯宿，婺州东阳人，贞元中擢进士第。大和九年出为剑南东川节度使（治梓州，今三台县城）。涪水数坏民舍庐，宿修利坊墉，一方便赖。开成元年（836）十二月卒，卒年七十。"冯宿此举对水患虽然有一定缓解作用，但仍仅具治标之效，开成五年（840），其后任官员又大兴工程之役，在梓州城外开凿涪江的新河道，旨在使得原来逼绕城郭的河道远离城市，以便于夏秋避开水患。唐孙樵《梓潼移江记》记载：

---

① 《新唐书·地理志》。

> 涪缭于鄻，迫城如蟠。淫潦涨秋，狂澜陆高。突堤啮涯，包城荡庐。岁杀州民，以为官忧。荥阳公始至，则思所以洗民患。颇闻前观察使欲凿江东堧地，别为新江，使东北注流五里，复汇而东，即堤墟旧江，使水道与地相远，以薄江怒。遂命武吏发卒三千，迹其前谋。……未几而新江告成……新江长，步一千五百；阔，十分其长之二；深，十分其阔之一。盘堤既隆，旧江遂墟，凡得田五百亩。其年七月，水果大至，虽逾防稽陆，不能病民，其绩宜何如哉！荥阳公既以上闻，有司劾其不先白，诏夺俸钱一月之半……是岁开成五年也。①

新河道的开凿看来较好地解决了一定时期内该城的防洪难题。

五代时期，天下虽然陷于分裂割据局面，但巴蜀地区社会相对稳定，统治者在前后蜀都城成都大兴水利，开凿了大型城市湖泊摩诃池，在前代城市水利的基础上，进一步改善提升了成都城市的水利设施，形成了城市核心区很好的皇家园林的水环境。与此同时，农田水利得以维持，并间有建树。如后蜀时期（943年前后），史载川北地方官在广元修筑嘉陵江护城大堤。《九国志·后蜀李奉虔传》记："李奉虔，太原人，随孟知祥入蜀，因功授武军节度（治利州，今广元市）。夏秋多雨，嘉陵江溢入城。奉虔置堰开埭濑二十余处，泄其蓄水，筑堤以护之，城池克完，人被其利。"此举同样在一定时期内保护了城市安全。清嘉庆《四川通志》亦载："彭山县通济堰，一名远济堰，在县西北四十里，五代时眉州刺史张琳复自新津修觉山浚故址，至眉州西南合于松江（眉山县南岷江右岸小支流）。"

二、两宋时期水利的继续发展

（一）巴地城市的水患防治

宋代是巴蜀历史上又一经济、文化繁荣时期，农田水利事业也得到了继续发展，即使在发展相对后进的巴地，也取得了显著成绩。

四川盆地东部的合州位于嘉陵江、涪江、渠江汇合之地，历来具有十分重要的地位，但也长期以来屡罹三江水患。宋英宗治平四年（1067），合州知州单煦为防治水患，在合州（今重庆市合川区）城东大兴工程，修筑防洪堤。

---

① 《全唐文》卷七九四。

《宋史·单煦传》载："单煦，字孟阳，平阳人，知合州。合居涪汉（嘉陵江）间，夏秋患于谣潦，煦筑东堤以御之。"民国张森楷《合川县志》亦引清《司空堤记》云："嘉陵江自陕西千七百里至州境，又会渠江及巴江之水，逼治城而东，每夏秋水涨，洪波汹涌。宋治平四年州守光禄卿单煦奏于朝，筑石堤七十余丈，斜遏江流，水患始息，人名之曰单公堤。绍兴十四年（1144）、嘉定五年（1212）相继修缮。"在上述水利工程后，至明成化（1465～1487）中知州唐晌又增修之，说明宋代单煦等地方官领导的上述兴建修缮取得了一定效果。

巴地的另一传统重镇阆中位于嘉陵江流域一山间小型盆地中，嘉陵江环城而过，洪水季节经常遭受水患。宋仁宗时期（1023～1063），阆州通判李孝基率众兴修阆中城防洪工程。《宋史·李孝基传》："李孝基，字博始，濮阳李迪孙，仁宗时人，通判阆州。阆州江水啮城几没，君吏多引避。李孝基率其下，决水归旁谷，城赖以全。"北宋阆州郡治，在今阆中市保宁镇东。李孝基此举凿渠将嘉陵江水引向旁边山谷，阆州治城得以安全。

由于地方政府重视对水患的治理，在一些重要城镇采取了一些比较有效的水利措施。如在巴地中心的渝州（今重庆市），在今朝天门一带，据传有著名的雍熙（宋太宗年号，984～987）碑，反映汉晋以来涝旱灾情。乾隆《巴县志》收载的《碑目考》记载：重庆朝天门枯水石刻在"重庆汉江水底，石盘上碑形天成，见则年丰，一名雍熙碑，一名灵石，汉晋以来皆有石刻，非江水涸极，不可得见，见则年丰"。道光《重庆府志》亦载龙为霖《雍熙碑记跋》云："乾隆五年（1740）二月中浣，水涸极，下碑石尺余。"龙为霖命仆汲江水磨洗，见宋代碑文记，"绍兴戊辰（1148）二月戊戌，四川安抚制置使晁武率部同观"。据载当时并见晋唐石刻，唯唐张孟所称光武时题识，不可复见。

（二）蜀地都江堰灌区的继续扩展

都江堰工程在宋代比较完善的岁修制度下，功能继续维持，效益有所提升。

史籍反映宋仁宗天圣（1023～1032）后期，益州知州韩亿疏浚九升江口，扩展都江堰郫县以下灌区。《宋史·韩亿传》："故事，益州岁出官粟六万石，振粜贫民。是岁大旱，亿倍数出粟，先期予民，民坐是不饥。又疏九升江口，下溉民田数千顷。"韩亿，字宗魏，真定灵寿（今河北省西）人，约于宋仁宗天圣后期以右谏议大夫、枢密直学士知益州，景祐二年（1035）任尚书工部侍郎、同知枢密院事。《蜀中名胜记·温江县》引任恺《梁堰志》云："九升口堰，其源出于皂江，至郫县栅头，别流为温江口。而九升口者，实两江之汇也。"宋九升口位置当在今温江、郫都两地交界附近，两江则为经宝瓶口南流来的郫江和经青城东流来的皂江。宋代在九升口建堰，取金马河之水，应是对都江堰水利工程体系的拓展，所采用的技术亦应源自都江堰大型水利工程传统的无坝引水模式。在金马河上建无坝引水之堰，需要疏浚河道以利于引流通航和灌溉，这不仅是都江堰水利工程体系的拓展，而且促进了农业的发展，为历史上"金温江"的形成作出了贡献。

南宋时期，由于一些地方官员的重视，巴蜀地区水利在维持发展的过程中也有所建树。如出身于赵宋王朝宗室的成都路转运判官赵不忌就曾针对弊端，整顿吏治，改革都江堰岁修制度。据《宋史》记载："不忌，字仁仲，嗣濮王宗晖曾孙也。父士㒟，从上皇北迁，遥拜集庆军节度使。不忌初补保义郎，绍兴二十七年登第"，其后曾"除知开州"，并"转夔州转运判官"，又"改成都路转运判官"，在巴蜀历任地方官，颇具政绩民望，乾道初（1165），"永康军岁治都江堰，笼石蛇绝江遏水，以灌数郡田。吏盗金，减役夫，堰不固而圮，田失水，故岁屡饥。不忌躬视，操板筑，绳吏以法。乃出令：民业耕者田主贷之，事未作者富民振之，老幼疾患者官为粥视。全活数百万"[①]。赵不忌此令及其身体力行，一时收效显著。

其后淳熙四年（1177），范成大《吴船录》记其过都江堰云："石湖居士以淳熙丁酉岁五月二十九日戊辰离成都，自侍郎堤西行秦岷山道中，流渠汤汤，声震四野，新秧勃然郁茂，前两旬大旱，种几不入土，临行连得雨，道见田翁欣然曰，今年又熟矣。五十里至郫县，未至二十里有犀浦镇，故犀浦县，今废属郫，然犹壮镇。杜子美诗：'南京犀浦道，四月熟黄梅，湛湛长江去，冥冥细雨来。'庚午，二十里早顿安得镇，四十里至永康军，一路江水分流入诸渠，皆雷轰雪卷，美田弥望，所谓岷山之下沃野者，正在此。辛未，出玉垒关，登山谒崇德庙。既谒谢于庙，徜徉三楼而返。将至青城，再渡绳桥，每桥长百二十丈，分为五架。"该书并记其时都江堰首有两道各长百二十丈的索桥。今跨内外江索桥合计5架，总长350米，正合百二十丈，已仅为其中一道。惟今索桥西尚有一宽350米左右的古河道，正对今韩家坝右侧山麓古岷江河槽，

---

① 《宋史》卷二四七。

其时必有一桥,可知范说不误。

《吴船录》记范成大"淳熙丁酉岁五月二十九日戊辰(1177年6月27日)离成都,自侍郎堤西行秦岷山道中",不仅一路观赏到今郫县、都江堰市一带"流渠汤汤,声震四野,新秧勃然郁茂",水旱从人的天府盛况,而且进而反映了成都平原以南新津、眉山等浅丘陵地区的水环境、水利情形,"眉州城外江,即玻璃江也,冬时水色如此,方夏潦、怒涛涨皆黄流耳。江上小山名蟆颐,川原平远,似江浙间。城中荷花特盛,处处有池塘"。作为都江堰水利体系延伸部分,中古以降著名的蟆颐堰,正起于蟆颐山。而《宋史·李璆传》则载新津"三江有堰,可以下灌眉田百万顷,久废弗修,田莱以荒。璆率都刺史合力修复,竟受其利。眉人感之,绘像祠于堰所"。李璆修复的,正是长期造福一方的通济堰。

同样作为都江堰延伸工程的彭州一带水利,也得到维持修复。《宋史·食货志》载:"乾道四年(1168),以彭州守臣梁介修复三县一十余堰,灌溉之利,及与邻邦。"另据《宋史·地理志》,彭州辖九陇,崇宁及孟阳三县,当今彭州市南及郫都东北唐昌一带。梁介修复的,正是彭州一带小堰。

(三)巴蜀其余地区的水利事业

两宋时期,都江堰灌区以外,巴蜀其余许多地区的水利也都有发展或改善。其时地方官员多重视农田水利,以济民生和维护一方平安。如旧志即载:"宋张及知临邛时,太守欲引水泛舟,遣吏于县决堰。时农事方兴,及曰:'涸民田以事嬉游,可乎?令可去,水不可决',太守敛客谢之。"[①]临邛县令张及为保农民生产灌溉而断然拒绝太守决堰泛舟之令,其见识和勇气均令人称许。

又如治平二年(1065),有鉴于河水长期内蚀中江县城,时任中江县令筑防洪堤,以提升改善城市防患减灾的能力。宋代著名文人画大家文同(1018~1079,梓州永嘉亦即今盐亭县人)的《新堰记》记载:"(中江)县为江所环,因名之。其源盖出于绵之龙安(今安县),至神泉(今安县南)始与诸谷溃水为一,乃浩漾为洪波于县之西郊,南注、折而东,岁岁内蚀,邑人惴恐,弗安厥居。治平二年春,河内廖君子孟为之令,料才课供,补桓(垣)垫漏。堤凡大小五,其长共百三十七丈,高一丈,广倍其高,用人三万,计日

---

① 嘉庆《四川通志·职官》引《旧通志》。

四十五，堤既成，无有一人议之曰不可者。噫，如君者，贤令也。"与之大致同时，史载宋治平中，什邡县主簿王默重修什邡洛口堰，引石亭江水灌溉绵竹、什邡、广汉等县。清光绪《射洪县志》："王默，楚道人，字复之，登治平进士第，授什邡主簿，调夫筑洛口堰，其功千万，邻邑忧不办。默酌民言而赋功省，不阅月而成，迁知其始，其旁短户，积岁不能入赋，因民愿，决其源二十里。"其后又重修射洪千顷渠，宋乐史《太平寰宇记》："万顷泽在通全县东北二十里，泽内田方万顷。"按此应即射洪千顷渠，约当今金华镇上游涪江右岸引水灌溉的前锋渠。

南宋以后，成都平原以外的巴蜀地区水利仍时有建树。如庆元五年、六年（1199～1200），地处川北的三台县城为防水患，补筑防洪堤。时人记载云："梓襟带二江，岁病泛溢。……先是府牧继植长堤，横遏江要，毋用西顾。己未（1199）仲秋，一夕暴溢，高出堤背十有八尺，平晲城阓，州民惴恐。江落堤溃，中流之键，益仅有存者。间邱公泳议，新厥图营度甫华，以命入觐，谋用中格。今提刑王公摄府事，躬相其宜，乃度水所向退，依江埧伐石为堤，三分其役。……堤成，北自刘公堤之缺，南至考功堤之趾，其长上下总三千六百尺有奇。自是岁十月辛酉，至明年三月癸亥，其程得百四十日有奇。役以功计，凡三万八千四百。银以缗计，十分工役之数而一之。粮以石计，五分缗钱之数而二之。堤崇十有六尺，级而两之，以防圮缺。沿濠起土为堤崇八尺，广称之，以备泛滥。江获安行。庆元庚申（1200）六月初八日记。"①梓，梓州，治今三台县城关镇，东迫涪江，南邻凯江。这是一次调用了大量人力物力，颇具规模的城市水利工程，并取得了"江获安行"的良好效果。

嘉泰三年（1203），南宋名臣安丙也曾在剑阁县凿石以改山溪水道，使县城脱离水患，防洪效果良好。"安丙，字子文，广安人，淳熙间进士。通判隆庆府（剑阁县），嘉泰三年，郡大水，丙白守张鼎发常平粟振之。寻又凿石徙溪，自是无水患。"②又如清嘉庆《四川通志·职官》引《旧通志》谓："宋谢伯林知江油，尝兴水利，开赤甲等堰，书养生潭三字石刻尚存。"此亦为当时地方官主持兴修水利，造福一方之事例。

---

① （宋）韩巳百：《王公堤记》，转引自光绪新修《潼川府志·堤堰》。
② 《宋史·安丙传》。

第四节 元明清时期

一、元代——长期战乱破坏后巴蜀地区水利的复苏

（一）鱼嘴"硬堰"的初步尝试

宋元之际，由于蒙（元）政权和南宋王朝之间在巴蜀地区长达几乎半个世纪的拉锯战争，加上蒙古贵族长期以来的掠夺，史载巴蜀"昔之通都大邑，今为瓦砾之场；昔之沃壤奥区，今为膏血之野。青烟弥路，白骨成丘，哀恸贯心，疮痍满目"①。"蜀人受祸惨甚，死伤殆尽，千百不存一二，谋出峡以逃生。"②巴蜀地区人口大量死亡、逃徙，社会经济遭受巨大破坏。昔日以都江堰为代表的发达的水利体系，也长期失修而瘫痪、废弃。

不过，元朝建立以后，为了重建社会经济，安定天下，在各地实行屯田，着手恢复和兴修农田水利，"内立都水监，外设各处河渠司"。即使在进攻宋朝的前线战区巴蜀，元世祖至元元年（1264），赛典赤·赡思丁领秦蜀行省平章政事时，也开始招流民，立屯田，"以资军饷"，应攻蜀灭宋之需。无论民屯或军屯，虽属局部性质，数量不大，但必有相应的水利措施。与此同时，又重新将荒废多年的都江堰纳入政府管理之下，恢复岁修。

元世祖至元十二年（1275），秦蜀道按察副使李秉彝鉴于都江堰年年岁修费工费时，竹笼卵石等传统工程技术所建堤堰却缺乏长久的坚固性，容易被洪水冲毁，"宜筑之坚"，因而将鱼嘴改建为砌石结构的"硬堰"，欲以此收"省费而利兴"③、一劳永逸之效。自古以来，都江堰工程都是用竹笼卵石等活体工程加岁修的传统模式保持运转，李秉彝是历史上改革都江堰渠首枢纽传统工程结构的第一人，但其一改以柔克刚传统的"硬堰"不久就被洪水冲坏，人们仍然不得不回到传统工程模式。不过，由于年年岁修，民众负担沉重，兴建"硬堰"一直是其后人们难以消泯的心愿。

元顺帝至元元年（1335），金四川廉访司事吉当普在此种"筑之坚"的思

---

① （宋）吴昌裔：《论救蜀四事疏》，载《宋代蜀文辑存》卷八七。转引自蒙默等：《四川古代史稿》，四川人民出版社1989年版，第294页。
② （元）虞集：《道园学古录》卷二〇《史氏程夫人墓志铭》。转引自蒙默等：《四川古代史稿》，四川人民出版社1989年版，第294页。
③ 《新元史》卷一七四《李秉彝传》。

路下再次大修都江堰，用大块石料砌筑鱼嘴，砌缝用桐油石灰拌和麻丝胶结，并在石料块之间凿孔灌铁液铸锚连接，构成整体式的鱼嘴结构，以求永固。不仅如此，又在水流冲激的鱼嘴前端树立几根铁柱以抗江水冲刷，并在鱼嘴上放置重一千六百斤的大铁龟，加固鱼嘴，以镇江流，号称"铁龟鱼嘴"。与此同时，对都江堰渠系，也砌石植柳，大加整修。吉当普以金石复合结构修筑"硬堰"，可谓达到了传统农耕文明时代工程技术手段的极致，在历史上颇具影响。工程结束后，"所溉六州十二县之民，咸歌舞焉"，一时效果良好，吉当普也因此立功受奖，得到元顺帝表彰，以晋升监察御史之职被召回朝。

尽管"铁龟鱼嘴"四十年后仍被洪水冲毁，但元朝重视水利，并进而改造维修都江堰整个灌区水利体系，对当时农业水利显然产生了积极的作用；而史籍因此对都江堰工程的河系分布比之前代，也有了较为完备的记载，无疑也有积极的意义。元中期以后，由于都江堰水利体系的恢复改善，成都平原灌区农业生产和赋税处于巴蜀首位，经济文化繁荣。著名的《马可·波罗行纪》记述当时成都云："有一大川经此大城，川中多鱼，川流甚深，广半哩，长延至于海洋，其距离有八十日或百日程，其名曰：江水。水上船舶甚重，未闻未见者，必不信其有之也。商人运载商货往来上下游，世界之人无有能想象其盛者也。此川之宽，不类河流，竟似一海。城内川上有一大桥，用石建筑，宽八步，长半哩，桥上两旁列有大理石柱，上承桥顶，盖自此端达彼端。有一木制桥顶，甚坚；绘画颜色鲜明，桥上有屋不少，商贾工匠列肆执艺于其中。但此类房屋皆以木构，朝构夕折；尚有大汗征税之所，每日税收不下于精金千量。"①显然，作为都江堰水系主渠道，锦江当时不仅对成都城乡发挥了良好的生产生活供水作用，而且发挥了沟通巴蜀与长江中下游广大地区货物、人员和信息流动的非常高效的黄金水道作用。《元史·河渠志》记吉当普治理都江及各堰之后，"虽缘渠所置碓硙纺织之处以千万计，四时流传而无穷"②，这些水力机械用于纺织等功效的记载，亦生动地反映了成都平原上水利事业的繁荣。

（二）巴蜀地区水利事业的逐渐复苏

由于宋元之际长时期极为严重的战乱破坏，元朝巴蜀地区人口数量和农

---

① 《马可·波罗行纪》，商务印书馆1935年版。
② 《元史》卷六六《河渠志》。

业生产始终未达到宋代水平。但随着天下的统一和稳定，在四川盆地的其他地区，农田水利也随着社会秩序的重建得到一定程度的恢复和重振。如在成都平原以南，作为都江堰水利体系的扩展，通济堰自东汉创建，由来已久。清嘉庆《四川通志》有云："彭山县通济堰，一名远济堰，在县西北四十里。五代时眉州刺史张琳复自新津修觉山浚故址，至眉州西南合于松江（眉山南岷江右岸小支流）。元天历初，知彭山县雍熙重修。"天历初年彭山县知县雍熙这次大修通济堰，提高其效能，以御旱灾，"民赖其利"，经此修浚，灌溉面积达彭山、眉山等县300多里田土。①在巴蜀地区，元政府自元世祖至元十一年（1274）开始屯田，包括军屯和民屯，以恢复、发展农业生产，前后共有军民屯田455504亩。关于民屯，研究者据《元史·地理志》和《元文类》卷四一《经世大典序录·屯田》记载，计有广元路、叙州宣抚司、绍庆路、嘉定路、顺庆路、潼川府、夔州总管府、重庆路、成都路所辖地区设置民屯，共有屯田户数33728户，田数231632亩。其中成都路民屯9071户，是编民户数的三分之一至四分之一，重庆路为五分之一至六分之一，夔州路近四分之一，而顺庆路屯民户则近编民户二倍，如此民屯规模、数量，在巴蜀历史上从未有过。②因此，仅就元代巴蜀屯田情况即可知，伴随着农田的开垦，水利也渐次恢复。与此相应，元朝开国伊始，即行恢复农桑水利之策，"内立都水监，外设各处河渠司"③。巴蜀地区与通济堰类似的大大小小的农田水利设施，正是在这样的背景下一步步发展起来。

二、明代——巴蜀水利事业的持续发展

（一）都江堰渠首工程的进步

水利是农业文明的命脉，明代自建朝之初，农民出身的明太祖朱元璋即高度重视水利建设，诏令有司曰："民以水利条上者，即陈奏。"朝廷并以"国子监生及人才分诸天下郡县，督吏民修治水利"，"凡陂塘湖堰可潴蓄以备旱，宣泄以防霖涝者，皆因其地势修治之"。④元明之际的改朝换代，巴蜀

---

① （明）熊相：正德《四川志》卷二〇；（清）张晋生：雍正《四川通志》卷一三。
② 以上数据引自陈世松主编：《四川通史》卷五《元明》，四川人民出版社2010年版，第304页。
③ 《元史》卷六六《河渠志》。
④ 《明史》卷八八《河渠志》。

地区遭受的破坏相对较小，农业和水利恢复、发展的起步亦比较早。洪武四年（1371），明廷将四川纳入王朝版图后，地方政府即开展农田水利建设，大量征集人工物力，修葺都江堰水利工程。当时，都江堰地属彭州管辖，洪武九年，彭州知州胡延平主持大修都江堰。由于元代吉当普所建"铁龟鱼嘴"已被洪水冲毁，元明之际的战乱中遭到废弃瘫痪的都江堰水利工程体系亦亟待彻底修复，因而此次重修时规定每年岁修，由得水之地共出工程所需之人力物料。都江堰管理体制也进一步完善，形成由专官管理、地方行政主官协理、朝廷御史督察的落实而得力的水利管理新体系，使有明一代都江堰水利工程得到重大发展。①

但是，都江堰工程究竟采用元代"宜筑之坚"的思路，还是坚持竹笼杩槎为基本技术手段的渠首工程传统结构，明代经历了曲折发展的历程。

早在洪武三年，彭州知州胡延平至都江堰，"兵兴堰坏，诸郡田悉荒芜；前之继修堰者，必伐石锢铁，费动以万计。至是堰坏，众难之，无敢复言修堰。延平至，曰：土木可以固，岂必铁石哉？！"在征得朝廷和省府同意后，胡延平采用"伐竹为笼，实以沙土（当作江石），又伐木贯笼"的传统方法修复了都江堰，且费用大省，一时间"复溉成都诸郡田，民大利之"②。但岁修工程的艰巨，使争议并未因而止息。建文二年（1400），灌县知县胡光大仍以吉当普以来"伐石锢铁"的方法为主，但又结合竹笼卵石传统技法，形成重建鱼嘴的新方案：在冲毁的旧址用石料浆砌，铁锭锚接，再用长1.2丈的铁柱三根插入砌体，构件之间用油灰黏结加固，建成的新鱼嘴长15丈、高1.3丈、前端宽5尺、后端宽1.2丈，非常坚固。然而，这一铁石结构的鱼嘴分流坝体，还是无法一劳永逸，仍然在几十年后被洪水无情地摧毁。

鉴于上述教训，主张传统筑堰方法的一派重新抬头，并以相传为李冰所创的"深淘滩、低作堰"六字诀为"万世治水者法"，批评铁石结构的"硬堰"模式违背了先贤定下的传统成法和天时地利，加重了百姓负担。正德八年（1513），传统派代表人物卢翊任四川按察使佥事，主管水利，他认为竹笼卵石结构就地取材，成本低廉，虽然易坏，但亦易修，古今称便；六字诀作为

---

① 陈世松主编：《四川通史》卷五《元明》，四川人民出版社2010年版，第313页。
② （明）杨士奇：《东里文集》卷二二《胡延平传》，转引自冯广宏主编《都江堰文献集成·历史文献卷（先秦至清代）》，巴蜀书社2007年版，第263~264页。

万世师法从李冰到唐宋历代相承，"世享其利。元始肆力于堰，无复深淘之意……所谓铁龟铁柱，靡费千万缗者，曾未几何，辄震荡湮没，茫无可赖。方诸笼石廉省，古今便焉者，孰得比来民受其困，宜坐"①。由此都江堰工程全盘回归传统结构模式，并规定，其工役按每亩产三石粮，派岁修人夫一名；组织劳力三千人，分为八班，每人八年才服役一次。此法较为妥善地解决了役力问题，保证了都江堰的岁修，也就保证了灌区的农业连年丰收，蜀王为此每年资助数万根青竹的竹笼卵石构件。嘉靖十年（1531），成都水利佥事张彦果为每年岁修制定《修堰新规》，详细规定了鱼嘴、堰身内外岸、利民台、堰脊减水沟、杩槎等工程构筑体和构件的尺寸、用料、工价等事项，使整个岁修工作有案可稽，提高了工程运作的规范性和科学性。

易修亦易坏的传统杩槎竹笼卵石工程是以岁修为保障的，虽然天道酬勤，但毕竟每年要耗费大量的人力，久之遂愈感其烦。嘉靖二十九年，四川按察使佥事施千祥再次在鱼嘴进行铁石构筑工程。史载其"乃淘江及底，密植柏桩三百余株，实筑以土，与桩平齐，铺柏木于桩。乃漫石板，石皆长几丈，厚几二尺，后熔铁为锭，以钤联之。乃铸铁板为底，作牛模其上……分据大炉十一座，鼓鞲于牛模旁。施筑土台之上，化铁而泻于槽，以铸于模内。更用大锅五十余口，陆续熔铁添浇，以满乎模，凡用铁六万七千斤而二牛成，屹然堰口中流，以当二江汹涌之势。复立铁桩三株于牛之下流，以固鱼嘴之石"。这两头铁牛"各长丈余，首合尾分，如人字状，以其锐迎水之冲，高与堰嘴等"；牛身上所铸铭文云："问堰口，准牛首；问堰底，寻牛趾；堰堤广狭顺牛尾，水没角端诸堰丰，须称高低修减水。"②可见铁牛既有抵御激流以护卫鱼嘴之作用，复有测量水位的水则功能。万历三年（1575），洪水冲毁堰堤，巡按御史郭庄、水利佥事杜诗"令寻牛趾而浚之。自堰之下，如仙女、三泊洞、宝瓶口、五陡口、虎斗诸崖间植三十铁柱，每柱长丈余，共用铁三万余斤。又树柱以石，护岸以堤。水遇则力分，而安流则堰固"③。明代的铁石结构虽然不能根本解决鱼嘴的久安永固，但技术水准的进步仍然取得了一定效益。如万历三年治理都江堰时在飞沙堰对岸凤栖窝江底所埋铸有"永镇普济"四个大字的卧

---

① （明）卢翊：《灌县治水记》，万历《四川总志》卷二七。
② （明）陈鎏：《铁牛记》。
③ （明）陈文烛：《都江堰记》。

铁一根,作为其后每年岁修淘挖河床砂石深度的标尺,不仅科学准确,而且沿用至今。

（二）巴蜀灌溉堰渠的广泛兴修

明朝不仅在都江堰渠首工程取得了超越前人的业绩,而且在都江堰灌区整个水利体系的管理、维修和发展上也有明显进步。都江堰灌区包括成都、华阳、郫县、灌县、温江、崇宁、双流、崇庆、彭县、新都、新津等十余州县,灌区的堰渠数从正德年间的460个增长到天启年间的520个①,充分反映了都江堰灌区水利持续发展的良好趋势。眉州、彭山地处成都平原之南,属于岷江中游水系,其主要水利灌溉设施有通济堰等,既有其区域的独立性,也在一定程度上可看成都江堰水利系统的扩展延伸。这一带历来水利基础较好,明代又有新的维修发展。明《一统志》载,明成祖永乐（1403）初,徽州人胡彦祥知眉州,"重农务,修蟆颐堰,以广水利,间遇旱涝,民无忧色,皆感慕之不忘"。

在都江堰灌区之外的巴蜀其他地区,水利也陆续得到广泛的兴修发展。如在眉山以南的岷江中下游地区,就有许多堰塘发挥着重要的水利功能,如青神县鸿化堰,夹江县龙兴堰,峨眉县熊公堰、千金堤,乐山县圣水堰、永丰堰和牛特堰等,或新建而成,或旧堰重修,持续产生效益。其中永丰堰和牛特堰灌溉面积分别为6000亩和2000余亩,龙兴堰则万余亩,而千金堤初由万历年间的峨眉县知县王鸣凤主持兴建,经继任知县完成其工程后,可溉田数万顷。②由于朝廷的一贯重视,各地水利的兴修多在地方官员和民间百姓的共同努力下完成,地方官员往往发挥着主导作用。如宣德年间任长宁县令的朱思通,"每岁二月,亲赴诸溪,率民修堤堰以灌溉"③。史载中江县"素无陂塘堤堰",正统年间胡叔宝出任县令,率民凿筑,并在县邑内主要河流凯江上游设筒车堰48处,使该县"灌溉、堤防咸有其备"④。在历来河小缺水的丘区井研县,嘉靖年间的知县杜如贵大力倡导在丘陵修建陂塘,在溪流上则以临时性草土堰拦蓄溪水,颇具成效。据统计,嘉靖年间,全县有塘450座,堰11道。⑤而远在川西

---

① 陈世松主编:《四川通史》卷五《元明》,四川人民出版社2010年版,第316页。
② 嘉靖《四川通志》卷一一〇《政绩》。
③ 嘉庆《长宁县志》卷一七。
④ 周洪谟:《中江重建县厅记》,《全蜀艺文志》卷三四。
⑤ 陈世松主编:《四川通史》卷五《元明》,四川人民出版社2010年版,第318页。

南的汉源县，洪武时即于青木林引泉为堰，其后指挥郝宝兴复倡修三股堰，引河水溉田8顷。

明代广泛兴修的水利设施，为巴蜀地区的经济社会发展尤其农业生产，起到了良好的支撑作用。

三、清代——古代巴蜀水利事业的再次繁荣

（一）都江堰：从瘫痪、废弃到超越前世

明清之际是历史上巴蜀地区又一次遭受严重战乱摧残的时期。明朝末年，张献忠领导的农民起义军攻入巴蜀，并于崇祯十七年（1644）在成都建立大西政权，年号"大顺"，由此巴蜀地区连续成为农民起义军、清军、南明政权和吴三桂为首的三藩势力来回激烈角逐的战场，动荡长达37年，直到康熙二十年（1681）才基本平息。但巴蜀尤其是昔日发达的成都等地区在此空前惨烈的战祸后几成一片废墟，到处田园荒芜，城郭无烟，人口大量死亡或外逃，以致顺治十八年（1661），全川在册人丁仅有16096人，即使按一丁之家五口推算，全川人口亦仅存8万余人（另一说为50万人）。在此经济残破的区域社会背景下，巴蜀地区的水利设施基本上全面瘫痪。即使原本在明朝按岁修等制度法令有序运转的都江堰也长达二十多年失去管理，废弃失修，砂石淤塞，堤堰尽毁。都江堰渠首的内江渠道甚至湮没于草丛乱石之中，以致康熙二十年启动都江堰渠首的修复工程时，人们竟然不知内江渠道何在，不得不"往求离堆古迹而疏浚之，比至，果于榛莽中得离堆旧渠，盖节年堰水惟从宝瓶口旁出，非离堆故道也"[①]。可见堤堰坍塌、河道淤塞使得宝瓶口后的内江已经多年无水可进，内江完全失去功能。

为了迅速恢复巴蜀地区的社会秩序和经济民生，清政府采取了移民实川、召还流民、轻徭薄赋等大政方针。与之相应，恢复农田水利的初步政策措施，在战争尚未结束时，就已经逐步开始实施。顺治十六年（1659），四川巡抚高民瞻向商人募捐，对都江堰灌区启动了小范围的河道疏浚，由此正式开始了都江堰水利工程体系的曲折历程。两年后，巡抚佟凤彩首次恢复了都江堰的岁修，认为"欲为永久记，必行令用水州县照粮派夫，每年淘浚"[②]。随后康熙

[①] （清）杭爱：《复浚离堆碑记》，嘉庆《四川通志》卷一三。
[②] （清）佟凤彩：《题修都江大堰疏》，嘉庆《四川通志》卷二三。

初年遂恢复了渠首段的岁修,每年由用水州县典史、堰长督工到夫,并由灌区各县的知县率领民工赴都江堰岁修。但因战乱尚未平息,能征集的人力、财力均很有限,只能对都江堰渠首河段和其他重要河段进行小规模的修治疏浚,以供就近农田的引水灌溉。

康熙四年(1665),省治从保宁(今阆中市)迁回成都,并大规模进行城市恢复建设,因需要运输大量建材,遂首先恢复了成都平原水道系统的航运功能。接着康熙六年重新恢复了官府对都江堰渠首和干渠的管理权,并正式将岁修经费列入省库拨款。康熙二十年,四川巡抚杭爱主持大规模疏浚离堆宝瓶口,恢复了内江灌区的供水,千百年来形成的内江水利体系逐渐重具功能。康熙四十五年(1706),四川巡抚能泰再次倡捐修治都江堰,渠首人字堤、内江干渠的分水堰渐次得到系统修治。新筑人字堤长约122米,内江三泊洞及走马河口堤堰长约266米。此后都江堰渠首和内江渠系得到较全面的整治修复,雍正九年(1731),巡抚宪德疏浚流经成都的摸底河、府河、金河、御河,内江渠系,不仅城市供水排水功能大大改善,而且航运功能也得以恢复;与此同时,都江堰灌区的灌县、郫县、崇宁、温江、成都、华阳、双流、新繁、新都等县灌溉亩积已达76.05万亩,超越了历史最高水平。乾隆二十九年(1764),四川总督阿尔泰总结历代治堰经验,采取深淘堰底、另开支河、上游蓄水等三项治水办法,取得了进一步的成效,都江堰大型水利工程体系已经再次全面呈现历史盛况。

(二)巴蜀其余地区水利的发展

在都江堰灌区以外的巴蜀其余广大地区,随着清代社会秩序的恢复,民生、经济的稳定和发展,水利建设也取得了一定的成就。如一些州县官员积极组织民众维修城墙、河堤,防止水患。如合川地处三江之汇:"嘉陵江自陕西千七百里至州境,又会渠江及巴江之水,逼治城而东,每夏秋水涨,洪波汹涌。宋治平四年州守光禄卿单煦奏于朝,筑石堤七十余丈,斜遏江流,水患始息,人名之曰单公堤。绍兴十四年(1144)、嘉定五年(1212)相继修缮。明成化(1465~1487)中知州唐昫又增修之。继任广东南海萧埙以州西南濒涪江,数若水患,乃于上流筑长堤以杀水势。至清嘉庆戊寅(1818)堤坍塌已甚。嘉庆己卯(1819)夏,江水迭涨。堤尽没,居民惴惴,又集资重修。"[①]

---

① 张森楷:民国新修《合川县志》。

清代水利更显著的成就表现在大修堰渠陂塘，为农业发展提供有力的灌溉支撑方面，如彭山、眉州的通济堰，汉州的柳梢堰，金堂的赵家堰，绵竹的大烧堰，均为造福一方的名堰。著名水利工程通济堰，取水于新津岷江，主要灌溉彭山、眉州一带的农田，经过乾隆十九年（1754）的维修扩建，单是彭山境内就增加了28条新的支渠，新溉田25935亩，且"流灌已抵眉州，颇见成效"①。明代修建的蟆颐堰，位于县城正对岷江西岸，无坝引水，以御旱涝。"蟆颐堰明季淤塞，州判韩宾为修复。堰形类葫芦，颈细腹宽，自大定桥下始分中、东、西三大沟。堰务之重，首在堰口，道光二年（1822）江口变迁，堰首上移水神祠。道光二十四年（1844），江甚堰高，复上移牛路口，顺山凿石。光绪初（1875）又上移于雷家嘴。"②在眉山以南的夹江县，康熙四年（1665），知县刘际亨兴修五圣堰，极大地方便了四乡溉田。③青神县城北岷江西岸的鸿化堰在清代也经过维修继续运转，乾隆十九年又兴修古曾兴堰，皆无坝取水，合计灌溉面积达3万余亩。

在巴蜀幅员广阔的丘陵、山地，水利也有进一步发展。石泉县（今北川县）地处龙门山区，乾隆年间的知县姜炳璋鉴于"民业山，惟种荞麦充粮，因教以注水作堰法，民遵行之，比成，开田数千亩，民因号姜公堰"④。值得注意的是，由于清代移民引入玉米（或称苞谷、玉麦、御米等）、红薯（或称红苕、甘薯、薯蓣等）和马铃薯等原产于美洲的高产优良的粮食作物，粮食产量的增长导致了这些地区的经济开发、人口繁殖，进入了一个新阶段。如川东垫江一带，"闽、粤、楚民入山开挖，遍种包谷"⑤。而在川北地区，乾隆《潼川府志》亦载："薯蓣……瘠土沙土皆可种，皮紫肌白，生熟皆可食，蒸食尤甘甜。潼民之由闽粤来者多嗜之，曰红薯。"尽管这些耐旱的高产新作物很快在山区丘陵广泛种植，但巴蜀悠久的稻作传统，仍使得农民坚持在山区丘陵较为低平而有水源的土地上造田种稻，因此，堰塘陂池一类水利设施也就在这些地区发展起来。

---

① 徐莶、张凤翥：《通济堰竣工会禀》，《历代水利名著汇释》，四川科学技术出版社1989年版，第348~349页。
② 民国《眉山县志》。
③ 嘉庆《夹江县志》卷四。
④ 嘉庆《四川通志》卷一〇六。
⑤ 道光《垫江县志》卷二一《风俗》。

第四章 古老而科学的生态水利工程

至迟在新石器时代和传说中的炎黄五帝时代以来，巴蜀地区先民以自己的坚韧、勤劳和智慧，创造了人类水利史上举世公认的伟大奇迹和光辉灿烂的水文化，并在物质技术、组织制度和精神文化等层面，留下了丰富多样的文化遗产，具有极其重要的科学价值、历史价值和文化艺术价值，需要我们认真梳理、总结和弘扬，为我国和世界的可持续发展提供有益的借鉴。由于巴蜀地区古代的水政和水利制度已经在前文作了比较集中的探讨，本章拟对古代巴蜀水利和水文化的物质技术和精神意识层面分布进行讨论、梳理。

第一节　形式多样的古代巴蜀水利工程

一、防洪工程

巴蜀地区的水利设施具有形式多样、因地制宜的特点。

依水谋生、以水兴利的活动自人类诞生起即开始发生，但早期先民共同体较为自觉的集体水利活动则往往起于有组织的、积极主动的避洪弭患，亦即早期的大型水利设施之兴多始于防洪工程，巴蜀地区的先民也不例外。

巴蜀早期典型的防洪工程，就是考古发掘出的新石器时代成都平原上距今4000年左右的宝墩文化古城垣群。这些古城高大的夯土城垣，本身就是封闭的防洪堤围，取土筑城垣挖掘成的沟堑，既是早期的堑壕或曰护城河，又是行洪排涝的人工渠道。其中有的古城，如新津宝墩古城、都江堰芒城古城和崇州的双河古城、紫竹古城，还拥有双重的城垣和护城河。这样，城垣和堑壕就共同构成了坚实有力的复合防洪行涝体系。上述考古发现，和传世文献中大禹兴于川西地区，鲧禹父子筑城垣、堵塞和疏导洪水的古史传说，颇能相互印证。

在一些较小的聚落，虽然未能筑起高大的城垣，但防洪堤坝或壕沟已经建成，如宝墩文化时期的温江红桥村遗址，发掘出了一条4000年前的护岸堤，长约147米，大体呈西北—东南走向，剖面呈梯形，规模颇为可观：底宽14米、顶宽12米、高约1.3米。不仅如此，先民还在护堤近水的一侧，用大量卵石堆筑为护坡①，与堤岸一道共同形成了有力的防洪功能。此外，在宝墩文化的郫县古城址②、温江鱼凫城③和成都市区④，都发现了干栏式建筑，同样是具有一定的防水患功能。

自从宝墩文化开启了城邑文明的先河，巴蜀地区的古城在三星堆文化时期、金沙—十二桥文化时期和秦并巴蜀以降，展示了极高的古代文明成就，其城垣与城壕以及穿城而过的河渠，构成了更为有效的防洪行涝体系，并由此形成了成都平原上古代城市的传统。巴蜀地区的城市通常都建于大小江河之滨，作为古代州、郡、府、县治所，一般都有坚固的城垣、堑壕构成其军事防御和防洪行涝的综合设施系统。乡镇一类次级聚落，也都往往临水或邻水而建，位于安全的台地、阶地上，并且往往附以行洪沟渠，以便雨季排涝和在河流丰水季节免于洪水之患。

防洪行涝的另一重要水利工程是人工河渠。《尚书·禹贡》记载大禹治理洪水时，曾有"岷山导江，东别为沱"之举，亦即领导先民开挖了著名的人工行洪河渠——沱江。这一传说在一定程度上得到了宝墩文化考古的印证。此后相传杜宇亦曾开凿金堂峡以行洪⑤，其相鳖灵"决玉垒山以除水患"⑥，并且在历史上又一次"东别为沱"⑦。以上传说，均反映了上古蜀地先民根据成都平原及其周边丘陵地带的地理条件特点，积极采取防洪排涝工程措施的水利活动的史影。

巴蜀地区历史时期最有名的人工河渠，是《史记·河渠书》明确记载的李冰修筑都江堰大型水利工程体系时形成的郫、检二江，其所设计的综合功能中，显然均包括行洪排涝。

此后巴蜀地区开凿了若干人工河道，其中著名者有：唐代大观年间成都尹

---

① 贾昌明：《寻找古蜀文明之光——中华文明探源工程成都平原考古工作侧记》，《中国文物报》2014年5月9日《文物考古周刊》。
② 四川省文物考古研究院：《渠江流域古遗址调查简报》，《四川文物》2005年第6期。
③ 鱼凫城内发现了14座房屋基址，均地面建筑，分为木（竹）骨泥墙带墙基槽式和干栏式两种，干栏式房址的布局和建造方式与郫县古城遗址1998年清理的同类建筑相似，推测为仓储式建筑的基础部分。[成都市文物考古研究所：《温江县鱼凫村遗址1999年度发掘》，《成都考古发现（1999）》，科学出版社2001年版]
④ 参阅江章华、李明斌：《古国寻踪——三星堆文化的兴起及其影响》，巴蜀书社2002年版，第17~74、82~83页。
⑤ （北魏）郦道元著，陈桥驿校证：《水经注校证》，中华书局2007年版，第766页。
⑥ （晋）常璩：《华阳国志·蜀志》。
⑦ （北魏）郦道元著，陈桥驿校证：《水经注校证》，中华书局2007年版，第766页。

白敏中开掘的横贯成都城区的金水河①，该河从成都西关通惠门到东关城阙，长达五六公里，既可行洪，亦能行舟；唐僖宗时乾符年间，剑南西川节度使高骈将郫江改向绕城东行南下而掘成的府河②，不仅与检江形成两江抱城的格局，而且兼有引洪行舟的综合功能。

以上引流行洪河渠，亦需要适时疏浚。而作为防洪工程的堤防城垣，维修更为频繁。从先秦以降，城垣堤防即是城镇聚落主要的防洪设施，但城垣堤防修筑并非一蹴而就，更非一劳永逸。因此，为了防洪，自古以来，对年久失修尤其是水患侵损的城垣堤防进行维修，也是先民防洪的一项重要水利工程。巴蜀地区考古发掘出的上古城垣，即已有以时增修的遗迹。中古以降，典籍中修补城垣堤防，以备水患的记载更比比皆是。

二、航运工程

机器时代到来之前，利用江河的水运是最为廉价高效的交通运输方式。由于域内江河众多，物产丰富，巴蜀地区的水运创始甚早。根据中国最早的传世文献《尚书·禹贡》，长江上游地区唐虞时期先民治水，就已经有"岷山导江，东别为沱"，"沱、潜既导，蔡蒙旅平"的传说。③相传《尚书·禹贡》是大禹治水，疏导江河，以建立各地通向冀州的航道陆路的记录，因此，这篇上古交通地理文献中的上述记载，反映四川盆地内的嘉陵江和沱江水系，很早就已经开通了水路航运。《尚书·禹贡》的成书年代近世以来颇有争议，但不会晚于东周时期，由此揭示巴蜀地区的江河航运至迟在先秦时期已经得到开发。《蜀王本纪》记载两周之际鳖灵之尸溯江而上到达成都平原的传说，也投射出了其时川江水路航运已经开通的信息，成都地区以至整个四川盆地内发现的开明氏王朝时期大量的船棺葬，同样印证了这一史实。

秦并巴蜀后，都江堰大型水利工程体系的兴修，尤其是郫、检二江的开凿，航运几乎是整个水利规划的首选之义，因而现存最早记述李冰主持创建此项大型工程的《史记》明确指出："蜀守冰凿离堆，辟沫水之害，穿二江

---

① （宋）席益：《淘渠记》，载冯广宏主编《都江堰文献集成·历史文献卷（先秦至清代）》，巴蜀书社2007年版，第157~159页。
② （宋）吴师孟：《导水记》，载冯广宏主编《都江堰文献集成·历史文献卷（先秦至清代）》，巴蜀书社2007年版，第146~147页。
③ 《尚书·禹贡》。

成都之中；此渠皆可行舟，有余则用溉浸，百姓飨其利。"①这一"凿"一"穿"，正是其航灌并举、水运优先模式的简括。司马迁距李冰筑堰虽时逾百年，但一贯重视实地考察的他曾奉使亲赴蜀中②，而其撰著所据，又是西汉皇室所藏接管自秦朝皇室的典籍。秦人焚六国之书旨在使秦史独传于世，则上引《史记》所据，应为秦人直接记录，甚为可靠。

在整个历史时期，巴蜀江河普遍通航，成为物流、人流乃至信息流动的主要交通载体。杜甫著名诗句"门泊东吴万里船"，正是锦江水系长期以来起着黄金水道巨大作用的生动反映。巴蜀地区水上运输的此种繁荣状况，一直延续到20世纪。不仅长江、岷江、嘉陵江、涪江、渠江等主要河流水系普遍通航，而且边远地区的山区河流、舟楫之利，也得到了相当普遍的开发。如传统属于巴地的峡江地区的典型山区河流——大宁河，其流域包括巫山、巫溪两县，从先秦时期以来就是重要的食盐产地和贩运集散地，是沟通峡江地区和汉水上中游地区的重要交通线，其水上航运自古以来就很繁荣。③

三、引水工程

以疏导引水而不是动辄建立拦河堤坝，是中国古代水利工程模式的鲜明特征之一，以都江堰为杰出代表的巴蜀水利和水文化，在这方面尤为典型。

完整意义的都江堰水利工程体系，包括鱼嘴、飞沙堰等渠首工程，以及宝瓶口后面衍生的诸多干、支渠系，后者如同树谱和网络一样延展于成都平原以至周边一些浅丘地区，而整个都江堰工程实际上就是这样一个巨大的引水渠系。战国时期李冰设计建成的都江堰系统，至少已规划了郫、检二江作为成都平原上的干渠，引水丰沛，因而"皆可行舟，有余则用溉浸"④，属于大型引水河渠。为了灌溉农田，先民又从干渠引出大大小小的沟渠，或利用地势自流灌溉，或引入城市，以解决市区的生产、生活以至景观生态用水问题（如前述唐代以降成都市区的金河水系），由此在平原上构成了密如蛛网的引水工程体系。

---

① 《史记·河渠书》。
② 司马迁在《史记·河渠书》自谓曾亲赴蜀中，"西瞻之岷山及离碓"。又《史记·太史公自序》："迁仕为郎中，奉使西征巴、蜀以南，南略邛、笮、昆明，还报命。"
③ 彭邦本：《先秦汉水上游与峡江地区的交通试探》，宫长为、徐勇主编《史海侦迹——庆祝孟世凯先生七十岁文集》，新世纪出版社2006年版。
④ 《史记·河渠书》。

继都江堰兴建之后，古代巴蜀地区陆续建成了许多大小引水工程。如唐文宗开成五年（840），因"涪缭于郪（今三台县），迫城如蟠。狂澜陆高，突堤啮涯，包城荡垆，岁杀州民，以为官忧。荥阳公始至……别为新江"①。地方官组织开掘的这条长达"一千五百步"的涪江新河道，引水别行，成功地解决了长期困扰郪县城的避洪排涝问题。北宋仁宗时期（1023～1063）阆州（今阆中）通判李孝基针对阆中城因嘉陵江环城而过，洪水季节经常遭受水患，"江水啮城几没，君吏多引避。李孝基率其下，决水归旁谷，城赖以全"②。李孝基凿渠改道，将嘉陵江水引向旁边山谷，使北宋阆州治城得以安全。南宋嘉泰三年（1203），隆庆府（剑阁县）通判安丙也曾在城外"凿石徙溪，自是无水患"③，看来此次引水改道，长时间使县城脱离山洪之灾。如果说郪县、阆中、剑阁之举为了引水改道，避城市水患，那么下述唐代巴地的涪陵、蜀地的罗江的引水工程，则是为了引水入城以解决城区供水问题。唐僖宗光启年间（885～887）在刺史张浚领导下，"寻山谷之源，以竹导其流"④，兴建了用竹筒引水入涪陵城的工程。唐高宗永徽五年（654），"绵州巴西郡罗江（县）"，即修筑茫江堰，引凯江上源的射水入城⑤，解决城区用水问题。

蜀地都江堰之后最著名的水利工程——通济堰，则是蹱迹都江堰引水模式的典型个案。通济堰渠首工程位于汉晋犍为郡武阳县（今新津）境内。《水经·江水注》记载，武阳县"籍江为大堰，开六水门，用灌郡下"⑥。更早的晋代常璩《华阳国志·蜀志》则云："武阳县，郡治。有王乔、彭祖祠。蒲江大堰灌郡下，六水门。有朱遵祠。"⑦对于朱遵事迹，《华阳国志·先贤士女总赞（中）》载："朱遵，字孝仲，武阳人也。公孙僭号，遵为犍为郡功曹，领军，拒战于六水门。"⑧所记史事发生于西汉末年公孙述僭号称帝时，足见以六水门等为渠首工程的通济堰，始创于西汉时期，是继都江堰之后的又一大型引水工程。综合历代的记载看来，自通济堰创建于西汉以后，历经东汉建安

---

① （唐）孙樵：《梓潼移江记》，转引自明代傅振商《蜀藻幽胜录》卷二。
② 《宋史·李孝基传》。
③ 《宋史·安丙传》。
④ 嘉庆《四川通志·政绩》。
⑤ 《新唐书·地理志》。
⑥ （北魏）郦道元著，陈桥驿校证：《水经注校证》，中华书局2007年版，第769页。
⑦ （晋）常璩撰，刘琳校注：《华阳国志校注·蜀志》，巴蜀书社2007年版，第279页。
⑧ （晋）常璩撰，刘琳校注：《华阳国志校注·蜀志》，巴蜀书社2007年版，第779页。

年间犍为郡太守李严、唐开元年间益州长史章仇兼琼、南宋绍兴年间眉州知府句龙庭、南宋兴隆年间范成大、清乾隆年间新津知县徐尧、清嘉庆年间眉州知州赵来震等历代地方政府官员组织的维修、重建或扩建，在相当程度上解决了岷江中下游新津、彭山、眉山等地沿岷江地带大片农田的灌溉问题，是巴蜀水利史上的又一奇迹。

四、蓄水工程

中国古代水利工程历来以引水为主要模式，但蓄水工程也起源甚早，春秋时期楚国令尹孙叔敖创建的芍陂，即淮水流域著名的大型蓄水工程。巴蜀地区有史可稽的人工蓄水工程，早期有秦并巴蜀后开挖的万岁池、龙坝池、千秋池、柳池和天井池，均为张仪筑成都城时掘黏土所成的巨坑，并以之蓄水成湖，并使之"津流径通，冬夏不竭"。①这些人工湖泊兼有蓄水、灌溉和景观生态以及养殖的功能，故《华阳国志》明确记载其时已将"去城十里"的"万岁池""因以养鱼"②。

古代巴蜀地区水利工程中的蓄水设施，最典型的形式是山区和丘陵地带的陂塘，这也是所在地区生息的先民生产、生活用水的主要来源。需要指出的是，塘在平坝地区也很普遍。一个时期以来，无论在成都平原，还是四川盆地其他地方，以及峡江地区和安宁河流域，考古出土的东汉以来的陶水田模型，往往都是水田与塘、渠共存的形态，这应是当时农村农田水利实际状况的形象再现。此种情形，与《华阳国志》等文献记载的汉晋时期巴蜀，颇能互相呼应。

在传统巴地，《华阳国志》即记汉桓帝时巴郡"各有桑、麻、丹、漆、鱼池"③。《汉书》亦载巴郡"阆中，彭道将池在南，彭道鱼池在西南。……安汉，是鱼池在南"④。这些鱼池显然就是陂塘，或兼有陂塘功能性质。而在蜀地，类似的记载更丰富。如《华阳国志》云：广都县（今双流）"大豪冯氏有鱼池"⑤；汉安县（今内江市威远县）更是"有盐井、鱼池以百数，家家

---

① 四川省文物考古研究院：《渠江流域古遗址调查简报》，《四川文物》2005年第6期。
② （晋）常璩撰，刘琳校注：《华阳国志校注·蜀志》，巴蜀书社2007年版，第196页。
③ （晋）常璩撰，刘琳校注：《华阳国志校注·蜀志》，巴蜀书社2007年版，第49页。
④ 《汉书·地理志》。
⑤ （晋）常璩撰，刘琳校注：《华阳国志校注·蜀志》，巴蜀书社2007年版，第249页。

有焉，一郡丰沃"①；南安县和武阳县，"南安（今乐山市、眉山市青神县等）、武阳（今彭山、新津、仁寿、井研、眉山市东坡区及双流南部），皆出名茶，多陂池"②。

陂塘或陂池的广泛出现，是农田水利发展的标志，尤其是山区和丘陵农业陆续得到开发的成果。这一传统水利传统，在巴蜀地区后世得到普遍延续。

五、引、蓄结合的水利工程

一个地区成熟完善的水利事业，尤其是农田水利，应包括引水、蓄水的功能体系。前述巴蜀地区广泛出土的陶水田模型中水田与塘、渠并存相配，并以可闭可启的闸门相通的情形，实际上就是一个小型农业社区范围内，引、蓄配套互通水利体系的典型形象再现。在传统农业文明时代农耕生业条件下，只要不发生严重的水、旱之灾，此种大致自给自足的农业自然经济或小商品经济生活就基本可以持续。

引、蓄结合的水利工程并不只存在于农村。至迟从都江堰兴建以来，该大型水利体系就是按引水为主，引、蓄结合的模式运行和发展的。前述成都平原上张仪筑成都城时开挖的万岁池、龙坝池、千秋池、柳池和天井池，史载即"津流径通，冬夏不竭"③，显然带有引、蓄结合的性质。从考古发掘可知，巴蜀地区此种水利模式的萌芽很早即已出现。近年来，在成都市区方池街及附近金河宾馆等遗址发掘出了春秋晚期至战国早期的大型人工水利设施系统遗迹。该系统由多条竹笼卵石埂砌成，其中方池街遗址的东、中、西三条有规律地分布的卵石埂，整体呈"Z"形，具体用途则是护堤、分水、支水和滚水，其西、中两埂整体上构成一倒人字形滚水、支水埂。④滚水的引流目的亦显而易见，而支水或曰壅水的作用通常在于提高水位，显然已有在一定程度上堵蓄水流之意。都江堰水利系统显然是承其绪发展而来，无论鱼嘴、飞沙堰、人字堤，以及成都平原上航运灌溉渠系各分水鱼嘴的设计，无不隐含其意，即兼有

---

① （晋）常璩撰，刘琳校注：《华阳国志校注·蜀志》，巴蜀书社2007年版，第292页。
② （晋）常璩撰，刘琳校注：《华阳国志校注·蜀志》，巴蜀书社2007年版，第283页。
③ （晋）常璩撰，刘琳校注：《华阳国志校注·蜀志》，巴蜀书社2007年版，第196页。
④ 王毅：《从考古发现看川西平原治水的起源与发展》，《华西考古研究（一）》，成都出版社1991年版，第146~171页。

支水（或曰壅水、堵水）、引水的作用，支水或曰壅水的目的在于引水。①至于后来岁修用杩槎等依次截流都江堰内外江，其堵塞截流的方式，与拦河堤坝或闸门可谓异曲同工；虽然是暂时性的，并且以引水为最终目的，但其方式显然是堵疏结合。

相当时期以来，学术界形成了一个基本共识：都江堰水利工程整体上是由大大小小一系列无坝引水工程构成的巨大的水利体系。就其主要特征而言，这种看法是大体正确的，但不可绝对化，易言之，无坝不是绝对的。实际上，延展于成都平原的都江堰，更确切地说，应是一个巨大的引导为主、引蓄结合的水利工程体系。所谓引、蓄结合，实即堵、蓄结合。这涉及对上古鲧禹时代水利史传和整个中国古代水利史的认识。在我国传世文献记载中，相传鲧作为领导治水失败的典型，与取得辉煌成功的大禹形成鲜明对照。然而，综合古代典籍和出土资料考察可知，鲧时既留下失误的教训，也不乏实践的经验乃至建树可供后继者鉴取。徐中舒先生在一篇遗著中指出：

> 古代城与堤都为防水而设，其初并没有多大的差别。历史上有关鲧的传说：《国语·周语》称共工"淫失（佚）其身，欲壅防百川，堕高湮庳以害天下"，其后"有崇伯鲧，播其淫心，称遂共工之过，尧用殛之于羽山"；这是说，鲧继承了共工的过失，筑城湮洇水，为尧殛死。这是传说的一面。《世本·作篇》又称："夏鲧作城"，这是传说的又一面。同一是鲧，一说他筑堤，一说他作城，其实堤与城在古代是没有甚么区别的。②

此说甚是。史称共工和鲧相继筑堤坝"壅防百川，堕高湮庳以害天下"③，又云"鲧作城""鲧作郭"④。后者的城郭实即前者的堤防，传说的两面反映的是二而一的史实。近世考古成果证明，城或曰堤作为水利手段，起源

---

① 比都江堰创建略晚、同样由秦人兴筑的广西灵渠的渠首核心工程大小天平亦然，兼起支水、引水的作用。
② 徐中舒：《论中国古代社会自然经济与城乡对立等有关问题》，《中国文化》2001年第1期。
③ 《国语·周语》。
④ 《世本·作篇》，《世本》秦嘉谟辑补本，载《世本八种》，商务印书馆1957年版，第361页。

甚早，学者或认为最早源自7000年前湖南澧县八十垱的矮堤雏形，而史前城垣的第一次热潮出现在长江中游屈家岭文化时期，第二次浪潮出现在龙山时代的黄河流域①，成都平原上网络状分布的宝墩文化古城群，即属于这一时期。这些近年考古发现的新石器时代晚期东亚大陆上的古城群，其夯土城垣实际就是与防御水患密切相关的封闭性堤围。当然，倘进而论之，城垣还有军事防御的功能，而堤防的种类也有多种。但在先民社会组织及其水利技术限于规模和发展水平，尚无力修筑大规模的沿江堤防的史前时代，往往只能围绕聚落建成封闭的堤围亦即夯土墙垣以"壅防"水患。在鲧禹所属的龙山文化和宝墩文化时期，黄河与长江流域广大平原地区不仅已经聚落广布，而且其中比较重要或规模较大者，多已从早期的聚落围壕发展出城垣和壕沟复合体系。此种情形，不仅由这些冲积平原上的聚落近水濒水的位置和地势所决定，且亦为当时东亚大陆正值温湿气候、水患多发的背景使然。在川西平原上，与之大体同期的宝墩文化古城群的涌现，显然也与上述背景紧密相关，并且与《尚书》关于鲧禹时期大规模筑堤建城垣，大禹治水时曾在巴蜀地区"岷山导江，东别为沱"的记载恰相呼应，形成互证。因此，大禹实际上兼取了相传为其父的鲧的成功经验和失败教训，其治水方略应为疏导为主，疏、堵结合，这才符合文献和考古资料综合反映的史实。

　　李冰治水，正是继承和发展了大禹以来的水文化理念，因而基于疏导为主，疏、堵结合的古老传统，采取了引水为主，引、蓄结合的方略。《华阳国志》叙述李冰的"壅江作堋，穿郫江、检江，别支流双过郡下，以行舟船……；又灌溉三郡"②，与最早记载都江堰的《史记·河渠书》相合，即"蜀守冰凿离堆，辟沫水之害，穿二江成都之中；此渠皆可行舟，有余则用溉浸，百姓飨其利。至于所过，往往引其水益用溉田畴之渠，以万亿记，然莫足数也"③。对于这些"引水溉田畴之渠"，《华阳国志》中有以下明确记载：

　　旱则引水浸润，雨则杜塞水门。④

---

① 何驽：《陶寺：中国早期城市化的重要里程碑》，《中国文物报》2004年9月3日。
② （晋）常璩撰，刘琳校注：《华阳国志校注·蜀志》，巴蜀书社2007年版，第202页。
③ 《史记·河渠书》。
④ （晋）常璩撰，刘琳校注：《华阳国志校注·蜀志》，巴蜀书社2007年版，第202页。

显然，当初为了解决农田灌溉和防止水涝问题，又在干支渠上规划设置了若干可以开启、杜塞的水门，可见至少在司马迁笔下，都江堰已经是引水成渠为主，堵（杜）、疏（引）结合的水利工程模式。另外，本书前文已考证指出，工程模式上以都江堰为本的通济堰，在西汉时代即已设有"六水门，用灌郡下"①。

何谓水门？就是堰、堤工程上以启闭方式用于调蓄水流的设施。《汉书》奉常属官有"都水、两长丞"之说，汉末三国如淳注释云："《律》：'都水治渠、堤、水门。'"②所引当为汉律，足证其时水门已经是普遍的水利工程。蒲江大堰又叫六水门，从命名习惯上看，应该是西汉时期的水利工程。其枢纽取水位置在蒲江口附近，即后来所称邛江（今新津南河）口。又《后汉书·王景传》记永平十三年（70），汉王朝"遣景与王吴修渠筑堤，自荥阳东至千乘海口千余里。景乃商度地势，凿山阜，破砥绩，直截沟涧，防遏冲要，疏决壅积，十里立一水门，令更相洄注，无复溃漏之患"。按十里立一水门，则王景此次治河千里所建水门必数十上百。秦汉时期的水门可"杜塞"亦即堵塞，后世逐渐发展为闸门。如《宋史·苏轼传》记苏东坡任杭州知州，治理西湖，建"苏公堤"："复造堰闸，以为湖水蓄泄之限，江潮不复入市。"③此种水门，宋以后多见于都江堰等巴蜀地区水利工程中，如席益《淘渠记》即其疏浚成都城区下水道时"引江水入城，如其故，而作三斗门以节之"④。《宋史·河渠志》记都江堰渠系各引水口中，就有直接名为"仓门""石门"者。⑤《元史·河渠志》则总结性地指出，凡蜀地诸堰"遇水之会，则为石门，以时启闭而泄蓄之"⑥。此段记载，完整地抄袭自元代揭傒斯的《大元敕赐修堰碑》（又名《蜀堰碑》）⑦，所谓"石门"，即石头砌成的引水口，配以可以启闭升降的闸门，其小者则曰斗门。可见宋元以降，石砌闸门普遍设置

---

① （北魏）郦道元著，陈桥驿校证：《水经注校证》，中华书局2007年版，第769页。
② 《汉书·百官公卿表第七上》。
③ 《宋史·苏轼传》。
④ （宋）席益：《淘渠记》，《全蜀艺文志》，载冯广宏主编《都江堰文献集成·历史文献卷（先秦至清代）》，巴蜀书社2007年版，第158页。
⑤ 《宋史·河渠志》。
⑥ 《元史·河渠志·蜀堰》。
⑦ （元）揭傒斯：《大元敕赐修堰碑》，见冯广宏主编《都江堰文献集成·历史文献卷（先秦至清代）》，巴蜀书社2007年版，第192~196页。

于四川地区的水利渠系,"以时启闭而泄蓄之,用以节民力而资民利"①。此种可以启闭的闸门,正是沿袭自秦汉时期的"水门",反映了中国古代的水利工程技术中堵、疏亦即引、蓄结合,但以疏导引水为主的传统。

六、城市水利工程

前已指出,巴蜀地区的城市一般都滨水而建,并逐渐形成传统所谓"金城汤池",尤其封闭性的城垣作为其基本的水利防患模式。城区的生产、生活用水,则源于内生的井、泉,或从城垣外引入,或两者兼而有之。其中从城外引入者,尤需水利工程的考量规划。巴蜀一些地方由于地理条件制约,不得不引水入城,以解决用水问题。如前引唐高宗永徽五年(654),"绵州巴西郡罗江(县)",即修筑茫江堰,引凯江上源的射水入城②,解决城区的官民用水问题。巴地一些城市条件更为艰苦,人们创造了更多的引水入城办法,《水经注·江水》记巴地如东晋时曾有过在奉节城设"木天公"自江中汲水史事:"凿石为函道,上施'木天公',直下至江中,有似猿臂相牵汲引,然后得水。"③这固然是特定时期采用的应急办法,而更多情况下,一些山区城镇普遍采取的是用竹筒笕槽引水的办法。

如前引唐代涪陵即以竹筒引水入城。④

在川西地区,由于地理条件较优越,古代城市水利工程呈现出丰富多彩的风貌,其中最典型的城市即成都。成都不仅历来因水而兴,而且逐渐从沿江而建发展为两江抱城,城内河渠势如蛛网、水井密布的良好生态格局。不仅如此,中古以后城内还有面积达千亩的摩诃湖与城内外河渠津流贯通。

秦汉至隋唐,都江堰水系与成都城的大格局是郫、检(南河)二江均绕城南而过。其中南河又名流江水质尤佳,汉朝以来成都著名的地方特产蜀锦,以漂濯于其水而色彩方格外明丽,享誉天下,流江(南河)后世的锦江这一

---

① 《元史·河渠志·蜀堰》。
② 《新唐书·地理志》。
③ (北魏)郦道元著,陈桥驿校证:《水经注校证》,中华书局2007年版,第777页。
④ 嘉庆《四川通志·政绩》。

美名，即源于此。①到了唐朝僖宗乾符年间，剑南西川节度使高骈为了防御吐蕃的进犯和进一步改善成都水利环境，继续在九里堤一带筑縻枣堰防洪，同时继李冰穿二江于成都之后，对成都的城水格局作了一次最为重大的人为调整。他主持修筑周长二十五里的罗城，"其外则缭以长堤，凡二十六里，或因江以为堑，或凿池以成濠"②。具体即把原来从西北方向流来绕城西、南而过的郫江，改道直接经过城北再折向南绕城东。改道后的郫江就是著名的北府河，简称府河；检江（流江）也就叫南河。两江在城东南今合江亭汇合而东流，在成都历史上从此形成了遐迩闻名的二江抱城格局。王徽《创筑罗城记》盛赞此举为"所谓能御大灾、能捍大患也""外耸风云，内扃貔貅……蜀江滔滔，寇不敢窥！"③罗城与府、南二河的新格局虽以增强护城防御功能为主旨，但实际的效果，大大美化了成都的景观和生态环境；经过整治的府、南二河，不仅河道畅通、流量稳定，可充分满足水路航运、游览观光、农业灌溉、防洪排涝之需，而且河水清冽纯净，是城市供水的重要来源。

成都的城市内部的规划建设则形成了与水相辅相成的亲和格局。成都城的内生的供水条件很好，水资源非常丰富，历来水井很多，并且构成了一道独特的人文景观。唐人卢求在《成都记》中记载："隋蜀王秀取土筑广此城，因为池。"南宋祝穆《方舆胜览》云："隋蜀王秀筑广子城，因为池，有胡僧见之曰：'摩诃宫毗罗。'盖胡僧谓'摩诃'为大，'宫毗罗'为龙，谓此池广大有龙耳。"④杨秀为隋文帝第四子，封为益州总管后，在成都大修宫苑，因取

---

① （晋）左思《蜀都赋》："百室离房，机杼相和，贝锦斐成，濯色江波。"刘注引谯周《益州志》："成都织锦既成，濯于江水，其文分明，胜于初成；他水濯之，不如江水也。"常璩《华阳国志·蜀志》也记文翁作石室于城南，后来"州夺郡文学为州学，郡更于夷里桥南岸道东边起文学，有女墙。其道西城，故锦官城也。锦工织锦濯其江中则鲜明，濯他江则不好，故命曰锦里"。
② （唐）王徽：《创筑罗城记》，见冯广宏主编《都江堰文献集成·历史文献卷（先秦至清代）》，巴蜀书社2007年版，第62页。
③ （唐）王徽：《创筑罗城记》，见冯广宏主编《都江堰文献集成·历史文献卷（先秦至清代）》，巴蜀书社2007年版，第62、64页。
④ （宋）祝穆：《方舆胜览》卷五一《成都府路·成都府》，见冯广宏主编《都江堰文献集成·历史文献卷（先秦至清代）》，巴蜀书社2007年版，第96页。按：其书文末附记："又云：摩诃池或云萧摩诃所开。"当本于北宋乐史《太平寰宇记》卷七二《成都府·华阳县》所云"汙池，一名摩诃池，昔萧摩诃所置，在锦城西"。（详《都江堰文献集成·历史文献卷（先秦至清代）》，第85页）从其误谓池在锦城西，可知当为旧时误传。

土甚多，在老成都皇城（其址为今天府广场四川省科技馆）周围挖掘出一个巨大的人工湖，即著名的摩诃池，面积达千亩。2014年的考古发掘揭示，摩诃池面积颇大，与文献所载500亩相当，位于当时的城中心。[①]摩诃池建成初期，尚未与河流相通。至唐代，成都的城市水利得到全面发展，唐德宗贞元元年（785），节度使韦皋开解玉溪，始与摩诃池连通；唐宣宗大中七年（853），节度使白敏中复开金水河（禁河），自城西引流江水入城，汇入摩诃池，连接解玉溪，至城东汇入油子河（府河）。据清李元《蜀水经》，流江"又东为金水河，入成都县城，汇为摩诃池，又东酾为解玉溪，又东穿华阳县城而出，入油子河"[②]。从而构筑了成都城市水利设施完整的河湖水系，为摩诃池注入了充足水源与盎然生机。摩诃池与城内外河渠津流贯通，池中盈水及植物，既大大美化了城市环境，又净化了空气。唐以后由西门外引入的上述河流，不仅为城内提供了充足的用水，而且这些流过市区的河流，有的还可以通航船舫。如白敏中所凿著名的金河水系，使当时城内水流不仅包括"环街大渠"，而且还有"其余小堰……各随径术，枝分根连，同赴大渠"[③]。所谓大渠，指的就是由西向东贯通全城、直到20世纪70年代仍未消失的金河，以及条条引水大型渠道；"环街"云云，则说的是河渠水道与街道相伴随行。金河从西面入城，因五行有西方庚辛金之说，而金生水，故取名金水河，简称金河。白敏中的开凿疏导，使金河这条由西向东贯穿城区的城内河道得以畅通，河上有金花桥等十八座桥，桥下一河清流可以行船，其他有的大渠也如此。到明朝，朱元璋之子朱椿被封为蜀王，为修筑蜀王府（俗称皇城），位于今天天府广场和省科技馆一带，挖土建城后皇城外形成一条河面宽阔、可以行舟的护城河，取名御河，河上建有十座桥，各有佳名，如平安桥等。御河外通金河，内连摩诃池，集皇城所需的防御、运输、观光和生活用水功能于一体。此外，城里大街小巷之间许许多多较小的水流，也大体上从西北向东南流过城区，流向与成都平原的自然地势一致，而城区的布局与街道的走向，也与河流相互协调。金河与其

[①] 据《华西都市报》2014年5月25日《成都挖出隋代人工湖遗址 杜甫陆游曾在此泛舟》一文报道，成都市文物考古研究所在成都体育中心南侧发掘出了摩诃池。
[②] （清）李元：《蜀水经》卷三《江水》，见冯广宏主编《都江堰文献集成·历史文献卷（先秦至清代）》，巴蜀书社2007年版，第345页。
[③] （宋）席益：《淘渠记》，见冯广宏主编《都江堰文献集成·历史文献卷（先秦至清代）》，巴蜀书社2007年版，第62页。

余城内水流，作为活的水体，不仅水量稳定，而且水质清澈干净，满足了城市的生产生活用水，其河道同时也具有雨天排涝的功能。

由于古代成都城里城外河流众多，导致大小桥梁星罗棋布。晚唐二江抱城格局形成之前，郫江、检江并流于成都城西南，故《华阳国志·蜀志》称之为"西南两江"，并说两江之上有七桥："直西门郫江中曰冲治桥（大约在今永陵附近、通惠门与老西门之间）；西南石牛门（大约在今通惠门内、下同仁路口之东）曰市桥（约在今西较场东北下同仁路口附近，其故址即明清时期的金花桥），下，石犀所潜渊中也；城南曰江桥（大约在今文庙前街靠近南大街一带）；南渡流（流江）曰万里桥（故址在今老南门大桥。三国时诸葛亮为蜀汉使臣费祎出使东吴饯行，费祎慨叹曰：'万里之路始于此桥！'桥因此得名）；西上曰夷里桥（大约在今百花潭公园东），亦曰笮桥；从冲治桥西北折曰长升桥（大约在今老西门外）；郫江上西有永平桥（大约在今通锦桥以西、马家花园一带）。长老传言：李冰造七桥，上应七星。"①从当时蜀郡的地理情形看，应该是郡治成都出城西向、南向交通要道上的重要桥梁。至于出城北向的重要桥梁则有升仙桥等，《华阳国志·蜀志》特别指出："于是江众，多作桥，故蜀立里，多以桥为名。"②由此成为成都的一个文化传统。③里是古代基层居民组织单位，以众多的桥名来命名里，说明当时大小纵横的河流与城市关系的密切。以当时成都里名今可考者，即有冲治桥附近的冲里、夷桥附近的夷里，以及笮里、万里、升仙里、长升里、永平里等。因地名的稳定性很强，年久桥坏，失去故名，每有复以里名转而命名新桥者，如冲治桥到了南北朝以后，据《水经·江水注》和《初学记》等书记载已称为冲里桥，即是例证。此外，历史上成都城内与河流或水相关的街巷地名亦甚多，略可分为几类：①与城市供水尤其是饮水相关的街巷，如一水巷、二水巷、水巷子等。一水巷位于城东，临近南河，为供给城市饮水，旧时源源不绝的水车、水担由此出入，故以命名。明朝在街口设有铁铸水门，以备防御之用。②与金河、御河及城区行

---

① （晋）常璩撰，刘琳校注：《华阳国志校注·蜀志》，巴蜀书社2007年版，第227页。
② （晋）常璩撰，刘琳校注：《华阳国志校注·蜀志》，巴蜀书社2007年版，第227页。
③ 成都市内外历史上有名的桥梁还有好几十座，如建于明朝万历年间，位于府河、南河汇合处的九眼桥等。由于近代以来市区河流沟渠大多不存，一些有名的桥梁，如洗面桥、桂王桥、梓潼桥、双庆桥、总汇桥、状元桥、通顺桥和青龙桥等，都已经纷纷从地上消失，唯存古老的桥名，为我们依稀留下历史的记忆。

洪排涝大渠、池塘等有关的街巷，如金河街，锦江街，东、西御河沿街，东、西龙须巷，东、西沟头巷，上、中、下莲池街，小淖坝等。③与关于水的民间传说有关的街巷，如暑袜街一度又名水花街，相传是因为在街上靠近三义庙处有一口井，能通大海，井内常冒水花而得名。又如九龙巷的得名也与传说有关。佛经自来有龙生九子，领管天下水系之说。一说清朝康熙年间重建成都定街名时，因相传在金河、御河中有龙潜伏，守护御河之龙在九龙当中又排行老九，故命名御河旁的小街为九龙巷。

历史上成都水文化积淀丰富厚重，河流与街巷、桥梁相伴相交、相辅相成，浑然一体，构成动静结合、错落有致的城市生态文明格局；人与城市的亲密无间，又形成一派亲和融洽、充满活力的人文景观。

七、水田

中国是世界上农业发生发展最早的地区之一，至迟在距今一万多年前，粟作和稻作生业就分别在北方黄河流域、南方长江流域起源。巴蜀地区在地理上位于南方，历来属于稻作为主的南方农业区。根据在江西省万年县仙人洞、吊桶环，湖南省道县玉蟾岩、澧县彭头山，浙江省余姚市河姆渡等新石器时代早中期遗址稻作的发现和研究，中国水稻栽培的起源和早期发展的主要区域位于长江中下游，尤其是华中地区。根据现有的考古资料，水稻种植在新石器时代晚期已经从上述地区传入巴蜀，从地理位置考察，传入渠道之一为长江水道，尤其是峡江地区，因此，在四川盆地东部的巴地，水稻的种植可能开始很早。不过，也有学者认为，目前尚缺乏足够的农业考古资料，故上述推论还须考古学材料提供的信息来验证。在四川盆地西部，考古发现则将水稻栽培向前推进至距今4000多年的宝墩文化时期。新的考古发掘进展揭示，宝墩文化时期成都平原水稻种植在粮食生产中极有可能已经居于主导的地位。以宝墩遗址2009年的工作为例，共采集到14份土样，浮选提取到1430粒炭化植物种子，且种类比较丰富，其中稻谷种子643粒，约占总数的45%，几乎在所有时期的底层和遗迹单位中都有发现；粟的数量为23粒，仅占1.6%，且集中在宝墩文化一期的地层和遗迹单位中。此外，通过对植硅体的分析，也从宝墩文化层中发现了大量典型水稻扇形植硅体（底侧面布满龟裂纹，两侧向外突出）以及横排双裂片型（哑铃型）和产生于水稻颖片的双峰型植硅体，同时还存在少量粟类作物的植硅体碎片。①通过这些植物考古分析，目前对宝墩文化先民的农业形态已经有了比较充分的认识：那时气候波动不大，为温暖湿润的气候类型。一般说来，水稻的栽培对水分、温度的要求很高，因此，作为南方主要的粮食作物，大规模的水稻种植总是以水田农业为基本模式。这就提示我们，大约4500年到4000年前的宝墩先民以种植水稻为主，兼有粟作农业。宝墩文化时期温暖湿润的气候环境，有利于稻作农业的发展，而成都平原上当时已经大量分布着种植稻米的水田，为早期农业文明的兴起和发展提供了坚实的基础。

到商周以后，考古资料已经充分证明，成都平原已经是以稻米生产为主要生业的农业区，②在水资源极其丰沛的原野中，大片的稻作水田构成了主要的农业景观。因此，传世文献《山海经·海内经》载："西南黑水之间，有都广之野，后稷葬焉，爰有膏菽、膏稻、膏黍、膏稷，百谷自生，冬夏播琴。"据蒙文通先生研究，都广即广都，在今天双流一带，而"都广之野"即在成都平原；同时，《山海经》的成书年代不晚于周代，应与杜宇、开明时期大体相当。"膏稻"为水稻中的精品，因而这条记载不仅反映以水田为基本条件的水稻在成都平原的广泛栽培已经有相当长的历史，而且到杜宇、开明时期，同样崇奉杜宇的巴地，也应与同属四川盆地的蜀地一样，水田农业进入了新的发展时期。

秦并巴蜀以后，北方移民带来黄河流域的水利技术，与巴蜀本已富有特色的水利技术和水文化融合，建成的都江堰大型水利体系使成都平原逐渐普遍实现自流灌溉，水田稻作生业形成繁荣局面。此种情形，不仅在文献中有反映，并且由巴蜀很多地区考古出土的汉代陶、石水田模型明器得到证明。这些水田模型明器的年代主要为西汉末至东汉时期，也有少量属于魏晋时期；出土地点主要在今四川、重庆、陕南（属于传统巴蜀文化区）、云南、贵州以及广东、广西等地。需要指出的是，前五地和广西的一部分地区，本身就属于现存最早的古代巴蜀史系统记载——《华阳国志》所谓"华阳"的历史地理范围，亦即成书更早的《汉书·地理志》所谓巴蜀和与巴蜀同俗的范围。在梳理这些水田

---

① 贾昌明：《寻找古蜀文明之光——中华文明探源工程成都平原考古工作侧记》，《中国文物报》2014年5月9日《文物考古周刊》。
② 江章华：《成都平原先秦时期农业的转型与聚落变迁》，《中华文化论坛》2009年11月增刊。

模型明器时空分布后，罗二虎先生把它们大体上分为以下三种类型：①

一是大区划水田。

典型材料：

四川省西昌市礼州2号土坑墓出土的东汉陶水田模型。模型为近方形的泥质灰陶，长40厘米、宽37厘米，四周有田埂，中间也有四条田埂将水田分为4块，田埂一端设有引水缺口。②

陕西省勉县老道寺M1出土的东汉中期陶水田模型。模型为红陶，长方形，长39厘米、宽22厘米、高3.5厘米；中有一条田埂将田面一分为二，在右边和中部的田埂下各有一个直径1厘米的放水孔，水田面上刻画有较为规则的横线。模型出土时，在两块水田面上放置有荷花、荷叶、莲子、菱角、浮萍、鳖、草鱼、鲫鱼等18个红陶小型水生动植物模型。③

云南省呈贡县七步场东汉砖石墓出土的陶水田模型。水田模型略呈椭圆形，最大直径为34厘米，模型中间有三条田埂将水田分成三块。④

以上陶水田模型的主要特征是田块面积一般都比较大，由大田埂围起来后，田内不再设小田埂作进一步的区划。

二是小区划水田。

典型材料：

四川省宜宾市草田3号崖墓（西汉末年至东汉初）出土陶水田及鱼塘模型。模型略残，红陶，呈长方形，长49.8厘米、宽31厘米、高3.5厘米，四边为大区划的大田埂，右边的鱼塘、水田和左边的水田之间也有一条大田埂（同时也作为堤坝）。左边的高田埂内又有数条小田埂划分出五块小区划水田，田中还可见到许多象征着稻窝痕迹的小孔。右上边的鱼塘和右下边的水田之间有一条较宽的矮田埂（同时也作为堤坝）。在左边的水田和鱼塘之间的大田埂上设有一个排水孔。此外，在大、小田埂上现存有五个放水的缺口。模型右上边的鱼塘面积较大，内有阴线刻的鱼、虾和堆塑的螺等。⑤

---

① 罗二虎：《汉代模型明器中的水田类型》，《考古》2003年第4期。
② 礼州遗址联合考古发掘队：《四川西昌礼州发现的汉墓》，《考古》1980年第5期。
③ 郭清华：《陕西勉县老道寺汉墓》，《考古》1985年第5期。
④ 云南省博物馆文物工作队：《云南呈贡七步场东汉墓》，《考古》1982年第1期。
⑤ 秦保生：《汉代农田水利的布局及人工养鱼业》，《农业考古》1984年第1期。该模型藏泸州市博物馆。

四川省合江县草山东汉砖室墓出土陶水田及池塘模型。模型为灰褐陶，长方形，长42.5厘米、宽28厘米、外高2.5～3.5厘米。模型右边为一大一小两个池塘，其间的堤坝有一个排水孔；左边是水田和渠，一条水渠两端分别与大水塘和模型左端的另一条水渠垂直连通，并将水田中分为大田埂围成的上下两片大的区划，每片内又用小田埂分为六块小区划水田；水渠两侧和大小田埂上共设有14个引水口，水田与大水塘邻接的大田埂（同时兼作水塘堤坝）上还有两个引水口，分别连接上下两大区划的水田。①

云南省呈贡县小松山东汉砖室墓出土陶水田及陂池模型。模型为长方形，长32厘米、宽20厘米。右为陂池，左为12块排列整齐的长方形小区划水田，一条与陂塘垂直连通的引水渠将水田中分为两片，每片六个小区划水田。模型制作较为简化，故省略了田、渠间的引水口。②

四川省彭山县661号崖墓（东汉中晚期）出土陶水田及陂池模型。模型为灰陶，长方形，长67.5厘米、宽40厘米。模型略残，右为陂池，内有阴线刻的鲶鱼和草鱼；左为水田，以一条水渠中分为大田埂围成的两片区划，每片又各以一条弯曲的小田埂分成两块小区划水田。田内有阴线刻的鲶鱼、堆塑的螺和象征水稻的小孔。水渠一端有引水孔与陂塘相通，田埂上是否也有引水口则不详。③

四川省西昌市周屯6号墓（东汉早期）出土陶水田模型。模型为灰陶，外施黑色陶衣，长方形，长44厘米、宽28厘米、高3厘米。水田周围是大田埂，右端进水口处有一小池，并有一引水孔通往池外。在大田埂内用数条小田埂将水田分成六七块，小田埂的一端有引水缺口。田内有许多捏塑的藕、荷叶、鸭、龟、鱼等，并用阴线刻画出较为整齐的禾苗。④

由上五例典型材料可知，小区划水田的主要特征通常用大田埂设置大的区划，再在其内用小田埂进行更小规模的区划分割，并利用引水口将田、渠、塘相连接，以利灌溉。进而考察，这类小区划水田又有规整和不规整之分，前三

---

① 谢荔、徐利红：《四川合江县东汉砖室墓清理简报》，《文物》1992年第4期。该模型藏泸州市博物馆。
② 呈文：《东汉水田模型》，《云南文物》1977年第7期；肖明华：《陂池水田模型与汉晋时期云南的农业》，《农业考古》1994年第1期。
③ 南京博物院：《四川彭山汉代崖墓》，文物出版社1991年版，第41～42页。
④ 凉山州博物馆：《四川凉山西昌发现东汉、蜀汉墓》，《考古》1990年第5期。

例属于规整型,后二例则为不规整型,两种情形,应为地理地形条件所致。

三是梯田。

典型材料:

四川省乐山市车子乡东汉崖墓陶水田模型。模型为红陶,长方形,长54厘米、宽41厘米、高2.5厘米。模型由一条大田埂中分为两部分,大田埂上有一个引水缺口,两边的水田都被不规则的田埂分割成许多不规则的小块,象征着斜坡上的梯田。每块田的田埂上一般都开有两个引水口,田中大量排列着有一定规律的小孔,象征着稻窝。①

四川省彭山县365号崖墓(东汉中、晚期)出土陶水田及旱地模型。模型为灰陶,长方形,长55.7厘米、宽42厘米、高3厘米。模型右上方高起一块,表示旱地,并以许多突起的条象征田垄;还有许多较大的孔,大概可以插桑树之类树木。模型其余部分均被田埂分割成小块水田,应当是表示坡地上形状不规则的梯田。模型右下端有一个引水孔。出土时水田内还见有一只陶鳖。②

四川省都江堰市崇义乡出土石陂池及稻田模型。应为墓葬中出土,年代约为东汉。模型为石质,长方形,残长约23厘米、宽约15厘米。其右端已残,右边地势较高的部分可能是大区划水田,田内雕有鱼和螺。左侧逐渐低下去的部分为一层层梯田。大区划水田与梯田相连的田埂(亦为堤坝)上有引水口。③

由上可知,梯田的主要特征是田块依坡度和地势而呈不规则形状,田块的规模较小,田内也不再设置小区划。乐山、彭山和都江堰出土的上述水田模型,反映了当时巴蜀丘陵和低山区已经较为普遍地发展出稻作农业,这与《华阳国志》等文献中这类地区往往"有山原田"亦即梯田的记载非常吻合,是当时水利与农业协调发展的坚证。

罗二虎先生指出,汉代巴蜀及邻近地区水田出现上述不同类型主要是由于水稻栽培的耕作制度和水田所处具体地形的差异所致。上述水田模型反映了发达的灌溉系统和向精耕细作方向发展的稻作农耕体系,某种程度上已属于一种集约化的农业。相较于史书记载同期长江中下游地区仍然盛行较为粗放的"水耕火耨",从巴蜀水田模型见到的这种稻作农耕类型,应该就是秦汉移民带来

---

① 该模型现陈列于乐山崖墓博物馆。
② 南京博物院:《四川彭山汉代崖墓》,文物出版社1991年版,第40页。
③ 该模型原陈列于都江堰市文管所。

的中原先进农耕技术与南方传统的稻作栽培方式结合的产物。[①]此说是。

巴蜀地区精耕细作的农业生产模式在汉代已经基本成熟,上述水田陶、石模型正是形象的反映,由此形成的在天下领先的水田稻作生业方式,也长期成为巴蜀地区直到近代的优良传统。

第二节　价廉用饶的就地工料和简便易行的技术设施

一、就地取材、价廉用饶的建筑工料

以都江堰为杰出代表的古代巴蜀水利工程,其功效卓显而技术却甚为简易,尤以直到半个世纪前仍在广泛沿用的竹笼卵石筑堤技术和杩槎截流技术为典范。而这些水利工程所用的材料,一般为就地取用不竭、成本非常低廉的竹、木、卵石、块石、条石、河沙、黏土以及石灰等。施工工具也为过去城乡农业、手工业生产中的常用简单器具,多以锄、刀、锤及石、竹、木等为之。正是这些自先秦以来古老的材料和技术传统,造就了大大小小广布于巴蜀大地的无数水利工程,奠定了"天府之国"雄厚广阔的水利基础。而上述取之不尽、用之不竭的低廉工料,源远流长的传统工程技术,加上道法自然、与水亲和的科学与人文理念,正是以都江堰为代表的古代巴蜀水利工程简便效优的奥秘所在。上述天然材料和手工工具的取用,在农业时代分散的自然经济条件下也甚为容易,可以在民间方便地生产、获取。由于无须大规模的企业加工生产,因而也不会直接造成环境污染、生态破坏。

都江堰岁修或大修工料尤其竹木的征集,古代通常采取在灌区摊派的传统办法,如明代就实行"计田均输"。其后因为灌县、郫县距渠首工程较近,就确定这两个县专门承担岁修工程中的劳役,其余得水州县则负责专备工料。到清代,由于笼石工程规模浩大,竹笼亦即竹料消耗量随之增加,遂改用定向收购的办法,在灌县一带划地建立竹园,指定专业农户负责种植经营,名为"竹园档",档户可免除一切杂役和地丁银,生产的竹子作为工料,由水利衙门或灌县地方政府以官价收购,以敷岁修之用。至于为数众多的民堰,修治所需工料和工费,多采取在受益户中摊派的办法,依约缴清。

[①] 罗二虎:《汉代模型明器中的水田类型》,《考古》2003年第4期。

二、简便易行的工程技术设施

（一）笼石堤坝

在古代巴蜀地区，用竹笼填装卵石垒砌成的河渠堤埂，长期是普遍的水利建筑体。前文已经指出，20世纪80年代在成都市区方池街及附近金河宾馆等古代水利遗址的考古工作中，已经发现了东周时期的数条此种竹笼卵石埂的遗存实体，而其起源，则有迹象揭示似乎可以追溯到殷商时期。[1]与上述竹笼卵石堤埂同出的陶龙塑像，更折射出古蜀水文化强烈的信仰色彩。传世文献中，用竹料笼络鹅卵石建筑巴蜀堰渠的堤埂直接记载，最早见于唐代，据唐宪宗元和八年（813）撰成的《元和郡县图志》："彭州导江县，犍为堰在县西南二十五里。李冰作之以防江决。破竹为笼，圆径三尺，长十丈，以石实中，累而壅水。"[2]唐制一尺合今米制0.311米，圆径三尺、长十丈，分别合今0.93米、31米，与近世以来都江堰制作卵石竹笼的尺寸颇接近。

更早的旁证记载见于西汉时期。汉成帝建始四年（前29），黄河再次决口，淹四郡三十二县。成帝召"河堤使者王延世使塞，以竹落长四丈，大九围，盛以小石，两船夹载而下之。三十六日，河堤成。"[3]《华阳国志》盛赞此事云："王延和平，纂禹之功！"并谓："王延世，字长叔，资中人也。"[4]而所谓"竹落"，正是蜀中水利工程中司空见惯的竹笼，资中人王延世如此熟练地在北方地区使用竹笼络石技术，成功地治理世称难题的黄河溃堤，足见该技术在巴蜀地区的普遍推广与成熟。

在都江堰建造维修史上，历代史书记载的竹笼，从长度、内径到圈数、孔眼大小，根据水的流速和装入石块的大小，规格有多种，各实用于不同的情况。总的说来，筑堤建坝之处水越深，竹笼就越长，反之则较短。另外，水面之下的竹笼较长，滚出水面的较短，但上面还要再用尺寸最长的竹笼压住，

---

[1] 发掘者根据"石埂剖面形状大致都呈椭圆形，部分石埂上部被破坏，但下部埂脚埋入地层，仍呈圆弧状，卵石紧紧相挤，体现了使用竹笼的特点"，结合蜀中治水传统及成都抚琴小区商代遗址已有以竹篾固定、保护器物的出土资料等研究后明确指出，这些石埂均用竹笼盛装卵石砌成，是开明氏时期的治水工程遗存。详王毅：《从考古发现看川西平原治水的起源与发展》，《华西考古研究（一）》，成都出版社1991年版，第146~171页。

[2] （唐）李吉甫：《元和郡县图志》。

[3] 《汉书·沟洫志》。

[4] （晋）常璩撰，刘琳校注：《华阳国志校注·蜀志》，巴蜀书社2007年版，第770~771页。

以使层层垒砌的堤埂结为一体。在巴蜀民俗中，通常竹笼中长者叫作"蛇皮笼"，用以压顶；短者叫"冬瓜笼""滚子笼""筷子笼"，用以镇底或堤埂填补找齐；扁者叫"铺盖笼"，用来盖面；尖者叫"菱角笼""尖角笼"或"三角笼"，用作支撑。用各种竹笼灵活搭配组合，即可垒砌成功能不一、各种各样的水利建筑物。如既可以建成都江堰分水鱼嘴，也可以垒砌成诸如导水堤、飞沙堰一类溢流堰和用于支水的挑水丁坝等。

由于露天环境中的竹笼经过一段时间会逐渐朽坏，所以竹笼络石堤埂并不是永久性建筑，需要定期修治以至更换，这也是岁修以至大修制度形成的重要原因之一。但因为取材方便，技术简易，其垒砌、拆修和淘除并不难，也无须大型设备，全系手工即可完成。同时，盛装卵石的竹笼，可以根据具体水利项目的不同目的和地形地势的各自特点，按需搭建、增减、调整和撤除，灵活性、可塑性很大。此外，竹笼络石为堰体堤坝，既能截流拦水、支水、滚水、蓄水，又因水在石头缝隙之间的一定渗流，即使在拦蓄河水时也没有完全断流，从而使其建筑体具有了一定的柔性特质，产生出以柔克刚的功能效益。因此，古代称"巨木大石"建成的水利工程为"硬堰"，而这种用竹笼络石或曰"粗茭细石"建成的水利工程为"软堰"。①在竹笼篾条未腐坏前，堰体或堤坝形态依旧，则此种特质和功能亦不变。实际上，综合各方面的资料可知，古代经验丰富的水工搭建的堰堤，即使竹笼篾条已坏，堤形往往仍能较长时间得以存在，持续发挥水利效益。

（二）截流杩槎

杩槎也是具有巴蜀地区特色的水利设施构件，传统以口径达一定尺寸的木材构成，主要与竹笆、竹篓、簟席和竹纤绳索等其他构件一起，搭建成活动的简易截水支水导流坝。杩槎古称"闭水三脚"，以"座"为单位，需要与锁脚木、框木、阁木、栅木顶桩木、行条木等配合使用。据明代张彦杲《议处修堰新规》的预算：

都江堰大修时，"需要闭水三脚四十座，每座用木四根，共一百六十根。

---

① （宋）范镇：《东斋纪事》卷四："蜀州江有硬堰，汉州江有软堰，皆唐章仇公兼琼所作也。……盖蜀州江来远，水势缓，故为硬堰。硬堰者，皆巨木大石。汉州江来近，水声湍悍，猛暴难制，故为软堰。软堰者，以粗茭细石。各有所宜。"见冯广宏主编《都江堰文献集成·历史文献卷（先秦至清代）》，巴蜀书社2007年版，第132页。

每根长一丈八尺，围二尺五寸，价银八分，共一十二两八钱。每三脚一座，锁脚木四根，共一百六十根，每根长一丈二尺、围一尺八寸，价银四分，共六两四钱。每三脚一座，框木四根，共一百六十根，每根长一丈、围一尺八寸，价银三分，共四两八钱。每三脚一座，阁木二根，共八十根，长一丈，围一尺五寸，价银一分，共八钱。每座牌栅木一十二根，共四百八十根，长一丈，围一尺三寸，价银一分，共四两八钱。每座顶桩木一根，共四十根，每根长五尺，围一尺五寸，价银五厘，共二钱。行条木共二十根，每根长三丈，围二尺五寸，价银一钱五分，共三两"。①

近世以来的杩槎，也多以三根木材制作，用竹绳（俗称纤藤）绑缚而成，称为一栋，呈锥形三脚支架；其迎水面的两脚称为罩面，背水面的一根脚称为箭木（又称箭头木）。这种杩槎不仅方便地搭建施用于各种水利工程场合，用于截流导水、抢险堵口等场合，而且拆除更为简易。拆下来的木料，下次又可以再用。因此，这是一种资源重复利用率很高、经济实效、有利于生态环境保护的古老工程技术。不仅如此，杩槎工程和竹笼填装的卵石堤埂一样，作为临时性建筑体和自然生态性工料，不至于留下难以清除的建筑废弃物造成水运障碍、水体污染和生态环境恶化等方面的遗患。

（三）桩基羊圈

桩基，即运用木桩或木桩结构来加固的水利工程基础，是历史上巴蜀水利工程中进行基础处理的传统技术方式。其具体做法即是在堤坝等工程的卵石地基上，挖坑埋桩，以加固水利设施。木桩均采用硬杂木料，尺寸规格因具体工程的不同而异，如一般的防浪桩长度为4米，直径0.3米；都江堰鱼嘴基础两侧的"关门桩"则长2.5米，直径0.2米。其他工程多用长1.3~2米、直径0.1米左右的木桩。桩基通常分排桩、梅花桩两种，其间距、排数则按实际需要而定，埋桩深度亦然。基础、护脚等桩的桩顶均与河底齐平，防浪桩桩顶则在高水位以上0.3~0.5米。竖桩上有时还要绑扎横木，以进一步加固桩基。

"羊圈"是专门用来加固堰坝的基础桩工，是一种构造为正方形排桩、内部填满卵石、体积约3~4立方米的实体。其四角的立桩亦为桤木、麻柳等硬杂

---

① （明）张彦杲：《议处修堰新规》，见嘉靖《四川总志·经略志·水利》。又见冯广宏主编《都江堰文献集成·历史文献卷（先秦至清代）》，巴蜀书社2007年版，第220~223页。

木材，直径不小于0.2米，长度视基坑深度而定；立柱之间，各以上下两根直径不小于0.15米的横木榫卯结合，形成方形木架。再将若干直径0.1米左右的"签子"亦即立木，按不漏出内填卵石的间距，用竹篾一类材料绑缚在上下横木上，形成"羊圈"状方框。然后用卵石（忌带泥沙）尽量密实填满，顶面则用大卵石砌紧。羊圈作为一种木石构筑体，亦可以按需要排列连接，构成任意各种形状的水利工程基础或基础面。

巴蜀地区桩基技术的起源很早，20世纪80年代，在成都市区指挥街遗址出土了东西向的一排6根柱桩和竹木编拦沙筐等遗迹遗物，时代不晚于春秋前期，学者推测应与防洪有关[①]，现在看来，这6根呈东西向排列的木桩，正是早期的桩基工程遗迹。《成都商报》报道了更早的资料，成都博物院公布：该院考古工作者在成都市温江区红桥村宝墩文化晚期遗址中，发现一处距今4000年左右的护岸堤，长约147米，大体呈西北—东南走向，上宽12米，下宽14米，现存高1.3米，呈梯形。发掘负责人杨占风介绍，该建筑方法为夯筑，中间平夯，两侧堆筑，和同时期宝墩文化城墙的建造方法比较一致。最大的区别在于，护岸堤上发现了8道人工开挖的宽窄不一的沟槽，内有较为密集的柱洞，表明在建造的时候曾经在沟槽内安插木桩，以起到加固护岸堤的作用。[②]成都平原整体呈西北高、东南低的地势，河流总体也循此走势，故这条大体呈西北—东南走向的护岸堤，其上的8道内有较为密集柱洞的人工沟槽，显然亦为早期桩基遗迹。

（四）砌石工程

巴蜀地区古代水利工程的堤坝等设施，常采用砌石加固的技术措施。砌石工程又分干砌卵石、浆砌卵石和砌条石等几种。所谓干砌，即一般不用灰浆等胶结材料，直接用石头砌成，并以桩工、竹笼等辅助。在都江堰灌区，凡护岸、护坡、镇底、溢流堰面、拦水堤面、拱涵、拱桥等工程，均有应用。如以护岸干砌卵石为例，除对石料规格有尺寸要求外，其工艺要领为：垂直坡面，分沿安砌，大头向下，六面紧靠，大石下安，小石上砌，坡度均一，坡面砌平。各个卵石间的空隙须呈三角形，缩小三角眼，避免四方眼。忌用"背背石""桥桥石""蜘蛛抱蛋"等。[③]

[①] 四川大学博物馆等：《成都指挥街周代遗址发掘报告》，《南方民族考古》第1辑，四川大学出版社1987年版。
[②] 《四川成都发现最早史前防护堤 距今约4000年左右》，《成都商报》2014年5月10日。
[③] 四川省水利电力厅编：《四川水利志》（内部资料）第三卷《建设篇》，第35页。

浆砌料石据载始创于元代吉当普改建都江堰鱼嘴之时,他启动的这次规模的工程,"甃以山石,范铁以关其中,取桐实之油,刀麻为丝,和石之灰,以苴罅漏"①。可见砌石采用了桐油石灰,而且在砌体中贯以铁件。在巴蜀地区具有开采条石的地方,古代也以之砌筑堰渠堤埂等水利设施,既有干砌,亦多采用浆砌。浆砌的黏结剂多用石灰砂浆,但在抗冲击、渗漏强度要求高的工程中,往往也采用桐油石灰加麻筋,或用糯米石灰浆等。

在以上传统砌石工艺中,干砌卵石起源最早,源远流长,而且使用最广。考古发现的宝墩文化以来巴蜀地区的城垣(实为封闭的围堤)修建中,就往往发现过用卵石护坡的现象,实际即以卵石干砌加固夯筑墙垣的遗迹。上引近来在四川成都温江区红桥村宝墩文化晚期遗址中发现的一处距今4000年左右的护岸堤,在堤坝的近水一侧,一排排鹅卵石清晰可见。成都博物院院长王毅指出,"经过分析,这应该是当时人用竹笼装着石头,将堤坝固定起来。都江堰水利工程就利用了竹笼固定沙石的原理"②。此可成一说。不过,由于是否有竹笼盛装卵石已经不清楚,考虑到当时尚无金属工具加工竹篾编笼,似乎更有可能是先民干砌卵石以保护河堤的水利遗迹。

第三节 都江堰——人类水利史上的丰碑

一、科学的规划设计

持续地运转了两千多年的都江堰大型水利工程,整体上凝聚和展示了人类水利科学技术的高度智慧,它充分利用河道的自然走向和地势,以几乎完美地浑然融合河道水文和水力学原理的方式,体现出规划设计的卓越成就。

都江堰工程之所以成为人类水利史上的典范,与它一开始就具有科学严谨的规划设计分不开。

从大禹到李冰,从宝墩文化诸城和三星堆、金沙等文明中心到都江堰,蜀地水利工程不仅规划合理,而且在勘测和设计等方面也逐步形成了一套比较科学的传统。中国最早的传世文献《尚书》记载传说中的大禹治水,就曾进行

---

① 嘉庆《四川通志·水利考》。
② 《四川成都发现最早史前防护堤 距今约4000年左右》,《成都商报》2014年5月10日。

实地勘测工作："随山勘木，奠高山大川。"①"随山刊木"，《史记·夏本纪》作"行山表木"。刊字今文《尚书》作栞，唐石经以后传本均作刊。《说文解字》木部："栞，槎识也……《夏书》曰：'随山栞木。'读若刊。"识，标识。《段注》："槎，衺斫也。槎识者，衺斫以为表志也。"金景芳、吕绍纲先生认为是导山时"邪砍树木为槎以作为道路的标志"②。所以，"勘木"当为设立标志，记录里程、方位等。"奠"，定也，可能也包括将地名、地形等情形记录在案。这应是中国水利史上最早的勘测文献记录。

到战国时代，史载李冰为修筑都江堰，曾在岷江流域进行勘测工作。《华阳国志·蜀志》云"冰能知天文、地理"③，这两项是当时进行大型工程规划、设计、建设必备的知识、技能。为了正确规划设计岷江水利工程，李冰还深入岷江上游作查勘，"冰见氐道县有天彭山，两山相对，其形如阙，谓之天彭，亦曰天彭阙。江水自此已上至微弱，所谓发源滥觞者也"④。任乃强先生认为，上述记载表明李冰已能掌握自然规律，善于利用当时当地之自然条件，改造自然环境，使其发展社会经济，造福于蜀人。⑤都江堰工程的巨大成功，应与当初李冰领导下进行的上述科学的基础工作分不开。宝瓶口后成都平原上都江堰水系的郫、检二江，也顺应平原西北高—东南低的地势，沿着平原上相对高出的脊线走高地，从成都城南流过，以兼取顺势行洪排涝、水上运输、自流灌溉等综合效益，同样是在上述科学精神下实地调查勘测、因地制宜科学规划设计的结果。

这一因地因水制宜、科学勘测规划的优良传统影响深远。汉代文翁在湔江流域扩大都江堰灌区，即循此理路。唐代高骈改郫江道经城北再南绕城东，首次在成都历史上形成二江抱城格局，同样是经过认真勘测、规划，"或因江以为堑，或凿池以成濠"⑥，方建成名垂古今的罗城。到宋朝，成都府官席益在领导整治作为都江堰水利体系重要组成部分的成都城内水道时，就曾经通过勘

---

① 《尚书·禹贡》。
② 金景芳、吕绍纲：《〈尚书·虞夏书〉新解》，辽宁古籍出版社1996年版，第233页。
③ （晋）常璩撰，刘琳校注：《华阳国志校注·蜀志》，巴蜀书社2007年版，第201页。
④ （北魏）郦道元著，陈桥驿校证：《水经注校证》，中华书局2007年版，第765页。
⑤ （晋）常璩撰，任乃强校注：《华阳国志校补图注》，上海古籍出版社1987年版，第134页。
⑥ （唐）王徽：《创筑罗城记》，见冯广宏主编《都江堰文献集成·历史文献卷（先秦至清代）》，巴蜀书社2007年版，第62页。

测"绘为图以行事",其科学准确的测绘,使所修建整治后的沟渠行水排涝效果甚佳:"今积雨每霁,循路如汛扫,是图之功也。"①

此后的规划设计,愈来愈细致科学。如元代吉当普大修都江堰水利工程体系,也经过了亲自实地考察勘测。当时,都江堰多年失修,"所过冲薄荡啮,大为民害,有司岁治堤防百三十三所"。吉当普对有司呈报的上述133处水利设施亲自"巡行周视,得要害之处三十有二,余悉罢之"②,精心设计规划,最后大功告成。明代嘉靖十年(1531),四川省按察司水利佥事张彦杲亦对都江堰进行大修,为此专门制定《议处新堰规》,更对工程各部分进行了颇为精细的设计规划,如对堰头亦即鱼嘴就规定:

堰头(按此处指鱼嘴端部):砌石四层,共厚二丈。入底八尺,出底高一丈二(一作三)尺;品字贯铁柱三根。共石四块,俱前尖后方。底二块,厚一丈;上三块,各厚三尺三寸。俱阔一丈二尺,长一丈五尺。底一块,工银一两五钱;上三块,各五钱;共三两。

第二节:横排石二块,各四层。入底、出底同前。对贯铁桩四根;横顺俱联铁锭。共石八块,前后俱方。每块阔七尺五寸;合二块,共阔一丈五尺。长、厚同前。底二块,各工银一两二钱五分;上六块,各四钱二分;共五两二分。

第三节:砌石、贯桩、联锭,如第二节法。……

又如对堰身内、外岸和利民台则设计规定:

堰身外岸(按即外金刚堤):自堰头第三节石起,长一百二十四丈。横排石三路,各三层,共厚一丈。入底五尺;出底高五尺。每石贯铁桩一根,横顺一联铁锭。

堰身内岸(按即内金刚堤):亦自堰头第三节石起,长一百五十九丈,砌石、贯桩(一作柱)、联锭;如外岸法。

---

① (宋)席益:《淘渠记》,见冯广宏主编《都江堰文献集成·历史文献卷(先秦至清代)》,巴蜀书社2007年版,第157~159页。
② (元)揭傒斯:《大元敕赐修堰碑》,见冯广宏主编《都江堰文献集成·历史文献卷(先秦至清代)》,巴蜀书社2007年版,第192~196页。

利民台（按即金刚堤下游古建筑，今已不存）：长六十九丈。砌石、贯桩（一作柱）、联锭，如内、外岸法。①

此外，《议处新堰规》还对减水沟、堰脊（亦即内外金刚堤之间的部分）等设施亦作了规划设计，均甚精细。

由上可见，都江堰两千多年来的规划、设计，不仅秉承了从大禹、李冰以降的严谨传统，而且愈来愈科学、细致，这应是都江堰常葆青春的一项重要原因。

由都江堰工程集中体现的科学勘测、规划精神和传统，在巴蜀水利史上影响极其深广。明代峨眉知县熊兆祥修复博济堰时就强调"非相度无以顺地宜"，在兴建熊公堰时"率众拂莽棘，经危险，察形势，并委析易难，期程胥面授"②。其勘测可谓不畏艰险，以为正确的规划奠定基础。清初上川南道张能麟在领导修复嘉州苏稽牛特堰等之前，也"单骑相厥川原，审度形势：某处疏旧渠，某处开新堰，石者垒之，沙者堤之，砌石如壁，植以柳树，所以捍卫经久者"③。勘测、规划均亲力亲为。而明代奉节县城在开发地下水以作城市供水之源时，也经过了认真的勘测规划："一自江家坪会马蝗溪下流，引以瓦筒；其山溪不可埋之者也，以木槽续之；凡泉所经，为溪者十有一，为岭者十有二；地宜里记着，如之。一自翟家坪会马蝗溪上流，引以石枧，迤岭而下，尤为径直。来自山后正北，至城，始与……自西北来者异股合流。"④这些在都江堰灌区之外的巴蜀水利工程，规划的精致审慎显而易见。

二、功能多元的大型综合水利工程体系

战国晚期建成的大型水利工程都江堰，与后世广为流行的以拦河大坝为特征的水利工程模式判然相别：它主要是由从渠首工程开始的众多无坝引水渠道组成的庞大水利体系，这使其整个系统以全程的开放疏畅而不是通常所见的建

---

① 以上引文均出自（明）张彦杲：《议处修堰新规》，见嘉靖《四川总志·经略志·水利》。又见冯广宏主编《都江堰文献集成·历史文献卷（先秦至清代）》，巴蜀书社2007年版，第220~223页。
② （明）高光：《新堰记》。
③ （清）彭钦：《张公修堰记》。
④ （明）许宗镒：《泉池记》。

坝堵蓄为特征；它不追求永久性固定坝体建筑，而是自古以就地取用的竹笼卵石和木头枓槎等材料建成简易而便于拆除的活动堰体，以岁修保证工程的长期延续更新。正是这座浑身"土气"却价廉用饶的千年古堰，创造了无坝水利工程史上的几项世界奇迹：历时最久、灌区面积最大、综合效益最高、人水关系和谐而生态环境保护甚优。在2000年联合国第24届世界遗产委员会上，都江堰与邻近的青城山联袂入选《世界文化遗产名录》，其海内外影响与意义更加彰显。

都江堰是源远流长的古蜀水文化汲取华夏文化因素后的智慧结晶，是道地的古代东亚本土知识的载体，它之所以能取得如此伟大的成就，奥秘应存于博大精深的古代中国尤其巴蜀水文化之中。

造就了天府之国的大型水利工程体系都江堰，分为渠首工程和航运灌溉系统两大部分。前者主要由鱼嘴分水堤、宝瓶口和飞沙堰三部分组成。它一反近世河流大型水利工程修筑拦河大坝的普遍模式，采用了无坝引水为主的独特思路，充分利用河道的自然走向和地势，以几乎完美地体现河道动力学原理的方式，顺着江水流向，于堰首江心由竹笼络石垒砌成形如鱼嘴的分水堤，把从山口泻出后河床变宽、流速减缓的岷江分为内江和外江。平时过半江水流入内江，以保证川西平原舟楫灌溉之利；洪水时则六成以上的江水泻入外江主流，以免平原洪涝之灾。连接内江的宝瓶口，形如约束江水的瓶颈，使内江水道宽度由70米骤减至20米左右，夏秋多余的洪水难于流过，转而从紧接鱼嘴分水堤尾的飞沙堰溢入外江。飞沙堰既可在平水期支水以保证宝瓶口内入水量，又巧妙利用江水直冲离堆而产生的漩流冲力，于洪水期自动滚水溢洪、横向排沙石于外江。洪水越大，沙石排出率越高。可谓因仍自然，巧夺天工。都江堰这一由渠首工程和同样采用无坝分引水流的航运灌溉渠系组成的大型系统工程，是蜀地上古治水技术最辉煌的结晶，世界水利史上的杰作，其集多功能多环节于一体的综合方略思路在两千多年的历程中日臻完善，而其道法自然的文化意蕴更达到了甚为圆融的境界。

在渠首工程之后，从宝瓶口以下即为呈树谱状伸展于成都平原和附近浅丘地区的大大小小的渠系，其中像郫江、检江之类干渠都以通航运输为突出功能，同时兼具行洪排涝、城乡生产生活供水，尤其农田灌溉诸功能。至于从干渠衍生延展于广阔的川西平原中的灌溉沟渠，更是密如蛛网，史称"引其水益用溉田畴之渠，以万亿记"①。这些无数的沟渠大体上都巧妙地因顺着成都平原从西北向东南略微倾斜的地势，形成并长期发挥着自流灌溉的农田水利功能，引水滋润着广袤原野中的大片农地，把成都平原切实打造成了"水旱从人，不知饥馑"的"陆海"和"天府"。

需要指出的是，上述极为完善的工程系统，固然可能是李冰以来蜀地先民长期水利实践积累改进的结果。但是，古代都江堰水利工程的设计主旨和基本模式应于兴建之初就已大致确立。从《史记·河渠书》中还可知道，都江堰工程的设计主旨一开始就包括水运和灌溉之利，同时对成都城市生产生活用水的多功能需求也应有比较全面的考虑。近世的一些著述每津津乐道于都江堰工程历来的灌溉功能效益，却忽略了其自始即非常重要的水运功能。其实，水运当直接出自秦人从蜀中顺江而下统一天下的既定军事战略，因而实为当初工程兴建时规划考虑之突出选项，同时又兼取灌溉及平水涝之利。这一以行舟为先，"有余则用溉浸"的综合主旨，有古蜀水利技术理念与经济社会发展的长期积累为基础，加上蜀中岷江水系等水地自然条件优越，复因设计规划的科学合理而得到充分体现；而整个工程建成后综合效益甚佳，因而被司马迁作为先秦以来的重大水利工程载入史册。对此，《华阳国志》曾概述云：

冰乃壅江作堋，穿郫江、检江，别支流双过郡下，以行舟船。岷山多梓、柏、大竹，颓随水流，坐致材木，功省用饶。又灌溉三郡，开稻田，于是蜀沃野千里，号为陆海。旱则引水浸润，雨则杜塞水门。故《记》曰："水旱从人，不知饥馑，天下谓之天府也。"②

所引之《记》，应为前朝古籍。显然，宝瓶口后平原上展开的航运灌溉系统，广收水运、灌溉和防洪之利，千百年来发挥了巨大的经济、生态效益与卓

---

① 《史记·河渠书》。
② （晋）常璩撰，刘琳校注：《华阳国志校注·蜀志》，巴蜀书社2007年版，第202页。

越的军事战略作用①，使蜀中成为千古不衰的"天府之国"。

从上引《史记》和《华阳国志》可知，李冰所"穿二江"，就是郫江和检江。揆诸当时社会整体发展水平，尽管铁工具可能已经开始普遍推广，但所"穿"二江仍然并非全盘能由人工开凿，而是顺应和利用了川西平原水地的自然之势，尤其是充分利用原有自然河道加以疏导，对个别河段可能实施过拓展以至截弯取直，以利通航，然仅此已足以使川西平原的水环境和经济社会发展条件大为改善。此后，成都平原水利形势显然有了良性发展，不仅以沟渠网络引水自流灌溉，而且以通航运输而闻名于世。尔后历代续有整治，杜诗"门泊东吴万里船"之名句，正是秦汉以降直到20世纪中期锦江畅连长江黄金水道的生动形象描述。都江堰工程不仅大大改善了成都平原及其附近一些地方的生产生活条件，而且改善和优化了当地的生态环境。大诗人李白曾赞美成都"水绿天青不起尘，风光和暖胜三秦"。杜甫也在他寓居的浣花溪畔，写下了情景交融的千古诗句："两个黄鹂鸣翠柳，一行白鹭上青天。窗含西岭千秋雪，门泊东吴万里船。"风和景明，天人相融，一派盎然生机，这是何等优美和谐的生态文明风光！

---

① 都江堰的修筑，本身应就是秦据巴蜀后统一天下战略计划的重要组成部分。《史记·秦本纪》记载了几次秦人从蜀地出发的重大战事：公元前285年，秦"疑蜀侯绾反，王复诛之，但置蜀守，张若因取笮及其江南地"；公元前280年，秦"又使司马错发陇西，因蜀攻楚黔中，拔之"；公元前277年，秦"蜀守若取巫郡及江南黔中郡"。这些战事，尤其是对楚的进攻，均充分利用了蜀中水路，故《华阳国志·蜀志》直记上述司马错拔楚黔中之役云："司马错率巴蜀众十万，大舶船万艘，米六百万斛，浮江伐楚。"大军及其粮草辎重，要从郡治成都入水道，并非易事，因而必有成都通航之需，则都江堰航道之开凿疏导，为秦人治蜀政略中必有之义。而都江堰建成后，从成都东向出川的水路，遂成为一条统一江南的传统战略路线，天府四川则成为历朝统一的"王业之基"。

第五章

古代巴蜀水政和水利制度

第一节　源远流长的巴蜀水政

一、古代巴蜀水政的起源和早期发展

所谓水政，即公共权力以兴水利、避水患为目的，对社会生产生活中水资源及其使用的领导、管理，包括这一领导管理的行为及其所依据、贯彻、实施的制度、法令、政策和措施等。古代水政的发生甚早，至迟在史前晚期即已经起源，《尚书·尧典》追述唐虞时期天下发生洪灾，尧相继委派鲧、禹率众治理洪水，正是当时部落或族群联盟行使水政领导管理权的生动反映。《尚书·尧典》记载当时"伯禹作司空"①，司空正是联盟领导机关中负责水政的官员。这一分工设职的传统被夏商周诸朝继承，《史记·殷本纪》记载商代始祖契的儿子冥就是夏朝的司空，因勤于治水而死。《周礼·冬官·大司空》之责，就包括平治水土。《管子·王制》也明谓："决水潦，通沟渎，修障防，安水藏；使时水虽过度，无害于五谷；岁虽凶悍，有所收获；司空之事也。"《吕氏春秋·十二纪》也记"司空之事"云："季春三月，命司空循行国邑"，"修利堤防，导通沟渎"。司空作为公室主官，其机构中自然还有属官，故《管子·水地》又云："请为置水官，令习水者为吏。"并且这些"水官"及"吏"的职责就是"行水道、城郭、堤川、沟地、官府、寺舍及州中堪缮治理者"。

《尚书》等传世文献反映，巴蜀地区水政的起源与中原基本同步。《世本》《大戴礼记》均记载黄帝两个儿子青阳、昌意降居江水、若水，亦即川西岷江、雅砻江流域的史传，并被司马迁直接录入《史记·五帝本纪》，反映远古江源地区的水文化起源甚早。传世文献中最早的篇章之一《尚书·禹贡》即

---

① 按此句在今存清代阮元校刻《十三经注疏》本《尚书》中的《舜典》，但《舜典》在先秦本是《尧典》的一部分，《孟子·万章上》引"《尧典》曰：'二十有八载，放勋乃徂落，百姓如丧考妣，三年，四海遏密八音'"。今文《尚书》此段引文见于《舜典》，孟子却明言其为《尧典》文可证。本书凡引《尧典》均包含《舜典》。

载尧舜时期洪水泛滥时，大禹在长江上游的巴蜀领导治水——"岷山导江，东别为沱"；"沱潜既导，蔡蒙旅平"。此可谓有关巴蜀地区水政的最早传说记载。与此相应，本书前面对成都平原上宝墩文化古城群及其下级聚落群的分析表明，这些聚落，尤其是古城的高大的城垣和深阔的堑壕，正是当时保护人们不受洪水侵袭的水利设施。古城城垣堑壕规模巨大，需要巨量的劳动力和物力长时间协作方能够完成，显然，只有当时社会共同体已经形成强大的公共权力，并将之运用于水政，方有可能建成如此巨大的兴利避害的工程。

进入文明时代以后，三星堆、金沙和十二桥等大型遗址，同样揭示了当时王朝运用强大的水政权能及其辉煌业绩。而巴蜀地区本土文献《蜀王本纪》《华阳国志》等关于望丛二帝治理蜀中洪灾的传说记载，同样是先秦时期蜀地古老水政的反映。在蜀地传世文献《蜀王本纪》和《华阳国志·蜀志》的记载中，开明氏亦即鳖灵是受蜀王杜宇之命行使公权力，率领蜀地民众进行大规模治理水患后才取得成功的。由于年湮代远，文字简略，这一历时颇久的大型水利工程实施的具体情形已经失载，其间履行的制度、措施也无从知晓。但早期文明社会的史实启示我们，蜀地水利文化的历史如此悠久，成就如此辉煌，构成当时水政的这些要素，在当时长时段、大规模的水利工程实施过程中必定存在。另外，由于蜀地五朝与中原王朝长期的分合并存的复杂关系，其负责水政水工的主管官员是否也叫司空，也因文献阙略不得而知。

巴蜀地区早期治水的大政方略，根据文献记载的传说，大致经历了由堵到疏的过程，逐渐形成了堵疏结合、以疏导为主的主要思路和方略。四川盆地，尤其是以成都平原为中心的盆底，夏秋时期容易形成积涝。在先民的生产力和水利技术水平低下的史前晚期，人们最先采取的办法通常都是"堵"，传说中兴于川西高原的治水英雄大禹，其父亲鲧先前领导族群治理洪水时的主要水政方略正是如此。川西平原上距今4000年左右的宝墩文化古城群，其高大封闭的夯土城垣，在一定程度上印证了上述传说。此种封堵之法在平常条件下有一定效果，但在多年未遇的洪水面前往往容易陷于灭顶之灾。宝墩文化诸城往往有被洪水冲决的遗迹，同样反映了远古的此种史实。相传后期治水的大禹正是在认真汲取了前辈失败的惨痛教训的基础上，将治水方略改为疏导为主，终于经过艰苦奋斗而大功告成。在中国古代传世文献最早的篇章之一——《尚书·虞夏书》的《禹贡》中，有关巴蜀地区在大禹领导下治理洪水的记载，正是"岷山导江，东别为沱"，"沱、潜既导，蔡蒙旅平"。所谓"导"，正是疏导之意。疏导不是简单地彻底否定前人，而是充分总结前人的经验教训，有扬有弃，以疏导为主，堵疏结合。既保留了前人创造的城垣堑壕这一文明成果，又采取了在更广阔的地理范围内疏导山、水，尤其是在川西平原上决渠排涝的方略措施，这应是上述《禹贡》文字的真实意蕴。

大禹治水的上述成功实践和伟大成果，构成了巴蜀地区水文化的传统，并被其后的先秦蜀地诸朝继承弘扬。巴蜀传说中先秦时期最大的一次洪灾中，鳖灵亦即开明氏成功的治理方略，正是所谓"决"，亦即疏导。如《蜀王本纪》即谓："鳖灵决玉山。"《华阳国志·蜀志》亦称："开明决玉垒山，以除水害。"《水经·江水注》则云："东别为沱，开明之所凿也。"反映了传说的又一来源，但就字义而言，"凿"亦即"决"，本质上就是疏导，则是无疑的。

二、秦汉以降巴蜀地区的水政与水利制度

（一）职官机构

自秦并巴蜀以后，巴蜀地区全面纳入了华夏政治体系，巴蜀地方政府的水政及其机构、官员设置，当与秦朝全国一致。秦国的水政与整个秦制一道，被推行于巴蜀。商鞅变法以来，秦以耕战立国，农田水利受到高度重视，因而秦的水利制度也在巴蜀逐渐落地生根。1980年出土于四川省青川县郝家坪秦墓之秦《为田律》木牍揭示了这一史实，牍文为秦《为田律》，该律在规定了田亩面积和阡陌制度后，又明确规定：

以秋八月，修封捋（埒），正疆（疆）畔，及登千（阡）百（陌）之大草。九月，大除道及除浍（浍）。十月，为桥，修波（陂）堤（堤），利津□。[①]

牍文中"利津□"，学者已经指出即"利津梁"[②]，甚是。张家山汉简《二年律令·田律》性质近于青川木牍，其相同文字部分正作"十月为桥，修

[①] 详四川省文物考古研究院、青川县文物管理所：《四川青川县郝家坪战国墓群M50发掘简报》，《四川文物》2014年第3期。

[②] 于豪亮：《释青川秦墓木牍》，《文物》1982年第1期；唐嘉弘：《论青川墓群文化及其政治经济问题》，《先秦史新探》，河南大学出版社1988年版，第100页。

波（陂）堤，利津梁"①。古代田亩面积阡陌封疆等既属农田制度，又是水利制度，后者还包括"除浍""为桥""修波隄""利津梁"等，所以，青川县郝家坪秦墓《为田律》木牍的发现，正是秦人将其水政连同整个农田水利制度推行于巴蜀地区的确切史证。

那么秦人水利制度的政府机构及其人员设置情况如何呢？秦亡以后传世文献中并没有留下直接的记载。但"汉承秦制"，我们可以通过史籍中的汉代水政溯源秦时的大致情形。

根据《汉书·百官公卿表》，秦汉时期中央和地方政府中均设有负责水政的治水官员及其机构，其长吏曰"都水长、丞"，秩六百石，分属治粟内史、少府、水衡都尉、内史、主爵中尉等中央、京畿官员和各郡国，其中水衡都尉是专司水利的京官，位居九卿之末。不过，水利工作更多的是散在地方，具体承担各地水利工作的主要是郡国的都水官员。值得注意的是，汉代对郡国都水官员的行政管理具有双重性特点，故《汉书·百官公卿表》特别指出：

治粟内史，秦官，掌谷货，有两丞。景帝后元年更名大农令，武帝太初元年更名大司农。属官有太仓、均输、平准、都内、籍田五令丞，斡官、铁市两长丞。又郡国诸仓、农监、都水六十五官长、丞皆属焉。②

亦即治粟内史（或曰大农令、大司农）而非水衡都尉，与郡国的"都水长、丞"有明确的行政从属关系，亦即从中央体制的纵向角度而言，地方上的水利是归于农口的。不过，倘若从行政管理的力度而言，地方都水更主要还是郡国守相的属官，故《汉书·百官公卿表》又云：

郡守，秦官，掌治其郡，秩二千石。有丞，边郡又有长史，掌兵马，秩皆六百石。

所谓"有丞"，显然即包括"都水长、丞"，与中央机关和京畿的都水长

---

① 张家山二四七号汉墓竹简整理小组编：《张家山汉墓竹简（二四七号墓）》（释文修订本），文物出版社2006年版，第42页。
② 《汉书·百官公卿表》。

吏一样，"秩皆六百石"。地方上的都水乃郡守、国相属下的重要职能机构，秦汉蜀郡均照例设置，西安汉代古城遗址出土的"蜀都水印"可证；"都水长、丞"则是该机构之长官，从"秩皆六百石"，可知其俸禄已略高于汉代万户以下小县之长（"秩五百石至三百石"①），是直属于郡国守相的官员，级别不低。但其下是否还有属吏，《汉书·百官公卿表》未载。不过，答案是肯定的，见于四川近年来考古发现的新材料。

1974年3月3日，都江堰渠首外江河床出土的东汉李冰石像铭文云："建宁元年（168）闰月戊申朔廿日都水掾尹龙、长陈壹，造三神石人。"都水掾尹龙，正是汉代蜀郡都水长、丞之掾吏。至于"长陈壹"，冯广宏先生释"长"为"都水长"省称，指出陈壹是县一级的水利管理官员，认为碑铭表明汉代有都水掾和都水长，负责管理古堰。②可备一说。要之，此都水长或为汉代专门于重要水利工程所在县所设。2005年3月，都江堰鱼嘴西侧外江河床中又出土"建安四年正月中旬故监北江堋太守守史郭择、赵汜碑"，碑文云：

三年□□□间，择、汜受任监作北江堋……掾史、都水郭苟任奋，杜期履历平司，择、汜以身帅下，志□□□，□□作堋，旬日之顷，堋鄢竟就备毕。

落款云：

时堋吏李安、傅阳，作者赵□卿，郑□□、□彦□、苏子印、□定卿、杨叔财等百余人……出家钱勒石纪行。③

从这一通由众人出资所成的功德碑铭可知，都水掾，又曰都水掾史，确为

---

① 《汉书·百官公卿表》。
② 冯广宏主编：《都江堰文献集成·历史文献卷（先秦至清代）》，巴蜀书社2007年版，第8页。
③ 冯广宏主编：《都江堰文献集成·历史文献卷（先秦至清代）》，巴蜀书社2007年版，第11~12页。

都水长、丞下属官吏。①不过，从落款人"时堋吏李安、傅阳"可知，直接管理古堰的专职人员是时堋吏，由他们带领工程人员亦即"作者"群负责具体施工和日常的古堰管理工作。至于都水长吏，主要是负责郡县政府的水利工作，以及在古堰具体岁修工程负责政府职能的领导和监管职责。

需指出的是，在农业文明时代，农业是国民经济的基本部门，水利确为农业的命脉，是国家和地方政府的大事，所以秦汉时期虽然政府设有专门负责水利事务的都水机构，但郡国守相和县令长也有领导水政的职责，也要抓水政，这就是史籍中常见他们亲自领导、主持重要的兴水利、除水患工程记载的原因。这一点，历朝都一样，而在巴蜀历史上尤其成为突出的历史通例。秦汉时期，不仅前有"李冰为蜀守，冰能知天文地理，谓汶山为天彭门，乃至湔氐县，见两山对如阙"，亲自进行实地勘测调查，主持"壅江作堋""通笮道文井江""导洛通山洛水"，在沫水、江水汇合的南安"凿平溷岩"，"又识齐水脉，穿广都盐井、诸陂池"，使蜀地"水旱从人，不知饥馑，时无荒年，天下谓之天府也"。②其后又有西汉时期在天下首开郡国兴学先河的著名蜀守文翁，"穿湔江口，溉灌繁田千七百顷"③。李冰、文翁不仅是古代首开风气的封疆大吏，而且可谓在地方水政方面成就突出的典范。

魏晋以后，水利机构仍然是政府的重要组成部分。如蜀汉以汉王朝正统自居，自然继承了汉代基本体制，并在都江堰设置堰官，专门管理都江堰水利事务。曹魏设水衡尉，官秩六品。又设水部郎，属于尚书一级的官员，入晋后改称都水使者，刘宋仍之，至齐改称水部郎中，梁、陈则称大舟卿，其所属机构为都水台；地方水利官员仍为都水长、丞。唯这一时期屡经政局更替，文献阙略，巴蜀地方水利制度多失载。但从南北朝时期，今都江堰市境内曾设

---

① （汉）许慎：《说文解字》手部："掾，缘也。"朱骏声《说文通训定声》云："掾本训当为佐助之谊，故从手。"朱说是，故"掾"为历代属官的通称。《集韵·缐韵》："掾，官名。"《玉篇·手部》："掾，公府掾史也。"《汉书·萧何传》："（何）以文毋害，为沛主吏掾。"《后汉书·方术列传》："许杨，字伟君，汝南平舆人也，少长术数。……汝南旧有鸿郤陂，成帝时，丞相翟方进奏毁之。建武中，太守邓晨欲修复其功，闻杨晓水脉，召议之。因署杨为都水掾，使典其事。杨因高下形势，起塘四百余里，数年乃立。百姓得其便，累岁大稔。"
② （晋）常璩撰，刘琳校注：《华阳国志校注》，巴蜀书社1984年版，第201～210页。
③ （晋）常璩撰，刘琳校注：《华阳国志校注》，巴蜀书社1984年版，第214页。

"溠（即'堰'）官县"①，推测其时或仍继承蜀汉诸葛亮设堰官专管都江堰之制。据宋代赵明诚《金石录》所收《晋护羌校尉彭祈碑》铭②，晋朝蜀郡官府有蜀渠都水行事、蜀渠平水、水部都督等官，显然是负责水政的官员。时蜀郡辖郫、成都、广都、繁、江原、临邛诸县，其余巴蜀诸郡县水政机构及其员吏的设置当与之并无二致。而南北朝时期，从刘宋任豫《益州记》、萧梁李膺《益州记》残本均记及其时都江堰渠首或其二江体系的某些水利设施，特别是北魏郦道元《水经注》记载更为详细具体来看，都江堰水利体系在当时仍基本在运转，则地方政府的水政亦应大体维持。

隋以后，中央政府实行三省六部制，水利事务归工部，由工部尚书掌管。工部下设四司，其中之一即水部，专司水利；其官员或称水部侍郎，或称水部郎中，或称司川大夫，或称司水。其所设机构初称都水台，后改称都水监。唐代亦初称都水台，后称都水署，再后又改称都水监、司津监，一度复称水衡。其下设机构为舟楫署、河渠署。据《新唐书·百官志》，水部设"郎中、员外郎各一人，掌津济、船舻、渠梁、堤堰、沟洫、渔捕、运漕、碾硙之事"。都水监设"使者二人，正五品上，掌川泽、津梁、渠堰、陂池之政，总河渠、诸津监署"。河渠署设"司一人，正八品下；丞一人，正九品上。掌河渠、陂池、堤堰、鱼醢之事。凡沟渠开塞，渔捕时禁，皆专之"。此外，中央通过御史台派遣官员巡视地方，形成对地方水利的稽查机制。而地方水利，则"诸州堤堰，刺史县令以时检行，而蒇其决筑。有埭，则以下户分牵"。"府县以官督察，丞二人，从七品上，掌判监事。""主簿一人，正八品下，掌运漕、渔捕、程会而纠举之。"③

宋代基本继承了唐朝水利管理体制。根据《宋史·职官志》，中央政府仍以工部下辖水部，水部设郎中、员外郎各一人，"掌沟洫、津梁、舟楫、漕运之事。凡堤防决溢，疏导壅底，以时约束，而计度其岁用之物"。"分案六，置吏十有三。"④水部以下的都水监，设"判监事一人，以员外郎以上充任；

---

① 冯广宏主编：《都江堰文献集成·历史文献卷（先秦至清代）》，巴蜀书社2007年版，第35页。
② （宋）赵明诚：《金石录·晋护羌校尉彭祈碑》，《四部丛刊续编》卷二〇，上海书店1984年影印本。
③ 《新唐书·百官志》。
④ 《宋史》卷一一六《职官三·工部》。

同判监事一人，以朝官以上充任；丞一人，主簿一人，并以京朝官充任"；轮遣丞一人，"或一岁、再岁而罢。其有谙知水政，或治三年"；使者一人，"掌中外川泽、河渠、津梁、堤堰疏、凿、浚、治之事；丞参领之"；"导水溉田及疏治壅积"。至元代，根据《续通典》，都水监"置监二人，少监一人，掌治河渠，并堤防水利、桥梁、闸堰之事"。

两宋时期，巴蜀地方水利照例均由州县地方官吏负责，地方官员对待水利也很重视。《宋史·河渠志》对地方水政的分工合作机制有明确规定："差宪臣提举，守臣提督，通判提辖。县各置籍，凡堰高下、阔狭、深浅，以至灌溉顷亩，夫役、工料及监临官吏，皆注于籍，岁终计效，赏如格。"①由此形成在路府州层面御史台官员（宪臣）稽查监察、地方行政长官（守臣）督导，通判主管的地方水政体制；县官则负责领导域内水利的工程形制规格、劳役工料，派员具体领导和监修。但都江堰堰官设置的情况，也未见记载。

元王朝开国以来就讲求农桑水利，除设司农司专掌农桑水利外，继承了宋时地方水利的管理体制，规定"凡河渠之利，委本处正官一员，人皆知水利人员以时浚治。如别无违碍，许民量力自行开引。或民力不足者，提举河渠官相其轻重，官为导之"②。在四川地区，政府除负责全川的水政稽查外，依例领导都江堰灌区的岁修工程。另有御史监察系统监督管理，负责工程经费审核、官员政绩考核，权限颇大。如元惠宗元统二年（1334），金四川肃政廉访司事吉当普就对都江堰原定的133处岁修工程大幅削减了101处，"得要害之处三十有二，余皆悉罢之"③。

明朝中央水利机构仍然属于工部。根据《明史·职官志》，工部下设都水清吏司，置郎中一人，正五品；员外郎一人，从五品。"都水典川泽、陂池、桥道、舟车、织造、券契、量衡之事。水利曰转漕，曰灌田。岁储其金、石、竹、木，卷扫，以时修其闸坝、洪浅、堰埭子、堤防，谨蓄泄以备旱涝。无使坏田庐、坟隧、禾稼。""凡诸水要会，遣京朝官专理，以督有司。"《大明会典》也载："都水清吏司郎中、员外郎主事，分掌川渎、陂池、桥道、舟车、织造、衡量之事。"

---

① 《宋史·河渠志》。
② 四川省文物考古研究院：《渠江流域古遗址调查简报》，《四川文物》2005年第6期。
③ 《元史·河渠志》。

此外，明朝一开始就重视水利，并在巴蜀地方水利制度方面有所创新。明初曾设营四司专掌水利，洪武年间又特派国子监生"分行天下，督吏民修水利"。弘治三年（1490），明廷派员外郎刘世熙四川按察司佥事，专管都江堰堰务，并管理各州府水利。嘉靖年间，除按察司佥事提督都江堰水利外，又专设水利道，管理水政。隆庆元年（1567），将四川水利、茶法、屯盐合归一道，这一体制后来长时期延续。

清朝前中期，仍以工部属下的都水清吏司为水利职官机构，到晚清则有了改革。据《皇朝通典》，该司设郎中六人，员外郎六人。"都水掌河渠、舟航、道路、关梁、公私水事"，并"掌河防、海塘、淀泊、川泽、陂池水利之政令"。到光绪二十四年（1898）设农工商部，其下又设农务、工务、商务、庶务四司，其中"农务掌农桑、屯垦、树艺、畜牧，并隶通各省水利，汇核支销"①。

在巴蜀地方水政方面，清代也有机构制度变革。清初，以四川成都府同知主管长江江防。康熙八年（1669），在四川设松茂成绵道，驻岷江上游的茂州（今阿坝州茂县），兼管全省的水利行政事务，负责都江堰等水利工程工款的拨付核销和灌区跨行政区水利纠纷的调节。雍正初，在松茂成绵道下设成都水利同知，以德尔格为首任水利同知，议准"四川省成都府同知分驻灌县，专司都江堰工"②。到雍正十二年（1734），水利同知府遂移驻灌县，初名"管粮水利厅"，内设东西两案：东案专办堰工；西案办理五屯粮饷，巡查河工。后来撤除西案，堰务由东案统一办理。乾隆二十九年（1764），又曾以通省盐茶道兼管全省水利。嘉庆二十五年（1820），成绵道移驻成都，仍由其主管全川水利行政；其下属成都水利同知衙门，或称水利厅，主官曰水利同知，吏员若干，继续专门负责管理都江堰堰工，直至清末。

（二）政令法规

中国作为世界上最古老的农业文明，水利历来受到政府的重视，包括帝王诏令在内的相关法律法令、政策规章源远流长，与时俱进，臻于完善，亦为古代水政方面的珍贵遗产。

自上古传说中的大禹治水以来，防止片面壅堵、以疏导为主的成功经验，

---

① 《大清会典》。
② 《大清会典事例·工部》卷九三〇。

久已成为夏商周历代水政的智源，渗融在后世制度法令中。如西周著名政治家邵公在谈到"防川"这一水利问题时就指出："为川者决之使导"，强调必须防止"川壅而溃，伤人必多"的灾难性后果。[①]春秋时期，天下分裂，但诸侯国之间的国际会盟，与会诸侯达成的著名协议中，就明确规定了水利方面的内容："毋壅泉"[②]，"毋壅利"[③]，"毋障谷"[④]，"毋曲堤"[⑤]，"毋曲防"[⑥]，意即不准堵塞水流，不准以邻为壑，不得为一己之利而贻害他国。《云梦秦简》的《田律》中，也规定春二月"毋敢壅堤水"。秦始皇统一天下后也在著名的碣石记功碑铭中强调："决通川防，夷去险阻。"[⑦]

巴蜀地区上古水利成就辉煌，唯因文献散佚，其相关政令法规湮没已久，现存最早的水利法令，即是1980年青川县郝家坪出土的秦武王二年（前309）《为田律》，这份由秦国丞相甘茂等正式发布的律令，内容就是国家对农田水利的政策，其中关于水利的明确规定是："九月，大除道及除浍（浍）。十月，为桥，修波（陂）隄（堤），利津梁。"[⑧]秦用颛顼历，以十月为岁首，九月乃年尾。九、十月正值农闲时期，历来为水利工程集中实施的时间，故秦统治者统一要求九月修道路、疏浚沟渠，十月则修治桥梁、渡口、堰塘等。这是古代社会将民间水利事务上升为国家法律政策的典型史例，也是秦统治者在兼并巴蜀后就将其农田水利法令立即推行该地区的确证。

秦代水政中，还有定期举行的"祀水"典仪。《蜀王本纪》即载李冰溯江而上勘测天彭门后，曾在"江上立祠三所"，祭祀神灵；并在修建都江堰时，沿江立有三尊石犀以镇水。秦汉时期，祭祀江渎神已经纳入国家祀典，是政府法定的神圣仪式，每岁定时举行。汉承秦制，不仅祭江渎神照例举行，而且李冰也被神化。1974年都江堰渠首外江河床出土的东汉李冰石像及其铭文揭示，李冰石像作为"三神石人"之一，已经成为神庙中的偶像，由政府水利官员主

---

① 《国语·周语上》。
② 《穀梁传·僖公九年》。
③ 《左传·襄公十一年》。
④ 《公羊传·僖公三年》。
⑤ 《管子·霸形》。
⑥ 《孟子·告子》。
⑦ 《史记·秦始皇本纪》。
⑧ 详四川省文物考古研究院、青川县文物管理所：《四川青川县郝家坪战国墓群M50发掘简报》，《四川文物》2014年第3期。

持塑成，定期加以祭拜，并成为古代一以贯之的传统。

魏晋南北朝时期，巴蜀水利史料零散，其时政策法令难以知晓。民间相传有一蜀汉《九里堤护堤令》："丞相诸葛令：九里堤捍卫都城，用防水患，今修筑竣，告尔居民，勿许侵占损坏，有犯，治以严法，令即遵行。章武三年九月十五日。"此令原本立碑铭刻于成都西北古郫江的九里堤上，今已不存。或云此碑最早立于唐代，疑为假诸葛丞相名的依托之作；近年在三台县发现碑文拓本，也真伪难辨。①不过，诸葛亮谨慎治国，重视水利，专为都江堰设堰官，并"征丁千二百人主护之"，史有明载。②联系其事考察此令文字，考虑到当时郫江流量流速，为保护蜀汉都城安全，避免古郫江西北—东南向水势对其时成都城西北凸出部位（今九里堤一带）城垣尤其河岸的冲刷损毁，旧传诸葛亮筑堤护城，立碑颁令护堤之说，应非空穴来风。

前文已经指出，两晋南北朝时期虽然传世文献中巴蜀地区水利记载阙略，但文物资料反映其时蜀地都江堰等水利设施大体仍在运转，可知地方政府水政及其规章法令亦仍在生效。

唐朝水利立法活跃，法令法规颇为系统。唐代正式颁布了中国古代第一部系统的水利法典——《水部式》，这是中央政府主管水利的机构水部制定的水利工程管理法规。该法不仅规定了管理官员及其机构的职责，而且针对水利建设和各种用水情况作出了具体规定：凡"用水溉灌之处，皆安斗门"，"斗门不得私造"；"不得当渠造堰"；"凡浇田皆仰预知顷田，依次取用"；降雨水涨，渠道退水，应"令水次州县相知"；官田"计营顷亩，共百姓均出人工，同修渠堤"；用水部门中，应"先尽百姓溉灌"。唐代《营缮令》亦有对水利工程建设的规定："近河及大水有堤防之处，刺史、县令以时检校，若须修理，每秋收讫，量工多少，差人修理。若暴水泛滥，损坏堤防，交为人患者，先即修管，不拘时限。""计人工多少，申尚书省，听报始合役工。""诸侵水：堤内不得造小堤及人居。其堤内外各五步，并堤上种榆柳杂树。若堤内窄狭，地种拟充堤堰之用。"

唐代还有其他一些重要的法律或法令规制也涉及水政。当时明令要求："诸州堤堰，刺史、县令以时检行"，"禁争利者"。"凡渔捕有禁，溉田自

---

① 转引自四川省水利电力厅编：《四川水利志·建国前四川水利大事记》（内部资料）。
② （北魏）郦道元著，陈桥驿校证：《水经注校证》，中华书局2007年版，第766页。

远始，先稻后陆。"①《大唐六典》进而具体规定："凡水有溉灌者，碾硙不得与其争利；溉灌者又不得浸人庐舍，坏人坟隧。""凡用水自下始。""至溉田时，乃令节其水之多少，均其灌溉焉。"诸此法令，渠长、斗门长等基层官吏均须严格执行。《唐律》对水利方面的违法犯罪行为的惩治颇严峻，明确规定："诸不修堤防而失时者，主司杖七十；毁人家，漂人财务者，坐赃论减五等"；"诸盗决堤者杖一百"；"其故决堤防者，徒三年"。②

唐代的以上法令政策既是对历代水政经验成果的系统总结，又有新的发展提升，影响深远。这些法令虽然都是全国性的规定，但对巴蜀水利事业的发展却起到了非常大的促进作用。唐朝巴蜀水利事业的高度繁荣，都与这些法令政策的实施直接相关。

宋朝更为重视水利，在水政尤其是水利立法方面又有新的建树。根据《宋史·河渠志》的记载，北宋仁宗年间（1023~1063），就颁布了张君平等提出的排涝法规——《疏决利害八事》，其所谓八事是：商度地形，力役均定；施工罚罪；约束官吏；论劳施赏。禁修堰埧；挖筑堤垮；检视尺寸；占地除赋。景祐二年（1035）十二月，宋仁宗下诏："长吏领导民修水利、辟荒田者，赏之。"

宋神宗熙丰年间，王安石变法的重要内容之一，就是制定农田水利法。熙宁元年（1068）十一月，颁布了《农田水利约束》③，这是现存中国古代最早的一部较为系统的农田水利法。熙宁二年，"遣诸路常平官吏，专领农田水利事"，"行之有效，随大小酬赏"。宋朝于水政对官员要求严格，"修治不如法者罚之，规划措置为民利者赏之"。"为民利者，定其赏罚。凡修堤岸、植榆柳，则视其勤惰多寡，以为殿最。"④宋代皇帝多次发布水利政令，如熙宁六年，诏令"创水砲碾硙，有妨灌溉农田者，以违制论，不以赦原"。元丰六年（1083）诏："开废田，兴水利，民力不能给役者，贷以赏平钱谷。"南宋孝宗乾道九年（1173）八月，也曾下诏兴修水利。

以上法律诏令，均针对全国，自然包括巴蜀地区。宋徽宗大观二年（1108）七月，还专门针对都江堰岁修出现的严重贪污工程款行为，下诏颁布

---

① 《新唐书·百官志》。
② 《唐律》第二十七《杂律》。
③ 《宋史·神宗本纪》。
④ 《宋史·职官志》。

《蜀江修堰禁约》：

诏曰：蜀江之利，置堰溉田，旱则引灌，涝则疏导，故无水旱。然岁计修堰之费，敷调于民，工作之人并缘为奸，滨江之民困于骚动。自今如敢妄有检计，大为工费，所剩坐赃论；入己，准自盗法；许人告。[①]

这对避免地方官员鱼肉乡民，保障都江堰大型水利体系的持续运转，促进"天府之国"经济社会的发展，无疑有积极的作用。宋代巴蜀经济文化发达，居天下前列，繁荣的农田水利乃其基础。

元代建朝伊始就重视农桑水利，并制定了许多政策法令。史载元世祖忽必烈即曾下诏"颁《农桑辑要》之书于民，设劝农官、劝农司、司农司。司农司专掌农桑水利"；又颁布《农桑之制》十五条。[②]规定"凡河渠之利，委本处正官一员，人皆知水利人员以时浚治。如别无违碍，许民量力自行开引。或民力不足者，提举河渠官相其轻重，官为导之。地高水不能上者，命造水车。贫不能造车者，官给车材，俟秋成之后，验使水之家，俾均输其直。无利者凿井，井深不能得水者，听种区田"。"近水村疃，应凿池养鱼，并鹅鸭之属，及种莳莲藕芡芰蒲叶，以助衣食。"[③]上述政策法规，比前代更为明确具体，细致周详，亦更具针对性和可操作性。

有明一代颁布过较多的水利法令诏书，这与明王朝始终重视水利分不开。史载建国之初，"太祖诏所在有司：民以水利条上者，即陈奏"。洪武二十七年（1394），"特谕工部，陂圹湖堰可蓄泄以备旱涝者，皆因地势修治之"[④]。明初这些诏令政策，对天下水利的兴修，起到了很好的推动作用。与之相应，有许多具体政策法令和原则，如《明史·职官志》规定："舟楫、砲碾者不得与灌田争利，灌田者不得与转漕争利。"可见当时水政原则是漕运优先，其次是农田灌溉，再次是水能的其他利用。而水利工程征用劳动力的政策，是"役民必以农隙，不能至农隙，则僱功成之"。亦即只能农闲时开工修治，否则应采用雇工方式。对于违法者，《明律》有严厉的处罚条令："凡不

---

① 《宋大诏令集·田农》卷一八二。
② 《续文献通考》。
③ 《续文献通考》；《元史·食货志》。
④ 《明史》卷八八《河渠志》。

修河防，及修而失时者，提调官吏各笞五十"；"盗决河防者，杖一百"；"盗决圩、陂塘者，杖八十"；"若不修圩岸，及修而失时者，笞三十"。正统二年（1437）规定，"令有司秋成时修筑堤岸，疏浚陂塘，以便农作。仍具疏缴报，俟考核以凭黜陟"。弘治十八年（1505），"令各府州县治农官，不能别项差占，年终所辖水道通塞浚否缘由，造册奏交，考核黜陟"。嘉靖七年（1528），"令各处抚按守巡官严督所属，以时修浚堤岸、坝陂、堤堰、沟渠之在境内者"。

对于巴蜀水利，弘治三年（1490）升刑部员外郎刘昊为四川按察司佥事，并敕令："成都府灌县地方旧有都江堰，近年以来，多被官校人等创造碾磨，或私开小渠，决水捕鱼，以至淤塞水利，伤害田禾及本省所属州县平旷地土数多，随处皆可修筑塘堰，蓄水灌田。兹特命尔提督成都佐贰官，并郫、灌等州县、各卫所官，将都江堰以时疏浚修砌，严加禁约势要官校旗军人等，不许似前侵占阻塞。仍督同各州县卫所抚民、捕盗、管屯等官，相兼管理，相度地方兴举水利，务臻实效，无事虚文。敢有不遵约束，沮坏水利之人，拿问如律。应参奏者，奏请处之，毋得因而科扰，有损无益，致人嗟怨。如违罪，不轻宥。"①上述法令政策，对禁约势要官校旗军人腐败，维护都江堰大型水利工程的持续运转，显然有积极的作用。

清代也于建国之初就提倡水利，顺治十一年（1654）下诏："近年水患为灾，民生重困，皆因水利失修，致误农工"，因而诏令"地方官悉心讲求，疏通水道，修筑堤防，以时蓄泄，俾水旱无虞，民安乐利"②。康熙三十九年（1700）向大臣下谕："水田之利，不可太骤。若克期齐举，必致难行，惟于兴作之后，百姓知其有益，自然鼓励效法，事必有成。"乾隆二十七年（1762）下谕："倘将洼地尽改作秧田，雨水多时自可借以储用，雨泽一歉，又将何以救旱？""地利不能强同。"以上诏谕所论，展示了统治者对农田水利问题认识的深化，对其正确制定相关法令有积极意义。由于水利对于国计民生的特殊重要性，清代法律中也有关水利的律令，如"工律"中就有四条是关于河防水利的法律条文。光绪三十三年（1907）制定的《新刑律草案》，就明确规定了"关于放水、决水及水利之罪"的惩治条款。

---

① 《明孝宗实录》卷三六。
② 《清史稿·河渠四》。

对都江堰等巴蜀水利，雍正九年（1731）覆准："四川省灌县都江为岷山分流，经成都、华阳、新津、温江、崇庆、彭、崇宁、新都、金堂等县及简州，直入资阳、内江、富顺、泸州，归入川江，各县田亩借以灌溉，水道堤堰关系重要。每秋末水涸之时，该管官逐一勘估，冬月募夫修筑，春月报竣。"乾隆十三年（1748）议准："川省岁修都江等堰，每年动支盐茶耗羡银二千五百十二两有奇。又议准：民间堤埝原无给价助修之例，止以年岁偶欠，估发半价，官为助修。至于被灾深重，而所议之功又系有关蓄泄机宜，急应修理之工，给发半价。恐尚不敷，该督抚将实在情形，并作何筹划酌办之处，于疏内分析声叙，请旨遵行。倘偶遇偏灾。其所作工程又非迫不及待之工，不得概行声叙陈请。"①

清代巴蜀地方官吏在水利政策规制上也有创新。康熙元年（1662），四川巡抚佟凤彩就指出：都江堰"疏浚之水道，易为泥沙壅塞。欲为永久计，必行令用水州县，照粮派夫，每年淘凿，庶民不忧旱"②。史载当年成都、郫县、新繁、崇宁、金堂、温江、新都、灌县八县合计夫336名，大修年增至1008名③。雍正时，四川巡抚宪德进一步提出了更合理的规定："都江堰灌区九县……自今丈量已竣，亩数可稽……查九县田亩，惟灌、郫、崇宁三处得水最近，获利最溥；其温江、新繁、新都、金堂、成都、华阳离都江大堰有一百余里者，其用水之处，不能无迟早多寡之殊；则出银之处，宜略为区别。如郫、灌、崇三处，每亩派银二厘，温江、新繁、新都、金堂、成都、华阳，每亩派银一厘五毫。又华阳县内有用水略少之田，每亩派银一厘；庶得均平。按九邑丈量清册，实在用水田亩……共田七十六万五百三十九亩零，通用派银一千二百八十二两二钱三分九厘。"④这些获得批准后实行的新规定，无疑更符合实际。清代官员黄廷桂曾两度出任四川总督，任期内均对四川水利有贡献。其中于雍正十一年（1733），重修通济堰；乾隆十八年（1753），则因"四川滨江诸县引江水溉田，余多山田，每苦旱"，遂"饬通省勘修堰塘"。

---

① 《大清会典事例·工部》卷九三〇、卷九三一。
② （清）佟凤彩：《题修都江大堰疏》，冯广宏主编《都江堰文献集成·历史文献卷（先秦至清代）》，巴蜀书社2007年版，第571页。
③ 《古今图书集成》卷五八七。
④ （清）宪德：《都江堰酌派夫价疏》，冯广宏主编《都江堰文献集成·历史文献卷（先秦至清代）》，巴蜀书社2007年版，第578～580页。

此令的颁行，无疑有益于巴蜀广大山区、丘陵地区水利和农业的发展。

第二节 古代都江堰灌区的水利制度及其影响

一、设堰官专职管理

长江上游的巴蜀地区水文化起源很早，并且在战国晚期融汇黄河流域和长江中下游水文化，催生了人类水利文化的光辉结晶——都江堰。都江堰不仅在工程技术和文化理念方面非常杰出，而且在古代水利制度和水政方面多有创举，亦堪称典范。

古代都江堰大型水利体系的典范成就和特点之一，是其很早就形成了设堰官亦即专职机构进行管理的体制。

中国古代地方官员历来有管理水利的职责。自战国晚期秦蜀郡守李冰领导创建都江堰以来，该堰所在地方的行政建制迭有变迁，但具体负责管辖的无论是郡、县或州、府等地方政府及相关官员，一般情况下都照例承担起了对辖区内水利事务的领导管理工作，这一点与全国其他地方并无二致。都江堰水利制度的突出特点在于，它不仅得到地方政府长官及其水利职能机构的领导，而且很早就有政府设置的专职官吏及其机构处理堰务，具体负责岁修、分配用水等方面的管理工作。

对于都江堰专职堰官的设置，过去或推测1974年堰首工程外江河床出土的东汉李冰石像铭文中的"都水掾、长"即汉代堰官，或据《水经·江水注》的记载①，认为堰官之设始于蜀汉诸葛亮执政时。均不确。前已论述，都水为地方政府水利机构，"都水掾、长"乃其官吏，是政府全面管理辖区内水利政务的吏员，并非都江堰的专职堰官。至于《水经·江水注》云诸葛亮"征丁千二百人主护之，有堰官"②，并非说蜀汉时方"始有堰官"。综合迄今为止所见到的新旧资料，可以肯定堰官的设置比诸葛亮北征时早。前引近年都江堰出土的东汉建安四年《郭择、赵汜碑》，明确记载蜀郡郡府官员——太守守史

---

① 《水经注·江水》："诸葛亮北征，以此堰农本，国之所资，以征丁千二百人主护之，有堰官。"［(北魏)郦道元著，陈桥驿校证：《水经注校证》，中华书局2007年版，第766页］

② (北魏)郦道元著，陈桥驿校证：《水经注校证》，中华书局2007年版，第766页。

"择、汜受任监作北江堋"，蜀郡太守陈溜高君上任后又委派"掾史都水郭荀任舌"、杜期履历平司，亦即与本已负责监作的太守守史郭择、赵汜共同领导此次冬季修治北江堋。与此同时，碑文落款又明确记载了捐资刻碑人"堋吏李安、傅阳"等，本书前已论述北江堋即都江堰，则堋吏即堰吏，确证早在建安时期以前，汉代已经有专职堰吏。以此看来，诸葛亮时专设一支"千二百人"的兵丁队伍常年护堰，无疑为新的创举，"有堰官"云云，只是恢复或依例继续设立堰官。

值得注意的是，明代蜀中著名学者杨升庵的《金石古文》中，著录有《秦蜀守李冰湔堋堰官碑》，碑铭谓李冰建堰之时已有堰官，然碑今已不存，杨说无以验证。不过，此碑亦见载于近人所辑《灌州金石录》①，从近年来渠首岁修时几次发现汉代石像和石碑，可知该碑或为旧时出土或明朝尚可见到的古碑。而从建安四年郭择赵汜碑有"堋吏"，亦可知都江堰专职管理机构人员的设置确实很早，唯秦时是否已设则待考。

另外，堰官之设虽然很早，但史料欠详，尤其自隋唐以来，都江堰堰官史籍失载，情形扑朔迷离，其沿革尚不清楚。复因历史上战乱或朝代鼎革等故，都江堰也多次失修瘫痪，堰吏因而曾阙设，也应为史实。

古代都江堰堰官恢复的明确记载见于明代。弘治年间，四川巡抚丘鼐鉴于堰务废弛，明廷虽然自洪武时就开始特派国子监生"分行天下，督吏民修水利"②，然"其来也远，其居也暂"，故建议恢复历史上专职管理之制。弘治三年（1490），明廷派员外郎刘世熙任四川按察司水利佥事，专管都江堰堰务，以及灌区各州县水利，都江堰堰官遂正式恢复。嘉靖年间，除按察司佥事提督堰务之外，朝廷又专设水利道，管理水政。到隆庆元年（1567），明政府设置"四川水利盐茶道"，把四川水利、茶法、屯盐合并为一道，并长期沿袭。其中的水利管理对象主要就是都江堰，并负责灌区十三个县的灌溉供水、通航运输等水费、关费的征收和开支。

清代以松茂成绵道管理全川水利，雍正六年（1728），在松茂成绵道下设成都水利同知府，又称水利同知衙门，派员"分驻灌县，专司都江堰工"③。

---

① 蒲春蔚：《灌州金石录》，该书现存都江堰市文物局。
② 《续通志·食货略》。
③ 《清实录》。

主管都江堰堰务的成都府水利同知衙门，设水利同知一人，典吏七人，帮书六人，差役（又称水勇）四十余人，并有堰长及夫头等，管理都江堰。水利同知在藩库领取薪俸；典吏、帮书则在成绵道支取工食银及公费；差役工食银在华阳县交纳的地丁银内拨发。水利同知衙门因有木筏、船税等收入，且水利工程抢修开支后的结余可"分润办事人"①，遂被视为"优缺"，故同知任期多为1~2年，很少连任。宣统年间，改置劝业道，水利同知衙门遂由该道管辖。

二、灌区的系统管理

古代都江堰管理的另一典范成就和特点，是很早就形成了全灌区以至流域管理的系统机制。

都江堰作为综合性大型水利工程，其功能在建堰之初就广泛涉及水路航运、行洪排涝、农田灌溉、城市供水等诸方面。汉代以降，农田灌溉的功能逐渐突出，故文献中文翁引水扩大蜀地灌区，"穿湔江口，灌溉繁田千七百顷"②，诸葛亮"以此堰农本，国之所资，以征丁千二百人主护之，有堰官"③，均着眼于农本。同样，《汉沈子琚碑》所记也是郡、县地方官发展农田水利，致使五稼丰茂，人民归附的史事。④至于《郭择、赵汜碑》更强调蜀守"陈溜高君下车，闵伤犁庶，民以谷食为本，以堋当作"⑤。成都平原上的农田水利以利用地形优势的自流灌溉为突出特征，以树谱状的大小支渠构成的都江堰大型无坝引水体系为依托，整个灌区的灌溉供水、分水，通航运输，岁修人力、工料的征集使用，都需要系统的管理，这在宋代以来的史籍中已有记载。宋代都江堰的管理就实行"差宪臣提举，守臣提督，通判提辖"协作机制，其下"县各置籍，凡堰高下、阔狭、深浅，以至灌溉顷亩，夫役、工料及监临官吏，皆注于籍，岁终计效，赏如格"⑥。元朝继承了都江堰灌区管理的体制，史载其官堰岁修点达"百三十三所，役兵民多者万余人，少亦千人。

---

① 民国22年《灌志掌故》。
② （晋）常璩撰，刘琳校注：《华阳国志校注》，巴蜀书社1984年版，第214页。
③ （北魏）郦道元著，陈桥驿校证：《水经注校证》，中华书局2007年版，第766页。
④ 详《汉沈子琚碑》又名《绵竹江堰碑》，（清）常明等修：《四川通志·金石》，清嘉庆二十一年刻本；李长馥：《四川通志》，清嘉庆年间刊本。
⑤ 见冯广宏主编《都江堰文献集成·历史文献卷（先秦至清代）》，巴蜀书社2007年版，第9~10页。
⑥ 《宋史》卷九五《河渠志》。

其下犹数百人。每人七十日，不及七十日，虽事治，不得休息……至今上皇帝（元顺帝）即位之明年（元统二年亦即公元1334年），佥四川肃政廉访司事吉当普巡行周视，得要害之处三十有二，余皆悉罢之"①。从其下文可知，元朝官方确定的上述133处岁修工程点位，分布于都江堰"所溉六州十二县"，亦即整个都江堰灌区，包括"成都之九里堤，崇宁之万工堰，彭之堋口、丰润、千江、石洞、济民、罗江、马脚诸堰"，此次皆在吉当普大幅削减的101处之列，以便集中解决"得要害之处三十有二，余皆悉罢之"。②

与宋元时期一样，明清时期专管都江堰堰务的机构，如明代四川按察司水利佥事和清代的水利同知衙门，都一并负责都江堰工程及其灌区十三个县的灌溉供水、通航运输等水费、关费的征收和开支，具有明确的全灌区以至流域管理的制度性质，这不仅符合都江堰水利体系的特点，而且非常科学有效。此种机制的起源、形成，应当很早。如史载诸葛亮设堰官，"以征丁千二百人主护之"。学者或谓蜀汉自此即以这一千二百兵丁负责岁修，但这些常备军应如史料原文所记，主要用于护卫整个都江堰水利工程体系，岁修时亦参与工程修治。从后世记载的岁修工程所用人力数量之大看，这一千二百兵丁至多可应付平常冬季都江堰渠首的岁修，若遇大修或特修，则显然不敷其用。如元代都江堰官工每年所征调的役夫，少者数百上千人，多者达一万人，大修时军队也调来应役；明代都江堰岁修，每年动用的兵力、人力平均达五千人。因此，诸葛亮为保蜀地农本而常设的这支护堰兵丁，也有可能分驻于都江堰渠系的各主要节点，负责日常的护卫管理工作。相传章武三年（223），诸葛亮就在成都城西北郊筑九里堤防郫江水患，并立碑颁令护堤："九里堤捍卫都城，用防水患，今修筑竣，告尔居民，勿许侵占损坏，有犯，治以严法，令即遵行。"③郫江为李冰所穿二江之一，系都江堰水利体系的主干渠，水量丰沛，晚唐高骈筑罗城改道以前，从西北流向成都城垣，九里堤一带首当其冲，建沿岸堤防势在必行，故学者或称此令为我国目前所见最早的防洪法。④蜀汉时期采取的上述措

---

① （元）揭傒斯：《大元敕赐修堰碑》，《元史·河渠志》；另见冯广宏主编《都江堰文献集成·历史文献卷（先秦至清代）》，巴蜀书社2007年版，第192页。
② （元）揭傒斯：《大元敕赐修堰碑》，《元史·河渠志》，见冯广宏主编《都江堰文献集成·历史文献卷（先秦至清代）》，巴蜀书社2007年版，第192~196页。
③ 《文物》1983年第5期。
④ 谭徐明：《都江堰史》，科学出版社2004年版，第161页。

施,反映了都江堰灌区水利体系整体管理的早期情形,无疑是古代巴蜀地区水利智慧的杰出体现。由此可知,上引揭傒斯《大元敕赐修堰碑》记元代官方将九里堤列为都江堰岁修工程重要点位,应为由来已久的传统。

都江堰水利工程体系规模大,不仅需要设立机构进行专门管理,而且需要按灌区进行整体管理。历史证明,该堰源远流长的专职堰官制度和全灌区乃至流域的系统管理体制,对于都江堰大型水利工程体系千百年来的持续运转,无疑起到了重要的制度保障作用。不仅如此,都江堰堰官制度设置的成功经验,影响并推广及于通济堰等巴蜀其他重要水利灌溉设施,虽然后者的管理机构往往是民间的,官方只起提倡督导作用,但民间专门管理机构的设置及其组织的岁修工程,对这些古堰的长期良性运转同样起到了积极的作用。

三、完善的岁修制度

(一) 考古资料反映的早期岁修

世界上很多古老的文明都曾有过著名的大型水利工程,但都在历史的长河中陆续湮没消失了,唯有都江堰跨越了两千多年的漫长历史,至今仍具有蓬勃的生命力。都江堰从古至今始终保持青春活力的一个重要原因,就是其一以贯之的科学的岁修制度。

都江堰的岁修形成于何时?由于都江堰历史悠久,早期传世文献阙略,这一问题至今未得解决。笔者认为,对岁修制度的起源和形成,比较合理的解释应是,建堰之初即已起源,至迟在汉代即基本形成。首先,都江堰的工程模式和技术手段,决定了它每年洪水过后,堰体都会受到一定损坏,河道必然发生推移致砂石的淤塞,因而必须定期每岁修治;其次,修治的时间只能在冬春之际;再次,秦以耕战立国,汉承秦制,以秦汉政府对都江堰的高度重视,即便在平常的情况下,也决不能让都江堰陷于瘫痪,因而必然在秦汉之际就形成初步的岁修制度。以上所论,固然合于逻辑,亦非毫无根据,但终究缺乏坚证,仍属推论。所幸近年来都江堰渠首外江河床陆续有重要考古发现,尤其是其中的石刻铭文,为我们探索这一问题提供了新的可能。

下面谨就前引东汉建安四年郭择、赵汜碑等资料的记载,对此作一些分析讨论。郭择赵汜碑云:

(建安)三年□□□间,择、汜受任监作北江堋,堋在百京之首。冬寒凉慄，□刃□□□，不克□□。时陈溜高君下车，闵伤犁庶，民以谷食为本，以埛当作，□□□兴□公，掾史都水郭荀任甶，杜期履历平司；择、汜以身帅下，志□□□，□□作埛。旬日之顷，埛鄢竟就备毕。

从碑铭叙事顺序推测，郭择赵汜受任监作北江埛之时，应在蜀郡太守"陈溜高君下车"亦即上任之前。碑铭云"冬寒凉慄，□刃□□□，不克□□"，虽有数字之迹漫漶不清，然通览上下文，其寒风如刀刃刺骨，因而不能顺利施工之大意还是清楚的。"高君下车"履新之后，鉴于天气严寒，工程艰难，且"闵伤犁庶民以谷食为本，以埛当作"，因而增派掾史都水郭荀、杜期加强对此次冬季修治北江埛的领导工作。由于"掾史都水郭荀任甶，杜期履历平司；择、汜以身帅下，志□□□，□□作埛"，可谓上下齐心，众志成城，因而"旬日之顷，埛鄢竟就备毕"。从碑铭全文可知，建安三年和四年冬春之际的此次都江堰修治，并无水灾背景的记载，可知是为一次正常的岁末修治，而且是在新的郡守上任之前即已经开始，足见应属按程序依例开展的工作，证明其时岁修确已经成为制度或惯例。

都江堰渠首工程地处岷江出山口甫入平原之地，江水由深山峡谷中的激流立转为平原上的缓流，每岁均有大量砂石沉积，尤其是卵石等大粒径推移质在渠首鱼嘴一带大量堆积①，容易很快造成渠首工程的淤塞。这样的大型无坝引水工程必须以岁修为制，按时清淤淘河，方能持续运转，因此，冬季岁修之制必然在工程建成之时即已初步形成。秦人素有冬季由政府主导进行水利修整的制度，前引青川县郝家坪秦墓出土的秦《为田律》关于冬季"十月为桥，修波（陂）隄（堤），利津梁"的明确规定，十分清楚地反映了这一史实。由此可见，都江堰工程的岁修制度，应在建堰之后不久即已经初步形成，并为汉代继承并加以完善。

岁修制度，指的是每年冬春之际枯水时节对都江堰工程进行的系统维护、修治和必要的更新，由此形成的全社会官民同遵共守的传统制度，包括在每岁进行维修的基础上，复有每隔数年的大修，或针对具体情况进行的特修。

---

① 根据20世纪40年代～90年代的长时段测量资料，岷江上游河谷经常发生山体崩塌和泥石流等缘故，导致岷江上游平均每年悬移质、推移质分别为845万吨、150万吨左右，河床质卵石粒径一般为124～248毫米，最大达800毫米，而其大粒径的推移质在河道出山口的都江堰鱼嘴一带大量堆积，因此，定期清淤历来为都江堰岁修工程的主要任务。

中国古代地方上的重要水利工程的兴建维修，历来有政府主持进行的传统。《郭择赵汜碑》铭文就揭示，汉代都江堰水利工程的维修，政府依制要直接领导管理，对口的政府职能机构官员即郡县的都水掾和都水长。这与秦汉传世文献中地方上水利政务的主管职能机构是都水的记载吻合，形成较为充分的印证。不仅如此，前引《汉沈子琚碑》铭文亦反映，蜀地其他重要的水利工程的修治，同样要由都水掾、水曹史等负责水政的官员领导。[①] 值得注意的是，1974年3月都江堰渠首外江河床出土的东汉李冰石像铭文云："建宁元年（168）闰月戊申朔廿日都水掾尹龙、长陈壹，造三神石人。"反映都水官员对都江堰的管理，不仅包括工程技术层面的水利事务本身，而且包括每年对李冰等神圣偶像的祭祀活动，进而要负责祭祀偶像和祠庙的监造修缮。

此外，从政府层面看，除开郡县政府水政机构都水官员的专业管理，都江堰工程的岁修尤其是大修或特修，官府往往还要另外派员监作，以加强领导管理。如从《郭择、赵汜碑》可知，郭择赵汜是以"太守守史"的身份受命监修都江堰工程之职的[②]，则至少东汉时期重要的岁修，如大修，还往往要临时加派另外的官员，以加强领导和监管。

最后，《郭择、赵汜碑》铭文还反映，都江堰岁修制度的管理主体分为两级：一是郡县都水机构，主要发挥统筹领导的管理职责；二是地方政府下属的堋吏（或曰堰官）机构，作为专职的日常管理者，在岁修中须要发挥具体组织为数众多的"作者"亦即役夫施工的领导作用。需要指出的是，《郭择、赵汜碑》铭中的堋吏不止一人，说明当时堰官是通过其领导下的专职机构来对都江堰进行管理的。其后诸葛亮"以征丁千二百人主护之，有堰官"[③]，同样反映了早期堰官管理的系统化趋势。宋元以来古代后期尤其明清时代都江堰专职管理机构的演进，莫不反映了这一性质特点。堰官或曰堋吏机构的设置，其任务首先应为组织实施岁修，同时自然还包括古堰运转的日常维护管理。

（二）岁修制度的完备和实施

以上所论，初步揭示了古代都江堰岁修制度、机构的起源、发展情形。岁修制度的完备尤其具体贯彻实施，还需要系统的准则程序、时序组织，以及经

---

① 地属广汉郡绵竹县，系绵水（今称绵远河）上的堰渠。
② 该碑自身全名为"建安四年正月中旬故监北江堋太守守史郭择赵汜碑"，见冯广宏主编《都江堰文献集成·历史文献卷（先秦至清代）》，巴蜀书社2007年版，第9～10页。
③ （北魏）郦道元著，陈桥驿校证：《水经注校证》，中华书局2007年版，第766页。

费、工料的划拨征集、规划开支。

1. 科学合理的岁修准则

岁修工程需要有科学的准则程式，作为施工的规制依据。史载都江堰岁修最早的水则依据，是由李冰制定的。《华阳国志》记李冰"壅江作堋"后，乃"于玉女房下白沙邮，作三石人，立三水中，与江神要：水竭不至足，盛不没肩"①。白沙邮位于故白沙镇，在都江堰上游白沙河、古湔水入汇岷江交汇处。1959年岷江山口兴修紫坪铺电站，白沙镇已由白沙河口右岸移迁左岸。上引文"立水中"，《水经注》作"作三石人立三水中"，三水应指岷江干流及湔堰所分内外二江。石人早已不存，然所谓"与江神要：水竭不至足，盛不没肩"，显系当时希望的正常水位范围。可见矗立于三条河渠中的石人，不仅起着测量水位的水则作用，而且与岁修淘挖河床深浅的准则直接相关。学者或以为石人之足与肩之间的高度，应该是当时湃缺（溢流堰）的堰高②，可为一说。

唐五代以后，用于度量水位的都江堰渠首江岸水则应已形成。《宋史·河渠志》：

离堆之趾，旧镵石为水则，则盈一尺，至十而止。水及六则，流始足用，过则从侍郎堰、减水河泄而归于江。岁作侍郎堰，必以竹绳自北引而南，准水则第四以为高下之度。江道既分，水复湍暴，砂石填委，多成滩碛。岁暮水落，筑堤壅水上流。春正月则役工浚治，谓之穿淘。③

这是都江堰离堆古代已有水位刻划、相当于今日水文站水尺的水则的最早记载，距今已有一千多年的历史。考虑到都江堰已逾千年历程，岁修之制亦已久成传统，联系涪陵白鹤梁长江最枯水位石刻题记已早至唐代宗广德元年

---

① （晋）常璩撰，刘琳校注：《华阳国志校注》，巴蜀书社1984年版，第202页。
② 谭徐明：《都江堰史》，科学出版社2004年版，第100页。
③ 《宋史》卷九五《河渠志》。

（763）二月等资料①，则以上"旧镌"云云，说明"镌石为水则"，应非宋代发明，确实由来已久。侍郎堰、减水河相当于今内江飞沙堰、人字堤溢洪道，北宋时规定其堰顶平水则第四划，并明确要求每岁对"砂石填委，多成滩碛"的"浚治"为"穿淘"，充分揭示其岁修已有"深淘滩，低作堰"之旨，这同样也应是由来已久的传统准则和规制。自《史记》有《河渠书》、《汉书》有《沟洫志》以后，正史中从《宋史》始有《河渠志》，得以系统记载了都江堰枢纽结构、渠系分布、灌区管理，尤其是关于岁修制度的资料，而此前则因史书体例而失载。考虑到唐五代四川社会稳定，经济文化繁荣，深淘低作之准则必已久为定制。

水则作为测量水位、岁修淘河的准则，其后一直成为传统。宋元时期的水则位置均在今三道崖附近，只是比较宋代水则共十划，元朝水则仍以尺为度，但已经增加为十一划。至明代万历时，水则下移至宝瓶口内江左岸与离堆相对的位置，水则已为二十划，一说二十四划，依然每划一尺，沿用至今。

岁修淘滩作堰严格依则进行，反映了自古以来"深淘滩，低作堰"的深刻理念，此六字被先民奉为治堰岁修的金诀。关于这六字诀，文献多有记载，且都归于李冰所创。《元史·河渠志》，"北江少东为斗鸡台，台有水则，又书'深淘滩，高作堰'六字其旁"。文中"高作堰"之"高"字应为引述笔误，元代揭傒斯《大元敕赐修堰碑》作"低"，甚是。其文云：

北江少东为虎头山，为斗鸡台，台有水则，尺为之画，凡有十一（一座"十有一"）。水及其九，其（一作"则"）民喜；过，则忧；没其则，则困。乃书"深淘滩，低作堰"六字其旁，为治水之法，皆李冰所为也。②

"深淘滩，低作堰"六字诀究竟起于何时？至今未有定论。学界大致形

---

① 涪陵长江江心水下岩盘白鹤梁上有石刻双鱼，其侧石刻题记云："（唐代宗）广德元年（763）二月，大江水退，石鱼见，郡民相传丰年之兆。"此为历史上关于长江最枯水位的最早明确纪年题刻。另乾隆《巴县志》所载《碑目考》："重庆汉江水底，石盘上碑形天成，见则年丰，一名雍熙碑，一名灵石，汉晋以来皆有石刻，非汛水枯涸极，不可得见，见则年丰。"雍熙碑在重庆朝天门嘉陵江、川江汇口脊石上，则为时更早。

② （元）揭傒斯：《大元敕赐修堰碑》，见冯广宏主编《都江堰文献集成·历史文献卷（先秦至清代）》，巴蜀书社2007年版，第192~196页。

成了三种观点：①秦蜀守李冰建堰之时，依据是明代四川著名学者杨升庵《金石古文》所收的《秦蜀守李冰湔堋堰官碑》即已有"深淘埋，浅包鄢"六字遗则①，因而建堰之初即已有岁修制度。②始于南北朝，依据是明代曹学佺《大明一统名胜志·四川》卷六引北魏郦道元《水经·江水注》逸文云："李冰作大堰于此，立碑六字曰：深淘潬，浅包鄢。"②潬、鄢为滩、堰古字。③始于宋朝，依据是《宋史·河渠志》正式出现的都江堰岁末修治"穿淘"之说："岁暮水落，筑堤壅水上流，春正月，则役工浚治，谓之穿淘。"民国《都江堰水利工程述要》亦载："宋开宝五年壬申，重刻'深淘滩，低作堰'六字诀于灌口江干。"③综考三说和各方面的资料，第③说显然失之过晚；笔者认同《蜀中名胜志》所引《水经·江水注》逸文的史料价值，既然如此，就只能认为其佐证了第①说所谓六字诀为李冰遗则的观点，则第②说亦失之拘谨，且逻辑上略欠周延。就史料考订的角度而言，古籍的成书年代与其所引史料的年代应有区分，后者往往比前者早，因而不宜一概以后者定前者，既然《水经·江水注》逸文云"李冰作大堰于此，立碑六字曰：深淘潬，浅包鄢"，则应考虑结合史实背景取前者。从战国晚期都江堰创建以来，该堰一直沿用下来，如无切合水、地之宜的科学岁修原则，实难如此。

六字金诀结合水则的应用，成功地解决了古代岁修难题。以宋代都江堰工程为例，根据《宋史·河渠志》，渠首内江工程主要由鱼嘴、侍郎堰（飞沙堰）、宝瓶口等设施构成。为了保证将内江引水量控制在所需范围内，内江河道之底的高程和与之相应并建在冲槽上的侍郎堰（飞沙堰）顶的高程，都必须结合水则高度加以合理确定。如河道底的高程越高，则侍郎堰越高，也就越易被冲毁，导致内江之水顺冲槽尽归外江，使宝瓶口几无水可进，形同虚设。这个千古一以贯之的问题，只能在岁修时按"深淘滩，低作堰"的"穿淘"金诀来科学解决。

所谓"深淘滩"，就是要在每年冬天岁修时深挖河道，清除淤积的砂石，使内江河道断面得以保障稳定的江水过流断面，具体即要达到《宋史·河渠

---

① （明）杨升庵：《金石古文》卷三《秦蜀守李冰湔堋堰官碑》；蒲春蔚：《灌州金石录》。
② （明）曹学佺：《大名一统名胜志·四川》卷六《成都府》六《灌县》引《水经注》轶文。
③ 民国四川省水利局编：《都江堰水利工程述要》。但此句原文出处不明。

志》所谓"水及六则,流始足用"的标准。①所谓"低作堰",具体到侍郎堰(飞沙堰),就是堰顶的相对高程必须适度,以免过高则影响到溢洪排砂的效果。《宋史·河渠志》对此指出:"水及六则,流始足用,过则从侍郎堰、减水河泄而归于江。"因此,"岁作侍郎堰,必以竹绳自北引而南,准水则第四以为高下之度"。亦即侍郎堰(飞沙堰)顶的高程应以渠首江岸水则的第四划为准。这种"用绳牵平测量,以定淘挖深浅之准"的传统办法,直至清光绪三年(1877)丁宝桢大修都江堰时仍在沿用。

为了确保"深淘滩,低作堰"的准则得以切实贯彻,除了将这六字金诀刻石垂示,并"镌石为水则"外,历代还采取了多方面的技术手段和措施。

明曹学佺《蜀中名胜记》谓"都江口旧有石马埋滩下",以之作为岁修时淘滩深度的标准。清代道光年间,成都水利同知强望泰岁修时曾挖出两个石兽,或即所谓石马。又相传古人为标志淘滩清淤应及层位埋有铁板,明代正德年间的四川水利佥事卢翊就曾在岁修时,淘滩"深及铁板"。埋藏于河道的石马、铁板,应是明代甚至更早时期,人们为岁修淘滩深度设置的标尺。由于岷江洪水湍急,古人设置的标志物常常被冲失或淤埋,反映了先民为实现科学岁修的艰辛曲折。明朝万历四年(1576),正式在凤栖窝底埋下铭有"永镇普济之柱"六字的卧铁一根。后也被冲失,清代又加以补铸。乾隆三十一年(1766),为防止卧铁再度冲失或淤埋不见,遂以铁链缚所埋铁柱,并在上方立碑以标志卧铁所在。道光二十年(1840),强望泰在宝瓶口后的三泊洞上游挖沟时发现万历四年铁柱,将之重新埋回凤栖窝清代铁柱旁。同治三年(1864),成绵龙茂道观察何咸宜又补铸一根刻有"缵绪贻则之柱"六字的卧铁,与前此两根并埋于凤栖窝。光绪十年(1884)再度冲失一根,为解决卧铁淤磨难寻问题,水利同知庄裕筠遂在凤栖窝崖壁立碑,铭文注明"卧铁在此崖下",且碑与卧铁高差33米,平距7米。民国时期,又补铸卧铁一根,并在三根

---

① 到元代,《元史·河渠志》指出:"北江稍东为虎头山,为斗鸡台,台有水则,以尺画之,凡十有一。水及其九,其民喜,过则忧,没其则则困。""水及其九",则进入内江的流量既能充分满足成都平原生产生活用水需求,又不至于导致洪涝,这需要每年冬天严格依深淘低作之则进行岁修。清乾隆王来通辑《灌江备考》中载:清明作秋田时,水淹至五六划;立夏、小满,成都州县普遍插秧,水淹七八划至九十划。根据1949年以来的实测数据,内江断流最低水位为水则五划;灌区扩大后,春灌用水增多,春水十三划流始足用,十六划为洪水警戒水位,灌区河堰即须准备防洪。

卧铁旁设置铜标，高程海拔726.02米（比飞沙堰低2.05米）；铜标上方浇筑混凝土标准台，台分五级，每级高0.4米，台顶高程海拔728.07米，相当于飞沙堰顶部高度。这就最终基本解决了都江堰岁修淘滩作堰的高度标准问题。

鉴于"深淘滩，低作堰"岁修治堰思想的重要性，清同治十三年（1874），灌县知县胡圻将其总结为三字要诀，铭刻于灌县二王庙：

六字传，千秋鉴。挖河沙，堆堤岸。分四六，平涝旱。水画符，铁桩见。笼编密，石装健。砌鱼嘴，安羊圈。立湃阙，留漏罐。遵旧制，复古堰。

光绪三十二年（1906），城都知府文焕进一步修改之，并且也铭于二王庙壁：

深淘滩，低作堰，六字旨，千秋鉴。挖河沙，堆堤岸。砌鱼嘴，安羊圈。立湃阙，留漏罐。笼编密，石装健。分四六，平涝旱。水画符，铁柱见。岁勤修，预防患。遵旧制，毋擅变。

除了千古想穿的六字金诀外，先民在每岁修治都江堰的历程中，还总结出了另外一些重要准则和理念。如光绪元年（1875），成都水利同知胡均所撰著名的八字格言：

遇弯截角，逢正抽心。

这同样是千百年来都江堰岁修在疏浚河道方面的宝贵经验总结，具有很强的科学准则指导价值，因而被镌刻在二王庙壁，一直为世人所会心赏析。同样被尊为八字格言的还有：

乘势利导，因时制宜。

此为清人吴涛所撰，也镌刻在二王庙壁，从更为富于哲理的高度，深刻总结了都江堰工程两千多年来的科学和人文理念，无论对岁修治堰或理世治国，均颇具启发意义。

2. 约定成俗的岁修时序

自古以来的都江堰岁修,均有严格的时序习俗和制度。对此,前人所撰《天时地利堰务说》有云:

> 天地阴阳化生万物……阴阳之顺逆,理势之相宜,类如斯也。
>
> 由此而推修堰之法,以及水性、节令。如每岁修堰,必在立冬后者,何也?盖此时天寒水冻,江流渐消,庶可淘滩、作堰。须先筑土堤埂一道,以逼江水南行。挖淘工及有半,又外筑砂堤埂一道,抽换土埂。至冬至时而山谷点滴细流,凝聚成冰,且雨雪尚积山谷,不能入江,正是挖淘用工之际。至若夏秋所淤塞沙石,挖淘一尺,得水一尺。深淘至交春时,堤埂水面要比堰底高五尺,堰底比堤埂水面低五尺为合法;如开堰放水,至惊蛰节,水还消尺余,确不误事;此"深淘滩"之法也。竹笼砌鱼嘴分水处,要比水面高五尺,渐至离堆山脚高一丈为合法;堰长百丈,长则能截春夏水入堰;低则能泄秋野水还大江;此"低作堰"之法也。……
>
> 盖六字心法,久治久验,全在以惊蛰节间河水消定为凭。但月有闰余,节令有迟早不等,务必乘时。……窃以日月经天,各有度数;堰水灌溉,亦有画则。果能开堰修淘,能以顺天地之造化,合水性之消长,按节令之气候,用工深淘、浅筑,则水满田渠,农民庆欣。①

此文作者不详,初见于清代乾隆时期都江堰二王庙道士王来通编著的《灌江备考》一书,冯广宏先生认为该文当即王来通自撰,可备一说。②文章从天地阴阳之演化顺逆立论,充满了传统的文化意味,而其对都江堰岁修时序安排的阐述,则显然是历代经验的总结,具有很强的科学性和可行性。具体说来,清代以来岁修的时序,严格按照节令安排如次:霜降节祀神下杩槎,以内江导流,开始截断外江,小雪淘挖河床;至立春,外江穿淘结束、开始放水导流,转而截断内江,穿淘内江河床;到次年三月清明节,岁修工程完成,复开内江放水,并举行开水典礼,由成都知府和主管水利官员(民国时期则由四川省主

---

① (清)王来通:《灌江备考》,乾隆刻本。本处引自冯广宏主编《都江堰文献集成·历史文献卷(先秦至清代)》,巴蜀书社2007年版,第666~667页。
② 冯广宏主编:《都江堰文献集成·历史文献卷(先秦至清代)》,巴蜀书社2007年版,第667页。

席和建设厅长）主祭江神和李冰。清代的这一"修堰之法"，不仅与"水性、节令"相关，且因冬季农闲便于征集组织足够的役夫而切实可行。

3. 沿革成制的工役组织

在征集组织役夫进行都江堰等大型水利设施的岁修工程，秦汉以降与国家劳役制度密切相关。秦自商鞅变法以来，实行小家庭政策，严禁"民有二男以上不分异者"，以扩大国家的赋役收入；又实行"耕织致粟帛多者复其身"的政策，即以免除徭役来奖励耕织成绩突出的编户齐民。上述徭役或简称役，涉及"戍、漕、转、作"等方面①，即戍边、漕运、转运和大型公共工程造作，后者包括皇帝陵寝、城郭宫室、道路桥梁，也包括修治堤防沟渠以至农田水利设施。秦并巴蜀后，也将上述制度、法令和政策推广到了巴蜀，前引青川县郝家坪秦墓木牍《为田律》即反映了这一史实，其文云：

以秋八月，修封捋（埒），正疆（疆）畔，及癹千（阡）百（陌）之大草。九月，大除道及除邻（浍）。十月，为桥，修波（陂）隄（堤），利津□。②

以上律令所提到的工程，按国家规定，均由编户齐民承担的劳役完成。秦始皇兼并天下后，由于大修骊山陵墓和驰道、直道，并在关中、关外大造宫殿，史称"一岁力役三十倍于古"、③急政暴虐，终致灭亡。

汉代徭役制度规定，成年男子一生要服兵役两年。此外，每年要在本郡服役一个月，叫作更卒或卒更，属于近役；不服役者则以两千钱代役，叫作践更，政府以之雇人充役。此种以钱代役之制，叫作更赋。承担国家大型工程力役的役夫或曰役者，史籍中称为"作者"。如《史记·秦始皇本纪》即称建造阿房宫的役夫为"阿房宫作者"。近年出土于都江堰渠首河床的建安四年《郭择、赵汜碑》铭文，亦径称建安三年冬天承担都江堰岁修工程的役夫为"作者"，并记其中单是次年出资建碑歌颂郭择、赵汜功德的"作者赵□卿、郑

---

① （汉）司马迁《史记·秦始皇本纪》："关东群盗并起，秦发兵诛击，所杀亡甚重，然犹不止。盗多，皆以戍、漕、转、作事苦，赋税大也。请且止阿房宫作者，减省四边戍、转。"

② 四川省博物馆、青川县文化馆：《青川县出土秦更修田律木牍——四川青川县战国墓发掘简报》，《文物》1982年第1期；四川省文物考古研究院、青川县文物管理所：《四川青川县郝家坪战国墓群M50发掘简报》，《四川文物》2014年第3期。

③ 《汉书·食货志》。

□□、□彦□、苏子印、□定卿、杨叔财等百余人"，足见这次岁修役工人数众多，亦证明"作者"乃秦汉时期徭役制度一以贯之的术语。

魏晋南北朝时期，在国家赋役制度下，蜀地政府承担都江堰维护修治工作的役制仍一以贯之，然亦有所变革。如《水经·江水注》即记蜀汉丞相诸葛亮高度重视都江堰的"农本国资"地位，特别"以征丁千二百人主护之，有堰官"①。在每年依制岁修的基础上，又建立一支由兵丁组成的专业队伍常年四时守护，实为加强管理的重大举措。或以为这些兵丁亦要承担岁修力役，可备一说。不过，这处于所处时代条件的特殊措施，绝非偶然。都江堰渠首工程所在，历来是控扼四川盆地尤其成都平原与川西高原少数民族地区的军事要地②，诸葛亮此举，可谓一举两得，兼收军事战略和水利维护之功效③。从汉末《郭择赵汜碑》可知，岁修时役夫人数众多，必然涉及征集和管理等一系列问题。其间的细节因史籍失载，已难稽其详，但必与其时国家户口徭役制度直接相关，则是无疑的。综合传世和出土文献，这些由郡县乡里地方机构征集的劳动力，从郡内不同居住地来到都江堰后，应是在都水官员和"堰官"或曰"堋吏"组织领导下，有序地进行和完成岁修工程。

隋唐时期，继续实行汉代以来以向政府纳钱或物代役的制度。隋朝沿用北魏以来的租调制，租调数量和农民服役时间均有减轻，并规定"民年五十，免役收庸"，即交纳一定的绢代替服役。唐代的租庸调制，规定"有田则有租，有家则有调，有身则有庸"，具体即每丁每年要向国家纳粟二石，叫作租；纳绢二丈、绵三两或布两丈五尺、麻三斤，叫作调；服役二十天，曰正役。不服役者每丁按每天纳绢三尺或布三尺七寸五分的标准，交足二十天的数额以代役，叫作庸，或曰"输庸代役"，政府另外征人代役。秦汉以来的这种代役制度，在政府组织的大型工程中一直延续下来，唐五代之后保存较多的都江堰水利体系岁修工程史料中多有反映。

---

① （北魏）郦道元著，陈桥驿校证：《水经注校证》，中华书局2007年版，第766页。
② 早在四千多年前的宝墩文化时期，其地上、下芒城的两座古城遗址就以双重城壕为特征，提示具有强化军事防御的特质，与宝墩文化其余诸城形成对比。
③ 其后都江堰一带也常驻军队，并参与岁修等工程。如李焘《续资治通鉴长编》卷二七四载宋代其地因"正控两山六州军隘口"，先后为永安军（乾德四年，966）、永康军（太平兴国三年，978）；《元史·河渠志·蜀堰》亦载元代伊始，这里亦行"郡县及兵家共掌都江之政"；明代也常以军队参加都江堰岁修工程。

宋代文献中，都江堰修治的役夫人力组织也有了一些新的变化发展。如《云笈七签·道教灵验记》即记载，其时都江堰岁修，"赋税之户，轮供其役"①，修治工程采用的是按户分段包干具体工程任务的办法，这种岁修役法的改革，有利于提高工程的效率。另一方面，有关资料显示，这些轮役的"赋税之户"一般是都江堰水利体系覆盖范围亦即受益地方的农户，因而这种劳役又属于古代近役，役者"籍（名籍）在修堰之内，邑吏底名分地以授之，自冬始功，讫年而毕"②。其时"每岁孟春，役徒万亿，太仓为之给粟，长吏为之监工"③。工程浩大，以至出现"永康军岁治都江堰……吏盗金，减役夫"④的违法腐败事件。

元代沿袭了这种由都江堰灌区农户承担岁修工程之役的传统，并以驻军参与其事。对此，揭傒斯《大元敕赐修堰碑》铭记金四川廉访司事吉当普元顺帝至元元年（1335）大修都江堰时曾叙及此制："初（或本作先是），郡县及兵家共掌都江之政。延祐七年（1320），其兵家奏请独任，郡县乃以其民分治下流诸堰，广其增修而大其役，民苦之；至是（按：指至元元年）复合焉。"又记其时都江堰岁修云："有司岁治堤防百三十三所，役兵民多者万余人，少者千人，其下犹数百人。人七十日；不及七十日，虽事治不得休息。不役者三日一缗。富屈于资，贫屈于力，上下交病。会其费，岁不下七万缗。毫发出于民，十九藏于吏；概之出入，不足以更费。"⑤针对"水失其道、民失其力、吏乘其弊""上下交病"的状况，金四川廉访司事吉当普"征工发徒，以至元改元（至元元年，即1335年）十有一月朔，肇事于都江堰"。这次大规模治理都江堰水利体系，集中于"要害之处三十有二"，重心是渠首工程，开工早于往年。其余暂未施工者，"若成都之九里堤，崇宁之万工堰，彭之堋口、丰

---

① （宋）张君房：《云笈七签》卷一二一，载冯广宏主编《都江堰文献集成·历史文献卷（先秦至清代）》，巴蜀书社2007年版，第77页。
② （宋）张君房：《云笈七签》卷一二一，载冯广宏主编《都江堰文献集成·历史文献卷（先秦至清代）》，巴蜀书社2007年版，第77页。
③ （宋）冯伉：《移监离堆山伏龙观铭并序》，载冯广宏主编《都江堰文献集成·历史文献卷（先秦至清代）》，巴蜀书社2007年版，第111页。
④ 《宋史》卷二四七《赵不忧传》。
⑤ 按此句本或作"概其所入，不足以更费"。其文是。（明）宋濂《元史·河渠志》据揭傒斯《大元敕赐修堰碑》铭写成，其文此处亦为："会其费，岁不下七万缗，大抵出于民者，十九藏于吏。而利之所及，不足以偿其费矣。"（《元史·河渠志·蜀堰》）

润、千江、石洞、济民、罗江、马脚诸堰，工未及施而诏，亦责长吏及农隙为之"。由于工程浩大，"是役也，石工、金工皆七百人，木工二百五十人（或本二百五十三人），徒三千九百人；而蒙古军居其二。粮为石，千有奇；石之材取于山者，百万有奇；石之灰以斤计，六万有奇；油半之；铁六万五千①；麻五千撮。其工之直、物之贾以缗计，四万九千有奇，皆出于民之庸，积而在官者，余廿万一千八百缗，责灌守以贷于民，岁取其息，以备祭祀，若淘滩、修堰之共。仍蠲灌之兵民常所徭役，以专其（或本作供）堰事"②。

明朝伊始即"加意水利"，但也加重了巴蜀地区的水利工程差役。史载都江堰灌区岁修时，"每岁冬春之会，令得水州、县与军、卫、屯、所，共役人夫五千"③。可见平均每年兼用民夫、兵丁就达到五千之多。成化九年（1473），四川巡抚都御史夏埙巡视都江堰堰务，认为"远人赴役不便"，改行新法，因而专由郫县、灌县抽调劳力承担堰务，而二县的"杂派科差，均摊得水州县。（郫县、灌县则）专备工料，以供堰务"④。其后正德十五年（1520）四川水利佥事卢翊继续采取按田产摊派劳役的办法，"下令以粮三石，派夫一名，分八班，凡八年一周"⑤。此种按田产摊派劳役的办法，形成固定的岁修劳动力组合，有助于岁修工作的进一步制度化。

清初巴蜀政局大致稳定后，都江堰岁修工程恢复，仍沿袭明代以来按田产摊派劳役之制的传统。顺治十八年（1661），巡抚佟凤彩提出："欲为永久计，必行令用水州县，照粮派夫，每年淘浚，庶民不忧旱，而国赋渐增矣。"⑥次年亦即康熙元年（1662），渠首工程恢复，正是此制已行之证。据康熙二十年温江知县王日讲《水利详文》所载灌县验申"前事"申称："都

---

① 《元史·河渠志·蜀堰》作"铁六万五千斤，麻五千斤。最其工之直、物之价，以缗计者四万九千有奇，皆出于民之庸"。其文是。
② （元）揭傒斯：《大元敕赐修堰碑》，载冯广宏主编《都江堰文献集成·历史文献卷（先秦至清代）》，巴蜀书社2007年版，第192~196页。本处引述时标点有所调整。
③ （明）王元正、杨慎等：嘉靖《四川总志》卷一六《成都府·水利》，载冯广宏主编《都江堰文献集成·历史文献卷（先秦至清代）》，巴蜀书社2007年版，第237页。
④ （明）王元正、杨慎等：嘉靖《四川总志》卷一六《成都府·水利》，载冯广宏主编《都江堰文献集成·历史文献卷（先秦至清代）》，巴蜀书社2007年版，第237页。
⑤ （明）王元正、杨慎等：嘉靖《四川总志》卷一六《成都府·水利》，载冯广宏主编《都江堰文献集成·历史文献卷（先秦至清代）》，巴蜀书社2007年版，第237页。
⑥ （清）佟凤彩：《题修都江大堰疏》，嘉庆《四川通志·堤堰》。

江大堰乃成、华、温、郫、新、双、崇等州县用水之源，兵民命脉，国赋根本，每年年前雇夫，自正月初一日，各县典史、堰长督夫到工，兴修至清明工竣。"①按照其制，不仅灌区各县典史、堰长督夫到工，而且往往县长也亲自率属下役夫到场处理堰务。该制规定，渠首工程役夫数额为"大修额夫一千零八名，小修额夫三百三十六名"，但因"其时民田未经丈量，仅计块出夫，灌、温、郫、崇、金、成、华及新都、新繁，共计八百三十名。咸以用水之多寡，为出夫之标准"②。康熙四十八年，针对"川民不知亩法，向以块计，故都江堰功按田派夫，不无畸轻畸重"之弊，加以大修费用不足，官府遂"易派夫为折银"，"每夫一名，折银一两"，"得水州县，照折有差"③。雍正七年（1729），巡抚宪德上疏：由于川省"田地向来不知亩数，惟有计块出夫。今丈量已竣，亩数可稽，若仍以田块较算，不无大小悬殊之别，实属不均"，应"计亩出夫，随时修筑"。建议将各地摊派劳力改为摊交水费，由当地收款后雇工代役，并在次年即正式施行按田亩得水先后分级征收水费的制度。

上述都江堰渠首工程岁修之制，可谓全川水利范例。都江堰外江堤堰如石牛堰岁修，即由崇庆、灌县"居民计粮出夫，分工修浚"④。各地民堰大抵如此，并延续至晚清民国时期。

4. 多源多样的经费渠道

古代都江堰等巴蜀水利工程岁修等建设的经费，大致有四个来源：政府财政拨款、专门税捐（专项赋税）、民间自筹、个人捐款。

都江堰作为大型水利工程，其创始修建以至岁修经费的一个主要来源，即政府拨款。政府拨款又分中央和地方财政两个渠道。唐以前由于文献阙略，都江堰工程建设、维修方面国家府库开支的记录失载，但政府拨款的存在毋庸置疑。唐代高骈在成都修筑罗城，该城既是军事防御工程，又是大型水利设施，与都江堰水利系统密切相关，甚至本身就是该系统的重要组成部分，用工和经费开支浩大。唐僖宗就曾下诏指出，罗城兴修工程用工"每日一十万夫，分筑四十三里"；整个工程总共"役徒九百六十万工，计钱一百五十万贯；卓哉懋绩，固我雄藩，罄府库之资储，舍阴阳之拘忌；但为国计，总忘身谋；并

---

① （清）王日讲：《水利详文》，嘉庆二十一年《温江县志》卷三一《艺文·考》。
② 民国《都江堰水利述要》。
③ 民国《都江堰水利述要》。
④ （清）陈梦雷：《古今图书集成·职方典》。

无黎庶之怨嗟，不请朝廷之接借"①。足见财政开支之巨。然从诏文中"不请朝廷之接借"之说可知，这笔巨大的经费，全出自地方财政。北宋冯伉《移建离堆山伏龙观铭并序》亦记，都江堰岁修"每岁孟春，役徒万亿，太仓为之给粟，长吏为之监工"②。"太仓给粟"云云，提示宋代都江堰修治中央财政似亦有支出。元代灌州也曾实行以贷款于民所获利息，用于都江堰岁修的制度。明代堰工开支政府亦有投入，史载"或支官料"③。清朝政府财政对都江堰岁修的开支有进一步扩大，明清之际巴蜀长期战乱导致都江堰荒废于草莽之间，尽管封疆大吏高民瞻、佟凤彩均组织岁修，灌区各县亦纷纷进行修治，但限于财力经费不足，一直难复昔日之功效。康熙十九年（1680），杭爱以都察院右副都御使出任四川巡抚，鉴于"此堰废弛已久，往岁修筑，仅以草率从事，故有历三春而水不至田，农人悬耒太息者。遂于是岁（康熙二十年）孟春，发帑金四百（本或作四万，是），遴委通判刘用瑞、游击钟声，往求离堆古迹而疏浚之。比至，果于榛莽中得离堆旧渠，砂石淤积久矣。盖历年堰水，惟从宝瓶口旁出，非离堆故道也。禹主治水，行无所事，李冰岂独不然？违其道而治之，毋怪乎用力艰而决防屡告耳"④。杭爱这次下决心大规模修复都江堰，使"民得耕稼以有秋，官吏相与庆于庭，士农相与歌于野"，所用经费，即出自国库。乾隆六年（1741），四川巡抚硕色奏请都江堰水利工程岁修经费由国库开支，获得批准。由此"堤岸、闸坝等工，俱动正项银粮。从前捐输各项，自乾隆元年为始，一概革除。都江堰所有计亩均摊，尽数豁免"⑤。然至乾隆末年，官拨经费款已经入不敷出，初由盐茶道给予补助。到嘉庆二十四年（1819），四川总督蒋攸铦呈请征收灌区各县义仓租谷（堰田收入），"以备堰工不敷经费"⑥；并由用水各州县捐助竹粮银730两。此后每年岁修"或加银

---

① （唐）唐僖宗（李儇）：《赐高骈筑罗城诏》，载冯广宏主编《都江堰文献集成·历史文献卷（先秦至清代）》，巴蜀书社2007年版，第55页。
② （宋）冯伉：《移建离堆山伏龙观铭并序》，载冯广宏主编《都江堰文献集成·历史文献卷（先秦至清代）》，巴蜀书社2007年版，第112页。
③ （清）张廷玉等：《明史·河渠志》。
④ （清）杭爱：《复浚离堆碑记》，载冯广宏主编《都江堰文献集成·历史文献卷（先秦至清代）》，巴蜀书社2007年版，第721～723页。
⑤ （清）光绪《增修灌县志》。
⑥ 民国19年《灌崇大新四县水利志》。

六七两至百余两不等"①。各县所交谷价银除支付岁修经费外，至道光二十八年（1848），余款所储已至银9500余两，并用此前以之生息所获息银3720两作为岁修补贴，因而从此年开始免除各县堰工银两；并将嘉庆二十五年（1820）以来征用的济田租谷归还各县。②

不过，无论中央或地方的财政支出，归根究底还是来自民间交纳的赋税。地方政府投入的经费，甚至本身就以工程受益地区的水利专门税捐（专项赋税）为主构成。宋代大观二年（1108）七月诏曰："蜀江之利，置堰溉田……然岁计修堰之费，敷调于民。"③随着宋代吏治逐渐腐败，"永康军岁治都江堰，笼石蛇绝江遏水，以灌数郡田。吏盗金，减役夫"④。这是官员用减少役工吃空缺的伎俩贪污工程款（也可能是"敷调于民"的民间款，但已变为公款）的记载。上引大观二年七月诏令亦指出，地方政府负责岁修"工作之人并缘为奸，滨江之民困于骚动"，因而严令："自今如敢妄有检记，大为工费，所剩，坐赃论。入己，准自盗法。许人告。"⑤

蜀地编户齐民承担修堰赋役之制，由来已久，前蜀杜光庭《道教灵验记》即谓："赋税之户，轮供其役。"⑥至于充当地方政府岁修工程经费的专门税捐（专项赋税），宋人有明确记载。南宋范成大《吴船录》曰：

崇德庙在军城西门外山上，秦太守李冰父子庙食处也。……出玉垒关，登山谒崇德庙……李太守疏江屠龙，有大功于西蜀，祠祭甚盛，岁刲羊五万。民买一羊将以祭，而偶产羔者，亦不敢留，并驱以享。庙前屠户数十百家。永康郡计至专仰羊税，籍羊税以充。甚矣，其杀也！余作诗刻石以讽，冀神听万一感动云。⑦

---

① 民国《都江堰水利述要》。
② 民国《金堂县志》。
③ 《宋史·河渠志》。
④ 《宋史·赵不百传》。
⑤ 《宋史·河渠志》。
⑥ （前蜀）杜光庭：《道教灵验记》，载冯广宏主编《都江堰文献集成·历史文献卷（先秦至清代）》，巴蜀书社2007年版，第77页。
⑦ 冯广宏主编：《都江堰文献集成·历史文献卷（先秦至清代）》，巴蜀书社2007年版，第171页。

范成大于淳熙二至四年（1175～1177）任四川制置使，以上引文即其淳熙四年五月从成都离任时，出发西行至都江堰的纪行文字，记载可靠而权威。其时祭祀李冰父子刲羊之税为数甚巨，不仅"永康籍羊税以充郡计"，以至有过"吏颇侵盗"遭致罢免的记载。①羊税不仅成为政府财力的重要来源，且杀羊祭祀李冰父子尤其被高度神化的李二郎，已不仅仅是民间信仰活动，而且是北宋以来政府管理都江堰水利事务之每岁重要内容，并成为后世传统。北宋著名大臣石介《记永康军老人说》对此有详细记述：

蜀人生西偏，不得天地中正之气，多信鬼巫妖诞之说。有灌口祠，其俗事之甚谨，春秋常祀。供设之盛，所用万记，则皆取编户人也；然官为之聚敛，盖公私受其利焉。民苦是役，过于急征暴敛。……国家尝大酺（祭祀二郎神诞辰），而永康屠羊豢豕之家，尤苦其役。盖官以峻刑急责，而强取其利。……及是复酺，公（永康判官刘随）先言屠人，出公帑钱平易之。是年，屠人乐输。公初出帑中钱也，有司执之以为不可，公斥之，独行；朝廷亦不问。……鲁国石介闻是说，起而舞曰：夫严先配庙，尊圣人也；斥灌口祠，禁淫祀也。②

可见宋代都江堰枢纽工程之处的崇德庙（今二王庙）供奉李冰父子的春秋常祀当时即已为"国家大酺"，祭祀典仪极盛，史称"万羊之祭"。③北宋欧阳忞《舆地广记》云："蜀李冰作大堰，以溉诸县……蜀人德之，立崇德庙祀之，蜀人奉祠，岁刲羊以数万计。"④南宋初年曾敏行《独醒杂志》："有方外士为言：蜀道永康军城外崇德庙，乃祠李太守父子也……祠祭甚盛，每岁用

---

① （宋）王象之：《舆地纪胜》卷一五一《成都府路永康军》，载冯广宏主编《都江堰文献集成·历史文献卷（先秦至清代）》，巴蜀书社2007年版，第184页。
② （宋）石介：《记永康军老人说》，《徂徕集》卷九。载冯广宏主编《都江堰文献集成·历史文献卷（先秦至清代）》，巴蜀书社2007年版，第124～125页。
③ （宋）牟巘：《牟氏陵阳集》卷二二《祭二郎文》，载冯广宏主编《都江堰文献集成·历史文献卷（先秦至清代）》，巴蜀书社2007年版，第185页。
④ （宋）王象之：《舆地纪胜》卷一五一《成都府路永康军》，载冯广宏主编《都江堰文献集成·历史文献卷（先秦至清代）》，巴蜀书社2007年版，第184页。

羊至四万余。凡买羊以祭，偶产羔者亦不敢留。"①

到元代，根据揭傒斯的《大元敕赐修堰碑》文，民间交纳的都江堰水利体系岁修专项赋税数量亦甚巨："会其费，岁不下七万缗。毫发出于民，十九藏于吏；概之出入，不足以更费。"具体征收办法是"有司岁治堤防百三十三所，役兵民多者万余人，少者千人，其下犹数百人。人七十日；不及七十日，虽事治不得休息。不役者三日一缗"。《元史·河渠志》的记载略有出入："不役者，日出三缗为庸钱"；总数则同为"岁不下七万缗"。但明确指出，岁修征费如此巨大，"而利之所及，不足以偿其费矣"②。可见国家征收的岁修专项赋税给当时民间造成的经济负担不轻。《大元敕赐修堰碑》记元顺帝元统二年（1334），佥四川廉访司事吉当普大修都江堰，累计"是役也……其工之直、物之贾以缗计，四万九千有奇，皆出于民之庸，积而在官者；余廿万一千八百缗，责灌守以贷于民，岁取其息，以备祭祀，若淘滩、修堰之共"③。可见其时灌州"民之庸积而在官者"已达二十五万余缗，吉当普此役工程空前浩大，共花费四万九千余缗，余款"廿万一千八百缗"贷民之息，可"以备祭祀，若淘滩、修堰之共"。这笔日后用于祭祀李冰父子和淘滩修堰的官款，考其源，仍是产生于灌州老百姓"专供堰事"这一近役的代役钱——所谓"民之庸"的利息。

明代地方水利的经费、人力和工料来源，前后并不统一，"或役本境，或资邻封，或支官料，或采山场，或农隙鸠工，或随时集事，或遣大臣董成。终明世，水政屡修"④。但在都江堰灌区，明初以来仍实行"每岁冬春之会，令得水州县与军卫屯所，共役人夫五千，竹木工料记田均输"；至成化九年（1473），四川巡抚都御史夏埙巡视都江堰堰务，认为"以远人赴役不便，又将郫、灌二县杂派（一作泛）科差，均敷得水州县，专备工料，以供堰

---

① 冯广宏主编：《都江堰文献集成·历史文献卷（先秦至清代）》，巴蜀书社2007年版，第162页。
② 按此句本或作"概其所入，不足以更费"。其文是。（明）宋濂《元史·河渠志》据揭傒斯《大元敕修堰碑》铭写成，其文此处亦为："会其费，岁不下七万缗，大抵出于民者，十九藏于吏。而利之所及，不足以偿其费矣。"（《元史·河渠志·蜀堰》）
③ （元）揭傒斯：《大元敕赐修堰碑》，载冯广宏主编《都江堰文献集成·历史文献卷（先秦至清代）》，巴蜀书社2007年版，第192~196页。本处引述时标点有所调整。
④ 《明史·河渠志》。

务"①。其后正德十五年（1520），四川水利佥事卢翊继续采取按田产摊派劳役的办法，"下令以粮三石，派夫一名，分八班，凡八年一周"②。四川的上述新法，实际上已经开了晚明"一条鞭法"将税粮和力杂差役全部计亩征钱、折办于官的先河。

清初以降，都江堰岁修工程仍沿袭明代以来按田产摊派劳役经费之制的传统。顺治十八年（1661），巡抚佟凤彩提出："欲为永久计，必行令用水州县，照粮派夫，每年淘浚，庶民不忧旱，而国赋渐增矣。"③康熙四十八年（1709），针对"川民不知亩法，向以块计，故都江堰功按田派夫，不无畸轻畸重"之弊，加以大修费用不足，官府遂"易派夫为折银"，"每夫一名，折银一两"，"得水州县，照折有差"。④雍正七年（1729），巡抚宪德上疏：由于川省"田地向来不知亩数，惟有计块出夫。今丈量已竣，亩数可稽，若仍以田块较算，不无大小悬殊之别，实属不均"，应"计亩出夫，随时修筑"。建议将各地摊派劳力改为摊交水费，由当地收款后雇工代役。由此次年即行按田亩得水先后分级征收水费。总体而言，计亩分级摊交水费的办法，比起更具人身强制性质的计亩派夫服役，相对减轻了农民的压力和负担，是一个历史进步。上述都江堰渠首工程计亩分级摊交水费劳力的岁修之制，亦影响到巴蜀广大地区的民堰，诸民堰的岁修，一般由用水农户推举或轮流担任的堰长、沟长负责主持，按堰规调集劳力、摊收水费。

巴蜀地区除都江堰这样的大型水利设施作为国家或政府工程，往往由灌区尤其受益民众以计亩摊收等方式征集解决经费问题外，农村大量的小型农田水利设施，则多由民间筹集资金、工料兴修和维护。史载唐代"眉州通义郡青神县，大和（827～835）中，荣夷人张武等百家请田于青神，凿山酾渠，溉田二百余顷"⑤。此种情况，历代均有。又如光绪《射洪县志》："乾隆庚午、辛未间，有乡民杨尧、冯栋等跨岗之西而东穿一石洞，欲引水灌田，以力匮则

---

① （明）王元正、杨慎等：《重修四川总志》卷一六《经略志·水利》，载冯广宏主编《都江堰文献集成·历史文献卷（先秦至清代）》，巴蜀书社2007年版，第237页。
② （明）王元正、杨慎等：《重修四川总志》卷一六《成都府·水利》，载冯广宏主编《都江堰文献集成·历史文献卷（先秦至清代）》，巴蜀书社2007年版，第237页。
③ （清）佟凤彩：《题修都江大堰疏》，嘉庆《四川通志·堤堰》。
④ 民国《都江堰水利述要》。
⑤ （宋）欧阳修：《新唐书·地理志》；嘉庆《四川通志·堤堰》亦云："鸿化堰在（青神）县北十五里，唐初（按当为唐后期）张武等所开。"

止。乾隆二十五年（1760），邑令何辰劝民捐资，督工横凿岭腹，导溪水以达于坝，分左右支，左支灌太和镇北杨村坝、纳镇坝田二千四百余亩；右支凿石开渠引灌谢家坝田六百余亩。是堰之成，众捐银一千三百余两，各田户计亩出银一千七百余两。"

普通民众经济能力一般均很有限，因而地方上捐资兴修水利者，多为大户或乡绅。清代王泽霖《新开长同堰碑》铭云："乾隆初，吾灌自玉堂场抵太平场，沿山皆旱地。十九年（1754），王来通等五人相度地势，于横山寺凿崖开渠三年，南达石崩江，置闸引水，命曰长流。后经履勘，于乾隆二十三年迄二十九年，续开至太平场下长生宫后，更号同流，合名长同堰，灌溉所及不下一万亩。是堰由二王庙道士王来通规划，县人艾文星、张金倍、王大舜、刘玉相各捐银五百两以为工费。"①捐资建长同堰的艾文星等五人，显然都是颇具实力之大户，而规划此堰的道士王来通对清代灌县一带水利亦颇有贡献。无独有偶，据乾隆《双流县志》，清初顺治年间，双流县三圣寺大朗和尚亦托钵募化，自双流金马河上游温江县左岸引水开渠百余里，自流灌溉温江、双流、新津三县之田六万八千余亩，史称大朗堰。乾隆《彰明志略》亦记清代彰明县（今江油市的一部分）有"姚济堰，明成化年间，本乡举人、云南楚雄推官姚本仁致仕后开修"。又如三台县清代"惠泽堰在县之南明镇，与绵属之马嘶渡毗连。乾隆十九年（1754），郡守费元龙、绵州牧罗克昌详请兴修，工巨费繁，历久未就。绵州诸生熊绣暨子飞龙、升龙捐资万余，独力垫修，至三十一年，工始克成，记灌涪绵二属田万六千五百余亩"②。

地方官中亦历来不乏捐资兴修水利设施者。如史载北宋哲宗年间的崇宁司里张唐英，就曾"独立捐金"修堰，溉田达数千亩，人称"司里堰"③，传为美谈。再如元代吉当普大修都江堰之前，就有灌州判官张弘"请出私钱，试以小堰。堰成，水暴涨，堰不动"④，以为下一步大修提供依据。另据康熙《成都府志》，清初战乱，都江堰多年失修，"顺治十六年（1659），巡抚

---

① 转引自四川省水利电力厅编《四川水利志》（内部资料）第一卷《建国前四川水利大事记》，第83页。
② 嘉庆《四川通志·堤堰》。
③ 民国《崇宁县志》。
④ （元）揭傒斯：《大元敕赐修堰碑》，载冯广宏主编《都江堰文献集成·历史文献卷（先秦至清代）》，巴蜀书社2007年版，第192页。

都御史高民瞻、监军程翊凤合文武捐银二千两，雇募番倮修筑开浚，暂资灌溉"。又清朝大邑知县"黄藜，字天阁，福建平和人，康熙庚午举人。四十二年（1703），知大邑。邑旧有堤堰三十六座，导水灌田，常资修浚。藜于春作方兴，几捐俸亲督堰长，预期修筑。终藜之任，秋成无歉"①。嘉庆《四川通志·堤堰》亦载："永济堰在射洪嘴，乾隆九年（1744），遂宁知县田朝鼎捐资创建，约灌杨渡坝田二万余亩。"

需要指出的是，民间捐资兴修的水利工程，往往年代久远以后，常常由于种种原因，民间财力不济，遂转而由政府接手维修扩建。如清代崇庆州"黑石河大堰，原系民间自淘挖，往返百里，劳苦备臻"。雍正初年，田廷锡任知州，"为民请命，遂如都江诸堰，一例给帑官修"②。又如民国《三台县志·堤堰》记："永成堰在县东北涪江之滨，清乾隆二十六年（1761）创开于县民陈所伦，灌溉数年，老君溪山泉穿渠堰废。嘉庆十五年（1810），邑令沈绍兴议修复……历百有余年至光绪二十九年（1903）天旱，以工代赈，发帑万金，循古迹而上至绵界麻柳林筑新口，引渠长六十五里，横出山溪九，灌溉涪江左岸涪城、小围及老马渠诸坝田三万四千亩。"又如上引清代二王庙道士王来通规划、大户出资兴建的灌县长同堰，"溉田三万余亩，后以用官工经费岁修，改称上、下官堰"③。此种历史表象，反映了中国古代中央集权大一统帝国制度下，民间社会在面对自然环境长期复杂沉重的压力和挑战历程中，相对于国家和政府的强势而表现出的自身力量的不足和脆弱。

四、合理的配水、轮灌制度

（一）配水设施

都江堰灌区水利制度的另一特点是其在源远流长的历史进程中，形成了约定俗成、合理科学的灌区配水制度和轮灌制度。

配水制度之兴，主要对应农田灌溉之需。早在秦汉时期，《史记·河渠书》就指出："蜀守冰凿离堆，辟沫水之害，穿二江成都之中。此渠皆可行舟，有余则用溉浸，百姓飨其利。至于所过，往往引其水，盖用溉田畴之渠以

---

① 嘉庆《四川通志·政绩》。
② 嘉庆《四川通志·政绩》。
③ 民国《灌县志》。

万亿计，然莫足数也。"①此笼统云当时引水"溉田畴之渠以万亿计"，虽不免有夸张之意味，然也可见自流灌溉的沟渠确已密如蛛网，那么如何合理分配水资源的问题，遂必然迟早要提上日程，形成源远流长的制度。

考察都江堰和巴蜀地区的水利工程，可知古代用于配水的控制设施大致有鱼嘴、平梁、斗门、筒口等。

分水鱼嘴的功能为导引分流，是一种通常采用竹笼卵石结构的导流堤（清代已有些鱼嘴用干砌或浆砌料石以为较为永久的建筑物），此种结构至迟源于商周时期，而分水鱼嘴则自都江堰始创以来，各引水渠堰纷纷效仿。整个鱼嘴一般由以下部分构成：椭圆形或流线形的头部；导流堤；溢洪湃缺（控制入流量的溢洪道）。先民既可以利用鱼嘴导堤的位置控制进水量的大小，也可以根据所设鱼嘴的数量（通常为单设或并列双设）确定所分渠流的数量，以达到按需求分配水资源的目的。因此，其形式亦分为三种：正向分水；并列分水；侧向分水。平梁是引水渠进口处的砌石底坎，在两个以上堰渠并列引水时，先民以平梁的宽度即可控制各堰渠的进水量，从而达到分配水量的目的。斗门是以砖石砌成口门形状的分水渠口，往往设有闸门，同样通过其宽度来控制进水，以分配水量。筒口是在分水渠口设置石筒或铸铁筒，以筒口（可以开、塞）直径大小，控制进水量，以分配水资源。

（二）轮灌制度

随着巴蜀地区溉田面积的逐渐扩展，各灌区在水资源不变的客观条件下，尽可能合理分配水资源的漫长历程中，相继形成了较为科学合理的轮灌制度，并形成文字，纳入堰规、堰薄，或刊刻于石碑，以成定规。

轮灌制度的制定、执行，虽然各堰渠往往因地、时制宜而各有所异，但一般都能根据受益大小合理划分权利、责任、义务，体现公平原则。如古佛堰受益地位于华阳、彭山、仁寿三县，灌区分上中下三段，受益情况因与水源地理位置各有所异，故而规定：上段拥有地近水源之便，允许"随灌随用"，但立春以后十天内，应"昼开夜闭"；中段"春灌春用"，不分昼夜，以满足栽插用水；下段离水源最远，只能接引尾水，因而规定"冬灌春用"，要求将秋冬余水囤蓄起来，以备春耕。由于下段离水源远而受益次，其所摊岁修、大修经费亦最少，仅为上段之半。可见该制既求实，亦大体公正。另一些渠堰则在放

---

① 《史记·河渠书》。

水时采取优先照顾下段的原则，如清朝乾隆时建成的梓潼宏仁堰，灌区分为上下五段，规定按从下而上的先后次序轮灌。再如另一些渠堰，则在堰薄中将灌水次序明确固定化，依序逐日轮灌，每年不变。

巴蜀地区古代水利史上各堰渠的轮灌制度多为民间约定俗成，源远流长，并在中古以后就逐渐形成传统，兼具科学性和人文理性精神，可谓历史上乡村自治的一个范例。

第六章 源远流长、异彩永呈的巴蜀水文化

巴蜀地区的水文化,源远流长,博大精深。其源远,谓其或源自本土史前,渊源有自;或引自域外,海纳百川;在时空上可谓甚为古远。其流长,则谓其或在本土蜿蜒曲折,长流已达数千载;或谓其南流西传,尤其是东泻北渐,融入华夏,影响深远。由此可见,巴蜀水文化也同其母体巴蜀文化一样,可谓博大精深,异彩纷呈。林向先生曾将巴蜀文化生动地比喻为水库[①],良有以也。同感于此,本章即拟对巴蜀水文化既吸纳千江万河、千沟万壑,又流向四面八方,清流余韵惠及神州乃至世界的特质,作一初步的梳理讨论。

第一节 源远流长、兼容博采的优良传统

一、传统悠久,源远流长

巴蜀地区古老的水利和水文化,拥有自身鲜明的特色和优良的传统,如就地取材、以简驭繁的工程智慧,因地制宜、多元多样的水利设施,首创无坝引水为主、引蓄堵疏融会、合理利用水资源的优良生态工程模式,形成道法自然、天人合一的水文化理念等等。上述传统之集大成——都江堰水利工程的诞生,标志着上述特色和优良传统的全面形成,而且一直得到巴蜀先民的信守和弘扬。

但这些特色和传统不仅萌生、形成早,而且渊源有自。

这里仅就其技术与理念的渊源,联系前述蜀地考古新发现作几点粗略概括。首先,从材料和技术层面考察,都江堰工程承袭蜀地上古水利传统的脉络显而易见。时在春秋前期或更早的成都市区指挥街遗址成排的木柱桩和竹木编拦沙筐等防洪遗物遗迹,以及在方池街与金河宾馆等遗址发现的开明王朝时期的多条竹笼卵石埂,无疑是都江堰筑堤截水分流采用竹笼卵石、杩槎等工料与技术的直接源头,此种就地取用上述价廉饶给的工料而简便易行的工程技术,

---

[①] 林向:《巴蜀文化区的"水库效应"》,《重庆文理学院学报》2014年第4期。

应是蜀地先民的创举。

其次，都江堰水利工程最突出显著的特征，就是其两千多年来一以贯之的无坝引水工程模式，该模式最具恒久价值的意义在于，利用河流资源而不改变其整体自然形态，从而有效地保护了河流本身和流域的自然生态，得以避免拦河大坝容易引致的诸多难以控制和解决的弊端。因此，这一模式对于追求可持续发展的当今世界合理利用资源，抵御灾害而又不至"防卫过当"，避免"理性的狂妄"，达到效益与资源、环境保护的统一，无疑有深刻的认识借鉴意义。文献和考古资料中，李冰筑都江堰之前秦人尚无建大型水利工程之记载，而蜀地则有鳖灵凿金堂峡疏引沱江之水的传说，并在古河道遗址发现用相当规模之竹笼卵石埂以护堤、分水、支水和滚水的遗迹，从中已可看到都江堰技术模式的明显萌芽或曰早期形态。分水即引水，而以卵石堤埂支水和滚水，其旨趣、功能可谓与后世飞沙堰一脉相承。

最后亦即最重要的是，都江堰水利工程之所以能取得巨大的成就效益，根本原因在于其建造者已经形成了比较综合系统的水利方略和道法自然、天人合一的深邃理念。此种方略和理念同样可以在蜀地古老的历史进程中窥察其发生发展的大致轨迹。如果传说中的大禹时期水利史事有可能涵括进若干后世的因素，那么从宝墩文化诸城到三星堆、十二桥和金沙遗址，出土资料就已确证蜀地先民对城、水和谐关系及综合系统性的讲求源起已久，而且逐步发展完善。系统思维在都江堰大型水利工程体系中尤有充分的体现。单是渠首工程由多环节有机配套而成，就反映了高度的综合性和系统性。而就都江堰工程整体而言，其集通航、灌溉、防洪等民生、军政诸功能为一体，更反映了设计建造的综合性系统思维。在蜀地自然条件的基础上，上述设计主旨及蕴含其中的道法自然理念以古蜀先民的智慧所创为载体，不仅呈历时性的逐渐发展完善过程，而且在都江堰工程中达到了极高的境界。就整体而言，建于川西平原的该工程全部系统与江流地势等自然环境浑然一体，仿佛天成。就工程各部分而言，从鱼嘴无坝分水，到人工水道的自流灌溉，均巧妙地顺应了水流的自然规律，反映了先民对水性的深刻认识。主要用竹、木、石料治水，既简便易行，又以柔为刚，转以御水，颇具功效。此种创造精神和智慧，同样建立在对自然的深刻认识上。不仅如此，都江堰工程师法自然的创造精神，还表现在其"工程布局上多发挥自然力的作用，少人为的控制"①，颇有无为而无不为的妙趣。应当指出，都江堰工程蕴含的道法自然理念固然主要在古蜀水文化自身的悠久历程逐渐孕育发展出，但也应与黄河流域、长江中下游文化的互动分不开，如前所述，对蜀地水文化有重要贡献的开明氏族群就与长江中游荆楚地区密切相关，而秦举巴蜀以后又引黄河流域文化入蜀，正是此种互动融会，不断发展深化了蜀地水文化中的道法自然、天人合一理念。

从宝墩文化古城以夯土城垣甚至双重城垣加壕沟御患兴利，到三星堆古城让马牧河水逶迤其间、金沙—十二桥古城与古郫江依偎相拥，城、水关系的亲近和谐格局步步升华，反映了先民对水等自然环境认识深化后返归融入自然的意趣；而都江堰工程的建造，则达到了人与水、地、天的整体和谐的近乎完美的境界，体现了一种挚沉的尊重、亲和自然的态度信仰和渗透其间的天人合一深邃理念。这正是当今世界在可持续发展诉求中，需要从之合理汲取智慧和启示的宝贵文化资源。

二、开放包容，熔铸辉煌

巴蜀以形似四塞之地的四川盆地为核心区域，虽然历来自成文化地理单元，但从来在文化上就不保守，而是富有开放精神和创新精神，一贯以博大的胸襟包容来自域外的异质文化尤其是先进文化，将这些文化因素融入自身，熔铸出更高更灿烂的文明，培育催生出更新更美的文明之花。总体而言，巴蜀地区吸收域外特别是华夏文化的因素，主要是通过东边长江中游的荆楚和北方毗邻的秦陇而实现的，水利和水文化方面尤其如此。

早在新石器时代，作为水利技术和水文化的重要和集中载体，长江上游的成都平原上宝墩文化诸城平地起建的墙垣堆筑技术模式，就与黄河流域同期的龙山文化诸城掘槽起建的版筑模式形成鲜明对比，而与长江中游的石家河文化则如出一辙，可见长江上中游地区之间文化的互动很早就已经发生发展，并有了深度的传播融会。也就在这一时期，作为南方水文化在生业方面的典范体现，水稻栽培也开始从长江中游或云南地区传入巴蜀。据张勋燎先生等研究，

---

① 冯广宏：《都江堰创建史》（稿本），第113~114页。

夏商时期蜀地的鱼凫氏族群，就是来自长江中游的滨水渔猎族群[①]，他们经长江、岷江水路溯江而上来到成都平原后建立的三星堆王国都城，展示了上古杰出的水利技术与水文化。如果说学界对鄂西、川东、川南、川西以至成都平原核心地带一线沿长江、岷江水系分布的若干鱼凫（鱼符、鱼复）地名，究竟是鱼凫氏族群迁入还是迁出巴蜀的史迹遗存，尚有争议[②]，那么，建立先秦蜀地最后一个王朝——开明氏王国的鳖灵氏，是来自长江中游荆楚的滨水族群，则史有明载。根据《蜀王本纪》和《华阳国志》的记载，鳖灵族群以高超的水利技术和开凿疏导的卓越水利理念，大规模地治理其时泛滥于蜀中的"如尧时之洪水"，结果大获成功，不仅因功受禅建国，推动了长江上游古代文明的新发展，而且以其先进的水利技术和理念融入巴蜀地区，将后者的水利技术和水文化提高到一个新的水平。

秦举巴蜀后，亦将黄河流域的水利技术引入其地。为了巩固在巴蜀的统治，秦王派大臣张仪按秦都咸阳模式修筑蜀郡治所成都城，使之由原来沿古郫江两岸分布的新月形格局，一变而为由大城和少城联结而成的大致规整的矩形格局。这是秦人将华夏城垣规制和建筑技术首次引入和推广于巴蜀的划时代重要举措。古代城垣乃是军事防御和兴水利、避水患的复合性聚落设施，因此，秦人此举，实为北方水文化的正式传入巴蜀的重要历史标志。

秦人水利技术和水文化对蜀地的贡献尚不止此。蜀郡首府夯筑城垣的工程十分浩大，所需大量的黏土资源主要分布于城外西、北、东方向。《华阳国志·蜀志》记载，张仪等又有计划地利用城外取土筑城所成的巨坑蓄水成湖，城北计有万岁池和龙坝池，城东有千秋池，城西有柳池，城西北有天井池，这是蜀地历史上最早有案可稽的人工湖。以上著名湖泊随时移而名称或有所改，但延续千载，不仅长期有利于城乡生产生活，对成都地区的生态环境显然有优化作用，而且作为人工景观，对古蜀文态的进一步丰富提升和增色添彩效用也显而易见。近世成都北郊昭觉寺以北尚存水面宽广达十余顷的白莲池，即是其孑遗之一。

成都平原起初有诸多积水泽地，经禹时及先秦蜀地历朝，已逐渐得到很好

[①] 张勋燎：《古代巴人的起源及其与蜀人、僚人的关系》，《南方民族考古》第一辑，1987年；林春：《宜昌地区长江沿岸夏商时期的一支新文化类型》，《江汉考古》1984年第2期。

[②] 郭声波：《四川历史农业地理》，四川人民出版社1993年版，第4页。

治理，成为其时西南地区经济文化最为发达、人口最为繁庶的古代文明中心，文献中本无人工兴凿大型池沼的传统见载，而战国晚期以后则蔚成传统，其源头实自秦而来。先秦以来的关中平原，据班固《汉书·地理志》久号为"陆海"①。颜师古注云："言其地高陆而饶物产，如海之无所不出。""陆海"之地物产丰饶，则与古代关中水利建设的杰出成就和水资源的丰沛、水环境的优渥密不可分。其时关中河流纵横、湖陂池沼众多，单是有名之湖泊池沼，就计有鹤池、盘池、冰池、镐池、初池、糜池、蒯池、郎池、牛首池、积草池、东陂池、西陂池、当路池、洪池陂、苇埔、美陂、樵获泽等②，难怪班固在其《西都赋》中又盛赞长安之地"源泉灌注，陂池交属，竹林果园，芳草甘水，郊野之富，号为近蜀"。从其每每名为"陂""池"，可知当有不少为人工开凿拓展而成，周秦时期关中地区率先成为东亚大陆之"天府"，其生业的多样、生计的富庶和生态的优美，应颇获益于这些湖泽。因此，开成都历史上人工湖泊先河的上述万岁、龙坝、天井诸池，应是随秦人而来的北方水文化，而名之曰"池"，显然亦为秦人习俗。郫江、检江等天然河流及柳池等诸人工湖泊，形成循环水体，彼此"津流径通，冬夏不竭"③，显然系周密的规划、设计和建设使然，构成了成都平原充裕的水利资源和良好的生态环境，并意在造成城市与水相辅相成的亲和格局。和前代相比，秦人治下的蜀地，本土和关中地区南来的水利技术融为一体，可谓更上层楼，而水文化的多样性有了进一步的丰富发展，城垣和人工水利设施更为精致，与水环境等自然条件和谐亲融，显示了天人合一、道法自然理念的传承和深化。

都江堰作为巴蜀本土文化传统与华夏文化融会而成的大型水利工程体系，从资源条件的广厚层面奠定了农业文明时代"天府之国"的根基，创造了人类水利技术模式和水文化的辉煌奇迹，亦堪称文化开放、包容的典范。秦汉以后，巴蜀水文化一直秉承了这一精神。如以文翁为代表的历代许多巴蜀地方官员，在主持规划、建设巴蜀地区的水利时，都能继续因地、因水制宜，不仅坚持弘扬本土固有的水利和水文化优良传统，而且与时俱进，放眼天下，积极引入、汲取域外的先进技术和理念，以之丰富和发展巴蜀水利和水文化，从而推

---

① 东汉班固在《汉书·地理志》中称关中"号称陆海，为九州膏腴"。东汉杜笃的《论都赋》亦言其地"滨据南山，带以泾渭，号曰陆海，蠢生万类"。
② 王双怀：《五千年来中国西部水环境的变迁》，《陕西师范大学学报》2004年第5期。
③ （晋）常璩撰，任乃强校注：《华阳国志校补图注》，上海古籍出版社1987年版，第129页。

动了巴蜀地区经济、社会的继续发展。与此同时，随着中古以后历次战乱后移民入川，移民也往往带来原居地的水文化习俗，如明清之际的著名的"湖广填四川"移民潮中，福建、广东客籍移民带来海神妈祖崇拜，以至于巴蜀地区大多数县镇都建有"天后宫""天上宫"等供奉妈祖的移民会馆，而妈祖也在蜀地被宣称为"生于莆而福佑天下"，尤其是在"万流奔赴，湍波激荡之中"，护佑水上交通平安的普世之神，"后之德也，岂特吾乡人所宜庙而祀之乎？！"①人多势众的湖广籍移民也在巴蜀地区广泛修建会馆——"禹王宫"或曰"禹王庙"，以治水圣王大禹为其原乡之神加以崇奉。大禹在古代文献传说中多以蜀地为其故里，大禹治水传说也西兴东渐广泛传播于天下，明清湖广移民会馆禹王宫遍及巴蜀城乡，再次将放大了的历史文化传说注入巴蜀，无疑进一步丰富了传说中的大禹故里——巴蜀本已经底蕴深厚、多姿多彩的文化。

三、北传东渐，嘉惠神州

古代巴蜀水利和水文化在一贯学习、融入域外先进因素的同时，也以其优秀的技术、卓越的理念、称冠天下的辉煌成就，积极、深远地影响了天下其他地区的水利建设。在这方面，除了就近直接影响、推动了西南地区的水利建设以外，又北传东渐，传播影响到华夏经济社会发展的先进地区。

根据古史传说，巴蜀水利技术和水文化北向影响，可以追溯到史前大禹治水时期。本书前已经指出，许多学者综合战国以来主要是汉晋时期的大量文献记载和考古学、民族学资料，认为"禹兴西羌"亦即川西地区的传说有真实的历史素地，反映大禹族群本为岷江流域的先民，因而其治水活动起于长江上游的巴蜀地区，具体即在"岷山导江，东别为沱"；"嶓冢导漾，东流为汉"；"岷嶓既艺，沱潜既道，蔡蒙旅平"。②按照这些最早的传世文献记载，大禹族群曾在巴蜀故地疏导江河山川，并与其妻族涂山氏结为联盟，其后北上冀州、中原，东渐荆楚吴越，因而依次在蜀地的汶川、巴地的江州、黄河中游的中州、淮河流域的蚌埠、吴越地区的绍兴都留下了涂山之名，反映其族群联合所到之处的先民，在以中原为核心的华夏大地以至广大东亚大陆疏导治水，从

---

① （清）安县知县陈汝亨于雍正十二年所撰《天后宫记》，载嘉庆《安县志》卷三一《艺文》，第26页。
② 《尚书·禹贡》。

而将其在巴蜀地区积累的治水经验推施于广袤的巴蜀域外地区,这些传说,可谓巴蜀水文化北传东渐的古代史影。

如果说以上传说尚待进一步的实证,那么,时当开明王朝的战国时代,文献中遂已有蜀地水利技术颇为进步发达,并与中原地区产生彼此互动影响之明确记载。《古本竹书纪年》云:

> 梁惠成王十年,瑕阳人自秦道岷山青衣水来归。

《古本竹书纪年辑证》此条下案:"《存真》(按即清代朱右曾《汲冢纪年存真》)云:'瑕音近雅,雅山之南,梁州之边徼也。'"①徐中舒先生指出:"道应读如《禹贡》导山导水之导。"②《存真》与徐先生之说均是。此为东周蜀地先进的水利疏导技术及其活动在中原文献中的反映。根据《禹贡》中所导江、河即为所在地方朝贡运道之例,《竹书纪年》此条证明蜀地水运已颇发达,且与域外地区水路交通,加深了古蜀与华夏在经济、政治和文化各方面的联系。此种情形,无疑预示着古蜀与华夏大一统局面的即将来临。

继都江堰工程之后,秦始皇元年(前246),著名的郑国渠在关中平原开始兴建,"渠就,用注填淤之水,溉泽卤之地四万余顷,收皆亩一钟。于是关中为沃野,无凶年。秦以富强,卒并诸侯"③。郑国渠即利用了渭河北岸平原北高南低的自然倾斜地势,将东西长达三百余里的干渠开凿于平原二级阶地的最高线上,位于干渠以南的整个灌区尽在其控制下,使所有支渠及其他下级渠道皆可自流引水,从而获得了尽可能大的灌区面积。④显然秦国在关中修筑的郑国渠,其以无坝引水为主导、因地制宜自流灌溉的技术模式和理念,与蜀郡都江堰如出一辙。

秦灭六国后,史载其在向岭南开疆拓土的大规模军事征伐过程中,为解决后勤运输问题,令监御史禄率众在今广西兴安境内,修筑了通过连接湘江、漓江进而沟通长江与珠江两大水系的著名运河——灵渠。灵渠的工程设计方案和

---

① 方诗铭等:《古本竹书纪年辑证》,上海古籍出版社1981年版,第115页。
② 徐中舒:《论巴蜀文化》,四川人民出版社1981年版,第12页。
③ 《史记·河渠书》。
④ 武汉水利电力学院、水利水电科学研究院编写组:《中国水利史稿》上册,水利电力出版社1979年版,第122页。

理念明显受到都江堰的启示影响，它根据湘漓二水相距近处水位差仅约6米、其间小土岭相对高度只有20~30米的自然地理条件，利用自然河道与人工工程的巧妙配合而成。其关键的渠首工程主要由铧嘴和大小天平组成，位于海洋河中偏左的铧嘴分水石坝犹如都江堰的鱼嘴，把海洋河一分为二，7分水流入湘江，3分水流入漓江；大小天平为连接铧嘴尾部的石砌人字堤，约380米的长端即大天平，短端约120米即小天平。天平的功能作用，一是支水亦即提高湘江水位，在枯水期可拦截全部江水入渠，使南北二渠能保持船只航行所需的水量；二是如都江堰工程的飞沙堰一样滚水溢洪，因而天平堤坝略低于湘江两岸，洪水可越顶而过，流入湘江故道，而不漫溢于两岸，大大避免了水患。这样，"经过大小天平石堤的平衡调节，渠内流水，涨而不溢，枯而不竭，经常保持着安全流量，因而称为'天平'"①。如同都江堰一样，因为设计理念的科学合理，灵渠从秦时至明清，长期成为"三楚两粤之咽喉"②，为加强中原与岭南广大地区的政治、经济、文化联系，发挥了重要作用。

北方地区运用都江堰代表的巴蜀水利技术治理水患最显赫之例，首推汉成帝时蜀人王延世治理黄河大获成功。西汉时期，黄河曾屡次决口，已成其时颇难平治的一大患。如汉武帝元光年间（前134~前129），"河决于瓠子，通于淮、泗。于是天子使汲黯、郑当时与人徒塞之，辄复坏"，以至拖延二十余年未修复。③汉成帝建始四年（前29），黄河"决于馆陶及东郡金堤，泛滥兖、豫，入平原、千乘、济南，凡灌四郡三十二县……御史大夫尹忠对方略疏阔，上切责之，忠自杀"④。成帝召"河堤使者王延世使塞，以竹落长四丈，大九围，盛以小石，两船夹载而下之。三十六日，河堤成"。成帝为庆祝成功，特意改年号为"河平"，下令"卒治河者为著外繇六月。惟延世长于计策，工费约省，用力日寡，朕甚嘉之。其以延世为光禄大夫，秩二千石，赐爵关内侯，黄金百斤"⑤。颜师古注："《华阳国志》云，延世字长叔，犍为资中人也。"如果说灵渠的设计理念与都江堰一脉相承，那么，蜀人王延世创造治黄奇迹之法，不过是蜀中自开明氏、李冰以来竹笼络石的传统技术，却在中原地

---

① 林剑鸣：《秦史稿》，上海人民出版社1981年版，第407~408页。
② 《修复陡河碑》，转引自林剑鸣《秦史稿》，上海人民出版社1981年版，第407~408页。
③ 《史记·河渠书》。
④ 《汉书·沟洫志》。
⑤ 《汉书·沟洫志》。

区治黄实践中再次显示了它的简易约省而卓有成效。

巴蜀水利和水文化自古与长江中下游地区即互有影响。北宋大文豪苏东坡为蜀人，出川为官从政，在兴水利、避水患方面亦政绩显著，《宋史·苏轼传》云：

除大理评事、签书凤翔府判官。关中自元昊叛，民贫役重，岐下岁输南山木筏，自渭入河，经砥柱之险，衙吏踵破家。轼访其利害，为修衙规，使自择水工以时进止，自是害减半。

……

徙知徐州。河决曹村，泛于梁山泊，溢于南清河，汇于城下，涨不时泄，城将败，富民争出避水。轼曰："富民出，民皆动摇，吾谁与守？吾在是，水决不能败城。"驱使复入。轼诣武卫营，呼卒长曰："河将害城，事急矣，虽禁军且为我尽力。"卒长曰："太守犹不避涂潦，吾侪小人，当效命。"率其徒持畚锸以出，筑东南长堤，首起戏马台，尾属于城。雨日夜不止，城不沉者三版。轼庐于其上，过家不入，使官吏分堵以守，卒全其城。复请调来岁夫增筑故城，为木岸，以虞水之再至。朝廷从之。

……

（元祐）四年（1089），积以论事，为当轴者所恨。轼恐不见容，请外拜龙图阁学士、知杭州。……杭本近海，地泉咸苦，居民稀少。唐刺史李泌始引西湖水作六井，民足于水。白居易又浚西湖水入漕河，自河入田，所溉至千顷，民以殷富。湖水多葑，自唐及钱氏，岁辄浚治。宋兴，废之，葑积为田，水无几矣。漕河失利，取给江潮，舟行市中，潮又多淤，三年一淘，为民大患，六井亦几于废。轼见茅山一河专受江潮，盐桥一河专受湖水，遂浚二河以通漕。复造堰闸，以为湖水畜泄之限，江潮不复入市。以余力复完六井，又取葑田积湖中，南北径三十里，为长堤以通行者。吴人种菱，春辄芟除，不遣寸草。且募人种菱湖中，葑不复生。收其利以备修湖，取救荒余钱万缗、粮万石，及请得百僧度牒以募役者。堤成，植芙蓉、杨柳其上，望之如画图，杭人名为"苏公堤"。

……

浙江潮自海门东来，势如雷霆，而浮山峙于江中，与渔浦诸山犬牙相错，洄洑激射，岁败公私船不可胜计。轼议自浙江上流地名石门，并山而东，凿为漕河，引浙江及溪谷诸水二十余里以达于江。又并山为岸，不能十里以达龙山大慈浦，自浦北折抵小岭，凿岭六十五丈以达岭东古河，浚古河数里达于龙山漕河，以避浮山之险，人以为便。奏闻，有恶轼者，力沮之，功以故不成。轼复言："三吴之水，潴为太湖，太湖之水，溢为松江以入海。海日两潮，潮浊而江清，潮水常欲淤塞江路，而江水清驶，随辄涤去，海口常通，则吴中少水患。昔苏州以东，公私船皆以篙行，无陆挽者。自庆历以来，松江大筑挽路，建长桥以陁塞江路，故今三吴多水，欲凿挽路、为千桥，以迅江势。"亦不果用，人皆以为恨。轼二十年间再莅杭，有德于民，家有画像，饮食必祝。又作生祠以报。

（元祐）六年（1091），召为吏部尚书，未至。以弟辙除右丞，改翰林承旨。辙辞右丞，欲与兄同备从官，不听。轼在翰林数月，复以谗请外，乃以龙图阁学士出知颍州。先是，开封诸县多水患，吏不究本末，决其陂泽，注之惠民河，河不能胜，致陈亦多水。又将凿邓艾沟与颍河并，且凿黄堆欲注之于淮。轼始至颍，遣吏以水平准之，淮之涨水高于新沟几一丈，若凿黄堆，淮水顾流颍地为患。轼言于朝，从之。①

苏东坡自幼生长于水利事业兴盛、水文化传统悠久的蜀中，其家乡即为著名的通济堰灌区。其为官极为重视治水患、兴水利，成绩卓著，与其故乡的上述文化背景应不无关系。

以上是古代巴蜀精英人物传播弘扬巴蜀水文化典型事例。历史上巴蜀水文化的民间传播，则往往是由巴蜀先民移居他乡后带去的。巴蜀先民对治水英豪大禹、李冰、赵昱等的神化崇拜由来已久，至迟在宋以后形成了著名的"川主"崇祀习俗，通常以李冰或其父子，或以隋代嘉州太守赵昱（据传亦以战胜水神、治水成功著称）为偶像，史称"川主"，在巴蜀地区广泛建川主庙，以示祭拜。随着宋以后四川多次发生战乱动荡或天灾，巴蜀民亦多次避难外徙，并往往在新的居地立庙祭祀川主，将此种文化风俗带到了异乡。这就是历史上许多地方，尤其是今川、渝周边一些地方也流行川主崇拜祭祀的主要原因。

值得注意的是，民间传说中佐助李冰治水的李冰之子李二郎，其现存传说出现虽然不早于宋代，但借助道教和民间信仰以至官府的推助，流传很快即

---

① 《宋史·苏轼传》。

遍于巴蜀，并及于很多地方。据宋张商英《元祐初建三郎庙记》，北宋时，李冰庙食于蜀之离堆，而其子二郎以灵化显圣，帝死国事，帝冯（凭）于楚之玉泉①，亦即李二郎显圣于湖北当阳玉泉山。不仅如此，供奉二郎神的祠庙亦随着这些传说在巴蜀域外的传播而陆续出现。袁枚《随园随笔》卷十一引《宋史》云："宋徽宗政和七年（1117）诏修神保观，俗所云二郎神者。京城云，倾城男女负土以献，不知何神。"对此，宋代孟元老《东京梦华录》卷八《六月六日崔府君生日、二十四日神保观神生日》明确指出："二十四日，川西灌口二郎生日，最为繁盛。庙在万胜门外一里许，敕赐神保观。"神保观属于道观，该观的敕建及其观名，反映了朝廷和道教对二郎神信仰传说的联合力推。②在此之前，据北宋高承《事物纪原》记载，"元丰时，国城（汴京）之西，民立灌口二郎神祠"，供奉"永康军导江县广济王子，王即李冰也；《会要》所谓冰次子郎君神也。今上即位，敕封灵惠侯"。③北宋元丰年间（1078~1085）的此条记载，反映了宋初以降，由都江堰灌口神演变而来的李二郎神话传说在巴蜀域外的广泛传播。据罗开玉先生介绍，除开汴梁城西一里的二郎神庙或神保观外，宋以后巴蜀域外供奉祭祀李二郎神的祠庙有：南宋都城临安吴山、官巷，贵州遵义的二郎里、赤九甲，贵州江乡，河北博野县桃李村，河南府城南奉神岗，湖北当阳县玉泉山。④这显然只是不完整的部分统计，而且贵州遵义一带传统上属于巴蜀文化区，但已经粗略揭示了二郎神话的北进东渐，而据《畿辅通志》记河北博野桃李村二郎庙称"州县各有"，可知原生于都江堰灌口神祠的二郎神传说及其祭奉祠庙，在巴蜀域外的传播兴建，当比上述统计更为广辽众多。

巴地原住民中，前已论及其著名的水上先民——"疍民"族群，疍民作为巴地蛮族的一个族群，原本居息于川鄂尤其是川东峡江地区，又来已久，故先秦文献《世本》云："廪君之先，故出巫诞也。"⑤中古以后，这一以船为

---

① 《宋代蜀文辑成》卷一三，道光《新津县志》卷四十。
② 《重修什邡县志》卷八《显英官创建大殿乐楼碑记》，因李冰"其子二郎灵迹数现，厥功亦伟，宋徽宗封为清源妙道真君"。
③ （宋）高承：《事物纪原》卷七。
④ 罗开玉：《中国科学、神话、宗教的协合——以李冰为中心》，巴蜀书社1989年版，第261~262页。
⑤ （汉）宋衷注，秦嘉谟等辑：《世本八种》，商务印书馆1957年版，第16页。

居室，以渔为生业的族群，其后裔有的继续生息于巴地，如《太平寰宇记》卷一二〇"黔州彭水县"下云："一说武（五）溪蛮，皆盘瓠子孙，古谓之蛮蜑聚落。"有的则逐渐沿着长江水系向东南迁徙，如《隋书·地理志》："长沙郡又杂有夷蜒（即蜑），名曰莫猺。"唐宋以后，已渐渐迁及两广、福建一带，从江湖之上的水居族群演变为海上水居之民。宋代范成大《桂海虞衡志》云："蜑，海上水居蛮也，以舟为家。"近现代闽粤沿海的"疍户"即其后裔。

第二节　巴蜀水文化的风俗、信仰和理念

一、醇厚古朴、亲水乐水的水文化习尚

巴蜀地区历史悠久，其民风俗古朴，深受其居住环境和生业方式影响。《华阳国志》曾概述云：蜀地"君子精敏，小人鬼黠；与秦同分，故多悍勇"。[①]于巴地则曰，"其民质直好义，土风敦厚，有先民之流。……而其失在于重迟鲁钝，俗素朴，无造次辨丽之气"[②]。在巴蜀先民多姿多彩的民风民俗中，其水文化风俗可谓十分突出鲜明，堪称中华文化百花园中的奇葩。

传世古代文献盛称"大禹兴于西羌"，因而古老的禹羌文化，很早就以水文化为重要内涵和特质。相关文献、民俗和民族学资料也反映，岷江上游的羌族历来以长于水利技术为传统，因而直到20世纪初期，成都平原上举凡打水井、修堤防等一类水利工作，常常由羌人在农闲的冬季承担，自古以来，这久已成为川西地区人们熟悉的民俗事项。

综合各方面的资料可知，大禹时代的巴蜀，生活居息着众多的族群，大禹领导各族先民疏山导江，平水患、兴水利，由此奠定了巴蜀地区水利和水文化以疏导为主旨的悠久传统。此后鳖灵领导凿金堂峡、李冰建都江堰，莫不坚持和弘扬这一优秀传统，并与时俱进，切实加以发展、丰富和完善，并在都江堰兴建以后，形成了科学的岁修制度，成为全社会习以为常的风俗。据知情者回忆，四川解放初期，有一次都江堰渠首工程岁修之时，残匪与解放军在两岸隔

---

① （晋）常璩撰，刘琳校注：《华阳国志校注》，巴蜀书社2007年版，第175~176页。
② （晋）常璩撰，刘琳校注：《华阳国志校注》，巴蜀书社2007年版，第28页。

河对峙，枪战不止，而治水民众则在河床上照常进行岁修，一似两不相干；实则民以食为天，由于修堰事关饮食，历来久已成为社会各阶层心目中的头等大事，故敌方虽然凶顽，竟然也不妨碍岁修，不伤及治水民众，民众也仍然坚持进行岁修，直到工程结束。

需指出的是，源远流长的岁修传统，不仅是国家规定的制度，也很早就成为历代先民自觉遵从的风俗。正因为如此，历史上即使在政治动荡、官府缺位、制度瘫痪的艰难形势下，民众仍然依俗自发进行岁修。实际上，除了渠首工程，成都平原上都江堰灌区水利体系的很多区段，往往都是民间依俗按时组织岁修。至于巴蜀地区大量的民堰，更是照例在由民间受益农户推举或轮流担任的堰长领导下，冬季按时组织修治，蔚然成俗。

在成都市区等地市民的水文化习俗中，亲水乐水、垂钓观鱼、泛舟优游则成为当地民俗传统中的一道亮丽的风景。古代成都城内外河流、池沼众多，且"津流径通"，为人们的水滨和水上活动提供了极为方便的条件。早在汉代，巴蜀经济繁荣，文化昌明，亲水游乐已蔚然成俗。传为扬雄的《蜀都赋》对此有生动的铺叙：

> 蜀都之地，古曰梁州，禹治其江……两江珥其前，九桥带其流。……尔乃其俗，迎春送冬；百金之家，千金之公，干池泄澳，观鱼于江。……若其游怠鱼弋，从却公之徒，相与如乎阳，濒巨沼；罗车百乘，期会投宿，观者方堤，行船竞逐，偃衍撇曳，绨索恍惚，罗隈弥澥，蔓蔓汤汤。[①]

从上可见其时滨水和泛舟游乐风俗之盛。隋唐以降历五代两宋，巴蜀地区经济文化的繁荣达到了新的高峰，在天下享有"扬一益二"之盛誉。成都市区内外水环境进一步优化，市区内拥有了摩诃池、江渎池、龙跃池、金河、御河、解玉溪等水系，构成了蜿蜒绵长的滨水优游线路，广大市民的亲水、游水、泛舟活动极为丰富多彩。以摩诃池为例，其风景的美丽不仅令唐代诗人武元衡在此"爱水看花日日来"[②]，而且使得南宋诗人陆游多次于"摩诃池上追

---

① （清）严可均辑：《全汉文》卷五一，《全上古三代秦汉三国六朝文》第一册《上古前汉》，河北教育出版社1997年版，第718~720页。
② （唐）武元衡：《摩诃池宴》。

游路"①,"一过一销魂"②;唐代节度使高骈更以"画舸轻桡柳色新,摩诃池上醉青春"来描述荡舟摩诃池的"醉人"③,诗圣杜甫亦曾在池上"湍驶风醒酒,船回雾起堤""莫须惊白鹭,为伴宿清溪"④。北宋时期,成都人的上述优游之俗达到了鼎盛,并形成地方长官依岁时节庆主持并参与大型游赏活动的传统:"凡太守岁时宴集,骑从杂沓,车服鲜明,倡优鼓吹,出入拥导,四方奇技幻怪,百变序进于前。以从民乐,率岁有期,谓之故事。及期,则士女栉比,轻裘袨服,扶老携幼,阗道嬉游。"⑤所谓"故事",即定例、传统之意,主持邀游观赏的太守等地方长官则习称"邀头"。据《成都邀乐诗》《岁华纪丽谱》记载,成都传统的此种岁时邀游活动从正月元日到冬至后,多达二十几次,如二月初二踏青节的锦江"小游江";四月十九日浣花夫人诞辰,举行浣花"大游江";六月初伏、中伏、末伏,知府在江渎池宴请上司、同僚与下属县官,泛舟池中;七月初七乞巧节,知府晚宴大慈寺,暮登寺门楼观赏锦江夜市。这些岁时节庆多为与民同乐的大型活动,如三月三日上巳节的学射山(相传蜀汉后主刘禅曾在此山学射箭而得名,今名凤凰山)春游,宋赵抃有诗云:"锦川风俗喜时平,上巳家家出锦城,射圃人稠喧画鼓,龙湫波净照红旌。""龙湫"即山旁战国晚期以来著名的人工湖——万岁池,官员们在池亭中晚宴饮酒,泛舟池上,观众也一齐喧闹至深夜,方乘兴而归。

对于前述官员们与民同乐的大型岁时游赏活动,有学者研究指出,其中蕴含有一种隐性的社会凝聚力,对于社会安宁有一定的积极作用。⑥

二、林林总总的传统偶像信仰

近世科学、理性尚未昌明之前,巴蜀先民的水文化风俗中,充斥着林林总总的神灵崇拜。在这一神灵世界中,既有江神、石犀等因自然崇拜而生的超自然力量化身,也有由大禹、李冰英雄等杰出历史人物转化升华而成,兼具人格和神格的偶像。

---

① (宋)陆游:《水龙吟·春日游摩诃池》。
② (宋)陆游:《摩诃池》。
③ (唐)高骈:《残春遣兴》。
④ (唐)杜甫:《晚秋陪严郑公摩诃池泛舟得溪字》。
⑤ (元)费著:《岁华纪丽谱》。
⑥ 许蓉生:《水与成都——成都城市水文化》,巴蜀书社2006年版,第286页。

（一）江渎神与石犀

在巴蜀悠久的历史上，万物有灵的泛神论思维，使先民在面对强大的自然力量尤其是水患等巨大的自然灾害威胁时，赋予江河以超自然神格，从而形成江神崇拜，并逐渐从民间信仰上升为国家祀典中的神圣偶像。

古人所云"江渎"者，"江"即"大江"或后世所谓长江；"渎"则概指天下大水，故《尔雅》云"江、河、淮、济为四渎，渎者，发源注海者也"①。"江渎神"，即大江或曰长江之神，传统上属于自然神祇中的山川之神。根据先民礼俗，"山林川谷丘陵，能出云，为风雨，见怪物，皆曰神"②。在中国古代，人们长期笃信岷江为长江上游的正流，即使至晚明，杰出的地理学家徐霞客亲赴西南地区实地考察指出长江上游正流应为金沙江之后，此种传统认识仍未完全改变。③因此，在岷江流域，尤其是以之为母亲河的川西平原，先民长期把岷江江神视为大江之神，史称"江渎神"。秦王朝建立以后，即正式把巴蜀地区长期流行的江渎神崇拜升格为大一统国家的祀典，并针对此前"名山大川或在诸侯，或在天子，其礼损益世殊，不可胜记"之弊，颁布了由秦王朝统一制定的国家级祭祀典仪名录，"令祠官所常奉天地名山大川鬼神可得而序也"④。这份史无前例的名录规定：

自崤山以东，名山五，大川祠二。曰太室，太室，嵩高也；恒山；泰山；会稽；湘山。水曰济，曰淮。春以脯酒为岁祠，因泮冻；秋涸冻，冬塞祷祠。其牲用牛犊各一，牢具珪币各异。

自华以西，名山七，名川四。曰华山；薄山，薄山者，衰山也；岳山；岐山；吴岳；鸿冢；渎山，渎山者，蜀之汶山。水曰河，祠临晋；沔，祠汉中；湫渊，祠朝那；江水，祠蜀。亦春秋泮涸祷塞，如东方名山川；而牲牛犊牢具珪币各异。⑤

《史记》直称"渎山者，蜀之汶山"。其下唐司马贞《索隐》引《地理

---

① 《尔雅·释水》。
② 《礼记·祭法》。
③ 如民国时期出版的著名工具书《中国地名大辞典》即如此，以岷江流域为"江源"。
④ 《史记·封禅书》。
⑤ 《史记·封禅书》。

志》亦明谓："蜀郡湔氏道，湔山在西。郭璞注云：'山在汶阳郡广阳县，一名渎山也。'"蜀人自古崇奉岷山之神，《华阳国志·蜀志》载："秦孝文王以李冰为蜀守，冰能知天文地理，谓汶山为天彭门；乃至湔氏县，见两山相对如阙，因号天彭阙。"《蜀王本纪》亦记："李冰以秦时为蜀守，谓汶山为天彭阙，号曰天彭门，云亡者悉过其中，鬼神精灵数见。"①

至于江渎神，《史记》此条下《索隐》案：

《风俗通》云："江出岷山，岷山庙在江都。"《地理志》江都有江水祠。盖汉初祠之于源，后祠之于委也。又《广雅》云："江神谓之奇相。"《江记》云："帝女也，卒为江神。"《华阳国志》云："蜀守李冰于彭门阙立江神祠三所。"《汉旧仪》云："祭四渎用三正牲，沈圭，有车马绀盖也。"

《正义》：

《括地志》云："江渎祠在益州成都县南八里。秦并天下，江水祠蜀。"②

看来，秦并巴蜀以后，由李冰首开其端，江（渎）神一直得到祭祀，但江神祠的地理位置在汉以后曾有过变化。《索隐》节引《华阳国志》谓李冰建都江堰时，"蜀守李冰于彭门阙立江神祠三所"。查今本《华阳国志·蜀志》，其文记李冰"至湔氏县"考察天彭阙，"仿佛若见神，遂从水上吏祠三所，祭用三牲，珪璧沈濆。汉兴，数使使者祭之"。可知李冰祭祀江神的"江神祠三所"均建于湔氏县天彭阙"水上"。湔氏县，秦始皇始置，两汉称湔氏道，蜀曰氐道县，晋改为升迁县。刘琳先生据《水经注》记载，认为其"故城在今松

---

① 《太平寰宇记》卷七三。
② （明）曹学佺《蜀中名胜记·川西道·成都府·成都县》所引文献略有所异："《括地志》云：'江渎祠在成都县南上四里。'《汉·郊祀志》云：'秦并天下，立江水祠于蜀，至今岁祀之。'按《广雅》：'江神谓之奇相。'《江记》云：'帝女也，卒为江神矣。'《汉旧仪》云：'祭四渎，用三牲，圭，沈。有车马绀盖，以夏之日滥觞焉。'"（载冯广宏主编《都江堰文献集成·历史文献卷（先秦至清代）》，巴蜀书社2007年版，第255页）

潘北"①。任乃强先生则考《蜀志》湔氐"县"当作"道"，并指出："县治原在今灌县附近"；"'天彭阙'，则专指白沙外之岷江峡口"，因而李冰所"选定祠址于天彭阙下江水上"。②是其认为"江渎神庙之始"在白沙邮江边。

综上所考，无论湔氐县或道之治所在今松潘以北或今都江堰市境内，秦人治蜀时江渎神祠所，均不在其时成都县，而在岷江上游的"湔氐道"或"湔氐县"，而且并建了"三所"。到司马迁撰写《史记》时，仍然"江水祠蜀"。由于白沙邮地处成都平原与龙门山交界处，亦属于蜀郡辖地，故江渎神祠所是否已经迁徙至成都县待考。唐代司马贞《索隐》案谓："盖汉初祠之于源，后祠之于委也。"尚属推测之语，似难遽定，我们认为应仍在李冰所建祠庙原址。而《风俗通》明谓："江出岷山，岷山庙在江都。"则东汉时期江渎神祠所已经移至江都，应属无疑。《汉书·地理志》亦明确记载"江都有江水祠"，可见早在西汉时，江渎神祠已移至江都。那么，究竟西汉何时将江渎神祠庙转移到江都的呢？《汉书·郊祀志（下）》明确记载了这一史事：

（汉宣帝元康五年）三月幸河东，祠后土，有神爵集，改元神爵。制诏太常："夫江海，百川之大者也，今缺焉无祠，其令祠官以礼为岁事，以四时祠江海洛水，祈为天下丰年焉。"自是五岳、四渎皆有常礼。东岳泰山于博，中岳泰室于嵩高……河于临晋，江于江都，淮于平氏，济于临邑界中。皆使者持节侍祠。唯泰山与河岁五祠，江水四，余皆一祷而三祠云。③

看来，自秦创行包括每年定期祭祠江渎神在内的名山大川统一祀典后，

---

① （晋）常璩撰，刘琳校注：《华阳国志校注》，巴蜀书社1984年版，第201页。
② （晋）常璩撰，任乃强校注：《华阳国志校补图注》，上海古籍出版社1987年版，第132、135页。任先生云："湔氐道"者，秦始开今灌县龙溪、娘子岭通汶川之路。置邮驿，设县。县治原在今灌县附近。……李冰宜与其功，故云"乃至湔氐"选定祠址于天彭阙下江水上。……李冰所说之"天彭门"，是泛指岷江上游地区。其所说之"天彭阙"，则专指白沙外之岷江峡口。（营坪铺至白沙之峡）后人或混为玉女房（龙溪峡），或混为离堆石（宝瓶口），或指为瞿上（海窝子关口）不值深考。要其所建神祠处，与兴建都江堰水利有关也。其祀，为江渎神庙之始。故汉世，"数遣使者祭之"（唐宋以来乃建江渎庙于成都郭内，其神铜像今保存于人民公园）。祀一江神而立祀"三所"者，道家以天、地、水府为"三官"（详《汉中志》），冰所创业。"珪璧沈潰"，谓以珪璧沈于江波潰涌之处。（第135页）
③ 《汉书·郊祀志》。

秦汉之际的社会动荡，使该制废弛，直到汉宣帝神爵元年（前61），才重建其制，并将秦时定于蜀地的江渎神祠庙，正式改置于江都，颜师古注曰："广陵之县也。"即今江苏省扬州。

但唐代萧德言等撰写的《括地志》明确记载"江渎祠在益州成都县南八里"，则至迟在唐代以降，列入国家祀典的江渎神祠所又已经徙回蜀地成都县。或云江渎神所在的该成都祠庙修建于隋开皇二年（582），重修于唐玄宗天宝六年（747），之后宋代修缮多次。但陆游《江渎庙碑》明谓："成都自唐有江渎庙，其南临江。及后，节度使高骈大城成都，庙与江始隔。"①考其位置，应在今成都石室文庙后街以南至南门大桥一带郫江故道或流江的北岸。由陆放翁碑文可知直到晚唐高骈筑罗城，将其圈于城垣内，"庙始与江隔"。其后历代多有重修扩建，明成化六年（1470）又打造了新的神像。在辛亥革命后"废庙兴学"潮流中，江渎神庙被选为南城小学建校地，该校后改称汪家拐小学，现名成都市彩虹小学。

在传世文献中，江渎神的性别或为女性，或为男性。《史记·封禅书·索隐》引《广雅》云："江神谓之奇相。"又引《江记》："帝女也，卒为江神。"南朝梁简文帝萧纲《蜀国弦》诗句亦云："江妃纳重聘，卓女爱将雏。"②这应是蜀地中古以来的传说，故《蜀梼杌》亦载：

（五代时前蜀）改元通正，时大霖雨，祷于奇相之庙。唐英按，《古史》：（奇相）震蒙氏之女，窃黄帝玄珠，沉江而死。即今江渎庙是也。③

《蜀梼杌》是北宋熙宁年间蜀地史学家张唐英所著前后蜀两朝的编年史，可知隋唐以来此说在巴蜀很盛行。但先秦秦汉时期岷江的江神，则以男性见载于文献，如东汉应劭的《风俗通义》即记：

秦昭王使李冰为蜀守，开成都两江，溉田万顷。江神岁取童女二人为妇，

---

① （明）曹学佺《蜀中名胜记·川西道·成都府·成都县》引陆游《江渎庙碑》，载冯广宏主编《都江堰文献集成·历史文献卷（先秦至清代）》，巴蜀书社2007年版，第255页。
② （宋）郭茂倩：《乐府诗集》。
③ 王文才、王炎校笺：《蜀梼杌校笺》，巴蜀书社1999年版，第138页。

冰以女与神为婚。①

今本《风俗通义》此条史料虽已佚，但北魏郦道元《水经注》、唐张守节《史记正义》等许多史籍和类书都有引据，可见确为应劭原文。此外，唐以后除明朝以外，历朝对江渎神多有封号，如广源公、广源王等，也俱以江（渎）神为男性，与女性封号之"妃""后"等迥别。江渎神虽然在传说中存在性别的不确定性，但纵观古代文献记载，最终仍以男性为主流，但又兼容了"帝女""奇相"等说，故成化六年所塑神像，就包括男性的江渎神和两位女神。民国时期"废庙兴学"后，以上神像均被民众教育馆接收，展陈于少城公园，1956年又捐赠于四川省博物馆（现四川博物院），现位于浣花溪畔四川博物院新馆花园内，神像左肘铭文注明乃明成化六年蜀王造。

与其性别的不确定性相似，江（渎）神于民生亦表现出两面性。此乃河流可以造福于民，也可能为患于民的自然属性所致。江河虽首先是母亲河，但因具有利、患两面性，故其神性在先民心中亦分两面，既因利的主要面相成为国家和民间所祀神祇，但也因带来祸患而时或呈现负面形象，从而不仅历代盛传李冰凿石犀以厌胜之，复有李冰、文翁、赵昱等亲自持械与之斗争的传说。

关于李冰凿石犀镇江的传说，据《华阳国志》解释，是为了"厌水精"：

冰乃壅江作堋……外作石犀五头以厌水精；穿石犀溪于江南，命曰犀牛里。后转置犀牛二头：一在府市市桥门，今所谓石牛门是也；一在渊中。乃自湔堰上分穿羊摩江，灌江西。于玉女房下白沙邮作三石人，立三水中。与江神要：水竭不至足，盛不没肩。时青衣有沫水出蒙山下，伏行地中，会江南安，触山胁溷崖，水脉漂疾，破害舟船，历代患之。冰发卒凿平溷崖，通正水道。或曰：冰凿崖时，水神怒，冰乃操刀入水中与神斗，迄今蒙福。②

此说显然来自蜀地的前代史传，而石犀之说则初见于蜀地现存最早的文献《蜀王本纪》：

---

① 引自（北魏）郦道元著，陈桥驿校注：《水经注校证》，中华书局2007年版，第767页。
② （晋）常璩撰，刘琳校注：《华阳国志校注》，巴蜀书社1984年版，第202~207页。

（因）江水为害，蜀守李冰作石犀五枚：二枚在府中，一在市南下，二在渊中，以厌水精。因曰石犀里也。①

《蜀王本纪》明确指出，作石犀是因为"江水为害"，目的则是"厌水精"以除害。从上引《华阳国志》可知，导致"江水为害"的"水精"，就是"水神"亦即江水之神——"江神"。《蜀王本纪》历代传为西汉末年扬雄所撰，徐中舒先生考证为谯周之作。②不过，常璩在《华阳国志·序志》中指出："司马相如、严君平、扬子云、阳城子玄、郑伯邑、尹彭城、谯常侍、任给事等各集《传》、《记》，以作《本纪》，略举其隅。"亦即其看过汉初以来司马相如等八家《蜀王本纪》或曰《蜀本纪》，《华阳国志·蜀志》据之写成。由此观之，石犀传说确实自秦汉以来即渊源有自，一脉相承。刘琳先生《华阳国志校注》注石犀所置之"市桥门"，"约在今成都胜利西路金河街一带，当下同仁路口之东不远"。又按："旧日成都新西门内将军衙门有圣寿寺，始建于晋。因寺前有石犀，故有称石犀寺或石牛寺。陆游《老学庵笔记》：'石犀在庙之东阶下，亦粗似一犀……石犀一足不备，以他石续之，气象甚古。'清代原寺改为将军署，石犀犹在。寺前为古郫江故道所经，而又近市桥，故此石犀应即李冰所作而立于市桥或沉于桥下渊中者。今已无存。"③此说是。近年在古代成都城市中心官府所在的天府广场东侧附近有两大考古发现：一是2010年11月出土了东汉石碑《李君碑》《裴君碑》，证明该地为东汉蜀郡郡府所在；二是2012年底在同一区域又出土了石犀及大量属于官府级别的建筑构件，再次证明该地秦汉三国以来一直是蜀郡郡府衙门所在地，学者多据文献和出土资料互证，认为该石犀就是李冰所造，证实了《蜀王本纪》关于石犀"在府中"这一传说。④

石犀镇压江神，固然是古代巴蜀先民的信仰，但综观巴蜀历史，从朝廷、

---

① （宋）李昉等：《太平御览》卷八九〇。
② 徐中舒：《论〈蜀王本纪〉成书年代及其作者》，载氏著《论巴蜀文化》，四川人民出版社1982年版，第138～149页。
③ （晋）常璩撰，刘琳校注：《华阳国志校注》，巴蜀书社1984年版，第205～206页。
④ 如罗开玉《成都天府广场出土石犀、汉碑为秦汉三国蜀郡府衙遗珍说》即认为：成都天府广场东侧"出土石犀应即《蜀王本纪》所载李冰'作石犀五头''二枚在府中'之一。位于成都大城中的蜀郡府衙存在遭遇洪灾的可能性"。（《四川文物》2013年第3期）

地方官府到民间，其信仰世界的主流仍然是对不可捉摸的江神或曰江渎神的顶礼膜拜，祭祀规格甚高。从《史记·封禅书》中秦朝规定的国家级祭祀祀典名录可知，江渎神祭祠的等级，与太室、泰山、黄河等华夏名山大川的祭祀相同，每岁以春、秋祭祀，牲用牛犊，牢具珪币。《华阳国志·蜀志》亦具体记载李冰"从水上吏祀三所，祭用三牲，珪璧沈濆。汉兴，数使使者祭之"。这是古代最高规格的祀典——太牢，与《史记·索隐》引《汉旧仪》的记载一致："祭四渎用三正牲，沈圭，有车马绀盖也。"①但《史记·封禅书》明谓江渎与其余名山大川之祭祀，"其牲用牛犊各一"，应为秦制。汉宣帝时下诏所定新制，则是名山大川"唯泰山与河岁五祠，江水四，余皆一祷而三祠云"②，可见江渎神地位在山川之神谱系中名列前茅。《汉书·郊祀志》并称："自是五岳四渎皆有常礼。"四时祠江渎以太牢之礼，应从此时起。自此而后，历代祭祀虽有所变化，但江渎神的崇高地位则一以贯之。如《通典》记载："大唐武德、贞观之制，五岳、四镇、四海、四渎，年别一祭。"③唐王朝规定：祭南渎大江于益州，并封江渎神为广源公，并在"成都县南八里"隆重修建了江渎庙。唐代李景让于宣宗大中十二年（858）任西川节度使史，曾撰《南渎大江广源公庙记》称："天宝六载（747），开元神武皇帝加封南渎为广源公，其三者（按指河、淮、济）亚焉。"④史载唐玄宗《祭江渎文》云：

惟神包总大川，朝宗于海，功昭润化，德表灵长。今因辖首，用率常典，敬以玉帛，牺牲，粢盛，庶品，明荐于神。⑤

北宋初开宝六年（973），因成都江渎庙历五代战乱而毁坏，宋太祖下诏启动重修，特从京师设计、绘图，选派工匠赴蜀，新建成的江渎庙"杰阁广殿，修廊邃宇，闻于天下"⑥。仁宗康定元年（1040），加封江渎神为广源王，以

---

① 《史记·封禅书》。
② 《汉书·郊祀志》。
③ （唐）杜佑：《通典·礼六》。
④ （唐）李景让：《南渎大江广源公庙记》，载冯广宏主编《都江堰文献集成·历史文献卷（先秦至清代）》，巴蜀书社2007年版，第48页。
⑤ 嘉庆《四川通志》卷五九。
⑥ （宋）陆游：《成都府江渎庙碑》，《陆游集》卷六。

每年"立夏日祭江渎于成都"①。庆历七年（1047），益州知州文彦博扩修江渎庙，"庙益宏丽矣"②。南宋范成大任四川制置使，于淳熙三年（1176）重修江渎庙，次年竣工，据其离任前请陆游撰写的《成都府江渎庙碑》文所记，新建成的庙宇，共计有屋209间，围墙达6870尺，极为宏大壮丽。

明初即甚为重视岳、镇、海、渎之祀。洪武三年（1370），太祖朱元璋下诏：

"岳、镇、海、渎之封，起自唐、宋。夫英灵之气，萃而为神，必受命于上帝，岂国家封号所可加？渎礼不经，莫此为甚。今依古定制，并去前代所封名号。五岳称东岳泰山之神，南岳衡山之神……四渎称东渎大淮之神，南渎大江之神，西渎大河之神，北渎大济之神。"帝躬署名于祝文，遣官以更定神号告祭。……十年，命官十八人分祀岳、镇、海、渎，赐之制。③

岳、镇、海、渎之封号虽然被废，但对其神祇的祭祀却颁布了统一的礼制。不仅如此，早在四川未平定前，江渎神的祭祀即已经进行。《明史》载：

六年，礼官言："四川未平，望祭江渎于峡州。今蜀既下，当遣人于南渎致祭。"从之。④

明代江渎神的祭祀与岳、镇、海、渎一样，于清明节和霜降节举行，一年两次，极为隆重。如明宣宗宣德元年（1426），遣永安侯徐安致祭江渎神，其祭文曰：

大江之流，神发其源，利济之功，民济永赖。兹予嗣承大统，谨用祭告，惟神昭格，惠我邦家。⑤

---

① 《宋史·礼制三》。
② （宋）陆游：《成都府江渎庙碑》，《陆游集》卷六。
③ 《明史·礼志三》。
④ 《明史·礼志三》。
⑤ 嘉庆《四川通志》。

清代也在开国伊始的顺治元年（1644），即对岳、镇、海、渎的祭祀正式作出规定：

顺治定礼曰：五岳、四镇、四海、四渎，配享方泽坛。祭河渎于蒲州，祭江渎于四川成都府，祭淮渎于河南唐县，祭济渎于济源县。①

康熙帝非常重视祭祀江渎神，曾于康熙六年（1667）、二十一年、二十四年、二十七年、三十三年、三十六年、四十二年、五十二年、五十八年，九次隆重祭祀。并亲自御制祭文，专门委派官员前往成都祭奠，其规格同于祭祀社稷坛，礼仪高于孔庙祭祀。康熙四十八年，又御赐江渎庙匾额："濡涵万物"。雍正三年（1725），清廷封江渎神为"南渎涵和大江之神，所冀波澜永息，蒸黎获利济之安，风雨以时，稼穑享永丰之庆"②。雍正九年，又御赐江渎庙匾额："永奠大川"③。

（二）川主

江水为患，巴蜀先民因深受其害而深感恐惧，以为是江神"作祟"的结果，因而以石犀镇之，从后世理性角度视之，自然难有收效。因此，先民企求脱离水患的最大希望，亦即其心目中战胜江神的最伟大的偶像，不得不转而在人间寻觅，这就是能领导民众切实避水患、兴水利的英杰。蜀地大量的传世文献，都记载了战国晚期李冰、李冰—李二郎父子，以及传为隋朝嘉州太守的赵昱等勇斗江神、战而胜之，从而使蜀中苍生脱离水患之厄的神奇事迹。巴蜀先民感恩于他们，并将其神化，并在唐宋以后尊之为"川主"，历来虔诚崇祀。

所谓"川主"，即四川或曰巴蜀地区之神主或曰主神。倘对之进行历史学考察，则作为神灵的"川主"一名，不会早于北宋川峡四路亦即"四川"这一区域名称的出现。但川主信仰的起源明显很早，因为列为川主的李冰、李冰父子和赵昱，其时代都远在宋朝以前。值得注意的是，如上所述，古代川主至少有李冰、李冰父子和隋朝嘉州太守赵昱等说，不止一人，在古代社会，他们都是巴蜀地区先民信仰中能兴利除害、维护国计民生，保佑一方平安的神祇。不过，总

---

① 《清通典》卷四四《吉礼》。
② 嘉庆《四川通志》卷五下。
③ 嘉庆《四川通志》卷三九。

的说来,据传世文献尤其各地方志的记载,川主仍以李冰或李冰父子为主。

令人瞩目的是,作为文化现象,川主崇拜以避水患、兴水利为直接产生契机,源自崇祀对象对于民间疾苦灾害的拯救悯惜或民生的改善提升,从而经历了从人到神的升华,并不仅是民间信仰,且上升为古代政府所认同、列入官府祀典,成为官民共祀的偶像,进而成为道教的神灵,等等。为此,本节拟侧重就川主崇拜或曰信仰的崇祀对象李冰等由人到神的升华转换过程,结合古代神话和神话思维的长时段发展演变,作一初步的探讨。

众所周知,李冰是战国晚期秦的蜀守,或云为陕西人,或云为蜀地之人,或据清人传下来的族谱称是今山西省运城市盐湖区解州镇郊斜村人,均无坚证,但本为人而非神则无疑①。作为战国时期杰出的水利专家,他在秦昭襄王末年(约前256~前251)任蜀郡守期间,为除水患、兴水利,在成都平原上主持兴建了中国早期的大型水利工程都江堰,渠首工程位于今四川省都江堰市(原灌县)岷江出山口处,并与其后呈树谱状分布于成都平原地区的无坝引水渠系构成了大型水利体系,因而使川西地区尤其成都平原富庶起来,史称"水旱从人,不知饥馑,天下谓之天府"。原本靠天吃饭、备受水旱饥馑之苦的先民感恩李冰,李冰也就从活生生的人演变成了替天行道、神力无穷的神——著名的川主。

在古代信仰文化中,此亦堪称最可注意者。人、神之间,人性和神性之间,今人视野中可谓泾渭分明,因此,今人每每不免困惑于其由人到神、从人性到神性的神奇而自如的转换。其实在古代,人神之间边界本是模糊不清的,甚至最早原本就没有此界彼疆。先秦文献称人神混一的这一时代为"民神杂糅"②,揭示了先秦时期,至少夏商以前,"民神杂糅""泯泯棼棼"③,乃东亚大陆的普遍现象。英国人类学家弗雷泽的《金枝》一书中专门讨论过人类早期这种普遍的人神合一的原始思维:

> 人—神观念,或者说赋有神性或超自然力量的人这种观念,基本上属于早期宗教史上的事。在后来的思想看来,那时候,即在神和人尚未被展现在他们

---

① 李二郎既然是其子,从逻辑上讲原本也为人。至于赵煜(昱),则本为隋代官员。
② 《国语·楚语下》。
③ 《尚书·吕刑》,中华书局1980年影印本,第247页。

之间的不可逾越的鸿沟分开之前，神与人还仍然被看作差不多是同等地位的。对于我们似乎是奇怪的那种化身为人形的神的观念，对于原始人说来，却没有什么值得惊讶的。那时人们心目中，人—神，或神—人，只不过是较高程度的同一超自然力量而已。他们完全相信自己也具有这样的力量。他们对于神和有力量的巫师，也没有明确的区别。他们的神常常不过是隐形的巫师，在自然的帷幕后面做着同可以见到的巫师在自己伙伴中间做的同一类施符祝咒的事。由于神被普遍认作是以人的形象向其礼拜者显现，巫师因人们假想他具有神奇权力就很容易取得神的化身的声誉。这样，从略高于微不足道的念咒人的地位开始，巫医或巫师就能逐步发展到既是神又是王、集二者于一身的地位。不过在把他说成神的时候，我们必须注意不要把我们对于神这个词的抽象而又复杂的概念注入原始人关于神的概念中去。我们关于这个深奥命题的概念，是智力和道德观念长期演变进化的结果，但迄今不为未开化的人们所接受，即使向他们解释，也不能被理解。有关低级种族宗教问题流行的许多争议都来自彼此的误解，未开化的人不理解文明人的意思，文明人也很少理解未开化人的思想。①

确实，所谓"文明人"和"未开化人"在使用"神"这个词的时候，他们心目中对应的形象非常不一样。正如弗雷泽所说："如果我们文明人坚持将上帝这个名字限定在我们自己形成的神的性质的特殊观念之内，那么我们就得承认原始人根本就没有神。但是我们必须更加忠实于历史事实。如果我们承认多数较进步的未开化人至少具有初步的某种超自然的人的观念，那么，这超自然的人便可以恰当地称之为神，尽管它还不是我们关于这个词的全部涵义。"弗雷泽还有一个重要的观点：

> 大凡被认为是神的化身的人决不总是国王或国王的后裔；甚至最微贱阶层出身的人也可以被信为是神的化身。例如，在印度，有一个人神（即由神转化的人）便是以一个漂布人的身份出现在世人面前。另一个人神则是木匠

---

① ［英］詹·乔·弗雷泽著，徐育新等译：《金枝》上，中国民间文艺出版社1987年版，第140~141页。

的儿子。①

此说不仅兼有理、据，而且在中国古代传说中也有例证。根据《尚书·尧典》和《孟子》的记载，远古传说中的舜本为一个地位低微者，却因具有神异的资质和能力，"入山林川泽，暴风雷雨，舜行不迷。尧以为圣，召舜曰：'女谋事至而言可绩，三年矣，女登帝位'"②。舜以其特异的神性最终通过了这场特殊的考试，"尧以为圣"，才最终决定让舜"陟帝位"。③而后舜不仅由于拥有这样一种神异的资质，成为"圣君"，而且成为天神，如杨宽先生就曾考证说："舜便是帝俊、帝喾和太皞，是殷人东夷的上帝"，"尧便是颛顼，是周人和西羌的上帝"。④因而尧舜都是神。郭沫若先生早年也曾将尧舜禹"禅让史剧"说成"是应该演在天上的"，并且认为"尧、舜的故事很显然是古代的神话"，到春秋以后才"逐渐被信史化了"。⑤

如果说史前为"民神杂糅"，那么进入文明时代以后，人、神之际的界限遂逐渐清晰起来。但"民神杂糅"时代形成的"神圣"传统却还在延伸，具体说即是替天行道者必须拥有神异的资质或曰"神性"甚至有所强化。今日我们面对一权力主体，最惯常的考问即向其索取所谓"合法性"或曰"合法的依据"。古代则有不同，更多的是考察其是否具有"神圣的依据"或曰"神圣性"，越往古代似乎越是如此。因此，作为华夏人文初祖的大禹，其传说的神话成分，主要集中在其神异的出生或曰生育上。这是有缘故的，应与他是传说中夏王朝缔造者的特殊身份分不开。上古王朝的建立、巩固和维持，固然往往需要暴力的手段或后盾，但同样普遍的需要，则是昭示统治者膺有"天命"，

---

① 刘魁立先生的《金枝》中译本序第7~8页写道："当时人们认为，神也同人们自己一样，神和人没有绝对的差别。只要是比集团中的其他成员更为优异的人，便可以在他们生前或死后升格为神。这一类的造神活动，自然多见于巫术时代向宗教时代过渡的漫长历史阶段。"
② 《史记·五帝本纪》；《淮南子·泰族训》亦云舜"既入大麓，烈风雷雨而不迷"。
③ 《尚书·舜典》，《十三经注疏》本。按今《十三经注疏》本中的《舜典》在先秦时本是《尧典》的一部分，《孟子·万章上》引"《尧典》曰：'二十有八载，放勋乃徂落，百姓如丧考妣，三年，四海遏密八音'"。今《尚书》此段引文见于《舜典》，孟子却明言其为《尧典》文可证。
④ 杨宽：《读〈禅让传说起于墨家考〉》，载《古史辨》第七册下编，上海古籍出版社1982年版，第115~116页。
⑤ 郭沫若：《孔、墨的批判》，载《郭沫若全集·历史编》第二卷，人民出版社1982年版，第102~103页。

而其与众不同的奇特孕育诞生,无疑正是其"天命"在身的最有说服力的神圣依据。这就是为什么大禹的出生非常奇特:或云为其母修己吞薏苡而孕生;或如晋朝郭璞引"《开筮》曰:鲧死三岁不腐,剖之以吴刀,化为黄龙";《初学记》卷二十二引《归藏》曰:"大副之吴刀,是用出禹。"①这实际上已经是典型文明时代的意识形态。与之相似,商始祖契为其母吞燕子卵所孕生,周朝始祖弃则是其母在野外不经意踩了巨人脚印而怀胎生下的,也都有始祖的神异孕生传说。甚至出身低下的刘邦,也有斩白蛇起义的真龙天子类神话故事,作为其后成为帝王的神圣依据。

如果说包括最早的川主大禹在内的以上神异的感生传说,都是围绕着所谓人君或曰真命天子展开的,那么,作为人臣的李冰,又是如何得以成为神圣的"川主"的呢?

李冰在巴蜀地区治水的业绩,自《史记·河渠书》始见记载。但在早期正史中,他的形象仍然是一位忠于职守、勤谨智慧,立下了丰功伟业的人臣。文献中可考的对于他的神化,最早是在东汉。郦道元《水经注·江水》引应劭《风俗通义》云:

> 秦昭王使李冰为蜀守,开成都两江,溉田万顷。江神岁取童女二人为妇,冰以其女与神为婚,径至神祠劝神酒,酒杯恒澹澹。冰厉声以责之,因忽不见。良久,有两牛斗于江岸旁。有间,冰还,流汗谓官属曰:"吾斗大亟,当相助也。南向腰中正白者,我绶也。"主簿刺杀北面者,江神遂死。蜀人慕其气决,凡壮健者,因名"冰儿"也。②

东汉以来李冰被神化的史实,也在考古文物资料中得到证实。如1974年在都江堰市渠首工程外江河道发掘出的一尊东汉建宁元年(168)雕刻的李冰石像,铭文云:

> 故蜀郡李府君,讳冰。建宁元年闰月戊申朔廿五日。都水掾尹龙、长陈

---

① 袁珂《山海经校注·海内经》注〔五〕引,上海古籍出版社1982年版,第473页。袁珂先生注文指出:《海内经》"经文'鲧復生禹'即《楚辞·天问》所谓'伯鲧腹禹'(原作'伯禹腹鲧',从闻一多《楚辞校补》改也;復即腹之借字)"。
② (北魏)郦道元著,陈桥驿校注:《水经注校证》,中华书局2007年版,第767页。

壹，造三神石人，镇水万世焉。①

铭文直接称这尊身高2.9米、肩宽0.96米、重约4吨的石像为"三神石人"之一，且造神旨在"镇水万世"，确证了当时对李冰的神化。过去据文献记载，一般认为最早的李冰庙，始于南朝齐建武年间，其庙址就位于今都江堰渠首著名的二王庙，原本为望帝祠，为蜀地先民为纪念蜀王杜宇所建。齐明帝建武元年（494），益州刺史刘季连将望帝祠迁往郫县，以其原庙改祀李冰，并更庙名曰崇德寺。其后李冰庙祠渐多，如唐代导江县（今都江堰市）也建有李冰祠，成都城内也有兼祀李冰的江渎庙。综合考察该石像，可知它原本应为置于庙中供镇水和祭祀瞻仰之用的神圣偶像，足证庙祀李冰远早于南朝齐建武之时。

上述文献和考古资料中关于李冰被神化资料均最早见于东汉，已经晚于李冰生活的时代至少两三百年。考虑到关于历史人物的神话应该晚于对他们的神化，加上战国秦汉时期改朝换代之际社会动荡剧烈，文献损失甚大，则李冰的神化及其神话的产生当明显早于东汉，只有这样才合乎逻辑。值得注意的是，都江堰渠首工地出土的李冰像体量颇大，比常人高大得多，说明李冰神化的程度已相当高，这同样提示我们，李冰的神化必然已经历了相当长的过程，才会发展到采取在体量上颇为高大以至对常人如此压倒性的比例。

进入北宋，社会上开始流传所谓李冰之子李二郎协助治水等神话，北宋时蜀人张唐英《元祐初建二郎庙记》即谓："李冰去水患，庙食于蜀之离堆，而其子二郎以灵化显圣。"李冰父子相继被敕封为王，因此崇德寺又改称为二王庙。在民间传说中，神话人物二郎神的原型就是李冰之子，并在《太平广记》中有传。南宋朱熹《朱子语类》也记载：

蜀中灌口二郎庙，当初是李冰因开离堆有功，立庙。今来现许多灵怪，乃是他第二儿子出来。初间封为王，后来徽宗好道，谓他是甚么真君，遂改封为真君。……利路又有梓潼神，极灵。今二个神似乎割据了两川。②

---

① 冯广宏主编：《都江堰文献集成·历史文献卷》，巴蜀书社2007年版，第8页。
② （宋）黎靖德编，王星贤点校：《朱子语类》第一册卷三《鬼神》，中华书局1986年版，第53~54页。

李冰虽有斗江神的神话故事，但其在正史中明确记载的人臣形象根深蒂固，其神化的程度显然还不够高，因而其唐宋以后的民间传说，又加上了天神李二郎为其子。其子既是法力无边的天神，何况其父乎？！而且父子并为王，自然就大大增加了其神圣的权威。由此可知，现存传世文献中由《风俗通》开端的李冰勇斗江神、战而胜之的神话故事，汉末以来遂为历代著述所称引，且不断有所增饰，在以水利为生业命脉的巴蜀影响极为深远，以至衍化为一种社会心理上的"众趋形象"：

蜀人慕其气决，凡壮健者，因名"冰儿"也。①

循此心理，不仅李冰父子，而且同为州郡官员的文翁、赵昱也都被赋予了李冰一样斗杀江神的英雄形象。《水经注·江水》即载西汉景武之际蜀守文翁斗杀江神的传说：

蜀有回复水，江神尝溺杀人。文翁为守，祠之；劝酒不尽，拔剑杀之，遂不为害。②

这个故事与李冰杀江神的传说，均反映秦汉时既杀戮为患于国计民生的江神，又反映当时对江神的祭祀已成传统制度。既祭祀又斗杀的传说，同样也揭示了古代水文化在面对水"载舟覆舟"、祸福难测的两面性时的复杂反应，正因为如此，先民对于降服水患、大兴水利的李冰、文翁等高人大德，在感恩之余复加以神化，就不难理解了。

赵昱事初见于旧传为柳宗元所作的《龙城录》：

赵昱，字仲明，与兄冕俱隐于青城山，炀帝拜为嘉州太守。时犍为潭中有老蛟为害，昱持刀入水，左手执蛟首，右手持刀，奋波而出，州人事为神。太宗文皇帝赐封神勇大将军，庙食灌江口。上皇幸蜀，加封赤城王，又封显应侯。昱斩蛟时，年二十六。

---

① （北魏）郦道元著，陈桥驿校证：《水经注校证》，中华书局2007年版，第767页。
② （北魏）郦道元著，陈桥驿校证：《水经注校证》，中华书局2007年版，第768页。

对于这一传说，罗开玉先生考证云："《龙城录》一书不见于《唐书·艺文志》。南宋朱熹曾指出：'柳文后《龙城录》杂记，王铚之为也。'（《朱子语录》）宋人何薳《春渚纪闻》也认为《龙城录》是由宋人王铚伪作。①……赵昱的故事，在北宋已经流传。《龙城录》载太宗封赵昱为神勇大将军事、上皇（玄宗）封赤城王，以后又被《灌江定稿》附会到了李冰身上。李冰无此二封号，赵昱也未必真有此封号。查新、旧《唐书》，《资治通鉴》，《文献通考》等，皆不载此事，亦属附会耳，唯附会时间稍早而已。"②此说是。唯赵昱斗蛟封号故事与李冰、文翁以至李二郎传说如出一辙，实为古史传说"层累""衍化"的表象，并进而将发端于李冰这一箭垛式的历史人物的种种神化传闻，形塑为神圣的偶像——"川主"。而"川主"之所以由唯一的尊神李冰，在宋以后衍生出李二郎和赵昱，则应与道教的推助分不开。③

川主之神的树立，还有一种最重要的力量，这就是古代朝廷在五代宋以后将李冰祭祀正式列入祀典，进一步推动了社会上尤其民间的建庙祭祀。北宋高承《事物纪原》记载：

广济王（庙），在永康军导江县，李冰庙也。秦孝文王时，冰为蜀郡守，自汶山壅江，灌溉二郡，开稻田。历代以来，蜀人德之，缯祀不绝。伪蜀（按指前蜀）封大安王，孟昶又号应圣灵感王。（宋）开宝七年，改广济王。

灵慧侯：元丰时，国城（汴京）之西，民立灌口二郎神祠，云：永康军导江县广济王子，王即李冰也；《会要》所谓冰次子郎君神也。今上即位，敕封灵惠侯。④

可见至迟前后蜀时，李冰已经封王，并由官府庙祀。到北宋统一时，朝廷

---

① 或云《龙城录》作者为刘焘（见洪迈《夷坚支志·戊》、《容斋随笔》卷十），或云为北宋前期其他人（详陶敏《柳宗元〈龙城录〉真伪新考》，《文学遗产》2005年第4期）。
② 罗开玉：《中国科学、神话、宗教的协合——以李冰为中心》，巴蜀书社1989年版，第248~249页。
③ 详罗开玉《中国科学、神话、宗教的协合——以李冰为中心》第九章《在神话、宗教的背后》，巴蜀书社1989年版，第247~291页。
④ （宋）高承：《事物纪原》卷七，载冯广宏主编《都江堰文献集成·历史文献卷（先秦至清代）》，巴蜀书社2007年版，第128页。

已经封李冰为广济王，其子李二郎为灵惠侯。不过，据《宋史·礼志》，宋代对李冰父子的屡次加封，也曾出现过一些混乱：

> 秘书监何志同言：诸州祠庙多有封爵未正之处。如……永康军李冰庙，已封广济王，近乃封灵应公。如此之类，皆未有祀典，致前后差误，宜加稽考，取一高爵为定，悉皆改之。他皆仿此。故凡祠庙赐额、封号，多在熙宁、元丰、崇宁、宣和之时。①

由上可知，经过此次稽考、改正，李冰的封号祭祀，已有祀典可据。而李冰父子的前述封号，表明其已经成为国家崇祀之神，这正是两宋之都汴京和临安都有川主庙的直接原因。

元朝以降，朝廷继续对李冰父子追加封号。对此，清朝雍正五年（1727）九月初六礼部就四川巡抚宪德奏请敕赐李二郎封号事上疏有云：

> 查司马迁《史记》、班固《汉书》，专载蜀守李冰凿离堆，穿二江，功绩历历可考。惟《灌县志》书内有"使其子二郎凿山穿江"之语，是二郎虽能承父之绩，李冰实主治水之功。又查王圻《续文献通考》内，元至顺元年，封秦蜀郡太守李冰为圣德英惠王，二郎神为英烈昭惠显仁祐王。兹逢圣朝，累洽重熙，屡彰显应。……今该抚所请专封李二郎，而不及李冰，似未妥协。或照该抚所请专封李二郎，或将李冰并给封号之处，恭候钦定。②

雍正帝当月初十即下旨，钦定李冰为"敷泽兴济通佑王"，李二郎为"承绩广惠显英王"。③

正是宋代以后朝廷将李冰父子列入统一国家祀典，定期进行国家祭祀，这就直接推动了巴蜀各地川主庙的陆续广泛兴建。

---

① 《宋史》卷一〇五《礼志·诸祠庙》。
② （清）礼部：《题请李冰李二郎封号疏》，原载于清乾隆八年（1743）王来通所编《灌江备考》，引自冯广宏主编《都江堰文献集成·历史文献卷（先秦至清代）》，巴蜀书社2007年版，第585~586页。
③ （清）礼部：《题请李冰李二郎封号疏》，引自冯广宏主编《都江堰文献集成·历史文献卷（先秦至清代）》，巴蜀书社2007年版，第586页。

先民对于降服水患、大兴水利的李冰等的神化,并顶礼膜拜,良有以也。古人制祀,向有"法施于民则祀之,以劳定国则祀之,能御大灾则祀之,能捍大患则祀之"的原则,且"非是族也,不在祀典"①。此种传统,可谓源远流长。

（三）禹王

本书前面已经指出,战国汉晋时期的大量史籍中,都有"禹兴西羌"一类传说,并总体反映禹羌故地就在川西北岷江流域。此种广为蜀地本土文献和中原文献系统几乎一致认同的传说,显然应渊源有自,并非向壁虚造,因而屡为近世以来的学界前辈尤其巴蜀学者所认同。②尤为值得注意的是,传为西汉时期蜀地大学者扬雄所撰的《蜀王本纪》等书甚至明谓禹生之地石纽就在汶山郡广柔县境内,亦即今川西北包括"汶川、北川和邻近的什邡诸县"一带。③上述传说和学界观点,得到了近年来考古发掘资料的佐证。2004年在云阳县旧县坪发掘出东汉巴郡朐忍令景云碑,碑文明确记载景云为大禹后裔,并称其"先人伯沇,匪志慷慨,术（述）禹石纽、汶川之会"④。这一经科学发掘所获得的新文献资料,印证了上引传世文献关于"禹兴于西羌"广泛传说。碑铭提示我们,汉代蜀地的大禹崇拜应已为全社会广泛的信仰。晋朝蜀地著名史学家常璩的《华阳国志》,系根据西汉早期司马相如等以来的八部《蜀王本纪》或《蜀记》等本土资料写成的,其《蜀志》古佚文云："有石纽乡,禹所生也,夷人共营其地,方百里,不敢居牧。有过,逃其中,不敢追,云畏禹神；能藏三年,为人所得,则共原之,云禹神灵佑之。"既神灵、神奇如此,应是流传甚久使然,当时在这片广袤的圣域内,必有祭祀"禹神"的神圣之所或曰庙宇存在。

作为这种信仰的延伸,在离川西高原禹羌故里已经颇远的川东巴地江州,《华阳国志·巴志》就明确记载：

---

① 《国语·鲁语上》；《礼记·祭法》。
② 徐中舒：《先秦史论稿》,巴蜀书社1992年版,第23、31~33页；蒙文通：《巴蜀古史论述》,四川人民出版社1981年版,第35~49页；邓少琴：《夏禹出自西羌石纽》,载邓少琴《巴蜀史迹探索》,四川人民出版社1983年版,第124~130页。
③ 李绍明：《从石崇拜看禹羌关系》,李绍明、汤建斌、谭继和、王纯五主编《夏禹文化研究》,巴蜀书社2000年版。
④ 魏启鹏：《读三峡新出东汉景云碑》,《四川文物》2006年第2期。

> 禹娶于涂山……今江州涂山是也，帝禹之庙铭存焉。

并在江州县下指出：

> 涂山，有禹王祠与涂后祠。①

《水经·江水注》亦载：

> 江之北岸有涂山，南有夏禹庙、涂君祠，庙铭存焉。常璩、庾仲雍并言禹娶于此。②

郦道元虽然主张"禹娶在寿春当涂"③，但也明确指出今重庆市江北北魏时仍有"夏禹庙、涂君祠，庙铭存焉"。至于常璩之时，离汉代尚不远④，则巴蜀地区汉代当早已经有治水初祖大禹的祠庙无疑。《蜀中名胜记》有云：

> （禹庙）今在城东北之马务街，岁久倾圮。予以万历辛亥始克修复，仍以蚕丛、李冰二神配于东西庑。……又按《寰宇记》："秦李冰为蜀郡守，有功于民，旧祠在府西南三里。及唐，节帅李德裕重修。今蚕丛祠已不存；李冰祠，李观察家作宗祠耳。"⑤

明万历重修"岁久倾圮"的禹庙，并"仍以蚕丛、李冰二神配于东西庑"，说明该庙原本就以蜀地此"二神"配祀大禹，似乎已有将大禹同祀作川主之意味。无独有偶，笔者在一次实地考察时发现，泸州市合江县佛宝镇清代湖广移民会馆则同祀大禹、李冰、文翁，会馆取名曰"清源宫"，不像通常的

---

① （晋）常璩撰，刘琳校注：《华阳国志校注》，巴蜀书社1984年版，第20～21、64页。
② （北魏）郦道元著，陈桥驿校证：《水经注校证》，中华书局2007年版，第774页。
③ （北魏）郦道元著，陈桥驿校证：《水经注校证》，中华书局2007年版，第774页。
④ 据任乃强先生考证，常璩生卒年约为公元291年和361年。详任乃强《华阳国志校补图注·前言》，上海古籍出版社1987年版。
⑤ （明）曹学佺：《蜀中名胜记·川西道·成都府·成都县》，载冯广宏主编《都江堰文献集成·历史文献卷（先秦至清代）》，巴蜀书社2007年版，第255页。

湖广会馆一般名叫"禹王宫",应良有深意,将三位蜀中治水的先圣同祀一庙,正是要表达正本清源和饮水思源的感恩之情。

清初以降填四川的移民潮中,湖广移民可谓大宗,并一直以禹王为原乡之神,供奉于湖广移民会馆——禹王宫,使得巴蜀地区的禹王崇祀进入了一个新的高潮,而当时几乎遍布全川城乡的湖广移民会馆,至今虽然多已年久失修,仍是巴蜀地区的一道历史人文景观。从上引《华阳国志·巴志》可知,"禹王"本即巴蜀先民对禹的尊称,巴蜀先民历来多有沿江东向迁徙至长江中游居息者。不过,湖广人突出地供奉大禹之神,更有极其强烈的现实缘由,作为江河纵横的千湖之省,湖广地区先民历来以除水患、兴水利为首务,治水圣王大禹自然就成为其首先要拜祭的神灵。因此,清代巴蜀地区的湖广移民基于这一传统,将之作为原乡之神加以世代躬奉,以成为其族群认同、乡愁所系信仰支柱。而数量众多的湖广移民会馆禹王宫的兴建,既是禹王崇拜信仰在大禹故里巴蜀的回馈,也引起巴蜀民众以至各省籍移民的认同效仿。因为四川本为传说中的大禹故里和治水始发地,亦为各省籍移民时时均需兴水利除水患之地,这就使得清代中期以降禹王逐渐跨越移民的省籍,成为巴蜀全体民众普遍崇祀的偶像了。

(四)妈祖

巴蜀地区清代以来的社会文化风俗中,妈祖崇祀亦曾为相当显著的一支移民文化,近世渐已湮没,退出多数世人的眼界。但作为清代乃至民国初年仍然引人注目的巴蜀文化现象,实有略作梳理的必要。

妈祖,本名林默,又叫林默娘、林二十三娘等,相传生于宋朝建隆元年(960),雍熙四年(987)逝世。原本是人的林默后来演变为神,故又被广大信众尊称为妈祖、妈祖娘娘、天后、天上圣母、娘妈,是宋以后东南沿海船夫、水手、渔民、旅客和商人共同信奉、祈求保佑平安的神祇。根据有关文献记载,自妈祖于北宋宣和四年或五年(1122或1123)初次显圣[①],宋徽宗因而"赐顺济庙额"之后,相传其作为海神多次显圣,因而屡次加封,单是在宋代

---

① (宋)李俊甫:《莆阳比事》卷七"神女护使"条注:"宣和五年,路允迪使高丽,中流震风,八舟溺七,独路所乘,神降于樯,安流以济。"(《四库全书存目丛书》本第734册)另见(清)释照乘:《天妃显圣录》,《台湾文献丛刊》本第77种。

就被朝廷赐额或褒封共十三次①，其中有史可稽的赐号或封号有九个②。而后从宋高宗绍兴二十六年（1156）起至清朝，历代皇帝又多次册封，封号由2字累至64字，尊位由"夫人""妃"到"天妃"，并于清康熙二十三年（1684）封"天后"。不仅如此，妈祖并被列入国家祀典，立庙京师，进行春秋祭祀。元、明、清以来，随着海上交通的发达，妈祖信仰也随着华人尤其福建人足迹传到日本、东南亚、加拿大、美国、法国、丹麦、巴西等国家和地区。而中国民间的妈祖庙宇更是数量甚多，除了在中国沿海各省、市大量存在外，内地也逐渐建立，以至除青海、新疆、西藏等三省、区以外，其余省份都有妈祖庙。显然，就中国本土而言，妈祖崇祀作为一种信仰文化，呈历时性的东兴西渐之势，以至妈祖在某种程度上已经成为一种普世性的偶像。

在清代长达百年的"湖广填四川"移民大潮中，妈祖信仰遂由福建籍移民传入中国西部广大的巴蜀地区，其载体天后宫或曰福建会馆纷纷出现于城邑村镇，以至在四川省的大多数州、县，成为当地一道醒目的人文景观，并在清代、民国的地方社会生活中产生了相当大的影响。有鉴于此，笔者利用在研究巴蜀文化过程中收集到的若干资料，对清代（适当兼及民国时期）逐渐成为巴蜀文化有机组成部分的四川妈祖文化载体天后宫，联系闽籍移民族群，作一初步的探讨。

妈祖或曰天后作为福建等滨海地区原生的海神、进而通祀之神，其信仰至迟在清代前期已经深入远离大海的中国西部广大巴蜀地区。考其渊源，这应是由明清之际巴蜀地区长期战乱动荡导致人口大量死亡流徙后，由福建移民入蜀时带来的信仰。易言之，巴蜀各地广泛存在的福建移民会馆——天后宫，其所祀神祇妈祖，乃福建一方移民的原乡之神，长期为闽籍移民所供奉。

在清朝前期长达百年的移民潮中，巴蜀地区会聚了来自十多个省份的大量移民。在此各省籍人口"五方杂处"的格局中，以各省原乡之神为偶像的

---

① （清）释照乘：《天妃显圣录》，《台湾文献丛刊》本第77种。
② 据刘福铸：《妈祖褒封史实综考》（《湛江海洋大学学报》第25卷第5期），这些封号是：宋徽宗宣和五年（1123）秋冬间，赐"顺济"庙额；宋高宗绍兴二十六年（1156），特封"灵惠夫人"；宋高宗绍兴三十年（1160）十二月，加封"灵惠昭应夫人"；宋孝宗乾道三年（1167）正月，诏封"灵惠昭应崇福夫人"；宋孝宗淳熙二年（1175），加封"灵惠昭应崇福善利夫人"；宋光宗绍熙元年（1190），褒封进爵"灵惠妃"；宋宁宗庆元四年（1198），加封"灵惠助顺妃"；宋宁宗嘉定元年（1208）八月，加封"灵惠助顺显卫妃"；宋宁宗嘉定十年（1217），加封"灵惠护国助顺嘉应英烈妃"。

移民会馆亦如雨后春笋，为数甚众。仅据学者对重庆直辖以前的四川各地现存资料的统计，清代以来四川的会馆就多达1400座。① 著名美籍华裔学者何炳棣指出：

> 惟因清开国后二百余年间长江中游、闽、粤、陕西移民大批实川，故川省志书中注意他省客民所建会馆者远较他省志书为多……四川一般州县会馆为他省客民所建无疑，往往一县城乡竟有宫、馆数十之多，最足证明各省客民大多从事农耕，累世之后遂成土著。因而川省方志解释各省郡乡土宫庙之名最详，最富参考价值。②

值得注意的是，在巴蜀各地的移民会馆中，有些早在清以前就已经出现，这与文献等各种资料反映湖广等地当时就有移民进入四川的史实相合。例如泸州的湖广会馆"真武宫"，方志中已有"明万历初建"的明确记载。③ 富顺县的江西会馆，地志亦有"创自前明"之说。④ 郫县的江西会馆肖公庙，清代地方志亦谓系"前明万历三年建"。⑤ 而据民国《渠县志·别录志》记载，渠县清溪场江西会馆"万寿宫"正殿之礼乐器"磬"上，则有"万历十八年四月初八造"的铭文，亦反映该馆可能早在清以前就已经建成（自然亦不排除入清以后由移民带来的可能）。此种情况，与清以前进入巴蜀地区移民的来源是一致的。有学者广泛搜集四川地方志、碑铭、墓志等资料，统计出明初洪武时期入川的196个家族，其中仅有民国《云阳县志》所载韩氏和《江津县乡土志》所载白氏两个家族来自福建；其复据同样的方法和资料，统计出明代中后期入川的438支移民家族实例，结果仅有卢美松《中华姓氏谱·卢姓卷》所载卢氏从福建永定迁来四川江津。⑥ 显然，与大量家族来自湖广、江西等省区相比，看来整

---

① 蓝勇：《清代四川土著和移民分布的地理特征研究》，《中国历史地理论丛》1995年第2期。
② ［美］何炳棣：《中国会馆史论》，台湾学生书局1966年版，第77页。
③ 民国《泸县志》卷一。
④ 民国《富顺县志》卷四。
⑤ 同治《郫县志》卷一七。
⑥ 谭红主编：《巴蜀移民史》，巴蜀书社2006年版，第290～308、329～367页。该书第259～270页为明夏政权时期入川移民家族表，收集了112个当时入川移民家族，基本为湖北麻城甚至麻城孝感乡人，仅第67例罗姓为福建籍，亦系先已迁麻城，复于洪武二年再避难迁东乡（今宣汉县）。

个明代除了极个别案例外，移民中很难见到来自福建者。这一情况，与巴蜀地区福建移民所建的原乡会馆天后宫，文献中尚无一例清以前就已经建成的记载相呼应，亦说明历史上福建移民呈一定规模的入蜀，是在清初以后的事，故巴蜀各地方志中记录（包括至今仍存在）的天后宫，均为清以后移民所建。

当然，由于妈祖崇拜经民间传播、官方推助，其影响亦早在清以前就已经超越福建一地，故巴蜀地区天后宫亦有部分并非闽籍移民所建者。如巴蜀地区的一些广东籍移民，也立庙奉祀天后亦即妈祖。不过从其一般都称"天后宫"，而妈祖被中央王朝正式尊封为"天后"乃在清康熙二十三年（1684），可以大致推知，该类宫庙亦均应建于入清以后，系由清代广东移民所建，这也与地方志的反映的历史情形基本吻合。

需要指出的是，清代广东迁川移民，多来源于梅州等粤东山区，与之相邻的闽西山区则是入川闽籍移民的主要来源。闽西、粤东不仅地理上紧紧相邻，而且居民都主要是客家人。而来自这一带的客家人又是清代入川移民中引人注目的民系，一般笼统称之为闽粤客家人。但总体而言，在闽粤客家移民中，粤属明显居多。清末《成都通览》曾记载其时童谣《你姓啥》云：

你姓啥？我姓唐。啥子唐？芝麻糖。啥子芝？河芝。啥子河？大河。啥子大？天大。啥子天？广东天。啥子广？湖广。啥子湖？茶壶。①

学者或据此指出，这首歌谣中出现的省份名称只有湖、广，或许正是由于两省移民规模最为庞大这一原因而致的。②此说有一定理据。记录这支童谣的《成都通览》也曾统计并分析过晚清成都人口，明谓"现今之成都人，原籍皆外省人"：其中湖广即占25%，余下则河南、山东为5%，陕西10%，云南、贵州15%，江西15%，安徽5%，江苏、浙江10%，广东、广西10%，福建、山西、甘肃5%。以上移民原籍共有16省之多，其原乡真可谓多元多样。从广东、广西移民占成都人口的10%，而福建、山西、甘肃三省移民方仅占5%，不难大致推知，成都人中闽籍数量当明显低于粤籍。成都的福建人比重应当在全省具有一定代表性，因为成都城中还有著名的大、小福建营巷，作为当初福建移民

---

① 傅崇矩：《成都通览》上册，巴蜀书社1987年版，第254页。
② 刘正刚：《清代四川天后宫考述》，《汕头大学学报》1997年第5期。

集中居住的街巷，尚且如此，则巴蜀移民中的福建籍人口的总比例当不会超过之（当然亦不排除个别地方可能会超过此比例）。

但是，巴蜀地区的天后宫在会馆总数中的比例，却明显超过了上述人口比例。这无疑是很值得探讨的历史、文化现象。

有学者较为系统地搜集统计过清代四川地方志中的福建移民会馆，估计共200座，发现其名多为"天后宫"，也偶有以"天上宫"或"天后庙"等命名的。①据嘉庆二十一年刊行的《四川通志》记载，四川当时共有县级政区州、县、厅共126个，除松潘、石柱、杂谷、懋功、太平五个直隶厅和茂州直隶州境内无福建移民会馆天后宫建置的记录外，其余的府直隶州厅内均有天后宫，其分布的州县厅占当时四川县级政区总数的70%以上。如在四川与云南交界的少数民族聚居地会理州，不仅在州城，而且在所辖的迷易所（今米易县）和披砂等地均有天后宫。地处凉山地区西昌市的德昌镇，也建有天后宫。可见，福建移民已经深入四川的少数民族聚居地安家落户了。②

天后宫既然是福建移民的会馆或曰精神家园，它当然就应建于上述移民居息之地。一般认为，移民会馆是同籍移民在四川聚居同一地区的最直接反映。应当指出，这一估计从大处着眼是合乎逻辑和史实的，但如从清代巴蜀地区移民的居住生业等具体史实方面考察，则"聚居"之说尚有进一步考量释读的余地。一方面，闽粤移民依循传统，"同一宗族，多聚族而居，故形成一村一组，甚或一乡，以一姓或几姓居多的情况"③。另一方面，至少闽粤移民之

---

① 刘正刚《清代四川天后宫考述》（《汕头大学学报》1997年第5期）一文引光绪《井研志》卷四《建置》称："天后庙在麟山下，为福建会馆，乾隆三十五年汀州府永定县张瑞龙等建"；并指出，唯道光《岳池县志》卷二三《寺观》称福建会馆为"神圣宫"，是一例外。今按，岳池神圣宫恐亦非孤例，同治《营山县志》卷七亦载其地会馆有"广圣宫"，乃为"闽粤人改修"，所祀神祇应为（至少应有）天后。另外，考虑到方志由于其体例所限，所载详于县城，而略于乡镇，后者存在的大量会馆宫庙不免在志中疏于反映。如在刘文所附统计表中，乐山县仅城区有一座天后宫，见于民国《乐山县志·城图》，但另据郭沫若（乾隆时期入川的闽籍移民后裔）在其《少年时代》追述，其距离乐山县城约七十里的故里——"小小的沙湾，客籍人要占百分之八十以上，长江领域以南的人好像各省都有"，接着明确记载沙湾场上就有"福建人的会馆"，显然就是"天后宫"。可见清代四川天后宫的真实数据还应更大。（详郭沫若：《沫若自传》第一卷《少年时代》，《郭沫若全集·文学编》第11卷，人民文学出版社1992年版，第14～15页。）

② 刘正刚：《清代四川天后宫考述》，《汕头大学学报》1997年第5期。

③ 民国《资中县续修资州志》卷三《礼俗志·风俗》。

居住形式已经打破传统，具体说即并非像其在原乡那样，同宗合族聚居于封闭的大型土屋或围龙屋内，而是在相当程度上呈散居状态。这应该与巴蜀地区的历史文化传统相关，巴蜀地区至迟从明清之际以来，广大农村就以散居状态为基本面貌。此种状况渊源甚早，史载隋、唐以降，巴蜀地区就已经形成"小人薄于情理，父子率多异居"之俗[①]；宋代巴蜀有些地方更流行"亲在别籍异财"的风气[②]，父、子分家异居，成为引人注目的习尚和传统，并流风累世，相传直至现当代。这就导致了巴蜀农村广泛存在的散居乡村景观。巴蜀地区的清代福建移民，主要来自闽西，属于客家移民。在他们落籍的四川，已经不太容易看到在闽西同宗共居、引人注目的封闭性大型土楼或"围龙屋"，代之出现的是地方志里所说的"凡住户皆散居，无村落（亦有聚族而居者，惟散居一地或以大户析为数家，非村也）"[③]。即使形成村落，也并非北方地区街巷较为规整的村庄，而"多是由几个'院子'（或老屋），甚至几十个'独院'组成"；院与院之间彼此错落，往往间隔着田园竹林，"因此，由这些同姓聚居村落而建立起来的移民宗族组织，相对分散，规模狭小，局促在一个较小的范围内，难以形成像唐宋时代那样较大的宗族势力，其所产生的影响也远逊于宗族组织较为发达的南方地区"[④]。正是因为远离故土、落籍异乡后的这种散居状态，更加强化了巴蜀地区的闽籍客家人的内聚性倾向，他们"有鉴于维系家族凝聚的聚居生活方式的逐渐瓦解，为了补偿缺少聚会交流场所的问题，大修建宗祠、会馆就成为强化同乡、同族观念的重要手段"。这大约就是清代闽籍移民占巴蜀人口的比例不高，但其会馆数量却名列前茅的重要原因之一。

天后宫数量众多还有两个原因，一是妈祖在清代被列入国家祀典，这在帝王专制的中央集权体制下，此种来自政府的自上而下的强大力量，推助作用非常显著。另一个重要原因是，闽籍移民在巴蜀人口中的占比虽然较少，但经济能力却明显超越其人口数量。清前期"湖广填四川"的移民潮特点之一，就是总体而言，它并非此前移民史上历代常见的政府强制性移民，而主要是由政府倡导，并以政策鼓励引导的自发性、自愿性经济移民。清代大多数福建移民入蜀，一般晚在康熙二十年（1681）"三藩之乱"平定之后，他们和粤东移民

---

① 《隋书》卷二九《地理志上》。
② 《宋史》卷四二《地理志五》。
③ 民国《泸县志》卷三《礼俗志·风俗》。
④ 陈世松：《巴蜀文化通史·移民文化卷》，四川人民出版社2021年版，第216页。

一道，是清代徙川最晚、距离最远的南方移民。由于错过了插占好田好地的时机，他们一般只好依其传统，在山区和丘区开展以农为主的生业。这些移民，都是典型的自发性、自愿性经济移民，秉承客家人耕读传家的优良古风，颇能吃苦，生产技术好，乐于而且善于接受新事物。如玉米（或称苞谷、玉麦、御米等）、红薯（或称红苕、甘薯、薯蓣等）和马铃薯等原产于美洲的高产优良的粮食作物，明朝万历时传入中国。起初在东南沿海种植，清初则由移民带到巴蜀，并在巴蜀地区普遍种植，而闽粤移民起到了直接传播的历史作用。史载"闽、粤、楚民入山开挖，遍种包谷"①。"薯蓣有红白二色，先是资民自闽粤来者嗜之，今则土人多种以备荒。"②而乾隆《潼川府志》亦载："薯蓣……瘠土沙土皆可种，皮紫肌白，生熟皆可食，蒸食尤甘甜。潼民之由闽粤来者多嗜之，曰红薯。"玉米、红苕的引进，大大促进了巴蜀地区的粮食生产。不仅如此，闽籍移民还引进了南竹等其他一些优良物种，民国《合江县志》记该县"竹种繁复，而南竹为冠，清初黎氏由闽携种来植"③。此外，在传统农耕方面，闽粤移民也展示了更为高超的先进技术。如同治《成都县志》即称："农事精能，均极播种之法，多粤东、湖广两省人。"④然乾隆《巴县志》指出："剁耒耔耔之工与勤，土著不及楚人，楚人不及闽广。"⑤此种情况，往往导致闽籍移民发家速度快。如闽籍移民陈氏，于乾隆十七年（1752）落业四川三台县，经历十二年佃农阶段后方转为自耕农，其后子孙又继续创业，终于在道光年间成为"田连阡陌，栋宇辉煌"的望族。⑥

由于闽籍客家移民整体素质较高，因而其不仅能够较快地在巴蜀地区站住

---

① 道光《垫江县志》卷二一《风俗》。
② 嘉庆《直隶州志》。
③ 民国《合江县志》卷二《食货》。
④ 同治《重修成都县志》卷二《舆地志·风俗》。
⑤ 乾隆《巴县志》卷十《风俗》。
⑥ 同治《陈氏族谱·崇德堂劝诫序》。

脚跟，并且进而在农业之外的工商业等方面也很快占据了重要地位。①据民国《新都魏氏祠谱》，清代魏氏由福建漳州府南靖县入川支系达二十三支，其中以"贸易立业""生理立业"者就有十三支。其中魏士廉十八岁入川时，"携钱八百文，贸易自给。至川囊中犹余甚丰……负贩村间，不十年积钱累万"，遂购田百亩，结茅以居。而福建龙岩陈润周在成都以农起家，其后又到郫县经商，"凡金钱之交易，茶酒之零杂，米谷之籴贩，靡不操奇计赢，遂什一而市三倍"②。时人有云："商贾多江浙闽粤山陕各省人为之，土人但知务农而已。"③民国《泸县志》曾总结道："楚人、粤人多事耕种，赣人、闽人多营商贾。……属江西、福建者，乐迁徙，善懋迁，以赣、闽滨江临海，利交通也。"④这个分析，显然兼有理据。由于都属于客家民系，地理上紧紧连接，所以巴蜀地区的福建、广东客家移民往往闽粤连称，生活风习亦都有相似之处。但若仔细考究，闽、粤移民之间，亦有差异。如相对而言，闽人更"乐迁徙，善懋迁"，更重商趋利，而粤人更重农耕。如过去川北三台的《竹枝词》即有云："闽人栽烟住平地，粤人种芋住山坡。"⑤而川东云阳的县志亦载：该县"业烟草者，多闽人。赖、卢诸姓，皆清中叶来，以其业名县中，利颇饶，今多土人承之"。正是由于闽人乐于贸易迁徙，其居处往往分散，反而促进了他们修建会馆以强化凝聚力的习尚，故天后宫在巴蜀随处可见。同时，又因为闽籍移民善于经商，经济力量雄厚，重视文教传承，故其人口虽然不多，却有足够的财力修建数量甚众的会馆。早年重庆流传的民间谚语就称："湖广

---

① 如一代文宗郭沫若，亦为清代福建客家入蜀移民后裔，原籍为闽西汀州宁化县。郭家迁蜀始祖郭有元将其弟郭有春留在原籍侍奉父母，自己则只身于乾隆时背着两个麻布来到四川求生，属于"赤贫的人流落到他乡，渐渐地在那儿发起迹来"。郭有元开始是做生意，跟随马帮从福建往四川乐山的牛华镇贩运苎麻，用于盐业生产；后来才到乐山县沙湾场定居，并娶当地人为妻。就这样，郭家逐渐由"赤贫"曲折发展，几经起落，成为农商兼营的富裕之家，并秉承客家重视文教的传统，在晚清以降培养出了以郭沫若为代表的好几位很有出息的读书人。以上详郭沫若《沫若自传》，载《郭沫若全集·文学编》第11卷，人民文学出版社1992年版。另详廖久明主编《郭沫若家世系》，复旦大学出版社2010年版。
② 民国《新都陈氏润周公派下支谱》，转引自刘正刚《闽粤客家人在四川》，广西教育出版社1997年版，第200页。
③ 《崇庆州志》卷二《风俗》。
④ 民国《泸县志》。
⑤ 陈谦：《梦溪诗草序集·三台竹枝词》，转引自赵长松《清代的三台移民》，载三台县客联会编《移民与客家文化》，2001年3月。

馆的台子多，江西馆的银子多，福建馆的顶子多，山西馆的轿子多。"①闽籍移民不仅财力雄厚，而且因为耕读传家，重视文教，往往又多"功名之士"，亦即以有顶戴官衔之人多而著称，这无疑更让天后宫脸面生辉。

就神灵祭祀而言，闽籍移民一方面保留了妈祖作为海上交通护佑神的信仰，亦即水文化的传统，将之延伸到了内地江河水上交通运输上。巴蜀清代福建移民中最早部分的来源，是早年降清的一批闽籍官兵。康熙六年（1667）十一月，四川巡抚张德地上奏曰："福建一省投诚一项，除家口外，尚有二万三千六百余名之众……如台臣所计之数，即全移至蜀。"②这批闽人中的一部分，入蜀后仍继续发挥了其滨海之民习于水上技能之所长。清代王士禛《蜀道驿程记》亦谓其康熙十一年（1672）典试入蜀，从云阳县乘船北上时的"桡手皆闽人，盖闽中投诚安插于蜀者"③。此外闽籍移民中经商者多，由于近代交通发展起来以前，水运是最为价廉高效的交通手段，故其经商亦多取水道，妈祖或曰天后仍然是其顶礼膜拜的保护神，虔诚地信奉其镇护保佑的神功"遇险而灵，非独于海然也"，认为巴蜀"万流奔赴，湍波激荡之中，舳舻往来不绝，非后之功乎！"④

当然，清代巴蜀福建会馆天后宫的原乡之神奉祀也有了一些微妙的变化。由于各省移民入蜀后逐渐频繁的良性互动，加上官府的倡导和祭祀的定制化，清代巴蜀地区各会馆乡土神祭祀不仅非常兴盛，而且形成了彼此共生和泛地域化趋势。在移民较多，"五方杂处"之地，各省会馆长期和谐共存，每逢节庆，诸如：

> 万寿宫江西人会，天上宫福建人会，禹王宫湖广人会，南华宫广东人会，寿福宫广西人会，清时各届会期，演戏多至半月。各街骑街搭台，演唱报秋之戏。自八月起，至四月下旬止。⑤

---

① 窦季良：《同乡组织之研究》，正中书局1943年版，第31页。
② 康熙《四川总志》卷十《贡赋》。
③ （清）王士禛：《蜀道驿程记》，《小方壶斋舆地丛钞》。
④ 清安县知县陈汝亨于雍正十二年所撰《天后宫记》，载嘉庆《安县志》卷三一《艺文》。
⑤ 民国《合川县志》卷四《礼俗》。

天后宫也不仅与其他省籍移民的乡神相互和谐共处，而且开始逐步打破原乡神域。如清代至民国时期，新都县有庙名曰"五灵寺"，又称"五都司庙"。据民国《新都县志》记载：

五灵寺在县南二十五里烂泥沟，清乾隆二十九年建，原名都爷庙，祀张都、李都、毛都及天后、关圣之像。相传张、李、毛三人为粤之长乐人，俱显官。明季兵燹，协力保护，粤民赖以安。后俱阵亡，屡著灵异。粤民比户祀之。清初长乐人杨、冯、缪、李、江、黄六姓移家入蜀，共建此庙，以达神贶，示不忘本也。嘉庆十五年重建。①

按清代长乐县即今粤东梅州市五华县，粤东地接闽西，均为客家聚居地，故同为妈祖崇奉区。五灵寺乾隆时就兼祀天后、关圣，已开启了天后、关圣信仰日后在四川移民地区跨越族群、超越原乡神域之趋势。此种情形，显然与康熙以来以妈祖为"天后"，官方每年春秋祭祀的引导有很大关系。但更重要的原因，应为在传统农耕文明时代，社会尤其民生需要有超越自然、社会的神圣力量来保一方平安。而妈祖或曰天后早在五灵寺初建之前，就已经在蜀地被宣称为"生于莆而福佑天下"的普世之神，并进而声称："后之德也，岂特吾乡人所宜庙而祀之乎？！"②反映妈祖或天后已经成为长江上游的巴蜀地区影响较为显著的信仰，并且这种引人注目的信仰又产生了新的地域化特点和变迁，从水文化性质的海洋文化，转化为内地农耕文化板块上的有机组成部分，参与融汇到当地社会历史进程中，发挥了积极的影响作用。

巴蜀地区水文化中的神灵偶像崇拜可谓多元多样，涉及多种宗教信仰，极为神秘庞杂，难以一一列陈。如各地的龙王庙或曰王爷庙、城隍庙以至三官堂等，均与古老的水文化信仰习俗直接相关。漫步今日成都市区，不仅随时所过为桂王桥、金水河、解玉溪等地名，而且不时就会走进龙王庙正街、三官堂街，令人联想起因水而生的信仰习俗。翻开老地图，类似的地名更多，在在映射出古老深厚的水文化。在传统巴蜀文化区域各地，同样渗透着水文化深深的底蕴，而且往往各有特色。笔者近年曾赴西南一些地方考察水运交通史迹，

---

① 民国《新都县志》第三编《礼俗·享祀》。
② 清安县知县陈汝亨于雍正十二年所撰《天后宫记》，载嘉庆《安县志》卷三一《艺文》。

一次在位于川黔边的贵州省遵义地区（这一带直到清雍正时期才从四川划入贵州）赤水市，见到一座名叫海灵宫的古建筑，乃其地"搭帕邦"明清时期的行业会馆及其偶像祭拜旧址。所谓"搭帕邦"，本为旧时当地人对赤水河上船工纤夫的称呼，盖因其长年累月奔波江上，备极艰辛艰险，赤裸的身躯往往只搭着一条汗帕，故统一诨称之"搭帕邦"。赤水河至今仍为贵州全省运输量最大的河运航道，海灵宫无疑深深凝聚着这一系连川黔滇三省边地的黄金水道的悠久水文化信仰习尚。

三、科学与人文深度融合的治水理念

（一）综合治理的系统思想（综合治理的系统思维方略）

古老的蜀地水利之所以能取得巨大的成就效益，极为重要的一个原因就是在其漫长的历史进程中逐渐形成、发展出了比较综合系统的水利方略和思路。早在虞夏时期，巴蜀地区作为传说中的大禹故里，其治理水患就已经从之前鲧以单纯的筑城壅塞，改良提升为疏、塞结合，以疏导为主的综合性思路和方略，宝墩文化诸城顺乎河流、台地走向筑城掘壕的考古学遗存，已经基本或大体上证实了文献传说。进而言之，如果文献传说中的大禹时期水利史事有可能涵括进若干后世的因素，那么三星堆文化和十二桥—金沙文化以来的大量出土资料，就已确证蜀地先民对城、水和谐关系及综合系统性的体贴讲求由来已久，而且逐渐发展升华。这在都江堰大型水利工程体系中，得到了近乎完善的充分体现。

如前所述，都江堰高度的社会综合效益，来自高度合理完善的科学设计及其深邃理念。该工程具有许多极富特色的优长之处，如无坝引水、合理利用水资源的优良生态工程模式，科学的勘测规划、岁修制度等，这些都在前面章节已有论述。这里着重对其另一重要的特点，即其综合治理的系统性工程及其理念略做讨论。

冯广宏先生对李冰治水思想遗产作了总结，认为其要点有如下几条：

（1）工程建设讲求速效。不追求高标准，不着眼于永久性，力求尽快产出效益。

（2）就地取材，采用简易结构，以简便工艺操作。不追求复杂化，不打消耗战。

（3）以持续更新的岁修制度，弥补工程质量之不足，不断延长工程寿命。岁修符合天、地、人三方面有利条件。

（4）以口诀式的要求，作为岁修要领，便于为群众所理解和掌握，并有利于持续遵守。

（5）制度融入民俗，启发群众维修的主动积极性，少做官方的强制行动。

（6）以统筹思想对待工程开发，着眼于系统和全局，多重综合利用，力求物尽其利。

（7）在开发和维修中采用应变观念，随时适应环境的变革。

（8）师法自然。工程布局上多发挥自然力的作用，少人为的控制。①

以上总结颇为系统全面。我认为，其中最根本的，还是"道法自然""综合治理"及"系统和全局观"，而都江堰工程是这一科学理念最为杰出的体现。"道法自然"容后讨论，这里先说该工程反映出来的"系统和全局观"和"综合治理"理念。古代世界的水利工程，或直接为了排洪涝、除水患，或旨在开辟维系漕运等水路交通，或单纯以农田灌溉为目的，甚或仅仅为了美化帝王宫苑，各有其突出的具体功能，像都江堰这样集诸功能为一体的大型综合系统工程并不多见。都江堰之所以能长期取得巨大的经济和社会效益，极为重要的一个原因就是其工程方略思路的综合完善。

历两千多年不衰的都江堰水利工程本身就具有巨大的系统性，这在古代世界可谓一大奇观。

由前可知，都江堰分为渠首工程和航运灌溉系统两大部分。前者主要由鱼嘴分水堤、宝瓶口和飞沙堰三部分组成，外加金刚堤、人字堤等，整个渠首工程由多个功能环节环环相扣、有机配套而成，体现了高度的综合性系统思维，本身就已经是一个规划设计极为精致的大型系统。其次，渠首工程之后伸展于广袤的成都平原的水运灌溉网，大体上则由一系列树谱状的无坝或低坝引水干支渠系，及其"津流径通"的若干人工湖泊构成，其系统性思路更是一目了然。由渠首诸环节和平原上的渠系湖泊网络合成的全部都江堰水利工程，支系连通，环环相扣，遂整体呈现巨型而有序的水利系统，发挥着巨大的经济社会效益。

---

① 冯广宏：《都江堰创建史》（稿本），第113~114页。

从功能作用上看,都江堰水利工程也体现出巨大的系统综合性。西汉司马迁盛赞其既可行舟,又可用于灌溉,亦即交通运输和农田灌溉为其主要的两大功能,此外,它还具备行洪排涝,供应成都城乡生活、城市景观用水,美化和改善生态环境等诸功能,仅仅就水利工程的科学性、实用性而言,其对成都平原以至周邻浅丘地区避水患、兴水利的多功能需求显然有非常综合完善的考虑,这一思维不仅表现在延伸广袤、巨大复杂的工程体系本身,更进一步体现在其效益巨大的军事、经济和社会发展的战略或曰整体思路上。由此可见,其全局性思维和理念已达古代世界之极致,具有普遍价值。

（二）道法自然、天人合一的水文化理念

都江堰代表的古蜀水文化长久泽惠苍生的更为深层次的原因,是其以自身的悠久历程逐渐孕育出,并且在与黄河流域和长江中下游等区域文化的互动中不断发展深化的道法自然、天人合一理念。在我国古老的历史传说中,大禹及其领导的治水实践,最早体现出此种系统思维。具体说来,大禹以疏导为主的治水思路和方略,应是先民在过去经验教训基础上,于大灾之际对水患和水的自然本性有了更深刻认识的产物。《淮南子·原道训》追述云:"禹之决渎也,因水以为师。""以水为师",正是早期"道法自然"理念的认识前提;"道法自然"理念的产生,则是"以水为师"的认识结果。尽管在产生之初,这一理念还远不如后世系统严密,但有一点应是清楚的:它源于先民对水性规律的认识和尊重。此理念一经出现,必然伴随先民成败交织的一步步实践逐渐丰富深化,并对后世产生深刻久远的影响。

东亚大陆地域极其广辽,政治上大一统的局面虽然秦以后才正式形成,考古资料却表明,各地区在文化上的联系要早得多,至迟在新石器时代就已经陆续产生和发展,并形成交流日益密切的广义文化互动圈。《尚书·禹贡》把蜀地治水与中原水利活动相联系,就有一定的历史基础,并非尽属古人向壁虚造。以疏导治水,应是包括蜀地在内的东亚先民顺应水性、道法自然、遵从规律的早期认识体现。此种"以水为师"的初期理念,到周代以后有了进一步的深化发展。如西周王室大臣邵公就曾强调:"防民之口,甚于防川;川壅而溃,伤人必多……是故为川者决之使导,为民者宣之使言。"[1]这是将"以水为师""道法自然"的哲理引申至治理国家社会的人文政事层面。春秋晚期的

---

[1]《国语·周语上》。

老子鲜明地提出"上善若水"的理念，由其创立的道家学派进而发展出"太一生水"的命题[①]，有学者甚至径读为"太一生于水"[②]。不管怎样，记载这一命题的郭店楚墓竹简开篇即云："太一生水，水反辅太一，是以成天；天反辅太一，是以成地。"[③]这就把对水的认识上升到了人类依生其间的天地以至宇宙生成论的高度。到战国以后，蜀地与楚、秦的联系互动日益密切，在水文化方面的交流亦然。秦并巴蜀后，此种文化的交流融合更为直接，都江堰工程正是此种背景下的产物。这一在蜀地水文化为主体基础上融入华夏因素后更为深邃的理念，在都江堰工程中达到了极高的境界。就整体而言，建于川西平原的该工程全部系统与江流地势等自然环境浑然天成，而底蕴深厚的上述理念可谓其灵魂。就工程各部分而言，从鱼嘴无坝分水，到飞沙堰的溢洪排沙、人工水道的自流灌溉等，均巧妙地因应了自然条件和水流的规律。主要用竹、木、石料治水，既简便易行，又以柔为刚，转以御水，颇具功效。此种创造精神和智慧，同样建立在对自然的深刻体认上。不仅如此，都江堰工程师法自然的创造精神，还表现在其"工程布局上多发挥自然力的作用，少人为的控制"[④]，颇有巧寓精思于造化，无为而无不为的妙趣。

从宝墩文化古城以夯土城垣甚至双重城垣加壕沟御患兴利，城垣顺河流走势兴建布局，到北濒雒水的三星堆古城让马牧河透迤其间、金沙—十二桥古城与古郫江相抱依偎，城、水关系的亲近和谐格局步步升华，反映了先民对水等自然环境条件认识深化后返归融入自然的意向；而都江堰工程的建造，则达到了人与水、地、天的整体和谐格局，体现了一种因仍自然、尊重自然、亲和自然的态度、信仰，以及渗透其间的古老的天人合一深邃理念。这正是当今世界在可持续发展诉求中，需要从中合理汲取智慧和启示的宝贵文化资源。

人类文化以多元和多样性为通则，各民族文化的遗产也是往往各具特色、各有不同的贡献，但能够因其成就极为巨大、底蕴博大精深而且至今仍然基本按原有的模式和理念在继续健康运转以至逐渐增效的，则似以都江堰为举世罕见之例。所以，都江堰既是遗产，又不仅仅是遗产；作为大型水利工程，它既

[①] 荆门市博物馆：《郭店楚墓竹简》，文物出版社1998年版，第11、123页。
[②] 陈松长：《〈太一生水〉考论》，载武汉大学中国文化研究院编《郭店楚简国际学术研讨会论文集》，湖北人民出版社2000年版，第542~546页。
[③] 荆门市博物馆：《郭店楚墓竹简》，文物出版社1998年版，第11、123页。
[④] 冯广宏：《都江堰创建史》（稿本），第113~114页。

是历史的，又是现实的、活生生的，当古代同期甚至晚很多的中外诸多水利工程早已湮没黄沙、销声匿迹以后，它还将长期造福人类，因而可以说是"现代"的，甚至可能还是"后现代"的。仅此它确实超凡突出于其他若干遗产，对于强烈地期待可持续发展的当今世界，具有非常独特的意义和价值。因此，都江堰既是中国的，又是世界的：它在人与自然的关系这一世界性的永恒主题上，为经济全球化时代人类如何走出江河大坝陆续淤塞、多种一次性能源逐渐枯竭、生态环境日益被破坏的危机，如何建立和保持人类与自然环境和谐友好格局的永续发展模式，提供了从科技到人文、经济到整个社会的多层面的丰富启示，展示了中国人独一无二的智慧，由此彰显出它跨越时空的永恒和普遍意义。这一真正具有中华文化特色的成就，虽然在川西平原一带生生不息绵亘古今，但从人类文明发展的总体过程看，主要仍是在历史上产生和取得的；而其两千多年来一以贯之的工程模式及其理念，无疑出于中华民族祖先道道地地的原创。从这个意义上说，都江堰确又是货真价实的历史遗产。

第七章

20世纪以来巴蜀水利的现代化

进入20世纪以后，随着清王朝退出历史舞台，中国社会发生了前所未有的巨大变迁，在这一百多年的历史里，中国社会不仅在根本制度上发生了变革，而且处于全方位深刻的现代化转型进程中，经济社会有了长足的发展，重新在世界格局中获得了应有的重要地位。巴蜀地区作为多元一体的中华文明的重要组成部分，也在这一全民族的伟大转型进程中，获得了巨大发展。与此同时，巴蜀水利也经历了曲折前行的现代化历程，取得了前所未有的新成就。

第一节　民国时期——巴蜀水利现代化的艰难起步

从传说中的大禹治水，尤其李冰兴筑都江堰以来，巴蜀地区的水利和水文化形成了自身独步天下的特色和传统，在孕育、造就和持续发展天府之国的漫长历程中发挥了巨大的基础性作用，进而促进了整个巴蜀地区的经济、文化和社会的繁荣，或在天灾人祸导致的衰落之后促使其重新崛起、恢复繁荣，甚至数次在全国格局中处于先进地位。总体而言，其发展历程曲折而持续，成就巨大而举世瞩目。进入20世纪以后的民国时期，巴蜀水利在古代奠定的广厚基础上，开始引进采用新的科技方法和手段，规建新制，又取得了进一步的成就。

民国之前的晚清，在西方列强逼迫下，打开国门，随后西方科技逐渐传入巴蜀。如重庆狮子山海关水位站，于光绪十七年（1891）就开始有了观测记录。光绪三十年，由彭县人吕兰测绘的《灌县岷江分水图》，则是采用了近代科学比例的第一张都江堰正规地图。[①]但总的来说，晚清时期，西方先进的科技在巴蜀水利上的引进，只是零星和初步的，至多可以算是巴蜀水利现代化因素的萌芽。真正比较广泛地引进和采用西方近代水利等科技方法和手段，运用于巴蜀水利，是在进入民国以后。

巴蜀地区虽然地处中国西部，但正因为地理条件相对闭塞，催生了历代先民的开放意识和精神，被誉为辛亥革命雄壮前奏的四川保路运动，就是因为巴

---

① 见（清）傅崇矩：《成都通览》，宣统二年（1910）版。

蜀社会各阶层希望自主修建川汉铁路，开辟连通四川与川外地区的近现代交通的努力，但受到清廷与帝国主义残酷压制而引爆的。辛亥革命推翻了帝制，建立共和，对巴蜀地区引进新的水利等科学技术起到了积极的促进作用。民国伊始，由于都江堰已经36年未作全面大修，各堰口堤埂都有一定损坏，因而1914年12月26日，四川巡按使陈廷杰在地方士绅要求下，向大总统致电要求拨款大修，并委任工业讲习所所长张沅勘测堰况，筹备彻底大修事务。《委任令》明确指出：清代"学术未明，又不知利用水势"，"现在土木科学逐渐昌明，无论任何险工，皆能设法修筑。该堰工程当谋彻底重修，以为一劳永逸之计"。此次大修工程虽然因故并未达致预期的宏伟目标，但其采用新的现代水利科技来大修都江堰，决意十分明确。

1926年，水利知事官兴文再次大修都江堰，为了加固工程基础，遂开始采用水泥砂浆等现代建筑材料和技术，强调"新工鱼嘴为岷、沱分水第一关键"，经过科学勘测，将渠首鱼嘴位置下移了200尺（约67米），"以杀水势"，并将基础深挖17尺（约5.7米），"密布地扶，以坚其底，上用条石层级钤之"。建成的新鱼嘴呈椭圆微锐的流线型形状，共33尺（约11米），分内外两层，外层低9尺（约3米），用以分常年倒冲的洪水；内层高9尺，用以分急骤的大洪水。

1933年8月25日，岷江上游叠溪突发大地震，10月9日叠溪堰塞湖溃决，都江堰渠首工程几乎全部冲毁。次年，水利知事周郁如主持修复堤身，采用水泥砂浆砌条石结构，并且开始用混凝土浇筑鱼嘴底座，有效地加固了工程基础。

总之，民国以后的都江堰维修工程，在传统技术的基础上结合采用新的水工科技，提高了工程的质量及其防灾能力。

民国时期重视水利，为此陆续颁布了《各省水利委员会组织条例》《河道水利专门委员会章程》《兴办水利防御水灾给奖章程》《统一水利行政及事业办法纲要》《水利设计细则》《水利工程计划编制办法》等一系列全国性的法规政策。在此背景下，巴蜀地区也统一由四川省政府或其水利部门先后制定了相应的若干法规措施，如《四川省水利局章程》《四川省水利局组织规程》《四川省水文测量区站组织规则》《四川省各县掘塘蓄水标准办法》《促进各县筑堰掘塘凿井蓄水办法》《扬子江水文测量扩展办法》《岷江治本工程大纲》《高地灌溉设计委员会简章》《（水利工程）招商承揽规则》等，还有专门针对都江堰水利工程岁修的《监工规则》《购料规则》《领发材料规则》

《领款规则》《会计规则》《测量队安设木石测柱保护规则》等系列规章制度。以上系列文件的陆续出台，为民国时期巴蜀地区水利事业的发展提供了制度和法规政策支撑。

民国时期，在全国性水利机构建立的背景下，巴蜀地区在水政方面也有了明显的发展变化。早在1912年，四川水利同知已改称水利委员，设水利委员公署，以管理都江堰水利事务为主。次年复改称水利知事，不久又改名为都江堰驻灌水利委员，1919年，再次改称水利知事，归属西川道领导。1930年，西川道因道一级建制的废除而撤销，四川省改实业厅为建设厅，以其下第五科主管巴蜀地区河工、航路和农田水利工程。水利知事公署隶属于省建设厅，主管都江堰灌区水务，除水利知事外，其编制人员薪金概由灌区十四县承担。

1935年，因军阀割据的防区制废除，川政统一，遂将设在灌县的水利知事公署改组为省水利局，仍然只负责都江堰水务和岁修。次年6月，省水利局迁往成都，负责全省水利事务。另设都江堰工程处于灌县，负责岁修事务，并于1944年改组为都江堰流域堰务管理处，增扩编制和工作业务范围，统管整个都江堰灌区水政。省水利局下设工程队、水工试验所，前者负责水利工程的施工监督、考查验收；后者负责提供工程设计资料，测验校正量水器具，验证改进河工计划，实验改良水力机械。1941年，又设立四川省水文总站，隶属于中央水利试验处，负责巴蜀地区的水文测验工作。

此外，民国时期巴蜀各地较为大型的水利工程，均成立了隶属于省水利局的工程处，负责该水利工程的施工和管理。这些水利工程，除都江堰外，主要有成立于1937年的石亭江朱李火三堰工程管理处，成立于1938年的三台郑泽堰、绵阳天星堰、乐山楠木堰、眉山醴泉堰等工程处，成立于1939年的洪雅花溪渠、绵阳龙西堰、雅安青衣渠等工程处，成立于1940年的新彭眉通济堰、金堂县北泽堰、绵阳涪翁堰、彰明县涪济堰、遂宁县四联堰、青神县鸿化堰、三台县可亭堰等工程处，成立于1941年的涪江堰工程管理处、府河船闸管理所，以及江油县女儿堰、峨眉县熊公堰等工程处。

根据1948年11月四川省水利局编制的《四川水利计划大纲》所做的不完全统计，民国时期，巴蜀地区的都江堰、湔江堰、通济堰、蟆颐堰、惠泽堰、永成堰、毗卢堰、出江堰、红沙堰、徐公堰等10座大型水利工程灌溉面积共407.3万亩，夹江、乐山、雷波、遂宁、广安、江北、万县、大竹、开县等27县685处旧堰溉田92.2万亩。此外，新建的大型灌溉工程有洪雅花溪渠、雅安青衣渠、三台大围堰、巴县梁滩河等渠堰15处，灌溉面积25.8万亩；通过整修而扩大灌溉面积的有彰明六合堰、绵阳天星堰、青神鸿化堰、乐山牛头堰等18处旧渠堰，灌溉面积25.8万亩；眉山、仁寿、荣昌、富顺、乐至、安岳、潼南、垫江、开江等46县凿塘3911口，灌溉面积16.4万亩；仁寿、中江、盐亭、南充、岳池、武胜等县建堵水坝（石河堰）244座，灌田11.8万亩。

在航运发电等方面，民国时期也取得了一定成绩，如1914年，在川江建立交通信号航标等助航设施，两年后又测绘重庆至宜宾航道，刊行《峡江滩险志》；以后又陆续在泸县、成都、重庆、金堂等地建水电站、厂，在成渝等城市建自来水厂，在綦江上建成渠化第一期工程的5座航运闸坝，在自贡釜溪河、威远河的渠化工程也先后建成通航。总计民国时期巴蜀举办水电站厂的总装机容量达7000余千瓦。①

总体而言，民国时期巴蜀地区水利工程，重点在四川盆地，而在川西地区，水利建设则明显滞后，工程很少。而在四川盆地，大中型水利工程都是引水渠堰，而无作为蓄水工程的水库。不过，由于小型堰塘比前代发展迅速、普遍，还是解决了部分农田的抗旱问题。尤其是抗战时期，我国政治、经济、教育和科技中心转徙巴蜀，国内水利专家学者则亦会聚于此，选贤任能主持水政，相关措施执行得宜，水利建设曾出现过短暂的高潮。

民国时期，巴蜀地区水利事业上注意引进新技术，重视勘测规划，强调施工质量，完成了一批规模较大的工程，且在水能开发、河流渠化、提灌机具革新等方面，亦取得了一定的成就，是为其治水业绩超越前代之处。但因社会长期动荡，总体而言，水利现代化仍步履蹒跚，颇为艰难。

第二节 新中国初三十年——巴蜀水利现代化的艰辛发展

一、新中国成立之初17年

中华人民共和国成立以后，巴蜀地区结束了长期以来的动荡，水利事业在安定的社会环境条件下，获得了前所未有的巨大发展。

都江堰、通济堰等著名传统水利工程作为优秀的人类文化遗产，不仅得到

---

① 以上统计数据见1948年11月四川省水利局编制的《四川水利计划大纲》。

认真的保护和延续，而且作为活生生的水利工程获得了新生，尤其是在水利受惠面积量的开拓和工程建设质的升华方面获得了引人注目的发展。

1949年冬，在解放大西南的历史进程中，人民解放军开始进军川西地区。中共川康特委鉴于都江堰正值岁修临近时令，工程几年来疏于治理，如不及时修治，将严重影响来年农业生产，遂委派马识途、王宇光同志专程赴西安向贺龙等领导同志汇报，建议立即抢修，以保证来年春灌用水。大军当即决定在进入灌县后首先抢修都江堰，并先从军费中拨付专款银洋3万元，由王希甫负责抢修工作。1950年1月16日，抢修工程正式开工，为了赶在春灌前完成相较于惯例已经延迟两个月的岁修工程，人民解放军投入了第184师官兵。贺龙司令员特致函慰问抢修索桥外江河口的550团，鼓励官兵们"自觉地以高度热情荷担起抢修都江堰工程的光荣任务"，并高度赞许他们"所创造的奇迹，中国历史上是没有的"。在紧张的抢修过程中，川西匪特盘踞外江南岸，武力阻扰抢修工程。解放军官兵一边镇压叛匪，一边和民工在战斗中抓紧抢修，终于在3月底完成了工程计划，并在4月2日按照古老的传统，隆重举行了开水典礼，保证了川西地区大片农田的春灌。接着，成都市军事管制委员会军代表王希甫正式接管原都江堰流域堰务管理处，正式宣布成立川西都江堰管理处，隶属川西行署水利局，下设工务科、总务科，负责都江堰工程岁修、灌溉管理及防洪等工作。

就在解放军抢修都江堰的同时，1950年2~4月，获得解放的四川全省各大渠堰，如新津通济堰、彭县湔江堰、什邡朱李火堰、绵竹官宋硼堰、崇庆西河各大堰、邛崃徐公堰、青神鸿化堰、遂宁南北堰等，都在解放军协助下相继动工岁修整治，并于4月春灌之前全部完工，按时放水。

抢修都江堰等全省各地水利工程设施，保证了迫在眉睫的春灌，对各地新一年的农业生产以至新社会秩序的稳定，有重要支撑作用。

抢修之后，都江堰岁修传统得到恢复，延续两千多年的都江堰水利工程，由此进入了崭新的发展阶段，同时也标志着巴蜀地区的水利事业进入了新的历史时期。

1950年4~5月，川北、川南、川东、川西行署和西康省相继成立水利局。6月，西南水利部召开西南区水文和水利工作会议，研究部署加强水文测验工作，逐步增设水文监测站点。强调水利工作要求发动群众兴修小型水利设施，对破坏的堵水坝、损坏的提水工具均应及时修复，对缺乏水利设施和缺水的地区，更应发动群众由政府协助适当兴办水利，如在平坝地区整修开导水沟，导修泉凼；在丘陵山区大量蓄积冬水，保证来年春灌用水。10月9日，西南水利部制定并颁发《西南区办理水利工程施工方法暂行办法》《西南区办理水利工程暂行办法》等系列文件，通令各省区执行。

1952年，四川省恢复建制，川西、川南、川东和川北四个行署水利局合并成立四川省人民政府水利厅，统一领导管理全省水利。根据该年年底水利厅对全省的水利统计数据，巴蜀地区共有塘坝工程542000余处，溉田888万亩；渠堰工程75800余处，溉田667万亩；提水机械12台238马力，溉田3000亩；其他设施溉田98万余亩。准上数据，巴蜀地区的水利工程实际溉田面积，已达其时全省水田面积的27.6%，对解放初巴蜀地区经济恢复时期的经济社会发展作出了重大贡献。

同年，全国高等院校进行调整，四川大学工学院分出成立成都工学院，并将四川大学、云南大学、重庆大学等西南地区各高校水利专业的师生全部并入成都工学院，成立西南地区唯一培养水利高级专门人才的成都工学院水利系，设置水利、河川结构及水电站、水利电力装备、水文等本专科专业，并相继建立水力学、土力学、水工等专业实验室。与此同时，国家又在巴蜀地区兴办了若干水利、水电中等专业学校。比较完整的巴蜀地区水利人才培养教育体系由此形成。

1953年，我国在新中国成立初期经济恢复和发展的基础上，开始实施国民经济发展的第一个五年计划，巴蜀地区的水利工作由重点除害转为全面兴利，由整治原有工程转为兴修永久工程，由局部恢复转为总体规划，有计划有步骤地发展水利灌区。在此期间，巴蜀地区建成了一批大中型引水渠堰，都江堰等大型水利设施的水利效益尤其是灌溉效益的发挥使水利现代化建设取得了超越既往的新成就。

"一五"计划期间的成就首先体现在都江堰水利工程体系功能提升和灌区的扩大方面。为了重点解决整个成都平原的灌溉问题，四川省水利厅在科学规划设计的基础上，依次安排实施了官渠堰（1966年正式更名为人民渠）、东山灌区（1966年正式更名为东风渠）、鱼嘴操纵闸等都江堰水利体系上的系列工程。1953年1月5日，官渠堰第一期工程正式开工，从彭县（今彭州市）庆兴乡引都江堰内江水系的蒲阳河水入渠，到5月24日即建成进水口至彭县濛阳河段的干渠19.5公里；以后至1956年3月13日，又相继完成了第二、三、四期工程，共建成跨15条小河的主干渠88.1公里，流量达每秒60.2立方米，总灌溉面积增至

130万亩，为新中国成立以来西南地区最早的大型水利工程，使都江堰水源向成都平原区东北扩延，效益大大提升。

另一很重要的都江堰延伸工程——东山灌溉工程，亦即著名的东风渠建设工程，也在1956年3月2日开工。至3月31日，第一期工程完成，建成东山总干渠11公里，北干渠35.6公里，进口位于郫县靖安乡，引都江堰内江水系的府河水源，设计流量每秒42.8立方米，控灌农田10万亩。1956年10月28日至1957年4月28日完成的第二期工程，包括扩建总干渠11公里，新修4公里，南北闸至麻石桥东南干渠22.4公里，麻石桥至新店子的老干渠13.5公里，东干渠53.4公里；当年即溉田33.6万亩。1957年秋至1957年春的第三期工程，又延长南干渠自新店子至仁寿红花乡入府河，长46.2公里；修支渠6条，共40.8公里；控灌农田14.2万亩。

为了改变都江堰内江进水历来"有口无闸"的状况，提升都江堰工程体系的调蓄功能，在建成蒲柏闸后，1953年2月又建走马河闸，1957年建成江安河闸，这些现代水利技术设施大大提升了内江水系的控制调蓄能力。

除都江堰水利工程外，巴蜀地区其他一些引水或蓄水工程，也在1956年、1957年相继进行了富有效率的建设，并且部分工程在一两年内即竣工运行。而此期开工兴建的中型水库有达县明星、名山百丈、犍为三岔河和太平寺、南充磨儿滩、营山幸福水库等。同期开工的中型引水工程则有乐山、夹江的石面堰（后更名跃进渠），引青衣江水，流量每秒21.8立方米；垫江丰收大堰，引高滩河水，流量每秒2.6立方米；石柱桃花大堰，引沿溪河水，流量每秒1.4立方米。而已经建成的则有引安宁河水源的西昌县经久乡西邛渠、冕宁松林乡西礼渠、德昌阿月乡七大坝堰（流量每秒4.5立方米）等。

与此同时，四川省水利部门也高度重视小水利建设，为发动群众投身小水利工程，分别在川东亦即传统的巴地长寿县和四川盆地中部的遂宁县，开凿"示范塘"试点，西南军政委员会农林水利局并在开凿成功后，就地召集各省区干部开现场会议进行示范推广，由此推动了小水利建设蓬勃兴起的发展局面。由于指导思想正确，重视科学技术，措施得当，建立了初步的基建程序和各种规章办法，水利建设成绩显著。五年中共兴修了山湾塘5万余口，小型水库309座，提水机械达107台、1789马力，增加农田灌溉面积2000多万亩。

1958～1960年"大跃进"时期，在全国出现"水利化"高潮的背景下，巴蜀地区也出现了加快建设农田水利的局面。1958年，省委根据中央"蓄水为主,小型为主、社队自办为主"的水利方针,确定四川省水利方针为"小型为主、社队自办为主,当年受益得利为主";要求"大干一冬春,全省基本实现水利化"。当年12月在三台召开的全省水利会议上,提出水利化的标准是:雨涝保增产,天旱保丰收,泥沙不下坡,洪水不出沟。当时指导思想虽然存在不切实际之处,但由于水利工作者和广大群众政治热情高涨,指挥者计划严密,善于抓住关键环节,不少工程仍然在很短时期内取得了较大成功。由于此前的1957年3月已经完成了四川盆地水利规划,为"大跃进"时期新上一批工程提供了基础资料,当时分别作出了成都平原、青岷江间、岷沱长江间、涪沱长江间、嘉涪江间、嘉渠江间、涪凯江间,以及名蒲邛高地、开梁垫区等规划,所选定的百丈、天台、宝石桥、谭家嘴、五排水等较大水库均在1958年以来陆续动工。此期全省新上中型工程126处,其中水库99处、引水渠27处。因为未对客观条件做实事求是的估计,战线过长,超越了当时财力物力的实际承受能力,上述项目中主体工程完工者仅24处,其余各处上马不久即相继停工,造成不少浪费。

尽管存在冒进失误,巴蜀地区水利建设的成就仍然是主要的。1958年2月3日至5月1日,完成了官渠堰第五期工程,新修分干渠56.3公里,控灌绵远河与凯江之间农田11万亩。1959年10月和11月,又分别进行官渠堰第六期(又名百里渠)和东山灌溉工程第四期的兴建,但均在1960年春停建。这一时期,巴蜀地区亦即全省共建水库3952处,加上小型堰塘总数达36万余处,使农田有效灌溉面积达到1597万亩,为全省农田水利建设打下了重要基础,形成了基本的格局。

1959~1962年,我国连续遭受自然灾害,而"大跃进"也导致国民经济主要比例关系严重失调。针对经济困难的局面,中央制定了"调整、巩固、充实、提高"的经济方针,压缩和调整基本建设规模,巴蜀地区的水利建设也出现了暂时的停顿。1963~1965年,随着国民经济的恢复发展,根据省委的决定,巴蜀地区实行了"以电力、机械动力提水灌溉为主,提蓄结合,综合利用"的水利方针[①],巴蜀水利重点发展了一批机电提灌站和砌石河堰,一些中小河流实现了梯级渠化。上述方针的指导思想在一定程度上忽视了兴修水库和自流灌溉,以致有的地方在推行该方针时甚至把提水方式和蓄水方式对立起

---

① 详见1963年11月10日《四川日报》社论《以机电提灌为主,多快好省地发展水利建设》。

来，存在片面性。但在具体实践中，"文革"前巴蜀在远离河流的地区，仍然根据需要新建了一些占地少、灌田多、可以综合利用的小型水库。而大力发展提灌对电力的需求，也转而促进了开发小水电的热潮。据统计，巴蜀地区这一时期的机电提灌设备达到了15600台、352600马力，为抗旱保栽和农副产品加工提供了条件。

二、"文革"时期

1966~1976年的"文革"十年动乱中，尤其是运动前期，巴蜀各级水利机构工作遭到严重冲击，大批干部和技术人员被"下放"，使农田水利建设和管理受到了一定的干扰和影响。但在四川盆地连续几年遭受干旱威胁的背景下[①]，同时受到全国"农业学大寨"形势的推动，1969年以后，巴蜀地区再次形成了兴修水利的高潮。

1969年6月，省里召开水利座谈会，并根据广大农民的迫切要求和以往的规划设计，于当年10月即开始兴建玉溪河引水工程。该工程从雅安地区的芦山县宝盛乡建低坝引水，干渠穿越镇西山，经邛崃、名山县境，于赵沟汇入百丈湖水库，干渠全长51.8公里，设计流量32.5立方米。1971年1月，四川省革命委员会核心小组作出贯彻中央"三主"水利方针的决定，号召进一步开展"农业学大寨"的群众运动，变大面积蓄水为工程蓄水，并采取大、中、小工程相结合的原则，有计划地修建一批骨干工程，以充分利用主要江河资源。次年9月，又提出正确处理大中小、蓄提引、主体工程与配套工程的结合问题，并采取了相应的政策措施，调动广大干部群众和技术人员的积极性，推动全省水利建设形成了又一轮高潮。

在此期间，巴蜀地区陆续建成了一些难度较大、技术水平要求高的蓄水工程。如1971~1972年完工的威远长沙坝、梁平盐井口等中型水库，坝型均为高度40米以上的砌石拱坝。其中乐至县棉花沟和东禅寺水库、安岳县朝阳水库、青神县官厅水库等的砌石拱坝都建在较为软弱的岩基上，施工技术难度大；而简阳县张家岩水库则首先采用了石渣坝。1972年开工的威远县葫芦口水库坝高71米，是当时全省最高的砌石重力坝。同年上马建成的江北县海底沟地下水

---

① 当时不仅全省各地连年受旱，甚至都江堰灌区也在1969年春夏之交出现了连续40多天的严重旱情。

库,蓄水1340万立方米。1974年,玉溪河引水工程中长达4686米的镇西山隧洞和2348米的天台山隧洞建成;1976年渠首闸坝建成;次年干渠建成通水。

20世纪70年代前期,都江堰灌区又进行了渠系改造拓展。在此前于1966年重启1960年停工的原东山引水工程第四期,至1970年12月,其新南干渠已经延伸至罗家河坝,并向仁寿县扩展,称为东风渠第四期工程。大型囤蓄水库——黑龙滩水库,则作为第五期工程继之兴建;第六期工程的龙泉山隧洞,亦于1970年2月至1973年2月建成,全长6276米,是省内最长的隧洞,流量达每秒30立方米。1975年3月,大型囤蓄水库——三岔水库也开工兴建。官渠堰改名人民渠后,第七期工程于1970年11月由绵阳地区组织施工,利用第五期工程进口,干渠穿龙泉山至三台县入鲁班水库。

1973年11月至次年4月,都江堰外江节制闸建成。这是运用现代水闸技术,对巴蜀传统无坝引水工程的改进提升,以调节和加强都江堰水利工程内江体系的引水功能。

综上所述,"文革"期间,广大干部群众抵制"四人帮"干扰,坚持兴修水利,造福桑梓,巴蜀地区的水利事业也是在此种背景下取得了重要进展。在此期间,巴蜀水利方面的基本建设投资共12.25亿元,使"大跃进"时期修建的大批中型水库基本上配套受益,并建成了一批新的水库。据1973年9月完成的全省水利大检查统计,巴蜀共有大型水库4座、中型水库61座、小型水库6390座,大中型引水渠堰75处,石河堰3.75万处,山坪塘71.9万口,提灌站1.33万处。从此结束了巴蜀缺乏大型水库的历史,冬水田面积也由1966年的3000余万亩减为2018万亩。

第三节 改革开放以来——巴蜀水利现代化的全方位发展

一、量的拓展和质的提升

1976年"文革"结束以后,尤其是中共十一届三中全会以来,我国进入了社会主义现代化建设新时期,巴蜀地区的水利工作也出现了历史性的转折。1978年,四川全省分为川西北、川东南、川西、川东、西昌渡口和高原六个片区进行农田水利建设规划:川西北片区以人民渠第七期工程续建配套和新建升钟水库、武都引水工程、南阳滩水轮泵站为主;川东南片区以长征渠为主;川西片区以改造渠系、整治河道、降低地下水位为主；川东片区和西昌渡口片区则以中小型水利工程为主；等等。同时要求，各地、县和公社成立相应的规划组织，要求每个县有2~5个中型水库，每个公社有1~3个蓄水百万立方米以上水库，每个大队有1~2个百万立方米以下水库。据1978年10月统计，全省完成规划的有121个县，7321个公社中完成规划的有5216个公社。

中央提出"调整、改革、整顿、提高"的方针后，1979年，省委、省革委召开全省农田基本建设会议，总结了以往水利建设中的经验教训，决定缩短基建战线，讲求实效，量力而行，择优安排。由省水利电力局组成8个工作组，与地、县一起对中型工程及提灌项目逐个进行审核，分为保、缓、停三类加以安排。升钟水库、人民渠第七期工程及33项中型工程继续修建；武都引水工程等则决定缓建；另有11项工程应提高防洪标准。集中财力，打歼灭仗。上述实事求是的方针和科学安排，有力地促进了此后一些大型项目陆续建成。至1982年8月，升钟水库79米高的黏土心墙石渣坝完工，由于施工机械化程度较高，工程质量优良，并且设计安置了新型表层取水设施。1983年12月，人民渠第七期工程鲁班水库钢筋混凝土斜墙堆石坝建成，坝高68米，可蓄水2.78亿立方米。一些主要的中型水库，如威远葫芦口水库（库容7580万立方米）、隆昌古宇庙水库（库容5594万立方米）、蓬溪大石桥水库（库容3095万立方米）、达县沙滩河水库（库容2790万立方米）、简阳石盘水库（库容6960万立方米）、蒲江长滩水库（库容2500万立方米）等，先后竣工运行。这些工程设计上有所改进，各具特色，施工质量好，有些并安装了系统的大坝监测设备。在水利建设中，开始注意环境影响，兼顾多目标开发，重视水利经济分析，并运用电子计算机技术，使巴蜀地区水利科技水平超过了以往任何时期。

改革开放以来思想解放和科学领导管理，使巴蜀地区水利建设总体走上了全面快速健康的发展轨道。到20世纪80年代，已经在此前的基础上完成大量水利工程建设，取得了显著成绩。

首先表现在引水工程方面，此期的业绩非常突出。引水工程在巴蜀地区具有悠久历史、优良传统和杰出成就。进入新时期以来，巴蜀地区不仅从古代延续至今的引水工程都江堰、通济堰继续充满活力，拓展增效，而且建成了玉溪河大型引水工程等项目，为四川水利作出了新的重要贡献。通济堰已经有两千多年的历史，历史上发挥过重要的作用。为了适应新的形势，需要勘测规划，重新定线，扩建干渠。干渠从新津南河引水，经彭山、眉山，到思蒙河，通航里程45公里，干支渠总长达517公里，1985年查定有效灌溉面积达52万亩。玉溪河引水工程灌区包括名山、芦山、邛崃、蒲江等县市，干渠总长51.46公里，进水闸设计进水流量每秒32立方米，干渠实际过水能力每秒24立方米，有效灌溉面积50.36万亩。

引水工程新成就中，尤以都江堰通过提升扩建最为显著，建成了受益面积更为广阔的新渠系：

一是完成了人民渠七期工程。人民渠工程使都江堰灌区延向成都平原东部、东北部，并跨越沱江和涪江分水岭进入龙泉山以东的广大丘陵区，形成密如蛛网的干支渠系，并"长藤结瓜"式地联结鲁班水库、继光水库等大中小水库。到1989年人民渠全面扩建完成，引水流量达每秒135立方米，灌区面积达到390万亩。

二是建成了东山灌溉工程——东风渠。东山引水灌溉工程始建于1956年春，1966年改称东风渠，是自都江堰内江系统的府河引水，向成都平原区南部延伸、穿越龙泉山进入简阳、仁寿等丘陵地区的大型水利工程，引蓄结合，故其干支渠网相联系的有黑龙滩水库、三岔水库、石盘水库等大中小若干水库。总控灌面积223万亩。

三是西河扩灌工程——三合堰。三合堰是引用都江堰外江系统沙沟河水源的大型灌溉工程，引水工程进水口位于崇庆县（今崇州市）元通镇泉水村马家磨西河右岸原和平堰口的上游，干渠经崇州市、大邑县和邛崃市入邮江，全长38.14公里，有效控灌面积27.5万亩。

四是牧马山干渠。牧马山位于成都市南部府河与杨柳河之间，为地面多在海拔500米以上的浅丘台地，历史上主要靠冬囤水田和池塘蓄水灌溉，旱灾频仍。牧马山干渠从江安河右岸引水，进水口位于双流区金花桥下游约150米处，干渠总长63公里，正常流量每秒10立方米，有效灌溉面积13.8万亩。

到20世纪末，都江堰灌溉面积已达1000多万亩，对天府之国的"水旱从人，不知饥馑"，可谓已经把水利功能发挥到了极致。灌区的农业生产，为巴蜀地区乃至全国的民生，作出了巨大的贡献。

蓄水工程方面，到80年代，巴蜀地区已完成一系列各型水库。其中大中型当地径流水库主要有：升钟水库，坝址位于南部县升钟区碑垭庙，总库容13.39亿立方米，是当时巴蜀地区最大的大型径流水库；全民水库，坝址位于广安县全民乡西溪河上，总库容8871.8万立方米；葫芦口水库，坝址位于威远县山王区威远河中游，总库容7580万立方米；麻子滩水库，坝址位于遂宁县解放乡安居河支流中兴河与白马河汇合处的双河嘴，总库容7690万立方米；书房坝水库，坝址位于安岳县八庙乡涪江水系安居河支流八庙河书房沟，总库容6960万立方米；宝石桥水库，坝址位于开江县先锋乡州河支流明月江白岩河上，总库容6800万立方米。

在一些当地径流不足，主要靠引水囤蓄兴建水库的地方，巴蜀地区大中型引水囤蓄水库主要有：黑龙滩水库，坝址位于仁寿县黑龙滩鲫江河上游段、长滩河与阴溪沟汇合处下游200米，巴蜀地区最大的囤蓄水库，总库容3.6立方米，主要水源为东风渠引入的都江堰内江水，控灌仁寿、井研县106万亩耕地；三岔水库，坝址位于简阳市三岔区建国乡沱江支流绛溪河上游，总库容2.29亿立方米，主要水源为东风渠引入的都江堰内江水，设计灌溉面积59.5万亩；鲁班水库，坝址位于三台县新生区大安乡凯江支流绿豆河上游，主要水源为人民渠引入的都江堰内江水，总库容2.73亿立方米，控灌面积62.7万亩；继光水库，坝址位于中江县兴发乡涪江支流郪江龙台河上游观音桥，主要水源为人民渠引入的都江堰内江水，总库容9820万立方米，控灌面积28.5万亩；石盘水库，坝址位于简阳市石盘乡猫鼻梁以下200米处的绛溪河支流赤水河上游，主要水源为东风渠引入的都江堰内江水，总库容7426万立方米，控灌面积13.1万亩。

此外还有其他类型的水库，如位于重庆市渝北区龙王乡嘉陵江支流黑水滩河左岸的海底沟水库，是一座利用地下溶洞蓄水的中型水库，也是巴蜀地区第一座储蓄潜水的特色水库，修建配套渠系后，有效灌溉面积达2.06万亩。马湖水库，位于雷波县黄琅乡西一公里左右，地属金沙江流域，原为古代地震堰塞湖，现有天然堆石坝长600米，宽250～300米，坝顶高出平均水位线15～20米，古今从未有洪水翻坝的传闻记载，实测最大水深134米，总蓄水容积4.81亿立方米，是中国已测知的第三深水湖，建有配套的灌溉渠系、发电设施。落水湖水库，位于雷波县海湾乡，系金沙江左岸的一个高山湖泊，水位1234.5米时的容积为253万立方米，已建配套渠系，有效灌溉面积0.32万亩。小南海水库，位于重庆市黔江区南海乡，属于乌江支流阿蓬江流域，系1856年地震山崩形成的堰塞湖，有天然坝高50米，顶宽80米，长980米，实际利用库容3000万立方米，建配套渠系后有效灌溉面积0.53万亩。

需要指出的是，蓄水工程并非只是限于农田灌溉功能，而是往往通过配套渠系兼有发电、工业和城市供水等方面的作用，为国民经济的发展和城乡人民的生产生活提供了综合的功能效益。

根据1984年的调查统计，巴蜀地区共建有水库9501座，引水渠堰64080处，石河堰2.65万处，山坪塘61.11万口，机电井8878口，水路泵站462处，固定机电提灌站30072处，其他工程22173处。在水库工程中，库容超过1亿立方米的大型水库有3座，1000万立方米至1亿立方米的中型水库105座，100万～1000万立方米的小型水库1280座，小于100万立方米的小型水库8113处。引水工程中，灌溉面积在30万亩以上的有5处，1万～30万亩的84处，小于1万亩的63991处。各类机电排灌设备共有12.45万台，马力265.36万马力。全省各类水利设施总有效水量为205.95亿立方米。其中蓄水工程92.22立方米，占44.8%；引水工程98.75亿立方米，占48%；提水工程14.98立方米，占7.2%。有效水量中有70%供农业灌溉。全省有效灌溉面积达4172.6万亩，是新中国成立前868万亩的4.8倍。水利化程度达到43.7%，农业人均有灌溉面积0.48亩。与此同时，巴蜀地区的水利工作也很重视立法建制，先后制定颁布了《四川省水利管理试行条例》《关于积极发展四川省小水电的若干规定》《四川省水产管理暂行条例》等35种水利法规。

巴蜀地区水利在快速发展的过程中，也暴露出一些问题：各地江河水质污染日趋严重；经济发展使工业和环境用水需求日益增长，水资源紧张的矛盾日益显露；一些早期工程渐趋老化，水库泥沙淤积，效益下降；工程设施保护不力，人为破坏水利工程的事件时有发生，等等，均亟待解决。

二、生态文明——世纪之交巴蜀水利现代化宏图

从20世纪80年代后期至90年代，特别是进入2000年以后，巴蜀地区水利继续快速发展，现代化水平全面提升。这里主要对巴蜀水利现代化宏伟蓝图上的重要标志，举世瞩目的三峡水库、溪洛渡水库、向家坝水库和武都引水工程、紫坪铺水库、成都府南河治理等系列工程，作概要的介绍分析。

（一）三峡水库工程

早在1918年，中国革命的先行者孙中山就在《建国方略》中提出了建设三峡工程的设想，毛泽东诗词中也曾有过"高峡出平湖"的伟大畅想，他们的理想终于在20世纪90年代开始变为现实。

1992年4月，第七届全国人民代表大会第五次会议审议并通过了《关于兴建长江三峡工程的决议》。从此，三峡工程由论证阶段走向实施阶段。

1994年12月，三峡工程正式开工。

1997年11月，三峡工程成功实现大江截流。

2003年6月，三峡工程首次蓄水，坝前水位达到135米，三峡双线五级船闸通航，首批机组发电。三峡工程进入围堰挡水发电期，开始通航、发电，枢纽初步产生效益。

2006年5月，三峡大坝全线建成。9月，三峡工程实行第二次蓄水，成功蓄至156米水位，标志着工程进入初期运行期，开始发挥防洪、发电、通航三大效益。

2008年9月，三峡工程开始首次175米试验性蓄水，当年水库水位达到172.8米。

2008年10月，三峡大坝左右岸26台70万千瓦巨型水电机组全部投产。

2009年，长江三峡工程全部竣工，总工期为17年。

2009年8月，长江三峡三期枢纽工程最后一次验收——正常蓄水175米水位验收获得通过。

2009年9月，三峡工程第二次启动175米试验性蓄水，当年水库水位达到171.43米。

2010年7月，三峡工程经受住流量为7万立方米/秒的特大洪峰考验。洪峰规模超过1998年洪峰，是长江有水文记录以来的第三大洪峰。

2010年7月，三峡电站26台机组顺利完成1830万千瓦满负荷连续运行168小时试验。

三峡水库电站位于中国湖北省宜昌市境内，距下游葛洲坝水利枢纽工程38公里，这里是古代巴楚交界地带，大坝以上的库区则主要位于历史上巴地范围。三峡水库建成后，淹没陆地面积632平方公里，蓄水形成的人工湖泊总面积1084平方公里，范围包括传统上主要属于巴地的重庆、湖北两省市的21个县市，库区受淹没影响人口共计84.62万人，搬迁安置的人口有113万。175米正常蓄水位高程，总库容393亿立方米。

三峡工程完工后产生了极为宏大的水利综合效益。三峡大坝工程包括主体建筑物及导流工程两部分，工程总投资为4954.6亿元人民币。大坝总长3035米，坝顶高程185米；正常蓄水位初期156米，后期175米；总库容393亿立方米，其中防洪库容221.5亿立方米，可以发挥巨大的调蓄作用，大大缓解降低了长江中下游的水旱灾害风险。而其电站安装的32台单机容量为70万千瓦的水电机组，装机总量2250万千瓦；年发电量847亿千瓦时，为我国经济社会发展提供了巨量优质能源。其通航设施双线5级船闸1座，可通过万吨级船队；垂直升船机1座，可快速通过3000吨级轮船；年单向通航能力5000万吨，大大提升了自古以来长江作为"黄金水道"的水运效益。

不过，三峡水利枢纽工程在发挥巨大综合效益的同时，在移民安稳致富、生态环境保护、地质灾害防治等方面还存在一些亟须解决的问题，大坝蓄水后对长江中下游的航运、灌溉、供水等也产生了一定影响。这些问题有的在论证设计中就已经预见到，但需要在运行后逐渐加以解决；有的则在工程建设期间已经认识到，但受当时条件限制，一时难以有效解决；有的则是随着经济社会发展而提出的新要求，都需要在今后妥善处理。

（二）溪洛渡水库工程

溪洛渡、向家坝工程和三峡工程同为长江水利体系的重要组成部分，承担着长江水系防涝发电、调蓄水量、拦淤泥沙、改善航运等重要功能。

溪洛渡电站位于四川省雷波县和云南省永善县境内金沙江干流上，是一座以发电为主，兼有防洪、拦沙和改善下游航运条件等巨大综合效益的工程。电站装机容量1386万千瓦；溪洛渡工程是长江防洪体系的重要组成部分，是解决川江防洪问题的主要工程措施之一；通过水库合理调度，可使三峡库区入库含沙量比天然状态减少34%以上；由于水库对径流的调节作用，将直接改善下游航运条件，水库区亦可实现部分通航。2007年11月7日，溪洛渡电站截流工程启动。

兴建溪洛渡电站，实施"西电东送"，对实现我国能源合理配置，改善电源结构，改善生态环境，促进西部地区特别是川、滇金沙江两岸少数民族地区的经济发展，促进长江流域经济可持续发展具有深远的历史意义和作用。溪洛渡水电站枢纽由拦河坝、泄洪、引水、发电等建筑物组成。拦河坝为混凝土双曲拱坝，坝顶高程610米，最大坝高278米，坝顶中心线弧长698.09米；左右两岸布置地下厂房，各安装9台单机容量77万千瓦的水轮发电机组，年发电量为571亿~640亿千瓦时。溪洛渡水库长约200千米，平均宽度约700米，正常蓄水位600米，死水位540米，水库总容量126.7亿立方米，调节库容64.6亿立方米，可进行不完全年调节。

溪洛渡水库区处于攀西—六盘水地区的核心地带。攀西—六盘水是我国资源最富集的地区，该地区不仅有丰富的水能资源，而且还有种类多、储量大的矿产资源，以及充足的光、热资源和生物资源，被誉为"聚宝盆"。水库淹没涉及四川省雷波、金阳、布拖、昭觉、宁南和云南永善、昭阳、鲁甸和巧家等9个县（区）。

溪洛渡工程2003年开始筹建，2005年底主体工程开工，2015年竣工投产，总工期约13年。按2005年一季度价格指数计算，整个工程静态投资503.4亿元人民币。溪洛渡水电站是金沙江下游梯级电站中第一个开工建设的项目，标志着金沙江干流水电开发迈出实质性步伐。

溪洛渡电站以发电为主，兼有防洪、拦沙、改善下游航运条件、改善环境和发展社会经济等方面的巨大的综合效益。

发电效益：溪洛渡电站现为不完全年调节。上游梯级电站建成后，保证出力可达665.7万千瓦，年发电量640亿千瓦时。同时，该电站建成后，可增加下游三峡、葛洲坝电站的保证出力37.92万千瓦，增加枯水期电量18.8亿千瓦时。

拦沙效益：金沙江中游是长江主要产沙区之一，溪洛渡坝址年平均含沙量1.72千克每立方米，约占三峡入库沙量的47%。经计算分析，溪洛渡水库单独运行60年，三峡库区入库沙量将比天然状态减少34.1%以上，因此溪洛渡电站建成后可以在相当程度上解决三峡最大的心病——泥沙淤积。利用金沙江输沙量高度集中在汛期的特性，合理调度可使大部分入库泥沙淤积在死库容内。而溪洛渡正常蓄水位达600米，死水位高达540米，拦淤泥沙后不影响电站效益。

防洪效益：溪洛渡273米高的拦河大坝，将抬高水位230米，总库容达126.7亿立方米，可以较好地分担三峡水库的防洪任务。溪洛渡水库防洪库容46.5亿立方米，利用水库调洪再配合其他措施，可使川江沿岸的宜宾、泸州、重庆等城市的防洪标准从20年一遇过渡到符合城市防洪规划标准。溪洛渡水库汛期拦蓄金沙江洪水，直接减少了进入三峡水库的洪量，配合三峡水库运行可使长江中下游防洪标准进一步提高。研究成果表明，长江中下游遭遇百年一遇洪水，溪洛渡水库与三峡水库联合调度，可减少长江中下游的分洪量约27.4亿立方米。

改善下游枯水期通航条件：溪洛渡水库建成后，由于水库的水量调节和拦沙作用，将增大枯水期流量，经计算，可使新市镇至宜宾河段枯水期流量较天然情况增加约500立方米/秒。

环境效益：水电是清洁、可再生能源，溪洛渡水电站大量的优质电能代替火电后，每年可减少燃煤4100万吨，减少二氧化碳排放量约1.5亿吨，减少二氧化氮排放量近48万吨，减少二氧化硫排放量近85万吨。而且，库区生态环境和水土保持措施的落实,将有助于提高区域整体环境水平。

社会经济效益:随着溪洛渡电站的建设,库区对外、对内水陆交通条件的改善,移民及工程开发建设资金的投入,对库区各县的基础设施建设、资源开发利用、优化产业结构、发展经济必将起到积极的推动作用。

(三)向家坝水库工程

向家坝水电站是金沙江水电基地下游4级开发中的最末一个梯级电站,位于四川省宜宾市(左岸)和云南省水富县(右岸)境内金沙江下游,上距溪洛渡水电站坝址157公里,下距水富城区1.5公里、宜宾市区33公里。向家坝加上1386万千瓦的溪洛渡水电站,其总发电量约大于三峡水电站。

2002年10月,向家坝水电站经国务院正式批准立项,2006年11月26日正式开工建设,2015年全面投产。电站拦河大坝为混凝土重力坝,坝顶高程384米,最大坝高162米,坝顶长度909.26米。坝址控制流域面积45.88万平方公里,占金沙江流域面积的97%,多年平均径流量3810立方米/秒。水库总库容51.63亿立方米,调节库容9亿立方米,回水长度156.6公里。电站装机容量775万千瓦(8台80万千瓦巨型水轮机和3台45万千瓦大型水轮机),保证出电200.9万千瓦,多年平均发电量307.47亿千瓦小时。静态总投资约542亿元。动态总投资约519亿元,是西电东送骨干电源点。

向家坝水电站是金沙江水电基地25座水电站中唯一兼顾灌溉功能的超级大坝,其余24座大坝均无灌溉水利设施,目前向家坝也是金沙江水电基地中唯一修建升船机的大坝,其升船机规模与三峡相当,属世界最大单体升船机,船舶翻坝效率远超三峡五级船闸,千吨级船舶过坝只需15分钟时间,大大低于三峡船闸5小时的平均过坝时间。向家坝水电站至上海的±800千伏直流特高压国产化示范工程是目前国内输送电压等级最高最先进的电力系统。

向家坝水电站创造的"世界之最":

(1)为克服金沙江松软的地质条件,工程人员为向家坝打造了世界上最大规模的沉井群。

(2)为最有效利用金沙江巨大的水流落差,向家坝安装了世界上最大的80万千瓦超级水轮机。

(3)为配合水富万里长江第一港的区位优势,不影响水富上游航运,向家坝建设了世界上最大的单体升船机。

(4)由于向家坝紧邻城市建设,也由于金沙江的松软地质条件,向家坝不能采用三峡大坝那样简单的挑流消能方式，而被迫选用技术难度更大、维护成本更高的底流消能方式，为此向家坝建设了世界上最大的两个大型洪水消力池。

（5）采用的缆机是亚洲第一大跨度的巨型国产缆机。

（6）为解决向家坝砂石骨料供应问题，向家坝工程特地建立了世界上最长的砂石骨料输送带，长达40余公里。

（四）武都引水工程

被中国改革开放的总设计师邓小平誉为"第二个都江堰"的四川武都引水工程，是川东北地区工农业和城市经济发展重要的水源工程，是四川省以防洪灌溉为主，兼发电、航运、城乡供水、环保、水产养殖、旅游以及国土资源综合开发利用等功能的大型骨干水利工程，对于建设中国绵阳科技城，增强四川农业基础，发展社会经济具有十分重要的意义，被国务院列为《九十年代中国农业发展纲要》中重要的大型水利基础设施项目。

武都引水工程主要由武都水库、取水枢纽、总干渠及其配套的各级渠系、渠系电站、提灌站和囤蓄水库组成。全灌区规划六级渠道119条，总长2109公里。工程从江油市武都镇涪江上游取水，控灌绵阳、遂宁、南充、广元四市八县（市、区）的农田228万亩。水源工程：武都水库坝址位于四川省江油市武都镇北面约3公里的涪江干流摸银洞河段。灌区工程：共两部分组成，武都水库直灌区（灌溉14.95万亩）；西梓灌区（灌溉86.58万亩）。其中西梓灌区干渠接武引总干渠末端（玉皇观），涉及绵阳、广元、遂宁、南充四个市的梓潼、盐亭、剑阁、射洪及南部等县。在西梓灌区中部还需建设9700万立方米的"串瓜"囤蓄水库——金峰水库（灌溉46.85万亩）。

1. 武都水库

选定推荐摸银洞坝址、121.3米高的碾压砼重力坝挡水，坝顶高程662.3米，坝顶长度636.6米，其余指标如下：坝址位于涪江干流上游末端，控制坝址以上流域面积5807平方公里、多年平均流量45.1亿立方米秒、多年平均悬移质年输沙量575万吨、多年平均推移质年输沙量12.7万吨，能有效地调节涪江上游水量和控制洪水及泥沙。

本工程正常蓄水位658.0米、相应库容为5.04亿立方米；校核洪水位（P=0.05%）660.34米、总库容5.89亿立方米，其中：调洪库容2.05亿立方米、调节库容3.55亿立方米、死库容1.94亿立方米；电站工程装机3×5万千瓦。

2. 西梓干渠

控制灌溉面积86.58万亩；分四个设计流量段，分别是26、23、17.5、14.6立方米/秒；干渠主要建筑为三级建筑物、次要建筑为四级建筑物；干渠总长度116649.48米、隧洞38座长24046.79米、渡槽10座长3649.33米、倒虹管3座长2969.21米、明渠总长85984.25米。根据需要全干渠共布置有节制闸10座、全泄泄水闸7座，机耕桥、人行桥、山溪涵洞和山溪渡槽等若干，共计317座小型建筑物。本工程永久占用耕地5072亩、房屋8.3万平方米、迁移人口951人。

3. 金峰水库

选定推荐下坝址、88.5米高的心墙土石坝，坝顶高程477.0米，坝顶长度454米；坝址以上流域面积：8.38平方公里、多年平均流量不大，多年平均悬沙量1.03万吨。因属囤蓄水库，故绝大部分来水由西梓干渠供给。本工程控制灌溉面积46.85万亩；正常蓄水位475.0米、相应库容为0.97亿立方米；主要建筑为三级建筑物，考虑坝高达88.5米，属高坝，故提高为二级建筑物设计；P=2%设计洪水流量84.3立方米/秒、P=0.05%校核洪水流量157立方米/秒。本工程淹没土地1782.2亩、房屋12.27万平方米、迁移人口1805人。

4. 灌区中小型骨干渠道

武都水库直灌区（左岸）控制灌溉面积12.45万亩；设表面移动式取水泵站取水、取水设计流量3.5立方米/秒，装机4台。余有1条支渠、2条分支渠、6条斗渠。武都水库直灌区（右岸）控制灌溉面积2.5万亩；取水设计流量0.6立方米/秒；设有2条斗渠。西梓灌区控制灌溉面积86.58万亩；设有1条分干渠、8条分支渠、27条斗渠，其中有3条大于1.0立方米/秒的斗渠作为灌区骨干渠道。

武引工程曾于1958年和1978年两次动工兴建，又两次下马；1988年，经国家经委和水利部批准，武引一期工程正式复工。工程建设原计划分三期进行，根据中央西部大开发战略决策，现计划分两期安排：一期工程建设涪梓灌区，灌溉面积127万亩，总投资18.06亿元，1988年复工，到2000年底基本建成；二期工程建设武都水库（含坝后式电站）、水库直灌区、西梓灌区三部分，灌溉面积101万亩，发电装机150兆瓦。总投资39亿元，于2001年动工。工程全部建成后，将彻底解决四川涪江以东、嘉陵江以西区域3.2万平方公里土地、1000余万人口和660万亩耕地的水源和干旱问题，同时将涪江中上游绵阳、江油、射洪、遂宁等城市的防洪能力由原来的五十年一遇提高到百年一遇，并在成都至九寨沟的旅游环线上形成一处国家级风景区。武都水库的建成，对解决旱区的水源问题，保障人民群众安居乐业，促进地方经济可持续发展具有十分重要的作用。

1988年9月21日正式开工，到1991年1月，建成渠首取水枢纽，总干渠Ⅰ段8.75公里，引水流量110立方米/秒，石龙咀电厂装机2×8800千瓦，年发电量1.17亿千瓦小时；实现灌面1.2万亩，向长城特殊钢公司四分厂年输水7000万立方米。1994年5月，建成总干渠Ⅱ段12公里，引水流量60立方米/秒，江绵、三星支渠36.7公里通水，增加灌面5.50万亩，向川西北矿区年供水500万立方米。1996年5月，建成总干渠Ⅱ段8.95公里，引水流量60立方米/秒，江绵、三星灌区、治新、火战等16条分支，斗渠216.87公里，金子山、高泉山等7处提灌站4352千瓦，增加灌面12.51万亩。

1997年10月，建成总干渠Ⅲ段7.79公里，引水流量60立方米/秒，红岩分干渠通水5公里，建成东方红、鲤鱼石提灌站装机943千瓦，斗渠2条13.80公里，增加灌面8.51万亩，游仙区自来水厂年供水900万立方米。

1998年5月，建成涪梓干渠上段26.80公里，引水流量27.3立方米/秒，红岩分干渠增加通水35公里，基本建成清洁支渠22.63公里，土地垭提灌站装机440千瓦，斗渠1条16公里，增加灌面15万亩。

1999年5月，建成涪梓干渠下段37.14公里，引水流量22立方米/秒，沉抗水库蓄水2500万立方米，沉抗水厂年供水70万立方米，红岩分干渠59.21公里全部建成，新增通水渠道25条278.6公里，增加灌面27.43万亩。

至2000年底已完成取水枢纽、总干渠长37.49公里、石龙咀电厂装机2×8800千瓦、涪梓干渠长63.75公里，大型项目全部建成；工程管理设施基本完工；建成监测、防汛、调度、通信系统一期工程；建成沉抗水库，风化料心墙硬质砂岩石渣坝高55米，总库容9820万立方米，已蓄水6600万立方米，沉抗水库工程完成土方44.90万立方米，石方344.30万立方米，砼4.13万立方米，完成投资19667万元（其中省300万元，一期工程计划调整5493万元，市、区财政4130万元）；建成电力提灌站11处总装机6168千瓦；全部建成进并通水渠道63条941.59公里，基本建成3条、96.41公里，其中已通水66.75公里。至2000年底已累计完成土方1589.2万立方米，石方2854.72万立方米，其中安砌石方211.93万立方米，砼96.08万立方米，完成工日4057.54万个。

已经基本建成的武引一期工程，显示出显著的经济效益。中国国际工程咨询公司后评价局专家组采用国际公认标准和评价方法，深入武引灌区、相邻非灌区和农户进行各种有无对比和调查研究后，提交的《四川武都引水一期工程项目后评价报告》认为：武引工程每供1立方米水的农业增加值为1.50元；GDP增加值为2.70元，农民纯收入增加0.70元；每度电的社会增加值为2.00元；工程的年总效益达4.42亿元。

武引一期工程实现灌面100余万亩，累计工业供水150亿立方米，农业供水20亿立方米；工程的综合开发项目石龙咀电厂总计发电8亿千瓦小时，发电收入投入工程建设达3450万元，上交各种税费2350万元。在连续四年的旱灾，特别是在2001年罕见的春夏伏旱中，为灌区抗旱夺丰收作出了重大贡献，干部群众交相称赞，有口皆碑。

我省农田水利工作提出了"再造一个都江堰"的战略目标规划到2016年，四川新增和恢复蓄引提水能力86亿立方米，新增有效灌溉面积1069万亩，相当于再造一个都江堰灌区，把全省耕地有效灌溉面积比例提高至54%，将在国家战略层面上大大提升粮食安全保障。为此12个大中型水利工程逐步上马。其中包括武引二期、小井沟2个大型工程，大竹河、黄桷坝等10个中型工程。2009年10月，国家发改委批准了武引二期灌区工程立项，这是当年国家发改委唯一批准建设的灌区工程，也是四川省唯一拟用世界银行贷款建设的水利项目。2011年8月，国家环保部对《四川省武都引水第二期灌区工程建设项目环境影响报告书》作出批复，同意批准建设。按照规定，环评批复是建设项目开工的必要条件。该工程竣工后，将解决绵阳市的江油、梓潼、盐亭，广元市的剑阁，南充市的南部和遂宁市的射洪共6个县、市的干旱缺水问题，105.32万亩的农田将从中受益，进而可望彻底解决我省涪江以东、嘉陵江以西3.2万平方公里老旱区的生产、生活用水问题。

（五）紫坪铺水库工程

大型水利枢纽工程——紫坪铺水库位于岷江上游，都江堰城西北9公里处，是国家西部大开发"十大工程"之一，于2001年3月29日正式动工兴建。蜀地先民创建的都江堰是人类伟大的水利杰作，它主要以无坝引水的巨大水利体系为特征，具有多方面的优越功能和永葆活力的可持续发展特质，但也有缺乏调蓄功能的不足之处。因此，用现代科技进一步弥补、完善和提升都江堰工程体系的水利功能，使之更好地为天府之国的现代化建设和可持续发展服务，紫坪铺水利工程的规划设计和建设，很早就提上了巴蜀乃至国家水利建设的日程。

20世纪50年代，国家就开始筹备建设紫坪铺水库工程，因其坝基地址选在紫坪铺镇（前称白沙）紫坪村而得名，并在以后的几十年间被广泛传播而为大众熟知。岷江是长江一级支流，全长711公里，流域面积13588平方公里。都江堰以上为岷江上游，河长314公里，落差2062米，流域面积23037平方公里。紫坪铺水利枢纽工程坝址以上流域面积就达22662平方公里，占岷江上游面积的98%，多年平均流量469立方米/秒，年径流量总量148亿立方米，占岷江上游总量的97%，控制上游泥沙来量的98%，工程能有效地调节上游水量、洪水和泥沙。

该工程动态投资72亿元，静态投资62亿元，水库正常蓄水位为877米，最大坝高156米，总库容11.26亿立方米，其中调节库容7.74亿立方米，水电站装机容量76万千瓦，建成后除了满足川西灌溉、城市供水、防洪发电外，还将是一个比西湖大100倍的巨大"水上公园"。2004年12月1日开始蓄水，2005年5月第一台机组发电，2006年12月整个工程竣工投入使用。紫坪铺水利枢纽工程，是都江堰灌区的水源工程，是岷江上游不可多得的调节水库，它是具有防洪、灌溉、城市工业、生活和环保供水、利用供水水量发电等综合效益的大型水利工程。工程属于大（Ⅰ）型水利枢纽工程，枢纽由大坝、溢洪道、引水发电系统及厂房、冲沙放空洞、泄洪排沙洞组成。其主要建筑物等级为Ⅰ级，工程按千年一遇洪水设计，洪峰流量为12700立方米/秒。

紫坪铺工程具有巨大的综合效益。首先是调节径流，提高岷江水资源利用率，都江堰灌区面从2万平方公里增加到2.5万多平方公里。提高都江堰设计灌溉面积1086万亩耕地的灌溉供水保证率，还将为毗河丘陵扩灌区314万亩灌溉面积提供水源；向成都市提供工业和生活水量50立方米/秒（比此前增加22立方米/秒）；在枯水期（12月至次年5月）向成都市提供20立方米/秒的环境用水。电站装机760兆瓦，多年平均发电量34.17亿千瓦小时，可在电网中承担调节频任务。可将岷江上游百年一遇的洪水削减为十年一遇下泄，大大减轻都江堰至新津县长约78公里河段的洪水威胁。防洪标准从十年一遇提高到百年一遇，还可新开发河滩地约一万亩。充分发挥水库的净化功能，改善都江堰供水水质，减少泥沙危害，节约净化处理费，水库电站每年提供巨量电能，避免了同规模火电站产生的环境污染。

紫坪铺水利枢纽工程确保城市生产生活和一定的环境供水，改善环境质量，不仅促进成都市经济社会的全面发展，而且形成了新的风景旅游区，把自然景观和人文景观融为一体，连成一片，提高了以都江堰为中心的川西风景旅游区的环境和景观质量。

紫坪铺水库是作为都江堰大型水利体系的配套工程兴建的，但学术界于其对都江堰功能及其文化遗产性质的影响存在一定分歧。主要为无坝引水工程的都江堰内江系统至今还基本保持着原有模式，然而鱼嘴上外江河道则已被现代水闸整个截断，虽然有利于保证内江进水量，但对遗产本身的完整性带来遗憾。至于近年来曾计划在紫坪铺水库和都江堰鱼嘴前方1310米处再兴建杨柳湖大坝，以进一步发挥水利调节作用，但因可能对都江堰工程的水利功能和遗产传承保护形成负面影响，更是引发了激烈的争议。①值得注意的是，大坝工程已经停止建设，这既反映了人们在当今水利建设发展中对优秀历史文化遗产与生态环境保护的意识觉醒和高度重视，也反映了政府在重大工程决策过程中的科学严谨态度。

（六）成都锦江——府南河工程

蜚声中外的成都锦江，历史上主要由抱城而过的府河与南河组成，本为岷江水系流经成都的两条主要河流，共同源自都江堰之后内江水系的走马河，它流到成都形成府河和南河，唐以后府河进入成都市区后绕城北、东而流，南河绕城西、南而流在合江亭处汇合，汇合后习称府南河。

成都市曾是中国西南地区污染最严重的城市之一，环城的府南河污染更为严重。全长29公里的府南河由于历史的变迁，人口的增长，工业的发展，尤其是工业发展中忽略了的环境问题等多种因素，府南河水污染严重，沿河两岸低矮、破旧的民居与城市建设极不协调。府南河已有2300年的历史，曾给成都带来荣耀。但是20世纪60年代以后，由于人为的原因，水质渐渐变坏，有一首打油诗是这样写的："五十年代淘米洗菜，六十年代水质变坏，七十年代鱼虾绝代，八十年代洗马桶盖。"1986年，龙江路小学的一个小学生给当时的市长写信提出"还我锦江清水"，亦即整治府南河倡议。市政府高度重视和采纳了建议，并经过五年的充分论证，把府南河综合整治工程作为市政府的"一号工程"，于1992~1997年的五年实施了大规模整治，总投资27亿元左右，完成了锦江府南河工程。

---

① 详李德英《经济发展与文化遗产的保护与利用——以都江堰水利工程为例》，《世界文化的东亚视角——中国哈佛—燕京学者2003年北京年会暨国际学术研讨会论文集》，北京大学出版社2004年8月版。

整治之前，锦江长期存在严重隐患：河堤矮，河道淤积，河道狭窄，行洪能力严重不足，是全国省会城市中防洪能力最差的，行洪能力只有664立方米/秒，甚至低于宝瓶口700多立方米每秒的水流量。也就是说即使不发大水，只凭宝瓶口的水就能淹没成都这个扇形冲积平原。整治工程新建了河堤18公里，加固河堤23公里，淘河道16公里，新建改建跨河桥梁18座、5座拦水坝、12个码头。河道宽度由原来的30～80米拓宽到40～120米，行洪能力提高到1299立方米。此前成都是十年一大灾，年年有小灾，而现在防洪标准由十年一遇提高到两百年一遇。

生态环保效益尤其显著。整治前府南河的污染非常严重，沿岸原有多个排污口，每天排出60多万吨污水，有15种有害物质，沿岸由于水质污染，导致树木枯死，水井废弃，自来水关闭，沿岸居民的生活排放的污水，甚至公厕污物也直接排入河道。治污在治本，清除和截断污水来源，因而搬迁了沿河一些有污染的厂家，并首先在河内外埋设管道，将污水全部截流纳入三瓦处理厂达标后再排入河道。经处理达标的水回灌河中，既治理了污染，又补充了河道水量，改善了景观，提升了环境质量。尤其是府南河的中心地段，除了前述对河道、河堤、桥梁、水坝和码头的整治兴建成果外，还取得了以下引人瞩目的业绩：

（1）沿河两岸开辟绿地400亩，修建有各具特色的园林建筑小品和文化雕塑，形成了两岸桃红柳绿、绿草成茵，其间一江清水、水依蓉城的水文化美丽景观体系，被誉为"翡翠项链"。

（2）搬迁了3万户居民，安置人口近10万，大大地改善了居民的住房条件。

（3）建成的护河通道两侧道路共41公里，大大地缓解了成都市中区拥挤的交通运输。

（4）在整治工程中，同步铺设水、电、气等地下管线，改善了城市基础设施和综合服务功能。

特别值得一提的是，作为府南河水文化体系的重要组成部分，为了提升市民和游人的水文明和环保意识，宣传展示人类水利文明、生态文明是普世价值，在府河岸边还设计建成了融先进的水文明和水科技于一体的活水公园。活水公园是由美国"水的保护者"组织的创始人贝西·达蒙女士创意，中美韩三国环境、园林、水利、雕塑专家共同设计，成都市政府投资修建的世界上首座水保护主题公园。活水公园位于成都市一环路内，锦江府河畔，1997年春破土动工，1998年落成，占地2.8万平方米，以表现水为主题，取鱼形剖面图融入公园的总体造型，喻示人类、水与自然的依存关系。其主要部分由"人工湿地生物净水系统""模拟自然森林群落"和"环境教育馆"构成，集水环境、水净化、水教育于一体。每天，活水公园的流量可达400立方米，取自府河水，依次流经厌氧沉淀池、水流雕塑、兼氧池、植物塘、植物床、养鱼塘等水净化系统，中间不加入任何的化学手段，完全模拟水在自然界中的净化，沉淀池、水流雕塑、植物池、植物塘这套人工湿地系统代替了自然界中的池塘、河流、森林……游人从"鱼眼"走到养鱼池，即可直观明了地了解水在自然界由"浊"变"清"，由"死"变"活"的过程，水在湿地系统中重获"新生"，从而彰显湿地的重要性，唤起人们爱护水、保护水的意识。十年来的运行监测数据证实，进水水质在Ⅵ类、Ⅴ类、劣Ⅴ类中变化，但其出水水质良好，主要水质指标均能达到地表水Ⅲ类水标准的要求，湿地植物长势良好，没有出现观赏鱼塘鱼死的事故。经过多年的发展，活水公园已为成都市中区风景秀美、动植物资源丰富的一块人工湿地，成为周围居民休闲娱乐的绝妙去处。活水公园的建造，显示了成都保护城市湿地、坚持城市可持续发展的决心。活水公园的成功加快了我国人工湿地建设的速度，上海梦清园、长春南湖公园、北京奥运村森林公园、成都凤凰河二沟都相继建设了人工湿地系统。

活水公园由于在生态、美学、文化、教育功能上的完美结合而荣获1998年国际水岸中心"优秀水岸奖最高奖"、国际环境设计协会（EDRA）和美国《地域》（PLACES）杂志联合评定的与英国泰晤士河治理项目并列的"环境地域设计奖"，还有"全国母亲河教育基地""四川省环境保护教育基地"以及2010上海世博会城市最佳实践区参展案例等称号。

府南河工程也因其高度的综合效益，获得了4项国际大奖。

（1）1998年获联合国人居中心颁发的"联合国人居奖"；这是全球人居领域最高规格的奖励，每年一次颁发给对人类住区发展作出杰出贡献的组织和个人。1998年人居奖共评7个，成都市政府组织实施的府南河综合整治工程在35个入围候选项目中，因全力推进城市的可持续发展，改善市民的生活质量和解决贫困居民的安居问题而当选。

（2）1998年获国际环境设计协会和美国《地域》杂志联合设立的"环境地域设计奖"。

（3）2000年6月5日世界环境日前，府南河综合整治工程作为淡水管理工程杰作，在德国绍市举行的21世纪城市世界大会获得2000年度国际"地方首创奖"。这是国际地方环境先驱委员会、联合国可持续发展委员会、联合国环境署共同设立的，旨在对地方政府在环境事业方面所取得杰出成绩给予国际性奖励。该奖针对全球环境面临的热点分设了可持续发展、河水治理、土地资源管理、大气保护、废物治理等五类，每一类评一个杰出奖、三个提名奖。府南河工程获地方首创奖之"淡水资源管理杰出奖"。

（4）2000年10月联合国授予成都府南河综合整治工程改善居住环境"最佳范例奖"。该奖由联合国人居中心和迪拜市政府于1996年设立，每两年颁发一次，授予世界范围内在改善城市及社区生活质量方面做出积极贡献的成功项目。2000年共有来自110个国家的770个项目申报该奖，经过三个层次的角逐：专家验证以确保这些项目达到规定的标准；来自政府、地方当局、非政府组织、私人企业和学院的代表组成独立的"技术咨询委员会"（TAC）综合评估项目的影响、合作性、技术性、持续性、社会性和在带动其他地方方面的先导性；独立的国际评审团从初入选的40个项目中最后挑选出来10个获奖项目，成都市府南河综合整治工程是唯一获得此次大奖的中国项目。颁奖仪式于2000年10月2日"世界人居日"之际在迪拜市举行。

需指出的是，府南河原本分别指府河、南河，本属于自古流经成都城市的锦江水系两条河流。其中南河或曰检江汉代以来因洗濯蜀锦使之格外亮丽而号为锦江，久而影响所及，整个抱城而过、汇流于合江亭的郫江或曰府河，也与南河或曰检江合称锦江，由于1992年以来成都市整治府河、南河，合称府南河工程，府南河一名遂约定俗成，大有取代古老的锦江一名之势。为了传承历史文脉，正本清源，经过近年来一批学者的呼吁，现在的府南河已经政府决定，正式更名为锦江。现在的锦江由府河、南河两部分组成。府河起于郫都团结镇石堤堰洞子口，止于彭山江口镇，全长97.3公里；南河起于送仙桥，止于合江亭，全长5.63公里。

锦江—府南河水利工程的巨大成功，提高了成都城市的知名度，有力地推动和加快了成都市城市经济社会的发展，为我国城市未来的建设发展方向提供了有益的经验和模式。

如前所述，巴蜀地区水利的现代化，从20世纪初期开始萌芽、起步，已经走过了一百多年的历程。这既是水利现代化在巴蜀曲折发展的过程，也是人们由粗浅到深入、由片面到比较全面乃至全方位、多层面认识解读现代化范畴的过程。在20世纪初期，人们心中的水利现代化主要限于技术层面，后来逐渐延展至制度和规则、规章层面，但仍然远远说不上深入全面。50年代以后，人们充满了新中国成立后勃发的革命豪情和精神，向科学进军的东风浩荡，征服自然似乎已是指日可待，水利建设日新月异。先生产，后生活；先上马、先建设，后治理，大干快上，以至没有条件创造条件也要上——这在相当程度上久已成为人们习惯的思维方式和工作方式。一方面，技术层面的水利成就不可谓不高，但也留下和积累了很多需要解决的问题。如到70年代中期，都江堰灌区持续扩大到1000多万亩，荣膺全国最大灌区头衔，但大西南中心城市成都的母亲河——锦江却近于枯竭，几乎只有两岸的废水流入，不仅昔日"濯锦清江万里流""门泊东吴万里船"的人文景观荡然无存，而且污水滞留带来的环境生态问题极为严峻。

改革开放以来，随着人们对生态和环境的重视，对水利和水文化的认识逐渐全面和深入。80年代中期，成都市政府开始通过掏挖河床、清污治污等，特别是府南河整治工程，锦江面貌开始发生根本改变。水务部门有计划地向锦江注入了一定流量的内江水，加上污水厂处理后的回注水，锦江不仅水体得到一定的恢复，而且水质也明显净化提升，到90年代，白鹭戏水的昔日风貌也逐渐再现，成为江上的一道亮丽景色，而锦江治理的成果也成为当今世界水利和人居环境改良的杰出范例。尤其是在20、21世纪之交以来，巴蜀水利现代化已经取得了全方位发展的巨大成就。检视改革开放以来这段非凡的历程，上述成就不仅表现为巴蜀地区的水利覆盖受益面积的巨量拓展，水利设施犹如满天星斗、光彩夺目，而且在量的拓展基础上，有了质的飞跃。三峡水库工程、溪洛渡水库、向家坝水库等名列前茅的水利工程，在水利科技方面无疑已经处于世界前列；与此同时，锦江—府南河治理工程所荣获的诸项世界性盛誉，则从以人为本的水环境治理、人居环境治理和生态文明建设一面，展示了巴蜀水利和水文化独具特色的卓越成就。这充分证明，源远流长的巴蜀水利、水文化充满了生命的活力，巴蜀地区水利现代化的宏伟蓝图正在向举世辉煌展现。

但是，现代化本身是个与时俱进的动态范畴，当今巴蜀水利在取得巨大成就的同时，自身也还有需要弥补的一些不足以至缺陷。如三峡工程生态环境保护、地质灾害防治等方面就还存在一些亟须解决的问题，锦江—府南河工程也存在过度改变河流原生态、文态质貌的不足。而在现今四川全省范围内，水利建设方面更是还存在若干不容忽视的短板：水资源时空分布不均，旱洪灾害严重；不少水利设施不同程度地存在病险和安全隐患，防洪薄弱环节凸显；水资源开发利用严重滞后，供水保障程度不高；水土流失面积占总面积32%。[①]这些问题，都需要在前进中，依靠继承巴蜀水利和水文化的优良传统，尤其是科学发展来解决。

巴蜀地区的水利和水文化已经拥有几千年光辉历史，在未来还将创造更多新的辉煌。

---

① 川办发〔2011〕77号印发：《四川省"十二五"水利发展规划》，四川省人民政府办公厅2011年12月2日。

结　语

　　作为中华文明多元一体宏大格局中十分重要而又富有特色的一元，巴蜀文化是巴蜀大地上自古发生发展、延续至今的文化。历史上的巴蜀地区以四川盆地为核心区，这一地区尤其是成都平原及其周边丘陵地带，在秦汉以降的传统农耕文明时代，因为经济社会的长足发展，长期物产丰盈、文化繁荣，成为举世闻名的"天府之国"。

　　如前所述，历史上的巴蜀农耕文明曾经几度长时段辉煌，创造了非凡的奇迹，并且在近代经历了曲折转型，于改革开放以来焕发青春，再创辉煌，大步迈向现代化的康庄大道。回顾往昔，巴蜀农耕文明或曰"天府之国"常葆生命活力的原因是多方面的，须指出的是，根据广义文化或文明的界定，尤其是按照巴蜀文化通史的整体编写设计思路和分工，巴蜀文化各层面或方面中，与上述"天府之国"或曰"天府文化"关系最密切的，就是农业和水利文化。

　　下面就巴蜀农耕文明自秦汉以后长期繁荣、享有"天府之国"盛誉的原因做几点小结。第一，巴蜀地区地处中国自然地理分界线秦岭以南，属于典型的南方地区，不仅面积广阔，而且土壤肥沃、气候温湿，这就为巴蜀地区农业的发生发展提供了非常优越的自然条件。第二，基于以上优越的自然环境，巴蜀地区宜人宜居，很早就有先民在此居息繁衍，而且历来是八方移民汇聚之地。人口繁庶，为农业开发经营提供了充足的人力资源和产品消费群体；移民荟萃，又使得其地易于保持一种开放包容的文化风习，易于而且善于吸收域外先进的农耕文明和文化因素，加以融汇创新，这就为巴蜀地区农耕文明的长足发展以至多时领先提供了源源不断的动力。第三，巴蜀地区从先秦到唐宋，曾在全国几度长期战乱格局中处于相对和平稳定的状态，这就在很大程度上为巴蜀农耕文明以至整个经济社会的持续发展提供了社会环境红利，有利于其长期保持稳定发展乃至领先的格局状态。第四，在海上丝绸之路开通以前，中国对外交通和贸易的主要方向、路径一直是向西向南的南北丝绸之路。在此长期格局中，中国西部以成都平原为核心的巴蜀处于对外交往，尤其是对外交通贸易的前沿，成都更是产销大宗商品的工商业都市和国际枢纽城市，这就有力地带动了"天府之国"农耕文明的发展繁荣。第五，古代中国的政治中心长期位于与巴蜀仅以秦岭相隔、地缘相近的关中地区，经济重心亦在这一带及其邻近的黄河中下游，此两"心"同样以强劲的辐射和凝聚作用，促进了巴蜀农耕文明的发展繁荣。

当然，就巴蜀农耕文明的内在动力而言，第六个原因更引人瞩目，这就是以战国晚期兴建的大型综合型水利工程都江堰体系为代表的领先天下的巴蜀水利，以及其博大精深的水文化对巴蜀农耕文明长逾两千载的丰润滋养。历代公认，这正是"天府之国"常葆青春的不可或缺的基础性原因。

巴蜀水利在历史上长期拥有先进地位和巨大成就，同样是具有非常深刻的原因的。第一，巴蜀地区水利和水文化源远流长、底蕴深厚，并很早就形成自身的鲜明特点。战国以来尤其秦汉魏晋时期的大量传世文献关于"禹兴西羌"和大禹"岷山导江"的传说，反映长江上游的四川盆地至迟在四千多年以前，就已经创造性地发明了以疏导为主、堵疏结合的先进治水方略，这在宏观历史进程上得到了新石器时代晚期考古发现的宝墩文化古城群遗址中大量水利遗迹的印证，此后历经蚕丛、柏灌、鱼凫、杜宇和开明五个古蜀王朝，成为优良的水利和水文化传统。

第二，传世文献记载和反映，早在秦举巴蜀前后，从长江中下游和黄河流域，有多批大规模移民进入四川盆地，其中最重要的就是开明氏族群人蜀和秦人的持续移民入蜀。上述移民都深刻地影响了巴蜀地区的历史进程，并且都带来了巴蜀域外的先进水利科技和水文化，有力地促进了巴蜀地区水利和农耕文明的发展。所以，作为中国古代最伟大的水利工程，都江堰的科学设计和创建，实为巴蜀地区至迟从大禹以来优秀的水利技术和文化传统，融合黄河流域、长江中下游优秀水文化和科技的集大成之作。

第三，与上相关，巴蜀水文化从来不乏与时俱进的动力和精神，勇于创新创造。都江堰水利工程既有自己独具特色的工程模式、水工技术和就地取用的廉价材料，但也不故步自封，不拒绝新技术、新材料的运用和探索，体现了人类伟大遗产的科学精神和优秀文化气质。如古代鱼嘴工程就有过位置的调整移动,铸造铁龟鱼嘴等新材料和具体新工程模式的试用。近世尤其是中华人民共和国成立以来,更在尊重和延续都江堰基本工程模式的前提下,在鱼嘴等工程中成功地运用现代钢筋混凝材料和技术手段,近乎一劳永逸地解决了以往的岁修等难题。正是由于上述原因,都江堰工程两千多年来保持着青春活力,作为范例,至今一直荣膺中国最大农田水利灌区的桂冠,甚至还在持续不断增效。

最后,巴蜀水文化尤其是其杰出的代表——都江堰大型综合性水利工程体系的青春永葆、生生不息,无疑具有科学的勘测设计、天道酬勤的岁修制度等原因,但其最重要和深刻的原因,亦即最值得后世继承弘扬的永恒遗产,就是其以无坝引水、疏导为主,疏堵结合的生态工程模式,和蕴含其间的道法自然、水润天府、天人合一的深邃哲理。这是巴蜀水文化对于中华文明和人类文明的突出贡献,为人类社会的可持续发展提供了伟大范例和智慧启示。

后　记

《巴蜀文化通史·农业与水利文化卷》终于完稿了。回首研究撰写过程，令人感慨。当初考虑到农业和水利，都是巴蜀区域历史的两大重要领域，年代悠久而成就极为辉煌，足以各成一卷，因此我郑重建议对之分别设卷编纂，我自己承担相对熟悉，并有一定研究基础的水利文化卷，农业卷则请其他学者撰写。但编委会基于农业和水利的密切关联，坚持将二者合为一卷，也大体合乎逻辑与实际，并明确安排由我承担，我只能从命。由于研究对象在整个巴蜀文化历程中时间跨度漫长，尤其是农业方面相关资料零散，学界可资借鉴的成果不多，加上作为本职工作的教学科研重任在身，因而研究进展缓慢，撰写工作可谓尤其曲折艰巨。幸而巴蜀文化通史学术委员会成员多是博学鸿儒、学界泰斗，对每卷的撰写都慷慨襄助，排困解难。本卷撰写过程中，尤其得到章玉钧、谭继和、胡昭曦、李绍明、林向、贾大泉、陈玉屏、沈伯俊、万本根、罗鸣诸先生高屋建瓴的悉心指导或帮助，为此要致以特别的感谢。同时，撰写工作照例离不开对学界相关成果的借鉴，在此亦谨表由衷的谢忱。此外，《巴蜀文化通史》项目启动伊始，四川人民出版社谢雪女士等同志就提前介入，本卷的编辑出版，得到她和责任编辑王卓熙女士的帮助尤多，同样要致衷谢。

巴蜀地区自秦汉以后即成为闻名寰宇的天府之国，农业和水利文明源远流长、独步天下，从文化史角度进行研究和撰写，是一种全新尝试。因此，本书如能对读者了解巴蜀历史上成就斐然的农业和水利有所裨益，则作者幸甚。但正由于本书的撰写仅为一种尝试，错讹甚至遗漏遂难免，因而还望读者不吝指正。

彭邦本

2021年12月于川大竹林村

图书在版编目（CIP数据）

巴蜀文化通史. 农业与水利文化卷 / 章玉钧, 谭继和主编；彭邦本编著. -- 成都：四川人民出版社，2021.12
　ISBN 978-7-220-10577-7

　Ⅰ. ①巴… Ⅱ. ①章… ②谭… ③彭… Ⅲ. ①文化史—四川②农田水利—水利史—四川 Ⅳ. ①K297.1
中国版本图书馆CIP数据核字（2017）第280103号

BASHU WENHUA TONGSHI
NONGYE YU SHUILIWENHUA JUAN

巴蜀文化通史 农业与水利文化卷

彭邦本　编著

出 品 人	黄立新
项目统筹	谢　雪　董　玲　谢　寒
责任编辑	王卓熙
封面设计	张　科
装帧设计	经典记忆　戴雨虹
责任校对	申婷婷
责任印制	祝　健
出版发行	四川人民出版社（成都三色路238号）
网　　址	http://www.scpph.com
E-mail	scrmcbs@sina.com
新浪微博	@四川人民出版社
微信公众号	四川人民出版社
发行部业务电话	（028）86361653　86361656
防盗版举报电话	（028）86361653
制　　版	四川胜翔数码印务设计有限公司
印　　刷	成都东江印务有限公司
成品尺寸	180mm×260mm
插　　页	14
印　　张	30.25
字　　数	510千
版　　次	2021年12月第1版
印　　次	2021年12月第1次印刷
书　　号	ISBN 978-7-220-10577-7
定　　价	146.00元

■ 版权所有·侵权必究
本书若出现印装质量问题，请与我社发行部联系调换
电话：（028）86361656